ADOLF LAUBE

STUDIEN ÜBER DEN ERZGEBIRGISCHEN SILBERBERGBAU VON 1470 BIS 1546

FORSCHUNGEN ZUR MITTELALTERLICHEN GESCHICHTE

Begründet durch Heinrich Sproemberg †

Herausgegeben von
G. Heitz, E. Müller-Mertens, B. Töpfer
und E. Werner

BAND 22

AKADEMIE-VERLAG · BERLIN
1974

ADOLF LAUBE

STUDIEN ÜBER DEN ERZGEBIRGISCHEN SILBERBERGBAU VON 1470 BIS 1546

Seine Geschichte, seine Produktionsverhältnisse, seine Bedeutung für die gesellschaftlichen Veränderungen und Klassenkämpfe in Sachsen am Beginn der Übergangsepoche vom Feudalismus zum Kapitalismus

AKADEMIE-VERLAG · BERLIN

1974

Erschienen im Akademie-Verlag, 108 Berlin, Leipziger Straße 3–4

Lizenznummer: 202 · 100/64/74
Umschlaggestaltung: Karl Salzbrunn
Gesamtherstellung: IV/2/14 VEB Druckerei »Gottfried Wilhelm Leibniz«, 445 Gräfenhainichen/DDR · 3935
Bestellnummer: 752 071 6 (2090/22) · LSV 0225
Printed in GDR
EVP 58,–

INHALT

VORWORT

Um die Bedeutung des Bergbaus nachzuweisen, dem die vorliegende Arbeit gewidmet ist, braucht man heute nicht, wie es G. Agricola in typisch humanistischer Manier tat, bis auf die Antike zurückzugreifen. Vielmehr ist es notwendig, seinen Gegenstand aus den jeweiligen spezifischen gesellschaftlichen Bedingungen der behandelten Zeit zu begreifen und daraus seine Bedeutung abzuleiten. Dabei können in bestimmten Perioden der wirtschaftlichen oder gesellschaftlichen Entwicklung neben langewirkenden, die jeweilige Produktionsweise bestimmenden Bereichen – wie es im Feudalismus die Landwirtschaft war – einzelne Bereiche oder Zweige in den Vordergrund treten und eine stimulierende Wirkung ausüben.

Am Beginn der Übergangsepoche vom Feudalismus zum Kapitalismus war das in Deutschland der Erzbergbau. Auf ihm beruhte hier wesentlich die ursprüngliche Akkumulation des Kapitals, was zugleich eine der wichtigsten Besonderheiten dieses Prozesses im Vergleich zu der von Karl Marx beschriebenen ursprünglichen Akkumulation in England ausmachte. Der Bergbau auf Silber, aber auch auf Kupfer, Zinn, Blei und Eisen gewann allgemeine Bedeutung für den Aufschwung der Produktivkräfte und für die Herausbildung kapitalistischer Produktionsverhältnisse. Stellten die niederen Metalle die Rohstoffbasis für die zahlreichen, hochgradig spezialisierten Metallgewerbe, d. h. für die Produktion von Produktionsinstrumenten und Gebrauchsgegenständen dar, so war das Silber das wichtigste Tauschmittel und damit wesentlichste Grundlage der Geldwirtschaft.

Als Friedrich Engels die grundlegende Bedeutung des Bergbaus für den ökonomischen Vorsprung Deutschlands Ende des 15./Anfang des 16. Jh. hervorhob, stützte er sich vor allem auf die Studien K. Kautskys über die Bergarbeiter in Thüringen und auf die statistischen Erhebungen A. Soetbeers. Inzwischen ist die Forschung fortgeschritten und hat die These Engels' noch erhärtet. So wurde z. B. nachgewiesen, daß Soetbeers Produktionsziffern viel zu niedrig liegen und der deutsche Bergbau noch weit größeres ökonomisches Gewicht hatte, als es zu Engels' Zeit bekannt war. Gerade in den letzten Jahren wurde der Geschichte des Bergbaus vor allem von marxistischen, aber auch von einigen bürgerlichen Historikern viel Aufmerksamkeit gewidmet. Dabei ist die Erforschung der einzelnen Reviere allerdings sehr unterschiedlich. Die erste Blüteperiode des Freiberger Silberbergbaus untersuchten zuletzt vor allem J. Köhler und M. Unger. Das Mansfeld/Eislebener Revier wurde neuerdings von E. Paterna und E. Westermann erforscht. Für Joachimsthal sei vor allem die Dissertation von I. Mittenzwei erwähnt, für Goslar die neue Arbeit von U. Schmidt. Neue Ergebnisse über den niederungarisch-slowakischen Bergbau legten die slowakischen Historiker J. Vlachovič und P. Ratkoš sowie der Ungar O. Paulinyi vor. Über den polnischen Bergbau arbeiteten u. a. K. Maleczyński und D. Molenda. Nicht unerwähnt bleiben dürfen die Arbeiten M. M. Smirins über verschiedene deutsche Bergreviere, darunter über das Erzgebirge, sowie die Ju. M. Grigor'jans. Noch fehlten aber neuere Untersuchungen für Tirol (hier sind einige Fortschritte durch die Studien von E. Egg gemacht worden), für den Oberharz, den Schwarzwald und auch für das Obererzgebirge.

Dabei waren die Verhältnisse im Obererzgebirge von besonders großer allgemeiner Bedeutung. Vom Obererzgebirge gingen wichtige Anstöße für die Entwicklung des Bergrechts aus. Die erste gedruckte deutsche Bergordnung stammte aus Annaberg (1499/1500). Die Annaberger Bergordnung von 1509 wurde nicht nur zur Grundlage der Entwicklung eines sächsischen Landesbergrechts, sondern sie wirkte direkt oder über die auf ihr beruhende Joachimsthaler Bergordnung indirekt auf die Gestaltung des Bergrechts in einer Reihe anderer Territorien und Länder ein.

Das Obererzgebirge wurde zur Geburtsstätte der Bergbauwissenschaften. Hier empfingen Rülein von Calw und besonders Georgius Agricola ihre Kenntnisse des Bergbaus und vermittelten sie Generationen von Bergleuten. Die Entwicklung und Popularisierung der Rechenkunst mit arabischen Ziffern wird Adam Ries verdankt, der als Zehntschreiber, Zehntner und Verleger in Annaberg, Marienberg und Geyer wirkte.

Auf dem erzgebirgischen Bergbau beruhte zu einem guten Teil die wirtschaftliche Stärke der sächsischen Fürsten; er beeinflußte die gesellschaftlichen Verhältnisse und Klassenauseinandersetzungen in der frühbürgerlichen Revolution.

Dennoch blieb der obererzgebirgische Silberbergbau für den sächsischen Bereich nur ungenügend erforscht. Ohne hier eine Literaturübersicht geben zu wollen, sind vor allem die Arbeiten von H. Ermisch, Th. G. Werner und H. Löscher, die Dissertationen von O. Hoppe über Schneeberg, J. O. Sehm über Annaberg und W. Bogsch über Marienberg, die alte Geschichte der Bergstadt Geyer von J. Falke sowie verstreute Studien von L. Bartsch über Buchholz zu erwähnen. Sie behandelten zumeist nur Teilaspekte der Thematik und relativ kurze Zeitabschnitte. Angesichts der Quellenlage waren das nur erste Schritte, und auch die vorliegende Arbeit erhebt keinerlei Anspruch darauf, eine abschließende Darstellung der mit dem obererzgebirgischen Silberbergbau zusammenhängenden Probleme zu sein. So mußten z. B. generell die wichtigen Probleme des Hüttenwesens und des Erz- bzw. Metallhandels außerhalb der Betrachtung bleiben.

In den Staatsarchiven Weimar und Dresden liegt außerordentlich umfangreiches Material für die erzgebirgische Bergbaugeschichte. Obwohl ich mich bemüht habe, das wichtigste davon auszuwerten, dürfte noch manches Wesentliche herauszuholen sein, insbesondere für soziale Untersuchungen an den Steuerregistern, die für verschiedene Bergstädte seit Anfang des 16. Jh. vorliegen. Reiche Schätze – auch für die von mir behandelte Zeit – birgt das Bergarchiv in Freiberg, wo vor allem die dort vorhandenen Verleih- und Rezeßbücher, Berg- und Lehnbücher noch manchen Aufschluß über die Zusammensetzung der Gewerkschaften und andere Fragen zu geben vermögen. Leider wurde mir deren Existenz trotz frühzeitiger Anfragen im Archiv zu spät bekannt. So mußte ich mich auf Stichproben beschränken, als die Arbeit nahezu abgeschlossen war. Schließlich dürften auch die Archive in Gotha und in den Bergstädten selbst noch manches zu bieten haben.

Die weitere Arbeit auf diesem Gebiet, insbesondere auch über andere Reviere wie besonders die in Tirol und im Oberharz, wo Hinweise in der älteren Literatur ebenfalls noch ungehobene Schätze in den Archiven vermuten lassen, dürfte zu einer weiteren Erhärtung der eingangs erwähnten und bereits jetzt hinreichend belegten These führen, daß der Erzbergbau, vor allem der Silberbergbau, stimulierend auf die gesamte ökonomische und gesellschaftliche Entwicklung in Deutschland am Beginn der Übergangsepoche vom Feudalismus zum Kapitalismus wirkte. Einen Beitrag dazu zu leisten, war das Ziel der vorliegenden Arbeit, die 1971 vom Wissenschaftlichen Rat der Karl-Marx-Universität Leipzig als Dissertation B zur Erlangung des Titels eines Dr. sc. phil. angenommen wurde.

Es ist mir ein Bedürfnis, den drei Gutachtern, Prof. Dr. E. Wächtler als Erstgutachter, Prof. Dr. G. Heitz und Prof. Dr. E. Werner, meinen herzlichen Dank zu sagen. Für ihre sehr entgegenkommende Hilfe und Förderung in den Staatsarchiven Dresden und Weimar danke ich den Direktoren Herrn Dr. H. Schlechte und Herrn Dr. H. Eberhardt und ihren Mitarbeitern sowie den Mitarbeitern der Handschriftenabteilung der Deutschen Staatsbibliothek in Berlin. Schließlich danke ich den Herausgebern der Reihe „Forschungen zur mittelalterlichen Geschichte“ für die Aufnahme der Arbeit in diese Reihe, und nicht zuletzt danke ich meiner Frau Helga für ihre geduldige Unterstützung.

ADOLF LAUBE

ABKÜRZUNGSVERZEICHNIS

FUB II	Urkundenbuch der Stadt Freiberg, Bd. 2 (Codex diplomaticus Saxoniae regiae, 2. Hauptabt., Bd. 13), ed. H. Ermisch, Leipzig 1886
F. Gess, Akten I	F. Gess, Akten und Briefe zur Kirchenpolitik Herzog Georgs von Sachsen, Bd. I, Leipzig 1905
F. Gess, Akten II	Dasselbe, Bd. II, Leipzig/Berlin 1917
HSTA	Historisches Staatsarchiv
NASG	Neues Archiv für sächsische Geschichte und Altertumskunde
Schönbg. UB	Th. Schön, Geschichte des Fürstlichen und Gräflichen Gesamthauses Schönburg. Urkundenbuch der Herren von Schönburg, Waldenburg 1903
StA	Staatsarchiv
VSWG	Vierteljahrschrift für Sozial- und Wirtschaftsgeschichte
ZfG	Zeitschrift für Geschichtswissenschaft
ZRG	Zeitschrift der Savignystiftung für Rechtsgeschichte
Münzen:	
fl.	Gulden
rh. fl.	Rheinischer Gulden
s.	Schilling
d.	Pfennig
fl. gr.	Guldengroschen
gr.	Groschen
ß	Schock (Groschen)
Gewichte:	
m.	Mark
l.	Lot

EINLEITUNG

Im Verlaufe der zweiten Hälfte des 15. Jh. traten in deutschen Territorien wie in den meisten europäischen Ländern qualitative Veränderungen im Gesamtsystem des Feudalismus auf. In der ökonomischen Basis der Feudalordnung vollzogen sich auf der Grundlage einer raschen Entwicklung der Produktivkräfte wesentliche Verschiebungen zugunsten der gewerblichen Warenwirtschaft gegenüber der feudalen Landwirtschaft, was auch zu neuen Konstellationen im Klassengefüge der Gesellschaft und im Klassenkampf führte. War die Produktionsweise zuvor im Wesen durch die feudale Grundherrschaft und die dem europäischen Feudalismus immanente einfache Warenproduktion charakterisiert, so hatte die letztere bis in die zweite Hälfte des 15. Jh. einen solchen Entwicklungsstand erreicht, daß sich seit etwa 1470 in wichtigen Zweigen der materiellen Produktion frühe kapitalistische Produktionsverhältnisse ausbreiten konnten, freilich mannigfach gehemmt durch die feudalen Produktions- und Herrschaftsverhältnisse.

Der Erzbergbau, insbesondere der Silberbergbau, erlangte eine besondere, die gesamte sozialökonomische Entwicklung stimulierende Bedeutung. In der zweiten Hälfte des 15. Jh. wurden in Tirol, im Erzgebirge, Harz, Schwarzwald, in Mansfeld und anderswo – wesentlich bedingt durch das Eindringen des während des ganzen 15. Jh. in hohem Maße akkumulierten Handelskapitals in die Produktion – neue Bergbaugebiete erschlossen bzw. alte, die seit dem ausgehenden 14. Jh. in einer tiefen Krise steckten, wieder belebt. Hier wurden im Zusammenwirken mit dem dadurch in seiner Entwicklung vorangetriebenen Hüttenwesen unter bereits weitgehend frühen kapitalistischen Produktionsverhältnissen und in arbeitsteiliger Kooperation große Mengen des wichtigsten Münzmetalls produziert sowie die Rohstoffbasis für eine Massenproduktion von Metallprodukten (Produktionsinstrumenten) geschaffen.

Schon den Zeitgenossen fiel die große Bedeutung des Bergbaus für die gesamte gesellschaftliche Entwicklung auf. Bemerkenswert ist besonders die Einschätzung Kaiser Karls V. vom 13. Mai 1525, weil sie auch auf die sozialen Folgen der Bergbaublüte hinweist: „Dieweil nu (wie dan solchs wisentlich und offenbar ist, auch die erfarnus gnugsam zu erkennen gibt) die bergkwerck (der dan im hailigen romischen reich und teutschen landen mer dan sunst an keinem ort in der gantzen cristenhait erbaut werden) für ein stuck die groszt gab und nuzbarkait ist, so der almechtig teutschen landen mitgetailt hat, nit allain des grossen schatz halben, so daraus durch vil gold, silber, kupfer, zin, quecksilber, blei, eisen und ander mer metal (welches sich dan ungeferlich und ehe mer dan minder ierlich auf zwaintzig mal hunderttausent guldin erstreckt) erbaut und gearbeitet wirdet, sonder dass sich auch in teutschen landen etlich hundert tausend menschen, alt und jung, auch weib und kinder und sunst vil ir notturftige narung nit haben mochten, allein aus dem bauen, arbaiten und schmeltzen und darzu auch sunst durch verfuerung derselben metal in vil land in einer gemein vil ander leut als der fuerman, wirt, burger, baur und gemein handtwergksman allenthalben auf den strassen, dem landt und in steten, daraus menigfaltigklichen erneren. Deszgleichen die fursten und herren ir einkomen an fronen und wexeln, zollen und meuten groszlich meren, auch erhohen mer dan aus kainem einigen handel oder gewerb in gantzer teutscher nation und dem hailigen romischen reich."[1] Und ein unbekannter Schneeberger Gewerke sah 1488 im Bergbau das Fundament für die Stärke eines Staates: „Item Perckwergk zu bawen ist eyn gemeyner nutz des lands, dann dordurch wirt der fürst und das landt gereicht. Und ab man gleich, do got der almechtige fur sey, nicht viell funde, dennoch szo pawet der fremde man, der brengt das gelt ins landt, das vorczert der hawer im lande und kommt dem Lande zugutt. So man aber findet, so werden die lande dister reicher und konnen sich irer feynde dißder baß irwern . . . hette der Konigk van Engelande nicht Berckwerck, er were lengst durch den Konigk von Franckreich vortrieben. Hetten die Hungern nicht Berckwergk, sie wern langst durch die Thürcken vortrieben. Hette Meissen nicht das Berckwergk zu Freyberg gehabt, Meissen were langst Behemisch worden. Item hette das Landt zu Behemen das Berckwerck zum Kotten, Ugell und Eylle nicht gehabt, were nye alzo gestiegen."[2]

Auf der Grundlage der ökonomischen Veränderungen vollzogen sich wesentliche Verschiebungen in der Klassenstruktur der Gesellschaft. Von der auch auf dem platten Land fortschreitenden Klassendifferenzierung abgesehen, spiegelte sich das in erster Linie in der Entwicklung und gesellschaftlichen Stellung des Bürgertums wider. In erster Linie aus dem mittelalterlichen Städtebürgertum, aber auch aus anderen Klassen und Schichten kristallisierte sich ein frühkapitalistisches Bürgertum heraus, das den sozialen Ausgangspunkt für die spätere Entstehung der Klasse der Bourgeoisie bildete. Andere Teile des Bürgertums, vor allem der städtischen Oberschichten, näherten sich wirtschaftlich und sozial immer mehr der Feudalherrenklasse an (Rentnerpatriziat) oder verharrten, wie ein großer Teil der Zunftmeister, in verknöcherten Formen der einfachen Warenproduktion bzw. sanken in die breiter werdenden Schichten des städtischen Plebejertums ab. In den Zentren der frühen kapitalistischen Produktion, besonders des Bergbaus und Hüttenwesens, konzentrierte sich im Gefolge der ursprünglichen Akkumulation des Kapitals eine Schicht freier Lohnarbeiter, das Vorproletariat. Neben der inneren Differenzierung der Klassen – der auch die Klasse der Feudalherren unterlag – lief ein Prozeß der Kräfteverschiebung zwischen den Klassen und Schichten einher. Der im Wirtschaftsleben aktive Teil des Bürgertums gewann ebenso an Bedeutung wie die Spitzen der Feudalherrenklasse, die sich auf Grund feudaler Machtbefugnisse einen relativ hohen Anteil an den Ergebnissen des wirtschaftlichen Auf-

[1] Aus einem Edikt Karls V., ediert bei J. Strieder, Studien zur Geschichte kapitalistischer Organisationsformen, München-Leipzig 1914, Anhang, S. 375ff.

[2] StA Dresden, Loc. 4489, Handlung auf dem Schneeberge . . ., 1488–1546, Bl. 5.

schwungs sicherten; dagegen verloren große Teile des mittleren und niederen Adels sowie der Geistlichkeit an Gewicht.

Diese gesellschaftlichen Veränderungen wirkten auf das System der politischen Machtausübung zurück. Wie sich in den großen europäischen Staaten seit der zweiten Hälfte des 15. Jh. die zentralisierte nationale Monarchie durchsetzte, in der bereits potentiell der Keim des Absolutismus enthalten war, so vollzogen sich analoge Prozesse in einigen deutschen Territorien, allerdings im kleinen und auf das Landesfürstentum zugeschnitten. Obwohl sich auch hier die Wirtschaft durchaus in überregionalen Beziehungen und in einer gewissen überregionalen Arbeitsteilung entwickelte, kam es nicht zur Herausbildung eines nationalen Marktes. Die durch die frühe kapitalistische Wirtschaft geschaffenen Mittel schöpften zu einem großen Teil die Landesfürsten ab. Diese nutzten sie unter anderem, um ihre Territorien auf einer vergleichbaren Klassenbasis wie in den nationalen Monarchien zu zentralisieren und zu stärken und so die territorialstaatliche Zersplitterung zu befestigen. Sie ordneten sich mehr und mehr die Städte unter bzw. machten sich deren wirtschaftliche Potenzen zunutze, sie drängten den wirtschaftlich geschwächten Adel politisch zurück, begannen unter Einbeziehung bürgerlicher, am römischen Recht geschulter Kräfte mit dem Auf- bzw. Ausbau eines territorialen Staatsapparates, drängten die Stände zurück und schufen sich u. a. in den Söldnertruppen und im Gerichtswesen vom Adel weitgehend unabhängige Machtmittel.

Daß Sachsen, das kurfürstlich-ernestinische und das herzoglich-albertinische, in die erste Reihe dieser Länder vorrückte, verdankte es vor allem seinem Bergbau. Bereits seit dem ausgehenden 12. Jh. hatte die Mark Meißen in Freiberg ein Bergbauzentrum hervorgebracht, das im 13. Jh. zum Hauptsilberlieferanten Europas wurde. Jedoch begann um die Mitte des 14. Jh. eine langandauernde Stagnation des Silberbergbaus, die bald in einen unaufhaltsamen Rückgang ausmündete. Da erhob sich in der zweiten Hälfte des 15. Jh. ein neues Berggeschrei. Bis dahin unvorstellbar reiche Silbererzvorkommen wurden im Obererzgebirge fündig. Am Schneeberg, Schreckenberg und beim späteren Marienberg strömten in Intervallen von jeweils knapp einer Generation Bergleute und Siedler zusammen, schürften, gruben, verhütteten Erz und erbauten Städte, deren berühmteste, Annaberg, bereits ein Jahrzehnt nach ihrer Gründung an Größe Leipzig und Dresden erreichte bzw. übertraf.

Diese Städte wurden Ballungszentren eines z. T. bereits kapitalistisch wirtschaftenden Bürgertums sowie kleiner Warenproduzenten und einer relativ starken Schicht des Vorproletariats. Umgeben von einem noch weitgehend feudalen Umland und streng unter der Botmäßigkeit der Landesfürsten gehalten, entwickelte sich hier im kleinen eine Bündelung sich überlagernder Widersprüche, die im großen zum Ausbruch der frühbürgerlichen Revolution in Deutschland beitrugen: Widersprüche zwischen feudalparasitären und bürgerlichen Interessen; erste Widersprüche zwischen Bürgertum und Lohnarbeitern; Widersprüche innerhalb der Feudalklasse, vor allem zwischen der zum Frühabsolutismus strebenden Landesherrschaft und großen Teilen der übrigen Feudalherren u. a. Im Gefolge der Einbeziehung der Landwirtschaft in den frühkapitalistischen Markt trugen alle diese Widersprüche zu einer heftigen Verschärfung des Hauptwiderspruchs zwischen

Feudalherren und Bauern bei. Diese Widersprüche entluden sich auch im Erzgebirgsraum in einer Reihe sich miteinander verflechtender und überlagernder Klassenkämpfe. Mit vollem Recht betonte Friedrich Engels 1889 in einem Brief an K. Kautsky, „wie sehr die Gold- und Silberproduktion Deutschlands (und Ungarns, dessen Edelmetall dem ganzen Westen via Deutschland vermittelt wurde) das letzte treibende Moment war, das Deutschland 1470 bis 1530 ökonomisch an die Spitze Europas stellte und damit zum Mittelpunkt der ersten bürgerlichen Revolution, in religiöser Verkleidung der sogenannten Reformation, machte".[3] Und er kritisierte Kautsky, daß dieser „die internationale ökonomische Stellung Deutschlands Ende des 15. Jahrhunderts nicht voll erfaßt" habe. „Diese Stellung erklärt allein, weshalb die bürgerlich-plebejische Bewegung in religiöser Form ... im 16. Jahrhundert in Deutschland einen gewissen Erfolg haben konnte: den Erfolg ihrer religiösen Verkleidung".[4]

[3] F. Engels, in: Marx/Engels, Werke (MEW), Bd. 37, Berlin 1967, S. 274.
[4] Ebenda, Bd. 39. S. 483.

I. DAS AUFBLÜHEN DES OBERERZGEBIRGISCHEN SILBERBERGBAUS SEIT 1470 UND DIE GRÜNDUNG VON BERGSTÄDTEN

1. *Voraussetzungen*

a) Sozialökonomische Voraussetzungen

Eine Schlüsselstellung im Hinblick auf das Aufblühen des Bergbaus in der zweiten Hälfte des 15. Jh. nahm das Kaufmannskapital ein. Während der ersten Blüteperiode des Bergbaus hatte es nur indirekt auf dem Weg über den Erz- und Metallhandel, die Münzpacht, die Belieferung der in den Bergstädten sich konzentrierenden Konsumentengruppen und durch Ausnutzung der den Bergstädten gewährten Privilegien vom Bergbau profitiert, was nicht zuletzt eine der Ursachen für die Krise des 14. Jh. wurde.[1] Auch jetzt blieb noch der Metallhandel eine wichtige Profitquelle. Um jedoch an dieses Metall heranzukommen, mußte erst die Krise des Bergbaus überwunden und dieser wieder in Gang gebracht werden. Doch die immer tiefer in den Berg eindringenden Grubenbaue waren durch Eigenlehner oder durch Genossenschaften selbst arbeitender Gewerken nicht mehr zu betreiben, vor allem nicht mehr zu finanzieren. Kostspielige Stollen zur Wassergewältigung, Künste und Förderanlagen erforderten große, zunächst oft jahrelang ohne Profit bleibende Kapitalinvestitionen. Ein neuer Aufschwung des Bergbaus setzte also in erster Linie disponibles Kapital voraus.

Ein solches Kapital hatte sich im Verlaufe des 15. Jh. in Gestalt des Handelskapitals in vielen deutschen Städten akkumuliert, vor allem in Oberdeutschland, aber auch in Sachsen selbst. Ein gewisser Gradmesser dafür ist die Vermögensentwicklung. In zwei für den sächsischen Bergbau besondere Bedeutung erlangenden Städten, Augsburg und Leipzig, geben folgende Zahlen über die Vermögensentwicklung Auskunft: Nach den Augsburger Steuerlisten versteuerten im Jahre 1396 74 Bürger ein Vermögen von mehr als 1200 fl., dessen Summe 211482 fl. ausmachte. 1461 waren es bereits 160 Bürger mit über 1200 fl. Vermögen und einer Summe von 472026 fl. 1498 schließlich war die Zahl der großen Vermögen bereits derartig gestiegen, daß Strieder[2] jetzt 2400 fl. als Mindestbetrag für ein großes Vermögen zugrunde legte; dennoch waren es 143 Bürger, die diese Vermögenshöhe überschritten und zusammen insgesamt 1086474–2172948 fl. versteuerten. Die von

[1] Vgl. K. Schwarz, Untersuchungen zur Geschichte der deutschen Bergleute im späteren Mittelalter, Freiberger Forschungshefte D 20, Berlin 1958; M. Unger, Stadtgemeinde und Bergwesen Freibergs im Mittelalter, Weimar 1963; J. Köhler, Die Keime des Kapitalismus im sächsischen Silberbergbau (1168 bis um 1500), Freiberger Forschungshefte D 13, Berlin 1955.

[2] J. Strieder, Zur Genesis des modernen Kapitalismus, Leipzig 1904, S. 9ff. Andere Beispiele vgl. A. Nuglisch, Die wirtschaftliche Leistungsfähigkeit deutscher Städte im Mittelalter, in: Zeitschrift für Sozialwiss., 9, 1906, S. 370ff. u. 481ff.

Strieder im folgenden angeführten Zahlen für die Jahre 1509 und 1540, die eine weitere gewaltige Zunahme der Kapitalakkumulation bezeugen, begreifen bereits die Erträge des Bergbaus mit ein und müssen daher beiseite bleiben.

Für Leipzig ist eine Vermögensstatistik erst seit 1481 möglich und für die Zeit nach 1500 noch dadurch erschwert, daß gerade die Spitzenvermögen geschätzt werden müssen.[3] Dabei ergeben sich folgende Zahlen: 1481 versteuerten 74 Bürger Vermögen von über 1000 fl., und zwar insgesamt 272100 fl., das sind 58 Prozent der Gesamtsteuersumme Leipzigs. 1506 waren es 87 Bürger mit einem Vermögen von über 1000 fl., die insgesamt 301756 fl. (67 Prozent der Gesamtsteuersumme) versteuerten. Auch hier wuchs dann die Zahl in den ersten Jahrzehnten des 16. Jh. sprunghaft an (die Summe der Spitzenvermögen vervierfachte sich), wobei ebenfalls die Erträge des Bergbaus bzw. des Erz- und Metallhandels zu berücksichtigen sind.

Dieses Kapital stammte in erster Linie aus dem Handel, zu einem geringeren Teil aber auch bereits aus der gewerblichen Produktion.

Von den oberdeutschen Städten standen Augsburg und Nürnberg an der Spitze. Es war das 15. Jh., in dem zunächst Nürnberg seinen Weg zur Weltbedeutung beschritt.[4] Nürnberger Kaufleute waren auf allen Handelsplätzen der Welt zu finden, wobei sie sich neben dem Zwischenhandel auch auf die Produkte des eigenen Metallgewerbes stützen konnten, das serienmäßig für den Export produzierte und in der Waffenproduktion im Reich führend war.

Bald, vor allem seit der zweiten Hälfte des 15. Jh., begann auch die große Blüte Augsburgs. Strieder hat nachgewiesen[5], daß das Kapital der späteren Welthandelshäuser zunächst aus dem Fernhandel und dem Textilgewerbe erwuchs, bevor es sich durch seine Anlage im Erzbergbau Mansfelds, des Harzes, Tirols, Ungarns, des Erzgebirges, Böhmens, Spaniens und in Übersee vervielfachte.

Neben dem oberdeutschen war es aber auch das Kapital der sächsischen Städte, das im Erzgebirge eine Rolle spielen sollte. An die Spitze der sächsischen Städte rückte mehr und mehr Leipzig[6], das von der Verlagerung der Handelswege im Zusammenhang mit dem Niedergang der Hanse und dem Aufstieg Nürnbergs profitierte. 1458 erhielt Leipzig das Privileg seiner dritten Jahresmesse, die es im Verlauf der zweiten Hälfte des 15. Jh. erfolgreich gegen die Konkurrenz der benach-

[3] Vgl. J. Prochno, Beiträge zur Wirtschaftsstatistik Leipzigs 1470 bis 1570, in: Schriften des Vereins für die Geschichte Leipzigs, Bd. 16, 1933, S. 22ff.

[4] Über Nürnberg zuletzt: Beiträge zur Wirtschaftsgeschichte Nürnbergs, 2 Bde., Nürnberg 1967; H. Ammann, Die wirtschaftliche Stellung der Reichsstadt Nürnberg im Spätmittelalter, in: Nürnberger Forschungen, Bd. 13, Nürnberg 1970.

[5] J. Strieder, Zur Genesis . . .,a. a. O.; vgl. auch Derselbe, Studien zur Geschichte kapitalistischer Organisationsformen, a. a. O., bes. S. 13ff.

[6] Vgl. Leipzig in acht Jahrhunderten. Herausgegeben vom Rat der Stadt Leipzig, Leipzig 1965; M. Unger Geschichte der Leipziger Messe (Überblick), in: Arbeitsberichte zur Geschichte der Stadt Leipzig, Nr. 8, 1965; Derselbe, Leipzigs Stellung in der deutschen Geschichte, ebenda, Nr. 3, 1964; K. Steinmüller, Die Gesellschaft derKaufleute in Leipzig im 15. und 16. Jahrhundert, in: Forschungen aus mitteldeutschen Archiven. Zum 60. Geburtstag von Hellmut Kretzschmar, Berlin 1953, S. 127ff.; E. Kroker, Handelsgeschichte der Stadt Leipzig, Leipzig 1925; G. Fischer, Aus zwei Jahrhunderten Leipziger Handelsgeschichte 1470–1650, Leipzig 1929.

barten Handelsstädte verteidigte und die schließlich um die Jahrhundertwende endgültig – einschließlich eines Stapelrechts – kaiserlich bestätigt wurde. In dieser Zeit bildete sich in Leipzig ein Großhändlerstand heraus, der insbesondere den Ost-West-Handel (Polen-Niederlande) betrieb und mit den oberdeutschen Kaufleuten in Konkurrenz trat.

Durch ihre Lage am nördlichen bzw. nordwestlichen Fuße des Erzgebirges erlangten auch Chemnitz und ganz besonders Zwickau Bedeutung für den Bergbau. Letzteres bildete das Ein- und Ausfallstor für den erzgebirgischen Handel nach Norden und Westen. Am Kreuzpunkt von Handelsstraßen gelegen und mit einem Exportgewerbe (Tuch- und Metallwarenproduktion) als Rückhalt, entwickelte sich auch hier ein Handel, der die lokalen Grenzen überschritt.[7] Schon um die Mitte des 15. Jh., noch bevor die Faktoren der oberdeutschen Handelshäuser in Zwickau ansässig wurden, florierte der Handel zwischen Zwickau und Nürnberg. Aber auch auf die Vermögensbildung in der Tuchmacherei muß hingewiesen werden, da später viele der Zwickauer Gewerken am Schneeberg wohlhabende Tuchmacher waren.

Ähnliches gilt für Chemnitz[8], das verkehrsgeographisch günstig an den alten Handelsstraßen zwischen Leipzig und Prag sowie zwischen Nürnberg und Breslau lag, was dem eigenen Handel starke Impulse verlieh. Hinzu kam, daß sich Chemnitz im Banne des Bleichmonopols zum Zentrum der westsächsischen Leineweberei entwickelt hatte und nach dem Bedeutungsschwund der Bleiche immer stärkere Verbindung mit dem Nürnberger Handelskapitel und dem oberschwäbischen Textilproduktionsgebiet bekam. Neben der Leineweberei und Tuchmacherei für den Export entwickelte sich bereits im 15. Jh. ein Metallgewerbe.

Schließlich sei noch Erfurt erwähnt, vor dem Aufstieg Leipzigs eine der bedeutendsten Handels- und Messestädte.[9] Es war nicht nur durch seine Verkehrslage außerordentlich begünstigt, die auf der Verknotung zahlreicher wichtiger Straßen an den Erfurter Gerafurten beruhte, sondern konnte sich auch auf ein produktionsstarkes und konsumkräftiges Hinterland stützen. Vor allem der Waidhandel begründete den wirtschaftlichen Aufstieg der Stadt und machte sie zum Ausgangs- und Treffpunkt eines weitgespannten Fernhandels, dessen Träger genügend Kapital anhäuften, um sich am Bergbau zu beteiligen.

Wie in diesen als flüchtiger Überblick angeführten Beispielen war im Verlaufe des 15. Jh. in vielen deutschen Städten[10] die Akkumulation des Handels- und z. T. gewerblichen Kapitals stark vorangeschritten. Neben den traditionellen Anlagemöglichkeiten dieses Geldkapitals, der Ausdehnung des Fernhandels, der sich jetzt

7 Vgl. E. Herzog, Chronik der Kreisstadt Zwickau, Bd. 1 u. 2, Zwickau 1839–1845; ferner: H. Wilsdorf, Georg Agricola und seine Zeit, Berlin 1956, S. 105 ff.

8 Vgl. besonders A. Kunze, Der Frükkapitalismus in Chemnitz, in: Beiträge zur Heimatgeschichte von Karl-Marx-Stadt, H. 7, Karl-Marx-Stadt 1958; ferner Das Wirtschaftsleben in Chemnitz zur Zeit des Dr. Georgius Agricola, ebenda, H. 4, 1955.

9 Vgl. L. Gerbing, Erfurter Handel und Handelsstraßen, in: Mitteilungen des Vereins für Geschichte und Altertumskunde von Erfurt, Bd. 21, 1900; F. Wiegand, Über hansische Beziehungen Erfurts, in: Hansische Studien. Heinrich Sproemberg zum 70. Geburtstag, Berlin 1961; F. Wiegand, Erfurt. Eine Monographie, Rudolstadt 1964.

10 Eine Ausnahme bilden einige der norddeutschen Hansestädte, wo die Vermögensbildung stagnierte. Vgl. J. Schildhauer, Soziale, politische und religiöse Auseinandersetzungen

immer mehr auf Massengüter verlagerte, der Konsumtion, dem Rentenkauf, dem Erwerb von Grundeigentum und dem Wucher, kam in der zweiten Hälfte des 15. Jh. etwas qualitativ Neues hinzu: die verbreitete Anlage in der Produktion, und zwar vor allem in Form des Verlages. Erste Ansätze dafür fanden sich neben dem Bergbau in der Textilindustrie, besonders der oberdeutschen Barchentproduktion, der westsächsischen und Lausitzer Leineweberei und Tuchmacherei, sowie im Nürnberger Metallgewerbe, in das das Kaufmannskapital allerdings vermittels seiner Beteiligung am Bergbau bzw. über den Erz- und Metallhandel eindrang.

Die größte Bedeutung errang das Handelskapital jedoch durch seine Anlage im Bergbau und Hüttenwesen. Es waren nicht reich gewordene Fundgrübner, als deren Prototyp lange Zeit Martin Römer galt, die die neue Blüte des Bergbaus bestimmten, sondern alle die als Großgewerken bekannt gewordenen Römer, Schütz, Erkel usw. konnten sich auf kaufmännisches oder anderes bürgerliches Vermögen stützen, bevor sie sich dem Bergbau zuwandten.

b) Die politische Situation in Sachsen und die landesherrliche Förderung des Bergbaus

Das Vorhandensein von Kapital und die Bereitschaft, dieses im Bergbau anzulegen genügten noch nicht, um unter den im Feudalsystem herrschenden Bedingungen des Regalbergbaus einen neuen Aufschwung zu erreichen. Unter feudalen Verhältnissen betriebener Bergbau mußte notwendigerweise – wenn er nicht von den Grundherren selbst betrieben wurde – feudale Eigentumsrechte antasten (Schürfe, Holzeinschlag, Wege- und Wassernutzung usw.). Der Landesherr als Inhaber des Bergregals und Garant der Bergbaufreiheit nahm damit gegenüber dem Bergbau, insbesondere dem Edelmetallbergbau, neben dem Kapitalgeber ebenfalls eine Schlüsselposition ein. Insofern muß der politisch-staatlichen Entwicklung in Sachsen und vor allem der finanziellen Situation der Landesherrschaft besonderes Augenmerk geschenkt werden, weil davon viel für die Förderung des Bergbaus abhing.

In Sachsen begann sich im 15. Jh. der Territorialstaat zu konsolidieren. Die Landesteilung von 1485 zwischen Kurfürst Ernst und Herzog Albrecht, in deren Gefolge sich die beiden sächsischen Herrscherhäuser der Ernestiner und Albertiner herausbildeten, setzte einen vorläufigen Schlußpunkt hinter eine Entwicklung, die von einem heftigen Ringen zwischen den wettinischen Linien und seit der zweiten Hälfte des 13. Jh. durch häufige Landesteilungen gekennzeichnet war. Nach 1485 bildete sich eine neue Qualität des Territorialstaates heraus. Die Machtfülle des Landesfürstentums nahm ungemein zu. Auf den sich neu entwickelnden gesellschaftlichen Grundlagen begann man einen Territorialstaat mit der Tendenz zum landesfürstlichen Frühabsolutismus aufzubauen.

Der Weg dahin war durch eine ständige finanzielle Kalamität der Landesherren gekennzeichnet. Die aufblühende Waren- und Geldwirtschaft des 15. Jh. hatte die

in den Hansestädten Stralsund, Rostock und Wismar im ersten Drittel des 16. Jahrhunderts, Weimar 1959; Derselbe, Die Sozialstruktur der Hansestadt Rostock von 1378 bis 1569, in: Hansische Studien, a. a. O.

Feudalmächte immer stärker in ihren Bann gezogen und sie in eine Strukturkrise gestürzt. Bereits seit dem 14. Jh. hatten die Wettiner als Folge des Unvermögens, die neuen wirtschaftlichen Probleme zu bewältigen, mit ständiger Finanznot und Defiziten zu kämpfen. Das steigerte sich noch in der zweiten Hälfte des 15. Jh. unter Kurfürst Ernst und Herzog Albrecht. Die doppelte Hofhaltung – die den größten Posten unter den ordentlichen Ausgaben einnahm – und kostspielige äußere Unternehmungen erforderten immer größere Mittel. Im Jahre 1471/72 betrugen die Ausgaben für die gemeinsame Hofhaltung über 33000 fl., nach der Teilung waren es bei den Albertinern von 1488 bis 1497 durchschnittlich über 13000 fl. im Jahr.[11] Hinzu kamen weitere Ausgaben, die mit dem wachsenden Einsatz von Söldnertruppen zusammenhingen. Seit der vernichtenden Niederlage, die das sächsische Lehnsaufgebot 1426 in der Schlacht bei Aussig durch die Hussiten erlitten hatte, wurden von den Wettinern mehr und mehr Söldner herangezogen. Allein im Jahre 1488/89 betrug der Sold für diejenigen Truppen, die zur Abwehr der Ungarn und Böhmen aufgestellt wurden, 7727 fl.[12] Alle ordentlichen Ausgaben der Albertiner zusammengefaßt, ergibt sich für die Jahre 1488–1497 ein jährlicher Durchschnitt von 21199 fl.[13] Von den äußeren Unternehmungen, die das Budget zusätzlich außerordentlich belasteten, ist vor allem die niederländische zu erwähnen, in der Albrecht denHabsburgern in den Niederlanden zu Hilfe kam, die Statthalterschaft übernahm und in langwierigen Kämpfen verteidigte. Die Gesamtausgaben dafür beliefen sich nach den Jahreshauptrechnungen 1488–1497 auf insgesamt mehr als 230000 fl.[14] Andere außerordentliche Ausgaben kamen hinzu.

All das war durch die ordentlichen Einnahmen bei weitem nicht zu decken. So betrug z. B. die in diesen Jahren bedeutendste laufende Einnahme aus den Ämtern durchschnittlich 22732 fl.[15] Die Verschuldung wuchs an, Verpfändungen und Verkäufe – besonders hervorhebenswert der Verkauf Sachsenburgs an die Grafen von Mansfeld – nahmen zu.[16]

Dieser unübersichtlichen und prekären Finanzsituation war mit alten, feudalen Mitteln nicht mehr zu begegnen. Ämterverpfändungen und -verkäufe konnten keinen Ausweg bieten. Die wirtschaftlichen Verhältnisse drängten die Landesfürsten, neue Finanzquellen zu erschließen, die Stände stärker zur Steuerbewilligung heranzuziehen, den inneren Ausbau des Staatswesens unter Einbeziehung des Bürgertums voranzutreiben, dessen wirtschaftliche Kraft stärker für sich auszunutzen und eine zentrale Finanzverwaltung aufzubauen.

Veranlaßt durch die hohen Belastungen infolge der Hussitenkriege, beriefen die Fürsten 1438 den ersten Landtag ein, um sich von den Ständen eine Akzise zur Deckung ihrer Schulden bewilligen zu lassen.[17] Weitere Berufungen, verbunden mit

[11] Vgl. A. Puff, Die Finanzen Albrechts des Beherzten, Leipzig 1911, S. 14, 18ff., 144.

[12] Ebenda, S. 151.

[13] W. Goerlitz, Staat und Stände unter den Herzögen Albrecht und Georg 1485–1539, Berlin 1928, S. 388.

[14] W. Goerlitz, a. a. O., S. 390 f.; A. Puff, a. a. O., S. 169, berechnet 202 034 fl.

[15] W. Goerlitz, a. a. O., S. 387.

[16] Ebenda, S. 393.

[17] Vgl. R. Kötzschke/H. Kretzschmar, Sächsische Geschichte, Nachdruck Frankfurt a. M. 1965, S. 144. Über die Anfänge der landständischen Verfassung und frühe ständische

politischen Zugeständnissen an die Stände, folgten seitdem relativ häufig, insbesondere in der zweiten Hälfte des 15. Jh. Dabei ging es den Fürsten in erster Linie um immer neue Steuern, die die Finanznot lindern helfen sollten.[18] Der Ausbau der Zentralverwaltung, der im 16. Jh. zu einem vorläufigen Abschluß kommen sollte[19], diente ebenfalls der Stabilisierung des Territorialstaates. Er ermöglichte, die Ämterverfassung zu reorganisieren und Steuern, Abgaben usw. zentral einzuziehen. Rückgrat dieser Verwaltung war ein juristisch geschultes und sich zunehmend auf bürgerliches Vermögen stützendes Beamtentum. An dessen Spitze standen der Obermarschall, der Hofmeister, der Kanzler, der Hofmarschall und eine Reihe von Räten.[20]

Besondere Bedeutung erlangte jedoch die zentrale Finanzverwaltung.[21] Gerade auf diesem Gebiet mußte den Fürsten daran gelegen sein, genauere Übersicht und Kontrolle zu erhalten. Nachdem 1469 mit der Einsetzung Johanns von Mergenthal als Landrentmeister ein Anfang gemacht worden war, wurde die Finanzverwaltung 1487 bei den Albertinern in den Händen Jakob Blasbalg zentralisiert. Dieser, ein Leipziger Kaufmann, leitete das gesamte Kassen- und Rechnungswesen des albertinischen Staates. 1488 setzen die von ihm geführten Jahreshauptrechnungen ein, die einen Überblick über den sächsischen Staatshaushalt geben und auf denen die oben angeführten Zahlen beruhen. Nach seinem Tod 1490 und einer kurzen Interimsverwaltung führte Georg von Wiedebach das Amt fort. Auf ernestinischer Seite übte der Landrentmeister Hans Leimbach, ebenfalls ein Leipziger Bürger, die gleiche Funktion aus. Damit war auf einem der wichtigsten Gebiete erstmals eine Zentralisation erreicht.

Freilich trugen der Ausbau der Zentralverwaltung wie auch des Gerichtswesens, die sich immer mehr durchsetzende Beamtenbesoldung in Geld, die Aufstellung von Söldnertruppen usw. ihrerseits dazu bei, daß der Geldhunger der Landesherren ständig größer wurde. Hinzu kam schließlich, daß die im 15. Jh. stark gestiegene Warenproduktion Konsumtionsbedürfnisse weckte, die oft nur mit Geld zu befriedigen waren. Sachsen hatte kein ausreichendes Exportgewerbe, um seinerseits Geld ins Land zu holen. Der Blick der Landesherren mußte sich daher mehr denn je auf den Bergbau, insbesondere den Silberbergbau, richten.

Bedebewilligungen vgl. H. Helbig, Der wettinische Ständestaat, Münster-Köln 1955, bes. S. 397ff.; über den Landtag 1438 ebenda, S. 418ff.

[18] Über die Ständetage seit 1438 vgl. H. Helbig, a. a. O., S. 425ff., über die seit 1486 W. Goerlitz, a. a. O., S. 428; über die Steuern bis 1485 ebenfalls H. Helbig, a. a. O., über die seit 1488 W. Goerlitz, a. a. O., S. 349ff.

[19] Vgl. K. Blaschke, Die kursächsische Landesregierung, in: Forschungen aus mitteldeutschen Archiven, a. a. O., S. 270ff.; für die Ernestiner vgl. F. Beck, Zur Entstehung der zentralen Landesfinanzbehörde im ernestinischen Sachsen im 16. und 17. Jahrhundert, in: Archivar und Historiker. Zum 65. Geburtstag von H. O. Meisner, Berlin 1956, S. 288ff.

[20] Vgl. darüber W. Goerlitz, a. a. O., S. 414ff.; ferner H. S. Brather, Die Verwaltungsreformen am kursächsischen Hofe im ausgehenden 15. Jahrhundert, in: Archivar und Historiker, a. a. O., S. 254ff. Über die Entwicklung des Hofrats seit dem 14. Jahrhundert, vgl. H. Helbig, a. a. O., S. 392ff.

[21] Dazu besonders A. Puff, a. a. O.; ferner W. Goerlitz, a. a. O., S. 417ff.

Der Bergbau hatte schon immer im Mittelpunkt des Interesses der Landesherren gestanden. Seit 1168 auf der Christiansdorfer Flur das erste Silbererz gefunden wurde[22], Freiberg entstand[23] und sich die meißnischen Markgrafen frühzeitig die Regalrechte sicherten[24], war das Freiberger Silber eine der bedeutendsten Einnahmequellen der Landesherren. Meißens Reichtum setzte die Zeitgenossen in Erstaunen, Markgraf Otto erhielt den Beinamen „der Reiche". Freiberger Silber gelangte schon im 13. Jh. über den Fernhandel in alle Teile Europas.[25]

Es spricht für die Wertschätzung, die der Bergbau bei den Wettinern genoß, wenn die Gruben bei allen Landesteilungen in gemeinsamem Besitz blieben. Schon nach dem Tode Heinrichs des Erlauchten 1288 wurden die Bergwerke von der Teilung der Lande zwischen seinem Sohn, dem Landgrafen Albrecht, und dessen Neffen Friedrich von Landsberg ausgeschlossen und blieben gemeinsamer Besitz.[26] Auch in der mit dem Jahre 1379 beginnenden Zeit fortgesetzter Teilungen der wettinischen Lande blieben die Bergwerke durchweg in gemeinschaftlichem Besitz der verschiedenen Linien.[27] Das war der Fall 1379, 1382, 1407, 1410, 1411, 1436, 1445, 1448, 1451. Jedesmal wurde in den Teilungsverträgen hervorgehoben, daß die Stadt Freiberg mit ihren Bergwerken sowie alle anderen Bergwerke, die in den einzelnen Landesteilen bestehen oder noch fündig werden sollten, gemeinschaftlich genutzt, beschützt und gefördert werden.

Im Prinzip, wenn auch etwas modifiziert, galt dies gleichermaßen bei der wettinischen Hauptteilung 1485 zwischen dem Kurfürsten Ernst und dem Herzog Albrecht. Der Vertrag legte fest, daß der inzwischen fündig und zum wichtigsten Bergbauzentrum gewordene Schneeberg und alles Gebirge im Umkreis von einer Meile gemeinsam sein sollten, ferner alle anderen bereits im Betrieb befindlichen oder noch aufzuschließenden Bergwerke jetzt und in Zukunft der gemeinsamen „fürstlichen Nutzung" dienen sollten. Ausgenommen und der alleinigen Nutzung dessen überlassen, in dessen Landesteil die betreffenden Gruben lagen, blieben die Eisengewinnung, Waagegeld, Zoll und Geleit. Auch sollte jeder Landesherr für die Bergwerke seines Landesteils die alleinige Macht haben, zu „verleihen, zu ordnen und zu setzen".[28]

22 W. Herrmann, Der Zeitpunkt der Entdeckung der Freiberger Silbererze, Freiberger Forschungshefte D 2, Berlin 1953, S. 7ff.

23 M. Unger, Stadtgemeinde und Bergwesen Freibergs im Mittelalter, a. a. O.

24 H. Ermisch, Das sächsische Bergrecht des Mittelalters, Leipzig 1887; H. Löscher, Vom Bergregal im sächsischen Erzgebirge, in: Bergbau und Bergrecht, Freiberger Forschungshefte D 22, Berlin 1957, S. 123 ff.

25 M. Unger, a. a. O,. S. 66ff. J. U. Nef, Mining and Metallurgy in the Medieval Civilisation, in: The Cambrigde Economic History of Europe, Bd. II, Cambridge 1952, S. 435, setzt die Entdeckung der Freiberger Silbererze als Zäsur für die erste große Periode des Silberbergbaus in Europa.

26 H. Ermisch, a. a. O., S. LVI.

27 Ebenda, S. CXX f. u. CXXXIV f. Die Belege dafür hat Ermisch im Freiberger Urkundenbuch, Bd. 1 (Codex diplomaticus Saxoniae regiae, II. Hauptabt., Bd. 12) abgedruckt. Im folgenden wird der Bd. 2 des Freiberger Urkundenbuchs benutzt (Cod. dipl. Sax., Bd. 13) und als FUB II zitiert.

28 Vgl. E. Hänsch, Die wettinische Hauptteilung von 1485 und die aus ihr folgenden Streitigkeiten bis 1491, Leipzig 1909, S. 56; H. Ermisch, a.a.O., S. CLV

Entsprechend dieser großen Bedeutung des Bergbaus in den wettinischen Landen, war auch die Bergverwaltung im Rahmen der staatlichen Verwaltungsorganisation bereits frühzeitig ausgebaut worden und gehörte zu den bestorganisierten des sich zentralisierenden territorialen Verwaltungsapparats. Wegen der Teilungen, insbesondere nach 1485, wird die gegenseitige Kontrolle der beiden Linien über den gemeinsamen Besitz noch zusätzlich dazu beigetragen haben. Darauf wird in anderem Zusammenhang zurückzukommen sein.[29]

Seit der zweiten Hälfte des 14. Jh. hatten jedoch die Erträge aus dem Bergbau erheblich nachgelassen. Das einstige überragende Zentrum des wettinischen Silberbergbaus, Freiberg, machte – wie der Silberbergbau im allgemeinen[30] – eine Krise durch. 1363 mußten die Landesherren Abgaben ermäßigen wegen „gebrechen und crangheit unser gebirge".[31] Dennoch lag die jährliche Durchschnittsproduktion von Silber noch in der zweiten Hälfte des 14. Jh. um 10000 Mark.[32] Ein Jahrhundert später war die Silberproduktion nahezu bedeutungslos geworden. 1444 heißt es in einer landesherrlichen Urkunde, daß die Freiberger Bergwerke „in kurtzen jaren und bie unsern zciiten groẞlich abgenomen haben und von mannicherhande sache wegin verwüstet sind".[33] 1453 wurden rund 500 Mark an die Münze geliefert, von 1461 bis 1485 betrug die jährliche Durchschnittsproduktion 756 Mark.[34] In den folgenden Jahren bis zur Jahrhundertwende blieb dann die Produktion Freibergs auf diesem niedrigen Niveau.[35]

Eine der wesentlichsten Ursachen für diesen Rückgang war – wie bereits angedeutet – der Kapitalmangel. Der Abbau konnte nur so lange vonstatten gehen, als es das Wasser erlaubte. Die für die Wassergewältigung notwendigen Stollen und Künste erforderten hohe Kosten, für die sich im 14. Jh. keine Geldgeber fanden. Der Abbau wurde damals noch hauptsächlich von Eigenlehnern oder Genossenschaften selbst arbeitender Gewerken, d. h. nach dem Prinzip der einfachen Warenproduktion, betrieben. Die Quellen jener Zeit geben durchweg den Kapitalmangel der Bergbautreibenden und ihre Übervorteilung durch die Erzhändler als eine Ursache der Krise an.[36] Dazu kam, daß die Landesherren in dem Bestreben, ihre

[29] Vgl. die Studie „Die Durchsetzung des Direktionssystems . . .".

[30] K. Schwarz, Untersuchungen zur Geschichte der deutschen Bergleute im späteren Mittelalter, a. a. O., S. 45ff.

[31] FUB II, Nr. 896, S. 20

[32] Errechnet von J. Köhler, a. a. O., S. 112, nach den Freiberger Münzmeisterrechnungen.

[33] FUB II, Nr. 995. Ähnliche Klagen über das Darniederliegen des Bergbaus häufen sich um die Mitte des 15. Jh.

[34] J. Köhler, a. a. O., S. 120 u. 113.

[35] W. Goerlitz, a. a. O., S. 300, gibt folgende Zahlen (die von ihm angeführten Halbjahreszahlen ziehe ich zusammen): 1487/88 = 1605 Mark; 1488/89 = 685 Mark; 1489/90 = 463 Mark; 1490/91 = 706 Mark; 1491/92 = 903 Mark; 1492/93 = 917 Mark; 1493/94 = 1361 Mark; von jetzt an steigt das Ausbringen: in den Jahren 1501–1510 sind es durchschnittlich 2317 Mark, 1511–1520 = 3993 Mark im Jahr.

[36] „. . . das dy reichen unde gebaldigen eynboner ungeneyget seyn zcu ewer perckwerck zcu Freiberg . . . Alzo musse mir arme gnappen meins herren perckwerck alleyne pauen mit etlichen armen hantwerckman . . ." (FUB II, Nr. 1001). „Nu sient leider die leuthe zere vorarmet", sobald Wassernot einsetzt, lassen sie selbst „hoffeliche tyeffte not halben stehn und werden ufflessigk" (ebenda, Nr. 1007). "Ouch wenne arme luthe ein wenig ercz derbauwen,

Einkünfte zu erhöhen, zu dem Mittel der Münzverschlechterungen griffen, wodurch die Bergbautreibenden überdies geschädigt wurden, da der vom Landesherrn für das Silber gezahlte Kaufpreis im allgemeinen gleich blieb.[37] Äußere Einflüsse wie die Hussitenkriege in den 30er Jahren und der Bruderkrieg in den 40er Jahren des 15. Jh. zwischen Kurfürst Friedrich II. und seinem Bruder Wilhelm, bei dem es auch um Stadt und Bergwerke Freibergs ging, haben ebenfalls dazu beigetragen. Den Zusammenhang zwischen der durch die Hussitenkriege gesteigerten Finanznot und der Mobilisierung aller Kräfte, um den Bergbau zu aktivieren, sprach Kurfürst Friedrich II. zwischen 1432 und 1437 selbst aus: „. . . und hoffen zcu gote deme almechtigen und der werden reynen kusschin juncfrauwen Marien, sie wirden yn zcu sunderlichin lobe und eren, unsern landen und furstenthumen zcu nutcze und fromen an solichin bergwergken manigfeldiglichin widdergebin, was wir in zciiten widder die vordampten ketczere und an andern enden durch des heiligen cristengloubin willin durch unser lande und lute nutze vorczeret und usgegebin habin, und sind gentzlich eyn wurden, alle unsere herren, prelaten, manne, uch und ander unsere stete mit uns an solich bergwerg und gebuwe zcu hulffe zcu nemen uff das ir und dieselbigin . . . solicher bergwerg und gebuwede furder mit uns semptlichin gnissen und widderstatunge solicher dinste, als ir und sie uns getan habit, empfan mogen."[38]

Der Rückgang ihrer Einkünfte aus dem Bergbau hatte die Wettiner aber schon zuvor alarmiert. Wie sie einerseits versuchten, soviel wie möglich aus den Bergwerken herauszuholen, machten sie andererseits Anstrengungen, den Bergbau zu fördern.

Am 20. April 1365 erging ein landesherrlicher Befehl über einen Stollenbau und über die Aufstellung einer Kunst, der in scharfen Worten die Gewerken aufforderte, die von den Amtleuten „unsen bergwerken zu nucze unde czu vromen" getroffenen Maßnahmen durchzuführen. Dabei ist erkennbar, daß bergverständigen Ausländern, Nicolaus und Augustin von Florenz, die als Freiberger Münzmeister wirkten, bedeutender Einfluß auf den Bergbau eingeräumt worden war.[39] Am 20. und 24. März 1379 schlossen die Markgrafen mit den Pragern Johann Zcecheslaw und Dominik Goltsmid, ferner mit Heinemann von Freiburg, Hermann von Rothenburg und Hensil Messerer von Nürnberg Verträge ab, damit diese eine Kunst bauen, um „unsere wasserigen berkwerck czu weldigen". Ihnen wurde neben anderen Vergünstigungen ein „ewiges freies Neuntel" von allen Gruben versprochen, denen ihre Kunst Wasserlösung bringen würde, ferner stand ihnen frei, in diesen Gruben eine Schicht mitzubauen.[40] In einem anderen Fall kauften die Markgrafen

so synt dye erczkauffer do und drucken is den armen leuthen abe kawme umbe halp gelt" (ebenda, Nr. 1011). 1451 berieten die landesherrlichen Räte darüber, „durch wilche wege man das muge vorgenemen, das man die borger, die wolhabinde sin, eyn iglichen nach siner vermuge zcu buw der bergwergke brengen muge (ebenda, Nr. 1021). Vgl. auch Nr. 1000, 1015, 1017.

37 H. Ermisch, a. a. O., S. CXXXVIII f.; vgl. auch FUB II, Nr. 911, 915, 927, 931, 947, 955, 962, 975, 985, 987 u. a. (durchweg Anweisungen über die Münzprägung, die die Münzverschlechterung erkennen lassen). Über die Klagen der Bergleute, daß sie mit kleiner und schlechter Münze bezahlt werden, vgl. FUB II, Nr. 1021, 1026, 1029 u. a.

38 FUB II, Nr. 988.

39 FUB II, Nr. 903; vgl. auch H. Ermisch, a. a. O., S. CXXIX.

40 FUB II, Nr. 933 u. 934; H. Ermisch, S. CXXIXf.

am 11. Februar 1384 einen Stollen auf, da es zwischen den Stollengewerken und den Gewerken der davon profitierenden Gruben zu Streitigkeiten gekommen war, und gaben ihn frei, d. h., alle Gruben, denen der Stollen Wasserlösung und Bewetterung brachte, brauchten keine Abgaben mehr zu entrichten, sondern hatten nur für seinen Unterhalt zu sorgen, soweit er ihre Zechen berührte.[41] Dieser Stollen wurde später als der „alte und tiefe Fürstenstollen" bezeichnet. Unter ähnlichen Bedingungen kauften die Fürsten noch andere Stollen frei.[42]

Ausführlich berichtet Ermisch über die sich im 15. Jh. ausbreitende Institution der Steuerbergwerke, zu welchen die Landesherren wöchentlich bestimmte Beträge beisteuerten, z. T. unter der Maßgabe, daß der Zehnte eine gewisse Höhe überschritten haben müsse.[43] Einen bestimmten Teil dieser Steuer erhielt auch der Rat der Stadt Freiberg zur Förderung des Bergbaus. Einen weiteren Hinweis auf die Tatsache, daß letztlich Kapitalmangel die Ursache der Krise des Bergbaus war, gaben 1457 die Bergamtleute. Obwohl sie mehr zur Abschaffung der Steuerbergwerke neigten und statt dessen eine allgemeine Erhöhung des Silberpreises erwogen, wie das bei „freien Bergwerken" üblich war, vertraten sie dann doch die Auffassung, daß die Bergbautreibenden zu arm seien, um die Steuern entbehren zu können.[44] Den sogenannten „freien Bergwerken", vor allem solchen, die eine geringe Ausbeute hatten, wurde an Stelle der Steuer ein höherer Silberpreis gewährt.[45]

Ein zusätzlicher Anreiz wurde 1459 geschaffen: die Gewährung der sogenannten hohen Freiheit oder Münzfreiheit. Die Gewerken solcher Gruben, die wegen Wassernot oder aus anderen Gründen sehr hohe Kosten zu tragen hatten, erhielten für ihr Silber den Marktpreis, d. h. den, der fremden Kaufleuten gezahlt wurde.[46]

Um die Mitte des 15. Jh. zeigt die urkundliche Überlieferung eine geradezu hektische Betriebsamkeit bei der Behandlung der Bergwerksangelegenheiten in Freiberg. Die Landesherren unternahmen immer neue Anstrengungen, den Ursachen der Krise auf den Grund zu kommen und Maßnahmen zu deren Überwindung zu ergreifen.[47]

Der trotz all dieser Maßnahmen anhaltende Rückgang des Freiberger Silberbergbaus veranlaßte die Landesherren, die Schürfe in anderen Landesteilen zu forcieren. Ein Schlaglicht darauf wirft der landesherrliche Briefwechsel mit einem englischen Bergmeister.[48] Am 23. August 1444 schrieb der Kurfürst Friedrich II. von Sachsen an den englischen Bergmeister Adrian Spierinc und lud ihn ein, zur

[41] FUB II, Nr. 941 u. 942; H. Ermisch, S. CXXX.

[42] FUB II, Nr. 964, 988; vgl. auch die Befreiung Nr. 965; H. Ermisch, S. CXXXII.

[43] H. Ermisch, S. CXXXVI ff.; zahlreiche Belege in FUB II.

[44] Ebenda, S. CXLIII f.; vgl FUB II, Nr. 1030 (S. 158) u. Nr. 1031 (S. 163).

[45] FUB II, Nr. 996.

[46] FUB II, Nr. 1035, 1037, 1040, 1042, 1044, 1052. Diese Maßnahme hatte allerdings nicht – wie H. Ermisch (a. a. O., S. CXLIVf.) annimmt – nur wenige Jahre Bestand, sondern findet sich noch in den 70er Jahren in Schneeberg und Anfang der 90er Jahre am Schrekkenberg. Vgl. weiter unten.

[47] Vgl. die folgenden Urkunden in FUB II: 994, 998–1000, 1002, 1004, 1005, 1007, 1009, 1012 bis 1018, 1021, 1022, 1024, 1027, 1030–1034, 1036, 1049, 1056. Vgl. dazu auch R. Dietrich, Untersuchungen zum Frühkapitalismus, in: Jahrbuch für die Geschichte Mittel- und Ostdeutschlands, Bd. 8, 1959, S. 56 ff.

[48] StA Dresden, Loc. 4320, Bl. 20–28.

Ausübung seiner Kunst, verborgene Erze zu entdecken, nach Sachsen zu kommen.[49] Ein Bote wurde beauftragt, ihn dorthin zu begleiten. Spierinc, der sich in seinem lateinischen Antwortschreiben vom 31. Oktober 1444 „magister minerarum regni Anglie" nennt, nahm den Ruf an. Als Spierinc auf sich warten ließ, schrieb der Kurfürst am 17. Januar 1445 erneut nach London und bat um Beschleunigung der Ankunft. Zugleich schrieb er an einen Stephan Zingel und forderte ihn auf, seine Absichten mit Spierinc, „in sachen, an den unns groß gelegen ist, die er dir in geheim villicht wol offenbaren wirdt", zu unterstützen. Zwei Tage darauf schrieb der Ritter Hildebrand von Einsiedel an Spierinc, der zuvor seinerseits zwei Schreiben an diesen gerichtet hatte, und mahnte zur Beschleunigung der Reise. Aber am 7. April 1445 war Spierinc immer noch in London, da er unter diesem Datum dem Kurfürsten mitteilte, daß seine Reise bevorstehe und daß er Stephan Zingel mitbringen werde. Am selben Tag entschuldigte er sich auch bei Hildebrand von Einsiedel für die Reiseverzögerung. Am 8. April schließlich schrieb Stephan Zingel an Friedrich II., daß die Reise Spierincs nach Sachsen nunmehr beschleunigt werde. Damit bricht der Briefwechsel ab, und es ist nicht bekannt, ob die Aktion Erfolg hatte.

Auch eine Reihe anderer Maßnahmen wie die Gewährung eines höheren Silberpreises an alle außerhalb des Umkreises von einer Meile um Freiberg gelegenen Bergwerke, die laut landesherrlicher Urkunde vom 18. März 1444 auf acht Jahre festgelegt wurde[50], zahlreiche Beleihungs- und Befreiungsurkunden über Bergwerke in verschiedenen Teilen des Landes, die Einsetzung von Hans Kluge 1466 als zweiter Bergmeister des Landes für alle nicht zu Freiberg gehörenden Gruben[51] und schließlich die am 14. April 1466 erlassende Ordnung des Kurfürsten Ernst und des Herzogs Albrecht für alle Bergwerke außerhalb der Pflege Freiberg beweisen, wie sich der Blick der Landesherren bewußt auf die Durchforschung anderer Landesteile nach Erzlagerstätten richtete. Die zuletzt genannte Bergordnung stellt dazu fest: „. . . nochdeme unnde als in unnsernn landen unde furstenthumen ussewendig der pflege zcu Friberg vaste vil bergkwergk unnde gruben erregt unnd uffbracht, die dann, als uns worhafftig vorkomen ist, durch unnordenliche arbeyt, czweytracht unnde vorsewmeniß nicht so volkomelich gefurdert unde gebuwet werden, sam wol not were, uff das nu dieselben bergkwergk alle, der uns nicht vil nicht wissent sint, uns in kunde komen unnde hinfurder desto baß uffbracht unde redelich ane betrig uns unsernn landen zcu nutz unde gedeyen, auch zcu ynnbrengunge unnsers zcenden gearbeit werden mogen, so haben wir ym besten vorgenomen unde bestetiget ein bergkbuch . . ."[52]

[49] Friedrich teilt mit, daß sein Land reich an Erzen sei, „das wir alleine bruch haben an luten, die das kunden gewisen und finden". Indessen sei ihm schon seit etlichen Jahren bekannt, „wie uch got der Almechtig solch vernunfft und wisheit hab gegebn . . . Ertz in dem ertrich wisset zu finden." „Davon begeren wir von uch mit grossem flisse, ir wollet uch zu unns in unnße land wenden, solch uwer künst unns und unnßn landen zu uben." Dafür werden Spierinc eine Reihe Vergünstigungen in Aussicht gestellt.

[50] FUB II, 995; H. Ermisch, S. CXL.

[51] FUB II, Nr. 1048; vgl. auch StA Dresden, Cop. 58, Bl. 411b u. 412.

[52] Die Ordnung ist ediert bei H. Ermisch, a. a. O., S. 73—77; vgl. auch FUB II, Nr. 1055; desgl. StA Dresden, Loc. 4491, Bl. 6b.

Bereits seit langem wurde in Sachsen auch außerhalb Freibergs Silberbergbau betrieben.[53] In allen Gebieten des Obererzgebirges, in denen später reiche Funde gemacht werden sollten, wurde bereits während des 14. Jh. geschürft und gebaut. In der Schneeberger Gegend war Anfang des 14. Jh. eine Silbergrube fündig geworden. Sie lag zwischen Kirchberg und Weißbach (nordwestlich von Schneeberg) am Fürstenberg oder Hohen Forst. Am 3. Mai 1316 verlieh Markgraf Friedrich dem Rat von Zwickau an diesem Bergwerk „burgerlehen icwedersiit der vuntgruben", d. h. ein Mitbaurecht, unter Vorbehalt seines Zehnten.[54] Infolge der Streitigkeiten zwischen den Markgrafen und den Vögten von Plauen um das Bergregal läßt sich dieses „berwerc zu dem Honforste" bis in den Anfang des 15. Jh. verfolgen.[55] Es wurde später – nach Meltzer wegen der Hussitenkriege – auflässig.[56]

Nach Chronistenberichten soll auch auf dem Schneeberg selbst im 14. Jh. Silber gebaut worden sein. Urkundlich ist der Schneeberger Silberbergbau seit 1446 belegt. Am 22. Juli 1446 verlieh Friedrich auf „flißiger bete wegin der gewercken der Bergwercke zcum Suchberg, Ulrichsperge, zcur Silberwagen, zu Ernfridestorff, Grewz und anderswo umb Czwigkaw gelegen" auf vier Jahre die Bergfreiheit. Alles Silber, das dort gebaut wird, soll in die Münze zu Zwickau gebracht, die Mark soll mit 2 Schock Groschen bezahlt werden, und die Gewerken sollen den Zehnt geben „als geborlich ist".[57]

Näheres wird dann 1453 über den Schneeberger Silberbergbau bekannt. Am 19. September 1453 befahl Kurfürst Friedrich dem Freiberger Münzmeister auf Grund einer aus Zwickau empfangenen Anzeige, das neue Bergwerk, das sich „uff

[53] Der Bergbau auf andere Metalle (z. B. Zinn) bleibt hier außer acht.

[54] FUB II, Nr. 872; H. Ermisch, S. LXIII f. Nach H. Löscher, Vom Bergregal im sächsischen Erzgebirge, a. a. O., S. 131, Anm. 39, lag dieses Bergwerk noch näher beim Schneeberg in der Gegend von Lindenau und Griesbach. Während des Streites um die Rechte des Grundherrn am Schneeberger Bergbau 1478 zwischen den Herren von Planitz und dem Landesherrn klagte Georg von der Planitz, daß auf dem Hohen Forst, auf seinem Grund und Boden, Feuer-, Schacht- und Bauholz für Schneeberg geschlagen worden sei – StA Dresden, Loc. 4322, Bl. 122.

[55] FUB II, Nr. 874 u. 967; H. Ermisch, S. LXXII f. u. CXXIII.

[56] O. Hoppe, Der Silberbergbau zu Schneeberg bis zum Jahre 1500, Freiberg 1908, S. 7. Albinus berichtet, daß die Gebrüder Staude, berühmte Kunstmacher aus Nürnberg, um 1473 versuchten, das Bergwerk im Auftrag Martin Römers zu gewältigen. Sie stießen dabei auf mehrere ersoffene Schächte und Strecken, die Schächte mit einer Teufe bis zu 84 Lachtern, eine Strecke rd. 200 Lachter lang. Da das dabei gefundene Erz einen Abbau nicht lohnte, wurden die Gewältigungsarbeiten wieder eingestellt. Zu Albinus' Zeit waren die dortigen Halden bereits mit großen Bäumen bewachsen (P. Albinus, Meißnische Bergk Chronika, Dresden 1590, S. 25 f.).

[57] StA Dresden, Cop. 43, Bl. 80b. Die Urkunde ist nur in dieser Kopie überliefert. Zweifellos hat dabei der Kopist auf Grund eines Lesefehlers „Snehberg" als „Suchberg" abgeschrieben, ein Fehler, der leicht erklärlich ist, da die Schreibweise „Snehberg" oder „Sneheberg" noch Jahrzehnte später üblich und leicht verwechselbar war. Über den Silberbergbau am Ulrichsberg in der Herrschaft Wolkenburg, der bereits in der Mitte des 14. Jh. bekannt war, vgl. H. Löscher, Vom Bergregal ..., a. a. O., S. 134 f. Das Bergwerk zur Silberwagen lag nach Albinus (a. a. O., S. 26) am Wolfsberg und Hasenberg in der Nähe des Schneebergs und war 1440 fündig geworden.

dem Sneberge bie Zcwickow erowget habe, das danne hoffenlich were gewynhafft zcu werden", durch den Bergmeister besichtigen zu lassen. Das Ergebnis dieser Besichtigung sollte dazu dienen, über das Gesuch auf Gewährung bestimmter Freiheiten zu entscheiden. Am 4. Oktober wiederholte der Kurfürst diesen Befehl, die Ergiebigkeit des neuen Bergwerks baldmöglichst prüfen zu lassen, da er bis jetzt noch keinen Bericht erhalten habe.[58] Noch im selben Jahr wurde insgesamt 32 Gewerken die Belehnung mit dem Bergwerk und dem Stollen „Die Fundgrube" auf dem Schneeberg „nach Bergwerks- und Stollenrecht" urkundlich bestätigt.[59] Bald darauf scheint Martin Römer diese Grube übernommen zu haben, da er 1460 für sie seine erste Münzbefreiung erhielt.[60] Am 16. November 1466 erneuerten Kurfürst Ernst und Herzog Albrecht diese Münzbefreiung für Martin Römer, Hans Federangel und ihre Mitgewerken auf acht Jahre, und zwar für die Fundgrube mit allen Maßen und zwei Lehen auf dem Schneeberg. Außer der Münzbefreiung, die ihnen für ihr Silber nach Abzug des Zehnten den normalen Marktpreis zusicherte, wurde in der Urkunde hervorgehoben, die Genannten mögen ihren Stollen und ihre Gruben mit beliebig vielen Häuern und Arbeitern bauen lassen, und kein Amtmann oder Bergmeister habe ohne ausdrücklichen schriftlichen Befehl der Landesherren das Recht, gegen den Willen der Lehenträger in die Gruben einzufahren oder sie am Bau zu hindern.[61] Am 26. Januar 1467 erhielten Martin Römer, Andreas Goltsmidt und Hans Federangel, alle drei Zwickauer Bürger, sowie ihre Mitgewerken zusätzlich „meins gnedigen Hern freyes, nemlichen dy alde Wißmat Zech mit zweyen wehren" und dazu noch einen Erbstollen verliehen, den sie in die Wismutzeche treiben sollten.[62]

So konnte es nicht ausbleiben, daß entgegen allen Legenden von Zufallsfunden, wie sie die Chronisten überlieferten, die bewußte und landesherrlich geförderte Schürftätigkeit durch Bergverständige zum Erfolg führte. Nachdem offenbar im September 1470 der erste große Fund gemacht worden war[63] und nun ein fieberhaftes Schürfen einsetzte, wurden die Bergteile der alten Gewerkschaft Martin Römers noch einmal genau vermessen und verliehen, um sie gegen andere abzusichern. Bei dieser Vermessung, die am 17. Oktober 1470 durch den landesherrlichen Oberbergmeister Hans Kluge und den Zwickauer Bergmeister Nikolaus Tretwyn in Anwesenheit mehrerer Amtleute sowie des Bürgermeisters und der Schöppen von Zwickau stattfand, waren auf dem Schneeberg bereits vorhanden: die „Alte Fundgrube", die alte „Wismutzeche" mit zwei Lehen und der Erbstollen; es wur-

58 StA Dresden, Loc. 4322, Bl. 1 u. 2.

59 Ebenda, Loc. 4324, Bl. 21, Konzept der Belehnungsurkunde. Diesen und die folgenden Belege hat Hoppe übersehen.

60 O. Hoppe, a. a. O., S. 7.

61 StA Dresden, Loc. 4324, Bl. 22; vgl. auch ebenda, Cop. 58, Bl. 413.

62 Ebenda, Loc. 4324, Bl. 22b. Über die Wismutzeche teilt Georg von Planitz 1478 mit, daß sie seit alters vorhanden sei und seinen Eltern und ihm davon ein Achtel zustünde, ebenda, Loc. 4322, Bl. 122 b. Auch P. Albinus, a. a. O., S. 30, nennt die Wismutzeche; sie sei nahe der späteren St.-Georgs-Zeche gelegen gewesen und hätte um 1480 bereits eine Teufe von rd. 100 Lachtern gehabt (ebenda, S. 132).

63 K. Hahn, Die ältesten Schneeberger Zehntrechnungen, in: Neues Archiv für sächsische Geschichte und Altertumskunde, Bd. 53, 1932, S. 37.

den drei Erben und ein Erbstollen vermessen, letzterer „angefanngen am mundtloch mit seinen lichten schachten und vermessen biß an iren Hawbtschacht".[64]

Auch im Gebiet der anderen künftigen Zentren des obererzgebirgischen Silberbergbaus wurde – noch bevor sich nach dem Fündigwerden des Schneebergs eine Schurfwelle nach allen Seiten ausbreitete – Silbererz abgebaut. Zwischen Schneeberg und dem späteren Annaberg gab es in der Grafschaft Hartenstein Silbergruben. Ein Vertrag zwischen dem Markgrafen Friedrich und dem Burggrafen Meinher vom 28. Juni 1339 nahm Bezug auf „alle bercwerg, die . . . uf der monche gut vome Grunenhain, daz in irre graveschaft czu deme Hartinsteine ist gelegin", und gewährte dem Burggrafen ein Drittel des Zehnten.[65]

Noch weiter in Richtung Annaberg, aber nördlich davon, wurde in der Grafschaft Wolkenstein, gekennzeichnet durch die Bergorte Ehrenfriedersdorf, Geyer und Thum, bereits seit Ende des 13. Jh. Bergbau getrieben.[66] Am 13. Juni 1377 schlossen die Herren von Wolkenstein mit dem Markgrafen einen Vertrag „umbe daz bercwerck zcu Erinfriedestorf", wobei ausdrücklich „allin silbirgengen" erwähnt werden. Obwohl damals bereits der Zinnbergbau eine Rolle gespielt hat, der hier später das Silber überflügeln sollte[67], wurde dem Silber betont die Priorität zugesprochen.[68] Ehrenfriedersdorf und Wolkenstein sollten allein im Besitz der Bergfreiheit bleiben, d. h., sie hatten freien Markt, Fleischbänke, Brotbänke, Badestuben etc. Am 16. Oktober 1407 wurde der Vertrag erneuert und ergänzt. Jetzt wird neben Silber und Zinn auch Gold erwähnt und die Bergfreiheit bereits auf Thum, Geyer und Zschopau ausgedehnt.[69]

Direkt beim späteren Annaberg, am Pöhlberg, ist Silberbergbau seit dem 15. Jh. nachweisbar. Das Material darüber, das auch die landesherrliche Förderung der Schürfe zeigt, hat vor allem Sehm zusammengetragen und teilweise ediert.[70] Nach chronikalischen Angaben bestand am Pöhlberg 1442 die St. Briccius-Zeche. Urkundlich belegt ist der Bergbau am Pöhlberg seit dem 23. Februar 1468 durch eine „Verschribung ubir das bergkwerg zu Belberge in der pflege Schellinberg", aus der

64 StA Dresden, Loc. 4324, Bl. 23.

65 FUB II, Nr. 875; vgl. auch H. Ermisch, a. a. O., S. CXXIII; J. O. Sehm, Der Silberbergbau zu Annaberg im Erzgebirge bis zum Jahre 1500, Annaberg o. J. (1933), S. 8.

66 H. Ermisch, a. a..O., S. XXIII.

67 Von dort stammt aus der Mitte des 15. Jh. das bekannte Zinnerweistum, ediert bei H. Löscher, Das erzgebirgische Bergrecht des 15. und 16. Jahrhunderts, I. Teil: Berggebräuche, Freiberger Forschungshefte D. 24, Berlin o. J., S. 56 ff., vgl. auch S. 12 ff.

68 FUB II, Nr. 930: „. . . were, daz zcenegenge gyngen an dy silbirgenge, alzo daz man dy zcenegenge an der silbirgenge schadin nicht geerbeyten mochte, so sullen dy zcenegenge stille legin unde daz silberwerc sal vor sich geen bis alz lange, daz man dy zcenegenge an schaden der silbergenge wol geerbytin mag."

69 FUB II, Nr. 972. Über Geyer vgl. auch J. Falke, Geschichte der Bergstadt Geyer, Dresden 1866 (H. 15 der Mitteilungen des kgl. sächs. Vereins für Erforschung und Erhaltung der vaterländischen Geschichts- und Kunst-Denkmale), bes. S. 21ff.; H. Ermisch a. a. O., S. CXXII.

70 J. O. Sehm, Der Annaberger Silberbergbau . . ., a. a. O., S. 8ff. u. 129ff. Ergänzend H. Löscher, Die erste Annaberger Bergordnung vom 11. Februar 1493, in: ZRG, Germ. Abt., Bd. 68, 1951, S. 436f.

hervorgeht, daß dort bereits vor 1468 Zinnbergbau betrieben wurde.[71] Um diesen Bergbau zu fördern, gaben die Landesherren Ernst und Albrecht am 4. Februar 1468 die Verleihung des Stadtrechts (!) und eines freien Wochenmarktes an „das Dorf Geyersdorf am Boelberge" bekannt, um „Errettunge willen Unserer Bergkwergke".[72] Es handelte sich dabei nicht um Stadtrecht, wohl aber um die Erteilung der Bergfreiheit – wie zuvor bei Wolkenstein, Ehrenfriedersdorf, Geyer und Thum –, wonach die Einwohner frei backen, mahlen und schlachten und alle Versorgungsgüter frei von Zoll- und Geleitsabgaben durch die wettinischen Lande führen durften. Für den Pöhlberger Bergbau war das deshalb bedeutsam, da vorher das zum Lebensunterhalt der Bergleute Nötige auf dem Markt in Ehrenfriedersdorf oder Geyer besorgt werden mußte.

Silberbergbau auf dem Pöhlberg ist seit 1469 durch einen Lehnsbrief nachweisbar, in dem die Rede ist von einem „tyffen stolln gelegen an dem Belberge czu nehest pey Rückerßwalde" und einem „suchstollin, den dy alden an haben gefangen".[73] Diesen Lehnsbrief des Kurfürsten Ernst und des Herzogs Albrecht erhielt ein Erhart Altmann, derselbe, dem 1468 das erwähnte Zinnbergwerk verschrieben worden war, für sich und seine Erben mit der Auflage, den genannten Stollen und Suchstollen zu treiben, und ihm wurden von Gängen, auf die er stoßen sollte, drei Erben und ins Hangende und Liegende sechs gemessene Lehen zugesichert. Außerdem sollte er den Stollen als Erbstollen haben.[74] Zur besonderen Förderung dieses Bergbaus erteilten die Landesherren auf 15 Jahre die große Münzfreiheit, d. h., die Münze zu Freiberg sollte ihm „gleich unde so hoch sein silber betzalen, alß eyne andern fremden koffman sien silber". Die Grube war offenbar auf silberhaltiges Kupfererz fündig, da der Lehnsbrief ausdrücklich davon sprach, „ab das silber ader koppfer würde". Auch aus den Rechnungen des Zehntners zu Geyer ist auf Kupferbergbau in diesen Gruben zu schließen.

Neben den Altmannschen dürften auch noch andere Gruben auf dem Pöhlberg vorhanden gewesen sein, da 1471 ein Nickel Frewel als „Bergmeister uff dem Belberge" genannt wird.[75]

Selbst die Witwe des Kurfürsten Friedrich, Herzogin Margarete, beteiligte sich

[71] H. Löscher, ebenda, S. 436; vgl. auch StA Dresden, Cop. 58, Bl. 417.

[72] J. O. Sehm, Der Annaberger Silberbergbau . . ., a. a. O., S. 10, Urkunde auf S. 129 f., H. Löscher, Die erste Annaberger Bergordnung . . ., a. a. O., gibt diese Stadtrechtsverleihung erst für den 23. Februar 1468 an. Beide Daten stimmen. Am 4. Februar wurde die Verleihung bekanntgegeben, während man erst am 23. Februar das Privileg ausfertigte. Aus ihm geht hervor, daß die Verleihung auf eine ausdrückliche persönliche Bitte von Erhart Altmann zurückgeht (vgl. J. O. Sehm, Die Schreckenberger Bergordnung 1499/1500. Die älteste deutsche gedruckte Bergordnung, Zwickau 1936, S. 31).

[73] J. O. Sehm, Der Annaberger Silberbergbau . . ., a. a. O., S. 130.

[74] „. . . och gebin wir Im sülche freyheit zcü sienem pergkwerck allen, ab her das lisse legin, welcherley nu das were, so sal es kein bergmeyster nicht vorleyhen, es tehte denne der obingemelte altman ader siene erbin und erbneme . . ." Ähnliche Vergünstigungen (große Münzfreiheit und Erbstollen) hatte Altmann schon 1460 und 1461 in der Freiberger Gegend erhalten. Vgl. FUB II, Nr. 1037 u. 1040.

[75] J. O. Sehm, Der Annaberger Silberbergbau . . ., a. a. O., S. 12. Frewel war übrigens auch einer der Anwesenden bei der Vermessung auf dem Schneeberg im Oktober 1470 – StA Dresden, Loc. 4324, Bl. 23.

am Pöhlberg. In einem Brief vom 3. November 1477 bat sie ihren Sohn, Herzog Albrecht, er möge ihr „ein lehen mit eym Erbstollen und was darzcu gehort uf dem Belberge vorleyhen", was ihr aber abschlägig beschieden wurde.[76] Dennoch war sie, als man der „funtgrube ufm Beleberge" am 19. Juni 1480 den Zehnten um die Hälfte ermäßigte, eine der Gewerken dieser Grube.[77] Nach dem Tode Erhart Altmanns, 1483, als seine Gruben seit einiger Zeit ungebaut lagen, schrieb Margarete erneut an ihre Söhne Ernst und Albrecht und bat um Verlängerung der Münzbefreiung um weitere 15 Jahre, da sie und einige Gewerken beabsichtigten, das Bergwerk wieder anzufahren. Bereits drei Tage später erhielt sie die Münzbefreiung auf 10 Jahre.[78]

Auch weiter östlich, bis in die Gegend des späteren Marienberg, dehnte sich die Schurfwelle aus. 1474 wurden einer Gewerkschaft für die Wiederaufnahme des sogenannten Tuttelers, eines wüsten Bergwerks bei Wolkenstein, Privilegien erteilt[79], die bereits 1476 erneuert und erweitert wurden[80]. 1477 erwirkte der Wolkensteiner Rat die Münzfreiheit auf zehn Jahre für alle, die im Umkreis von einer halben Meile um Wolkenstein Bergbau trieben oder aufnehmen wollen.[81] Vermutlich Ende der 70er Jahre des 15. Jh. wurde eine Silbergrube „obenwendig Wolckenstein, bei der wusten Sletten gelegen", fündig. Es war die Mönchsgrube, südwestlich der Vereinigung von Schlettenbach und roter Pockau. Ihre Gewerken erhielten 1484 von den Landesherren außerordentliche Freiheiten: Münzfreiheit, Erlaß der Hälfte des Zehnten, freien Gebrauch von Holz, Wasser, Weg und Steg. Außerdem sollte es der Gewerkschaft freistehen, eine halbe Meile um die Mönchsgrube herum zu schürfen und Suchstollen zu treiben.[82] Im Oktober 1486 wurde eine Gewerkschaft, angeführt von dem Leipziger Bürgermeister Ludwig Scheibe, mit dem Silber-Kupfer-Bergwerk am Fürstenberg bei Wolkenstein belehnt.[83] Auch die Entstehung der Häuslersiedlung Pobershau[84] im 15. Jh. deutet auf Bergbau hin.

Es zeigt sich also, daß das große Geldbedürfnis der Landesherren ihre Aufmerksamkeit im 15. Jh. mehr denn je auf den Bergbau lenkte. Wegen des trotz aller Gegenmaßnahmen unaufhaltsamen Rückgangs von Freiberg suchten sie ihre Verluste durch die Forcierung von Schürfarbeiten in anderen Landesteilen zu kompensieren. Stützungen des Bergbaus, Gewährung von Privilegien und Freiheiten und eigene Beteiligung trugen dazu bei, daß die Schürftätigkeit zum Erfolg führte.

[76] Vgl. den Brief bei J. O. Sehm, a. a. O., S. 131, und Anm. 2.

[77] H. Löscher, Die erste Annaberger Bergordnung ..., a. a. O., S. 436; vgl. auch J. O. Sehm, Die Schreckenberger Bergordnung ..., a. a. O., S. 31.

[78] J. O. Sehm, Der Annaberger Silberbergbau ..., a. a. O., S. 13; Derselbe, Die Schreckenberger Bergordnung ..., a. a. O., S. 31. Der Brief ist datiert vom 2. Oktober, die Antwort vom 5. Oktober 1483. Dazu im Widerspruch steht die Mitteilung H. Löschers, Die erste Annaberger Bergordnung ..., a. a. O., S. 436, daß bereits am 6. April 1483 auf Bitte Margaretes die Münzbefreiung auf 10 Jahre erteilt wurde.

[79] StA Dresden, Org. Urk. Nr. 8219 (zit. aus Nachlaß Löscher).

[80] Ebenda, Loc. 4491. Verschreibung über Bergwerke, Bl. 24.

[81] W. Bogsch, Der Marienberger Bergbau in der ersten Hälfte des 16. Jahrhunderts, Schwarzenberg, 1933, S. 18.

[82] Ebenda, S. 19.

[83] StA Dresden, Loc. 4491, Privilegia ..., Bl. 47.

[84] Der 1525 getriebene „Tiefe Molchner Stollen" in Pobershau ist heute als Schaubergwerk eingerichtet.

c) Die Erzlagerstätten

Die erste, naturgegebene Voraussetzung für erfolgreichen Bergbau war das Vorhandensein von Erzlagerstätten.[85] In den von Granit unterlagerten Zonen des Annaberger und Marienberger grauen Gneises hatten sich vor allem bei Eruptivvorgängen durch Entgasung eines granitischen Magmas hydrothermale Erzgänge (meist sulfidische, darunter Silbererze) als Imprägnationen von Spalten und Poren der Gesteine abgesetzt. Von den beiden Zentren hydrothermaler Lagerstätten im Erzgebirge, Freiberg einerseits und Schneeberg-Annaberg-Marienberg andererseits, wird das letztere in vier Formationen gegliedert:

1. die Roteisen-Baryt-Formation, die sich vom Freiberger Revier aus nach Westen erstreckt und im Westerzgebirge kein Silbererz führt;
2. die fluorbarytische Formation, bei der Baryt zusammen mit Silberglanz auftritt und bei Marienberg und in den oberen Zonen von Schneeberg als wesentlicher Silbererzträger erscheint;
3. die Wismut-Kobalt-Nickel-Formation, die u. a. gediegenes Silber enthält; und
4. die karbonatische Silber-Sulfid-Formation, u. a. mit Silberglanz und lichtem Rotgültigerz.

Der Schneeberger Erzdistrikt umfaßt eine Fläche von etwa 400 km², der durch die Ortschaften Hartenstein, Lößnitz, Grünhain, Bockau, Eibenstock, Beerwalde und Kirchberg abgegrenzt ist. Für den Silberbergbau kamen hier insbesondere die fluorbarytische und die Wismut-Kobalt-Nickel-Formation in Betracht.

Das Annaberger Gangfeld erstreckt sich im Gebiet des Annaberger Hauptgneises über eine Fläche von 56 km², umgrenzt durch Nieder-Mildenau, Nieder-Königswalde, Nieder-Sehma, Waltersdorf, Schlettau, Hermannsdorf, Tannenberg, Schönfeld, Wiesa und Wiesenbad. Hier war die Wismut-Kobalt-Nickel-Formation der wichtigste Silbererzträger, so daß auch von einer Kobalt-Silber-Formation gesprochen wird.

Das erzreiche Marienberger Gneisgebiet wird begrenzt von den Ortschaften Grünau, Niederlauterstein, Zöblitz, Ansprung, Gelobtland, Großrückerswalde. Auch hier ist neben der fluorbarytischen die Kobalt-Silber-Formation am bedeutendsten.

Die Bauwürdigkeit der Gänge hängt vom Erzgehalt ab. Besonders hoch ist dieser in Gangkreuzen, d. h., wo Gänge einander durchsetzen, und vor allem dort, wo sich mehrere Gänge scharen. Sowohl in Schneeberg als auch in Annaberg und Marienberg war das der Fall. Das Gangnetz der Schneeberger Baryt- und Kobalt-Formationen, das rund 150 Gänge umfaßte, hatte eine große Neigung zur Zer-

[85] Für das folgende muß ich mich darauf beschränken, kurz die Ergebnisse der geologischen Forschung in bezug auf die Silbererzgänge des oberen oder Westerzgebirges wiederzugeben. Die pneumatolytischen Erzvorkommen, Zinn etc., bleiben außer acht. Vgl. K. Pietzsch, Geologie von Sachsen, Berlin 1962; Derselbe, Abriß der Geologie von Sachsen, Berlin 1956; F. Kossmat, Übersicht der Geologie von Sachsen, Leipzig 1925; H. Müller, Der Erzdistrikt von Schneeberg i. E., in: Gangstudien, herausgegeben von B. Cotta und H. Müller, Bd. III, Freiberg 1860; Derselbe, Die Erzgänge des Annaberger Bergreviers, Leipzig 1895; R. Beck, Die Erzlagerstätten der Umgebung von Marienberg, in: Jahrbuch für das Berg- und Hüttenwesen im Königreich Sachsen, Freiberg 1912. Vgl. auch S. Sieber, Zur Geschichte des erzgebirgischen Bergbaues, Halle 1954.

trümerung. Am stärksten war sie im Stadtberg, wo zahlreiche Gangtrümer stockwerksartig nebeneinander aufsetzten, vielfach Scharkreuze bildeten und so die Grundlage für die reiche Ausbeute einer Reihe von Zechen wurden. In Annaberg bestand ein dichtes Geflecht von über 200 Gängen der Kobalt-Silber-Formation, das auf rechtwinklig sich kreuzenden Hauptrichtungen der Gangfelder beruhte, die noch von einigen diagonallaufenden Gängen durchsetzt wurden. Ähnlich war es auch in Marienberg, wo von den 217 bedeutendsten Gängen 119 in nordöstliche, 64 in nordwestliche und 34 in verschiedene Richtung[86] strichen.

2. *Die Entwicklung des Bergbaus und die Gründung von Bergstädten im oberen Erzgebirge seit dem Fündigwerden des Schneebergs – ein Überblick*

a) Schneeberg

1470 wurde der Schneeberg fündig, allerdings nicht in der „Alten Fundgrube", sondern in einer anderen von der Römerschen Gewerkschaft gebauten Zeche, die zur Unterscheidung die „Neue" oder „Rechte Fundgrube" genannt wurde. Die im Staatsarchiv Weimar vorhandenen Schneeberger Zehntrechnungen verzeichnen den ersten Posten von 118 Mark Silber für die Zeit vom 8. September bis Weihnachten 1470 und vermerkten u. a. eine Ausgabe Römers „dem hutman vor cleidunge, der das erste ertze funden hat".[87] Bereits im nächsten Jahr betrug das Ausbringen 12740 Mark und belief sich dann im ersten Jahrzehnt bis 1480 auf durchschnittlich 31420 Mark im Jahr.[88] 1474 wurde auch die „Alte Fundgrube" fündig, die seit 1477 zusammen mit der in diesem Jahr eröffneten und schnell berühmt gewordenen „St. Georgs-Zeche" die „Rechte Fundgrube" weit überflügelte. An weiteren urkundlich nachweisbaren Zechen waren bereits 1471 vorhanden[89]: „Hoffnung", „Gotsgnade", „Unser Lieben Frauen", „Oberschar", „Sniders Zeche", „Zschorlers Zeche", „Lochmanns Zeche", die aber offenbar noch kein Silberausbringen hatten. Als fündig erscheinen einige von ihnen später in den Zehntrechnungen: 1475 „Hoffnung", 1477 „Oberschar", 1479 „Lochmanns Zeche".

Die Nachricht vom Fündigwerden des Schneebergs dürfte eine große Zahl von Bergleuten angelockt haben, die in der näheren Umgebung der Fundgrube einschlugen, jedoch offenbar durch die Ausdehnungsbestrebungen der Gewerken der Fundgrube geschädigt wurden. Darüber kam es zu den bekannten Unruhen vom

[86] Nach dem bergmännischen Kompaß werden die Richtungen in zweimal 12 Stunden geteilt, d. h. 12–12 wäre N–S, 6–6 = O–W, 3–3 = NO–SW, 9–9 = NW–SO. Danach bezeichnen hora 3–6 Morgengänge, hora 6–9 Spatgänge, hora 9–12 Flachegänge, 12–3 Stehendgänge. Die Marienberger Hauptrichtungen waren hora 3–6 und hora 9–12. Vgl. G. Agricola, Zwölf Bücher vom Berg- und Hüttenwesen, Düsseldorf 1953, S. 41 ff.

[87] K. Hahn, a. a. O., S. 36 f.

[88] Ebenda, S. 37. Die Durchschnittssumme ist anhand der Einzelangaben Hahns errechnet. Niedrigste Jahresproduktion in diesem Jahrzehnt betrug 1473 wegen der Pest 5106 Mark, höchste Jahresproduktion 1477 = 77352 Mark.

[89] Nach dem Erbschied von 1471, ediert bei H. Ermisch, a. a. O., S. 78 ff.

August 1471. Die Bergleute und Gewerken der umliegenden Gruben empörten sich über die Begünstigung der Fundgrübner durch die landesherrlichen Bergmeister. Diese, Hans Kluge, Oberbergmeister für die Bergwerke außerhalb der Pflege Freiberg, und Nikolaus Tretwyn, Bergmeister zu Zwickau, beschwerten sich am 19. August 1471 bei den Landesherren, ihnen sei wegen ihrer Amtshandlungen von etlichen Gewerken auf dem Schneeberg große Gewalt mit Worten und Werken angetan worden, so daß sie ihres Lebens nicht mehr sicher gewesen wären. Nur die Anwesenheit des Amtmanns und einiger Rats- und Gerichtsherren von Zwickau habe Mord und Auflauf verhindert.[90] Daß es dabei um Baurechte ging, bezeugen auch die beiden Gesuche des Zwickauer Rates an die Landesherren, einen Markscheider für den Schneeberg zu bestellen, um die Irrungen zwischen den Gewerken beizulegen.[91] Am 5. November 1471 fällten die Landesherren in einem sogenannten Erbschied die Entscheidung „in den gebrechin, so zwuschin den gewercken von allen teyln uff dem Sneeberge widder die Funtgrubener ... gewest sind", indem sie die Baurechte der einzelnen Gruben gegenüber denen der Fundgrube genau abgrenzten.[92] Ähnliche Streitigkeiten flammten aber auch danach immer wieder auf.[93]

Dennoch standen die Landesherren der Entwicklung zunächst noch abwartend gegenüber und überließen viel dem Selbstlauf. Trotz der im Gefolge der rasch zunehmenden Konzentration der Bergbautreibenden auftretenden Schwierigkeiten wurden nur zögernd Ordnungsversuche unternommen. Die von Ermisch verlorengeglaubte und von Hoppe edierte „Ordinacio" vom 18. Dezember 1472 nominierte lediglich einen Schichtmeister für die von den Landesherren selbst gebauten Teile und regelte die Zubußleistungen. Das gleiche gilt für die „Reformacio" vom 8. Juli 1473.[94] Eine weitere Satzung, die das Zusammenleben auf dem Berg regelt, ist undatiert, muß aber aus der Zeit vor 1476 stammen.[95]

Die älteste datierte Bergordnung des Schneebergs wurde erst am 12. Mai 1477 erlassen. Vorhergegangen war eine Gewerkenberatung in Zwickau, die die Landesherren für den 23. November 1476 einberufen hatten und als deren Ergebnis vermutlich eine Ordnung entworfen worden war, die – neben der undatierten Eingabe des Schneeberger Gegenschreibers an die Landesherren – die Grundlage der

90 StA Dresden, Loc. 4322, Bl. 125: „... daß uns von unßers amptes wegen ... von etlichin gewergkin uff dem Snehebergk groß gebalt mit worthen und wergkin bescheen ist, daß wir unßers leibes und lebens unsycher uff dem berge waren und wer ulbir gnaden amptman Gotz von Wolffirßdorff nicht do keginbertigk gewest mit sampt etlichen vom rath unnd gerichte von Czwigkaw, wer groß mordt unnd ufflaufft worden ..." Hans Kluge, der als „Bergmeister zu Freiberg" unterzeichnet, war der landesherrliche Oberbergmeister für die Bergwerke außerhalb der Pflege Freiberg.

91 Ebenda, Bl. 124 u. 126.

92 H. Ermisch, a. a. O., S. 78 ff. Über die rechtliche Bedeutung des Erbschieds vgl. ebenda, S. CLI.

93 Vgl. StA Dresden, Loc. 4323, Streitigkeiten verschiedener Zechen untereinander. Vgl. auch die beiden bei O. Hoppe edierten Schiede (a. a. O., S. 124 ff.) von 1473 und 1475 über Streitigkeiten zwischen der „Neuen Fundgrube" und der „Hoffnung".

94 Beide abgedruckt bei O. Hoppe, a. a. O., S. 131ff.

95 O. Hoppe, a. a. O., S. 10f. u. 127ff.

Ordnung vom 12. Mai 1477 bildete.[96] Die Ordnung[97] teilte den Berg in vier Viertel, die jeweils von einem Viertelsmeister geleitet wurden. ferner unterstellte sie je vier bis sechs nebeneinanderliegende Zechen einem Schichtmeister. Weiter regelte die Ordnung die Tätigkeit der Schichtmeister sowie die Zubußleistungen und traf Maßnahmen gegen den betrügerischen Handel mit unnützen Bergteilen.

Wie groß die Zahl der Zechen auf dem Schneeberg inzwischen geworden war, soll hier nur angedeutet werden. Eine Durchführungsbestimmung zur Ordnung von 1477[98] nominierte 22 Schichtmeister, von denen jeder „sechs zcechin ungeverlich“ übernehmen sollte. Noch genauer informieren bergamtliche Schätzungen aus demselben Jahr. Danach gab es 1477 in Schneeberg 153 Zechen.[99]

Nachdem im Februar 1478 erneut über Mißstände auf dem Schneeberg beraten worden war, hielt Kurfürst Ernst am 9. oder 15. Mai 1479 einen Tag auf dem Schneeberg ab. Dort wurde über die von den Gewerken vorgebrachten zahlreichen Klagen entschieden, die der Kurfürst größtenteils für unbegründet hielt, wie er seinem Bruder in einem Brief mitteilte. Dennoch wurden einige Veränderungen getroffen.[100] Neue Beratungen fanden am 13. Juni und 25. Juli 1479 statt. Als Ergebnis der letzteren Beratung konstituierte sich ein 15köpfiger Ausschuß, der eine außergewöhnlich umfangreiche Denkschrift ausarbeitete, die den Landesherren am 1. September 1479 übergeben wurde.[101] Der zweite Teil dieser Denkschrift diente als Vorlage für die neue Schneeberger Bergordnung vom 17. November 1479, wobei die Mehrzahl der Artikel wörtlich aus der Denkschrift übernommen wurde. Nur die ersten fünf Artikel sind selbständig ausgearbeitet.[102]

[96] Diese undatierte Ordnung findet sich als Bl. 9 der Kapsel V des Wittenberger Archivs (Bergwerkssachen) im StA Dresden (Loc. 4322). Ermisch hat sie bei seiner Edition der Ordnung vom 12. Mai 1477 nicht erwähnt. Eine handschriftliche Marginalie am Original, die sie als Abschrift der Ordnung von 1477 bezeichnet, stammt aber vermutlich von seiner Hand. O. Hoppe, a. a. O., S. 13f., wertet sie hingegen als Entwurf der Ordnung von 1477, da sie die Einteilung des Berges in vier Viertel und die Einsetzung von Viertelmeistern als bevorstehende, die Ordnung von 1477 hingegen als vollendete Tatsache darstellt. Sie enthält auch noch andere Abweichungen und ist im ganzen weniger ausführlich, so daß die Vermutung Hoppes eine gewisse Wahrscheinlichkeit besitzt. Die undatierte Eingabe des Schneeberger Gegenschreibers an die Landesherren (StA Dresden, Loc. 4322, Bl. 78), die Ermisch als unmittelbare Vorlage für die Ordnung von 1477 hielt (ebenda, S. CL III), war nach Hoppe die Diskussionsgrundlage der Zwickauer Gewerkenberatung, d. h. die Vorlage für den Ordnungsentwurf. Daß all diese Ordnungen unmittelbares Ergebnis des Klassenkampfes der Gewerken und Arbeiter waren, wird unten in der Studie über die Klassenwidersprüche und ihre Austragung gezeigt.

[97] Ediert bei H. Ermisch, a. a. O., S. 82ff.

[98] Ediert bei O. Hoppe, a. a. O., S. 137ff.

[99] Vgl. ebenda, S. 150ff.

[100] Vgl. O. Hoppe, a. a. O., S. 15; H. Ermisch, a. a. O., S. CLIIIf. Der von Ermisch als nicht auffindbar bezeichnete Rezeß dürfte mit dem Bericht über den Gewerkentag identisch sein, der mehrfach überliefert und bei O. Hoppe, a. a. O., S. 140ff., abgedruckt ist. Das Konzept des Briefes von Kurfürst Ernst an Herzog Albrecht vom 23. Mai 1479 vgl. StA Dresden, Loc. 4322, Bl. 8. Das davor liegende Bl. 7 enthält den Rezeß.

[101] StA Dresden, Loc. 4322, Bl. 36–49. Vgl. auch O. Hoppe, a. a. O., S. 16, H. Ermisch, a. a. O., S. CLIV.

[102] Sie finden sich als Bl. 10 in Loc. 4322, StA Dresden, und zwar in einer Schrift, die identisch ist mit dem Konzept des Briefes von Kurfürst Ernst an seinen Bruder vom 23. Mai

Der erste Artikel dieser Bergordnung zeigt am Beispiel der herrschenden Gerichtsverfassung, daß sich auf dem Schneeberg eine städtische Siedlung entwickelt hatte.

Zuvor erscheint Schneeberg nach dem Fündigwerden als Kolonie Zwickaus. Vor der eigenen Gemeindebildung nahm der Rat von Zwickau kommunale Funktionen wahr. Der Hauptmann von Zwickau hatte die Oberaufsicht über den Berg, der Rat übte die Gerichtsbarkeit aus. Bürgermeister und Schöffen von Zwickau waren bei der Vermessung des Schneebergs und der Verleihung an die Römersche Gewerkschaft im Oktober 1470 anwesend.[103] Der Zwickauer Amtmann und einige Rats- und Gerichtsherren waren es, die 1471 in die Schneeberger Unruhen eingriffen; bei einer Beschwerde gegen den Bergmeister Kluge führte der Zwickauer Rat ein Zeugenverhör durch; bei Streitigkeiten zwischen der „Fundgrube" und der „Hoffnung" 1473 wegen der Markscheidung entschieden „burgermeister und rathman der Stad Czwigkaw".[104] Das entspricht durchaus Freiberger Brauch, wo sich seit dem 13. Jh. eine weitgehende Einheit von Stadt- und Bergverfassung unter der Priorität der Stadt herausgebildet hatte.[105] Die enge Verbindung mit Zwickau drückte sich dann auch darin aus, daß der bedeutendste Schneeberger Gewerke, Zwickauer Ratsherr und inzwischen landesherrliche Zehntner, Martin Römer, 1474 Amtmann von Zwickau wurde und damit die Oberaufsicht über den Berg erhielt.

Seit 1476 wird die eigene städtische Entwicklung Schneebergs deutlicher faßbar. In diesem Jahr wurde die Siedlung mit einem Schranken umgeben.[106] 1477 erhielt sie in Heinrich von Starschedel einen eigenen Hauptmann. Der erwähnte erste Artikel der Ordnung von 1479 zeigt dann die Einheit von Berg- und Stadtgericht, offenbar aber noch unter der Priorität des ersteren: „... nachdem das gericht uff dem Sneberge nicht alleyn zcu bergrecht ader berggericht, sundern auch als ein geordents statgericht verordent und gesatzt ist, deshalben richter und scheppen daselbs nit allein sachin die bergwerg betreffend, sundern auch allerhande ander clage, als in andern steten und geordenten gerichten gewonlich und herkomen

1479. Das dürfte möglicherweise auf die Urheberschaft der ersten fünf Artikel der neuen Ordnung hindeuten. Die Ordnung insgesamt ist ediert bei H. Ermisch, a. a. O., S. 89ff.

103 StA Dresden, Loc. 4324, Bl. 23.

104 O. Hoppe, a. a. O., S. 124f., vgl. auch S. 10.

105 Vgl. M. Unger, Stadtgemeinde und Bergwesen Freibergs im Mittelalter, a. a. O., S. 20ff.; bes. S. 62f.

106 O. Hoppe, a. a. O., S. 11f. u Anm. 32 (nach einer Rechnung des Bergrichters Blank über den Bau des Schrankens). Im Frühjahr 1477 erscheinen in der Zehntrechnung Martin Römers 704 Gulden für den Bau des Schrankens, wovon je die Hälfte die Gewerken der Fundgrube und die Landesherren zu zahlen hatten (StA Weimar, Reg. T 135, Bl. 78b). C. Lehmann, Chronik der freien Bergstadt Schneeberg, Schneeberg 1837, S. 37, setzt den Bau des Schrankens, einer hölzernen Umzäunung, auf Grund der älteren Chronistik in das Jahr 1474. Von der letzteren vgl. besonders Ch. Meltzer, Historia Schneebergensis Renovata. Erneuerte Stadt- und Berg-Chronica, Schneeberg 1716, S. 65ff. Diese zweite Ausgabe der bekannten Meltzerschen Chronik ist ausführlicher und systematischer aufgebaut als die „Bergkläufftige Beschreibung der ... Bergk-Stadt Schneebergk", Schneeberg 1684.

ist, zcu richten habin, so lasen wirs der personlichen und ander clag halbin bei solcher gemeyner ubung . . ." [107]

Noch aber besaß das neue Gemeinwesen kein verbrieftes Stadtrecht. In einer undatierten Eingabe der „knapschafft und gemeine" von Schneeberg an die Landesherren [108] wurden diese um eine Reihe von Privilegien ersucht. So baten die Gesuchsteller um das Recht, der Hauptmann solle mit dem Bergmeister und „der gemeyne einen gesessen Richter hie auff dem Schneeperg" wählen dürfen, „der dann ein bergferstendiger und ein bergkman were". Danach sollten dieselben zusammen mit dem Richter und „abermals neben der gemein" 12 Schöffen aus der Gemeinde erwählen, die amtieren sollen wie es in Freiberg, „eher dann sie Stattrechtt gebrawchtt habin, gewest ist und zum Geyer nochmals gehaltten wurdet". (Hier erweist sich die zeitgenössische Unterscheidung von Stadt-, d. h. Kommunerecht und der Bergfreiheit für die Bergstädte.) Die Gerichtszugänge wie „wett und buß" mögen der Knappschaft und „armen gemein" zukommen. Alle Händel um Geld, Schulden etc., die das Bergwerk betreffen, möchten „hie auff dem berge außgetragen" werden. Ferner wird um Befreiung von geistlichen Gerichten gebeten sowie darum, daß im Falle des Fündigwerdens der umliegenden Berge dort keine Siedlung zugelassen werden solle. Besonders aufschlußreich sind jedoch die Artikel 6 und 7. Darin werden die Landesherren gebeten, „das wir frey backen, schlachtten, brewen und schencken mogen. Auch aller zoll, geleytt, ungeltt, stewer, fron, bett, reyß und aller auffslege frey wern ynd das ein yder beseßner und mittwoner des Schneepergs hanttieren und handeln soll und mag . . . an alle beswerung der oberkeit." Ferner wurden den Fürsten Vorhaltungen gemacht, daß „wir auff dem Schneeperg mitt mawern, greben nach ander befestigung nicht verwartt sind und der gepew der Bergwergk neben unsern hewsern gering zu hutten und zu wartten haben". Schließlich stellen die Absender den Landesherren vor, daß sie keinerlei Nutzung von Wiesen, Äckern, Wald, Feldern, Gebäuden und Viehtreibe haben, daß es auch von und nach allen umliegenden „landen, stetten oder dorffern keine landstrasse" gebe. Deshalb mögen die Landesherren sie mit Privilegien und Freiheiten bedenken, damit „die gemeyne eynichen zugangk hette und wir uns doch gemeyniglich allesamptt swerlich verpawett und do her gewendett haben und gantz keynen zugangk von nichte, alleine das schlechte wochelon mit hoffnung der gnade gottes und des glucks zu wartten", sonst müßten sie ganz davon lassen „mit odunge und wustunge . . .; dann allgereydt mer dann das halbe teyll der gepawetten hewser odt und wuste sind".

Diese Eingabe ist hier so ausführlich wiedergegeben, weil sie die unmittelbare Vorlage für den landesherrlichen Freiheitsbrief [109] vom 9. Dezember 1481 bildete und zugleich den hohen Anteil von Lohnarbeitern und armen Gewerken unter den Ansiedlern belegt. Der Freiheitsbrief nahm ausdrücklich Bezug auf die Bitten der

[107] H. Ermisch, a. a. O., S. 90.

[108] StA Dresden Loc. 4322, Bl. 15–17. Aus dem Inhalt geht hervor, daß die Eingabe vor der Erteilung des Stadtbriefs am 9. Dezember 1481, aber nach 1477 abgefaßt sein muß, da der Hauptmann von Schneeberg erwähnt wird. Eine weitere Eingabe gleichen Inhalts, die nur um einen Artikel vermehrt ist, der über die Ausübung des Bergmeisteramts Beschwerde führt, vgl. ebenda, Bl. 18–20.

[109] Ediert bei O. Hoppe, a. a. O., S. 142 ff.

„gemeyn und knapschaft auffm Sneberg" und bestätigte sie fast vollständig. Nur das Wahlverfahren für Richter und Schöffen wurde umgekehrt, indem nunmehr durch den Hauptmann, den Bergmeister und die Gemeinde zuerst die 12 Schöffen und danach von allen Vorgenannten der Richter zu wählen sei. Durch diesen Freiheitsbrief erhielt die Stadt die Bergfreiheit, wie sie schon im 14. Jh. Ehrenfriedersdorf und Wolkenstein und zu Beginn des 15. Jh. Geyer und Thum erhalten hatten. Das Wahlverfahren, in dem sich auch der enge Zusammenhang von Stadt und Bergbau widerspiegelte, ging im einzelnen so vor sich, daß zunächst jedes der 1477 bestimmten Viertel (die bis 1523 nach dem Namen der jeweiligen Viertelsmeister benannt wurden, danach Mühl-, Kirch-, Hospital- und Fundgrubenviertel hießen) im Beisein des Viertelsmeisters zwei Vertrauensmänner wählte, die zusammen mit vier Vertretern der Knappschaft beim Bergmeister die Schöffen zu wählen hatten. Das Schöffenkolleg wählte dann zusammen mit den „Acht der gemeym", den vier Knappschaftsvertretern, dem Bergmeister und unter Vorsitz des Hauptmanns (ab 1508 der beiden Zehnter) den Richter. Richter und Schöffen waren nicht nur Gericht, sondern auch das höchste städtische Verwaltungsorgan (anstelle eines Rates).[110]

Die Entstehung der Stadt verlief im Unterschied zu Annaberg und Marienberg unplanmäßig; sie wuchs wild, und erst spät setzten Ordnungsversuche ein. Der Schranken umfaßte nur einen Teil der Siedlung bzw. der Grubengebäude: 56 Zechen sollen innerhalb, 110 außerhalb gelegen gewesen sein. 1488 forderte man auf der Berghandlung, die Stadt endlich befestigen zu lassen; doch noch 1519 wird die Einführung einer Feuerordnung damit begründet, daß Schneeberg „ein offen fleck" ist. Erst 1535 wurde der Bau einer Stadtmauer beschlossen, dann ließ man jedoch den Plan wieder fallen.[111] Um 1492/93 begann eine planmäßigere Erweiterung der Stadt außerhalb des Schrankens. Der Richter ließ planloses Bauen verbieten und setzte die Mutung von Wohnstätten durch. 1499 soll es 600 Häuser gegeben haben. Das Stadtgebiet wurde durch den Kauf des Keilbergs und des Dorfes Griesbach erweitert. Bereits zuvor war anstelle zweier ursprünglicher Holzkapellen in den Jahren 1477/78 eine Hallenkirche erbaut worden.[112] Diese fiel offenbar 1491 den Flammen zum Opfer.[113] 1516 wurde dann mit dem Bau der berühmten St.-Wolfgangs-Kirche begonnen, die in ihrer äußeren Gestalt in den 20er Jahren vollendet war, deren Innenausbau sich jedoch noch bis 1540 hinzog.[114]

110 Vgl. unten „Die Klassenwidersprüche und ihre Austragung", Abschnitt über die Unterordnung der Bergstädte.

111 Vgl. StA Dresden, Loc. 4489, Handlung auf dem Schneeberge ... 1488–1546, Bl. 18; ebenda, Loc. 4489, Verzeichnis ... 1515 – 1518, Bl. 203b; StA Weimar, Reg. T 117, Bl. 55b, 59–61. Ch. Meltzer, a. a. O., S. 67 ff.

112 P. Albinus, a. a. O., S. 29; C. Lehmann, Chronik der freien Bergstadt Schneeberg, a. a. O., S. 38 f., 43, 47, 64, 66 f. Zur Zahl der Häuser und zum Erwerb des Dorfes Griesbach vgl. E. Wülcker/H. Virck, Des kursächsischen Rathes Hans von der Planitz Berichte ..., Leipzig 1899, S. XXVIIf.

113 Auf der Berghandlung Martini 1491 kam zur Sprache, daß „dy kirchen mit den glucken, dy pfar und kirchhauß und darzu 10 ader 11 hoffe verbranth" seien (StA Dresden, Loc. 4489, Handlung auf dem Schneeberge ... 1488–1546, Bl. 31c).

114 Ch. Meltzer, a. a. O., S. 77 ff.; Die Bergbaulandschaft von Schneeberg und Eibenstock, Werte der deutschen Heimat, Bd. 11, Berlin 1967, S. 47; StA Dresden, Loc. 4489, Ver-

Ende der 30er Jahre folgten das Rathaus, ein neues städtisches Brauhaus, ein Spital und weitere Bauten.[115]

Als gegen Ende des 15. Jh. wichtigstes Bergbauzentrum und bedeutendste Einnahmequelle der Wettiner wurde Schneeberg auch nach der Landesteilung von 1485 die besondere Aufmerksamkeit der Landesherren zuteil. Stadt und Bergbau waren – wie erwähnt – im gemeinsamen Besitz der Brüder geblieben. Dementsprechend wurden alle folgenden Ordnungen von den Landesherren, dem Herzog Albrecht und nach dem Tod des Kurfürsten Ernst 1486 von dessen Söhnen Kurfürst Friedrich und Herzog Johann, gemeinsam erlassen. Die nunmehr nötig gewordene gegenseitige Kontrolle der beiden Linien trug dazu bei, die Schneeberg gewidmete Aufmerksamkeit noch zu vergrößern. In relativ kurzer Folge wurden landesherrliche Ordnungen erlassen: am 19. Januar 1487 eine sogenannte kleine Bergordnung, eine weitere am 20. April 1490. Die letztere wurde am 10. April 1491 von Kurfürst Friedrich und Herzog Georg, die an diesem Tage Schneeberg besuchten, erneuert. Es folgten die Ordnungen vom 9. Januar 1492, vom 28. März 1496, vom 7. April 1497 und vom 25. März 1500. Letztere erlangte insofern eine besondere Bedeutung, als in sie bereits Erfahrungen des Schreckenbergs Eingang fanden und sie ihrerseits eine Vorlage für die berühmte Annaberger Ordnung von 1509 wurde.[116] Inzwischen von Annaberg überflügelt, blieb Schneeberg noch bis 1533 unter der für die Stadt unerfreulichen, besonders nach der Reformation von heftigen Gegensätzen zwischen Albertinern und Ernestinern gekennzeichneten Doppelherrschaft; dann ging es in den alleinigen Besitz der Ernestiner über.[117]

Das Silberausbringen war nach den überragenden Ergebnissen nach 1470 ständig zurückgegangen. Im letzten Jahrzehnt vor der Jahrhundertwende betrug es noch knapp 10000 Mark im Jahresdurchschnitt, im ersten Jahrzehnt nach der Jahrhundertwende waren es noch 7160 Mark im Jahr. Beim Übergang an die Ernestiner wurden – im einzelnen stark schwankend – noch etwa 3000 Mark jährlich ausgebracht.[118]

Im Zusammenhang mit Schneeberg und seinem Bergbau sei auch Neustädtel erwähnt, das als Waldhufendorf zu Beginn des 13. Jh. angelegt worden war und sich im Zusammenhang mit dem am Ende des 14. Jh. aufgekommenen Zinnbergbau im 15. Jh. zu einem Marktflecken entwickelte. Nach dem Fündigwerden des Schneebergs entwickelte es sich selbst zu einem Bergstädtchen, dessen Einwohner sich am Silberbergbau beteiligten und 1488 die Bergfreiheit als althergebrachtes Recht nachweisen konnten.[119]

zeichnis ... 1515–1518, Bl. 168; ebenda, Bl. 195; Loc. 4490, Handlunge und Zehend-Rechnung ... 1527–1537, Bl. 15b.

[115] StA Weimar, Reg. T 117, Bl. 59–61; Reg. T 118, Bl. 91, 132; Reg. T 120, Bl. 95.

[116] Über diese Schneeberger Ordnungen im einzelnen vgl. O. Hoppe, a. a. O., S. 18ff., sowie Anhang Nr. 9–12; ferner H. Ermisch, a. a. O., S. CLV f. u. S. 98–111 u. 145–155.

[117] L. Frey, Beiträge zur Verfassungsgeschichte der Stadt Schneeberg, Beigabe zum Jahresbericht des Kgl. Gymnasiums zu Schneeberg, Schwarzenberg 1904, S. II; StA Weimar, Reg. T 100, Bl. 144–146; Reg. T. 122, Bl. 144f.

[118] Vgl. unten, „Die Silberproduktion".

[119] Vgl. Deutsches Städtebuch, Bd. II, Stuttgart-Berlin 1941, S. 166; Die Bergbaulandschaft von Schneeberg und Eibenstock, a. a. O., S. 59 ff.

b) Geyer

Geyer gehörte nicht zu den Hauptzentren des obererzgebirgischen Silberbergbaus; vielmehr dominierte hier der Zinnbergbau. Dennoch muß es in dieser Übersicht erwähnt werden, da es gegen Ende des 15. und im ersten Jahrzehnt des 16. Jh. ein doch bemerkenswertes Silberausbringen hatte, das immerhin das damalige Freiberger erheblich überstieg bzw. ihm gleichkam. Chronologisch wird es hier – obwohl als Bergort bei weitem älter – nach Schneeberg eingeordnet, da sich seine Silberproduktion erst von 1472 an quellenmäßig deutlicher fassen läßt.

Als Bergort freilich tritt uns Geyer erheblich früher entgegen, fällt also aus dem Rahmen der durch den Silberrausch veranlaßten Neugründungen heraus. Seine Entstehung lag zwischen 1377 und 1407, wie aus einem Vertrag der Herren von Wolkenstein mit den Markgrafen von Meißen hervorgeht, der in seiner ersten Fassung 1377 Geyer noch nicht erwähnt, hingegen bei seiner Erneuerung 1407 Geyer als der Bergfreiheit teilhaftig aufführt.[120] Es war zu dieser Zeit ein kleiner Bergort mit Nahmarktfunktion, der für eine halbe Meile im Umkreis alleiniges Marktrecht besaß. Falke mutmaßt gewiß zu Recht, daß die erste Ansiedlung von Ehrenfriedersdorf ausging, und die Ehrenfriedersdorfer Flöße behielt auch eine dominierende Stellung gegenüber dem Geyerschen Zinnbergbau. Über eine formelle Stadtrechtsverleihung ist nichts bekannt. Jedoch als Kurfürst Ernst und Herzog Albrecht am 28. Juli 1467 Geyer dessen Jahrmarkt bestätigten und einen Wochenmarkt verliehen, wird der Ort als Stadt bezeichnet.[121]

Über den Bergbau, der gewiß auch im Falle Geyer die erste Ansiedlung verursachte, ist vor der Mitte des 15. Jh. nicht viel bekannt. Über den Zinnbergbau gibt das bekannte Zinnerrecht von 1446 und 1450 näheren Aufschluß.[122] Aber auch Silbererz, das zusammen mit Kupfererz fündig war, wurde um die Jahrhundertmitte gewonnen. 1453 spricht eine Urkunde von Geyerschem Erzbergbau, der ausdrücklich von den Zinnwerken unterschieden wird. 1462 wurde einigen Gewerken auf Grund einer Klage, daß das Ausbringen ihre Kosten und Zubußen nicht deckte, neben einigen anderen Vergünstigungen der Zehnte um die Hälfte ermäßigt, ein Zugeständnis, das auch in der Folge bis weit ins 16. Jh. wirksam blieb. Weitere Urkunden von 1465 und 1466 bestätigten und erweiterten diese Privilegien, unter anderen für Erhart Altmann, Bürger zu Geyer, von dem im Zusammenhang mit dem Pöhlberger Bergbau bereits die Rede war.[123]

Bis zu jener Zeit war der Silberbergbau Geyers offenbar unerheblich und für die Gewerken kaum lohnend. Es ist daher nicht verwunderlich, daß ein Teil der Bergleute nach dem Fündigwerden des Schneebergs nach dorthin abwanderte, wie aus Klagen der Gewerken ersichtlich ist.[124] Andererseits dürfte der dortige Erfolg auf eine Forcie-

[120] FUB II, Nr. 930 u. 972. Das für die Geschichte Geyers wichtige Material hat J. Falke in seiner „Geschichte der Bergstadt Geyer", Dresden 1866, zusammengetragen, die als einzige Zusammenfassung noch immer grundlegend ist.

[121] J. Falke, a. a. O., S. 8 f.

[122] Vgl. H. Löscher, Das erzgebirgische Bergrecht des 15. und 16. Jh., a. a. O., S. 12ff. u. 56 ff.

[123] Vgl. oben, Abschnitt über die politische Situation in Sachsen. Auszüge aus den angeführten Urkunden gibt J. Falke, a. a. O., S. 21 ff.

[124] J. Falke, a. a. O., S. 10.

rung der Schürfe zurückgewirkt haben – z. B. ist für Dezember 1470 die Verleihung einer neuen Silbergrube in Geyer belegt. Als 1473 die Rechnungen über den Silberzehnten Geyers einsetzten, war das Ausbringen des ersten verzeichneten Jahres mit 2143 Mark Silber[125] recht beträchtlich, und es hielt sich in den folgenden 40 Jahren in der Regel um oder über 3000 Mark jährlich.[126] Damit blieben zwar die Vergleichswerte hinter denen Schneebergs weit zurück, Freiberg wurde hingegen, insbesondere bis zur Jahrhundertwende, klar übertroffen.

Vor dem Fündigwerden des Schneebergs war Geyer offenbar Verwaltungsmittelpunkt für den Silberbergbau des oberen Erzgebirges. In der 1466 erlassenen Bergordnung für alle Bergwerke außerhalb der Pflege Freiberg wird Nickel Friedrich, „zcendener zcum Geyer", als derjenige benannt, an den der Silberzehnt der umliegenden Bergwerke abzuliefern ist.[127] In Geyer entwickelte sich – wie Löscher nachwies – ein bergmännisches Gewohnheitsrecht, das Bedeutung für das spätere Annaberger Bergrecht erlangte; von hier gingen die praktischen Vorstöße zur Erschließung des Pöhlbergs und des Schreckenbergs aus.[128] Der oben in bezug auf den Pöhlberger Bergbau erwähnte Erhart Altmann war Gewerke und Bürger von Geyer; das erste Silberausbringen des Schreckenbergs von 1492 ist in den Zehntrechnungen Hans Friedrichs von Geyer verzeichnet, und noch in den folgenden Jahren ist der Zehntner von Geyer für den Schreckenberg und Rückerswalde zuständig.[129] Den Entwurf der ersten Bergordnung für den Schreckenberg sandte Herzog Georg im November 1492 an Richter und Schöppen zu Geyer mit der Bitte um Stellungnahme; in die schließliche Bergordnung von 1493 ist Geyersches Gewohnheitsrecht eingeflossen; Richter und Schöppen von Geyer erhalten neben dem Bergmeister erhebliche Befugnisse auf dem Schreckenberg. Doch das rasche Aufblühen des Bergbaus am Schreckenberg wirkte offenbar auch günstig auf Geyer zurück: Hatte die Bergstadt noch 1490 nur etwa 400–500 Einwohner, so waren es 1501 bereits um 1200.[130]

c) Annaberg

Zum bedeutendsten Zentrum des obererzgebirgischen Silberbergbaus am Ende des 15. und in der ersten Hälfte des 16. Jh. entwickelte sich Annaberg. Obwohl am westlichen Teil des Pöhlberges errichtet, lag jedoch seiner Entstehung nicht der seit langem betriebene, aber unergiebige Kupfer-Silber-Bergbau auf dem Pöhlberg[131], sondern das Fündigwerden des Schreckenbergs zugrunde.

125 Ebenda, S. 34, Anm.

126 Ebenda; vgl. auch unten, „Die Silberproduktion". Seit dem zweiten Jahrzehnt des 16. Jh. sank das Silberausbringen nach und nach auf rund 1500 Mark und schließlich unter 1000 Mark jährlich.

127 Vgl. H. Ermisch, Das sächsische Bergrecht . . ., a. a. O., S. 75 f.

128 H. Löscher, Die erste Annaberger Bergordnung . . ., a. a. O., S. 436ff.; Derselbe, Das erzgebirgische Bergrecht . . ., a. a. O., S. 14 f.

129 StA Dresden, Loc. 4503: Rechnungen über den Silberzehnten . . . 1487–1509, Bl. 170ff,

130 Das erzgebirgische Bergrecht . . ., a. a. O., S. 14 f
H. Löscher, Die erste Annaberger Bergordnung . . ., a. a. O., S. 438 u. 443f.; Derselbe,

131 Vgl. oben, Abschnitt über die politische Situation in Sachsen.

132 Vgl. besonders J. O. Sehm, Der Annaberger Silberbergbau . . ., a. a. O., S. 15 f.

Über den letzteren Vorgang wird berichtet[132], daß Ende 1491/Anfang 1492 ein gewisser Caspar Nietzelt in Frohnau am linken Sehmaufer einen Gang entblößte, das Erz in Geyer bei dem Schmelzer Martin Pflugk probieren ließ und sich dann mit diesem und einigen anderen Gewerken zusammentat, um sich mit der Grube belehnen zu lassen. Am 31. Juli 1492 wurde den „Gewercken am Schreckenberg" von den Landesherren eine auf zunächst 8 Jahre bemessene Münzbefreiung verliehen, wonach sie im ersten Jahr ein Zwanzigstel des Ausbringens, danach den üblichen Zehnten zu leisten hätten und für ihr Silber während der 8 Jahre von den Zehntnern „in allermaß wie dem Kauffman" bezahlt werden sollten.[133]

In den Zehntrechnungen taucht Schreckenberger Silber zum ersten Mal am 22. Oktober 1492 auf, und zwar zuständigkeitshalber in denen von Hans Friedrich, dem Zehntner zu Geyer: „Item 294 m. 11 lot vom Schregkennpergk ... ann 4 bligkenn".[134] In derselben Rechnung wird noch zwölfmal Silber aus dem gleichen Fundgebiet verzeichnet – insgesamt ein Ausbringen von 722 Mark 8 Lot Silber.[135] Dabei zeigte sich, daß neben der ersten Fundgrube bald weitere aufgeschlossen wurden, darunter der „Frühstücksstollen."

Dem Treiben des „Frühstücksstollens" war ein Streit voraus gegangen, der dem Schneeberger von 1471 ähnelte. Nach dem Fündigwerden des Schreckenbergs kam es auch hier zu Auseinandersetzungen um die Baurechte, die ein gewisser Frühstück aus Rückerswalde gegenüber den Fundgrübnern beanspruchte. Herzog Georg mußte einen Bergrichter und zwei Landvögte nach Frohnau beordern, um den Konflikt zu schlichten: Die Fundgrübner behielten ihre „Alte Fundgrube", und ein neuer Stollen, eben der „Frühstücksstollen", wurde in Angriff genommen.[136]

Bereits in den Zehntrechnungen von 1493 erscheinen folgende Gruben, die an den Zehntner von Geyer Silber ablieferten: die Alte Fundgrube zu Rückerswalde, die Fundgrube am Schreckenberg, der Frühstücksstollen, St. Niklas auf der Schwarzen Kluft, Frühstücks Gegentrum; daneben stehen Eintragungen „vom Schreckenberg" oder vom „gepirg zcu Fronau" ohne nähere Angaben.[137] Es sind also schon 1493 weitere fündige Gruben und zahlreiche Anbrüche zu vermuten.[138]

Das Aufkommen dieses Bergbaus ließ Herzog Georg sofort reagieren. Bei der Hauptteilung von 1485 war zwar die Nutzung des Bergbaus als für beide wettinischen Linien gemeinsam festgelegt worden; die Verleihung und Ordnung der Bergwerke stand jedoch den Herren der einzelnen Landesteile zu, und der Schreckenberg

133 Urkunde ediert ebenda, S. 133.

134 StA Dresden, Loc. 4503: Rechnungen über den Silberzehnten ... 1487–1509, Bl. 170a.

135 Ebenda, Bl. 170a–175.

136 J. O. Sehm, Der Annaberger Silberbergbau ..., a. a. O., S. 17. Vgl. auch P. Albinus, Annabergische Annales de anno 1492 bis 1539, in: Mitteilungen des Vereins für Geschichte von Annaberg und Umgegend, Bd. 3, H. 1, Annaberg 1910, S. 9. In diesen Annalen sind die ältesten chronistischen Nachrichten über die Geschichte Annabergs überliefert, wie ihr Herausgeber Bönhoff nachweist.

137 StA Dresden, Loc. 4503, Rechnungen über den Silberzehnten ... 1487–1509, Bl. 197 f., 211f.

138 Zum Beispiel ist für November 1492 die Verleihung einer weiteren Fundgrube bekannt, die aber nicht in den Zehntrechnungen erscheint; solche Fundgruben schmolzen ihre Erze vermutlich nicht auf eigene Rechnung, sondern verkauften sie an die Hütten in Geyer (vgl. J. O. Sehm, Der Annaberger Silberbergbau ..., a. a. O., S. 18).

mit Rückerswalde, Frohnau und Geyersdorf, zur alten Herrschaft Belberg gehörig, war 1485 an die Albertiner gekommen. Als Vertreter seines in den Niederlanden gebundenen Vaters Herzog Albrecht übte Herzog Georg, der für den Bergbau reges Interesse zeigte, die Regierung aus. Unmittelbar nach Bekanntwerden der neuen Funde übersandte er bereits am 14. November 1492 den erwähnten Entwurf einer Bergordnung für den Schreckenberg an Richter und Schöppen von Geyer. Deren Stellungnahme traf noch 1492 oder Anfang 1493 ein, und auf dieser Grundlage wurde am 11. Februar 1493 die erste Bergordnung für den Schreckenberg („Reformacio der bergkwergk ufm Geyer und Schreckenberge") erlassen.[139]

Kennzeichnend für diese Ordnung ist die starke Stellung des Richters und der Schöppen von Geyer gegenüber dem Bergbau des Schreckenbergs. Wie in den ersten Jahren nach Fündigwerden des Schneebergs der Hauptmann von Zwickau die Oberaufsicht über den Berg übernahm und der Zwickauer Rat die Gerichtsbarkeit einschließlich des Berggerichts ausübte, so unterstand der Schreckenberg Richter und Schöppen von Geyer. Aber im Unterschied zu Schneeberg/Zwickau wurde hier diese Zuständigkeit in einer Ordnung fixiert und über die Berggerichtsbarkeit hinaus auf Angelegenheiten der Bergverwaltung ausgedehnt: Richter und Schöppen von Geyer wirkten mit bei der Anlage von Zubußen, bei der Berufung des Gegen- und Bergschreibers sowie der Schichtmeister, bei der Anerkennung, Beaufsichtigung und Zusammenlegung von Zechen, der Abnahme der Schichtmeisterrechnungen usw.[140]

Indessen dehnte sich der Bergbau in dem neuen Fundgebiet immer weiter aus; zahlreiche neue Grubenanlagen entstanden, und in ihrem Gefolge kam eine bergmännische Siedeltätigkeit in Gang. Die noch bis 1497 vom Zehntner in Geyer geführten Zehntrechnungen für den Schreckenberg und Rückerswalde verzeichnen 1494 zwei neue fündige Gruben, 1495 die sehr ergiebige Rosenkranz-Zeche, den berühmten Fronleichnamsstollen (Heiligleichnamsstollen) und drei andere fündige Gruben, und bis 1497 kamen noch weitere 14 fündige Gruben hinzu, darunter so ertragreiche wie die Heilig-Kreuz-Zeche (von April bis September 1497 ein Ausbringen von 250 Mark Silber), die Heiligen Drei Könige (im selben Zeitraum 480 Mark), Hoppe-Garten (308 Mark), Weinbers Lehen (260 Mark).[141] Da gewiß nicht alle Zechen auf eigene Rechnung geschmolzen haben, sondern das Erz verkauften, ist mit weiteren fündigen Gruben zu rechnen, und darüber hinaus war eine große Zahl noch nicht fündiger Gruben vorhanden. Das Ausbringen hatte bis März 1496 4580 Mark, das sind 1070 kg Silber, betragen, lag damit also noch unter dem durchschnittlichen Ausbringen von Geyer, wies jedoch eine steigende Tendenz auf.[142]

[139] H. Löscher, Die erste Annaberger Bergordnung . . ., a. a. O.; die Ordnung ist ebenda, S. 439–442, ediert.

[140] Ebenda, S. 443.

[141] StA Dresden, Loc. 4503, Rechnungen über den Silberzehnten . . ., 1487–1509, Bl. 225 ff., 241 ff., 280 ff., 257 ff.

[142] In den Zehntrechnungen fehlen zwei Abrechnungen, und zwar von Oktober 1494 bis März 1495 und von April 1495 bis September 1495. Die übrigen Abrechnungen von Oktober 1492 bis März 1496 ergeben eine Summe von 3715 Mark. Die fehlenden Angaben werden ergänzt nach W. Goerlitz, Staat und Stände . . ., a. a. O., S. 300. Der Umrechnung in Kilogramm liegt das Gewicht von 233,58 g pro Mark zugrunde. Die folgenden Abrechnungen von Oktober 1496 bis September 1497 ergaben bereits 5023 Mark

Unter diesen Verhältnissen einer zunehmenden Konzentration von Bergleuten und der Hoffnung auf hohe Erträge wurde von landesherrlicher Seite einer wilden Siedlung, wie sie sich in Schneeberg entwickelt hatte, frühzeitig entgegenwirkt und eine planmäßige Ansiedlung in Angriff genommen.[143] Eine dazu berufene Kommission, die am 25. Juli und am 21. September 1496 in Frohnau zusammentrat, beschloß, die Stadt an der Westseite des Pöhlbergs zu errichten. Danach begannen unter der Leitung von Appolonius Röhling und Ulrich Rülein von Calw die Vorarbeiten zur Anlage der Stadt, und zwar die Vermessung des Grundrisses und die Verleihung der Hofstätten. Noch im Spätherbst 1496 wurde Bauholz geschlagen und im Frühjahr 1497 mit dem Häuserbau begonnen. Bereits am 27. Oktober 1497 erhielt die Stadt von Herzog Georg ihren Stadtbrief.

In diesem Brief wurde der Stadt zunächst der Name Neustadt verliehen. Georg ordnete an, „. . . bey obgemeltem bergkwergk auff einem platz so wir darzu verordent unnd geeygent haben ein stat, die Nawestat genant, zu bawen unnd auffzurichten, als auch nu angelegt unnd itzund merglichs daran mit auffrichtung vil zcirlicher hewser vorbracht ist . . .“.[144] Er verlieh der Stadt alles Stadt- und Bergrecht, wie es andere Städte im Meißnischen besaßen, freien Weg und Steg, eigene Wahl von Richtern und Geschworenen „zu hanthabung und regirung irer gericht stat und berg gerechtigkeit“ durch die Gemeinde, ein Erbgericht „nach landtleufftiger weise“ und die Einkünfte daraus, einen freien Wochenmarkt an jedem Sonnabend, Zoll- und Geleitsfreiheit für alle zur Versorgung der Stadt und des Bergbaus notwendigen Güter (was der Bergvogt schriftlich bescheinigen mußte), freie Brot- und Fleischbänke, Salzmarkt, Waage, Mühle und ungehinderte Wasserzuleitung. Für die Viehtrift übergab er der Stadt das „wüste Witzstorff, Borgkwalde genannt“, und „etliche güter zu Ruckerswalde“ zur freien Nutzung unter Vorbehalt der fürstlichen Gerichtsbarkeit.

Noch am selben Tag, dem 27. Oktober 1497, erteilte Georg der Stadt weitere Privilegien, die zunächst auf drei Jahre befristet, 1499 um 10 Jahre und dann noch mehrfach verlängert wurden. Danach erhielten die Einwohner das Recht, aus den herzoglichen Wäldern „nach unnser vorsteher anzceigung“ freies Bauholz zu schlagen. Ferner wurden sie von Ungeld, Beden, Heerfahrts- und anderen Steuern befreit.[145]

Die Oberaufsicht über den Bau der Stadt, die Amtmannschaft und das Berggericht übertrug Georg ebenfalls noch 1497 an Johann von Elterlein, der dann 1502

für ein Jahr, das Brandsilberverzeichnis von Februar 1499 bis Februar 1500 (vgl. StA Weimar, Reg. T 129, Register vom Schlagschatz und Münzrechnung vom Schreckenberg, Bl. 4 u. 9 f.) 20602 Mark für ein Jahr. Vgl. auch unten, „Die Silberproduktion“.

143 Vgl. darüber J. O. Sehm, der Annaberger Silberbergbau . . ., a. a. O., S. 21ff.; E. Finck, Anfänge einer Ortgeschichte der Stadt Annaberg, in: Mitteilungen des Vereins für Geschichte von Annaberg und Umgegend, Jb. 1895/96, H. 5, S. 1–49. Über die Baugeschichte der Stadt informiert besonders A. D. Richter, Umständliche . . . Chronica der . . . freyen Berg-Stadt St. Annaberg, T. 1, Annaberg 1746.

144 Der Stadtbrief ist ediert bei E. Finck, a. a. O., S. 20–23; A. D. Richter, a. a. O., S. 22–24; nachgedruckt bei H. Helbig, Quellen zur älteren Wirtschaftsgeschichte Mitteldeutschlands, T. IV, Weimar 1953, S. 109ff.

145 Die Urkunde ist ediert bei E. Finck, a. a. O., S. 24f.; bei A. D. Richter, a. a. O., S. 25.

Stadtvogt wurde. Gleichfalls 1497 erhielt der Schreckenberg eigene Zehntner; die Abrechnung über die Zehnten des Schreckenbergs verschwindet in diesem Jahr aus den Registern von Geyer, und der vormalige Zehntner von Geyer, Hans Friedrich, wird zusammen mit Hans Osann „peide Zcendner des Schregkenperges" genannt.[146] Besondere Bedeutung erlangte die Errichtung einer eigenen Münze. Bereits am 18. August 1498 erließ Georg die „Ordnung der Muntz halben uffn Schreckenberge", und genau ein Jahr nach Erteilung des Stadtbriefes, am 27. Oktober 1498, begann die Ausprägung der „Schreckenberger".

Bis 1499 sollen rund 500 Wohnhäuser vorhanden gewesen sein. Noch führte die Stadt den Namen „Neustadt" oder „Neustadt am Schreckenberg". Anfang des Jahres 1501 wandte sich Herzog Georg an Kaiser Maximilian I. und bat, der Stadt Wappen und Namen „St. Annaberg" zu verleihen. Maximilian entsprach dem mit einer Urkunde vom 22. März 1501.

Schon vorher, 1498, hatte Georg den Auftrag zum Bau der berühmten St.-Annen-Kirche gegeben, der im April 1499 begann und – nach der Einweihung 1519 durch den Meißner Bischof – 1525 vollendet wurde. 1502 legte der Herzog den Grundstein zum Bau eines Franziskanerklosters, im selben Jahr begann man mit dem Bau der Berg- oder Marienkirche aus Mitteln der Knappschaftskasse, und ebenfalls 1502 wurde die Errichtung eines Hospitals veranlaßt. Von 1503 an entstanden die Befestigungsanlagen in Gestalt von Ringmauern, Basteien und Türmen; fünf Tore führten in die Stadt.[147]

Am 20. September 1509 konnte Herzog Georg schreiben, daß Annaberg „ein schone grosse stadt" ist, in der sich „ein mergliche anzcal volgks über 8000 menschen wesentlich ennthalten".[148] Damit hatte Annaberg in reichlich einem Jahrzehnt nach seiner Gründung das damalige Dresden und Leipzig übertroffen bzw. erreicht.

Inzwischen hatten sich Stadt und Bergbau noch vor der Jahrhundertwende von Geyer emanzipiert. Bereits der Stadtbrief von 1497 hatte die Wahl eigener kommunaler und berggrichtlicher Organe gestattet; im selben Jahr hatte der Schrekkenberg eigene landesherrliche Bergbeamte erhalten. Ihre wechselseitigen Kompetenzen wurden nunmehr in einer neuen Bergordnung festgelegt, die als erste deutsche Bergordnung im Druck erschien, allerdings nicht datiert ist; ihre verschiedenen Entwurfsfassungen müssen zwischen dem 1. August 1499 und dem 12. September 1500 entstanden sein.[149] Sie lehnte sich an die Schneeberger Ordnung von 1497 an

[146] StA Weimar, Reg. T 129.

[147] Neben der Literatur vgl. dazu und zur weiteren Baugeschichte der Stadt besonders P. Albinus, Annabergische Annalen, a. a. O., sowie A. D. Richter, a. a. O.

[148] E. Finck, a. a. O., S. 39. Wie rasch sich der Ruf der neuen Bergstadt über die Lande verbreitet hat, erhellt schlaglichtartig auch daraus, daß der Nürnberger Kartograph Erhard Etzlaub bereits in seiner 1501 gedruckten Landstraßen-Karte „durch das Romisch reych" die Stadt „Schreckenberg" aufgenommen hat, vgl. F. Schnelbögl, Leben und Werk des Nürnberger Kartographen Erhard Etzlaub, in: Mitteilungen des Vereins für Geschichte der Stadt Nürnberg, Bd. 57, 1970, Kartenbeilage.

[149] Darüber vgl. J. O. Sehm, Die Schreckenberger Bergordnung, a. a. O.; H. Ermisch, Das sächsische Bergrecht des Mittelalters, a. a. O., S. CLVIff. und 112ff. Ermisch kannte nur die verschiedenen Entwurfsfassungen dieser Ordnung und konnte daher nur vermuten, daß sie auch erlassen wurde. Sehm gelang es, ein Exemplar aufzufinden,

und übte ihrerseits durch eine schöpferische Weiterentwicklung des Bergrechts Einfluß auf die dritte große Schneeberger Bergordnung von 1500 aus. Daran schloß sich dann eine kleinere neue Bergordnung des Herzogs Georg für Annaberg, die am 5. März 1503 erlassen wurde und dazu gedacht war, einige Mißstände zu ordnen.[150] Ermisch mißt den Schreckenberger bzw. Annaberger Ordnungen von 1499/1500 und 1503 vor allem deshalb große Bedeutung zu, weil sie die Mittelglieder zwischen den Schneeberger Ordnungen und der berühmten Annaberger Bergordnung von 1509 bildeten. Den Entwurf zu dieser neuen Ordnung übersandte der Herzog am 1. Januar 1509 dem Hauptmann in Annaberg, der ihn durch Bergmeister, Zehntner und andere Bergbeamte prüfen lassen sollte. Mit deren aufgenommenen Zusätzen wurde die Ordnung am 5. Februar 1509 verkündet. Damit fand – nach den Worten Ermischs – „die Entwicklung des auf dem Boden der alten Freiberger Gewohnheiten erwachsenen Bergrechts einen gewissen Abschluß". Sie erlangte allgemeine Bedeutung, wurde zur Grundlage der Freiberger Bergrechtsprechung sowie der späteren sächsischen Bergordnungen des 16. Jh. und darüber hinaus durch direkte Übertragung oder auf dem Wege über die auf ihr beruhenden Joachimsthaler Ordnungen Grundlage der Bergordnungen in Böhmen und vielen deutschen Territorien bis weit in die Neuzeit hinein.[151]

Ökonomisch hatte sich Annaberg zum ertragreichsten sächsischen Silberbergbaugebiet entwickelt. Um die Jahrhundertwende wurden hier um 20000–25000 Mark (rund 5–6 Tonnen) Silber im Jahr gewonnen; der Jahresdurchschnitt in den ersten 15 Jahren des 16. Jh. lag bei 19860 Mark;[152] das sind Mengen, wie sie Schneeberg zu jener Zeit bei weitem nicht mehr erreichte.

d) Buchholz

Die Gründung von Buchholz[153] ist allein aus den politischen Verhältnissen zu erklären. Seine ökonomische Grundlage bildete dasselbe Gangfeld, auf dem bereits die Entstehung Annabergs beruhte. Jedoch zog sich mitten durch dieses Gangfeld die Grenze zwischen Albertinern und Ernestinern. Sein nördlicher Teil mit dem späteren Annaberg gehörte zur alten Herrschaft Belberg, die nach 1485 den Albertinern zufiel, und der südliche Teil mit dem späteren Buchholz zur Herrschaft Schlettau – seit 1413 unter der Grundherrschaft des Klosters Grünhain –, die nach der Teilung ernestinisch wurde.

das im Wiegendruck von der Kachelofen-Lotterschen Werkstatt in Leipzig gedruckt worden war und damit die erste gedruckte deutsche Bergordnung darstellt. Zugleich wurde dadurch bewiesen, daß diese Bergordnung auch Rechtskraft erlangt hat.

150 H. Ermisch, ebenda, S. CLIX und 156 ff.

151 Ebenda, S. CLXIII; J. O. Sehm, Die Schreckenberger Bergordnung, a. a. O., S. 24 f.

152 Vgl. unten, „Die Silberproduktion".

153 Zur Erforschung der älteren Geschichte von Buchholz hat vor allem L. Bartsch beigetragen (vgl. die Titel in den folgenden Anm.); von der Chronistik vgl. besonders Ch. Meltzer, Historische Beschreibung des St. Catharinenberges im Buchholz, in: Mitteilungen des Vereins für Geschichte von Annaberg und Umgebung, Bd. 6, H. 1, Annaberg 1928.

Der Beginn des Bergbaus auf Buchholzer Gebiet folgte also dem auf Annaberger Gebiet. Er dehnte sich nach dem ersten glücklichen Fund auf das ganze Gangfeld aus, zumal Gänge von einem Gebiet ins andere strichen. So lagen z. B. von den im Zusammenhang mit dem Schreckenberger Bergbau ersterwähnten Gruben die „Heiligen Drei Könige" auf Buchholzer Gebiet.[154] Streitigkeiten zwischen Gewerken belegen das Vorhandensein weiterer Zechen.[155]

Die Siedeltätigkeit, die dieser Bergbau nach sich zog und die auf albertinischem Gebiet sehr schnell vom Herzog unter Kontrolle genommen wurde, kam auch auf ernestinischem Gebiet in Gang, wurde aber dem Selbstlauf überlassen; nicht nur darin eine Parallele zu Schneeberg. Erst im November 1501, als Annaberg bereits eine kaiserlich privilegierte Stadt mit einigen Tausend Einwohnern war, nahmen kurfürstliche Beamte die Huldigung der inzwischen entstandenen kleinen Gemeinde Buchholz entgegen: Am 7. November 1501 ritten Caspar Metzsch und der kurfürstliche Landrentmeister Hans Leimbach nach Buchholz und haben „von den hawsbesessen doselbst huldung genomen, die globt und gesworen haben, mein g. und g. hern, herzog Friderich und Herzog Hansen, fur ir erbhern zu haben; sein 16 besessen gewesen".[156] Metzsch und Leimbach setzten zwei Geschworene aus der Knappschaft und zwei aus der Gemeinde als Beigeordnete des Bergmeisters ein und kündigten die Erteilung eines Freiheitsbriefes an.

Dieser Freiheitsbrief wurde am 15. November 1501 von Kurfürst Friedrich und seinem Bruder Johann verliehen und ist ein Gegenstück zu dem Schneeberger, der offenbar als Vorlage gedient hat. Wie dieser bezieht er sich auf Klagen der Gemeinde über fehlende Zugänge (Einkünfte) von „feltgebewden, Lantstrassen oder anderen eygen nutzungen" und verleiht der Gemeinde die Gerichtseinkünfte wie Wette und Buße – unter Vorbehalt der fürstlichen Hochgerichtsbarkeit –, dazu freies „backen, schlachten, Brawen und schencken", ferner Zoll- und Geleitsfreiheit für alle der Notdurft der Einwohner dienenden Güter.[157] Neben einigen spezifischen, Schneeberger Verhältnisse ansprechenden Formulierungen fehlt in dem Buchholzer Freiheitsbrief eigentlich nur das Wahlverfahren für Richter und Schöppen, was sich evtl. aus der Kleinheit der Gemeinde (16 Hausbesessene) erklärt. Mit diesem Brief wurde Buchholz die Bergfreiheit zugesprochen.

Die Siedlung vollzog sich unplanmäßig. Als 10 Jahre nach Erteilung des Freiheitsbriefes auf Wunsch der Gemeinde ein Wochenmarkt eingerichtet werden sollte, war nicht einmal ein Platz für den Markt vorhanden. Die Landesherren mußten erst einige Häuser, die auf dem vorgesehenen Areal gebaut waren, abkaufen und beseitigen lassen, ehe ein Marktplatz geschaffen werden konnte (bis 28. Februar

154 Vgl. J. O. Sehm, Der Silberbergbau zu Annaberg . . ., a. a. O., S. 27f.

155 Ebenda, S. 23ff.

156 L. Bartsch, Die Entstehung der Stadt Buchholz, in: Beiträge zur Geschichte der Stadt Buchholz, H. 1, 1895, S. 6. Über die Geschichte Buchholz' bis Mitte des 16. Jh: vgl. L. Bartsch, Buchholz unter der Ernestinischen Linie des Hauses Wettin, in, Festschrift zum 400jährigen Jubiläum der Gründung der Stadt Buchholz 1501–1509. H. 5 der Beiträge zur Geschichte der Stadt Buchholz, Buchholz 1901, S. 40–140.

157 StA Weimar, Reg. T 298, Bl. 1–2; Konzept Bl. 3. Vgl. auch L. Bartsch, Die Entstehung . . ., a. a. O., S. 10f.

1517).[158] Zuvor hatten sich die Buchholzer auf dem Annaberger Wochenmarkt versorgen müssen, und dabei blieb es offenbar auch noch danach, denn obwohl ein eigener Wochenmarkt für Freitag festgelegt und alles Erforderliche veranlaßt war, besaß Buchholz noch 1520 keinen Wochenmarkt.

Am 19. April 1507 erhielt Buchholz vom Kurfürsten eine eigene ausführliche Bergordnung. Sie lehnte sich an den Entwurf der Schreckenberger Bergordnung von 1499/1500 und an die dritte große Schneeberger Bergordnung von 1500 an, einige Artikel stammen aus der Schneeberger Ordnung von 1479 und der Annaberger Ordnung von 1503, einige sind originell.[159]

Der Buchholzer Bergbau blieb jedoch stets im Schatten des Annaberger. Bis 1505 wurden seine Erträge in den Annaberger Zehntregistern mit geführt. Danach erscheinen eigene Zehntrechnungen, nachdem in diesem Jahr mit Fabian Lebe der erste Buchholzer Bergvogt eingesetzt worden war, der die Funktion des Zehntners und des kurfürstlichen Amtmanns in sich vereinigte. Die Höhe des Silberausbringens erreichte in den ersten 15 Jahren des 16. Jh. annähernd die von Geyer (wo die Ertragsentwicklung zu jener Zeit bereits rückläufig zu werden begann), hingegen nur etwa ein Zehntel der Annaberger, nämlich rund 1860 Mark im Jahresdurchschnitt.[160]

e) Marienberg

Zum dritten großen Zentrum der Silbergewinnung in Sachsen wurde nach Schneeberg und Annaberg das bei dem Dorf Wüstenschletta errichtete Marienberg. Nachdem bereits seit dem 15. Jh., besonders nach dem Fündigwerden des Schneebergs, in dieser Gegend geschürft worden war, führte im Jahre 1519 eine Schürfe zum Erfolg. Ein gewisser Clemens Schmidt, genannt Schiefel, entblößte am Ostausgang von Wüstenschletta einen reichen Gang. Am 11. Mai 1520 wurde ihm die Grube mit einem Erbstollen als „Fabian-Sebastian-Fundgrube" verliehen, am 17. November 1520 erscheint das erste Ausbringen von knapp 42 Mark Silber in den Annaberger Bergrechnungen.[161]

Wie in den anderen Bergorten, so zog auch hier der erste Fund eine verstärkte Schürftätigkeit nach sich. Daran beteiligten sich offenbar zahlreiche Bergleute aus dem Annaberg-Buchholzer Raum. Im selben Jahr, in dem der erste Marienberger Gang fündig wurde, ging das Annaberger Ausbringen erheblich zurück. Hatte es in den Jahren davor um 20000 bis 25000 Mark gelegen, waren es ab 1519 ca. 12000 Mark, ab 1522 noch etwa 10000 bis 11000 Mark, alles in allem etwa die Hälfte des Ausbringens der vorhergegangenen Zeit.[162]

158 Vgl. L. Bartsch, Wie Buchholz einen Wochenmarkt erhielt, in: Beiträge zur Geschichte der Stadt Buchholz, H. 1, 1895, S. 28–40.

159 Vgl. L. Bartsch, Die Buchholzer Bergordnung von 1507, in: ebenda, H. 1, S. 41–52, u. H. 2, 1896, S. 24–35.

160 Vgl. unten, „Die Silberproduktion".

161 Vgl. W. Bogsch, Der Marienberger Bergbau in der ersten Hälfte des 16. Jh., a. a. O., S. 20f.

162 Vgl. unten, „Die Silberproduktion". Dieser Rückgang beruhte auch auf dem Aufkommen Joachimsthals und auf der Verschärfung des Klassenkampfes in jenen Jahren.

Ähnliches zeigte sich in Buchholz. Von 1520/21 an reduzierte sich das Ausbringen von 2000 bis 2500 Mark Silber auf rund 1500 Mark im Jahr.[163] Neben inneren Ursachen dürfte dieser Rückgang durchaus mit dem Fündigwerden des Marienberger, allerdings auch des Joachimsthaler Gebiets im Zusammenhang stehen.

Die Bedeutung Annaberger Bergleute für die Erschließung des Marienberger Reviers wird durch die Tatsache belegt, daß zu den Gewerken der ersten Gruben dieses Gebiets Annaberger gehörten. So war der Lehenträger der zweiten dort verliehenen Grube, der „oberen 2./3. Maß nach St. Fabian-Sebastian" (verliehen am 29. Juni 1520), der Annaberger Wolff Kluge.[164] Eine der nächsten Gruben, die „Bauernzeche", wurde ebenfalls von einem Annaberger erschürft.[165]

Inzwischen dehnte sich der Bergbau von der ersten Fundstelle am Fuße des Rosenbergs (an der Mündung des Lautenbaches in den Schlettenbach) auf den ganzen Rosenberg, auf das Gebiet um Lauta, auf den Stadtberg und bis zum Sonneberg, südwestlich von Zöblitz, aus. Außer den bisher genannten drei Zechen waren bis zum Beginn des Jahres 1525 weitere sieben ausbringende Zechen entstanden.[166]

Das Ausbringen war in den ersten Jahren noch recht bescheiden. Nach der lückenhaften Überlieferung betrug es vom September 1523 bis Dezember 1524 rund 472 Mark.[167] Und dennoch nahm die Landesherrschaft wie in Annaberg, wo es trotz der relativ geringen Anfangserträge zur Stadtgründung kam, sofort nach den ersten Funden die Gründung einer Bergstadt in Angriff.

Das Gebiet lag ebenfalls auf albertinischem Territorium, jedoch im Herrschaftsbereich des Herzogs Heinrich. Dieser, ein jüngerer Bruder Georgs, hatte im „Brüderlichen Vertrag" vom 30. Mai 1505 auf die Nachfolge im Herzogtum Sachsen zugunsten männlicher Nachkommen Georgs verzichtet und dafür die Ämter Freiberg und Wolkenstein mit einigen Hoheitsrechten erhalten.[168] Zu diesen Hoheitsrechten gehörten aber nicht das Bergregal und die Bergverwaltung, die Georg behielt. Dennoch mußte der unter starker Finanznot leidende Heinrich an einem florierenden Bergbau interessiert sein, da er – wie sich später zeigte – durch starke eigene Beteiligung direkt und durch eine im Gefolge des Bergbaus eintretende allgemeine Erhöhung der Steuerkraft des Amtes indirekt zu gewinnen hoffte.

Noch im Jahre 1520, als zwar bereits fieberhaft geschürft wurde, aber erst von einer einzigen Grube ein Ausbringen vorlag, beschloß Heinrich die Anlage einer Bergstadt, offenbar als Konkurrenzunternehmen zur Gründung seines Bruders.[169] Wie schon bei der Planung Annabergs wurde Ulrich Rülein von Calw[170] herange-

[163] Ebenda.

[164] W. Bogsch, Der Marienberger Bergbau . . ., a. a. O., S. 22.

[165] Ebenda.

[166] Ebenda.

[167] Ebenda, S. 23.

[168] R. Kötzschke/H. Kretzschmar, Sächsische Geschichte, a. a. O., S. 167.

[169] Darüber und für das folgende vgl. W. Bogsch, a. a. O., S. 24ff.; P. Roitzsch, Auf wilder Wurzel. Erzgebirgische Natur- und Kulturbilder aus dem Verwaltungsbezirke der Amtshauptmannschaft Marienberg, Bd. 1, Schwarzenberg 1929.

[170] Von der neueren Literatur vgl. W. Pieper, Ulrich Rülein von Calw und sein Bergbüchlein, Freiberger Forschungshefte D 7, Berlin 1955; H. Baumgärtel, Vom Bergbüchlein zur Bergakademie, Freiberger Forschungshefte D 50, Leipzig 1965, S. 22ff.

zogen, um die Stadt zu planen und das Areal zu vermessen. Rülein entwarf einen von humanistischen Gesichtspunkten getragenen Grundriß, der der regelmäßigste aller erzgebirgischen Städte ist: Von einem großen, rechteckigen Marktplatz führen von jeder der vier Seiten drei parallellaufende Hauptstraßen, die dann noch einmal von je einer parallel zum Markt laufenden Straße geschnitten werden, so daß ein klares Schachbrettmuster entstand.

Als Baugrund stand ein bewaldeter Hügel bei Wüstenschletta zur Verfügung. Anfang des Jahres 1521 begann die Mutung der Wohnstätten. Nachdem deren Verleihung zunächst scheiterte (8. April), weil die Siedler die gleichen Freiheiten forderten, wie sie Georg den Annabergern erteilt hatte, sicherte ihnen Heinrich in einem Schreiben vom 27. April, das eine Art ersten Freiheitsbrief darstellte, freies Bauholz, das Recht der Wasserzufuhr und Ackerland um die Stadt zu. Daraufhin wurden am 29. April 1521 durch Rülein von Calw und Rudolf von Bünau die Hofstätten verliehen, wobei sich der Herzog Platz für eine Kirche, ein Schloß, ein Rathaus und neun Hofstätten am Markt vorbehielt. Die Leitung des entstandenen Gemeinwesens wurde dem ersten Fundgrübner, Clemens Schiefel, übertragen; 1522 folgte ihm ein neuer Richter.

Ein offizielles Gründungsprivileg erhielt St. Marienberg – der Name ist seit Anfang 1523 belegt – erst am 19. Dezember 1523. Es entspricht zum größten Teil wörtlich dem Annaberger Stadtbrief des Herzogs Georg vom 27. Oktober 1497. Damit erlangte Marienberg das Stadtrecht und die Bergfreiheit.

Die Bergverwaltung lag jedoch – wie das Bergregal – in den Händen des Herzogs Georg, der dadurch den neuen Bergbau unter seiner Kontrolle behalten wollte. Als sich die Knappschaft bald nach Aufnahme des neuen Bergwerks, um 1520, mit einigen Forderungen an Georg wandte, gestand er ihr zwar neben eigenen Berggeschworenen und einigen Nebensächlichkeiten auch einen eigenen Bergmeister zu, unterstellte diesen jedoch dem Bergmeister von Annaberg. In Annaberg war das Gegenbuch zu führen, hier erfolgten die wöchentlichen Abrechnungen (Anschnitte), Verleihungen und Bestätigungen.[171]

Über diese Unterstellungsverhältnisse kam es zu ständigen Auseinandersetzungen, die immerhin in den folgenden Jahren zu einer Lockerung der Abhängigkeit von Annaberg führten.[172] Seit 1526 erscheint der Marienberger Silberzehnt, der zuvor mit dem der Annaberger Zechen zusammen gebucht wurde, als selbständiger Posten in den Annaberger Zehntrechnungen. Wöchentliche Abrechnung der Zechenvorsteher (Schichtmeister), Löhnung, Verleihung und Bestätigung erfolgten in Marienberg, die Quartalsrechnungen weiterhin vor dem Zehntamt in Annaberg. Auch das Gegenbuch wurde hier verwahrt. Schließlich war die Annaberger Bergordnung auch für Marienberg maßgebend.

Das Silberausbringen blieb in den zwanziger Jahren noch recht bescheiden. Es betrug von 1524 bis 1529 im Jahresdurchschnitt 396 Mark.[173] In das Ende der zwanziger Jahre fiel jedoch die Erschürfung wichtiger neuer Gruben, insbesondere des Spatganges „Drei Molchen“ mit seinen Maßen und seinem Gegentrum am Pobers-

[171] W. Bogsch, a. a. O., S. 31.
[172] Im einzelnen vgl. ebenda, S. 32ff.
[173] Vgl. unten, „Die Silberproduktion“.

hauer kleinen Wildsberg. Auch am Rosenberg und Rittersberg begann eine regere Bautätigkeit. In den 30er Jahren machte besonders die Erschließung des Wildsberges weitere Fortschritte. So stieg das Ausbringen von 1530 bis 1537 auf 3874 Mark im Jahresdurchschnitt.[174]

Der große Durchbruch kam jedoch erst Ende der dreißiger Jahre, fast zwei Jahrzehnte nach dem ersten Fündigwerden. Seitdem überflügelte Marienberg die Silberproduktion Annabergs. Der Bergbau dehnte sich räumlich immer weiter aus, erfaßte die Höhen östlich der Schwarzen Pockau, den Sonnenberg, Rabenberg, Harzberg und Marderberg; neue Gruben entstanden am Hellberg und am Mönchsberg. Die Gesamtzahl der Gruben stieg von 351 im Jahre 1538 auf 559 im Jahre 1539; allerdings gaben davon nur etwa 20 Silber. Immerhin betrug das durchschnittliche Jahresausbringen von 1538 bis 1545 23631 Mark, wobei die Spitzenergebnisse in den Jahren 1539 und 1540 lagen, in denen 34804 bzw. 46168 Mark ausgebracht wurden. In der folgenden Zeit pegelte sich das jährliche Ausbringen um 12000 bis 13000 Mark ein.[175]

In der Stadt gab es zu jener Zeit etwa 500 Häuser, ein Hospital, eine Schule, einen Kuttelhof, Fleischbänke u. a. Dem bereits 1524 errichteten hölzernen Rathaus folgte 1533–1540 der Bau eines neuen, steinernen Rathauses im Renaissancestil, 1539/40 der des schloßartigen fürstlichen Zehnthauses, und zur selben Zeit entstand auch das Knappschaftshaus. 1540 begann man schließlich mit der Stadtummauerung.[176]

f) Die Schönburgischen Bergstädte und die ernestinischen Konkurrenzgründungen

Noch vor dem Fündigwerden des Marienberger Gebiets waren 1515 bei dem Dorf Oberscheibe am Scheibenberg Silbererze entdeckt worden. Sofort setzten jahrelang sich hinziehende Streitigkeiten zwischen den Herren von Schönburg und dem Abt der Klostergrundherrschaft Grünhain darüber ein, zu wessen Herrschaft das Gebiet gehöre.[177] Die Schönburger hatten im Ergebnis der Ostexpansion eine Landesherrschaft aufgerichtet, die bis ins späte Mittelalter und in die frühe Neuzeit hinein weitgehende Selbständigkeit wahren konnte.[178] Anfang des 15. Jh. erwarben sie die Grafschaft Hartenstein und waren damit in den Besitz erzgebirgischen Bergbaugebiets gekommen. Allerdings hatten sich die Wettiner durch einen Vertrag mit den vormaligen Herren von Hartenstein 1339 das Vorkaufsrecht auf das Silber und zwei Drittel des Zehnten gesichert[179], und diese Ansprüche suchten sie nunmehr nach dem erneuten Fündigwerden auch gegenüber den neuen Herren durch-

[174] Ebenda.

[175] Ebenda.

[176] W. Bogsch, a. a. O., S. 26 u. 52; P. Roitzsch a. a. O.

[177] Vgl. StA Weimar, Reg. T 849; Bergwerke der Herren von Schönburg.

[178] Vgl. W. Schlesinger, Die Landesherrschaft der Herren von Schönburg, Münster-Köln 1954; Derselbe, Die Schönburgischen Lande bis zum Ausgang des Mittelalters, Dresden 1935.

[179] FUB II, Nr. 875.

zusetzen, zumal Hartenstein 1456 wettinisches Reichsafterlehen geworden war. Es sei vorweggenommen, daß ihnen das gelang.[180] Die Albertiner setzten eine gemeinsame Ausübung der Herrschaftsrechte über den Bergbau, des Verleihens, der Erteilung von Bergordnungen, der Gerichtsbarkeit und der Einsetzung und Kontrolle der Bergverwaltung durch. Die aus den Regalien fließenden Erträge sollten zwischen den Schönburgern und den sächsischen Landesherren – hier unter Einbeziehung der Ernestiner – geteilt werden.

Das Zusammenwirken von Schönburgern und Albertinern – in harter Konkurrenz mit den Ernestinern – zeigte sich bereits bei der Gründung von *Scheibenberg*. Anfang 1516 teilte der Bergvogt von Buchholz, Matthes Busch, dem Bruder des Kurfürsten Friedrich, Herzog Johann, mit, daß sich kürzlich auf dem Scheibenberg ein neues Bergwerk aufgetan habe, dessen erster Finder von Buchholz – also von ernestinischer Seite – beliehen worden sei. Jedoch habe ihn der Schönburger Bergmeister Hühnerkopf unter Vorwänden aus seinem Recht gedrängt und die Zeche zur Hälfte Herrn Wolf von Schönburg und die andere Hälfte guten Freunden und den eigenen Söhnen zugeschrieben. Der erste Finder habe nur 23 Kuxe behalten dürfen.[181] Eine von Johann auf den Berg entsandte Kommission berichtete am 27. Februar 1516 ebenfalls über Manöver des Hühnerkopf, der die Gewerken betrüge und sich ganz als Bergmeister, der für diesen Ort zuständig sei, aufspiele.[182] Zu dieser Zeit waren in dem neuen Fundgebiet auf Grünhainer Seite bereits 60, auf Schönburger Seite 40 Lehen aufgenommen worden; rund 300 Bergleute hielten sich allein auf Grünhainer Gebiet auf.[183]

Unter Ausnutzung der Grenzstreitigkeiten zwischen dem Kloster und den Herren von Schönburg traten Albertiner und Ernestiner bei der Gründung einer neuen Bergstadt in Konkurrenz. Nachdem die Schönburger durch öffentliche Anschläge in Joachimsthal, Annaberg und anderen Bergstädten für den 5. Mai 1522 die Verleihung der gemuteten Hofstätten und die Ausrufung einer Freiheit verkündet hatten, wurde noch im selben Monat dem „freyhenn bergwergs uffn Scheibenbergk“ durch Wolf und Ernst von Schönburg ein Freiheitsbrief erteilt. Die Ausrufung fand statt im Beisein des Herzogs Georg, des Herzogs Heinrich und des jungen Herzogs Johann, des Sohnes von Herzog Georg.[184] Nicht nur diese Anwesen-

180 Im einzelnen vgl. dazu in der Studie „Die Klassenwidersprüche und ihre Austragung . . .“ den Abschnitt „Der Kampf um die Durchsetzung des landesherrlichen Bergregals gegenüber anderen großen Feudalen . . .“.

181 StA Weimar, Reg. T 849, Bl. 12. Das Schreiben ist „Anno 1516“ datiert, ist aber vor dem 18. Februar 1516 abgefaßt, da unter diesem Datum ein weiteres Schreiben vorhanden ist, das sich auf das erste bezieht. Zur Entstehungsgeschichte von Scheibenberg vgl. auch C. Müller, Schönburg, a. a. O., S. 373ff.; Löscher/Voigt, Heimatgeschichte der Pflege Stollberg i. E., Stollberg o. J. (1931ff.), S. 111f.

182 StA Weimar, Reg. T 849, Bl. 15.

183 Ebenda, Bl. 17f., datiert vom 28. Februar 1516. Über die Grenzen zwischen den beiden Gebieten gab es noch keine Klarheit. Die Streitigkeiten darüber kamen jetzt erst richtig in Gang, vgl. ebenda, Bl. 20ff.

184 Ebenda, Bl. 37, 43ff. Die Datierung ergibt sich aus einem Bericht an die Ernestiner vom 31. Mai 1522, in dem es heißt, daß diese Ausrufung vor wenigen Tagen erfolgt ist.

heit der albertinischen Herrscher, sondern auch der Wortlaut des Freiheitsbriefes zeigen das Zusammenwirken der Albertiner mit den Schönburgern bei der Gründung der Stadt Scheibenberg. Der Brief gewährte u. a. Zinsfreiheit auf 10 Jahre, freien Raum zu Wohnstätten, für Äcker und Wiesen, der Gemeinde freie Viehtrift; einen freien Markt aufzurichten ist „in Bedenkung genommen"; Bier ist in der Herrschaft zu kaufen und, wenn es dort mangelt, in Annaberg oder Freiberg; die Bergordnung soll wie in Annaberg gehalten werden.[185]

Die Ernestiner nahmen sofort eine Konkurrenzgründung in Angriff. Bereits im Januar 1522 hatten sie von der Absicht der Schönburger erfahren, Hofstätten zu verleihen und eine Bergstadt zu errichten.[186] Im Mai 1522 verständigte sich Herzog Johann, als der in dieser Sache aktivere der beiden Brüder, mit Kurfürst Friedrich über die Einsetzung einer Kommission, die ebenfalls Hofstätten verleihen und eine Bergfreiung ankündigen sollte.[187] Nach vorangegangenen Verhandlungen mit dem Abt von Grünhain, dem Rat und der Gemeinde von Schlettau sowie den „Leuten" des Dorfes Waltersdorf, auf deren Grund und Boden die neue Bergstadt „Neustadt am Scheibenberge" angelegt werden sollte[188], legte die Kommission unter Leitung von Wolf von Weissenbach, Konrad Metzsch und Nickel vom Ende den Platz für den Bau der Stadt fest und erteilte am 31. Mai 1522 ebenfalls einen Freiheitsbrief nach dem Muster des Buchholzer. Den Siedlern wurden auf 10 Jahre die Gerichtszugänge unter Vorbehalt des fürstlichen Gerichts über Hals und Hand, Freiheit des Brauens, Schenkens, Backens und Schlachtens, Geleits- und Zollfreiheit für alles Gut, das der Notdurft des Berges und der Einwohner dient, freies Bauholz für den Bau der Hofstätten zugesichert. Überdies wurden Prämien („ein erlich hoffcleidt und tranckgelt") für das Auffinden neuer Gänge ausgesetzt, deren Erz mindestens 1 Mark Silber „im großen Feuer" ergibt.[189]

Diese weitergehenden Freiheiten als die der Schönburger und Albertiner hatten zur Folge, daß innerhalb kürzester Zeit etwa 600 Mutzettel aufgenommen wurden, darunter auch von Bergleuten, die bereits vorher auf Schönburger Seite gemutet hatten. Anfang Juli 1522 hatte der Buchholzer Bergvogt das Baugelände vermessen und den Stadtgrundriß ausgearbeitet, Anfang August begann die Verlosung der Hofstätten; zu diesem Zeitpunkt lagen bereits 800 Mutungen vor.[190] Dennoch kam die Sache nicht voran; insbesondere häuften sich die Schwierig-

[185] Ebenda, Bl. 50 u. 51. Die gleichen Freiheiten wurden übrigens am 27. April 1527 von Wolf und Ernst von Schönburg an Wiesenthal verliehen – vgl. H. Löscher, Zur Vor- und Frühgeschichte der Bergstadt Oberwiesenthal, in: Glückauf! Zeitschrift des Erzgebirgsvereins, September 1931, S. 188f.

[186] Ebenda, Bl. 28.

[187] Ebenda, Bl. 32f.

[188] Weil „ewer furstlich gnaden doselbst umb beweyten kein eygene grunde haben . . ." – ebenda, Bl. 43f. Bei den Verhandlungen wurde von den kurfürstlichen Räten ins Feld geführt, „das ewer furstlich gnaden craft Irer Regaliенn sich an Irer Churfürstlichen und furstlichen gnadenn Bergknutzunge und zcu meherunge derselbten lande und lewte, ob sie sich gleich sperreten, gar nicht wurden hindern lassenn . . ." – ebenda. Zum Namen der Stadt vgl. ebenda, Bl. 63ff.

[189] Ebenda, Bl. 43ff. und Bl. 40f.

[190] Ebenda, Bl. 61f., 63, 101, 103f.

keiten, die der Abt von Grünhain und die Schlettauer bereiteten[191], die kurfürstlichen Räte begannen abzuraten, u. a. weil auf kurfürstlichem Gebiet bisher kaum Silbererz fündig sei[192], es traten Bezahlungsschwierigkeiten bei der Ablösung von Besitzrechten auf[193], im Oktober 1522 waren die Baustätten noch nicht ausgeteilt.[194] Das Projekt scheiterte.

Inzwischen begann der Bau der Stadt Scheibenberg auf Schönburgischem Gebiet. Um einen quadratischen Markt wurde das gitterförmige Straßennetz von 5 Längs- und 6 Querstraßen angelegt. 1523 soll bereits das erste Rathaus errichtet gewesen sein; 1526 werden ein Wassertrog auf dem Markt, ein Brauhaus und ein Brauteich erwähnt, 1528 eine vom Scheibenberger Richter Melchior Tuchscherer erbaute Mühle. 1530 erteilte Ernst von Schönburg der Siedlung Stadtrechte, und verlegte das Schönburgische Bergamt von Elterlein nach Scheibenberg.[195]

Das Silberausbringen war offenbar zunächst sehr vielversprechend. 1523 wurden im Verlauf eines halben Jahres (März bis September) 2069 Mark ausgebracht.[196] In den folgenden Jahren ging es erheblich zurück, und nur um die Mitte der dreißiger Jahre erreichte es mit Mengen von 1000 bis 1700 Mark im Jahr noch einmal einen relativen Höhepunkt.[197]

Mehr Erfolg hatten die Ernestiner mit einer anderen Konkurrenzgründung. Nachdem 1526 ebenfalls auf Schönburgischem Gebiet ein neues Bergwerk am Fichtelberg aufgeschlossen worden war, sicherte sich Ernst von Schönburg wiederum bei Herzog Georg 1527 die Bergfreiheit für eine Neugründung „Neustadt am Wiesenthal", dem späteren *Oberwiesenthal.* Am 22. April 1527 verliehen Ernst und Wolf von Schönburg der neuen Siedlung die Bergfreiheit auf der Grundlage des Annaberger Bergrechts, 1530 erhielt Wiesenthal Stadtrecht.[198]

191 Vgl. ebenda, Bl. 66ff., 71ff., 80f., 82ff.

192 Ebenda, Bl. 105–107.

193 Ebenda, Bl. 116f.

194 Ebenda, Bl. 138.

195 Vgl. Deutsches Städtebuch, Bd. II, a. a. O., S. 205; C. B. Dietrich, Kleine Chronik der freien Bergstadt Scheibenberg mit Oberscheibe, H. 2, Leipzig 1855, S. 7ff. (H. 1, Leipzig 1839, gibt zur Gründungsgeschichte nichts her); Vom silbernen Erzgebirge. Kreis Annaberg, Bd. I, Schwarzenberg 1938, S. 25f.

196 StA Dresden, Loc. 4507, Das Bergwerk zum Scheibenberg betr., Bl. 3b u. 8. Hier sind nur zwei Quartalsangaben vorhanden: Reminiscere bis Trinitatis 1523 = 1413 m. 8 l.; Trinitatis bis Crucis 1523 = 655 m. 4 l.

197 StA Dresden, Loc. 4495, Annabergische Bergrechnungen 1505–1591, Bl. 124; Loc. 4495, Annabergische Bergrechnungen 1522–38, Bl. 133b, 160b, 240f., 266f., 323, 347, 369, 389, 426, 446. StA Weimar, Reg. T 850–867 pass. Vgl. auch unten „Die Silberproduktion." Das Ausbringen betrug 1534 rd. 950 Mark, 1535 rd. 1700 Mark, 1536 rd. 1250 Mark.

198 Vgl. H. Löscher, Zur Vor- und Frühgeschichte der Bergstadt Oberwiesenthal, a. a. O.; Löscher/Voigt, a. a. O., S. 112f.; ferner Deutsches Städtebuch, Bd. II, a. a. O., S. 170. Das Silberausbringen war nach den offenbar recht guten Anfangsfunden (1529 wurden in 9 Monaten 500 Mark ausgebracht) recht mäßig; es betrug 1535 240 Mark, 1536 26 Mark und 1537 gar nur 19 Mark – vgl. StA Dresden, Loc. 4495, Annabergische Bergrechnungen 1522–38, Bl. 160b, 246, 271, 328, 372, 429, 449; Loc. 4495, Annabergische Bergrechnungen 1505–91, Bl. 124; StA Weimar, Reg. T 854–867.

Dieser neue Bergbau rief die Ernestiner zu ihrer Konkurrenzgründung *Gottesgab* auf den Plan. Welcher Mittel sie sich bedienten, verdeutlicht der folgende Bericht[199]:

Am 27. März 1529 teilten Nickel vom Ende und der Zehntner von Schneeberg, Paul Schmidt, Herzog Johann Friedrich mit, sie hätten davon Kenntnis erhalten, daß der mächtige Erzgang, auf dem das Schönburgische Wiesenthal beruhe, von dort auf Tettausches Gebiet streichen solle. (Die Herren von Tettau besaßen seit 1425 die Herrschaft Schwarzenberg als wettinisch-ernestinisches Lehen.[200]) Sie hätten sich daraufhin entschlossen, am Montag vor dato (22. März) zwei bergverständige Leute dorthin zu schicken, die völlig geheim auskundschaften sollten, welcherart Erz die Fundgrube St. Wolfgang auf dem Wiesenthal führt und wohin der Gang streicht. Die beiden sollten sich als interessierte Gewerken ausgeben, die Geld anlegen möchten. Das Unternehmen glückte. Die beiden Bergverständigen begaben sich zur St.-Wolfgang-Fundgrube, schmeichelten den Steigern und gaben ihnen „ein vererung und geschenck". Daraufhin wurde ihnen gestattet, unter Begleitung eines Steigers in die Grube einzufahren und die Grubengebäude zu besichtigen. Sie urteilten, daß es sich um „ein ser guet und mechtig ertzt" handle und die Teile gegenwärtig 70 bis 80 Gulden pro Kux gelten; das Erz soll „ein eben Silber" ergeben. Ferner haben sie „die ortung und das streichen des selbigen gangs ordentlich und fleissig uf einem compast abgestochen", sind dann über Tage dem Streichen des Ganges gefolgt und haben festgestellt, daß er auf Tettausches Gebiet führt. Die Unterzeichner veranlaßten daraufhin den Bergmeister von Buchholz, der auf Tettauschem Gebiet zu verleihen hat, an Ort und Stelle zu kommen und die entsprechenden Maßnahmen zu ergreifen.

Bald darauf wurde Hans Glaser als Bergmeister auf der neuen Fundstelle eingesetzt mit dem Auftrag, alle Bauwilligen nach „bergleuftiger weis" zu belehnen.[201] Ihm wurden einige Artikel übergeben, die unter dem Datum vom 12. Mai 1529 auch gedruckt vorliegen. Darin wurde angekündigt, daß alle Muter Hofstätten und freies Bauholz bekommen sollen, daß die neue Bergstadt als freie Bergstadt begnadet werden soll, und zwar mit den Freiheiten, wie sie auf Schneeberg und Buchholz üblich sind.[202]

Anfang Juli 1529 wurde der Platz für die zu errichtende Stadt ausgesucht, und vermessen, mit dem ausdrücklichen Bemerken, daß er „kegenn kaynerlay Herrschafft irrig, sundern am mitel uf dem grunde und poden Schwartzenberck gelegen" ist. Als Namen der neuen Stadt bestimmte Herzog Johann Friedrich, der bald darauf Kurfürst wurde, „Gotsgabe". Der Tettausche Bergmeister Wintzberger erhielt die Weisung, die von ihm aufgenommenen Mutungen an Hans Glaser

199 Vgl. StA Weimar, Reg. T 668, Bl. 3f. Es verleitet immerhin zu einem Schmunzeln, wenn man nach diesem sehr irdischen Bericht in der alten Chronistik liest, Gott selbst habe das Bergwerk aufgebracht und erregt, weshalb es Gottesgab genannt wurde (vgl. P. Albinus, a. a. O., S. 48).

200 Vgl. W. Fröbe, Herrschaft und Stadt Schwarzenberg bis zum 16. Jahrhundert, Schwarzenberg 1930.

201 StA Weimar, Reg. T 297; Verfassung von Buchholz, Bl. 5–7.

202 Vgl. W. Fröbe, a. a. O., S. 299. In dieser Zeit sah man Schneeberg bereits ganz als ernestinischen Besitz an, obwohl es erst 1533 offiziell ein solcher wurde.

abzutreten[203], den Tettaus wurde nach einigem Hin und Her der Wald abgekauft, der auf dem für die Stadt vorgesehenen Platz stand.[204]

Wenn in bezug auf den für die Stadt auserwählten Platz betont wurde, daß er gegen keine Herrschaft irrig sei, so traf das für das neue Bergbaugebiet nicht zu. Irrungen wegen unklarer Grenzen zu den Gebieten der Grafen Schlick auf böhmischer Seite wurden rasch beigelegt; mit den Schönburgern gab es jedoch heftige Auseinandersetzungen. Ernst von Schönburg erhob Ansprüche auf Plätze, auf denen Hans Glaser Bergteile verliehen und die Aufnehmer „vile schoner genge entplost" hatten. Die Arbeiter eines Hans Schramm, der einen mächtigen Gang erschürft hatte, wurden von den Schönburger Amtleuten gefangengenommen bei gleichzeitigem Verbot weiterer Arbeit.[205] Die Schönburger schlugen in den Schwarzenberger Wäldern Holz, und als Hans Glaser dort Vermessungen vornehmen wollte, waren „etzliche leute mit iren geweren, den Schonbergischen zuestendig, vorsteckt vorhanden", so daß er unverrichteterdinge abziehen mußte.[206]

Wegen dieser Auseinandersetzungen war es eine der ersten Maßnahmen, eine Straße nach dem neuen Fundgebiet anzulegen, da „die strassen und brücken alle auf der Schonburgischen boden (sind), derhalben mit pferdenn gantz nichts auszurichten ist und diejenigen, so zu fues zu solchenn vorhaben sollen gebraucht werden, müssen durch rauhe welde und andern ortern iren wege nemen".[207] Nach einer Abrechnung über die Kosten für die Anlegung der neuen Straße (knapp 60 Gulden) war diese im September 1530 fertig.[208]

Die Errichtung der Stadt zögerte sich jedoch hinaus. Noch Anfang Juli 1533 waren die gemuteten Hofstätten nicht ausgeteilt, da die strittigen Grenzfragen nicht geklärt werden konnten.[209] Da der Bergmeister dennoch auf die Austeilung drängte, sandte der Kurfürst im Juli 1533 eine Kommission zu diesem Zweck nach Gottesgab.[210]

Wie die weitere städtische Entwicklung vor sich ging, ist nicht ganz klar. Immerhin hatte sich schon 1531 eine Gemeindebildung vollzogen, da ein Beschwerdebrief vom 24. September 1531 an den Kurfürsten vom Richter, den Schöffen und der ganzen Gemeinde von Gottesgab unterzeichnet ist, wobei eindeutig von „der freien Berckstat Gotzgab" gesprochen wird.[211] In dem Brief heißt es übrigens

203 StA Weimar, Reg. T 662, Bl. 1–3.

204 Ebenda, Bl. 11, 12, 13, 17f., 20, 21f.

205 Ebenda, Bl. 5f.

206 Ebenda, Bl. 14b. Derartige Streitigkeiten zogen sich jahrelang hin. Noch im Juli 1533 ließ Ernst von Schönburg Bergleute vertreiben, die vom Bergmeister rechtmäßig beliehen worden waren. Zu den Grenzstreitigkeiten vgl. auch C. Müller, Eine Schönburgisch-Hartensteinische Grenzrainung am Fichtelberg 1529, in: NASG, Bd. 55, 1934, S. 161–177.

207 StA Weimar, Reg. T 662, Bl. 15; Bericht vom 21. Juli 1529.

208 Ebenda, Bl. 23–25; Abrechnung vom 14. September 1530.

209 Die Hofstätten waren „auß Hoffnung der Reynung bißher unaußgeteyltt verblieben" – ebenda, Bl. 29, 6. Juli 1533.

210 Ebenda, Bl. 31–33.

211 StA Weimar, Reg. T 668, Bl. 12. Die Datierung ist eindeutig: „Sonntagk nach Mauricii im 1531 iar" (24. Sept. 1531); die Unterschrift: „Richter unnd Schopfenn unnd ein gantze gemein auff der Gotzgab".

u. a., daß „gottlob auff diesem berckwerck vil trostlicher gennge entplost unnd uberfarenn seynn“, darunter ein „glantzganck“, auf dem man „feyn ertz gediegen silber und glaßertz gehauen“. Trotzdem „baut man itzund gar nichtz“, da der Bergmeister lieber Steuer gebe, als sich um das Bergwerk zu kümmern. Der Brief zählt einige Mängel auf und macht die Nachlässigkeit des Bergmeisters und anderer Bergbeamter dafür verantwortlich. 1535 erhielt eine landesherrliche Kommission den Auftrag, einen Stockraum auszumessen und an die Einwohner als Gärten auszuteilen. 1540 wird von „etlichen 30 Besessenen“ in Gottesgab berichtet, weshalb der Gemeinde die Führung eines Gerichtssiegels gestattet wurde. 1544 sollten der Ort in Viertel eingeteilt und Viertelmeister eingesetzt werden; die Bebauung der aufgenommenen Hofstätten wurde forciert.[212]

Der planmäßige Aufbau der Stadt fand aber wohl erst 1546 statt, als genaue Vermessungen durchgeführt, Bauvorschriften erlassen und die städtischen Freiheiten öffentlich verkündet wurden[213], kurz bevor Gottesgab 1547 in den Besitz der böhmischen Krone überging.[214] Der Bergbau hatte zu jener Zeit relativ gute Erträge gebracht. Eine Notiz über das Silberausbringen eines halben Jahres (von März bis September 1546) verzeichnet 1120 Mark Brandsilber.[215]

Auf ähnliche Weise wie Gottesgab entstand auch *Platten* als eine ernestinische Konkurrenzgründung, diesmal aber nicht zu einer Gründung der Herren von Schönburg, sondern zu einer der Grafen Schlick auf der böhmischen Seite des Erzgebirges.

Am 10. Juli 1531 teilte der Schneeburger Zehntner, Paul Schmidt, dem Kurfürsten mit, daß sich auf Schlickschem Grund und Boden ein neues reiches Silberbergwerk „ufn *Abertham* genand“ eröffnet habe, das auf der Fundgrube 69 fl. pro Kux Ausbeute gebe. Der Kurfürst möge die Grenzfragen klären und auf kurfürstlich-sächsischem Gebiet gegenüber von Abertham schürfen lassen.[216] Schon zwei Tage später wies der Kurfürst seine Räte an, die Mitteilung zu prüfen und entsprechende Maßnahmen zu ergreifen. Am 13. Juli wurde angeordnet, daß Leute der Herren von Tettau, die die Grenze zu den Schlick genau kennen, diese besichtigen und markieren. Vier Berggesellen wurden angesetzt, dort zu schürfen.[217]

Nachdem man schon vorher in diesem Gebiet Zinnbergbau getrieben hatte, wurden noch 1531 einige Zwittergänge entblößt, bis dann 1532 die reiche St.-Wolfgang-Zeche fündig wurde.[218] In rascher Folge gingen unter Leitung kurfürstlicher Bergbeamter, besonders Paul Schmidts und des ehemaligen Buchholzer und jetzigen Schlettauer Amtmanns Matthes Busch, die Vorarbeiten zur Stadtgründung vonstatten. Anfang der vierziger Jahre war die Bergstadt planmäßig erbaut. Allerdings hatte sich die Hoffnung auf reichen Silberbergbau nicht erfüllt; Platten wurde eine Zinnstadt. 1547 ging es wie Gottesgab in böhmischen Besitz über.

212 Vgl. StA Weimar, Reg. T 117, Bl. 87–88; Reg. T 121, Bl. 69–70; Reg. T 123, Bl. 198b bis 206.

213 Vgl. W. Fröbe, a. a. O., S. 301; StA Weimar, Reg. T 663–667, Bl. 14f., 57, 67, 73b.

214 Über die Umstände, die zur Abtretung von Gottesgab an Böhmen führten, vgl. W. Fröbe, a. a. O., S. 62ff.

215 StA Weimar, Reg. T 668, Bl. 102.

216 StA Weimar, Reg. T 668, Bl. 6.

217 Ebenda, Bl. 8–10.

218 Vgl. – auch für das folgende – W. Fröbe, a. a. O., S. 297f.

Alle diese kleineren Bergstädte – von denen auch noch das Schönburgische *Elterlein* zu erwähnen wäre, das bis 1530 Sitz des Schönburgischen Bergamtes war und wo ebenfalls ein bescheidener Silber-Kupfer-Bergbau getrieben wurde[219], sowie die ebenfalls schönburgische Gründung *Hohenstein*[220] – blieben naturgemäß im Schatten der drei großen obererzgebirgischen Silberstädte: Schneeberg, Annaberg und Marienberg. Deren über Jahrzehnte anhaltender enormer Silberreichtum war es vor allem, der wesentlich zur ökonomischen Stärke Sachsens und seiner Landesherren in der Zeit der frühbürgerlichen Revolution beitrug. Eine wesentliche Voraussetzung dafür war jedoch, daß im Unterschied zur mittelalterlichen Blüteperiode des Silberbergbaus und des Städtewesens, als sich z. B. Freiberg auf der Grundlage einer kommunalen Bewegung ein hohes Maß an Autonomie innerhalb des Territoriums und die Herrschaft über den Bergbaudistrikt gesichert hatte[221], die obererzgebirgischen Bergstädte von vornherein als Gründungen der Landesherren in starke Abhängigkeit von diesen gerieten – ein Ausdruck der Festigung des Territorialstaates und der vollen Durchsetzung des landesherrlichen Bergregals als eines der ersten und wichtigsten Hoheitsrechte.

219 Aus einem ursprünglichen Waldhufendorf hatte sich Elterlein im 15. Jh. zu einer Bergstadt entwickelt, die 1489 von den Schönburgern Lößnitzer Stadtrecht erhielt (Deutsches Städtebuch, Bd. II, a. a. O., S. 71; vgl. auch Löscher/Voigt, a. a. O., S. 101f.). Der Silberbergbau hatte vermutlich 1480 nennenswerten Umfang angenommen, da aus diesem Jahr erstmals ein Silberausbringen aus Elterlein in den Schneeberger Zehntrechnungen verzeichnet wurde; insgesamt waren es 1480/81 761 Mark Silber (StA Weimar, Reg. 135, Bl. 176–178). 1483 wurden 894 Mark verzeichnet, und 1484 waren es 348 Mark (ebenda). In den dreißiger Jahren des 16. Jh. betrug das Ausbringen 1535: 561 Mark, 1536: 629 Mark, 1537: 562 Mark (StA Dresden, Loc, 4495, Annabergische Bergrechnungen 1522–38, Bl. 243b, 269, 326, 349, 371, 392, 406, 427, 448; zu der Angabe Bl. 160b vgl. die glaubhaftere in Loc. 4507, Das Bergwerk zum Scheibenberg betr., Bl. 22). Nach dem Rezeß von Luciae 1538 war vor allem die Zeche „S. Lorentz zum Elterlein" ausbringend (StA Dresden, Loc. 4499, Verzeichnis der Zechen ... 1538, Bl. 12). In den Schönburger Zehntrechnungen taucht Elterlein erstmals im Sommer 1532 mit einem Quartalsausbringen von 91 Mark auf. In den 40er Jahren war es von den drei Schönburgischen Bergwerken das ergiebigste mit einem jährlichen Ausbringen von 700 bis 900 Mark (StA Weimar, Reg. T 857–867).

220 Zu Hohenstein vgl. C. Müller, Schönburg, a. a. O., S. 318, 352ff.; Löscher/Voigt, a. a. O., S. 111.

221 Vgl. M. Unger, Stadtgemeinde und Bergwesen Freibergs im Mittelalter, a. a. O.

II. DIE DURCHSETZUNG DES DIREKTIONSSYSTEMS ALS MITTEL ZUR REALISIERUNG DES LANDESHERRLICHEN BERGREGALS

Das Aufblühen des erzgebirgischen Silberbergbaus seit dem letzten Drittel des 15. Jh. kennzeichnete in verschiedener Hinsicht eine neue Stufe der gesellschaftlichen Entwicklung. An ihm läßt sich deutlich die Dialektik im Verhältnis der alten, feudalen Kräfte und der sich entwickelnden neuen, kapitalistischen Produktionsverhältnisse ablesen. Erforderten die technisch-ökonomischen Bedingungen neue, kapitalistische Formen des Eigentums an den Produktionsmitteln, der Produktionsorganisation und der Kooperation[1], so standen dem die gesellschaftlichen Verhältnisse des herrschenden Feudalsystems entgegen. Der Arbeitsgegenstand als wichtiger Teil der Produktionsmittel[2], deren Eigentum den Charakter der Produktionsverhältnisse bestimmt, unterlag von vornherein infolge des landesherrlichen Bergregals feudalen Beschränkungen. Zwar stellte dieses immerhin einen begrenzten Fortschritt dar, da der Arbeitsgegenstand, im vorliegenden Falle das Silbererz, unter den Verhältnissen des feudalen Grundeigentums überhaupt nicht verfügbar gewesen wäre, wenn nicht die jeweiligen Träger der staatlichen Macht gegen die Interessen der Grundeigentümer die Edelmetallerze bereits frühzeitig zu ihrem Eigentum erklärt und zugleich die Bergbaufreiheit für alle Bergbautreibenden garantiert hätten. Die feudale Beschränkung wurde dadurch aber nicht grundsätzlich beseitigt, sondern nur auf eine höhere Ebene gehoben. Die Landesherren legten der freien Entfaltung der kapitalistischen Elemente in dem Maße Fesseln an, wie diese ihren eigenen Interessen zuwiderlief; sie banden einen Teil des bergbautreibenden Bürgertums an sich und benutzten das Regal zur Abschöpfung eines beträchtlichen Teils der Bergbaugewinne im Interesse der Stärkung der eigenen Macht. Insofern sind Untersuchungen des Regalsystems in verschiedener Hinsicht von Interesse:

Erstens beeinflußte das landesherrliche Bergregal den Charakter der Produktionsverhältnisse im Bergbau und die Entwicklung des Bergbaus allgemein.

Zweitens bildete sich zur Realisierung des Bergregals ein nach dem Direktionsprinzip gestalteter Beamtenapparat heraus, der zu den frühesten des sich festigenden Territorialstaates gehörte, d. h., an ihm läßt sich auch der Prozeß der inneren Ausgestaltung des Territorialstaates ablesen.

Und drittens erschlossen die Landesherren mit Hilfe des Bergregals eine wichtige Quelle für die ökonomische Stärkung des Territorialstaates.

1 Das wird insbesondere in der folgenden Studie über die kapitalistische Gewerkschaft untersucht.

2 Vgl. K. Marx, Das Kapital, Erster Band, in: MEW, Bd. 23, Berlin 1962, S. 192ff.

Den in Gestalt des Bergregals ausgedrückten Anspruch auf das Eigentum an den Bodenschätzen, insbesondere den Edelmetallen, und – davon abgeleitet – auf Berggesetzgebung, -verwaltung und Ertragsbeteiligung hatten die wettinischen Landesherren aus eigenen finanziellen Interessen bereits frühzeitig erhoben. Nachdem im wettinischen Bereich das ursprünglich königliche Bergregal zunächst nicht nur an die meißnischen Markgrafen, sondern auch z. B. an das Kloster Altzelle, das Bistum Meißen und an Reichslehenträger außerhalb der Markgrafschaft verliehen worden war, setzten die Wettiner im Zuge der Bildung und Ausdehnung ihrer Landesherrschaft auch das Bergregal als eines ihrer ersten und wichtigsten Hoheitsrechte und seine Realisierung mit Hilfe eines landesherrlichen Beamtenapparates durch – ein Prozeß, der zu der hier behandelten Zeit im wesentlichen abgeschlossen war.[3] Die Annaberger Bergordnung von 1509 markiert die Zäsur zwischen den verschiedenen örtlichen Bergrechten und dem Beginn eines sächsischen Landesbergrechts. Mit der Anweisung von 1511 an den Freiberger Rat, sich in seinen Entscheidungen nach dieser Ordnung zu richten[4], war der entscheidende Schritt dazu getan, d. h., die hier behandelten sächsich-obererzgebirgischen Silberbergbaugebiete wurden einem im wesentlichen einheitlichen, auf dem wettinischen Bergregal beruhenden Landesbergrecht unterworfen. Ausgenommen blieben zunächst nur die in der Herrschaft Hartenstein gelegenen Silbergruben der Herren von Schönburg, die dem wettinischen Regalanspruch heftigen Widerstand leisteten. Aber auch hier konnten sich die Wettiner zum großen Teil durchsetzen.[5]

Bereits das Anfang des 14. Jh. kodifizierte, aber altes Gewohnheitsrecht widerspiegelnde älteste Freiberger Bergrecht war Ausfluß des markgräflichen Bergregals. Der Regalherr war Obereigentümer der Bodenschätze. Als solchem kam es ihm zu, Bergrecht zu setzen, Bergordnungen zu erlassen und die Berggerichtsbarkeit auszuüben. Nur wer von ihm mit Bergteilen beliehen war, durfte Bergbau treiben. Er hatte die Oberaufsicht über den gesamten Bergbau.[6]

Den vom Regalherrn mit Bergteilen Beliehenen oblag die Pflicht zu Gegenleistungen. Das waren zunächst ein Mitbaurecht des Regalherrn, das sogenannte Fronteil bzw. die dritte Schicht, und in den Maßen der Fundgrube zusätzliche Lehen für den Markgrafen, die Markgräfin und die obersten Hof- und Bergbeamten.[7]

3 Vgl. H. Löscher, Vom Bergregal im sächsischen Erzgebirge. Beiträge zu seiner Geschichte, in: Bergbau und Bergrecht, Freiberger Forschungshefte D 22, Berlin 1957, S. 122ff. Wenn hier von Bergregal gesprochen wird, ist nur das Bergregal auf Silber gemeint; das auf Zinn, Eisen etc. verblieb viel länger in grundherrlicher Verfügungsgewalt oder Mitbeteiligung.

4 Vgl. H. Ermisch, Das sächsische Bergrecht des Mittelalters, a. a. O., S. CLXIIIf.; F. R. Huffmann, Über die sächsische Berggerichtsbarkeit vom 15. Jahrhundert bis zu ihrem Ende, Weimar 1935, S. 17f.

5 Vgl. dazu unten, „Der Kampf um die Durchsetzung des landesherrlichen Bergregals gegenüber anderen großen Feudalen".

6 Vgl. H. Ermisch, a. a. O., S. XXXV u. 3ff.

7 „Hilffet got dem vindere, das syn ercz vor sich gehit, so sal der czendener myns herren vronteil uffheben, das ist dy dritte schicht. So das geschyt, so sal myn herre syne kost doczu gebin also eyn ander gewercke." Freiberger Bergrecht A, § 11, ebenda, S. 8. „Darnach sal man messen unserm herren dem margrefen eyn lehen, darnach unser vrouwen

Der Regalherr hatte also das Recht, in der Fundgrube die dritte Schicht auf eigene Kosten mitzubauen und in den Maßen zu schürfen und zu bauen. Vermutlich dort, wo er diese Rechte nicht wahrnahm, trat an deren Stelle eine Abgabe der Beliehenen an den Regalherrn, der Zehnt.[8] Ausschließlich der Zehnt war von Erbstollen zu entrichten, die man zur Bewetterung und Wasserlösung von Gruben benötigte.[9] Um die Mitte des 14. Jh. entfielen das Mitbaurecht und die Sonderlehen immer mehr, so daß der Zehnt die alleinige Abgabe des Bergbautreibenden an den Regalherrn blieb.[10]

Zur Ausübung seiner Macht und Weisungsbefugnis über den Bergbau sowie zur Wahrnehmung seiner Interessen setzte der Regalherr bereits frühzeitig ihm verantwortliche Bergbeamte ein. Das Freiberger Bergrecht A nennt den Zehntner und den Bergmeister, ferner die Geschworenen und den Bergrichter. Mit der Einsetzung des landesherrlichen Bergmeisters als technischen Oberleiters des Bergbaus war auch das sogenannte Direktionsprinzip geboren.[11]

Zum Zeitpunkt des Aufblühens des obererzgebirgischen Silberbergbaus in den letzten Jahrzehnten des 15. Jh. war das ganze System bereits gefestigt, und bis zum Beginn des 16. Jh. wurde es immer stärker ausgebaut, so daß die Annaberger Bergordnung von 1509 als ein gewisser Abschluß betrachtet werden kann.

1. *Das Bergregal im Spiegel der Bergordnungen von 1466 bis 1509*

Nachdem um die Mitte des 15. Jh. im oberen Erzgebirge eine ausgedehnte Schürftätigkeit in Gang gekommen war und offenbar auch einzelne Funde vorlagen, traten die Landesherren sofort auf den Plan, um ihre Regalrechte wahrzunehmen. Die Vorgeschichte des Schneeberger Silberbergbaus zeigt, wie Kurfürst Friedrich selbst oder mit Hilfe zunächst noch der Freiberger Bergbeamten das Verleihrecht ausübte. Es sei dazu auf die oben gegebene Darstellung verwiesen.

Die Aktivität in diesen bergmännisch neu zu erschließenden Gebieten und die Sorge um ihre Einkünfte veranlaßten seine Nachfolger Kurfürst Ernst und Herzog Albrecht dann, die Ordnung für die Bergwerke außerhalb der Pflege Freiberg vom 14. April 1466 zu erlassen. Mit dieser Ordnung und der vorhergegangenen Einsetzung von Hans Kluge als Bergmeister begannen die Fixierung und innere Ausgestaltung des sächsischen Bergrechts und damit auch des landesherrlichen Bergregals in diesen neuen Gebieten sowie der Aufbau einer landesherrlichen Verwaltungsorganisation über den Bergbau im Obererzgebirge.

Die Ordnung von 1466 führte ein – wahrscheinlich nicht mehr erhaltenes – Bergbuch ein, in dem alle Verleihungen von Bergteilen außerhalb der Pflege Freiberg verzeichnet werden sollten und das zugleich als Grundlage für die „ynnbrengunge

der margrefynnen eyn lehen, darnach deme marschalke eyn lehen, darnach deme trugsessen eyn lehen, darnach deme kemmerere eyn lehen, darnach deme bergmeistere eyn lehen.“ Ebenda, § 12, S. 9.

[8] H. Ermisch, ebenda, S. XXXVII.

[9] Freiberger Bergrecht A, ebenda, § 19, S. 14f.

[10] Vgl. H. Löscher, Vom Bergregal . . ., a. a. O., S. 127.

[11] Vgl. ebenda, S. 126.

unnsers zcenden“ gedacht war. Der neu eingesetzte Bergmeister erhielt das Verleihrecht. Jede Grube mußte von ihm verliehen und von dem dazu eingesetzten vereidigten Bergschreiber Caspar Ludewig in das Bergbuch eingetragen werden. Vor der Verleihung sollten beide Bergbeamten die Gruben besichtigen und feststellen, welche „gewynlich ader ungewinlich sint“, ob sie ordentlich belegt sind und gebaut werden. Beide, Bergmeister und Bergschreiber, erhielten volle Weisungsbefugnisse gegenüber den Gewerken, die ihre Anordnungen befolgen mußten. Für die Beaufsichtigung des Silberabtreibens in den Hütten und für die Eintreibung des Zehnten wurde der Zehntner von Geyer, Nickel Friedrich, verantwortlich gemacht. Alle drei genannten Bergbeamten erhielten das Recht, örtliche Vertreter an ihrer Statt einzusetzen.[12]

Hans Kluge tat das noch im selben Jahr. Gewiß im Zusammenhang mit dem von Zwickau aus betriebenen Bergbau auf dem Schneeberg setzte er in Zwickau Nikolaus Tretwyn als Bergmeister ein. Am 16. November 1466 bestätigten die Landesherren den neuen Bergmeister – wobei Kluge als oberster Bergmeister außerhalb Freibergs bezeichnet wird[13] –, und bereits am 26. Januar 1467 trat Tretwyn in Aktion, als er der Gewerkschaft des Martin Römer die alte Wismutzeche und einen Erbstollen auf dem Schneeberg verlieh.[14] Zunächst bekleidete Nikolaus Tretwyn auch das Amt des Zehntners.[15] Kluge und Tretwyn waren es dann auch, die nach dem Fündigwerden des Schneebergs 1470 die ersten Vermessungen und Verleihungen vornahmen.[16]

Als ein Jahr darauf, im August 1471, die bekannten Unruhen wegen der Amtsführung der Bergmeister auf dem Schneeberg ausbrachen, begann eine neue Praxis, die später zur Regel werden sollte: Landesherrliche Räte wurden auf den Berg geschickt, um zu schlichten und zu ordnen. Der Obermarschall Hugold von Schleinitz, der Amtmann Hans Metzsch und der Landrentmeister Johann von Mergenthal fällten im Namen von Kurfürst Ernst und Herzog Albrecht den sogenannten Erbschied, der die Baurechte der einzelnen Zechen gegeneinander abgrenzte.[17] Auf der Grundlage dieses Schieds wurden später ähnliche Entscheidungen vom Rat der Stadt Zwickau bzw. von dazu verordneten Bergbeamten, aber auch von den Landesherren selbst getroffen.[18] Jeweils war es ein unantastbares Prinzip, daß alle Gewalt vom Regalherrn ausgeht, der nicht nur Bergteile verleiht, sondern sie auch entziehen kann, wenn die Gewerken ihren Verpflichtungen nicht nachkommen.

Die „Ordinacio“ der Landesherren vom Dezember 1472 legte in dieser Hinsicht fest, daß Gewerken, die ihrer Zubußpflicht innerhalb bestimmter Fristen nicht nach-

12 Die Ordnung ist ediert bei H. Ermisch, a. a. O., S. 73–77.

13 H. Ermisch, a. a. O., S. CXLIX. 1470 bezeichnet sich Kluge als „obirster geswornner Bergkmeister“, StA Dresden, Loc. 4324, Bl. 23.

14 StA Dresden, Loc. 4324, Bl. 22b.

15 Er wird im Oktober 1470 als „in der pflege umb Zwickaw Bergkmeister unnd uff die zeit Zehenndener“ bezeichnet, StA Dresden, Loc. 4324, Bl. 23.

16 Ebenda.

17 Ediert bei H. Ermisch, a. a. O., S. 78–81.

18 Vgl. StA Dresden, Loc. 4323, Streitigkeiten verschiedener Zechen untereinander. Zwei Schiede von 1473 und 1475 hat O. Hoppe, Der Silberbergbau zu Schneeberg . . ., a. a. O., S. 124ff. ediert.

kommen, ihrer Teile verlustig gehen und diese denjenigen Gewerken, die ihre Zubuße entrichtet haben, überschrieben werden.[19]

Eine weitere Ausgestaltung erfuhr die Bergverfassung in der Ordnung vom 12. Mai 1477 für Schneeberg.[20] In bezug auf ihr Bergregal und die daraus abgeleiteten Befugnisse bekräftigen die Landesherren, daß allein ihnen „zcusteht solliche bergwergk mit ordenung unnd satzungen in ein redelich unnd geordent weßen zcu bringen". Nachdem bereits in einer undatierten, aber früheren Ordnung neben dem Bergmeister (inzwischen besaß Schneeberg selbst einen), dem Bergschreiber (seine Funktion übernahm der Schneeberger Gegenschreiber) und dem Zehntner „richter, steyger und gesworne des berges" als landesherrliche Bergbeamte bezeichnet worden waren[21], bestimmte die Ordnung von 1477 die Einteilung des Berges in vier Viertel, denen je ein Viertelsmeister vorgesetzt werden sollte. Dieser hatte die Aufgabe, den in seinem Viertel gelegenen Zechen Anweisung zu geben, „wie man nach bergleufftiger weiße bawen" soll; er war dafür verantwortlich, daß „ordenlich und getruwelich dorynn gebawet werde". Die Schichtmeister als von den Gewerken zu bestellende Verwalter über vier bis sechs Zechen bedurften der Bestätigung durch die landesherrlichen Bergbeamten, mußten deren Weisungen befolgen und vierteljährlich vor ihnen Rechnung legen.

Damit ist bereits zu Beginn des Schneeberger Bergbaus die landesherrliche Bergverwaltung nach dem Direktionsprinzip ausgestaltet: Kraft ihres Bergregals behalten sich die Landesherren die Verleihung von Bergteilen an Bauwillige vor. Diese sind u. a. verpflichtet, die Gruben kontinuierlich zu belegen und baufähig zu halten, was gegebenenfalls Zubußleistungen erfordert. Kommen sie diesen Verpflichtungen nicht nach, gehen sie ihrer Bergteile verlustig. Die Landesherren delegieren ihre Macht- und Kontrollbefugnisse an einen Apparat von Bergbeamten, dem die gesamte Leitung des Bergbaus obliegt. Die Bergbautreibenden vom mitarbeitenden bis zum kapitalistischen Gewerken sind von der Produktionsleitung bereits weitestgehend ausgeschlossen. Der Bergmeister verleiht die Bergteile und ist technischer Oberleiter des Produktionsprozesses; ihm stehen die Berggeschworenen zur Seite. Zur besseren Übersicht und Kontrolle sind die Viertelsmeister zwischen ihn und die Schichtmeister zwischengeschaltet. Erst auf der Ebene der Schichtmeister haben die Gewerken gewisse Befugnisse, indem sie die Schichtmeister einsetzen dürfen. Diese müssen jedoch von den landesherrlichen Bergbeamten bestätigt und vereidigt werden und sind ihnen gehorsams- und rechenschaftspflichtig. Der Bergrichter – an seiner Seite ebenfalls die Berggeschworenen – übt die Berggerichtsbarkeit aus. Der Zehntner überwacht den gesamten Verhüttungsprozeß des Erzes, treibt den Zehnten ein und verwaltet ihn.

Die wichtigste Neuerung der folgenden Schneeberger Ordnung von 1479[22] war in dem hier behandelten Zusammenhang die Einsetzung der acht Rechenherren. In einer Denkschrift hatten die Schneeberger Gewerken 1479 die Einsetzung dieser Rechenherren als ihre Vertretungskörperschaft gefordert, und zwar sollten es 6 Ver-

19 Ediert von O. Hoppe, a. a. O., S. 131f. Die Bestimmung wurde erneuert und bekräftigt in der „Reformacio", ebenda, S. 132ff.

20 H. Ermisch, a. a. O., S. 82–88.

21 O. Hoppe, a. a. O., S. 128, § 5. Die Schichtmeister hingegen wurden von den Gewerken bestellt.

22 Ediert bei H. Ermisch, a. a. O., S. 89–97.

treter der Städte und je einer des Adels und der Geistlichkeit sein.[23] Die Landesherren entsprachen dieser Forderung im Prinzip, ernannten jedoch zwei Vertreter des Adels, zwei der Geistlichkeit und vier der Städte.[24] Diese Rechenherren sollten zweimal jährlich, und zwar jeweils vor der Leipziger Oster- und Michaelismesse am Mittwoch nach Ostern und zu Crucis Exaltationis (14. September), auf dem Schneeberg zusammenkommen, um dort die Rechnungen der Schichtmeister zu hören. Galten diese Rechenherren schon durch ihre Berufung zugleich auch als Verordnete der Landesherren, so wurde der Gewerkeneinfluß bereits nach wenigen Jahren ganz beseitigt. Es entwickelte sich die Institution der von landesherrlichen Räten geleiteten Berghandlungen.[25]

Ferner spiegelte sich in der Ordnung von 1479 eine weitere Neuerung wider, die bereits 1477 vollzogen worden war: die Einsetzung eines Hauptmanns, der die Funktion eines obersten landesherrlichen Amtmanns auf dem Schneeberg wahrnahm. Er war derjenige, der zusammen mit den landesherrlichen Räten die Halbjahresrechnungen abnahm.

Eine gewisse Änderung war offenbar auch bei den Schichtmeistern eingetreten. Stärker als in der vorhergegangenen Ordnung wird ihre Verantwortung gegenüber den Landesherren betont. Sie sollten auf Vorschlag der Gewerken von den Rechenherren eingesetzt werden und „besessene Leute“ sein, „domit die gewercken ir habe vorsorgt und vorsichert sint“. Die Schichtmeister waren zu – mit dem Geld ihrer Gewerken arbeitenden – eigentlichen Leitern der Zechen geworden.

Trotz dieses im Aufbau begriffenen Beamtenapparats schalteten sich auch weiterhin die Landesherren direkt ein, wenn im Bergbau nicht alles nach ihrem Wunsch lief. So begaben sich Kurfürst Friedrich und Herzog Johann, die Söhne des 1486 verstorbenen Kurfürsten Ernst, sowie Herzog Albrecht im Januar 1487 persönlich nach Schneeberg, um „unordenunge und beswerunge uf diesem Sneberge und umbligenden bergwergen . . . abezuwenden“. Sie ließen sich von den Gewerken, die „in merglicher zcal . . . vor uns erschynen . . . etlich gebrechen unser furstlich oberkeit belangende und anders“ vorbringen und setzten eine neue Ordnung[26]

Vorhergegangen war 1485 die wettinische Landesteilung, die auch eine gewisse Teilung des Bergregals mit sich brachte. Man wollte den Schneeberg als zu dieser Zeit wichtigstes Bergbauzentrum gemeinsam verwalten und seine aus dem Bergregal fließenden Erträge gemeinsam nutzen. Alle noch später aufzuschließenden Bergwerke jedoch sollten zwar ebenfalls gemeinsam genutzt, aber von den Herrschern des

[23] O. Hoppe, a. a. O., S. 71.

[24] Es waren Hermann von Weißenbach und Fritz von Breitenbach als Vertreter des Adels, der Dechant von Meißen, Dr. Falhausen, und Dr. Chistopherus Eckel von Freiberg als Vertreter der Geistlichkeit und Mathias Zobelstein aus Leipzig, Bürgermeister Passeck von Zwickau, Lucius Schönberg aus Freiberg und Bürgermeister Nickel Domitzsch von Torgau als Vertreter der Städte (O. Hoppe, a. a. O., S. 82). Zobelstein wurde 1485 Zehntner von Schneeberg. Bereits 1481 schieden Passeck und Domitzsch aus dem Kreis der Rechenherren aus; an die Stelle des ersteren trat Kilian Schicker aus Zwickau, an die Stelle des zweiten Nickel Friedrich, der Zehntner von Geyer (StA Dresden, Loc. 4322, Bl. 52, 53, 104).

[25] Vgl. dazu den nächsten Abschnitt.

[26] H. Ermisch, a. a. O., S. 98–101.

jeweiligen Landesteiles gesondert verwaltet werden. Dem entsprach die folgende Praxis. Wie schon der gemeinsame Besuch der Ernestiner Friedrich und Johann und des Albertiners 1487 und die gemeinsam erlassene Ordnung ankündigten, wurden auch alle folgenden Ordnungen für Schneeberg gemeinsam erlassen. Allerdings zeigte sich bereits lange vor dem offiziellen Übergang Schneebergs an die Ernestiner 1533, insbesondere seit die Albertiner in Annaberg ihr eigenes großes Zentrum errichteten, daß die Ernestiner Schneeberg als ihre Domäne betrachteten. In den folgenden Bergbauzentren waren die aus dem Bergregal abgeleiteten Machtbefugnisse – mit Ausnahme der Nutznießung – bereits geteilt: Annaberg war albertinisch, Buchholz ernestinisch, das Schönburgische Scheibenberg unter starkem Einfluß der Albertiner, Marienberg albertinisch, Gottesgab ernestinisch.

Die weitere Ausgestaltung des Regalsystems bzw. der aus ihm herrührenden regalherrlichen Bergverwaltung ging – im Spiegel der Bergordnungen – so vor sich:

Nachdem die Schneeberger Bergordnung von 1492 in dieser Hinsicht keine wesentlichen Neuerungen oder Präzisierungen gebracht hatte[27], wurde in der Schreckenberger Bergordnung des Herzogs Georg 1499/1500 eine – allerdings unvollständige – Aufstellung der herzoglichen Bergbeamten und ihrer Kompetenzen gegeben.[28] Auch hier herrschte die gleiche Abstufung wie in Schneeberg (mit Ausnahme der Viertelsmeister): An der Spitze stand der Amtmann, der dem Schneeberger Hauptmann und dem Buchholzer Bergvogt entsprach (alle drei Begriffe bezeichnen dieselbe Funktion und wurden z. T. synonym gebraucht); ihm sind alle anderen Bergbeamten unterstellt. Es folgen der Bergmeister, der Gegenschreiber und die Berggeschworenen. Die Schichtmeister und die Steiger (bzw. Hutleute – beide Funktionen gehen bald ineinander auf) werden nach wie vor von den Gewerken vorgeschlagen und können auch von ihnen entsetzt werden, beides aber nur mit Zustimmung des Amtmanns und des Bergmeisters. Ferner gibt es an landesherrlichen Bergbeamten den Zehntner und den Bergrichter. Neu erwähnt werden neben den Geschworenen die Verordneten („vorordenten"), die ebenfalls bei den Verleihungen von Bergteilen durch den Bergmeister anwesend sein sollen, aber noch nicht näher definiert sind. Nach der folgenden dritten großen Bergordnung für den Schneeberg vom März 1500[29] handelt es sich um „unser vorordenten burgern der stat", d. h., die Stadt erhält ein Mitspracherecht bei den Verleihungen durch die landesherrlichen Beamten. Die Schneeberger Ordnung von 1500 und die Annaberger von 1503[30] waren aber gleichfalls nur Durchgangsstadien zur Annaberger Bergordnung vom 5. Februar 1509. Letztere gibt ein genaues Bild vom Aufbau und Funktionsbereich des landesherrlichen Beamtenapparates[31]:

Der *Hauptmann*[32] ist der Vertreter des Landesherrn (Regalherrn) auf dem Berg und in der Stadt. Er hat die Oberaufsicht und alle Befehlsgewalt, die dem Landes-

27 Ebenda, S. 102–111.

28 Ebenda, S. 112–144; J. O. Sehm, Die Schreckenberger Bergordnung 1499/1500, a. a. O.

29 H. Ermisch, S. 145–155.

30 Ebenda, S. 156–162.

31 Ebenda, S. 163–209; vgl. auch G. Agricola, Zwölf Bücher, a. a. O., S. 72ff., wo ebenfalls eine ausführliche Übersicht über den Aufgabenbereich der verschiedenen Beamten gegeben wird.

32 Vgl. Art. 3, 4, 9, 15, 26, 30, 36, 38, 45, 47, 50, 51, 53, 54, 58, 70, 87, 90, 93, 96, 97, 101.

herrn zusteht; „von jederman" soll ihm „gleich unßer person volkomener gehorsam bey vermeydung unßer sweren straff ... geleist werden". Er wacht über die Einhaltung des Bergrechts und der Bergordnung, soll bei der Ausübung der Amtsgeschäfte durch den Bergmeister, vor allem bei Verleihungen etc., möglichst anwesend sein; ihm und dem Bergmeister sind neue Erzfunde unverzüglich zu melden; er bestätigt und entsetzt – wieder zusammen mit dem Bergmeister – die Schichtmeister, setzt zwei Probierer, die nicht zu bestimmten Hütten gehören, ferner die Markscheider und andere Bergbeamte ein; er nimmt mit dem Bergmeister und besonderen Verordneten des Landesherrn die vierteljährlichen Rechnungen der Schichtmeister entgegen, prüft deren Amtsführung und die von ihnen angelegten Register; ihm untersteht auch das Hüttenwesen, z. B. setzt er die Abtreiber ein, und nur mit seiner Erlaubnis darf das Silber abgetrieben werden; Streitigkeiten zwischen den Gewerken werden von ihm geschlichtet, und er verhängt gegebenenfalls Strafen, d. h. , er übt die Polizeigewalt aus. Er soll selbst keine Teile auf dem Berg besitzen.

Der *Bergmeister*[33] ist der Oberleiter der Produktion. Er hat „macht und gewaltt uff den gebirgen", die ihm befohlen sind, nach „bergkleufftiger weiße" und nach Bergrecht auf alle Metalle „bergkwergk tzu verleyhen". Bei ihm wird von den Bauwilligen Mutung aufgenommen. Innerhalb von 14 Tagen muß von dem Aufnehmer der Gang entblößt sein, den dann der Bergmeister erneut besichtigt und an dem folgenden Verleihtag, den der Bergmeister an jedem Mittwoch möglichst im Beisein des Hauptmanns und der Geschworenen abhalten soll, verleiht. Bei besonderen Ursachen steht es in der Macht des Bergmeisters, die Frist von der Mutung bis zur Verleihung bis zu zweimal zu verlängern; wird spätestens in dieser Zeit kein Gang entblößt, erlischt die Mutung, und das Feld fällt ins Freie, d. h. es kann von einem anderen gemutet werden. Verliehene Zechen müssen kontinuierlich belegt und gebaut werden, andernfalls fallen sie ebenfalls ins Freie und können vom Bergmeister weiterverliehen werden. Der Bergmeister ist Mitverwalter des Berg- und des Gegenbuches; ihm sind von den Aufnehmern verliehener Zechen die Gewerkenverzeichnisse zu übergeben. Wird eine Grube fündig, so ist das neben dem Hauptmann auch dem Bergmeister unverzüglich anzuzeigen, der sie besichtigt und das Erz nachschlagen läßt. Ebenso bedarf jede Auflassung oder Verstürzung eines Stollens, einer Strecke oder anderer Grubengebäude der Genehmigung des Bergmeisters. Gedinge können nur mit Zustimmung des Bergmeisters vergeben werden. Ihm stehen – neben dem Hauptmann – auch die Ein- und Entsetzung der Schichtmeister zu; das gleiche gilt für die Einsetzung der Markscheider und der Probierer. Mit dem Hauptmann nimmt auch der Bergmeister die Vierteljahresrechnungen der Schichtmeister entgegen. Er erteilt Zubußbriefe an die Schichtmeister, wenn deren Zechen Zubuße bedürfen. Unverlegte Teile, bei denen die Zubuße ausbleibt, fallen ins Retardat und können auf Befehl des Bergmeisters weiterverkauft werden; die Aufnahme von Krediten durch die Schichtmeister ist gleichfalls nur mit Genehmigung des Bergmeisters möglich. Besondere Vollmachten hat der Bergmeister beim Stollenvortrieb, der oft Anlaß zu Streitigkeiten gab. Auch bei anderen Streitigkeiten über Baurechte etc. entscheidet in erster Instanz der Bergmeister. Er hat das

[33] Vgl. Art. 4–8, 12, 14, 15, 21, 24–30, 32, 36, 38, 47, 50, 54, 58, 62, 80, 81, 87, 89, 90, 92, 93, 96, 97, 100–102.

Recht, „tzu straffen unnd tzu buessen ... nach herkomen unnd ausweyssung der bergkrecht". Wie der Hauptmann, so soll auch er keine Teile auf dem Berg besitzen.

Die acht *Berggeschworenen*[34] standen dem Bergmeister zur Seite. Sie sollen „dem bergkmeister gehorsam sein, sich tzu allen bergksachen williglich gebrauchen lassen und sich seins bevelhs halden". Im einzelnen wurde festgelegt, daß sie bei allen Verleihungen an den Verleihtagen anwesend sein sollen; sie mußten im Auftrag des Bergmeisters alte Zechen besichtigen, bevor einem evtl. Wunsch auf Neuaufnahme nachgegeben wurde; wollte jemand eine alte Zeche muten, mußte er durch das Zeugnis von mindestens zwei Geschworenen nachweisen, daß diese „drey anfarende schicht nicht bauhafftig gehaldenn sey". Auch die Besichtigung soeben fündig gewordener Zechen konnte der Bergmeister den Geschworenen an seiner Statt übertragen. Ferner sollten die Geschworenen alle 14 Tage jede Zeche befahren, überprüfen, wie darin gebaut wird, und, wo nötig, Anweisungen zur Verbesserung geben. Wird vom Bergmeister ein Gedinge genehmigt, nehmen die Geschworenen die genauen Festlegungen, Abgrenzungen etc. vor (durch „stuffen slahen"), und sie prüfen auch seine Durchführung. Bei der Schlichtung von Streitigkeiten unterstützen sie den Bergmeister. Obwohl zu den landesherrlichen Bergbeamten zu rechnen, werden sie nicht wie diese aus Mitteln des Zehnten bzw. anderer landesherrlicher Einkünfte entlohnt, sondern aus besonderen Abgaben der Gewerken, dem Wochengeld (wöchentlich ein halber Zinsgroschen von jeder Zeche).

Der *Bergschreiber*[35] mußte an den Verleihtagen anwesend sein und alle Zechen, die verliehen und bestätigt werden, in das Bergbuch einschreiben: wann die Mutung erfolgte, auf welchen Gängen oder Klüften und von wem. Er sollte unterschiedliche Bücher führen für neue Zechen und für neuaufgenommene alte Zechen. Bei den letzteren war festzuhalten, durch welche Geschworenen die Zeche als frei nachgewiesen wurde. Ferner sollte der Bergschreiber besondere Bücher über Fristungen und landesherrliche Steuern, über Schiede, über die Verleihung der Maßen bei Fundgruben und über Retardate (unverlegte Kuxe) führen. Mit Ausnahme von Retardaten erhielt er von den Gewerken festgelegte Einschreibegebühren. Allein die in seinen Büchern festgehaltenen Vorgänge erlangten Rechtskraft. Auch alle Zubußbriefe sollte der Bergschreiber schreiben. Schließlich war er Verwalter der von den Zechen abzuführenden Zinsgroschen. Die drei unterschiedlichen Schlüssel zu der Lade, in der seine Bücher aufzubewahren waren, sollten er, der Hauptmann und der Bergmeister besitzen.

Der *Gegenschreiber*[36] führte das Gegenbuch, in dem die Gewerken mit ihren Anteilen verzeichnet waren. Von jeder neuaufgenommenen Zeche sollte zunächst die erste Zubuße verbaut werden. Danach mußte der Aufnehmer alle Gewerken, die ihre Zubuße gegeben und damit ihre Bauwilligkeit und ihre Anteile bekundet hatten, ins Gegenbuch einschreiben lassen, wofür der Gegenschreiber eine bestimmte Einschreibgebühr erhielt. Gerieten Bergteile ins Retardat, mußten sie aus dem Gegenbuch ausgetragen und in des Bergschreibers Retardatbuch überschrieben werden. Der Gegenschreiber war persönlich dafür haftbar, daß keine Teile fälschlich abgeschrieben wurden und dadurch den Gewerken verlustig gingen.

[34] Vgl. Art. 2, 7, 8, 12, 21, 26, 29–32, 45, 87, 92.
[35] Vgl. Art. 10, 12, 14, 45, 50, 58.
[36] Vgl. Art. 18, 19, 58.

Eine Mittelstellung zwischen landesherrlichen Bergbeamten und Vertretern der Gewerken nahmen die *Schichtmeister*[37] ein. Sie wurden von den Gewerken eingesetzt, bedurften jedoch der Zustimmung des Hauptmanns und des Bergmeisters und wurden von diesen vereidigt. Letztere hatten sogar das Recht, sie auch ohne, ja gegen den Willen der Gewerken ihrer Funktion zu entheben, während es den Gewerken untersagt war, gleiches ohne die Zustimmung der genannten Bergbeamten zu tun. Ein Schichtmeister übernahm in der Regel mehrere Zechen, jedoch nicht mehr als sechs, darunter jeweils nur zwei fündige. Wurden mehr als zwei fündig, gingen sie an andere Schichtmeister über. Die Schichtmeister waren Leiter der Zechen. Sie erhielten von den Gewerken die Mittel, um die Produktionsinstrumente und anderes Material zu kaufen und die Arbeiter zu entlohnen, d. h. um den Grubenbetrieb kontinuierlich aufrechtzuerhalten. Mehrere Bestimmungen sahen vor, daß den Gewerken durch schlechte Arbeit oder betrügerische Manipulationen der Schichtmeister kein Schaden entsteht: Diese sollten so billig als möglich und ohne eigenen Nutzen einkaufen; Schichtmeister und Steiger auf einer Zeche sollten nicht Brüder oder Vettern sein; fündige Zechen und Erztröge waren gut verschlossen zu halten; Eisen und Unschlitt, das sie den Steigern übergeben, mußten sie genau registrieren usw. Für schuldhafte Schäden werden die Schichtmeister haftbar gemacht. Die Schichtmeister sind auch für die Durchführung der Arbeit in ihren Zechen, für die Einhaltung der Schichten und für die Entlohnung der Bergarbeiter verantwortlich, worüber sie genau abrechnen müssen. Jedes Vierteljahr legen die Schichtmeister vor dem Hauptmann, dem Bergmeister und landesherrlichen Verordneten über ihre Amtsführung schriftlich Rechnung ab, und zwar „deutlich mitt Deutzschen wortten und tzal (über) alles gelde und vorrath“, die sie von den Gewerken erhalten hatten, und wieviel davon sie wem, wann und wofür, ganz speziell aufgeschlüsselt, ausgegeben haben. Wenn nach der Rechnungslegung nicht genügend Vorrat zur Bestreitung der Kosten für das nächste Vierteljahr vorhanden ist, müssen die Schichtmeister vom Bergmeister einen Zubußbrief anfordern, der die Gewerken oder ihre Verleger auffordert, innerhalb einer bestimmten Frist Zubuße einzuzahlen. Bei austeilenden Zechen darf der Schichtmeister auch schriftliche Anweisungen des Austeilers anstelle baren Geldes annehmen. Bleibt die Zubuße aus, muß der Schichtmeister ein Verzeichnis für das Retardatbuch aufstellen. Ist Erz oder „werk“, d. h. geschmolzenes, aber noch nicht abgetriebenes und gebranntes Silber, vorhanden, kann sich der Schichtmeister vom Zehntner vorschießen lassen; schließlich kann er auch mit Genehmigung des Bergmeisters „schuld uff die tzeche machen“. Eine Reihe von Aufgaben obliegt dem Schichtmeister auch bei der Kontrolle des Verhüttungsprozesses und bei der Registrierung des Ausbringens.

Die *Steiger*[38] unterstehen den Schichtmeistern, sie werden wie diese von den Gewerken eingesetzt und vom Hauptmann und Bergmeister bestätigt und vereidigt. Die Steiger dürfen jeweils nur auf einer Zeche arbeiten. Zu Beginn jeder Schicht sollen sie auf der Zeche anwesend sein, den Arbeitern Eisen und Unschlitt aushändigen, die Arbeiter beaufsichtigen, ihnen die notwendigen Anweisungen erteilen, die Anwesenheit kontrollieren, bei Feierschichten oder Nichteinhaltung

37 Vgl. Art. 15, 34, 36–50, 54–56, 58, 60–62, 68–72.
38 Vgl. Art. 15, 34, 36, 40, 42, 46, 80–82.

der Schichtdauer den entsprechenden Teil vom Lohn abziehen, nachlässige Arbeit „aus boßen ursachen“ dem Bergmeister melden, das Schichtende anklopfen usw. Sie sollen in der Stadt wohnhaft sein, dürfen aber keinen Arbeiter zwingen, bei ihnen Kost zu nehmen.

Die *Zehntner*[39] gehörten zur Spitze in der Hierarchie der landesherrlichen Bergbeamten, und zwar nennt die Ordnung für Annaberg zwei, ohne jedoch deren Kompetenzen im einzelnen aufzuführen. Grundsätzlich sollen sie alles Silber, das auf dem Berg gewonnen wird, „trewlich einfordern und uffsehen, das furstlicher gebuer unnd den gewergken daran nichtts entzohen werde“. Zu diesem Zweck waren die Zehntner gehalten, den gesamten Verhüttungsprozeß des Erzes genau zu registrieren, und zwar zunächst Menge und Gewicht des Werksilbers nach dem Schmelzen, dann erneut die des Blicksilbers nach dem Abtreiben und schließlich die des Brandsilbers nach dem Feinbrennen, das sie dann übernehmen. Dabei wird zusammen mit den Schichtmeistern genau errechnet, was den Gewerken über die „furstliche gebuer“ hinaus zusteht. Dieser Überschuß wird den Gewerken gutgeschrieben und steht zur Verfügung der Schichtmeister, sofern diese zur Aufrechterhaltung des Grubenbetriebs Geld brauchen. Der Zehntner gibt ihnen dazu auch Vorschüsse, wo Erz oder Werksilber zur Deckung nachgewiesen werden können, er ist aber für solche Vorschüsse oder gar ungedeckte Kredite selbst haftbar. Überschüsse über die an den Regalherrn abzuführenden Abgaben und über die zur Aufrechterhaltung des Grubenbetriebs notwendigen Vorräte übergeben die Zehntner an den Austeiler.

Der *Austeiler*[40] empfängt alles Geld, das auf einer Vierteljahrsrechnung auszuteilen beschlossen wird, von den Zehntnern und verteilt es an die beteiligten Gewerken, jedoch in der Regel erst eine Zeitlang nach der Vierteljahrsrechnung, da das Silber erst gemünzt werden mußte. Sollten die an der Austeilung teilhabenden Gewerken für die Zubußleistung bei nichtausbringenden Zechen jedoch vorher Geld benötigen, kann ihnen der Austeiler auch anstelle des Geldes eine Anweisung an den jeweiligen Schichtmeister auf die künftige Austeilung aushändigen, die dann als Zubuße anerkannt wird.

Im *Gerichtswesen*[41] entfällt ein besonderer Bergrichter, wie er zuvor üblich war. In den ersten Jahren des Schneebergs gab es sogar eine Priorität des Berggerichts, das dann die Gerichtsbarkeit über die Stadt mit übernahm.[42] Jetzt wird dem Bergmeister die Berggerichtsbarkeit in erster Instanz übertragen, der hierbei den Hauptmann konsultieren kann. Er übt die Strafgerichtsbarkeit in allen Bergsachen aus, die „außerhalben geordents rechts“ liegen bzw. die nach „herkomen unnd ausweyssung der bergkrechtt“ dem Bergmeister zustehen. In Streitfällen soll er versuchen, daß die Parteien sich gütlich einigen. Wo das nicht gelingt, kann die Sache

[39] Vgl. Art. 2, 45, 49, 60, 61, 63, 70–72.

[40] Vgl. Art. 56, 63.

[41] Vgl. Art. 92, 96–103. Zur Entwicklung des Gerichtswesens vgl. auch F. R. Huffmann, a. a. O.

[42] Vgl. die Schneeberger Ordnung von 1479, Art. 1 (H. Ermisch, a. a. O., S. 90); vgl. auch oben „Das Aufblühen des oberererzgebirgischen Silberbergbaus seit 1470 und die Gründung von Bergstädten“, Abschn. Schneeberg.

auf Wunsch einer oder beider Parteien vor Richter und Rat der Stadt Annaberg ausgetragen werden, denen „unßer bergkgericht bevolhen“ ist. Eine Appellation gegen deren Urteil ist dann nur beim Landesherrn direkt möglich.

2. *Die Berghandlungen*

Zur wichtigsten Institution der Kontrolle und Leitung dieses Apparats entwickelten sich bald nach der Landesteilung die sogenannten Berghandlungen. Die im Vertrag von 1485 festgelegte gemeinsame Regierung des Schneebergs und die gemeinsame Nutzung der Regaleinkünfte auch aller übrigen Bergwerke erforderten einen Kontrollmechanismus, der die Übervorteilung des einen Fürsten durch den anderen verhindern sollte. Hinzu kam, daß mit der Ausdehnung des Bergbaus und damit auch des Beamtenapparats ein direkter Kontakt zwischen den Regalherren und den Bergbeamten immer schwieriger wurde. So traten an die Stelle der acht Rechenherren, die nur eine Episode in der Geschichte der sächsischen Bergverwaltung blieben, landesherrliche Räte, die periodisch auf den Schneeberg geschickt wurden, um dort die Rechnungen der von den verschiedenen Bergwerken herbeigerufenen Bergbeamten zu hören und alle anfallenden Probleme der Verwaltung zu verhandeln. Über diese Verhandlungen wurden Protokolle angefertigt, die die beiden Fürstenhäuser erhielten und die zu den wichtigsten Quellengruppen für die Geschichte des erzgebirgischen Bergbaus vom Ende des 15. bis zur Mitte des 16. Jh. gehören.[43] Naturgemäß stand dabei bis zum Jahre 1533 Schneeberg im Mittelpunkt, da die zunehmenden und im Gefolge der Reformation äußerst zugespitzten Gegensätze zwischen Albertinern und Ernestinern die gemeinsame Regierung des Ortes und seiner Bergwerke außerordentlich belasteten. So enthalten die Protokolle gerade zur Geschichte Schneebergs in diesem Zeitraum besonders viel Material.

Für die ersten Jahrzehnte ist die Überlieferung allerdings lückenhaft. Erstmals in einem „befehl, den geschickten gegeben uff Martini uffm Sneberg zu handeln anno dom. 1488“, wird faßbar, „das man von itzlich herrschaft czwen Rethe verordnen, die alle viertel jars zu den zechenn czihn unnd do selbst eigentlich anhören,

[43] Die Protokolle für die albertinische Seite liegen im Staatsarchiv Dresden, die für die ernestinische Seite im Staatsarchiv Weimar. Die Protokolle der eigentlichen Berghandlungen sind auf beiden Seiten im allgemeinen identisch, sie werden jedoch zuweilen durch unterschiedlich gefärbte Berichte der jeweiligen Räte an ihre Landesherren ergänzt. Den Protokollen vorangestellt sind im allgemeinen die Instruktionen der Landesherren an ihre Räte, die am deutlichsten die Gegensätze zwischen den beiden wettinischen Fürstenhäusern ablesen lassen; hiervon sind die albertinischen Instruktionen im allgemeinen in den Dresdner Akten enthalten, die ernestinischen in den Weimarer Beständen. Vgl. StA Dresden, Loc. 4489, Handlung auf dem Schneeberge ... 1488–1546; ebenda Loc. 9853, Etzliche Copeyen ... 1500–1513; ebenda, Loc. 4489, Verzeichnis ... 1515–1518; ebenda, Loc. 4489, Verzeichnis der Händel ... 1519–1524; ebenda, Loc. 4489, Berghandlung und Rechnungen ... 1522–1524; ebenda, Loc. 4490, Berghandlung ... 1524–1533; ebenda, Loc. 4490, Handlunge und Zehend-Rechnung ... 1527–1535; StA Weimar, Reg. T, Nr. 81–102, 117–123.

was man in ein itzlichen gruben verbawet habe, unnd dernoch sallen sie irmessen, was man den gewercken zu der selben czeit nach beswerung adder leichtung irs pawn das silber beczalen solle".[44] Ob im folgenden tatsächlich alle viertel Jahre Berghandlungen stattfanden, scheint zweifelhaft. Bis zur Jahrhundertwende liegt Material vor vom Mai und September 1489, November 1491 und April 1495. Es ist anzunehmen, daß die Handlungen im allgemeinen zweimal jährlich jeweils zu Ostern oder Quasimodogeniti und zu Exaltationis Crucis (14. September) abgehalten wurden.[45] Unterbrechungen gab es dann im ersten Jahrzehnt des 16. Jh. Die Ernestiner und Albertiner hatten sich vorübergehend während einiger Jahre geeinigt, die Regierung des Schneebergs jährlich wechselnd durch jeweils eine der beiden Linien zu führen. Sie erreichten dadurch jedoch nicht die beabsichtigte Umgehung der Differenzen, sondern verschärften sie noch, weshalb die Ernestiner 1510 wieder die gemeinsame Regierung des Schneebergs durchsetzten.[46] In dieser Zeit wurden aber offenbar in Schneeberg nur sporadisch Berghandlungen veranstaltet; man bezog vielmehr die Bergbauangelegenheiten in die Tagesordnung der Naumburger, Altenburger, Wurzener, Mühlhausener und Zeitzer Zusammenkünfte ein.[47] Am 1. November 1510 einigte man sich schließlich, jährlich zweimal auf dem Schneeberg Berghandlungen durchzuführen.[48] Von da an fanden regelmäßig bis 1546, im allgemeinen zu Quasimodogeniti und Mauritius (22. September), solche Zusammenkünfte statt, deren Protokolle vollständig erhalten sind. Mehr als zweimal jährlich kam man nur in den Jahren 1523 (viermal) sowie 1524 und

[44] StA Dresden, Loc. 4489, Handlung auf dem Schneeberge ... 1488–1546, Bl. 4. Dasgleiche wurde auf einer Tagung der Räte in Naumburg (um 1488) beschlossen, wobei die Berghandlungen jeweils im Januar, Mai, August und November stattfinden sollten (StA Weimar, Reg. T 81, Bl. 2). Die Praxis der Berghandlungen begann allerdings nicht erst 1488. Bereits zu Beginn der 80er Jahre erschienen neben den Rechenherren auch landesherrliche Räte zu den Rechnungslegungen; so unterschied z. B. der Hauptmann von Schneeberg 1484 bei den Rechnungslegungen zwischen den Geordneten (wie die Rechenherren auch bezeichnet wurden) und den Räten (StA Dresden, Loc. 4322, Bl. 60f.).

[45] Vgl. auch A. Puff, Die Finanzen Albrechts, a. a. O., S. 99. Aus verschiedenen Notizen in StA Weimar, Reg. T 81, geht gleichfalls hervor, daß um 1500 Berghandlungen stattfanden, von denen keine Protokolle vorliegen.

[46] StA Dresden, Loc. 4489, Handlung auf dem Schneeberge ... 1488–1546, Bl. 57ff. 105f.; ebenda, Loc. 9853, Etzliche Copeyen ... 1500–1513, Bl. 109, 125; StA Weimar, Reg. T 82, Bl. 22, 29, 44f. Seit wann das jährlich wechselnde Regiment bestand, ließ sich aus den Berghandlungsprotokollen nicht ermitteln. Jedoch äußerte Herzog Georg bereits 1490 in einem Brief, daß ihm dieses Jahr die Regierung des Schneeberges zustehe (StA Dresden, Loc. 4507, Schneebergische Bergprivilegia, Bl. 6 – zit. aus Nachlaß Löscher).

[47] Aus den Berghandlungsprotokollen sind von 1501 bis 1509 insgesamt 10 Berghandlungen in Schneeberg nachweisbar. Anfang des Jahres 1509 wurde darüber geklagt, daß seit Quasimodogeniti 1507 keine Rechnung mehr gehört wurde (StA Weimar, Reg. T 82, Bl. 15b). Über die Tagungen in Naumburg, Altenburg, Wurzen, Mühlhausen und Zeitz vgl. StA Dresden, Loc. 4489, Handlung auf dem Schneeberge ... 1488–1546, Bl. 58–62; ebenda, Loc. 9853, Etzliche Copeyen ... 1500–1513, Bl. 44–48, 91f., 125–128.

[48] StA Dresden, Loc. 4489, Handlung auf dem Schneeberge ... 1488–1546, Bl. 105f.; StA Weimar, Reg. T 115, Bl. 5.

1533 (je dreimal) zusammen. Ergänzend wurden – in den zwanziger Jahren sporadisch, in den dreißiger Jahren regelmäßiger – solche Fragen, die auf den Berghandlungen nicht entschieden wurden, auch auf anderen Zusammenkünften der Räte, insbesondere auf denen in Leipzig aus Anlaß der Oster- und Michaelismärkte, weiterbehandelt. Mit der Berghandlung von Quasimodogeniti 1546 brechen die Protokolle ab; im Ergebnis des Schmalkaldischen Krieges entstand eine völlig neue Situation.

Um die Wende vom 15. zum 16. Jh. erwies sich infolge des Aufkommens von Annaberg, Buchholz und weiterer Bergwerke Schneeberg als alleiniger Tagungsort bald als unzweckmäßig. Neben der Schneeberger waren hier bereits die Rechnungen von Freiberg, Geyer und Altenberg (Zinn) gehört worden. Der ernestinischen Forderung, nunmehr auch Berghandlungen in Annaberg und Buchholz stattfinden zu lassen, leistete Herzog Georg lange Widerstand; und so wurden die dortigen Rechnungen zunächst teils ebenfalls in Schneeberg, teils nur von den zuständigen Räten der jeweiligen Linie allein gehört, d. h. von den albertinischen Räten in Annaberg, von den ernestinischen in Buchholz.[49] Erst seit 1512 setzte sich der ernestinische Standpunkt durch; künftig ritten die Räte von Schneeberg aus weiter nach Buchholz und Annaberg, um auch dort gemeinsam die Rechnungen zu hören.[50] In Annaberg wurden auch die Marienberger Rechnungen – zunächst in den Annabergern einbegriffen, seit 1526 gesondert – behandelt, ferner die der Schönburgischen Bergwerke (Scheibenberg, Elterlein, Wiesenthal) und die Zinnrechnung von Ehrenfriedersdorf. Der Machtspruch von Grimma, der 1531 über eine Reihe von Streitpunkten zwischen Albertinern und Ernestinern entschied, bestätigte diese Praxis.[51] Nach dem Übergang Schneebergs 1533 an die Ernestiner und neuen Verhandlungen beschloss man schließlich 1535, daß künftig Berghandlungen nur noch in Buchholz und Annaberg stattfinden sollten.[52] In Buchholz wurden bis 1546 die Rechnungen von Freiberg, Geyer, Altenberg (Zinn vom Geisingberg), Steinheide (sehr unergiebiges Goldbergwerk), Eibenstock (Zinn) und Gottesgab gehört, in Annaberg die von Annaberg, Marienberg (einschließlich des Wolkensteiner Silbers), Scheibenberg, Elterlein, Wiesenthal und Ehrenfriedersdorf (Zinn).[53]

Die Räte, die an den jeweiligen Berghandlungen teilnahmen, wurden vor jeder Tagung von ihren Fürsten berufen und mit schriftlichen Instruktionen versehen. Auch über sie ist für die ersten Jahrzehnte nach 1485 noch wenig bekannt. Es werden vor allem die als „Oberzehntner" von Schneeberg bezeichneten Jakob Blasbalg und seit 1493 sein Nachfolger Georg von Wiedebach für die albertinische und Hans Leimbach für die ernestinische Seite beteiligt gewesen sein, die obersten Finanzbeamten der beiden sächsischen Fürstenhäuser und alle Leipziger Bürger.[54] Aber

49 StA Dresden, Loc. 4489, Handlung auf dem Schneeberge ... 1488–1546, Bl. 62, 63, 65, 71, 73; ebenda, Loc. 9853, Etzliche Copeyen ... 1500–1513, Bl. 105, 112; StA Weimar, Reg. T 115, Bl. 33b–34, 97.

50 StA Weimar, Reg. T 115, Bl. 133, 242–249; StA Dresden, Loc. 4489, Verzeichnis ... 1515–1518, Bl. 103 u. a.

51 StA Weimar, Reg. T 122, Bl. 114.

52 StA Weimar, Reg. T 117, Bl. 106; ebenda, Reg. T 102, Bl. 55ff.

53 StA Weimar, Reg. T 123, Bl. 174f.

54 Vgl. A. Puff, Die Finanzen Albrechts, a. a. O., S. 99. Aus seinen Angaben ist ihr Status als landesherrliche Räte nicht sicher zu entnehmen. Im ersten Jahrzehnt des 16. Jh. ist die Teilnahme von Leimbach und Wiedebach als Räte jedoch nachweisbar.

auch hier nahmen noch andere Räte teil, und zwar – soweit Angaben darüber vorhanden sind – überwiegend Vertreter des mittleren und niederen Adels, insbesondere Amtleute aus verschiedenen Ämtern. Nach der Jahrhundertwende werden sie deutlicher faßbar.[55] Für die Ernestiner sind es – nach der Zahl ihrer Berufungen gerechnet – in erster Linie der Ritter Wolf von Weißenbach, seit 1511 als Amtmann von Altenburg, von 1518 an als Amtmann von Zwickau und ab 1533 als Amtmann von Werdau bezeichnet, der nachweisbar von 1508 bis 1534 an 37 Berghandlungen teilgenommen hat; er verstarb im August 1535. Ihm folgte sein Bruder Hans von Weißenbach (von 1534 bis 1539 Amtmann von Schneeberg), der von 1535 bis 1545 bei 15 Berghandlungen anwesend war. Von 1510 bis 1544 war ferner 25mal Hans von Döltzigk beteiligt. Nach seiner Einsetzung als Amtsverweser von Schneeberg wurde auch Paul Schmidt zu allen folgenden Berghandlungen ausdrücklich als landesherrlicher Rat berufen. 10mal erscheint bis 1517 der Ritter Heinrich vom Ende als ernestinischer Rat bei den Berghandlungen. Vereinzelt nahmen teil der Amtmann von Plauen Caspar Metzsch (1501/02, 2mal), der Ritter Heinrich Monnich (1501, einmal), Hans von Minkwitz (1502 und 1524, 2mal), der Kanzler Dr. Johann Mogenhofer (1502, einmal), Graf Balthasar von Schwarzburg (1509 und 1511, 2mal), der Hauptmann von Weimar Friedrich Thun (1509–1524, 6mal), Dr. Wilhelm von Petzschitz (1510–1512, 3mal), Anselm von Tettau (1511, einmal), der Hauptmann von Zeitz Fabian von Feilitzsch (1512–1518, 4mal), der Ritter Hans von der Planitz, 1520 als Amtmann von Geyer bezeichnet (1514–1525, 3mal), Hugold von Einsiedel zu Gnandstein (1516–1521, 5mal), Konrad Metzsch (1520 und 1523, 2mal), der Ritter Günther von Bünau zu Breitenhain, 1530 als Amtmann von Altenburg bezeichnet (1521–1530, 7mal), Nickel vom Ende zum Stein (1523 bis 1530, 7mal), Hans von Grefendorff (1525/26, 2mal), Heinrich von Einsiedel zu Gnandstein (1530–1532, 3mal), der kurfürstliche Kämmerer Hans von Ponigkau (1535–1540, 7mal), Matthes von Wallenrod während der kurzen Zeit, die er Amtman von Schneeberg war (1539/40, 3mal), sein Nachfolger als Amtmann von Schneeberg, Asmus von Könneritz (1543–1546, 3mal), der Rentmeister Heinrich Monnich (1543, einmal), schließlich der Kammerdiener des Kurfürsten, Peter von Konitz (1545/46, 3mal).

Als albertinische Räte traten auf den Berghandlungen in erster Linie Herren von Schönberg sowie die jeweiligen Annaberger Amtleute auf. Heinrich von Schönberg zu Stolberg, 1523/24 als Amtmann von Schellenberg bezeichnet, erscheint von 1508 bis 1532 auf den Berghandlungen 27mal als herzoglicher Rat; vor ihm

[55] Einzelnachweise für die verschiedenen Namen und ihre Beteiligung würden hier zu weit führen. Im allgemeinen sind die Räte zu Beginn der Berghandlungsprotokolle genannt (vgl. dazu die Angaben in Anm. 43). In Einzelfällen, wo die Namen fehlen (besonders zu Beginn des 16. Jh. und in den 40er Jahren), wurden die Namen beteiligter Räte nur dann aufgenommen, wenn dies aus dem Protokoll oder anderen Angaben mit Sicherheit hervorging. Einige der Räte können also auch öfter teilgenommen haben, als hier verzeichnet ist. Von den Funktionen, die die einzelnen Räte innerhalb des landesherrlichen Verwaltungsapparats wahrnahmen, wurden nur die in den Quellen erwähnten angegeben. Über die Rolle einiger der im folgenden aufgeführten Personen vgl. auch unten, „Die klassenmäßige Herkunft des Kapitals", bes. den Abschnitt über den Adel.

war 1502 einmal Heinrich von Schönberg der Ältere als solcher erwähnt worden. Wolf von Schönberg zu Sachsenburg, seit 1523 Amtmann von Meißen, wurde von 1518 bis 1545 28mal mit dieser Mission betraut. Ein weiterer Schönberg, Friedrich von Schönberg zu Stolberg, wurde von 1524 bis 1534 11mal eingesetzt. Von den Annaberger Amtleuten nahm Albrecht von Schreiberstorff von 1508 bis 1523 21mal teil, sein Nachfolger Anton von Kospoth von 1524 bis 1527 7mal, dessen kurzzeitiger Nachfolger Hans von Haugwitz 1528/29 2mal, der nächste Annaberger Amtmann Heinrich von Gersdorff von 1530 bis 1540 18mal (danach noch einmal 1545) und der letzte in dieser Reihe, Abraham von Einsiedel, von 1541 bis 1546 9mal. Im übrigen erscheinen der Ritter Heinrich von Einsiedel (1501, einmal), der Ritter Cäsar Pflug (1501–1521, 4mal), Sigmund von Maltitz, 1501–1509 als Amtmann von Schellenberg verzeichnet (1501–1524, 8mal), Hans Bircke von der Daube (1502, einmal), Ritter Hans von Werthern, Amtmann von Weißenfels (1501 und 1509, 2mal), der Obermarschall Heinrich von Schleinitz (1509, einmal), Hans von Lüttich (1510, einmal), der derzeitige Amtmann von Schellenberg Caspar Zciegler (1511, einmal), Georg von Harras zu Lichtenwalde (1511–1524, 7mal), Dr. Dietrich von Werthern (1513, einmal), Innocenz von Starschedel (1513, einmal), Ritter Andreas Pflug, der Bruder von Cäsar Pflug (1521, einmal), Georg von Carlowitz, Amtmann zu Radeberg (1524 und 1531, 2mal), Caspar von Schönberg zu Purschenstein (1528, einmal), der Hofmeister Anthonius von Schönberg zu Schönberg (1539/40, 3mal), Caspar Freiberger, der Amtmann von Wolkenstein (1539/40, 2mal), der Ritter Wolf vom Ende (1542, 2mal), Hans von Elterlein in seiner Eigenschaft als Amtsverweser von Annaberg (1542–1545, 4mal), schließlich der herzogliche Statthalter Ernst von Miltitz (1545/46, 2mal).

Die Durchführung der Berghandlungen verursachte übrigens recht erhebliche Spesen. Eine Abrechnung des ernestinischen Rates Wolf von Weißenbach gibt davon einen Eindruck. Zur Berghandlung Quasimodogeniti 1522 rückte er am Sonntag mit 7 Personen, einschließlich 2 Kanzleischreibern, und 6 Pferden in Schneeberg an. Bis zur Abreise am Donnerstag verbrauchte er 5 fl. 9 gr. für 57 Mahlzeiten (das Mahl zu 2 gr.), 1 fl. 11 gr. für 32 Kannen Wein und 1 fl. 19 gr. für Bier, ferner 3 fl. 6$^1/_2$ gr. für Futter und Einstreu für die Pferde (2 fl. für 4 Scheffel Hafer, 15 gr. für 90 Bund Heu und 12$^1/_2$ gr. für 50 Bund Stroh), schließlich 1 fl. 4 gr. an „gemeinen Ausgaben" für Hufebeschlagen, Papier, Trinkgeld für Frauen und Gesinde u. a., insgesamt 13 fl. 7$^1/_2$ gr.[56]

Die Räte hatten die Aufgabe, alle die gemeinsame Nutzung der Regalien betreffenden Fragen, insbesondere die Zehntrechnungen, zu behandeln, aber darüber hinaus auch alle „furfallende sachen das bergkwerg und demselbigen anhengig belangende zu handeln ... laut der Instruction, so man yne ubirschigkt, und gebrauchlicher ubung"[57]. Die Praxis sah so aus, daß bis ins einzelne gehend Probleme des Bergbaubetriebes, einzelner Zechen, Streitigkeiten zwischen Gewerkschaften und Gewerken, Fragen der Amtsführung der Bergbeamten, städtische und rechtliche Angelegenheiten besprochen und entschieden wurden. Das traf in besonderem Maße auf Schneeberg zu, da ja hier bis 1533 eine gemeinsame Verwaltung durch beide sächsi-

56 StA Dresden, Loc. 4489, Verzeichnis ... 1515–1518, Bl. 3.
57 StA Weimar, Reg. T 246, Bl. 37.

schen Linien bestand, aber zuweilen bezog man auch Probleme in die Debatte ein, die unter die Zuständigkeit des einzelnen Fürsten fielen. Vor allem seit den zwanziger Jahren waren die Fürsten jedoch darauf bedacht, solche Fragen aus den gemeinsamen Berghandlungen auszuklammern. Um aber die Kontrolle auch dieser Angelegenheiten zu sichern, oblagen derartige Fragen im Anschluß an die gemeinsame oder auf gesonderten Berghandlungen der Erledigung durch die zuständigen Räte. Zu den einzelnen Berghandlungen wurden im allgemeinen die betroffenen Zehntner vorher schriftlich durch die landesherrliche Kanzlei eingeladen, ebenso von Fall zu Fall auch andere Bergbeamte.

Bei den Berghandlungen hatten die Räte alle Vollmacht, im Namen ihrer Landesherren zu sprechen und zu entscheiden; sie galten als deren unmittelbare Vertreter. Dennoch behielten das letzte Wort immer die Fürsten selbst. In allen wichtigen Fragen banden sie die Räte an die gegebenen Instruktionen, und es wurde bald zu einer gängigen Übung, die Behandlung von der einen Seite aufgeworfener unliebsamer Fragen dadurch zu blockieren, daß die andere Seite sich auf das Fehlen von Instruktionen berief. Falls dennoch Vereinbarungen zustande kamen, die einem der Fürsten nicht paßten, schreckte er nicht davor zurück, seine Räte zu brüskieren und die Vereinbarungen rückgängig zu machen.[58] Wo finanzielle Interessen auf dem Spiel standen, behielten sich die Fürsten generell die persönliche Entscheidung vor.[59] Insgesamt erwiesen sich jedoch die Räte als verlängerter Arm ihres Fürsten und die Institution der Berghandlungen als wirksames Instrument, das Direktionsprinzip zu handhaben.

3. *Der Beamtenapparat*

An der Spitze des eigentlichen Beamtenapparates standen auch in den Bergbaugebieten entsprechend der Verwaltungseinteilung des Landes in Ämter die Amtleute. Sie setzten sich wie in den anderen Ämtern im allgemeinen aus Vertretern des Adels zusammen und wurden teilweise zugleich als landesherrliche Räte herangezogen.

Die ersten *Amtleute* von Schneeberg (überwiegend als Hauptmann, aber auch Amtmann und Bergvogt[60] bezeichnet) waren Heinrich von Starschedel und Heinrich von Wolfersdorf. Starschedel wurde – nachdem Martin Römer seit 1474 als Hauptmann von Zwickau auch die Oberaufsicht über Schneeberg gehabt hatte – um 1477 als Schneeberger Hauptmann eingesetzt und amtierte bis 1485.[61] Nach

[58] Vgl. z. B. StA Dresden, Loc. 9853, Etzliche Copeyen . . ., Bl. 125.

[59] Ebenda, Loc. 4489, Verzeichnis . . . 1515–1518, Bl. 159.

[60] Der Bergvogt hatte offenbar einen minderen Status als der Amtmann oder Hauptmann, was sich u. a. auch in der Höhe des Lohns ausdrückte; er war jedoch wie diese der oberste landesherrliche Beamte am Ort.

[61] O. Hoppe, a. a. O., S. 15 u. 33. Hoppe gibt für das Datum der Einsetzung keinen Beleg. Er stützt sich vermutlich auf Ch. Meltzer, Erneuerte Stadt- u. Bergchronik, a. a. O., S. 366, der ebenfalls 1477 nennt. In den Akten erscheint Starschedel erstmals Anfang des Jahres 1478 als Hauptmann von Schneeberg (StA Dresden, Loc. 4322, Bl. 115). Sein Rücktritt stand wohl in ursächlichem Zusammenhang damit, daß ihm nach der

seinem Rücktritt ersetzte ihn Wolfersdorf als Hauptmann von Schneeberg, trat jedoch ebenfalls bereits 1489 zurück.[62] 1490 folgte diesem der ehemalige Schichtmeister Hans Hut als Bergvogt nach, der das Amt jedoch im September 1491 niederlegte.[63] Als sein Nachfolger wurde Heinrich von Nessau zum Bergvogt berufen.[64] Er amtierte bis 1497, an seine Stelle trat kurzzeitig Heinrich von Schönberg als Hauptmann von Schneeberg.[65] Ende des Jahres 1499 war dann bereits Anselm von Tettau Hauptmann.[66] Häufiger erscheint er in den Akten, als 1507 ein Streit Herzog Georgs mit den Ernestinern wegen seiner Amtsführung ausbrach. Georg sah in ihm einen Interessenvertreter der Ernestiner (die Tettaus besaßen die Herrschaft Schwarzenberg als ernestinisches Lehen) und versuchte ihn deshalb aus dem Amt zu drängen. Es waren die Jahre, in denen die Herrschaft über Schneeberg jährlich zwischen Ernestinern und Albertinern wechselte. Damals warf Herzog Georg den Ernestinern vor, sie hätten Tettau in einem Jahr ihrer Regierung eigenmächtig eingesetzt. Nachdem Verhandlungen zwischen den Fürsten und ihren Räten zu keiner Einigkeit geführt hatten, entließ Herzog Georg Anselm von Tettau am 1. Juli 1508 und wies zugleich den albertinischen Zehntner an, Tettau keinen Sold mehr zu zahlen. Endgültig schied Tettau erst 1509 aus dem Amt aus.[67] Die folgenden Verhandlungen über einen Nachfolger brachten jedoch auch keine Einigung.[68] Zunächst wurde im Juni 1509 der Schneeberger Richter Hans Fischer (vormals Bergmeister) als Amtsverweser eingesetzt, doch starb er schon drei Monate später.[69] Dem daraufhin von Herzog Georg bestellten Amtsverweser Rechenberger versagten diesmal die Ernestiner die Anerkennung.[70] Schließlich einigte man sich nach jahrelangen Verhandlungen darauf, die beiden Zehntner mit den Geschäften eines Amtmanns zu betrauen. Das ging bis zum Übergang Schneebergs

Einsetzung der beiden Oberzehntner Blasbalg und Mulner der Silberkauf entzogen wurde; vgl. seinen Brief an Kurfürst Ernst, StA Weimar, Reg. T 136, Bl. 2–3.

62 O. Hoppe, a. a. O., S. 33. Vgl. auch StA Dresden, Loc. 4489, Handlung auf dem Schneeberge ... 1488–1546, Bl. 29; StA Weimar, Reg. T 81, Bl. 14.

63 StA Weimar, Reg. T 137, Bl. 12; T 37, Bl. 100 u. a.; T 6, Bl. 2.

64 Die Fürsten teilen seine Berufung am 28. September 1491 allen „Inwonern und Hendelern" von Schneeberg mit (StA Weimar, Reg. T 6, Bl. 2).

65 StA Weimar, Reg. T 159 (Besoldungsliste für das Halbjahr Ostern bis Crucis 1497).

66 StA Weimar, Reg. T 4, Bl. 22; T 37, Bl. 37b. Vgl. auch Ch. Meltzer, Erneuerte Stadt- u. Bergchronik, a. a. O., S. 367.

67 StA Dresden, Loc. 9853, Etzliche Copeyen ..., Bl. 125–128, 130–133, 107f.; ebenda, Loc. 4489, Handlung auf dem Schneeberge ... 1488–1546, Bl. 54–56, 57b; StA Weimar, Reg. T 82, Bl. 73. In den Soldlisten von Reminiscere 1509 erscheint er letztmalig als Hauptmann, StA Weimar, Reg. T 181.

68 StA Dresden, Loc. 4489, Handlung auf dem Schneeberge ... 1488–1546, Bl. 79; ebenda, Loc. 9853, Etzliche Copeyen ..., Bl. 80, 84, 85, 107f.; StA Weimar, Reg. T 83, Bl. 31ff.; ebenda, Reg. T 115, Bl. 35, 78b–81, 117ff., 158b–160, 203b.

69 StA Weimar, Reg. T 83, Bl. 31ff.; ebenda, Reg. T 6, Bl. 11f. StA Dresden, Loc. 9853, Etzliche Copeyen ..., Bl. 129; ebenda, Loc. 4489, Handlung auf dem Schneeberge ... 1488–1546, Bl. 85f.

70 StA Weimar, Reg. T 6, Bl. 13. Rechenberger war nach Angaben von Ch. Meltzer Erneuerte Stadt- und Bergchronik, a. a. O., S. 402 u. 424f., zuvor bereits zweimal Richter und im Jahr 1509 Schöffe in Schneeberg.

an die Ernestiner. Nachdem im Dezember 1533 Schneeberg den Ernestinern Erbhuldigung geleistet hatte und im Frühjahr 1534 die gemeinsame Regierung abgewickelt worden war, haben offenbar noch 1534 die Ernestiner einen neuen Amtmann eingesetzt, und zwar den bereits oben als kurfürstlichen Rat erwähnten Hans von Weißenbach.[71] Ein Jahr darauf, Ende August 1535, stellte man ihm den Zehntner Paul Schmidt, der noch mehrfach zu erwähnen sein wird, als Amtsverweser zur Seite, der diese Funktion bis zum Ende des hier behandelten Zeitraumes ausübte.[72] Nachfolger Hans von Weißenbachs als Amtmann wurde 1539 Matthes von Wallenrod[73], dem bereits 1543 als letzter Amtmann der Ernestiner in Schneeberg Asmus von Könneritz folgte.[74]

Die Identität der Amtleute von Annaberg ist für die erste Zeit nicht eindeutig zu klären. 1496/97 wird der Hauptmann des Schlosses von Wolkenstein, Caspar von Kospodt, zugleich als Amtmann bzw. Bergvogt des Schreckenbergs erwähnt[75], 1498 erscheint Bartel Kolbel als Amtmann[76]; 1499 tauchen Sigmund von Maltitz und Heinrich von Schönberg d. J. als Amtleute von Schellenberg und der Neustadt am Schreckenberg auf.[77] 1501 erscheint der Ritter Otto Pflugk als Hauptmann auf St. Annaberg, und er blieb bis 1506 im Amt.[78] 1508 begegnet Albrecht von Schreiberstorff erstmals als Hauptmann von Annaberg[79], und er blieb in diesem Amt bis zu seinem Tode im Herbst 1523.[80] Nachdem Urban Osann ein halbes Jahr als Amtsverweser fungiert hatte[81], folgte 1524 als Amtmann von Schellenberg und Annaberg

[71] Ch. Meltzer, Erneuerte Stadt- und Bergchronik, a. a. O., S. 367, bringt seine Einsetzung mit dem Besuch des Kurfürsten Johann Friedrich 1534 in Schneeberg in Zusammenhang. In den Berghandlungsprotokollen taucht er erstmals Quasimodogeniti 1535 als Schneeberger Amtmann auf (StA Weimar, Reg. T 117, Bl. 37).

[72] Zu seiner Einsetzung vgl. StA Weimar, Reg. T 6, Bl. 47–66.

[73] StA Weimar, Reg. T 120, Bl. 110; ebenda, T 121, Bl. 18.

[74] StA Weimar, Reg. T 123, Bl. 90; ebenda, T 11, Bl. 47.

[75] J. O. Sehm, Der Annaberger Silberbergbau ..., a. a. O., S. 37; vgl. auch Stadtarchiv Annaberg-Buchholz, 2. Berg- und Schuldgerichtsbuch, 1496ff., Bl. 16ff. (zit. aus Nachlaß Löscher).

[76] Stadtarchiv Annaberg-Buchholz, 2. Berg- und Schuldgerichtsbuch, 1497ff., Bl. 15 (ebenda).

[77] Ebenda, Bl. 36. Sie waren auch 1500 noch im Amt (ebenda, Bl. 41ff.).

[78] StA Weimar, Reg. T 557, Bl. 27; StA Dresden, Loc. 4495, Irrungen in Bergwerkssachen ... 1502–1505, Bl. 10; Crucis 1506 wird er letztmalig in den Soldlisten als Hauptmann von Annaberg verzeichnet: StA Weimar, Reg. T 567.

[79] StA Weimar, Reg. T 82, Bl. 39. Quasimodogeniti 1512 erhielt er zusätzlich das Münzmeisteramt (ebenda, Reg. T 115).

[80] Zwischen 1508 und 1523 taucht er in den Akten immer wieder als Annaberger Hauptmann auf, so daß sich Einzelnachweise erübrigen. Über seinen Tod vgl. StA Dresden, Loc. 4489, Berghandlung und Rechnungen ... 1522–1524, Bl. 128.

[81] Urban Osann war einer der bedeutendsten Bergbeamten der Albertiner; 1497/98 bereits als „oberster Bergmeister“ bezeichnet, später Hüttenreiter, wurde er als Amtsverweser und in vielen Kommissionen zur Kontrolle des Bergwesens im albertinischen Bereich eingesetzt. P. Albinus, Annabergische Annalen, a. a. O., S. 17, nennt ihn bereits 1508 als Amtsverweser. Als solcher wurde er aber entgegen der späteren Praxis (und den Auffassungen der Chronisten) nur in Zeiten der Vakanz des Amtes eingesetzt, was

Anton von Kospoth.[82] Nächster Amtmann wurde 1528 – gleichfalls gekoppelt mit der Funktion des Schellenberger Amtmanns – Hans von Haugwitz.[83] Der ihm bereits 1529 als Amtmann folgende Heinrich von Gersdorff war dann nur noch für Annaberg zuständig und blieb bis um 1540 im Amt.[84] Seit 1541/42 erscheint Abraham von Einsiedel in dieser Funktion.[85] In jenen Jahren wird Hans von Elterlein als Amtsverweser bezeichnet, ab 1546 Hans Rüling.[86]

Die Amtleute von Buchholz, generell als Bergvögte bezeichnet und zugleich Inhaber des Zehntamtes, erscheinen bereits in der Zusammenstellung von Bartsch.[87] Es waren von 1505 bis 1511 Fabian Lebe, 1511–1513 Lukas Strudel (oder Strödel), 1513–1526 Matthes Busch, der übrigens im Buchholzer Bergbau eine bedeutende Rolle spielte, 1526–1535 Kaspar Schütz und 1535–1547 Leonhard Bieger, der zuvor 12 Jahre lang dem Annaberger Rat angehört hatte.[88] Es fällt auf, daß unter ihnen im Unterschied zu den anderen Bergstädten keine Adligen zu finden sind.

Marienberg hatte keinen eigenen Amtmann, sondern unterstand dem von Annaberg. Für die örtliche Aufsicht erhielt es erst unter Herzog Moritz 1542 in der Person von Georg Stumpfelt einen Amtsverweser, der zugleich das Zehntamt innehatte.[89]

Auch die übrigen Bergstädte waren ohne eigenen Amtmann, jedenfalls sind im ausgewerteten Material keine überliefert. Nur für Geyer wird 1520 der Ritter Hans von der Planitz als Amtmann bezeichnet.

aus den Besoldungslisten eindeutig hervorgeht, StA Weimar, Reg. T 640; T 586. Vgl. auch T 246, Bl. 47b.

82 StA Weimar, Reg. T 90, Bl. 97; StA Dresden, Loc. 4489, Handlung auf dem Schneeberge ... 1488–1546, Bl. 114; StA Weimar, Reg. T 588, Bl. 21 u. 43. Über die Koppelung der beiden Ämter kam es zwischen Albertinern und Ernestinern zu Disputen; letztere verlangten eine Trennung beider Ämter. Der schließlich zustande gekommene Kompromiß beließ es bei der Ämterkoppelung, reduzierte jedoch das Jahresgehalt des Amtmanns von bisher 400fl. (für jedes Amt 200) auf 300fl. (vgl. StA Weimar, Reg. T 91, Bl. 24b, 45b–46).

83 StA Dresden, Loc. 4490, Handlunge und Zehend-Rechnung ... 1527–1535, Bl. 63; StA Weimar, Reg. T 642, Bl. 24.

84 Nachdem Haugwitz im September 1529 ausgeschieden war und Urban Osann ein Quartal hindurch als Amtsverweser fungiert hatte, scheint Gersdorff im Dezember 1529 die Nachfolge angetreten zu haben, StA Weimar, Reg. T 596, Bl. 22 u. 42; in den Berghandlungsprotokollen wird er in dieser Funktion zuletzt im Jahre 1540 erwähnt (StA Weimar, Reg. T 121, Bl. 18), ebenso in den Besoldungslisten der Zehntrechnungen (ebenda, T 608, Bl. 81b).

85 Er wird 1541 erstmals als Rat des Herzogs Moritz ohne nähere Funktionsangabe zu den Berghandlungen entsandt; 1542 führt er die Bezeichnung Amtmann von Annaberg (vgl. StA Weimar, Reg. T 122, Bl. 95; ebenda, T 123, Bl. 18).

86 StA Weimar, Reg. T 123, Bl. 18, 217, 264b; ebenda, T 619, Bl. 78. Im Unterschied zu Urban Osann üben sie ihr Amt nicht nur in Vakanzzeiten aus, sondern neben dem Hauptmann, StA Weimar, Reg. T 645, Bl. 76b, 79; T 614; Bl 66; T 619, Bl. 38b–39.

87 L. Bartsch, Buchholz unter der Ernestinischen Linie ..., a. a. O., S. 47, Anm. 2.

88 P. Albinus, Annabergische Annalen, a. a. O., S. 34.

89 StA Weimar, Reg. T 647, Bl. 102; T 614, Bl. 66; vgl. auch W. Bogsch, Der Marienberger Bergbau ..., a. a. O., S. 60f.

Es folgt nun noch eine Übersicht über die Zehntner und Bergmeister, die die eigentlichen Finanzverwalter und Leiter des Bergbaus waren.

Der erste *Zehntner* von Schneeberg war Nikolaus Tretwyn, der Zwickauer Bergmeister, der zu Beginn des Schneeberger Bergbaus vorübergehend auch das Amt des Zehntners bekleidete.[90] Ihm folgte bald Martin Römer, Ratsherr und seit 1474 Amtmann von Zwickau, einer der ersten und bedeutendsten Fundgrübner in Schneeberg.[91] Mit seiner Person verbanden sich eine Ämterhäufung, starke eigene Bergbaubeteiligung und Silberhandel, so daß er die dominierende Persönlichkeit Schneebergs nach 1470 wurde. Nach Römers Tod 1483 übertrug man dem Hauptmann von Schneeberg, Heinrich von Starschedel, auch das Zehntamt.[92] Doch bereits 1484 wurde das Zehntamt wieder abgetrennt, und man betraute damit Jakob Blasbalg und Benedictus Mulner, die beiden obersten sächsischen Finanzbeamten und landesherrlichen Räte (auf Mulner folgte übrigens bald Hans Leimbach, auf Blasbalg 1493 Georg von Wiedebach). Sie kamen jedoch nur zu den Rechnungslegungen nach Schneeberg.[93] Der eigentliche Zehntbeamte war seit 1485 Mathias Zobelstein, der bis 1502 in diesem Amt nachweisbar ist.[94] Ab 1502 tauchten dann bereits zwei Schneeberger Zehntner auf, von denen je einer den Ernestinern und den Albertinern unterstand. Der ernestinische Zehntner war Martin Fuchs, der albertinische Andreas Gößner.[95] 1508 wurde anstelle des letzteren Matthes Meyner Zehntner für die Albertiner,[96] als 1516 Fuchs starb, folgte ihm Hans Bayer nach.[97] Die nunmehr amtierenden Zehntner Matthes Meyner und Hans Bayer, die ja zugleich anstelle eines Amtmanns die obersten landesherrlichen Beamten in Schneeberg waren, wurden ihren Aufgaben jedoch bald nicht mehr gerecht. Meyner war schwer erkrankt und amtsuntauglich, Bayer wurde von den landesherrlichen Räten im Hinblick auf die in dieser Zeit sich ausbreitende revolutionäre Bewegung

[90] StA Dresden, Loc. 4324, Bl. 23.

[91] O. Hoppe, a. a. O., S. 24ff. Römer hat – beginnend 1472 – die ersten Schneeberger Rechnungsbücher angelegt, StA Weimar, Reg. T 135.

[92] StA Weimar, Reg. T 135, Bl. 210, 231; StA Dresden, Cop. 62, Bl. 14bf.; O. Hoppe, a. a. O., S. 26.

[93] StA Weimar, Reg. T 136, Bl. 2–3, 4ff.

[94] Ebenda, Bl. 16f., 39b, 109 sowie die folgenden Rechnungen; danach führt Zobelstein alle Zehntgeschäfte. 1501 rechnet er erstmals selbst als Zehntner ab, StA Weimar, Reg. T 166. Vgl. auch O. Hoppe, a. a. O., S. 26; A. Puff, Die Finanzen Albrechts, a. a. O., S. 98; J. O. Sehm, Der Annaberger Silberbergbau ..., a. a. O., S. 56. Nach den Angaben von Ch. Meltzer, Erneuerte Stadt- und Bergchronik, a. a. O., S. 381, stammte Zobelstein aus Geroldshof in Franken, wohnte aber in Leipzig. Vor seiner Einsetzung im Zehntamt gehörte er zu den acht Rechenherren des Schneebergs.

[95] StA Weimar, Reg. T 169ff. Fuchs war bereits 1490 als Zehntschreiber genannt worden (ebenda, T 138ff.).

[96] StA Dresden, Loc. 9853, Etzliche Copeyen ... 1500–1513, Bl. 134; Loc. 4489, Handlung auf dem Schneeberge ... 1488–1546, Bl. 57; StA Weimar, Reg. T 179. Er war zuvor von 1502 bis 1507 Kammermeister Herzog Georgs (W. Goerlitz, a. a. O., S. 421), nachdem er in Leipzig studiert hatte und auch Magister geworden war (G. Agricola, Ausgewählte Werke, Bd. II, Berlin 1956, S. 301f.).

[97] StA Dresden, Loc. 4489, Verzeichnis ... 1515–1518, Bl. 68b, 91, 145; Loc. 4489, Berghandlung und Rechnungen ... 1522–1524, Bl. 131b.

in Schneeberg als „zu plöde und villeicht zu forchtsam" eingeschätzt.[98] So wurden 1523 zunächst zwei Beigeordnete des Zehntners berufen[99] und 1524 schließlich mit Thomas Meyner für die Albertiner und Paul Schmidt, dem vormaligen Bergmeister und späteren Amtsverweser, für die Ernestiner zwei neue Zehntner eingesetzt.[100] 1534, nach dem Übergang Schneebergs an die Ernestiner, mußte der albertinische Zehntner weichen, und als 1535 Paul Schmidt zum Amtsverweser ernannt wurde, folgte ihm der Sohn des Schössers von Zwickau und bisherige Gegenschreiber Wolf Behem als neuer Zehntner.[101] Ein erneuter Amtswechsel vollzog sich, als 1538 Caspar Ramsperger das Zehntamt erhielt, das er bis 1544 innehatte.[102] Ihm folgte schließlich in den letzten Jahren der Zehntner Johann Hoffmann.[103]

Als erster namentlich bekannter Zehntner von Geyer begegnet bereits 1466 Nickel Friedrich, der vor dem Aufkommen Schneebergs für alle Bergwerke außerhalb der Pflege Freiberg zuständig war.[104] Als er 1488 starb, folgte ihm sein Sohn Hans Friedrich im Amt.[105] Für die Jahre nach dem Fündigwerden des Schreckenbergs sind die Verhältnisse nicht eindeutig zu klären. Zunächst rechnete Hans Friedrich als Zehntner von Geyer bis 1497 das Schreckenberger Silber mit ab. Danach widersprechen sich die Angaben, ob er bereits 1497/98 als Zehntner nach dem Schrekkenberg (Annaberg) übergesiedelt ist oder erst 1503. Ein Zehntner Hans Bach wird ab 1495 sowohl für Geyer als auch für den Schreckenberg erwähnt. Es ist anzunehmen, daß sich beide bis 1503 die Geschäfte in Geyer und der Neustadt am Schreckenberg teilten.[106] 1503 erscheint dann Hans Heintz als Zehntner von Geyer.[107] Die folgenden Zehntner waren – offenbar seit 1514 – Georg Werman[108], nach dessen Tod 1526 Fabian Kluchzer[109] und seit 1530 der ehemalige Bergmeister von Annaberg Hans Rüling[110]; um 1536 wurde der bekannte Annaberger Rechenmeister

98 Ebenda, Loc. 4489, Berghandlung und Rechnungen ... 1522–1524, Bl. 33b, 38.

99 Ebenda, Bl. 118b. Meyner starb 1523; seine Witwe heiratete den berühmten Georgius Agricola (vgl. H. Wilsdorf, Georg Agricola und seine Zeit, a. a. O., S. 92; R. Strauss, Dr. Georgius Agricola in Chemnitz, in: Beiträge zur Heimatgeschichte von Karl-Marx-Stadt, H. 5, 1955, S. 9f.).

100 StA Weimar, Reg. T 90, Bl. 95, 97b.

101 StA Weimar, Reg. T 6, Bl. 66b, 72b; ebenda, T 118, Bl. 16.

102 StA Weimar, Reg. T 120, Bl. 16b; ebenda, T 6, Bl. 94; ebenda, T 239, Bl. 18b.

103 StA Weimar, Reg. T 123, Bl. 176b; ebenda, T 243, Bl. 32.

104 Er wird in der Bergordnung von 1466 als derjenige bezeichnet, an den das Silber der Bergwerke außerhalb Freibergs abzuliefern ist (H. Ermisch, Das sächsische Bergrecht, a. a. O., S. 75f. Vgl. auch J. Falke, Geschichte der Bergstadt Geyer, a. a. O., S. 31f.).

105 A. Puff, Die Finanzen Albrechts, a. a. O., S. 104; J. O. Sehm, Der Annaberger Silberbergbau, a. a. O., S. 55.

106 J. O. Sehm vermutet auf Grund der Zehntrechnungen, daß Hans Friedrich bis 1502 in Geyer blieb und Hans Bach in Annaberg die Geschäfte des Zehntners besorgte (a. a. O., S. 57); J. Falke nennt hingegen Hans Bach als Zehntner von Geyer (a. a. O., S. 32), und in einigen Akten werden Hans Friedrich und Hans Osann bereits ab 1498 als Zehntner von Schreckenberg bezeichnet (StA Weimar, Reg. T 129, Bl. 1–19).

107 J. O. Sehm, a. a. O., S. 57. Vgl. auch StA Weimar, Reg. T 561, Bl. 66b; T 172ff.

108 J. Falke, a. a. O., S. 109; StA Weimar, Reg. T 90, Bl. 19b; ebenda, T 92, Bl. 6b–7, 42b.

109 StA Dresden, Loc. 4490, Handlunge und Zehend-Rechnung ... 1527–1535, Bl. 4.

110 Ebenda, Bl. 166b.

Adam Ries, um 1540 Markus Rüling und schließlich 1545 Wolf Friedrich Zehntner von Geyer.[111]

Über die ersten Annaberger Zehntner wurde soeben berichtet. Spätestens seit 1503 waren Hans Friedrich und Hans Osann in Annaberg ansässig.[112] 1515 trat an die Stelle von Osann Heinrich von Elterlein als zweiter Zehntner.[113] Dieser gab 1525 bekannt, daß Friedrich von Herzog Georg wegen Gebrechlichkeit „abgelegt" worden sei und daß er das Amt künftig allein ausüben werde.[114] 1533 wurde er von Herzog Georg selbst des Amtes enthoben, und ihm folgte Gregor Schütz, auf dessen Bergbautätigkeit in anderem Zusammenhang noch ausführlicher einzugehen sein wird; dieser war noch 1546 im Amt.[115]

Die Annaberger Zehntner waren zunächst auch für Marienberg zuständig. Erst 1539 wurde ein eigener Marienberger Zehntner eingesetzt; es war vermutlich Georg Stumpfelt.[116]

Nach einer Auskunft von 1529 war der Annaberger Zehntner auch für das Schönburgische Scheibenberg zuständig.[117] 1533 wird jedoch Michel Zeckendorffer als eigener Scheibenberger Zehntner genannt, der auch noch 1539 im Amt war, und 1542–1544 taucht Franz Lorenz als Zehntner von Scheibenberg auf.[118] Für Buchholz wurde bereits der dortige Bergvogt zugleich als Amtmann und Zehntner erwähnt.

Der erste *Bergmeister* im westlichen Erzgebirge war der 1466 eingesetzte Hans Kluge, der seinerseits in Zwickau, von wo aus der Schneeberg erschlossen wurde, Nikolaus Tretwyn zum Bergmeister bestimmte. Dieser verlieh zusammen mit Kluge in Schneeberg die ersten Bergteile.[119] Bald nach dem Fündigwerden, 1472, begegnet Hans Raspe als Schneeberger Bergmeister, der 1481 noch im Amt war. Ihm folgte Gregor Heßler, diesem um 1490 Nikolaus Hacker und 1492–95 erneut Gregor Heßler; 1495–1497 war Nikolaus Meiner Bergmeister, von 1497 bis 1499 Thomas Hornig, und 1499 wurde Hans Fischer als Bergmeister eingesetzt.[120] In den folgenden Jahren des wechselnden ernestinischen und albertinischen Regiments kam es seinetwegen zu Streitigkeiten zwischen den Fürsten. 1505 wurde er durch den Kurfürsten abgelöst und erneut Thomas Hornig, der übrigens weder schreiben noch lesen konnte, eingesetzt. Herzog Georg wandte sich dagegen und setzte Fischer wieder ein, dem der Kurfürst aber die Anerkennung versagte. So blieb Hornig im

[111] Nach einer Angabe von W. Bogsch, a. a. O., S. 58, wurde Adam Ries 1536 Zehntner von Geyer; in den Annaberger Zehntrechnungen wird er 1538 als solcher erwähnt (StA Weimar, Reg. T 644, Bl. 38b). Zu Markus Rüling (Rolingk u. a.) vgl. StA Weimar, Reg. T 121, Bl. 21; ebenda, T 122, Bl. 83b; zu Wolf Friedrich ebenda, T 619, Bl. 41.

[112] Ab 1501 wurden beide bereits in den Besoldungslisten der Annaberger Zehntrechnungen geführt, ebenda, T 557, Bl. 27.

[113] StA Weimar, Reg. T 585; T 627 u. a.

[114] StA Weimar, Reg. T 91, Bl. 46.

[115] StA Weimar, Reg. T 100, Bl. 91; ebenda, T 120, Bl. 16b; ebenda, T 619, Bl. 78 u. a. P. Albinus, Annabergische Annalen, a. a. O., S. 33.

[116] W. Bogsch, a. a. O., S. 58.

[117] StA Dresden, Loc. 4490, Handlunge und Zehend-Rechnung ... 1527–1535, Bl. 142f.

[118] StA Weimar, Reg. T 604; T 644; T 645; T 614.

[119] Vgl. oben, „Das Aufblühen des obererzgebirgischen Silberbergbaus seit 1470 und die Gründung von Bergstädten", S. 17, 23.

[120] Zum Vorstehenden vgl. O. Hoppe, Der Silberbergbau zu Schneeberg, a. a. O., S. 34f.

Amt[121], bis Ende 1508 oder zu Beginn des Jahres 1509 Wolf Hirschel Bergmeister von Schneeberg wurde.[122] Doch bereits wenige Monate danach wurde von den Ernestinern seine Ablösung wegen „Unschicklichkeit" verlangt. Die Verhandlungen darüber zogen sich über Jahre hin, bis er schließlich 1514 aus dem Amt scheiden mußte. Herzog Johann hat ihn dann dem König von Dänemark als Bergmeister zur Verfügung gestellt.[123] Als sein Nachfolger wurde Paul Schmidt eingesetzt. Damit stoßen wir erneut auf einen Mann, der bereits oben als Amtsverweser und Zehntner begegnete, und verfolgen seinen Weg zurück. Während der Verhandlungen über die Ablösung Hirschels erscheint er erstmals 1512 als ein Nachfolgekandidat. Dabei charakterisierte man ihn als einen „verstendig, gnug beredt, warhafftig und from jung man . . . zum teyl bergkverstendig, hat aber mit der handt ufm stein nicht gearbeyt, welchs den bergkleut misfellig . . . er ist auch margkscheidens und abziehens bericht und verstendig".[124] Nachdem er 1513 zunächst als Landbergmeister für die kleineren ernestinischen Bergwerke in Saalfeld, Ölsnitz und Steinheide eingesetzt worden war, wurde ihm im Herbst 1514 das Bergmeisteramt in Schneeberg übertragen; zusätzlich erhielt er das Amt des Bergschreibers.[125] Seine Amtstätigkeit brachte ihn sehr bald in heftigen Gegensatz zur Knappschaft und zu einem Teil der Bergbeamten – das wird in anderem Zusammenhang näher behandelt –, so daß sich die Fürsten trotz Widerstrebens dazu entschließen mußten, ihn ihm Frühjahr 1522 aus dem Bergmeisteramt zu entlassen.[126] Ihm folgte der bisherige Obersteiger im Fürstenstollen und vormalige Bergmeister von Buchholz, Paul Saltzberger, im Amt des Schneeberger Bergmeisters.[127] Dieser soll übrigens

121 StA Weimar, Reg. T 175–178. Ch. Meltzer, der darüber widersprüchliche Angaben macht (vgl. Erneuerte Stadt- und Bergchronik, S. 449 u. 1215), druckt auf S. 1110f. ein Dokument von 1507 ab, das von Hornig als Bergmeister unterzeichnet ist.

122 Laetare 1509 wird er als Bergmeister bezeichnet und neben ihm der „alte" Bergmeister erwähnt, so daß der Amtswechsel noch nicht lange zurückliegen konnte (StA Weimar, Reg. T 83, Bl. 20). Hornig wurde danach Bergmeister in Auerbach (StA Weimar, Reg. T 115, Bl. 244b).

123 Der Name des Bergmeisters, dessen Ablösung verlangt wird, ist nicht genannt; da die Forderung jedoch in einem Brief vom April 1509 erhoben wurde und Hirschel nachweislich im März 1509 bereits im Amt war, kann nur er gemeint sein. Auf den Berghandlungen der folgenden Jahre wird immer wieder über seine Ablösung verhandelt, und es wird dabei klar, daß es um Hirschel geht. 1522 kehrte er übrigens aus Dänemark zurück nach Schneeberg und wurde dort Obersteiger im Fürstenstollen; StA Dresden, Handlung auf dem Schneeberge . . . 1488–1546, Bl. 73; StA Weimar, Reg. T 3, Bl. 7; ebenda, T 115, Bl. 36, 78b–81, 118, 163, 282; StA Dresden, Loc. 4489, Verzeichnis der Händel . . . 1519–1524, Bl. 116b–117, 157.

124 StA Weimar, Reg. T 115, Bl. 164.

125 Ebenda, Bl. 272b, 282; StA Dresden, Loc. 4489, Verzeichnis . . . 1515–1518, Bl. 7b, 17. Das Amt des Landbergmeisters behielt er noch für ein Jahr nebenbei.

126 StA Dresden, Loc. 4489, Verzeichnis der Händel . . . 1519–1524, Bl. 5–7, 107, 115b–116, 157; nach seiner Entlassung als Bergmeister übernahm er auf dringenden Wunsch der Fürsten zunächst das Amt des Vorstehers im Fürstenstollen (StA Dresden, Loc. 4489, Berghandlung und Rechnungen . . . 1522–1524, Bl. 33b–34), bis er 1524 als Zehntner eingesetzt wurde.

127 StA Dresden, Loc. 4489, Verzeichnis der Händel . . . 1519–1524, Bl. 157.

ebenfalls des Lesens und Schreibens unkundig gewesen sein.[128] Da man ihm die Mitschuld an den Schneeberger Unruhen von 1523 bis 1525 gab, wurde er bereits 1525 wieder entlassen.[129] Der ihm seinerzeit als Obersteiger des Fürstenstollens nachfolgende Michel Haftenstein wurde nunmehr auch sein Nachfolger als Bergmeister, übrigens ein weiterer Analphabet in diesem Amt.[130] Er starb Ende 1529 oder Anfang 1530, und so wurde im April 1530 wiederum der Obersteiger des Fürstenstollens, Hans Wolf, als neuer Bergmeister vereidigt.[131] Als man ihn bereits nach drei Jahren wegen schlechter Amtsführung absetzte, folgte ihm zunächst der neue Geschworene Wolf Schleiße als Verwalter des Bergmeisteramtes und noch im selben Jahr Benedikt Kattner als Bergmeister.[132] Nach dessen baldigem Tode wurde 1534 Wolf Schleusing neuer Bergmeister.[133] Er blieb bis 1545 im Amt, dann folgte ihm Peter Oberländer.[134]

Die Angaben über die Bergmeister von Geyer sind unvollständig und unsicher. Sehm hat von 1492 bis 1496 als jährlich wechselnde Bergmeister von Geyer Hans Krewtzig, Martin Asmann, Philipp Weinbeer, Andreas Kästel und erneut Philipp Weinbeer ermittelt.[135] In den Berghandlungsprotokollen kam 1519 zur Sprache, daß es in Geyer – offenbar seit geraumer Zeit – keinen Bergmeister gäbe, und man könne auch keinen finden, da für dieses Amt kein Gehalt vorgesehen sei.[136] 1532 werden dann Nickel Klotz und 1540 Peter Klinger als Bergmeister von Geyer erwähnt.[137]

[128] Das geht aus den Artikeln von 1523 hervor (StA Dresden, Loc. 4489, Berghandlung und Rechnungen ... 1522–1524, Bl. 73b–77).

[129] StA Weimar, Reg. T 91, Bl. 32f. Wenige Jahre später, 1529, wurde er wieder Bergmeister in Buchholz.

[130] StA Weimar, Reg. T. 91, Bl. 33b. Ihm wird der bisherige Schichtmeister und Schöffe Nickel Zcetsch als Geschworener beigegeben, damit er wegen Unkenntnis des Rechnens, Lesens und Schreibens einen Helfer bei den Abrechnungen und beim Anschnitt hat (ebenda, Bl. 35).

[131] StA Dresden, Loc. 4490, Handlunge und Zehend-Rechnung ... 1527–1535, Bl. 155b; StA Weimar, T 91, Bl. 34. Als Todesursache von Haftenstein gibt Ch. Meltzer, Erneuerte Stadt- und Bergchronik, a. a. O., S. 449, an, daß er bei der Rettung von Bergleuten „den Schwaden in sich gezogen hatte".

[132] StA Weimar, Reg. T 100, Bl. 79b–80b. Wolf und seine beiden Geschworenen wurden ins Gelübde genommen und mußten sich dafür verbürgen, daß sie für den durch ihre Amtsführung angerichteten Schaden Buße tun werden. Über die Einsetzung Benedikt Kattners (Cadners) vgl. Ch. Meltzer, Erneuerte Stadt- und Bergchronik, a. a. O., S. 1238. In den Schneeberger Verleihbüchern erscheint er 1534 ebenfalls als Bergmeister (HSTA Freiberg, Nr. 234b).

[133] Es läßt sich nicht sicher entscheiden, ob Wolf Schleiße und Wolf Schleusing evtl. identisch sind, was bei der üblichen stark differierenden Schreibweise der Namen durchaus möglich ist. Wann Wolf Schleusing das Amt des Bergmeisters antrat, geht aus den Berghandlungsprotokollen nicht hervor; er wird Quasimodogeniti 1537 erstmals erwähnt (StA Weimar, Reg. T 118, Bl. 53). Ch. Meltzer, Erneuerte Stadt- und Bergchronik a. a. O., S. 449 u. 1241, gibt Schleusing ab 1534 als Bergmeister an.

[134] StA Weimar, Reg. T 240, Bl. 32b; ebenda, T 243, Bl. 32b.

[135] J. O. Sehm, Der Silberbergbau zu Annaberg, a. a. O., S. 39.

[136] StA Dresden, Loc. 4489, Verzeichnis ... 1515–1518, Bl. 194.

[137] J. Falke, Geschichte der Bergstadt Geyer, a. a. O., S. 111.

Die für die 90er Jahre des 15. Jh. genannten Bergmeister von Geyer waren auch für Annaberg (Neustadt am Schreckenberg) zuständig. Als erster eigener Bergmeister von Annaberg wurde 1497 Urban Osann eingesetzt; 1498 begegnet er als „oberster Bergmeister“.[138] Der von Sehm, gestützt auf Albinus, für 1503 genannte neue Bergmeister Nikolaus Ermel ist in den Akten nicht nachzuweisen; vielmehr begegnet seit 1501 Nikolaus Meiner – von anderen Chronisten ebenfalls bezeugt – als Bergmeister von Annaberg.[139] Ihm folgte 1515 der vormalige Bergmeister von Wolkenstein, Asmann Bergschreiber, als Bergmeister von Annaberg.[140] An seine Stelle trat 1522 Hans Rüling[141], und diesem folgte 1527 Michel Barth, der dann wegen verschiedener gegen ihn erhobener Klagen 1530 abgelöst wurde.[142] Als sein Nachfolger wurde Hans Leonhard eingesetzt und durch den Hauptmann sowie Urban Osann vereidigt.[143] 1533 erscheint Oswald Roling[144], 1542 Fabian Wolf[145] und ab 1543 Markus Röhling als Bergmeister von Annaberg.[146]

So wie in den ersten Jahren für den Annaberger Bergbau die Bergmeister von Geyer zuständig waren, unterstand der Buchholzer Bergbau zunächst den Bergmeistern von Schneeberg.[147] Um 1498 erhielt Buchholz mit Nickel Hacker seinen ersten eigenen Bergmeister, der mit Sicherheit 1502 noch im Amt war.[148] Ob er mit dem 1507 verstorbenen Bergmeister identisch war, dessen Name nicht überliefert ist, ließ sich nicht ermitteln. Zugleich wurde Buchholz Sitz des sogenannten Landbergmeisters Hans Kreutzing für „die thüringischen, fränkischen und vogtländischen Gebirge“, bis dieses Amt 1515 nach Wolkenstein verlegt wurde. Der Landbergmeister Kreutzing amtierte dort weiter bis 1522 und wurde dann von

138 J. O. Sehm, a. a. O., S. 39f.; StA Dresden, Loc. 4495, Irrungen in Bergwerkssachen . . . 1502–1505, Bl. 9.

139 Vgl. J. O. Sehm, a. a. O., S. 40 u. Anm. 2 zu S. 40; eindeutig gesichert ist Nikolaus Meiner als Bergmeister nach den Besoldungslisten StA Weimar, Reg. T 557, Bl. 27; vgl. auch T 558–585; ferner StA Dresden, Loc. 4495, Irrungen in Bergwerkssachen . . . 1502–1505, Bl. 13, 16, 31. Es handelt sich um den selben Nikolaus Meiner, der von 1495 bis 1497 Bergmeister von Schneeberg war; man hatte ihn nach Angaben von Ch. Meltzer, Erneuerte Stadt- und Bergchronik, a. a. O., S. 448, auf Weisung Herzog Georgs 1497 nach Annaberg geholt, wo er bis 1515 das Amt innehatte. P. Albinus, Annabergische Annalen, a. a. O., S. 22, gibt seinen Tod richtig für März 1515 an.

140 StA Weimar, Reg. T 585, Bl. 66b; T 627–637.

141 StA Weimar, Reg. T 638, Bl. 49b; StA Dresden, Loc. 4495, Annabergische Bergrechnungen 1522–38, Bl. 46b,75b, 90.

142 StA Weimar, Reg. T 594, Bl. 17 u. 36; T. 597; StA Dresden, Handlunge und Zehend-Rechnung . . . 1527–1535, Bl. 164.

143 Ebenda, Bl. 150b; StA Weimar, Reg. T 597, Bl. 50. Er ging 1534 nach Freiberg (P. Albinus, Annabergische Annalen, a. a. O., S. 34).

144 StA Weimar, Reg. T 603, Bl. 64; StA Dresden, Loc. 4495, Annabergische Bergrechnungen 1522–1538, Bl. 193.

145 StA Weimar, Reg. T 645.

146 StA Weimar, Reg. T 614, Bl. 66; ebenda, T 619, Bl. 78.

147 Die folgenden Angaben über die Buchholzer Bergmeister stammen, soweit sie nicht besonders belegt sind, von L. Bartsch, Buchholz unter der Ernestinischen Linie, a. a. O., S. 44f.

148 Er erhält 1502 eine Soldnachzahlung für vier Jahre, StA Weimar, Reg. T 166.

Erhart Hammerschmidt abgelöst.[149] Dem eigentlichen Buchholzer Bergmeister, der 1507 verstarb, folgte im selben Jahr Thomas Bartel in dieser Funktion. Ihn ersetzte im Herbst 1510 Paul Saltzberger[150], der bis 1514 im Amt blieb und dann nach Schneeberg ging. Ihm folgte der Bergmeister Andreas Müller, der bis 1529 blieb, danach übernahm der aus Schneeberg zurückgekehrte Paul Saltzberger wieder bis 1536 das Buchholzer Bergmeisteramt. Als letzter Buchholzer Bergmeister fungierte ab 1536 Illge Wegener.

Den soeben genannten Landbergmeistern von Wolkenstein wurde bald nach der Aufnahme des Bergbaus in Marienberg auch das dortige Bergmeisteramt übertragen. So erscheinen ab 1520 Hans Kreutzing und ab 1522 Erhart Hammerschmidt auch als Bergmeister von Marienberg, jedoch mit dem Sitz in Annaberg. Diesem Bergamt war das von Wolkenstein unterstellt.[151] Nach der Amtsenthebung Hammerschmidts im Jahre 1529 wurde Hans Eckenbrecht (auch Hesse genannt) aus Annaberg sein Nachfolger.[152] Dieser starb bereits 1530. Neuer Bergmeister wurde Gregor Hacker, nach dessen Rücktritt 1538 für ein knappes Jahr Wolf Thiele folgte. Von 1539 bis 1543 begegnet dann Hans Löser als Bergmeister von Marienberg; vorher war er in Freiberg Richter gewesen, und er kehrte 1544 auch als Ratsherr dorthin zurück. Marienberger Bergmeister wurde 1543 Hans Weickhardt, danach ab 1545 Franz Schumann.

Von den Bergmeistern der anderen Bergstädte sind nur noch die von Gottesgab einigermaßen vollständig erfaßbar. Unmittelbar nach dem Fündigwerden wurden dem Tettauischen Bergmeister Wintzberger die Geschäfte auf der neuen Fundstelle aus der Hand genommen. An seine Stelle trat bereits 1529 Hans Glaser, zuvor Schichtmeister in Schneeberg.[153] Trotz der Versuche der Albertiner, ihn aus Einsparungsgründen wieder abzulösen und die Geschäfte dem Buchholzer oder Schneeberger Bergmeister mit zu übertragen, hielten ihn die Ernestiner im Amt.[154] 1539 erscheint dann Georg Thiele als neuer Bergmeister von Gottesgab, bereits ein Jahr später Georg Schmücker und 1543 Sebastian Zapf.[155]

149 StA Dresden, Loc. 4495, Annabergische Bergrechnungen 1522–1538, Bl. 24b, 46b, 75b, 90. Hammerschmidt war um 1504 Geschworener in Annaberg. Hans Kreutzing dürfte mit dem ehemaligen Bergmeister von Geyer Hans Krewtzig identisch sein.

150 StA Weimar, Reg. T 115, Bl. 14.

151 Im einzelnen vgl. dazu und zum folgenden W. Bogsch, Der Marienberger Bergbau, a. a. O., S. 30ff. u. S. 121.

152 P. Albinus, Annabergische Annalen, a. a. O., S. 31, bezeichnet ihn als gewaltigen und reichen Fundgrübner, der 1527 in Annaberg Richter war, zuvor bereits 7 Jahre dem Rat angehört und das Dorf Mauersberg gekauft hat.

153 StA Weimar, Reg. T 297, Bl. 5–7. StA Dresden, Loc. 4490, Handlunge und Zehend-Rechnung . . . 1527–1535, Bl. 180.

154 StA Dresden, Loc. 4490, Handlunge und Zehend-Rechnung . . . 1527–1535, Bl. 156b; Loc. 4489, Handlung auf dem Schneeberge . . . 1488–1546, Bl. 123.

155 Der Zeitpunkt der Ablösung Glasers durch Thiele ist nicht klar, im Herbst 1535 war Thiele anstelle von Glaser als Bergmeister von Platten eingesetzt worden (Glaser war zunächst für alle ernestinischen Bergwerke in den „Schwarzenbergischen Wäldern" zuständig), jedoch mit dem ausdrücklichen Hinweis, daß Glaser Bergmeister in Gottesgab und Schwarzenberg bleibt (StA Weimar, Reg. T 102, Bl. 69 u. 69b). 1539 erscheint dann Thiele auch als Bergmeister von Gottesgab (StA Weimar, Reg. T 231, Bl. 17b);

Für die kleineren ernestinischen Bergwerke, ohne eigenen Bergmeister, war der Landbergmeister zuständig. Als solcher begegnet Ende der 20er Jahre Erhart Thirolt, zuständig für Ölsnitz, Saalfeld und Steinheide. 1535 wurde das Amt geteilt; Thirolt blieb Bergmeister in Ölsnitz, für die beiden letzteren Bergwerke setzte man Burkhart Beck als neuen Bergmeister ein.[156]

Soweit der Überblick über die Spitzen des Beamtenapparates. Eine namentliche Zusammenstellung der weiteren Beamtengruppen würde zu weit führen und müßte auch äußerst lückenhaft sein, da diese Beamten nur sporadisch in den Akten auftauchen. Insgesamt läßt sich jedoch einschätzen, daß der Inhalt der Amtstätigkeit der einzelnen Beamtengruppen voll dem entsprach, was in der Annaberger Bergordnung von 1509 fixiert und oben dargestellt worden ist.

Nach ihrer sozialen Herkunft waren die Amtleute mit Ausnahme von Buchholz fast durchweg Adlige. Nur in Einzelfällen konnten sich Bürgerliche bzw. Bergleute über die Stufenleiter der verschiedenen Funktionen hochdienen bis zum Bergamtsverweser (Paul Schmidt, Urban Osann). Alle übrigen Funktionen hatten Bürgerliche bzw. Bergleute inne. Bei den Zehntnern war daneben ein gewisser Anteil des kaufmännischen Elements vertreten.

Bei den Bergmeistern handelte es sich durchweg um erfahrene Bergleute, die vor ihrer Berufung zumeist als Schichtmeister, Stollensteiger oder in anderen bergmännischen Funktionen nachweisbar sind.

Die Entlohnung der Bergbeamten (als „Sold" bezeichnet) erfolgte teils aus Mitteln der Landesherren, d. h., sie wurde vom Zehnten abgesetzt, teils aus Mitteln der Gewerken. Amtleute, Zehntner, Bergmeister, Zehnt- bzw. Rezeßschreiber sowie Beamte aus dem Bereich des Münz- und Hüttenwesens (Probierer, Hüttenreiter) wurden generell von den Landesherren besoldet, und zwar jeweils zur Hälfte durch die Ernestiner und Albertiner. Darüber liegen im allgemeinen in den Zehntrechnungen Angaben vor, die einen genaueren Einblick in die Lohnverhältnisse gestatten. Andere Beamte wie die Berg- und Gegenschreiber, die Geschworenen, Schichtmeister und Steiger wurden aus den Einschreibgebühren oder aus dem Quatembergeld bzw. Wochenpfennig entlohnt, d. h. aus Gebühren, die die Gewerken entrichten mußten. Darüber sind im einzelnen nur sporadisch Angaben zu finden, so in einem Schneeberger Wochengeldregister, wo z. B. Reminiscere 1508 von 74 fl. Wochengeldeinnahmen des vorangegangenen Quartals ($6^1/_2$ gr. pro Zeche) 46 fl. 16 gr. den vier Geschworenen (jeder erhielt pro Woche 18 gr.) und 1 fl. 10 gr. dem Schreiber gezahlt wurden.[157] Die Schichtmeister erhielten ihren Lohn direkt von den Gewerken der jeweiligen Zeche. Ihre Löhne, die im einzelnen stark variieren, zumal jeder Schichtmeister in der Regel mehrere Zechen verwaltete und von jeder gesondert bezahlt wurde, sind in den Quartalsrezessen verzeichnet.

zu Schmücker vgl. ebenda, T 232, Bl. 20b; zu Zapf ebenda, T 239, Bl. 19, T 669, Bl. 31.

156 StA Dresden, Loc. 4490, Handlunge und Zehend-Rechnung ... 1527–1535, Bl. 139b; ebenda, Loc. 4489, Handlung auf dem Schneeberge ... 1488–1546, Bl. 189–190; StA Weimar, Reg. T 102, Bl. 71. In Ölsnitz wurde Thirolt 1537 durch Stefan Steger abgelöst (StA Weimar, Reg. T 118, Bl. 58).

157 StA Weimar, Reg. T 9, Bl. 104ff.

Die Entlohnung der eigentlichen landesherrlichen Beamten war örtlich und individuell verschieden. So erhielten die Amtleute von Schneeberg: Heinrich von Wolfersdorf 300 fl., Hans Hut 60 fl., Heinrich von Nessau 120 fl., Heinrich von Schönberg 240 fl., Anselm von Tettau 320 fl. und Matthes von Wallenrod 400 fl. im Jahr. In Annaberg waren die Schwankungen geringer. Dort bekamen die Amtleute Otto Pflugk, Albrecht von Schreiberstorff und Anton von Kospoth jeweils 400 fl. im Jahr, 1525 wurde der Lohn des letzteren auf 300 fl. gekürzt, und so blieb der Satz auch bei seinen Nachfolgern; ab 1533 wurden Heinrich von Gersdorff wieder 400 fl. und seinem Nachfolger Abraham von Einsiedel sogar 600 fl. im Jahr gezahlt. Die Amtsverweser von Annaberg und Marienberg erhielten jeweils 100 fl. im Jahr. Die Jahreslöhne der Zehntner von Schneeberg betrugen für Mathias Zobelstein 200 fl., ab 1492 300 fl.; für seine Nachfolger jeweils 100 fl.; die der Zehntner von Annaberg 100 fl. für Hans Friedrich, 80 fl. für Hans Osann, ebenfalls 80 fl. für dessen Nachfolger Heinrich von Elterlein und 180 fl., zeitweise 100 fl., ab 1542 200 fl. für Gregor Schütz. Die Bergmeister von Schneeberg wurden in den Jahrzehnten bis um 1510 auf der Basis von 20 gr. pro Woche entlohnt (d. h. etwa 50 fl. im Jahr); in den dreißiger Jahren erhielten sie 100 fl. und um 1545 sogar 200 fl. jährlich. Den Annaberger Bergmeistern gewährte man durchweg 80 fl. im Jahr, denen von Marienberg bis 1542 20 gr. pro Woche, danach 80 fl. im Jahr.

Erst im Frühjahr des Jahres 1546 wurden auf Grund einer Vereinbahrung zwischen dem Kurfürsten und Herzog Moritz feste Sätze für die einzelnen Beamten beschlossen[158], und zwar sollten erhalten (als Jahreslöhne):

in Schneeberg:	der Amtmann 400 fl., der Amtsverweser 100 fl., der Zehntner 100 fl., der Bergmeister 60 fl.;
in Annaberg:	der Amtmann 400 fl., der Amtsverweser200 fl., der Zehntner 250 fl., der Bergmeister 80 fl.;
in Buchholz:	der Bergvogt 100 fl., der Bergmeister 60 fl. (dazu auf dessen besonderes Ansuchen zusätzlich 20 fl. aus dem Quatembergeld der Gewerken);
in Marienberg:	der Bergmeister 60 fl.;
in Geyer:	der Zehntner 30 fl., der Bergmeister 26 fl.;
in Gottesgab:	der Bergmeister 20 fl.;
in Scheibenberg:	der Bergmeister 30 fl.;
in Wiesenthal:	der Bergmeister 20 fl.

In den folgenden Quartalen des Jahres 1546 (bis zum Abbrechen der Quellen am Ende des Untersuchungszeitraumes) lagen die Löhne entsprechend.

Der bereits mit dem Aufkommen des westerzgebirgischen Silberbergbaus entstandene und bis um die Wende vom 15. zum 16. Jh. voll ausgebildete Beamtenapparat gehört zu den frühesten durchorganisierten landesherrlich-territorialstaatlichen Verwaltungsapparaten. Mit dem Landesherrn als dem Regalinhaber an der Spitze, beraten und vertreten durch seine obersten Hof- und Kanzleibeamten, wurde dieser nach dem Direktionsprinzip aufgebaute und von landesherrlichen Räten geleitete und kontrollierte hierarchische Apparat zum wichtigsten Instrument einer zentralen Verwaltung des zu dieser Zeit neben der Landwirtschaft bedeutendsten Wirtschaftszweiges des Territoriums. Der Aufbau der Bergverwaltung ordnet sich damit ein in

[158] StA Weimar, Reg. T 123, Bl. 263–265.

den Prozeß des Ausbaus eines territorialen Staatsapparates, der u. a. auch auf dem Gebiet des Finanz- und Gerichtswesens fortschritt und dessen Ursachen letztlich in der Umstrukturierung der Gesellschaft, vor allem im Erstarken des bürgerlich-kapitalistischen Elements und den damit verbundenen Klassenauseinandersetzungen lagen. Im Hinblick auf die Eigentumsverhältnisse im Bergbau zeigt er deutlich, daß der Landesherr seinen Anspruch auf das Eigentumsmonopol an den Edelmetallerzen (dem Arbeitsgegenstand) voll durchgesetzt hat.

4. *Die Regaleinkünfte der sächsischen Landesherren*

Das Bergregal sicherte den Landesherren in Gestalt des Zehnten eine feste Einnahme aus dem Silberbergbau, die annähernd 10 Prozent des gesamten Ausbringens umfaßte. Daß er nicht volle 10 Prozent ausmachte, lag an den verschiedenen Vergünstigungen für ertragsschwache Zechen. So legte z. B. die Schneeberger Bergordnung von 1487 fest, daß alle Zechen von ihrem Silberausbringen zuerst die Hüttenkost, d. h. die für die Verhüttung ihres Erzes zu entrichtenden Gebühren, abziehen können, bevor sie den Zehnten ermitteln. Ferner wurde denjenigen Zechen, die keinen Überschuß über die Bergkost (die Material- und Lohnkosten der Zechen) und über die Hüttenkost erzielten, auf 2 Jahre der Zehnt erlassen. Sollten sie jedoch innerhalb der 2 Jahre mehr ausbringen, als zur Deckung der Kosten nötig ist, waren sie zur Zehntzahlung verpflichtet.[159] Nach der Bergordnung von 1500 galt dann die zunächst auf 6 Jahre getroffene Festlegung, daß alle Zechen, die keinen Überschuß über die eigenen Kosten ausbringen, anstelle des Zehnten einen Neunundzwanzigsten (d. h. den 29. Teil des Silbers) abzugeben haben gegen Erstattung des 29. Teils der Hüttenkost. Diese Regelung trat ebenfalls dann außer Kraft, wenn die betreffende Zeche einen Überschuß über die eigenen Kosten erzielte.[160] Die Zehntrechnungen lassen erkennen, daß man diese in den Schneeberger Ordnungen getroffenen Bestimmungen auch in der Praxis einhielt. Nach 1487[161] wurde bei solchen Schneeberger Zechen, bei denen die Hüttenkost und der Zehnt zusammen den Geldwert des ausgebrachten Silbers überstiegen hätten, zuerst die Hüttenkost abgezogen und dann erst vom verbleibenden Rest der Zehnt berechnet. Hinzu kamen besondere Befreiungen für einzelne Zechen. Nach 1500 betrug der Zehnt für Zechen ohne Ausbeute (d. h. ohne Gewinn) ein Neunundzwanzigstel, und völlig zehntfrei blieben Zechen, deren Ausbringen die Hüttenkost nicht deckte, sowie Zubußzechen.[162] Noch in den Schneeberger Zehntrechnungen der 40er Jahre des 16. Jh. wird der volle Zehnt nur von Ausbeutzechen berechnet, während Zechen ohne Ausbeute den 29. Teil geben und die „wassernötigen" Zechen von der Zehntgebühr frei blieben.[163] In Geyer betrug der Silberzehnt hingegen durchweg ein Zwanzigstel des Ausbringens, das vom Blick-

159 H. Ermisch, a. a. O., S. 100f., Schneeberger Ordnung von 1487, Art. 7.

160 Ebenda, S. 154; Schneeberger Ordnung von 1500, Art. 40.

161 Über die zuvor geübte Praxis vgl. K. Hahn, Die ältesten Schneeberger Zehntrechnungen a. a. O.

162 Vgl. W. Goerlitz, Staat und Stände, a. a. O., S. 288.

163 StA Weimar, Reg. T 232, 235, 239, 240, 241, 243.

silber (der Zustand des Silbers nach dem Abtreiben, aber vor dem Feinbrennen) abgezogen wurde.[164]

In Annaberg wiederum finden sich keine Zehntreduzierungen; hier betrug der Zehnt allgemein 10 Prozent des Silberausbringens.[165] Das gleiche gilt für Buchholz (bis 1534), für Marienberg und Scheibenberg.[166] Allerdings wurde seit 1499/1500 wie in Schneeberg so auch in Annaberg, Buchholz, Scheibenberg und Marienberg die Hüttensteuer vom Zehnt abgesetzt, d. h. , die Zechen erhielten denjenigen Teil der Hüttenkost von den Regalherren rückerstattet, der für die Verhüttung des Zehntsilbers aufgebracht werden mußte.[167]

Die Landesherren begnügten sich jedoch keinesfalls mit dem Silberzehnten, sondern holten noch weitere Abgaben aus dem Bergbau heraus. Grundlage dafür waren das Münzregal und der damit verbundene Silberkauf. Bereits das alte Freiberger Bergrecht hatte den Grundsatz fixiert: „Das silber gehort yn dy muncze czu Friberg".[168] Damit war in Verbindung mit dem Münzregal, kraft dessen allein der Landesherr das Edelmetall in zirkulationsfähigen Zustand versetzen durfte, ein Aufkaufsmonopol für jegliches Silber geschaffen, d. h. , auch das nach Abzug des Zehnten den Gewerken zustehende Silber mußte an die Landesherren verkauft werden. Der dafür an die Gewerken gezahlte Preis lag stets unter dem Marktwert des Silbers und der daraus geschlagenen Münzen. Die Differenz floß als „Silberkauf" und „Schlagschatz" ebenfalls in die landesherrlichen Kassen. Die Rechnungen belegen, daß die Einnahmen aus dem Silberkauf allgemein die aus dem Zehnten noch überstiegen. Daß es dabei auch wie beim Zehnten gewisse Vergünstigungen gab, indem z. B. neuaufgenommene Gruben als Starthilfe den Marktpreis für das Silber erhielten, diente letztlich nur dazu, über die Förderung der Produktion auch die Einnahmen zu erhöhen.

Schließlich wurden im Laufe der Zeit noch weitere Manipulationen vorgenommen, die alle darauf hinausliefen, die Einkünfte der Landesherren auf Kosten der Gewerken zu erhöhen. So erhöhte man 1529/30 den Schlagschatz. Als Schlagschatz galt die Gebühr, die die Münzmeister beim Vermünzen des Silbers an die Landesherren zu entrichten hatten, und zwar 1 Ort, d. h. 1 Viertel Gulden oder 5 Groschen 3 Pfennige von jeder Mark Silber. Auf Verlangen Herzog Georgs erging nun 1529 ein Beschluß, daß die Münzmeister künftig 1 Zinsgroschen mehr, d. h. 6 gr. 3 d. pro Mark, zu zahlen hatten, ohne Schrot und Korn der Münzen zu erhöhen[169] – eine zusätzliche Einnahme der Landesherren auf Kosten des Münzmeistergewinns.

Weitere Manipulationen gab es mit den Münzen selbst. Waren die Gulden zuvor zu 21 Zinsgroschen ausgeprägt, so ging man gegen Ende der 30er Jahre dazu über,

164 W. Goerlitz, a. a. O., S. 290. Im einzelnen vgl. dazu die Studie „Die klassenmäßige Herkunft des Kapitals", S. 150f.

165 W. Goerlitz, a. a. O., S. 291. Zu Beginn des Annaberger Bergbaus, als noch der Zehntner von Geyer für Annaberg zuständig war, wurde ebenfalls ein Zwanzigstel berechnet (vgl. J. O. Sehm, a. a. O., S. 54).

166 W. Goerlitz, a. a. O., S. 291, 293; W. Bogsch, a. a. O., S. 108f.

167 W. Goerlitz, a. a. O., S. 286; W. Bogsch, a. a. O., S. 58 u. 109.

168 H. Ermisch, a. a. O., S. 6 u. XXXVII.

169 StA Dresden, Loc. 4490, Handlunge und Zehend-Rechnung . . . 1527–1535, Bl. 84, 89b bis 90, 104, 132–134, 161.

sogenannte Guldengroshen zu prägen, bei denen 24 und seit 1541 25 auf einen Gulden kamen. Eine Verordnung besagte nun, daß das Silber der Gewerken künftig nur noch in Guldengroschen zu bezahlen sei, und auch zur Entlohnung der Bergbeamten wie der Arbeiter diente diese Münze. Die Bezahlung der Gewerken, Bergbeamten und Arbeiter in der neuen Münze verringerte deren Einkünfte, während die Differenz von 3 bzw. 4 Groschen als sogenannter „Zugang aus den Guldengroschen" in die landesherrlichen Kassen floß.[170] Aus der gleichen Quelle kam der „Bleigroschen", den man 1540 damit begründete, daß den Bleihändlern ihre Bezahlung „nicht volkömlich zu 21 gr. geraicht" würde.[171]

Eine weitere zusätzliche Einnahme bestand in dem Brenngeld". Die Gewerken mußten früher für das Feinbrennen des Silbers 2 Pfennig pro Mark Silber an den Silberbrenner zahlen. Als in den 30er Jahren das Ausbringen rasch stieg, so daß das Brenngeld eine relativ hohe Summe ausmachte, gingen die Landesherren dazu über, die Silberbrenner fest zu besolden, und strichen selbst das Brenngeld ein.[172]

Die Landesherren zogen auf Grund ihrer Regalien außerordentlich hohe Gewinne aus dem Bergbau. In Schneeberg betrug der Zehnt in den ersten 13 Jahren (bis zum Tode des Zehntners Martin Römer 1483) insgesamt 246748 fl. Der Silberkauf belief sich im selben Zeitraum auf 282967 fl. und der Schlagschatz auf 70910 fl., d. h., die Gesamtsumme der Einnahmen (ohne die Ausbeuten, die die Landesherren aus ihrem eigenen Kuxbesitz erhielten) belief sich von Ende 1470 bis 1483 auf 600625 fl. Diese Regaleinkünfte stammten von insgesamt 352738 Mark Silber, das im selben Zeitraum ausgebracht worden war[173], in Gulden umgerechnet also rund 2471016 fl.[174] Setzt man beide Summen miteinander in Beziehung, so ergibt sich, daß die Regaleinkünfte der Landesherren über 24 Prozent der gesamten Silberproduktion ausgemacht haben. Dieser enorm hohe Prozentsatz des Gewinns, den die Landesherren allein kraft ihrer Regalien aus dem Bergbau zogen, blieb in etwa während des ganzen Untersuchungszeitraums erhalten. Eine auf weniger sicheren Grundlagen beruhende Berechnung für den Zeitraum von 1488 bis 1497 ergab im Jahresdurchschnitt 17–18 Prozent landesherrlichen Gewinn aus der Silberproduktion des gesamten Erz-

170 StA Weimar, Reg. T 120, Bl. 28–37, 59, 112; Reg. T 121, Bl. 8b–9, 10b; 28–33; Reg. T 122, Bl. 42b (in Annaberg betrug der fürstliche „Zugang aus den Guldengroschen" in einem halben Jahr 285 fl. 15 gr.); Reg. T 123, Bl. 43.

171 StA Weimar, Reg. T 121, Bl. 21b.

172 StA Weimar, Reg. T 118, Bl. 25ff.; Reg. T 120, Bl. 7, 28ff. 49–51, 110b–111; Reg. T 23, Bl. 24 149ff.

173 Vgl. K. Hahn, Die ältesten Schneeberger Zehntrechnungen, a. a. O., S. 41ff.

174 Diese Summe differiert gegenüber der von Hahn errechneten, weil Hahn die Mark zu 8 fl. gerechnet hat. Das ist jedoch für diese Zeit zu hoch gegriffen, da in den Rechnungen die Mark überwiegend mit $6^3/_4$ bzw. 7 fl. und nur in zwei Jahren mit $7^1/_4$ bzw. $7^1/_2$ fl. angesetzt ist und danach auch die Abgaben berechnet wurden (vgl. StA Weimar, Reg. T 135: wird auch von Hahn selbst auf S. 42 angegeben). Für die genannte Endsumme wurde das Ausbringen insgeamt mit 7 fl. pro Mark umgerechnet. Ich korrigiere hier auch meine Angaben in Zfg, 1968, H. 12, S. 1585, wo ebenfalls für die Umrechnung 8 fl. pro Mark zugrunde liegen. Erst nach der Jahrhundertwend stieg der Peisr für die Mark auf 8fl. und in den 30er Jahren auf $8^1/_2$ fl.

gebirges.[175] Berechnungen für das Rechnungsjahr 1536/37 ergaben einen landesherrlichen Anteil von 24 Prozent am Gesamtausbringen, im Rechnungsjahr 1537/38 von 22 Prozent.[176] Diese Ergebnisse werden im einzelnen durch die Zehntrechnungen bestätigt. So betrug von Reminiscere bis Crucis 1540 das Ausbringen in Schneeberg 5330 Mark Silber, d. h. 45305 fl. (die Mark zu $8^1/_2$ fl.); die fürstlichen Regaleinnahmen machten 9356 fl. aus, d. h. rd. 20 Prozent.[177] Von Crucis 1541 bis Reminiscere 1542 standen einem Ausbringen von 3447 Mark = 29300 fl. fürstliche Einnahmen von 6234 fl., also rd. 21 Prozent gegenüber.[178] Von Crucis 1543 bis Reminiscere 1544 betrug das Ausbringen 1713 Mark, das sind 14560 fl., und die fürstlichen Einnahmen machten 3600 fl., also rund 25 Prozent, aus.[179] In den beiden folgenden Halbjahren waren es jeweils 24 Prozent.[180]

Es läßt sich also mit großer Sicherheit schlußfolgern, daß sich die sächsischen Landesherren allein auf Grund ihrer Regalien rund 20 Prozent der gesamten Silberproduktion aneigneten (nicht gerechnet die Ausbeuten aus ihrem eigenen Kuxbesitz) und damit im wesentlichen dem weiteren Reproduktionsprozeß entzogen. Auch wenn sie den Bergbau gegen die Interessen und den Zugriff der feudalen Grundeigentümer schützten und ihn auch sonst durch eine Reihe von Maßnahmen förderten sowie durch Befreiungen und Vergünstigungen für bestimmte Zechen zeitweilig auf Einzeleinnahmen verzichteten, diente das alles doch nur dazu, insgesamt einen möglichst hohen Gewinn aus dem Bergbau zu ziehen. In dieser trotz aller Förderung letztlich

[175] Zugrunde gelegt wurden die durchschnittlichen Jahreseinkünfte der Albertiner in diesem Zeitraum in Höhe von 9645 fl. (W. Goerlitz, a. a. O., S. 387) sowie das durchschnittliche Jahresausbringen von 15072 Mark (errechnet nach W. Goerlitz, a. a. O., S. 300), das sind 113040 fl. (1 Mark a 7,5 fl.). Da es sich bei der Summe der Einkünfte nur um die Albertiner handelt und die Ernestiner etwa genau so viel erhielten, muß für die Berechnung entweder die Summe der Einkünfte verdoppelt oder die des Ausbringens halbiert werden.

[176] Die Ausgangszahlen 1536/37 sind: 58061 fl. Einnahmen für die Albertiner; Gesamtausbringen rund 57000 Mark (Lücken in den Tabellen bei Goerlitz wurden nach den Angaben von Meltzer ergänzt), d. h. bei einer Umrechnung von jetzt $8^1/_2$ fl. pro Mark = 484500 fl. Für die Prozentberechnung muß die letztere Summe wieder halbiert werden. Die entsprechenden Zahlen für 1537/38: 87722 fl. Einnahmen der Albertiner; Gesamtausbringen rd. 93500 Mark = 794750 fl. (muß wieder halbiert werden). Das entsprechende Zahlenmaterial bei W. Goerlitz, a. a. O., S. 300ff., z. T. ergänzt durch die Angaben bei Ch. Meltzer, a. a. O., S. 712, ferner W. Goerlitz, S. 387. Zum Silberausbringen vgl. auch die Tabelle am Schluß der vorliegenden Arbeit.

[177] StA Weimar, Reg. T 232. Die fürstlichen Einnahmen, im einzelnen aufgeschlüsselt, ergaben 497 Mark Silber aus dem Zehnt, 4530 fl. aus dem Silberkauf und Schlagschatz, 64 fl. aus dem Bleigroschen, 495 fl. Zugang aus dem Guldengroschen und 42 fl. aus dem Brenngeld.

[178] StA Weimar, Reg. T 235. Die Einkünfte waren hier 268 Mark Silber aus dem Zehnt, 2992 fl. aus dem Silberkauf und Schlagschatz, 939 fl. Zugang von den Guldengroschen und 27 fl. Brenngeld.

[179] StA Weimar, Reg. T 239. Hier ist besonders interessant, daß unter den Einnahmen 88 fl. 7 gr. 6 d auftauchen, die als Zugang wegen der Entlohnung der „Diener" mit Guldengroschen gebucht werden, d. h. durch Münzverschlechterung an Lohngeldern eingespart wurden. Dasselbe wiederholt sich in den folgenden Rechnungen.

[180] StA Weimar, Reg. T 240, 241.

parasitären, den kapitalistischen Fortschritt hemmenden Rolle lag der Keim des späteren Niedergangs.

Die auf diese Weise dem Bergbau entzogenen Mittel dienten der Stärkung des Territorialstaates. Sie stellten einen bedeutenden, ja zeitweise den bedeutendsten Teil unter den Gesamteinnahmen der sächsischen Territorien dar. Im Vergleich zu den Ämtereinnahmen, der wichtigsten feudalen Einnahmequelle der Landesherren, erlangten die Regaleinnahmen aus dem Silberbergbau eine immer größere Bedeutung. Für den Zeitraum von 1488 bis 1497 beliefen sich im albertinischen Territorium die Einnahmen aus den Ämtern im Jahresdurchschnitt auf 22732 fl., die aus dem Bergbau auf 9645 fl.; im Rechnungsjahr 1534/35 betrug das Verhältnis 34709 fl. aus den Ämtern und 28000 – 29000 fl. aus dem Bergbau; im Rechnungsjahr 1536/37 waren es 26634 fl. aus den Ämtern, aber 58061 fl. aus dem Bergbau, und im Rechnungsjahr 1537/38 27128 fl. aus den Ämtern und 87722 fl. aus dem Bergbau.[181] In den Gesamteinnahmen des albertinischen Staates machten die Einkünfte aus dem Bergbau in der Zeit von 1488 bis 1497 jährlich 24–25 Prozent aus, hingegen waren es im Rechnungsjahr 1536/37 rd. 64 Prozent und im Rechnungsjahr 1537/38 rd. 72 Prozent.[182] Dieses Verhältnis dürfte sich bis in die 40er Jahre gehalten haben.

Die Vergleichszahlen für das ernestinische Territorium lauten:

1535/36: Einnahmen aus den Ämtern = 31753 fl.,
Einnahmen aus dem Bergbau (ohne eigenen Kuxbesitz) = 52103 fl.,
1536/37: Ämter = 38036 fl., Bergbau = 60119 fl.;
1537/38: Ämter = 38482 fl., Bergbau = 81802 fl.;
1540/41: Ämter = 42893 fl., Bergbau = 80678 fl.

In den Gesamteinnahmen der Ernestiner machten die Einnahmen aus dem Bergbau in den genannten Jahren 57–64 Prozent aus.[183]

War die Durchsetzung des Bergregals und des Direktionssystems gegen die Interessen der feudalen Grundeigentümer und des Dynastenadels einerseits und gegen die Gewerken andererseits[184] ein Ausdruck der Stärkung der landesfürstlichen Macht, so trug sie im Ergebnis dazu bei, dem Aufstieg und der Festigung des Territorialstaates eine bedeutende ökonomische Basis zu erschließen.

181 Vgl. W. Goerlitz, a. a. O., S. 387 u. S. 94; die Einnahmen aus dem Bergbau von 1534/35 sind analog zu den Zahlen der Ernestiner geschätzt (dort betrugen die Bergbaueinnahmen in diesem Jahr 28210 fl.) Vgl. auch A. Puff, a. a. O., S. 196f.

182 Errechnet nach der Tabelle bei W. Goerlitz, a. a. O., S. 387.

183 G. Mentz, Johann Friedrich der Großmütige 1503–1554, T. III, Jena 1908, S. 190ff.

184 Vgl. dazu unten die Studie „Die Klassenwidersprüche und ihre Austragung ...".

III. DIE KAPITALISTISCHE GEWERKSCHAFT IM ERZGEBIRGISCHEN SILBERBERGBAU DES 15./16. JH.

Das Eigentum an den Arbeitsmitteln, dessen Analyse für eine Einschätzung des Klassencharakters der an der Produktion beteiligten gesellschaftlichen Kräfte entscheidend ist[1], hat im Edelmetallbergbau historisch verschiedene Stufen durchlaufen.[2] Die ursprünglichste Form war im Mittelalter unter den Bedingungen des feudalen Bergregals und der Bergbaufreiheit der Eigenlehner, d. h. eine Art einfacher Warenproduzent. Der Eigenlehner erwarb beim zuständigen Vertreter des Regalherrn eine Abbauberechtigung für ein bestimmtes Grubenfeld und betrieb durch den Einsatz der eigenen Arbeitskraft Schürfe und Abbau mit eigenen einfachen Arbeitsmitteln und auf eigene Kosten. Naturgemäß war der Eigenlehnerbetrieb an den Flachbau gebunden, ja selbst dieser verlangte bald eine Kooperation, die sich in Gestalt der frühen, genossenschaftlichen Gewerkschaft herausbildete. Die Gewerken teilten die Grube in eine Anzahl Teile bzw. Kuxe untereinander auf, arbeiteten selbst mit oder beschäftigten bereits zusätzlich einzelne Lohnarbeiter, und sie teilten Zubuße wie Gewinn anteilig auf. Diese Formen der einfachen Warenproduktion hielten sich im wesentlichen im Rahmen der feudalen Produktionsweise, auch wenn sie keimhaft bereits die Entwicklung zu neuen, kapitalistischen Produktionsverhältnissen in sich trugen. Sie herrschten bis ins 14. Jh. vor, und die Krise, in die der Erzbergbau damals geriet, lag nicht zuletzt darin begründet, daß unter den Bedingungen der einfachen Warenproduktion die mit dem Tiefbau verbundenen stark erhöhten Produktionskosten für Förder- oder Wasserkünste, das Treiben von Stollen etc. nicht mehr aufzubringen waren.[3] Als in der zweiten Hälfte des 15. Jh. zunehmend Kaufmannskapital in den Bergbau einfloß und seit 1470 die neue große Blüte des erzgebirgischen Silberbergbaus begründete, ver-

[1] K. Marx, Das Kapital. Erster Band in: MEW, Bd. 23, Berlin 1962, S. 194f.

[2] Vgl. dazu auch A. Laube, Bergbau und Hüttenwesen in Frankreich um die Mitte des 15. Jahrhunderts, Freiberger Forschungshefte D 38, Leipzig 1964, S. 26ff. u. 34ff.; J. Köhler, Die Keime des Kapitalismus im sächsischen Silberbergbau, a. a. O., S. 52ff.

[3] Über die Krise, in die der Erzbergbau der verschiedensten deutschen Territorien seit dem ausgehenden 14. Jh. geriet, vgl. K. Schwarz, Untersuchungen zur Geschichte der deutschen Bergleute im späten Mittelalter, Freiberger Forschungshefte D 20, Berlin 1958, S. 45ff. Daß Kapitalmangel die entscheidende Ursache der Krise war, wurde von den Zeitgenossen deutlich erkannt. So klagte man in Freiberg um die Mitte des 15. Jh., „das dy reichen unde gebaldigen eynboner ungeneyget seyn zcu ewer perckwerck zcu Freiberg ... Alzo musse mir arme gnappen meins herren perckwerck alleyne pauen mit etlichen armen hantwerckman“ (FUB II, Nr. 1001). Auch wenn arme Leute ein wenig Erz bauen,

breitete sich eine neue Form der Organisation des Eigentums an den Arbeitsmitteln und der Kooperation, die kapitalistische Gewerkschaft. „Die Gewerken der Erzgruben, ursprünglich genossenschaftliche Arbeiter", verwandelten sich „in Aktiengesellschaften zur Ausbeutung des Betriebes vermittelst Lohnarbeiter".[4] Sie traten nur noch als Kapitalgeber auf, erwarben durch den Kauf von Kuxen, d. h. ideeller Anteile an der Grube, und durch die Beteiligung an den Produktionskosten (Zubußen) den Anspruch auf einen entsprechenden Anteil am Profit (Ausbeute).

Schon die ersten landesherrlichen Verordnungen nach dem Fündigwerden des Schneebergs 1470 waren ganz auf diese Organisationsform zugeschnitten. Nur so lassen sich die Vorschriften über die Rechnungslegung und Zubußzahlungen verstehen, insbesondere aber die Forderung, die auswärtigen Gewerken sollten Anwälte bzw. Verleger in Zwickau oder Schneeberg benennen, die für sie die regelmäßige Zubußzahlung übernehmen, damit nicht die Schichtmeister „hinfurder eynen yeden gewercken in soner behußung ussirhalb der stat Zcwickau ader des berges nicht mehr suchen dorffen . . .".[5] Im Unterschied zum Silberbergbau Freibergs in der ersten Blüteperiode, wo die Gesamtheit bzw. überwiegende Zahl der Gewerken noch am Ort ansässig war, zeichnete sich hier bereits ein Charakteristikum der neuen Periode ab: Die Gewerken waren zum großen, oft überwiegenden Teil außerhalb der Bergstädte ansässig und beteiligten sich nur noch – z. T. über Mittelsmänner – durch Kapital. Bereits 1476 zeigte sich, daß in der Rätezeche in Schneeberg „der gewercken dortzu gehorinde gar vil und einsteyls ußlendisch und ferne von einander wonhaftig sind".[6] Später wurde immer wieder hervorgehoben, daß es der „auslendisch mann" ist, „durch den solch Bergkwerg am meysten wurd erhalden", und 1531 heißt es von Schneeberg, daß „gantz wenig gewercken uffm Schneperge seindt, sundern die maysten teyl frembde gewercken haben".[7]

Die Organisationsform der kapitalistischen Gewerkschaft war im wesentlichen durch zwei ökonomische Faktoren bedingt:

1. Die hohen Produktionskosten erforderten den Einsatz erheblich größerer Kapitalien, als sie ein einzelner oder eine Genossenschaft einfacher Warenproduzenten aufzubringen imstande waren. So berichtete z. B. der Großgewerke und Amtmann von Zwickau Martin Römer in seiner Eigenschaft als Zehntner von Schneeberg an die Landesherren, daß in relativ kurzer Zeit in der „Müntzerzeche" über 15000

„so synt dye erczkauffer do und drucken is den armen leuthen abe kawme umbe halp gelt" (ebenda, Nr. 1011). Ähnliche Belege für Kapitalmangel und Ausbeutung der Produzenten durch die Erzhändler finden sich häufig (vgl. FUB II, Nr. 1000, 1007, 1015, 1017, 1021). Vgl. auch oben, „Das Aufblühen des obererzgebirgischen Silberbergbaus . . .", S. 12f.

4 F. Engels, in: K. Marx, Das Kapital, Dritter Band, in: MEW, Bd. 25, S. 914. Vgl. auch Th. G. Werner, Das fremde Kapital im Annaberger Bergbau und Metallhandel des 16. Jh., in: NASG, Bd. 58, 1937, S. 182ff.

5 Vgl. O. Hoppe, a. a. O., S. 131–135.

6 Vgl. StA Dresden, Cop. 59, Bl. 254bff., zit. nach Nachlaß Löscher.

7 StA Dresden, Loc. 4489, Berghandlung und Rechnungen . . . 1522–1524, Bl. 102; vgl. auch ebenda, Bl. 37b–40; 73–77. Loc. 4490, Handlunge und Zehend-Rechnung . . . 1527–1535, Bl. 198b; vgl. auch ebenda, Bl. 130b–131. Weiter zur Bedeutung der „Ausländischen" u. a. StA Dresden, Loc. 4322, Bl. 78 (dazu auch O. Hoppe, a. a. O., S. 80); Einzelangaben dazu vgl. in den folgenden Abschnitten.

Gulden verbaut worden seien.[8] 1479 erwähnt er 7000 Gulden für den Bau von Künsten.[9] Niklas Staude aus Nürnberg, den 1473 Martin Römer veranlaßt hatte, das alte ersoffene Bergwerk von Hohenforst zu gewältigen, stellte die Arbeit nach zwei Jahren ohne Erfolg wieder ein, nachdem sie ihn 4500 fl. gekostet hatte.[10] Die Gewerken von Geyer beklagten 1487, daß sie in drei Zechen für das Sinken von Schächten über 6000 Gulden verbaut haben, ohne daß die Zechen fündig geworden seien.[11] 1523 wurden die Baukosten für eine Kunst, die 4 Schneeberger Zechen gewältigen sollte, von den Bergverständigen auf 2000 fl. geschätzt.[12] Hinzu kam, daß die Kuxpreise in fündigen Zechen oder solchen, die berechtigte Hoffnung auf Ausbringen oder gar Ausbeute nährten, oft außerordentlich hoch waren, so daß man sich nur mit einem erheblichen Kapital an solchen Zechen beteiligen konnte. Meltzer berichtet glaubhaft, daß in den ersten Ausbeutzechen des Schneebergs ein Kux für 1000, ja 2000 fl. gehandelt worden ist.[13] Römer kaufte 1474 für Herzog Albrecht in der unfündigen Rätezeche in Schneeberg $10^1/_2$ Kuxe, für die er 1375 fl. bezahlte[14]; die Zeche wurde aber erst 15 Jahre später fündig. In einer Schätzung von Schneeberger Gruben aus dem Jahre 1477 finden wir beim Fürstenstollen einen Kux mit 1500 fl., bei der Alten Fundgrube sogar mit 2400 fl., bei St. Georg mit 1500 fl. und bei der Rechten Fundgrube mit 2400 fl. angegeben; in drei weiteren Zechen galt ein Kux 600–800 fl.[15] Das dazu notwendige anlagefähige und -willige Kapital war in erster Linie in Gestalt des Kaufmannskapitals vorhanden, das den risikovollen Weg der Anlage im Bergbau nicht mehr scheute, um an die Quellen des Profits zu gelangen.

[8] StA Dresden, Loc. 4322, Bl. 109. Das Schreiben ist undatiert; es beginnt mit der Bemerkung, Römer habe nun für ein ganzes Jahr Zehntrechnung abzulegen. Da Römer Ende 1470/Anfang 1471 Zehntner geworden war und am Sonntag Cantate 1472 (26. April) erstmals Rechnung ablegte, könnte das Schreiben von Ende 1471/Anfang 1472 herrühren. In diesem Fall wäre die Müntzerzeche, da sie mit Sicherheit erst nach dem Fündigwerden des Schneebergs aufgenommen worden ist, höchstens erst ein reichliches Jahr alt gewesen. Es erscheint jedoch unwahrscheinlich, daß innerhalb eines Jahres eine solch große Summe verbaut worden sein soll. Die Angabe Römers wird daher vermutlich von 1473 stammen, also ein Jahr nach der ersten Rechnungslegung; keinesfalls jedoch später, da dann immer in kürzeren Fristen Rechnung abgelegt wurde.

[9] Ebenda, Bl. 49b.

[10] P. Albinus, Meißnische Bergchronik, a. a. O., S. 26; Ch. Meltzer, Erneuerte Stadt-und Bergchronik, a. a. O., S. 59.

[11] StA Weimar, Reg. T 798–800, Bl. 4f. Das Schreiben ist undatiert, stammt aber offenbar aus der Zeit nach dem Tod des Kurfürsten Ernst (1486), aber vor der Belehnung von Ulrich Schütz mit dem Silberkauf von Geyer, die in den 90er Jahren stattfand.

[12] StA Dresden, Loc. 4489, Berghandlung und Rechnungen ... 1522–24, Bl. 84.

[13] Im Unterschied zu Albinus, der astronomische Ziffern nennt, sind seine Angaben durchaus glaubhaft. So zitiert er aus einem zeitgenössischen Bericht von Niklas Staude: „Eine Gruben hieß die Überschaar zu unserer lieben Frauen, alldo verkaufft ich, Niklas Staude, einen Kux dem Nicklas Töpler von Nürnberg für 1150 fl. mit baarem Geld bezahlt. In St. Georgen Fundgrub galt ein Kux gar gerne 2000 fl., das hab ich gesehen, daß sie verkaufft wurden darumb im 1478. Jahr" (Ch. Meltzer, Erneuerte Stadt- und Bergchronik, a. a. O., S. 48).

[14] StA Weimar, Reg. T 135, Bl. 33.

[15] Vgl. O. Hoppe, a. a. O., Tabellen auf S. 150ff.

2. Das mit dem Bergbau verbundene hohe Risiko stand der Konzentration großer Einzelkapitalien in einzelnen Zechen entgegen, da sich zum Zeitpunkt der Aufnahme einer Zeche in der Regel nicht absehen ließ, ob überhaupt und in welchem Umfang sie Profit bringen würde. Um das Risiko möglichst klein zu halten, war es für die Beteiligten am zweckmäßigsten, ihr Kapital auf möglichst viele Zechen zu verteilen, weil so die größte Chance bestand, unter vielen Zubußzechen (die oft nie fündig wurden) auf wenige oder eine Ausbeutzeche zu stoßen, die dann alle Verluste in Zubußzechen ausgleichen und darüber hinaus noch Profite, zuweilen außerordentlich große, bringen konnte. Einen deutlichen Eindruck von dem Risiko vermittelt ein Bericht der Vorsteher der Schneeberger Gewerken an die Landesherren von 1488: In der Zeche „Heilige Dreifaltigkeit" habe man in 14 Jahren über 30000 Gulden verbaut, zeitweise auch Silber gemacht, schließlich die Zeche aber doch mit großem Schaden aufgeben müssen; in der „Lochmannszeche" sei 16 Jahre mit großen Kosten gebaut und auch Silber gemacht worden, es habe aber nie zu einer Austeilung an die Gewerken gereicht, und auch diese Grube habe man mit Schaden auflassen müssen; das gleiche Schicksal habe auch die „Rätezeche" betroffen, in der ebenfalls viele tausend Gulden verbaut worden seien. In den berühmten Ausbeutzechen, der „Fundgrube", „St. Georg", „Hoffnung" und „Überschar", habe das Glück nur einige Jahre angedauert; inzwischen werde zwar noch Silber gewonnen, aber es reiche nicht mehr zu einer Ausbeute: die „Fundgrübner", d. h. die Gewerken der „Fundgrube", hätten z. B. in diesem Jahr 200 Mark Silber ausgebracht, aber dabei 5000 Gulden verbaut; ähnliches wird auch von anderen fündigen Zechen berichtet. In der „Morgenröte" werde seit Jahren gebaut, auch Silber gemacht, aber noch nie sei Ausbeute gegeben worden, und die Unkosten stiegen ständig; das gleiche wird für 10 weitere Zechen gemeldet.[16] Im selben Jahr machte der Schneeberger Zehntner eine Reihe von Vorschlägen zur Verbesserung des Bergbaus, die er u. a. damit begründete, daß im Bergbau „100 ader 200 verderben, ehe eyner reich wurdt".[17] Es gibt zahlreiche Beispiele für Zechen, die mehrfach aufgegeben und später von anderen wiederaufgenommen wurden. Ein typisches Beispiel sind die beiden berühmten Schneeberger Zechen „Fundgrube" und „St. Georg". Die „Fundgrube" war vor dem großen Fündigwerden seit 1453 in den Händen einer Gewerkschaft von 32 Gewerken, 1460 erhielt dann Martin Römer mit seiner Gewerkschaft die erste Münzbefreiung für diese Zeche, die man 1466 erneuerte; als Hauptgewerken treten Römer und der Zwickauer Bürger Federangel auf, aber auch die Landesherren selbst beteiligten sich stark.[18] Die Zeche „St. Georg" war zunächst dem Zwickauer Bürger Pacha verliehen worden, später ging sie an Nickel

[16] StA Weimar, Reg. T 4, Bl. 7ff.

[17] StA Dresden, Handlung auf dem Schneeberge ... 1488–1546, Bl. 7ff. Die Vorschläge waren aus Anlaß der Berghandlung vom November 1488 gegenüber den landesherrlichen Räten vorgebracht worden. Bei dem nicht namentlich genannten Zehntner kann es sich nur um Zobelstein handeln (vgl. oben, „Die Durchsetzung des Direktionssystems ...", den Abschnitt über die Bergbeamten).

[18] StA Dresden, Loc. 4324, Bl. 21f.; vgl. auch oben, „Das Aufblühen des obererzgebirgischen Silberbergbaus ...", den Abschnitt über die Vorgeschichte des Schneeberger Bergbaus; zur Beteiligung der Landesherren StA Weimar, Reg. T 135, Bl. 1–4, 94b u. a.; vgl. auch K. Hahn, a. a. O., S. 45.

Schmidt über, und schließlich übernahm sie der Zwickauer Bürger Hans Resse[19]; auch an ihr besaßen die Fürsten Anteile.[20] Während der Blüteperiode der beiden Zechen dürften zwar einzelne Kuxe gehandelt worden sein, wie der weiter unten zitierte Niklas Staude bezeugt hat, aber die Gewerkschaften insgesamt werden kaum gewechselt haben. Nach dem Rückgang der Erträge und infolge der durch das immer tiefere Eindringen in den Berg ständig steigenden Kosten zogen sich dann offenbar viele Gewerken zurück, so daß 1501 zur Steigerung der Kapitalkraft die „Alte Fundgrube" mit der „Rechten Fundgrube" und „St. Georg" mit „St. Vinzenz" unter den Namen der jeweils ersteren zusammengeschlagen wurden und die Gewerkschaften sich vereinigten.[21] Zwanzig Jahre später schlossen sich dann auch die „Fundgrube" und „St. Georg" zu einer vereinigten Gewerkschaft zusammen; und dennoch blieben 89 Kuxe im Retardat.[22] Wegen hoher Verschuldung beschloß man schließlich 1524 den Verkauf der Grube mit allem Zubehör; im Bergwerk selbst wurde eine Art Notdienst bei stark reduzierter Arbeiterzahl eingerichtet, alles Zubehör inventarisiert, geschätzt und schließlich im Laufe der nächsten Jahre verkauft.[23] Unter diesen für die Kapitalrealisierung unsicheren Bedingungen war deshalb die Gewerkschaft, d. h. eine Art Finanzierungsgesellschaft mit dem Ziel der Verwertung des angelegten Kapitals, die günstigste Form des Eigentums an den Arbeitsmitteln.

Der Bildung einer Gewerkschaft ging in der Regel die Erschürfung einer Grube (eines Ganges) voraus. Der Schürfer nahm zunächst beim Bergmeister Mutung für ein bestimmtes Grubenfeld auf, in dem er einen Erzgang vermutete. Wenn er – bzw. die durch ihn beauftragten Lohnarbeiter – nach einer bestimmten Frist einen Gang entblößte, ließ er sich das betreffende Lehen verleihen. Danach bemühte er sich, Gewerken, d. h. das nötige Kapital, zu werben. War deren erste Zubuße verbaut, wodurch die Gewerken ihre Bauwilligkeit demonstrierten, reichte der Aufnehmer oder Lehenträger seine Gewerkenliste beim Bergamt ein und ließ die Gewerken mit ihren Anteilen ins Gegenbuch eintragen, womit ihr Eigentum rechtskräftig wurde.[24] Die Beteiligung erstreckte sich für den einzelnen Gewerken auf einen bestimmten ideellen Teil der Grube auf der Grundlage von deren Aufteilung in ursprünglich 32 Teile, später 128 Kuxe, d. h., der Gewerke erwarb mit dem Kauf eines Kuxes (es wurden auch Teile von Kuxen verkauft) das Anrecht auf den 128. Teil der Gesamtausbeute, und er mußte den entsprechenden Teil zu den Produktionskosten beisteuern. Gewerkenverzeichnisse, die darüber genaue Auskunft geben könnten, sind vor der Mitte des 16. Jh. nur sporadisch überliefert, und sie reichen nicht aus, die Kapitalverteilung einzelner Gewerken auf die verschiedenen Zechen bzw. die Gewerkenfluktuation innerhalb der Zechen umfassend zu unter-

[19] O. Hoppe, a. a. O., S. 70.

[20] StA Weimar, Reg. T 135; K. Hahn, a. a. O., S. 45.

[21] StA Dresden, Loc. 4489, Handlung auf dem Schneeberge . . . 1488–1546, Bl. 48.

[22] StA Dresden, Loc. 4489, Verzeichnis der Händel . . . 1519–1524, Bl. 147b; ebenda, Berghandlung und Rechnungen . . . 1522–1524, Bl. 121b–122.

[23] StA Weimar, Reg. T 90, Bl. 26–28, 61–67, 76–77; StA Dresden, Loc. 4490, Handlunge und Zehend-Rechnung . . .1527–1535, Bl. 94, 104, 136f., 192b.

[24] Vgl. dazu oben „Die Durchsetzung des Direktionssystems . . ."; den Abschnitt über

suchen oder gar statistisch auszuwerten. Zwei vereinzelte Funde vermitteln wenigstens einen Eindruck von der Kapitalverteilung: Von 6 Schneeberger Zechen sind Gewerkenverzeichnisse vom September 1539 überliefert[25], und zwar (in der Reihenfolge der Akte): von der unternächsten Maß nach der „Hoffnung" am Hinteren Gebirge, von der obernächsten Maß nach der „Hoffnung", von der „Hoffnung" selbst (einer Fundgrube „hinterm Reichen Trost"), von der „Fruchtbaren Torheit"[26], von der obern 4. Maß nach der „Hoffnung" und von der untern 3. Maß nach der „Hoffnung". An diesen 6 Zechen waren insgesamt 224 Gewerken beteiligt[27], davon an nur jeweils 1 Zeche 114, an jeweils 2 Zechen 29, an jeweils 3 Zechen 43, an jeweils 4 Zechen 20, an jeweils 5 Zechen 10, und an allen 6 Zechen waren 8 Gewerken beteiligt. Da es sich bei diesen 6 Zechen nur um einen winzigen Ausschnitt aus der Gesamtheit der vorhandenen Zechen handelte (es werden zu dieser Zeit in Schneeberg mehrere Hundert gewesen sein) und da sich die Kapitalbeteiligung eines Gewerken in der Regel auch nicht auf einen Ort beschränkte, so daß zahlreiche Gewerken, die hier nur an einer oder wenigen Zechen beteiligt waren, in anderen Zechen oder Bergorten wieder auftauchen[28], kann man daraus schließen, daß

Bergregal und Bergverwaltung, insbesondere die Annaberger Bergordnung von 1509. Beispiele für solche Lehnbriefe vgl. besonders StA Dresden, Loc. 4491, Verschreibung über Bergwerke ... 1470ff. Sie enthalten in der Regel den Namen des Lehenträgers oder mehrerer Lehenträger, die genauen Abmessungen bzw. Abgrenzungen und die besonderen Rechte oder Freiheiten der Gewerkschaft. Über die Mutung und Verleihung der Grubenfelder und deren Größe sowie über die Aufteilung der Grube in Teile oder Kuxe vgl. auch G. Agricola, Zwölf Bücher, a. a. O., S. 60ff.

25 StA Weimar, Reg. T 9.

26 Über das Fündigwerden der „Fruchtbaren Torheit" gibt Ch. Meltzer (a. a. O., S. 903f.) an, daß der Münzmeister Sebastian Funck 1535 in seiner Hütte eingeschlagen habe, nicht ohne das Gebäude zu beschädigen; das sei von den Zeitgenossen als Torheit bezeichnet worden. Als Funck jedoch fündig wurde, habe er die Zeche „Fruchtbare Torheit" genannt. 1539, im Jahr der Abfassung des vorliegenden Gewerkenverzeichnisses, gab diese Zeche erstmals Ausbeute, und zwar die respektable Summe von 83fl. pro Kux, 1540 waren es 53fl., 1541 = 24fl. 1542 = 2fl.; in den folgenden Jahren wurde zwar noch Silber ausgebracht, aber keine Ausbeute mehr gegeben (Ch. Meltzer, ebenda, S. 713ff.). Die Darstellung Meltzers ist durchaus glaubhaft, da die Familie Funck im Gewerkenverzeichnis der „Fruchtbaren Torheit" bei weitem am stärksten vertreten ist: Sebastian Funck mit $9^3/_8$ Kuxen, Andreas Funck mit $9^1/_4$ Kuxen, Hans Funck mit $9^3/_8$ Kuxen, Gregor Funck mit $3^3/_4$ Kuxen und Kunigunde Funckin mit $9^3/_8$ Kuxen. Dagegen besaß selbst der Kurfürst, der in anderen Zechen mit je 10 Kuxen vertreten war, hier nur 4 Kuxe, und Paul Schmidt, der Amtsverweser, in allen 5 anderen Zechen dieses Verzeichnisses mit 9–10 Kuxen beteiligt, besitzt hier nur 2 Kuxe. Die ebenfalls genannte Zeche „Reicher Trost" hatte ihren Höhepunkt längst überschritten; sie galt jedoch als eine Zeche, der Kunz von Iphofen (1523 verstorben) seinen Reichtum zu verdanken habe (über ihn vgl. unten, „Die klassenmäßige Herkunft des Kapitals", Abschnitt über die Fundgrübner).

27 Die Herren von Planitz wurden bei der Zählung nur dort berücksichtigt, wo sie über die ihnen als Grundherren von Schneeberg nach dem Bergrecht zustehenden Erbkuxe hinaus, die sie in allen 6 Zechen innehatten, noch mit weiteren Kuxen beteiligt waren.

28 Nur als Beispiel sei hier auf Michel Lotter verwiesen, der in den vorliegenden Verzeichnissen nur einmal erscheint, von dem jedoch bekannt ist, daß er 1525 in Annaberg Lehen-

die Mehrheit aller Gewerken ihr Kapital auf mehrere, oft viele Zechen verteilt hat.

Der zweite Fund betrifft Geyer. Hier sind für das Jahr 1492 fünf Gewerkenverzeichnisse überliefert, und zwar von den Zechen „St. Erasmus", der „Gesellenzeche", dem „Anderen Stollort nach St. Wolfgang", der „Nächsten Maß nach St. Wolfgang" und schließlich „St. Wolfgang" selbst.[29] An diesen fünf Zechen waren insgesamt 106 Gewerken beteiligt[30], davon an nur jeweils einer Zeche 66, an jeweils 2 Zechen 21, an jeweils 3 Zechen 10, an jeweils 4 Zechen 5 und an allen 5 Zechen 4 Gewerken. Auch hier finden sich unter den nur an einer Zeche beteiligten Gewerken bekannte Namen, wie z. B. der von Frühstück, einem der ersten Fundgrübner vom Schreckenberg/Annaberg. Schließlich sei noch darauf hingewiesen, daß nach Angaben von Meltzer die beiden benachbarten Schneeberger Zechen „Ober-Nicol-Schmid" und „König David" 1503 in 14 Fällen dieselben Gewerken hatten, während lediglich 5 Gewerken nur in der ersteren, 7 nur in der zweiten vertreten waren.[31]

Gestatten Gewerkenverzeichnisse mehrerer Zechen aus derselben Zeit Querschnittsvergleiche über die Kapitalverteilung, so ermöglichen Gewerkenverzeichnisse derselben Zeche aus verschiedenen Zeiten einen Einblick in die Gewerkenfluktuation, d. h. die Mobilität des Kuxbesitzes. Für diesen Aspekt ist die Quellenlage noch dürftiger, weil die Aussagefähigkeit um so geringer wird, je mehr sich der Zeitraum zwischen den Gewerkenverzeichnissen vergrößert. Insofern ist es von besonderer Bedeutung, daß in einem Falle Gewerkenverzeichnisse derselben Zeche aus zwei aufeinanderfolgenden Jahren überliefert sind. Es handelt sich um die Gewerkschaft des „Markus-Semler-Stollens" in Schneeberg aus den Jahren 1535 und 1536. Diese Verzeichnisse stehen zugleich als Demonstrationsbeispiele für derartige Verzeichnisse überhaupt:

träger und zugleich Schichtmeister einer Fundgrube war, 1535 in einer anderen Annaberger Fundgrube hohe Ausbeuten erzielte (StA Weimar, Reg. T 255 – Rezeß von Trin. 1525; ebenda, Reg. T 646, Bl. 13) und von P. Albinus, Meißnische Bergchronik, a. a. O., S. 46, als bekannter Annaberger Fundgrübner bezeichnet wird. Ebenfalls nur einmal ist in diesen 6 Zechen Antonius Schlüsselfelder vertreten; er sowie seine beiden Brüder Gregor und Sebastian waren jedoch als Großgewerken bekannt. Vgl. dazu die folgenden Gewerkenverzeichnisse des Markus-Semler-Stollens von 1535 und 1536; ferner G. Fischer, Aus zwei Jahrhunderten Leipziger Handelsgeschichte, a. a. O., S. 104.

29 Vgl. StA Dresden, Loc. 4503, Rechnungen über den Silberzehnten zu Geyer ... 1487 bis 1509, Bl. 108f., 117f., 127f., 141f., 155f.

30 Die im Vergleich zu den 6 Schneeberger Zechen auffallend geringe Zahl der Gewerken erklärt sich daraus, daß in Geyer zu jener Zeit die Zechen noch in 32 Teile geteilt wurden und ein halber Teil (= 2 Kuxe) in der Regel die kleinste Beteiligungseinheit bildete. Im übrigen handelt es sich in allen fünf Fällen um Zubußzechen.

31 Ch. Meltzer, Erneuerte Stadt- und Bergchronik, a. a. O., S. 685f. Daß meist „dieselben Leute sich an den verschiedensten Zechen beteiligten", bestätigt auch Bogsch anhand umfangreichen Materials aus der 2. Hälfte des 16. Jh. (vgl. W. Bogsch, a. a. O., S. 85; Derselbe, Der Marienberger Bergbau seit der zweiten Hälfte des 16. Jahrhunderts, Köln-Graz 1966, S. 33ff.).

Die Gewerken des „Markus-Semler-Stollens" in Schneeberg[32]

1535		1536	
Name	Anzahl der Kuxe	Name	Anzahl der Kuxe
Andres Tuchhefter	$1^1/_3$	derselbe	dieselbe
Anna Lazarus Heuglin	$^1/_2$	derselbe	dieselbe
Anthonius Lobenstein	1	derselbe	dieselbe
Anthonius Schlüsselfelder	1	nicht mehr vorhanden	
Benedix Otto	$^1/_2$	nicht mehr vorhanden	
Bastian Schlüsselfelder	1	derselbe	dieselbe
Bartel Rauch	$^1/_2$	derselbe	dieselbe
Conrad Neuner	4	derselbe	dieselbe
Cuntz Güntherrade	1	nicht mehr vorhanden	
Cuntz Thiròlf	2	derselbe	dieselbe
Christof Pantzschmann	1	derselbe	$^1/_2$
Der Rat zu Zwickau	4	derselbe	dieselbe
Dietrich Monia	2	nicht mehr vorhanden	
Dr. Preußers Erben	2	derselbe	dieselbe
Erhard Paucker	1	derselbe	dieselbe
Friedrich Bruckner	1	derselbe	dieselbe
Gregor Schlüsselfelder	2	derselbe	$3^1/_2$
Gregor Einkorn	1	nicht mehr vorhanden	
Gotthart Plonis	$^1/_4$	derselbe	dieselbe
Herr Meister von Lichtenberg	5	derselbe	dieselbe
Hans Guthjar	$2^1/_2$	derselbe	dieselbe
Hans Pertold	1	derselbe	dieselbe
Heinrich Pregler	2	derselbe	dieselbe
Heinrich Forster	1	nicht mehr vorhanden	
Hans Schanitz	$5^1/_2$	derselbe	6
Herr Gregorius Peck	$^1/_2$	derselbe	dieselbe
Herzog Georg	7	derselbe	dieselbe
Herzog Friedrich	10	derselbe	dieselbe

32 StA Weimar, Reg. T 9, Bl. 30–33. Der Markus-Semler-Stollen war einer der bedeutendsten Schneeberger Stollen, der vor allem den Zechen „in der Schlem", d. h. in Oberschlema, Wasserlösung brachte. Dort war um die Wende des 15. Jh. ein reicher Kupfergang entblößt worden, der zugleich außerordntlich viel Silber hielt (die Chronisten geben an, daß dort ein Zentner Kupfer 3–4 Mark Silber hielt, während zum Vergleich das Mansfeldische Kupfer 18–19 Lot, das böhmische 20 Lot und das ungarische nur 9 Lot hielten). Durch diesen Fund wurde die zweite große Blüte Schneebergs eingeleitet. Um den Zechen Wasserlösung zu bringen, mußte 1503 ein tiefer Stollen angelegt werden, der nach seinem Hauptgewerken Markus Semler benannt wurde. Welchen Anteil Semler damals an dem Stollen hatte, ist nicht bekannt. In den wichtigsten Schlemaer Zechen, denen der Stollen Wasserlösung brachte, war er jedoch der bei weitem stärkste Gewerke; in der Zeche Ober-Nicol-Schmid besaß er 37 Kuxe (der zweitstärkste Gewerke besaß 9), in der Zeche König David 25 Kuxe (vgl. P. Albinus, Meißnische Bergchronik, a. a. O., S. 129; Ch. Meltzer, Erneuerte Stadt- und Bergchronik, a. a. O., S. 165f., 658, 685). Ergänzend zum Problem der Gewerkenfluktuation innerhalb der Gewerkschaften vgl. in diesem Abschnitt weiter unten.

1535 Name	Anzahl der Kuxe	1536 Name	Anzahl der Kuxe
Hans Paßler zu Leipzig	1	derselbe	dieselbe
Heinrich Rohlant	1/4	derselbe	dieselbe
Heinrich Blechschmidt	1	derselbe	dieselbe
Jorg Lohser	1	nicht mehr vorhanden	
Johann Rothaler	2	derselbe	dieselbe
Jeronimus Braunsperger	2	nicht mehr vorhanden	
Johann Oßwalt	1	nicht mehr vorhanden	
Johann Feyl	1	derselbe	dieselbe
Jorg Lumpitzscher	1/2	nicht mehr vorhanden	
Jobst Eichenheußer	1	derselbe	dieselbe
Katharina Wolff Rathin	2	derselbe	dieselbe
Katharina Braunspergerin	2	nicht mehr vorhanden	
Kilian Weyß	1	derselbe	3/4
Katharina Lucas Semlerin	4	derselbe	dieselbe
Lorentz Kramer	2 2/3	derselbe	dieselbe
Lorentz Meurer	1	nicht mehr vorhanden	
Mathes Walter	1/2	derselbe	dieselbe
Michel Puffler	2	derselbe	dieselbe
Michel Peck, Schosser zu Rochlitz	1	derselbe	dieselbe
Magister Oswalt Losan	1/2	derselbe	dieselbe
Melchior Roßenhain	1/2	nicht mehr vorhanden	
Merten Mertens	1/2	derselbe	dieselbe
Peter Sangner	1/2	derselbe	dieselbe
Peter Koch	1/2	derselbe	dieselbe
Paul Blasii	1/2	derselbe	dieselbe
Peter Wißkehr	1 1/2	dersellbe	dieselbe
Sigmund Witzleben	2	derselbe	dieselbe
Steffan Policke	1/2	derselbe	dieselbe
Wolff Altpeck	1	derselbe	dieselbe
Walpurg Roderin	1/2	dersebe	dieselbe
Wolff Erkel	31	derselbe	21
—	—	Andreas Trenweck	1
—	—	Bastian Vischer	
—	—	Christoff Monia und 2 Geschwister	1
—	—	Die Witwe Dietrich Monias und 4 Töchter	1
—	—	Friedrich Apel und Hans Hermann	1/2
—	—	Hans Paumgartner	
	—	der Ältere	1
—	—	Hans von Waldenfels	1
—	—	Hans Preuner	1/2
—	—	Hans Leb, Schosser zu Gotha	1
—		Herr Hans von Taubenhain	1

1535		1536	
Name	Anzahl der Kuxe	Name	Anzahl dei Kuxe
–	–	Jorg Kreutziger	$4^{1}/_{2}$
–	–	Jorg Weiser	$^{1}/_{8}$
–	–	Ruprecht Dunckel	1
–	–	Ulrich Erkel	10
59	128	61	$129^{5}/_{8}$

Daraus ergibt sich folgendes: Von 59 Gewerken des Markus-Semler-Stollens im Jahre 1535 haben 12 innerhalb eines Jahres ihre Teile aufgegeben, einer ist gestorben (Dietrich Monia), und seine Teile haben seine Witwe und seine Kinder übernommen, 5 haben ihren Anteil verkleinert oder vergrößert, und 15 neue Gewerken traten hinzu (Partnerschaften an einem Teil jeweils als eine Einheit gerechnet).

Inwieweit dieses Beispiel typisch ist, läßt sich mangels vergleichbarer Zeugnisse nicht angeben. Andere Quellen – z. B. Verlagsbücher und ähnliche, auf die noch in anderem Zusammenhang einzugehen sein wird – lassen jedoch den Schluß zu, daß eine solche Fluktuation, begleitet von einem schwunghaften Kuxhandel, die Regel war. Dabei muß man allerdings berücksichtigen, daß der Grad der Fluktuation u. a. weitgehend von der Fündigkeit der Zechen abhing.

Für die Zahl der Gewerken einer Zeche sind die Verzeichnisse des Markus-Semler-Stollens durchaus repräsentativ, d. h., sie liegen etwa in der Mitte. So hatten nach den vorliegenden Gewerkenverzeichnissen[33] fünf Zechen in Geyer 1492 jeweils zwischen 32 und 41 Gewerken, hingegen der „Fürstenstollen" in Schneeberg 1502 = 85 Gewerken, die berühmte Annaberger Zeche „Himmlisch Heer" 1537 = 84 Gewerken, die bereits obenerwähnte Zeche „Fruchtbare Torheit" in Schneeberg 1539 = 88 Gewerken.

Mit dem Erwerb eines oder mehrerer Kuxe verpflichtete sich der Gewerke, die von den Schichtmeistern oder Zechenvorstehern von Fall zu Fall festgelegten Zubußen, d. h. seinen anteiligen Beitrag zu den Produktionskosten, zu leisten. Es ist bereits bei der Darstellung des hohen Risikos darauf hingewiesen worden, daß man von den Gewerken auf diese Weise einen zumeist lange währenden Kapitaleinsatz forderte, der sich in der überwiegenden Zahl der Zechen niemals auszahlte, d. h. zu Profit führte. In einigen Fällen stieß man aber, oft erst nach langer Zeit erfolgloser und kostenzehrender Arbeit, auf so enorme Erzfunde, daß die beteiligten Gewerken riesige Gewinne erzielten.

Genauere Angaben gibt es für die erste Blüteperiode Schneebergs nur vereinzelt. Greift man auf die Chronisten zurück, so zitieren sie vor allem aus dem zeit-

[33] Vgl. StA Dresden. Loc. 4503, Rechnungen über den Silberzehnten zu Geyer . . . 1487–1509, Bl. 108f., 117f., 127ff., 141ff., 155ff.; StA Weimar, Reg. T 9; ebenda, Reg. T 168, Bl. 8f.; TH. G. WERNER, Der Annaberger Bürgermeister und Bergbauunternehmer Caspar Kürschner und die Himmlisch Heer Fundgrube, in: Mitteilungen des Vereins für die Geschichte von Annaberg und Umgegend, Bd. 7, Annaberg 1935, S. 34–36. Vgl. ferner CH. MELTZER, Erneuerte Stadt- und Bergchronik, a. a. O., S. 685f.

genössischen Bericht des Niklas Staude über eine Silberstufe in Schneeberg 1477: „Das beste Ertz, das kein Mensch gesehen hat, hab ich gesehen, das mans fand in St. Georgen-Zeche bey einander stehen, das ich sahe, war einer Lachter (3 und eine halbe Elle) breit und 2 Lachter hoch, daß man aus demselben Ertz als ob 400 Centner Silber machet, und ich Nicklas Staude hatte nicht gar einen halben Kux darinnen. Daß ihrs verstehet, die Gruben war in 32 Theil getheilet, und 4 Kux war ein 32. Teil, und auff meinen halben Kux ward mir ein Jahr von Überlauff 2000 fl. . . ."[34] Albinus bringt diesen Bericht Staudes in Zusammenhang mit der Überlieferung, Herzog Albrecht sei mit einigen Hofleuten in „St. Georg" eingefahren und habe dort eine große gediegene Silberstufe als Tisch benutzt und dabei geäußert, Kaiser Friedrich sei wohl ein gewaltiger und reicher Mann, aber einen solchen stattlichen Tisch besitze er nicht.[35] Staude berichtet weiter, in der „Rechten Fundgrube" habe man im Verlauf von 7 Jahren über 3000 fl. pro Kux ausgeteilt, die „Hoffnung" habe im Jahr 1478 756 fl. pro Kux, die „Alte Fundgrube" im selben Jahr 900 fl. pro Kux Ausbeute verteilt.[36] Diese Angaben lassen sich zum Teil durch die überlieferten Zehnt-Rechnungen nachprüfen. Danach wurden in der „Rechten Fundgrube" in Schneeberg auf je einen Kux ausgeteilt: 1472 = rd. 1300 fl., im ersten Quartal 1473 = 337 fl., 1474 = 1019 fl., 1475 = 706 fl., 1476 = 650 fl.[37]

Ähnliche und z. T. noch größere Summen sind dann erst wieder zwei Generationen später und auch nur in einem einzigen Fall, nämlich in der berühmten Annaberger „Himmlisch-Heer-Fundgrube", ausgeschüttet worden. Dort erhielten die Gewerken im Jahre 1537 auf einen Kux 1930 fl.; allerdings sanken die Ausbeuten danach rapide 1538 auf 142 fl.; 1539: 60 fl.; 1540: 35 fl.; 1541: 5 fl.; 1542: 2 fl.; noch einmal 1543: 11 fl; 1544: 4 fl.; 1545: 2 fl.[38]

Bereits drei Jahre nach der überragenden Ausbeute von „Himmlisch-Heer" in Annaberg kam es in Marienberg zu einem Höhepunkt der Ausbeuten. Dort wurden im Jahre 1540 auf einen Kux in der „7./8. Maß nach Molchen" 550 fl., in der „obernächsten 2. Maß nach St. Ursula" 494 fl. und auch noch in einigen anderen Zechen überdurchschnittliche Ausbeuten ausgeschüttet, d. h., die Spitzenausbeute in Marienberg verteilte sich auf mehrere Zechen. Nachdem sich der Höhepunkt des Jahres 1540 schon 1538/39 angekündigt hatte, ebbte er in den folgenden Jahren auch nur relativ langsam ab: Die beiden genannten Zechen teilten 1541:

[34] Ch. Meltzer, Erneuerte Stadt- und Bergchronik, a. a. O., S. 47f.; vgl. auch P. Albinus, Meißnische Bergchronik, a. a. O., S. 30. Überlauf bedeutet Ausbeute, d. h. der Reinertrag der Gewerken nach Abzug aller Produktionskosten und Abgaben an die Regalherren und an die Stollengewerken (über letzteres vgl. weiter unten). Die Angabe Staudes über die 2000 fl. Ausbeute auf einen halben Kux dürfte jedoch übertrieben sein.

[35] P. Albinus, ebenda, S. 34. Dieser Bericht ist durch die landesgeschichtliche Literatur als Paradebeispiel für den Bergsegen verbreitet worden. Eine mineralogisch-lagerstättenkundliche Betrachtung zu dem Bericht des Albinus vgl. W. Quellmalz/H. Prescher, Der Schneeberger Silberfund von 1477, in: Sächsische Heimatblätter, 1961, H. 1, S. 18ff.

[36] Ch. Meltzer, a. a. O., S. 48.

[37] Errechnet auf Grund der Ausbeuteverzeichnisse der Landesherren, die in dieser Zeche 3 Teile, d. h. 12 Kuxe besaßen. Vgl. K. Hahn, Die ältesten Schneeberger Zehntrechnungen, a. a. O., S. 45.

[38] Th. G. Werner, Der Annaberger Bürgermeister . . ., a. a. O., S. 40.

[39] P. Albinus, Meißnische Bergchronik, a. a. O., S. 47.

295 fl. bzw. 140 fl., 1542: 129 fl. bzw. 87 fl., 1543: 98 fl. bzw. 74 fl. auf einen Kux aus, während andere Zechen sie in diesen Jahren überflügelten, ohne allerdings die Summen von 1540 zu erreichen.

Derartige Spitzenausbeuten waren es, die das „Berggeschrei“ in aller Welt hervorriefen und trotz des hohen Risikos immer wieder zur Kapitalanlage im Bergbau veranlaßten. Simon Rößler hat unter dem unmittelbaren Eindruck der Marienberger Ausbeute von 1540 seinen bekannten Bergreihen verfaßt:

Ausbeut hat man gegeben
Trinitatis im vierzigsten Jahr
Hundert mal tausend Gulden
und dreizehntausend fürwahr
zweihundert zweiundsechzig
gab man auf ein Quartal[40]
des wurden sehr erfreuet
der Gewerken ein große Zahl

Desgleichen ist nicht geschehen
wohl in St. Joachimsthal
daß man so viel hätt geben
Ausbeut auf ein Quartal
St. Annaberg desgleichen
und Freiberg auch dazu
tät solches nicht erreichen
sind doch guter Bergstädt zwo

Den Schneeberg lassen wir bleiben
da brachs gewaltiglich
Gott tu sein Gnad verleihen
daß es hier auch so bricht
Tu lange Zeit verharren
so wird manch Bergmann froh
Gott tu sie alle erfreuen
und die da bauen alldo

Mancher Mann hat verlassen
sein Handwerk und dergleich
liefen auf allen Straßen
zu sehen das Bergwerk reich
Kam auf Marienberg mit Schalle
viel mancher fremder Mann
Gott wolle erfreuen alle
aus seinem höchsten Thron.

40 Die Gesamtausschüttung betrug im Quartal Trinitatis 1540, auf 17 Zechen verteilt (zwei über 200fl. pro Kux, 5 zwischen 50 und 77fl. pro Kux, 5 zwischen 12 und 37fl. pro Kux, und 5 gaben 2–3fl. pro Kux) 878fl. pro Kux, d. h. insgesamt 113262fl. (vgl, W. Bogsch, Der Marienberger Bergbau in der ersten Hälfte des 16. Jahrhunderts a. a. O., S. 46).

Solche Ausbeuten hielten aber – wie schon aus den Einzelbeispielen deutlich wurde – nicht lange an. Es war ein Charakteristikum dieses Bergbaus, daß eine Ausbeutzeche ihren Gewerken nur über eine mehr oder weniger kurze Zeit Ausbeute, d. h. Profit, einbrachte. Ein Austeilungsbuch sämtlicher Annaberger Ausbeutzechen vom Beginn des Silberbergbaus am Schreckenberg bis 1530 erfaßt insgesamt 380 Zechen, die in dem genannten Zeitraum von über 35 Jahren Ausbeute gaben.[41] Von diesen 380 Zechen verteilten 225 nur in 1–4 Quartalen Ausbeute, 77 Zechen verteilten in 5–8 Quartalen, 29 Zechen in 9–12 Quartalen, 13 Zechen in 13–16 Quartalen, 12 Zechen in 17–20 Quartalen; 22 Zechen gaben in mehr als 20 Quartalen Ausbeute, darunter eine 35 Quartale, eine 36 und zwei 44 Quartale hindurch. Von den beiden ältesten Ausbeutzechen ist die (geringe) Zahl der Quartale nicht bekannt. Die Ausbeutquartale folgten jedoch nicht kontinuierlich aufeinander, sondern zwischen ihnen lagen in der Regel längere Perioden ohne Ausbeute. So verteilten sich die Ausbeuten in den Zechen mit der höchsten Zahl der Quartalsausteilungen wie folgt:

Zeche	Anzahl der Quartalsausteilungen	Zahl der Jahre, auf die sich die Ausbeute verteilt
St. Niclas die Kolstatt	44	18
And. Maß n· Hlg. Kreuz zu Frohnau	44	21
Elende Maria Stollen	36	29
St. Jorg die Geitische Zech	35	17
And. 3. M. n. Hlg. Leichnam Stollen	34	17
Reitzensteiners Stollen	33	22

Immerhin erfaßt diese Tabelle die Spitzen der Ausbeutzechen Annabergs vor 1530; in anderen Zechen verteilten sich die Ausbeuten noch weit stärker, so z. B. gab die Zeche „Heiliges Kreuz zu Frohnau" bis 1530 in insgesamt 15 Quartalen Ausbeute, aber verteilt auf 33 Jahre; die „Becken Zeche, 3. Maß nach den Hlg. drei Königen" gab in 20 Jahren 3mal Ausbeute, „St. Benedikt" in 29 Jahren 6mal usw.

Nach Bekanntwerden eines besonderen Finderglücks setzte – darauf zielt auch die letzte Strophe von Simon Rößlers Bergreihen hin – sofort ein Zustrom neuer Bergbauinteressenten und Siedler ein. So erklärten z. B. die Bergbeamten von Schneeberg im Jahre 1529 den Abfall des Schneeberger Bergbaus u. a. damit, „das die fremden leuthe (wegen) der nawen auffkommenden Bergkwerge als im

41 StA Dresden, Loc. 4495, Austeilung auf St. Annaberg . . . 1505–1530. Die auf dem Deckblatt angegebene Jahreszahl ist unzutreffend. Das Austeilungsbuch beginnt 1496 mit der quartalsweisen Aufzeichnung der Ausbeuten, und es führt auch die beiden ältesten Annaberger Ausbeutzechen (Alte Fundgrube am Schreckenberg und Frühstücksstollen) mit ihren ersten Ausbeuten an, allerdings summarisch und nicht auf Quartale aufgeschlüsselt.

Thal (Joachimsthal) und anders wa . . . wenig mehr lust haben zu bawen".[42] Diese Angabe ergänzt Meltzer durch die Mitteilung, daß die Ausbeuten der ersten beiden Blüteperioden Schneebergs (nach 1470 und nach 1500) hauptsächlich an fremde Orte gelangten, da die meisten Gewerken Fremde waren, während die dritte große Blüte, die 1534 durch das Fündigwerden des „Fürsten-Vertrags-Zuges" und seines „Gegendrums" eingeleitet wurde, besonders Schneeberg zugute kam[43]; d. h., daß sich ein großer Teil der fremden Gewerken aus Schneeberg zurückgezogen hatte.

Die Fündigkeit eines Bergortes spiegelte sich auch sofort in der Zahl der Zechen wider. So stieg die Zahl der verrezeßten Zechen in Marienberg innerhalb von 9 Monaten rapide an, als sich die Ausbeuten zu erhöhen begannen. Der Rezeß von Crucis 1538 (14. September) nennt 351 Zechen, der von Luciae 1538 (13. Dezember) bereits 451 Zechen und der von Trinitatis 1539 (1. Juni) 559 Zechen.[44]

Noch genauer ist diese Abhängigkeit für Annaberg faßbar.[45] Nachdem in den Jahren 1511 und 1512 die Jahresausbeute für sämtliche Annaberger Zechen um jeweils 45000 fl. gelegen hatte, stieg sie im Jahre 1513 auf mehr als das Doppelte, nämlich auf 107586 fl. an (vor allem auf Grund der hohen Ausbeuten der „andern Maß" und der „3. Maß nach dem Heilig Kreuz zu Frohnau"). Innerhalb dieses einen Jahres stieg die Zahl der Annaberger Zechen von 670 im Februar über 762 im September auf 789 im Dezember 1513. Obwohl die Ausbeute dann 1514 leicht zurückging auf 92106 fl. (die höchste Ausbeute einer einzelnen Zeche, nämlich der „Andern Maß nach dem Hlg. Kreuz zu Frohnau", wurde aber erst in diesem Jahr gegeben), hielt bei der Zechenzahl der aufsteigende Trend noch an: im März 826, im Juni 885, im September 925 und im Dezember 915. Im folgenden Jahr, 1515, fiel dann die Ausbeute auf 48117 fl., 1516 waren es wieder 67467 fl. Demgegenüber waren die Zechenzahlen nur ganz leicht rückläufig: im März 1515 = 896, im Februar 1516 = 870. Dieses Vertrauen auf neues Finderglück wurde zunächst auch nicht enttäuscht: 1517 erhöhte sich die Ausbeute wieder sprunghaft auf 112875 fl. (vor allem auf Grund der hohen Fündigkeit der „3. Maß nach dem Hlg. Kreuz", der „4. Maß nach dem Hlg. Kreuz" und des „Reitzensteiner Stollens"). Die Zechenzahl ist für dieses und die folgenden Jahre nicht bekannt; sie dürfte aber zunächst mindestens ihren Stand nahe 900 gehalten oder ihn erneut überschritten haben. Danach sank jedoch die Ausbeute stark ab: 1518 waren es noch 50052 fl., 1519 = 27993 fl., und sie bewegte sich bis 1524 ständig zwischen 20000 und 30000 fl. Das hatte seine Auswirkung auf die Zechenzahl. Als sie im Jahre 1525 wieder faßbar wird, gab es noch rund 350 Zechen. Im einzelnen war das Verhältnis von Ausbeute und Zechenzahl 1525 = 17673 fl. Ausbeute und 362 Zechen im Juni, 325 im September, 351 im Dezember; 1526 = 23607 fl. Ausbeute und 359 Zechen im Februar, 361 im Juni; 1527 = 17415 fl. Ausbeute und 333 Zechen im September, 341 im Dezember. Die Zechenzahl blieb dann vermutlich in den nächsten Jahren relativ konstant,

[42] StA Dresden, Loc. 4490, Handlunge und Zehend-Rechnung . . . 1527–1535, Bl. 131.

[43] Ch. Meltzer, Erneuerte Stadt- und Bergchronik, a. a. O., S. 658.

[44] StA Weimar, Reg. T 624, Bl. 103b–106b, 114b–119, 123–134.

[45] Die folgenden Angaben über die Annaberger Ausbeuten sind errechnet nach dem Austeilbuch StA Dresden, Loc. 4495, Austeilung auf St. Annaberg . . . 1505–1530; die Angaben über die Zahl der Zechen stützen sich auf die Rezesse StA Weimar, Reg. T 624 T 254, T 255; vgl. auch StA Dresden, Loc. 4499, Verzeichnis der Zechen . . . 1538.

da sie 1532/33 immer noch um 350–380 schwankte. Erst 1534 setzte wieder ein Aufschwung ein: Waren es im März noch 375 Zechen, so im Dezember bereits 540, im Februar 1535 = 591, im Dezember 1535 = 642 und im Juni 1537, zum Zeitpunkt des überragenden Ausbringens von Himmlisch Heer, bereits 709. Als sich die Ausbeute als nicht stabil erwies (vgl. oben), vermutlich auch wegen des Abwanderns nach Marienberg, wo die Zechenzahlen 1538/39 sprunghaft stiegen, ging die Zahl der Zechen in Annaberg wieder zurück: Im September bzw. Dezember 1538 waren es noch 598 bzw. 596, im Juni 1539 noch 545 Zechen.

Die Abhängigkeit zwischen Fündigkeit bzw. Ausbeute und Zechenzahl war natürlich wechselseitig. Eine größere Zechenzahl erhöhte auch die Wahrscheinlichkeit, neu fündig zu werden. Die Priorität in dieser Wechselbeziehung hatte aber offensichtlich die Fündigkeit bzw. Ausbeute, die die Investitionsfreudigkeit und Bergbaulust anfachte.

Für die Gewerkschaften folgt daraus, daß es nicht nur eine Fluktuation innerhalb der Gewerkschaften gab, sondern daß auch die Zahl der Gewerkschaften (in der Regel war jede im Rezeß erfaßte Zeche vergewerkschaftet) ständig wechselte, und das oft in erheblichem Maße. In der Praxis bedeutete das, daß nach Bekanntwerden hoher Ausbeuten sofort neue Zechen gemutet und Lehen aufgenommen wurden, d. h. ein Kapitalzustrom einsetzte, während bei langem Ausbleiben von Ausbeute mehr und mehr Gewerken ihre Zubußzahlungen einstellten, Kuxe ins Retardat kamen, die Produktion ins Stocken geriet und dann ganze Zechen entweder liegenblieben oder die verbleibenden Gewerken mehrerer Gewerkschaften sich zu einer Gewerkschaft vereinigten, d. h. ihre Zechen zusammenschlugen. Derartige Vorgänge finden sich in den Quellen häufig. So wurden z. B. in Schneeberg Ostern 1480 mehrere Zechen probeweise zusammengeschlagen, nachdem sich der größte Teil der Gewerken zurückgezogen hatte. Die verbleibenden Gewerken hielten die zusammengeschlagenen Lehen zunächst „mit anlage kleiner zubuß in fristung", um zu prüfen, ob sie zusammenbleiben wollten. Nach einem Jahr beschlossen sie, „eintrechtiglich solche zusammenslahung bei eynander zu pleiben" und ließen sich damit beleihen. Der Lehnbrief des Bergmeisters Hans Raspe bestätigt die Zusammenschlagung und zählte namentlich 12 Zechen mit allen ihren Lehen und Maßen sowie dem dazwischen gelegenen freien Feld auf, die gegenüber den benachbarten Zechen genau abgegrenzt und als eine Fundgrube an eine Gewerkschaft verliehen wurden.[46] In einem anderen Fall waren es sogar 24 Schneeberger Zechen, die sich zu einer Gewerkschaft zusammentaten. Die Zechen konnten wegen Wassernot nicht mehr baufähig gehalten werden. Die verbleibenden Gewerken schlossen sich 1527 zu einer Gewerkschaft zusammen, um die Zechen mit Hilfe einer Kunst zu gewältigen. Sie legten gemeinsam eine Steuer auf die Kunst an, und jeder, der sich daran beteiligte, sollte anteilig als Gewerke anerkannt sein.[47]

[46] StA Dresden, Loc. 4491, Verschreibung über Bergwerke . . . 1470ff., Bl. 106bff.; vgl. ähnliche Lehnbriefe über zusammengeschlagene Zechen ebenda, Bl. 19f., 21bff., 29ff., 46bf., 48bf. (hier wird die Zusammenschlagung damit begründet, „das oftmals gezcenck und auflauf auf dem Sneeperge erwachsen . . . dadurch unser bergwerg leßlich und obel gebaut und vil lieghen blieben") u. a.; StA Dresden, Loc. 4491, Privilegia . . . 1487–1527, Bl. 1.

[47] StA Dresden, Loc. 4490, Handlunge und Zehend-Rechnung . . . 1527–1535, Bl. 12b–13.

Nicht immer ließ sich auf diese Weise die endgültige Auflassung vermeiden. So finden sich in Krisenperioden häufig Klagen von Bergbeamten, daß viele Zechen aus den verschiedensten Ursachen aufgelassen werden sollen bzw. bereits ungebaut liegen.[48] Die Klagen richteten sich insbesondere gegen die Zubußschuldner. So führt z. B. ein Verzeichnis von Zubußschuldnern von 4 Schneeberger Zechen aus dem Jahre 1479 insgesamt 88 Gewerken an, die zusammen für $122^1/_2$ Kuxe die Zubußen schuldeten; d. h., für rund 1 Viertel der Kuxe in den 4 Zechen waren die Produktionskosten nicht gezahlt worden.[49] Im selben Jahr wurde dieser Zustand für ganz Schneeberg als allgemeine Erscheinung beklagt[50], und um 1480 heiß es, daß innerhalb weniger Monate von Ostern bis Michaelis über 3500 Kuxe liegengeblieben seien, so daß sich für die noch bauenden Gewerken die Zubußen stark erhöhten.[51] Welches Schicksal selbst so berühmte Zechen wie die „Alte Fundgrube" und „St. Georg" ereilte, ist oben bei der Darstellung des Risikos bereits gesagt worden. Insgesamt zeigte sich deutlich die Tendenz, Kapital dort zurückzuziehen, wo es keinen Profit brachte.

Die Verhältnisse änderten sich jedoch sofort, wenn eine Grube fündig wurde. In diesem Fall setzte nicht nur ein Kapitalzustrom ein, sondern es kam zu mehr oder weniger heftigen Auseinandersetzungen über die Anteile, über Baurechte, über Abgrenzungen fündiger Gruben gegeneinander, zu Streitigkeiten einzelner Gewerken um Kuxe u. ä. Derartige Auseinandersetzungen wurden mit allen Mitteln geführt, mit Gewalt, Betrug, Täuschung und auf dem Rechtswege. Das Material darüber ist so umfangreich, daß es einer gesonderten Auswertung bedürfte. Hier mögen einige typische Beispiele genügen.

Im Zusammenhang mit der soeben behandelten Auflassung von Zechen kam es häufig zu Auseinandersetzungen zwischen alten und neuen Gewerken, wenn eine aufgelassene Zeche später bei einer neuen Gewerkschaft fündig wurde. Dieser Fall trat auch bei der Schneeberger „Rätezeche" ein. Bereits 1476 war diese Zeche durch eine Gewerkschaft mit zahlreichen und weit verstreut voneinander wohnenden Gewerken „leßlich und seumlich" gebaut worden, weshalb von den Landesherren ein besonderes Lehen erteilt wurde, um die Arbeiten voranzutreiben.[52] 1479 waren in ihr – nachdem sie mit „Meiner gnädigen Frauen Zeche" zusammengeschlagen worden war – 69 Kuxe im Retardat, und so entschieden der Schichtmeister Hans Hut und der Hauptmann Heinrich von Starschedel, die Zeche liegenzulassen.[53] Sie muß jedoch unmittelbar darauf von derselben oder einer anderen Gewerkschaft weitergeführt worden sein, denn sie verzeichnete 1481 ein einmaliges Ausbringen von 15 Mark Silber.[54] Wenige Jahre danach erklärte man sie jedoch erneut für unbauwürdig und ließ sie liegen.[55] Sie ist dann bald von einer neuen Gewerkschaft

[48] Vgl. z. B. ebenda, Bl. 130b–131; StA Dresden, Loc. 4322, Bl. 98 u. a.

[49] StA Dresden, Loc. 4322, Bl. 90ff.

[50] Ebenda, Bl. 98.

[51] Ebenda, Bl. 92ff.

[52] StA Dresden, Cop. 59, Bl. 245bff. – zit. nach Nachlaß Löscher.

[53] StA Dresden, Loc. 4322, Bl. 90, 98. (In der erwähnten „Gnädigen Frauen Zeche" war die Herzogin Margarete, die Mutter von Kurfürst Ernst und Herzog Albrecht, Lehenträger – vgl. StA Dresden, Loc. 4491, Verschreibung über Bergwerke . . . 1480ff., Bl. 26).

[54] K. Hahn, Die ältesten Schneeberger Zehntrechnungen, a. a. O., S. 40.

aufgenommen worden und wurde gegen 1490 fündig. Daraufhin unternahm die vorherige Gewerkschaft einen massiven Vorstoß, um die alten Rechte an der Zeche wiederherzustellen und die neue Gewerkschaft zu verdrängen. Am 30. Oktober 1490 schrieben Bürgermeister und Rat von Nürnberg im Namen einiger ihrer Bürger, ferner der „Edle Herr von Querfurt", Bruno der Ältere (der Bischof von Naumburg), desweiteren zwei Gewerkengruppen mit 9 bzw. 11. Unterzeichneten, darunter mehrere landesherrliche Räte, hohe Hofbeamte und hohe Kleriker, und schließlich ein einzelner Gewerke in getrennten Briefen an den Bergvogt, den Bergrichter und den Bergmeister von Schneeberg und erhoben darin übereinstimmend die Forderung, einen Rechtstag abzuhalten, wo über ihre Ansprüche gegen die „vermeinten neuen Gewerken" entschieden werden solle. Sie beriefen sich darauf, daß sie die Rätezeche viele Jahre lang mit hohen Kosten gebaut hätten und der Beschluß, die Zeche liegenzulassen, gegen ihren Willen von dem Hauptmann des Schneebergs und dem zuständigen Schichtmeister gefaßt worden sei; der Schichtmeister hätte zum Zeitpunkt der Einstellung auch noch Zubußen von ihnen im Vorrat gehabt.[56] Die Schneeberger Bergbeamten fühlten sich angesichts der sozialen und politischen Stellung der Kläger, aber offenbar auch der Beklagten (diese werden namentlich nicht genannt) überfordert, „solch swere sachen an (ohne – A. L.) sunderlich befelhe euer gnaden" selbst zu entscheiden, da „die irrigen parten von beyden seyten groß sint". Der Bergvogt wandte sich daher am 5. November 1490 um Hilfe an die Landesherren.[57] Zwei Tage später schrieben auch die alten Gewerken ihrerseits in einem gemeinsamen Brief an die Landesherren und wiederholten ihre Forderungen.[58] Die Landesherren setzten daraufhin den gewünschten Rechtstag für den 12./13. Januar 1491 fest, wo die Landesherren sowie die alten und neuen Gewerken gemeinsam zusammenkommen und über die beiderseitigen Ansprüche verhandeln sollten.[59] Über die Zusammenkunft selbst ist nichts überliefert, jedoch erging ein Urteil gegen die Ansprüche der alten Gewerken zugunsten der neuen. Die alten Gewerken legten dagegen Appellation ein, und so wurden der Dechant zu Freiberg und der Offizial zu Zeitz beauftragt, nochmals beide Parteien zu verhören.[60] Dagegen erhoben nun die neuen Gewerken Einspruch, da der Offizial zu Zeitz unmittelbar dem Bischof von Naumburg unterstellt sei, der „ein

[55] Nach Angaben der alten Gewerken von 1490 geschah dies, als Heinrich von Starschedel noch Hauptmann von Schneeberg und Paul Müßler Schichtmeister der Rätezeche war. Starschedel befand sich von 1477 bis 1485 im Amt; da jedoch 1479 noch Hans Hut als Schichtmeister der Rätezeche fungierte, 1481 die Zeche für kurze Zeit fündig und Müßler nach eigenen Angaben nur auf unfündigen Zechen eingesetzt war, wird man die Auflassung zwischen 1482 und 1485 annehmen können. Müßler verließ übrigens Schneeberg im April 1487 (StA Weimar, Reg. T 37, Bl. 61ff.).

[56] StA Weimar, Reg. T 37, Bl. 100–101. Diese Argumentation ist nicht überzeugend, da der Hauptmann Heinrich von Starschedel, der die Auflassung der Grube beschloß, selbst zu den alten Gewerken gehörte und jetzt den Protest mitunterzeichnete.

[57] Ebenda, Bl. 102.

[58] Ebenda, Bl. 103f.

[59] Ebenda, Bl. 105. Auf Wunsch Herzog Georgs wurde der Tag von Schneeberg nach Zwickau verlegt, da in Schneeberg für so viele Teilnehmer nicht genügend Quartiere und Verpflegung vorhanden seien (ebenda, Bl. 107).

[60] Ebenda, Bl. 110.

alt vermeynt gewercke der Retezceche" ist, weshalb „sein official sinthalben parteisch und uns verdechtlich und unlidelich".[61] Schließlich wurde am 24. August 1491 in Leipzig das endgültige Urteil der Landesherren (Kurfürst Friedrich, Herzog Albrecht, Herzog Johann und Herzog Georg) verkündet: Die alten Gewerken sollten ihre Ansprüche und Forderungen gegen die neuen Gewerken fallenlassen, und diese sollten ihrerseits auf alle Entschädigungsforderungen wegen entstandener Kosten und Verluste verzichten. Das Urteil wurde von beiden Parteien angenommen.[62] Da neben diesem Verfahren zugleich einige Klagen einzelner Gewerken aus der neuen Gewerkschaft einherliefen, bei denen es um einzelne Kuxe ging[63], vermag dieser Vorgang um die Schneeberger Rätezeche als Beispiel für zahllose ähnliche Streitigkeiten zu dienen.

Derartige Auseinandersetzungen kennzeichnen die Atmosphäre in den Bergbauzentren von Anfang an. Bereits 1471, unmittelbar nach dem Fündigwerden des Schneebergs, erhoben sich die Gewerken „von allen teyln uff dem Sneeberge widder die Funtgrubener" und gegen die landesherrlichen Bergbeamten, die die „Fundgrübner", d. h., die Gewerken der „Fundgrube", begünstigten. Mit „groß gebalt mit worthen und wergkin" bedrohten sie den Oberbergmeister Kluge und den Bergmeister Tretwyn, daß diese ihres „leibes und lebens unsycher" waren. Nur mit Mühe konnte dort „groß mordt und ufflaufft" verhindert werden.[64] Ging es bei diesen Auseinandersetzungen vor allem um die Baurechte in der Umgebung der „Rechten Fundgrube", die als erste fündig geworden war, so traten bald andere Zechen, sobald diese fündig wurden, in den Mittelpunkt der Streitigkeiten: die „Alte Fundgrube", die „Hoffnung" und „St. Georg".[65]

Ähnlich ging es auch in Annaberg zu. Kaum war das erste Erz gefunden worden, trat den dortigen „Fundgrübnern" ein Konkurrent gegenüber, der die Fundstelle für sich beanspruchte. Erst eine landesherrliche Kommission konnte den Streit schlichten.[66] Weitere Auseinandersetzungen fanden statt zwischen den Gewerken der „Fundgrube" und denen des „Suchstollens"[67], zwischen den Gewerken des

61 Ebenda, Bl. 115f.

62 Ebenda, Bl. 117.

63 So kam es innerhalb der neuen Gewerkschaft der Rätezeche zu Auseinandersetzungen wegen vier Kuxen, die dem Oberhofgerichtsschreiber von Leipzig, Valentin Schmidt, zustanden. Offenbar ohne sein Verschulden waren sie durch seinen Beauftragten nicht richtig verlegt worden, weshalb man ihm nach dem Fündigwerden zunächst seinen Anteil verweigerte (ebenda, Bl. 119f.). Ferner klagte die Witwe Christina Stenger aus Leipzig um einen Kux, den sich zwei andere Gewerken durch falsche Angaben angeeignet hätten (ebenda, Bl. 120 u. 121, vgl. auch Bl. 112). Schließlich strengte Heinz Probst aus Leipzig vor dem Oberhofgericht einen Prozeß an, weil ihm $1^1/_2$ Kuxe auf Anweisung des Kurfürsten abgeschrieben worden sind. Das Gericht gab ihm recht, worauf andere Gewerken in einer Eingabe an den Kurfürsten das Urteil anfochten, da das Gericht parteiisch sei (ebenda, Bl. 116, 118).

64 StA Dresden, Loc. 4322, Bl. 125.

65 StA Dresden, Loc. 4322, Bl. 23, 23b; O. Hoppe, a. a. O., S. 124–127; StA Weimar, Reg. T 37, Bl. 14, u. a.

66 Darüber liegen nur chronikalische Angaben vor; vgl. J. O. Sehm, Der Silberbergbau zu Annaberg, a. a. O., S. 17.

67 Ebenda, S. 134.

„Caspar-Bachen-Stollens“ und „Nickel Schneiders Gewerkschaft“[68], zwischen „St. Margarethe“ in Buchholz und den Gewerken von „Winpers Lehen“, zwischen den Gewerken des „Thirmanns-Stollens“ und denen des „Erbstollens“, zwischen den letzteren und der „Zeche zum Stein“, der „Altmanns-“ und „Gesellenzeche“ und der „nächsten Maß“, zwischen den Gewerken des „Naumburgischen Stollens“ und denen der „4. Maß nach St. Margarethen“, die mit der Zusammenschlagung beider Gewerkschaften endeten, zwischen den Gewerken von „St. Alexius“ und denen von „St. Joseph“, zwischen den Gewerken des „St.-Wenzel-Stollens“ und denen von „St. Florin“ u. a. m. – alles innerhalb weniger Jahre von 1496 bis 1498. Dabei ging es in der Regel – im Unterschied zu dem am Beispiel der Schneeberger „Rätezeche“ behandelten Fall – um die Abgrenzung der Baurechte gegeneinander. Auch hier mag ein typisches Beispiel für viele stehen.

Zwei Gewerkschaften, die von „St. Georg, Stefan Protzels Lehen“, und die der „nächsten Maß nach Winpers Fundgrube“, waren in Streit geraten, wem die nächste Maß nach Winpers Fundgrube rechtens zusteht.[69] Aus den im einzelnen nicht genau lokalisierbaren Angaben geht soviel hervor, daß die Gewerken von „Stefan Protzels Lehen“ fündig geworden waren, und zwar auf demselben Gang, auf dem auch die Grube Winpers lag. Beim Abbau des Ganges gerieten die Gewerken von Protzels Lehen auch in die nächste Maß nach Winpers Fundgrube, auf der die eigene Gewerkschaft noch nicht fündig geworden war. Die Gewerkschaft Stefan Protzels beanspruchte die betreffende Fundstelle als zu ihrem Lehen gehörig, während die Gewerken der 2. Maß das gleiche für sich behaupteten. Beide gingen vor das Berggericht, das nach vorhergegangener Ladung beider Parteien und unter Hinzuziehung von Bergverständigen aus anderen Bergstädten am 27. Juli 1497 in der Neustadt am Schreckenberg (Annaberg) zusammentrat. Als Gericht fungierten der Amtmann und Bergvogt, der Bergmeister, der Bergrichter und die Geschworenen vom Schreckenberg, ferner die Bergmeister von Schneeberg und Ehrenfriedersdorf, der Richter von Thum und einige andere bekannte Bergamtleute aus Schneeberg, Freiberg und Geyer. Die versammelten Gewerken beider Parteien trugen dem Gericht in mehrmaliger Rede und Gegenrede ihre Ansprüche vor. Am 28. Juli erging nach Anhörung der Parteien und einer Besichtigung des strittigen Ortes das Urteil: Da die Gewerkschaft Stefan Protzels bereits fündig geworden ist, soll ihr auf dem von ihr gebauten Gange eine Fundgrube vermessen werden mit den Abmessungen und Rechten, wie sie einer Fundgrube gebühren. Die Gewerken der nächsten Maß nach dem Winper sollen sie daran nicht hindern.

[68] Diese und die folgenden Angaben Stadtarchiv Annaberg-Buchholz, 2. Berg- und Schuldgerichtsbuch 1496ff. und 1497ff., zit. nach Nachlaß Löscher.

[69] Vgl. zu diesem Verfahren ebenda, 2. Berg- und Schuldgerichtsbuch, 1496ff., Bl. 16f., zit. nach Nachlaß Löscher. Winpers (oder Weinbers) Fundgrube war um die Jahreswende 1496/97 fündig geworden; sie erscheint erstmals in der Zehntrechnung von Ostern 1497. St. Georg, Protzels Lehen, folgte einige Monate darauf; für diese Zeche verzeichnet die Zehntrechnung von September 1497 erstmals ein Ausbringen von 117 Mark Silber (vgl. StA Dresden, Loc. 4503, Rechnungen über den Silberzehnten zu Geyer ..., 1487–1509, Bl. 280ff. u. 257ff.). Beide Zechen gehörten zu denen, die über eine verhältnismäßig lange Zeit Ausbeute gaben: Winper gab im Verlauf von 24 Jahren (1497–1520) in insgesamt 20 Quartalen insgesamt 15738fl. Ausbeute (d. h. pro Kux 122fl.); Protzel

In der Woche nach dem Urteilsspruch erschien am 3. August 1497 Merten Fuchsperger „als berumbter anwalt der gewercken der nehsten maß, sampt dem glaubwirdigen Michel Eigelmann, notario", und legte Appellation ein. Die Appellationsschrift ging an Herzog Georg. Dessen Entscheidung faßte die Streitpunkte und klagenden Parteien weiter als ursprünglich vor dem Berggericht. Danach standen sich nunmehr gegenüber die Gewerken in Winpers Fundgrube sowie die der nächsten, andern und dritten Maß desselben Ganges einerseits und die Gewerken von Protzels Lehen andererseits. Das Urteil des Berggerichts wurde von Herzog Georg aufgehoben und folgendes bestimmt: Zunächst sollte Winpers Fundgrube mit den ihr zustehenden Maßen neu vermessen und verpflockt werden. Falls sich dabei herausstellte, daß Protzels Gewerkschaft Erz aus Winpers Maßen gehauen habe, soll das Erz bei ihr verbleiben, d. h., sie braucht es nicht zurückerstatten. Von dem Pflock der neu vermessenen Maßen Winpers aus wären dann drei Wehren zu vermessen, in denen die Gewerkschaft Protzels und die Gewerken der nächsten Maß nach Winper gemeinsamen und gleichen Anteil an den Kosten und am Ertrag haben sollen. An diese drei Wehren anschließend seien dann Protzels Lehen zu vermessen und daran anschließend noch zwei Wehren, die dann den Gewerken der 2. und 3. Maß nach dem Winper zustünden.

Neben derartigen Auseinandersetzungen zwischen den Gewerkschaften lief auch hier eine unübersehbare Zahl von Streitigkeiten zwischen einzelnen Gewerken wegen einzelner Kuxe, wegen Betrügereien, Übervorteilungen u. ä.[70] Jeder kämpfte gegen jeden, wenn er sich davon nur einen möglichst großen Anteil am Profit ver-

gab in 19 Jahren (1497–1515) in insgesamt 32 Quartalen insgesamt 42054fl. Ausbeute (d. h. 326fl. pro Kux) (vgl. StA Dresden, Loc. 4495, Austeilung auf St. Annaberg ... 1505–1530).

70 Material über Auseinandersetzungen zwischen Gewerkschaften und Gewerken ist u. a. vorhanden in: StA Dresden, Loc. 4495, Irrungen in Bergwerkssachen ... 1502–05; ebenda, Acta, die Gewerken im Reiche contra die Gewerken zu St. Blasius ... 1506–1511; Loc. 4496, Annaberger Bergirrungen 1508–1510; ebenda, Annaberger Bergirrungen 1511; ebenda, Acta der streitigen Bergsachen George Betzen eines und Hans Eggenauern von Nürnberg ... 1510–1523; ebenda, Acta in Sachen Wolff Erkel ... und Hans Semlern ... 1511–1518; ebenda, Annaberger Bergirrungen 1512–1513; ebenda, Annaberger Bergirrungen 1513; Loc. 4497, die Gewerken von St. Niklas bei dem Seidenschwanze ... 1513–1515; ebenda, Annaberger Bergirrungen 1514; dasselbe 1514–1515; dasselbe 1516; Loc. 4498, Annaberger Bergverbrechen 1516–1541; ebenda, Annaberger Bergirrungen 1517; 1518; 1519; 1520; 1521–1522 (jeweils eine gesonderte Akte); Loc. 4499, Acta zwischen Herzog Georgen zu Sachsen und Hans Friedrichs Erben ..., 1523–1538; ebenda, Annaberger Bergirrungen 1524–1525; 1525–1539; Loc. 4499, die zwischen den Gewerken auf dem Buchholzer Bergwerk entstandenen Irrungen 1497–1513; Loc. 4504, Marienbergische Bergirrungen 1523–1541; ebenda, Marienberger Bergverbrechen 1541–1545; Loc. 4505, Acta ... zwischen den Gewerken in der unterandern Maß nach Burkhardt (zu Marienberg) ... 1542/43; Loc. 4508, Schneeberger Bergirrungen 1490 bis 1532.

Im StA Weimar finden sich Reg. T 37 bis T 80 zahlreiche Akten z. T. einzelner Prozesse (z. B. T 39–40 nur Akten eines Prozesses zwischen Heinz Probst aus Leipzig und Hans Unruhe) oder Verzeichnisse von Streitigkeiten und Rechtshändeln aus Schneeberg; das gleiche für Buchholz: Reg. T 351–378; für Annaberg und Marienberg: Reg. T 647–648.

sprach. Insgesamt zeigte sich auch hier, daß das Kapital dort unlustig wird, wo der Profit ausbleibt. Da jedoch, wo Profit zu erhalten ist, „wird Kapital kühn. Zehn Prozent sicher, und man kann es überall anwenden; 20 Prozent, es wird lebhaft; 50 Prozent, positiv waghalsig; für 100 Prozent stampft es alle menschlichen Gesetze unter seinen Fuß; 300 Prozent, und es existiert kein Verbrechen, das es nicht riskiert, selbst auf die Gefahr des Galgens."[71] Diese durch die Geschichte des Kapitalismus generell bestätigte Feststellung trifft in unserem speziellen Fall als Begleiterscheinung der ursprünglichen Akkumulation des Kapitals in besonderem Maße und unverschleiert zu.

Die von Karl Marx als blut- und schmutztriefend charakterisierte Geburt des Kapitals[72] verdiente sich diese Charakterisierung nicht nur durch den unsäglich harten Prozeß der Scheidung des Produzenten von seinen Produktionsmitteln, die Freisetzung von Lohnarbeitern, sondern auch durch den heftigen Konkurrenzkampf der entstehenden Kapitalisten untereinander.

Diese unstabilen Verhältnisse wirkten auch auf die Organe der Gewerkschaft zurück. Das ursprünglich höchste Organ der Gewerkschaft, die Gewerkenversammlung, verlor bald wegen der weiten Verstreutheit und Fluktuation der Gewerken seine Funktionsfähigkeit. Noch in den siebziger Jahren, nach Aufkommen Schneebergs, gab es sowohl Gewerkenversammlungen einzelner Zechen zur Rechnungslegung und gemeinsamen Beratung über den Bau der Zeche als auch durch die Landesherren einberufene Versammlungen der Gesamtheit der Gewerken.[73] So berief Kurfürst Ernst für November 1476 einen Gewerkentag nach Zwickau ein, um „mit den gewercken aller zcechen umb buwe und ander deß berges nottorft zcu handeln". Weitere derartige Gewerkentage fanden im März 1477, im Februar 1479, im Mai, Juni und Juli 1479 statt.[74] Dabei stellte sich bereits die Unmöglichkeit heraus, alle Gewerken zusammenzubekommen[75], so daß man dazu überging, Delegiertenkonferenzen abzuhalten, in denen sich die Gewerken der einzelnen Zechen durch „Geschickte" vertreten lassen sollten.

Neben diesen Akten aus den Staatsarchiven Dresden und Weimar sind in diesem Zusammenhang auch die Schieds- und Vertragsbücher des Bergamtes Schneeberg aus dem Historischen Staatsarchiv Freiberg (Bergarchiv) – im folgenden zitiert: HStA Freiberg – heranzuziehen, ferner die Berg- und Schuldgerichtsbücher, die im Stadtarchiv Annaberg-Buchholz liegen und auf die ich bei der Durchsicht des Nachlasses von H. Löscher aufmerksam wurde. Gewiß dürfte auch in anderen Archiven dazu noch manches zu finden sein. Ferner gibt es Material über derartige Prozesse und Auseinandersetzungen in anderen Akten, z. B. in den Berghandlungsprotokollen. Umgekehrt können auch die Prozeßakten Aufschluß geben über viele Probleme der Gewerkschaften, ihre Zusammensetzung, die Herkunft des Kapitals etc. Dieses gewaltige Material bedarf noch intensiver Auswertung; allein seine Aufstellung bestärkt jedoch den Eindruck, daß der Bergbau von ständigen Auseinandersetzungen und Streitigkeiten begleitet war.

71 Zustimmend zitiert von K. Marx, in: Das Kapital. Erster Band, in: MEW, Bd. 23, S. 788, Anm. 250.

72 Ebenda, S. 788.

73 Vgl. O. Hoppe, a. a. O., S. 77ff.

74 Vgl. StA Dresden, Loc. 4322, Bl. 24, 27ff., 34, 36ff., 80.

75 Ebenda, Bl. 130, 132.

Zu derartigen Zusammenkünften zählten z. B. die vom Mai 1479, auf der u. a. beschlossen wurde, daß jede Zeche zwei bevollmächtigte Gewerken ernennen solle, und die vom Juli 1479, wo namentlich 15 Gewerkenvertreter benannt wurden, die für die Gesamtheit der Gewerken verhandeln sollten.[76] Daraus entwickelte sich auf Grund von Vorschlägen der Gewerken die Institution der Rechenherren; sie umfaßte die acht Gewerkenvertreter, die, durch die Bergordnung von 1479 eingesetzt, künftig bei allen Berghandlungen und Rechnungslegungen anwesend sein sollten.[77] Daß auch diese Einrichtung nur eine Episode blieb, wurde bereits oben im Zusammenhang mit den Berghandlungen gesagt. Die Schwerfälligkeit des Apparates erleichterte es den Fürsten, die Gewerkenvertretungen und den Gewerkeneinfluß mehr und mehr auszuschalten und das Direktionssystem immer stärker auszubilden.

Hatten anläßlich der Gewerkentage die einzelnen Zechen auch zugleich ihre Gewerkenversammlungen, verbunden mit den Rechnungslegungen der Schichtmeister, abgehalten, so trafen später die Gewerken einer Zeche nur noch aus besonderen Anlässen (z. B. bei Prozessen gegen andere Gewerkschaften) zusammen. Nur sporadisch scheinen noch Gewerkenversammlungen wie die der „Rechten Fundgrube" in Schneeberg vom 8. Mai 1484 stattgefunden zu haben, wo es u. a. um die Arbeit und Rechnungsführung des Schichtmeisters und des Hutmannes sowie um Angelegenheiten einzelner Gewerken ging.[78]

Die Bildung einer Gewerkschaft oblag im allgemeinen dem Lehenträger. Er war es, der ein neues Feld mutete und erschürfte bzw. durch Lohnarbeiter erschürfen ließ oder liegengelassene Zechen wiederaufnahm. Der Lehenträger stammte daher zumeist aus dem Bergort bzw. war in ihm ansässig oder hatte einen ständigen Vertreter am Ort. So sind bei den 62 Zechen, die im Annaberger Rezeß von Reminiscere 1513 eindeutig nach ihrem Lehenträger benannt wurden, rund die Hälfte der Lehenträger nachweislich Annaberger, nur 6 Auswärtige, und der Rest, der sich nicht identifizieren ließ, dürfte zum großen Teil ebenfalls aus Annaberg stammen.[79] Die Stellung des Lehenträgers innerhalb der von ihm begründeten Gewerkschaft war unterschiedlich. Sie hing in erster Linie von seiner eigenen Kapitalbeteiligung ab. Lehenträger wie Martin Römer und Hans Federangel aus Zwickau in der „Alten" und „Rechten Fundgrube", in der „alten Wismutzeche", in „Römers Lehenschaft" und im „Federangel" waren in ihren Gewerkschaften nicht nur die größten, sondern auch die dominierenden Gewerken.[80] Ähnliches gilt für die Zechen, in denen die Fürsten selbst oder hohe landesherrliche Räte Lehenträger waren.[81] Friedrich Rappolt,

[76] Ebenda, Bl. 36ff.; Loc. 4491, Verschreibung über Bergwerke ... 1470ff., Bl. 82ff.

[77] Vgl. oben, S. 52f.

[78] StA Dresden, Loc. 4507, Das Bergwerk auf dem Schneeberg ... 1484–1676, Bl. 1b, zit. nach Nachlaß Löscher.

[79] Nach dem Rezeß StA Weimar, Reg. T 624.

[80] Zu Römers Lehenschaft und „im Federangel" vgl. StA Weimar, Reg. T 135, Bl. 160ff.; StA Dresden, Verschreibung über Bergwerke ... 1470ff., Bl. 43f. Vgl. auch unten, S. 126ff.

[81] So besaßen z. B. Kurfürst Ernst und Herzog Albrecht 1502 im Schneeberger Fürstenstollen unter 85 Gewerken zusammen 26 Kuxe, d. h. 2,4% der Gewerken besaßen über 20% der Kuxe. Vgl. auch unten, „Die klassenmäßige Herkunft des Kapitals", Abschnitt über den Adel, S. 171ff.

Lehenträger mehrerer Schneeberger und Annaberger Zechen und an vielen anderen als Gewerke beteiligt, war nachweislich in der nach ihm benannten Schneeberger Zeche 1503 unter 82 Gewerken mit 9 Kuxen der stärkste.[82] Sebastian Funck, der als Lehenträger an der 1535 in Schneeberg fündig gewordenen „Fruchtbaren Torheit" unter 88 Gewerken zusammen mit seiner Familie eindeutig dominierte, fand bereits Erwähnung.[83] Hingewiesen wurde auch auf die Zeche „St. Georg" in Annaberg, die Stefan Protzels Lehen war und für deren Gewerkschaft Stefan Protzel in dem oben behandelten Prozeß als Sprecher auftrat.

Es gibt aber auch Beispiele dafür, daß der Lehenträger in der Masse der Gewerken unterging und die stärkeren Gewerken in der Zeche den Ton angaben. So besaß in der Zeche „Ober-Nicol-Schmid" in Schneeberg der wahrscheinliche Lehenträger Nicol Schmid 4 Kuxe; hingegen hatten in derselben Zeche Markus Semler 37, Ulrich Schütz 9 und noch vier andere Gewerken 6–8 Kuxe.[84] Die „Fleischhauerzeche" in Schneeberg war 1487 einem Sigmund Fleischhauer verliehen worden; als Sprecher der Gewerkschaft traten aber Heinrich von Starschedel (bis 1485 Hauptmann von Schneeberg und Lehenträger sowie Gewerke zahlreicher Zechen im ganzen Erzgebirge), Heinrich von Schönberg (landesherrlicher Rat und ebenfalls Großgewerke), Jakob Blasbalg (albertinischer Landrentmeister, landesherrlicher Rat und Oberzehntner von Schneeberg); Valtin Prettin (Kaplan, Vorsteher, Schichtmeister und Gewerke einiger Schneeberger Zechen) und Michel Gaulenhöfer (Großgewerke und Verleger aus Zwickau) in Erscheinung.[85] Derartige Beispiele lassen sich in den Quellen nur schwer erfassen, da ein Lehenträger, der in der Masse der Gewerken untergeht, im Unterschied zu den Großgewerken nur selten in den Akten Spuren hinterläßt. Sie dürften aber für die Mehrheit der Lehenträger typisch sein, da diese in der Regel nicht zu den kapitalstärksten Gewerken gehörten.[86] Eine Ausnahme machten nur die sogenannten Fundgrübner. Hierbei handelte es sich um Aufnehmer einer Grube, die bereits bei oder unmittelbar nach der Aufnahme fündig wurden. Der Aufnehmer des Lehens konnte sich so trotz geringen Startkapitals einen relativ großen Anteil sichern, der ihm unter Umständen einen hohen Profit einbrachte.

Nicht genügend Klarheit herrscht über die Funktion des „Vorstehers" der Gewerkschaft. Th. G. Werner spricht von einem aus einer oder mehreren Personen bestehenden Grubenvorstand, der aus den Reihen der Gewerken gewählt wurde und Aufsichtsfunktionen ausübte.[87] Der Entwurf einer Schreckenberger Bergordnung von 1499/1500 erwähnt „fursteher", die den „volmechtigen der zcechen" verantwortlich waren.[88] In den Quellen wird der Vorsteher aber kaum faßbar. Eine Ausnahme bilden hier nur die Schneeberger Rezesse, die seit 1511 fast vollständig erhalten sind und im

[82] Ch. Meltzer, Erneuerte Stadt- und Bergchronik, a. a. O., S. 633.

[83] Vgl. oben, Anm. 26 dieser Studie.

[84] Ch. Meltzer, a. a. O., S. 685.

[85] StA Dresden, Orig.-Urk. Nr. 8789; ebenda Loc. 4507, Schneebergische Bergordnungen ... 1481–1534, Bl. 23, beides zit. nach Nachlaß Löscher.

[86] Zum Beispiel wird 1546 von einem Paul Wagner aus Marienberg berichtet, daß er sich vom Lehen-Aufnehmen ernähren solle; er reise im Lande umher, um für seine Lehen Gewerken zu werben. StA Weimar, Reg. T 656, Bl. 48.

[87] Th. G. Werner, Das fremde Kapital ..., a. a. O., Bd. 57, S. 129.

[88] H. Ermisch, a. a. O., S. 134, § 70.

Unterschied zu den Rezessen aller anderen untersuchten Bergorte neben der Rubrik mit den Schichtmeisternamen auch eine Spalte mit dem Namen des Vorstehers einer jeden Zeche enthalten. Dabei zeigte sich, daß immer wieder dieselben Personen als Vorsteher in mehreren, oft vielen Zechen auftauchen; Stichproben ergaben, daß häufig 15–20 Zechen zur selben Zeit denselben Vorsteher hatten. Dabei handelte es sich um Personen, die sowohl als Lehenträger wie als Gewerken, aber auch in verschiedenen anderen Funktionen wieder auftauchen, z. B. als Schichtmeister, und zwar ebenfalls zur selben Zeit, aber in anderen Zechen. Eine Identität von Vorsteher und Schichtmeister in derselben Zeche bestand aber offenbar nicht. Bemerkenswert – und gegen die Vermutung sprechend, daß die Vorsteher am Ort ansässige Mitgewerken der jeweiligen Gewerkschaft bzw. bezahlte Beamte waren – ist die Tatsache, daß auch auswärtige Großgewerken, wie der Leipziger Kaufmann Veyt Wiedemann, mehrfach als Vorsteher benannt werden. Allerdings scheinen die in den Rezessen der 20er und 30er Jahre in steigendem Maße leer bleibenden Spalten für die Vorstehernamen darauf hinzudeuten, daß man seit jener Zeit auch in Schneeberg mehr und mehr auf Vorsteher verzichtete.[89]

Neben der Aufnahme von Gewerken durch den Lehenträger verselbständigte sich der Kuxhandel immer mehr, was bereits bei der Darstellung der inneren Fluktuation der Gewerkschaften deutlich hervortrat. Teilweise kauften und verkauften die Gewerken untereinander Kuxe, in erster Linie wurde der Kuxhandel jedoch durch sogenannte Kuxkrenzler betrieben.[90] Bereits aus dem Anfang Schneebergs ist der Kuxhandel belegt. So kaufte Martin Römer für Herzog Albrecht $10^1/_2$ Kuxe in der Rätezeche, und zwar von vier verschiedenen Verkäufern: einen halben Teil (2 Kuxe) von einem Ungenannten, 1 Kux gleichfalls von einem Ungenannten, $3^1/_2$ Kuxe vom „Marschalk" (wahrscheinlich der Obermarschall Hugold von Schleinitz) und vom Rentmeister (Johann von Mergenthal), einen Teil (4 Kuxe) von Caspar Freiberger.[91] Neben derartigen Direktkäufen bzw. -verkäufen muß sich aber bald ein schwunghafter und unkontrollierbarer Kuxhandel durch gewerbliche Händler verbreitet haben, der viele Betrügereien nach sich zog, so daß man um 1500 in Schneeberg dagegen einschritt und nur noch vereidigte Kuxkrenzler zuließ. Der Bergmeister berichtete darüber, daß die Krenzler nur auf ihren eigenen „grossen vortheil, betrig und eygenen nucz" bedacht wären, zum „schaden und valh" des Schneebergs. Es wurde deshalb generell und bei harten Strafandrohungen verboten, Bergteile durch „andere krenczler und mittelhendeler" kaufen oder verkaufen zu lassen. Der Kuxhandel sollte allein dem vereidigten Kuxhändler gegen einen festen Lohn obliegen. Allerdings gestattete man, „das ein yder seyne theil, die im zcustendigk und geschriben stunden, selbist eigener person verkaufte ader damit handeln wollt".[92] In der Folge wurde der größte Teil des Kuxhandels – soweit quellenmäßig faßbar – tatsächlich über die offiziell zugelassenen und vereidigten Kuxkrenzler abgewickelt, die dafür

[89] Vgl. die Rezeßbücher im HStA Freiberg, Nr. 272a–e (für den Zeitraum 1511–1552).

[90] Vgl. dazu auch Th. G. Werner, Das fremde Kapital ..., a. a. O., Bd. 57, S. 128ff.; O. Hoppe, a. a. O., S. 74ff.

[91] StA Weimar, Reg. T 135, Bl. 33.

[92] StA Dresden, Loc. 4486, Bergwerkssachen 1487–1599, Bl. 42f., zit. nach Nachlaß Löscher.

aber offenbar keinen festen Lohn, sondern nur ein „tranckgelt" von den Verkäufern bzw. Käufern erhielten. So kaufte 1534 Paul Schmidt für den Kurfürsten 2 Kuxe in einer Schneeberger Zeche von einem Kuxkrenzler, der dafür $^1/_2$ fl. „tranckgelt" erhielt.[93] Die Kuxkrenzler stellten darüber Quittungen aus, die als Belege dienten, um die gekauften Teile im Gegenbuch umschreiben zu lassen, z. B. „Ich, Paul Waynknecht, Kukeskrenzler uff Maryenpergk, bekenne mit dysser meyner Hantschryfft, daß myr m. g. h. (der Kurfürst – A. L.) . . . 77 fl. vor 7 k. (Kuxe – A. L.) uff der ober 3. maß n. der reychen Sant Barbara, so ich Seyner kurfürst. gn. yden kukus vor 11 fl. erkaufft habe, entrycht . . ." – 1534.[94] Ähnliche Belege gibt es von Hans Geus, Kuxkrenzler aus Geyer, und anderen. In den Berichten der Verleger, die für ihre Auftraggeber Kuxe kauften, taucht immer wieder das Trinkgeld für den Krenzler auf.[95]

Die Kuxpreise richteten sich dabei in der Regel (abgesehen von betrügerischen Manipulationen) nach der Fündigkeit der betreffenden Zeche. So wurde 1477 eine bergamtliche Schätzung des Wertes der Kuxe in 153 Schneeberger Zechen vorgenommen. Die dabei ermittelten Werte lagen in 93 Zechen unter oder bei 25 fl. pro Kux, in 16 Zechen zwischen 26 und 50 fl., in 22 Zechen zwischen 51 und 100 fl., in 10 Zechen zwischen 101 und 200 fl., in 3 Zechen bei 300 fl., in 2 Zechen bei 400 fl., in einer bei 600 fl., in 2 bei 800 fl., in 2 bei 1500 fl. und in 2 weiteren Zechen bei 2400 fl. pro Kux.[96] Die tatsächlichen Preise werden um diese Werte geschwankt haben, wurden aber z. T. auch beträchtlich überboten. So war ein Kux in der „Überschar" auf 800 fl. geschätzt worden; Niklas Staude verkaufte einen in dieser Zeche für 1150 fl.[97] Wie schnell sich nach dem Fündigwerden einer Zeche die Kuxpreise entwickelten, zeigt das Beispiel der Zeche „Armer Witwe beschertes Glück", allerdings aus dem Jahre 1566. Meltzer berichtet darüber, daß man beim Graben im Hofe der Witwe von Lukas Schütz Erz gefunden habe, „daß noch selbigen Tages die Kuxe für 3 flgr. bezahlet worden. Des andern Tages hat ein Kux gegolten 21 flgr., Sonntags als dem dritten Tag 24 flgr., Montags 30 flgr., Dienstags 40 flgr., Mittwochs 80 flgr., und letztl. 100 flgr., Donnerstags 120 flgr. oder rthlr".[98] Auch Paul Schmidt machte eine ähnliche Erfahrung als Käufer. Am 5. Februar 1546 lehnte er es noch ab, einen halben Kux im „Kaiser Heinrich" in Marienberg für 150 flgr. zu kaufen, da ihm das zu teuer erschien; zwei Wochen später war er froh, diesen halben Kux für 163 flgr. (einschließlich des Trinkgeldes für den Krenzler) bekommen zu haben.[99]

Wurden die Kuxe zumeist an den Bergorten selbst gehandelt, so entwickelten sich auch in den großen Handelszentren, insbesondere in Leipzig aus Anlaß der Messen, regelrechte Kuxbörsen.[100] Dort trafen sich zahlreiche Gewerken aus allen

93 StA Weimar, Reg. T 649–655, Bl. 38.

94 Ebenda, Bl. 56.

95 Vgl. StA Weimar, Reg. T 656, Bl. 55b, 57 u. a.

96 O. Hoppe, a. a. O., S. 149–154. Vgl. auch die Werte für 1478 bei Ch. Meltzer, Erneuerte Stadt- und Bergchronik, a. a. O., S. 52ff.

97 Vgl. Anm. 13 dieser Studie.

98 Ch. Meltzer, a. a. O., S. 904.

99 StA Weimar, Reg. T 656, Bl. 53b, 55b.

100 Vgl. dazu Th. G. Werner, Das fremde Kapital, a. a. O., Bd. 57, S. 131f.

Teilen Deutschlands und handelten untereinander oder über Kuxkrenzler mit Bergteilen.

Die auswärtigen Gewerken waren bei der Beurteilung der Situation, nicht nur was den Kuxhandel betraf, sondern auch bei der Anlage von Zubußen, Auflassungen etc., weitgehend von ihren örtlichen Vertretern und deren Redlichkeit abhängig, ja sie ließen derartige Transaktionen oft durch ihre Verleger selbständig ausführen. Der Verleger war der Finanzbeauftragte der Gewerken am Ort (er hatte damit einen ganz anderen Charakter als der Verleger im üblichen Sinne, etwa in der Textilproduktion). Er zahlte für den durch ihn vertretenen Gewerken zu den festgesetzten Terminen die Zubußen, Wochen- bzw. Quatembergelder u. a., nahm für ihn die Ausbeute entgegen und verrechnete dann alles mit ihm. Er beriet seine Gewerken auch über den Zustand und die Bauwürdigkeit von Bergteilen, schlug ihnen Auflassungen oder Neuerwerbungen vor u. ä. Schon die „Ordinacio" von 1472 hatte bestimmt, daß jeder auswärtige Gewerke verpflichtet ist, einen „anwald, der ym seine teil vorlegt", einzusetzen.[101] Bei diesen Verlegern handelte es sich teils um ortsansässige Mitgewerken, teils um Bergbeamte, zuweilen um persönliche Bedienstete des Gewerken.

Für die Fürsten handelten in der Regel ihre Bergbeamten an den jeweiligen Orten als Verleger. Zu Beginn des Schneeberger Bergbaus war es Martin Römer, der die landesherrlichen Bergteile verlegte und diese Tätigkeit so eng mit seinem Zehntamt verquickte, daß die einzelnen Abrechnungen kaum auseinanderzuhalten sind. So finden sich in den ersten Zehntrechnungen unter der Rubrik Ausgaben auch die Zubußen für die fürstlichen Bergteile in Schneeberg oder auf dem Hohenforst sowie Abrechnungen über den Kauf von Kuxen u. a.[102] In Annaberg war bis 1507 vermutlich Urban Röling der Verleger des Kurfürsten. Er berichtete im Februar 1507 an den Kurfürsten und an Anselm von Tettau, den damaligen Amtmann von Schneeberg, darüber, wie er ihren Auftrag, in Annaberg für sie Kuxe zu kaufen, erfüllt habe, wobei er zugleich daran erinnerte, daß man ihm doch das Bergmeisteramt von Buchholz versprochen habe.[103]

Aus einigen erhalten gebliebenen Verlags- und Zubußbüchern der Fürsten und landesherrlicher Räte, insbesondere aus den dreißiger und vierziger Jahren des 16. Jh., sind die Verhältnisse am deutlichsten ablesbar. So war Paul Schmidt (seit 1514 Bergmeister, seit 1524 Zehntner, seit 1535 Amtsverweser von Schneeberg) der Verleger der Ernestiner in Schneeberg, Scheibenberg und Gottesgab.

[101] O. Hoppe, a. a. O., S. 131f.

[102] Vgl. die ersten Zehntrechnungen im StA Weimar, Reg. T 135.

[103] StA Weimar, Reg. T 649–655, Bl. 14. Aus dem Buchholzer Bergmeisteramt wurde aber offenbar nichts, da Röling nicht unter den Buchholzer Bergmeistern auftaucht. Daß er in Annaberg auch andere Gewerken verlegte, läßt ein Gerichtsverfahren von 1499 vermuten, in dem ihm nachgewiesen wurde, daß er einem Wilhelm Rauscher die Ausbeuten auf einen halben Kux im „Protzel" schuldig ist (Stadtarchiv Annaberg-Buchholz, 2. Berg- und Schuldgerichtsbuch, 1497ff., Bl. 31f., zit. nach Nachlaß Löscher). Bei Wilhelm Rauscher wird es sich um den Nürnberger Bürger gehandelt haben, dessen Vermögen um 1500 auf 3000fl. veranschlagt wurde (vgl. Haller von Hallerstein, Größe und Quellen des Vermögens von hundert Nürnberger Bürgern um 1500, in: Beiträge zur Wirtschaftsgeschichte Nürnbergs, Bd. I, Nürnberg 1967).

Er übersandte den Fürsten jeweils Verzeichnisse ihrer Bergteile und machte Vorschläge, welche davon verlegt werden sollten, auf welche man vorläufig keine Zubuße anlegen und welche man liegenlassen sollte. Er nahm für die Fürsten die Austeilungen von Ausbeutgruben entgegen und kaufte für sie neue Kuxe. Er berichtete den Fürsten im einzelnen darüber, rechnete mit ihnen ab, beriet sie und handelte nach ihren Anweisungen. Verleger für die Ernestiner in Buchholz, Annaberg und Marienberg waren die jeweiligen Bergvögte von Buchholz, so bis 1535 Kaspar Schütz, ab 1535 Leonhard Bieger. Der Kurfürst wendete sich aber von Fall zu Fall auch an andere Bergbeamte in den betreffenden Orten mit bestimmten Aufträgen, so 1541 an den Bergmeister von Marienberg, Hans Löser, an den Amtmann von Annaberg u. a., jeweils mit der Bitte, für ihn Bergteile zu kaufen.[104] Die verschiedenen Verleger betätigten sich aber nicht nur für einen Gewerken; so zeigen erhaltene Verlagsbücher des Herzogs Franz von Braunschweig-Lüneburg von 1540/41, daß auch als dessen Verleger Leonhard Bieger fungierte.[105] Übrigens trat auch der berühmte Rechenmeister Adam Ries neben seiner Tätigkeit als Rezeßschreiber ebenfalls als Verleger in Erscheinung; er verlegte z. B. 1540 die sogenannte „Fröhliche Gesellschaft", der Hans von Ponigkau und Heinrich von Gersdorff angehörten, in Schneeberg, Buchholz und Marienberg.[106]

Mangels ähnlicher Quellen für bürgerliche Gewerken sind deren Verleger nicht faßbar; aus einer Klageschrift gegen Paul Schmidt wird aber deutlich, daß auch für sie häufig die Bergbeamten den Verlag übernommen hatten. So wurde Paul Schmidt 1524 vorgeworfen, er habe als großer Verleger von Gewerken eine Reihe Betrügereien begangen, wobei namentlich Sigmund Fürer aus Nürnberg als ein geschädigter Gewerke genannt wird. Schmidt rechtfertigte sich damit, Sigmund Fürer baue, seit er sein Verleger sei, mehr Teile in Schneeberg als je zuvor.[107]

Als Beispiel dafür, daß auch ein persönlicher Bediensteter als Verleger wirkte, kann – nach den Angaben der Chronisten – Kunz von Iphofen dienen. Er, der später einer der größten Gewerken und ein bekannter Fundgrübner in Schneeberg wurde, soll als Diener des Leipziger Großhändlers Heinz Probst (oder Wiederkehr) nach Schneeberg gekommen sein, um dort dessen Teile zu verlegen. Als dieser seine Teile in einer Zeche ins Retardat fallenließ, weil sie nach langem Bauen keine Ausbeute gegeben hatten, verlegte Iphofen sie auf eigene Kosten weiter, bis sie ihm von Probst überschrieben werden mußten. Als die Zeche „Reicher Trost" dann fündig wurde, brachte sie Iphofen hohen Gewinn.[108]

Die genannten Verlagsbücher demonstrieren auch das oben über die innere Fluktuation in den Gewerkschaften und über den Kuxhandel Gesagte aus der Sicht der Gewerken. So besaß der kurfürstliche Kämmerer Hans von Ponigkau nach den in seinen Verlagsbüchern überlieferten Aufstellungen seiner Bergteile in Schneeberg im Juni 1536 92 Kuxe in 29 Zechen, im September desselben Jahres $65^1/_2$ Kuxe in 28 Zechen, im Februar 1537 $66^1/_2$ Kuxe in 30 Zechen, im Mai 1537 $93^1/_4$ Kuxe in 39 Zechen und im September 1537 $115^3/_4$ Kuxe in 45 Zechen; im Mai

[104] Vgl. dazu StA Weimar, Reg. T 649–655, 656 pass.; ferner ebenda, T 13.
[105] StA Weimar, Reg. T 661.
[106] Vgl. sein Verlagsbüchlein in: StA Weimar, Reg. T 13.
[107] StA Weimar, Reg. T 58, Bl. 28f., 30ff.
[108] Ch. Meltzer, Erneuerte Stadt- und Bergchronik, a. a. O., S. 906f.

1540 waren es dann $105^1/_2$ Kuxe in 46 Zechen.[109] Besaß der Kurfürst u. a. im Dezember 1543 in Buchholz $28^1/_2$ Kuxe in 24 Zechen, in Annaberg $8^2/_3$ Kuxe in 5 Zechen und in Marienberg 74 Kuxe in 10 Zechen, so waren es 5 Monate später, im Mai 1544, in Buchholz 201 Kuxe in 29 Zechen, in Annaberg $15^2/_3$ Kuxe in 6 Zechen und in Marienberg $85^1/_2$ Kuxe in 29 Zechen.[110] Aus diesen Angaben, die die Veränderungen jeweils innerhalb weniger Monate widerspiegeln, wird zudem deutlich, wie unstabil die Verhältnisse waren, wie sich durch Spekulation die Zusammensetzung der Gewerkschaften und der Anteil der einzelnen Gewerken ständig veränderten.

Als weitere Organe der Gewerkschaft fungierten die Schichtmeister und Steiger als die unmittelbaren Leiter der Produktion und Finanzverwalter der einzelnen Zechen. Ihr Verhältnis zu den Gewerken war nicht genau bestimmt. Zuweilen, insbesondere in der ersten Zeit, wurden sie durch die Gewerkenversammlungen berufen, zuweilen durch die landesherrlichen Bergbeamten. Es gab auch Schichtmeister, die zugleich Gewerken und Lehenträger von Zechen waren. In anderen Fällen wurden sie von den dominierenden Gewerken innerhalb der Gewerkschaft ohne Befragung, ja selbst gegen den Willen der Mitgewerken eingesetzt. So warf man dem erwähnten Kunz von Iphofen 1520/21 vor, daß er als Großgewerke seine Schichtmeister ein- und absetzte zum Schaden seiner Mitgewerken.[111] Umgekehrt kam es vor, daß sich Großgewerken wie Georg von Wiedebach (Amtmann von Leipzig und albertinischer Landrentmeister) und Ulrich Lintacher (Leipziger Großhändler und Ratsherr) ebenfalls 1520 erst an die Landesherren wenden mußten, um zu erreichen, daß die Bergbeamten die beiden Steiger ihrer Zechen zu guter Arbeit ermahnten.[112] Eine feste Regel gibt es zu dieser Frage nicht. Nach dem Bergrecht waren Schichtmeister und Steiger zwar Organe der Gewerkschaft und wurden auch von den Gewerken entlohnt, jedoch mußten sie von den landesherrlichen Bergbeamten bestätigt sein und schuldeten ihnen Gehorsam.

Das bisher über die Gewerkschaft Gesagte macht bereits ersichtlich, daß das Eigentum an den Arbeitsmitteln im allgemeinen in den Händen einer großen Zahl von Gewerken lag, die nicht selbst mitarbeiteten, sondern sich ausschließlich durch Kapital beteiligten mit dem Ziel, es profitbringend zu verwerten. Hingegen waren die eigentlichen Produzenten Lohnarbeiter, die keinen Anteil mehr am Eigentum der Produktionsmittel hatten. Sie wurden von den Schichtmeistern und Steigern eingestellt und vom Geld der Gewerken entlohnt. Diese Konstellation weist grundsätzlich auf ein kapitalistisches Produktionsverhältnis hin. Für die Einschätzung im einzelnen ist jedoch von Bedeutung, in welchen Größenverhältnissen sich die Produktion vollzog, insbesondere wie viele Lohnarbeiter in den einzelnen Zechen beschäftigt wurden. Viele unfündige Zechen dürften zunächst nur eine geringe Zahl von Arbeitern, aber auch nur die nötigsten Produktionsinstrumente bzw. -anlagen wie einfache Haspel etc. eingesetzt haben, um die Produktionskosten niedrig zu halten.

[109] StA Weimar, Reg. T 12 u. 13.
[110] StA Weimar, Reg. T 656, Bl. 28–42, 43–45.
[111] StA Dresden, Loc. 4489, Verzeichnis der Händel . . . 1519–1524, Bl. 103b–107.
[112] Ebenda, Bl. 36b–37.

So sind für die obenerwähnten fünf Geyerschen Zechen neben den Gewerkenlisten auch Ausgabenverzeichnisse für das letzte Quartal des Jahres 1492 überliefert, aus denen hervorgeht, daß die Zeche „Anderer Stollort nach St. Wolfgang" in diesem Quartal mit nur 2 Dinghäuern auskam (zur Gewerkschaft gehörten 34 Gewerken); die Zeche „Nächste Maß nach St. Wolfgang" arbeitete während des Quartals wechselweise mit 3 Häuern und einem Knecht, 2 Häuern und 2 Knechten sowie 3 Häuern und 2 Knechten (zur Gewerkschaft gehörten 33 Gewerken); die Zeche „St. Wolfgang" schließlich beschäftigte 5 Häuer, 2 Knechte und einen Jungen (zur Gewerkschaft gehörten 35 Gewerken). Der Materialeinsatz war noch geringer; er schwankte im Verhältnis zum Lohn zwischen 1 : 5 und 1 : 12. Die dafür nötigen Mittel mußten die Gewerken durch die Zubuße aufbringen, da die Zechen nicht fündig waren.[113]

Auch ehemals fündige Gruben wie die berühmte „Alte Fundgrube/St. Georg" in Schneeberg, die inzwischen längst keine Ausbeute mehr gaben und wegen des fortgeschrittenen Tiefbaus nur noch mit hohen Kosten erhalten werden konnten, mußten zeitweise ihre Arbeiterzahlen stark drosseln, um Lohnkosten zu sparen. So beschloß man in der genannten Zeche im April 1524, vorübergehend nur 6 Arbeiter und einen Steiger zur Instandhaltung der Grubengebäude zu beschäftigen, bis über die Zukunft der Zeche entschieden sei.[114]

Umgekehrt gingen die Arbeiterzahlen und der Einsatz von Arbeitsmitteln sprunghaft in die Höhe, sobald eine Zeche fündig wurde, und zwar nicht nur in der betreffenden Zeche selbst, sondern auch in ihren Maßen und anderen in der Nähe gelegenen Zechen. Darüber gibt es keine direkten Quellenangaben, die wissenschaftlich auswertbar wären, allenfalls einige zufällig überlieferte Einzelangaben. Als wichtigste Quellengruppe helfen hier nur die Rezesse weiter.

In den Staatsarchiven Weimar und Dresden konnten insgesamt 45 Quartalsrezesse aufgefunden werden, und zwar 30 aus Annaberg und je 3 aus Marienberg, Geyer, Scheibenberg, Elterlein und Wiesenthal (Oberwiesenthal).[115] Diese Rezesse nennen zwar keine Arbeiterzahlen[116], aber sie enthalten u. a. Angaben über die sogenannte Bergkost, d. h. über die in dem betreffenden Quartal in jeder Zeche gezahlten Lohn- und Materialkosten. Sie können einer annähernden Berechnung der Arbeiterzahlen zugrunde gelegt werden, wenn es gelingt, Löhne und Materialkosten voneinander zu scheiden bzw. den Anteil pro Arbeiter an der Bergkost zu errechnen. Hier helfen vereinzelt vorhandene Ausgabenverzeichnisse über die

113 StA Dresden, Loc. 4503, Rechnungen über den Silberzehnten zu Geyer . . . 1487–1509, Bl. 131b–133, 145–147, 159. Die hier genannten Verhältniszahlen differieren gegenüber den unten folgenden, da hier nur das Verhältnis von Material- und Lohnkosten, unten aber das Verhältnis von Lohnkosten und allen anderen in der Bergkost enthaltenen Kosten erfaßt ist.

114 StA Weimar, Reg. T 90, Bl. 26–28.

115 StA Weimar, Reg. T 254, 255, 624, 198; StA Dresden, Loc. 4499, Verzeichnis der Zechen . . . 1538. Die hier ebenfalls vorhandenen drei Schneeberger Rezesse sowie die obenerwähnten vollständigen Schneeberger Rezesse ab 1511, die im Historischen Staatsarchiv Freiberg liegen, müssen hier außer Betracht bleiben, da sie keine speziellen Angaben über die Bergkost enthalten.

116 Vgl. dazu meine Bemerkungen in der Rezension zu I. Mittenzwei, Der Joachimsthaler Aufstand 1525, in: ZfG, 1969, H. 3, S. 372f. Anm. 3.

Bergkost weiter, wie sie von den drei der fünf obenerwähnten Zechen aus Geyer von 1492[117] (je ein Quartal) sowie vom Fürstenstollen in Schneeberg aus drei Quartalen der Jahre 1544–1546 vorliegen.[118] Eine Untersuchung des Verhältnisses von Lohn- und Materialkosten innerhalb der Bergkost sowie der Höhe der Bergkost pro Arbeiter ergab[119]:

Der weitaus größte Teil der Bergkost entfiel auf die Arbeiterlöhne, sie waren der variable Teil, während die Material- und sonstigen Kosten relativ konstant blieben, d. h., sie entwickelten sich nicht proportional zu den Lohnkosten. Der Anteil der Bergkost pro Arbeiter bewegte sich in vier der fünf untersuchten Fälle unter 3 ß (Schock Groschen), z. T. sogar ganz erheblich darunter, und nur in einem Fall lag er bei $3^1/_2$ ß. Damit erscheint es gerechtfertigt, die Zahl 3 als Divisor zugrunde zu legen, um durch die Division der in den Rezessen angegebenen Bergkost zu annähernden Arbeiterzahlen zu gelangen.[120] Bleibt man sich der Relativität der dadurch erhaltenen Arbeiterzahlen bewußt[121], so können die ermittelten Werte

[117] Vgl. oben, Anm. 113.

[118] StA Weimar, Reg. T 9, Bl. 113–118, und T 616.

[119] Die vorliegenden Bergkost-Verzeichnisse enthalten auch die Schichtmeisterlöhne; da diese in den Rezessen neben der Bergkost gesondert stehen, wurden sie auch hier bei den Berechnungen ausgelassen. Zwei der drei Bergkostverzeichnisse von Geyer erstreckten sich nicht auf jeweils ein ganzes Quartal, sondern nur auf je 9 Wochen; sie wurden auf je ein Quartal umgerechnet. Neben den Lohn- und Materialkosten enthielt die Bergkost noch andere Ausgaben wie Stufengelder, Wochengelder und ähnliches; sie wurden den Materialkosten zugeschlagen. Insofern ergaben sich hier andere Relationen, als sie oben für das Verhältnis von reinen Materialkosten und Lohnkosten genannt sind. Es ergaben sich im einzelnen:

Zeche	Verhältnis von Lohn- und sonstigen Kosten	Bergkost pro Arbeiter in einem Quartal
Anderer Stollort nach St. Wolfgang in Geyer 1492	6 : 1	2 ß 30 gr.
Nächste Maß nach St. Wolfgang in Geyer 1492	4 : 1	1 ß 35 gr.
St. Wolfgang in Geyer 1492	9 : 1	2 ß 18 gr.
Fürstenstollen in Schneeberg 1544	6 : 1	3 ß 26 gr.
Fürstenstollen in Schneeberg 1545/46	4 : 1	2 ß 49 gr.

[120] Die von W. Bogsch, Der Marienberger Bergbau in der ersten Hälfte des 16. Jh., a. a. O., S. 44 u. 130, Anm. 220, vermutete und seinen Berechnungen zugrunde gelegte Zahl von 4 ß Groschen pro Arbeiter im Quartal für kleine Zechen und proportional größere Aufwendungen in größeren Zechen ist damit zu hoch gegriffen, wodurch die von ihm errechneten Arbeiterzahlen erheblich zu niedrig liegen. Hingegen entsprechen die von Mittenzwei für Joachimsthal errechneten Arbeiterzahlen etwa den in der folgenden Tabelle für Annaberg ermittelten; nur die Zahlen über 30 hätte man sich noch etwas stärker differenziert gewünscht (vgl. I. Mittenzwei, Der Joachimsthaler Aufstand, a. a. O., S. 17).

[121] Ein zusätzlicher Unsicherheitsfaktor liegt in den unterschiedlichen Löhnen für die einzelnen Kategorien von Bergarbeitern; Knechte erhielten im allgemeinen niedri-

doch einen Eindruck von den Größenverhältnissen vermitteln. Die folgende Tabelle gibt die Werte der 30 Annaberger Rezesse[122]:

Auswertung der 30 Annaberger Rezesse

	R. 13		C. 13		L. 13		R. 14		T. 14		Arbei-
Bergkost	1.	2.	1.	2.	1.	2.	1.	2.	1.	2.	terzahl
Unter 5 ß	332	4	318	3	363	5	412	3	438	3	~ 1
5— 10 ß	172	12	131	14	176	18	182	10	174	18	1— 3
10— 20 ß	112	21	162	34	150	24	135	16	175	40	3— 6
20— 40 ß	39	13	106	36	69	25	63	24	64	35	6—13
40— 60 ß	9	8	21	13	16	10	13	9	16	12	13—20
60— 80 ß	3	1	10	9	7	6	11	7	5	5	20—26
80—100 ß	1	0	5	3	3	3	1	0	4	3	26—33
100—120 ß	2	2	1	1	3	2	3	2	1	1	33—40
120—140 ß	0	0	4	3	0	0	1	1	2	1	40—46
140—160 ß	0	0	1	1	1	1	0	0	0	0	46—53
160—180 ß	0	0	0	0	1	1	1	1	0	0	53—60
180—200 ß	0	0	0	0	0	0	0	0	2	2	60—66
über 200 ß	0	0	3	3	0	0	0	0	1	1	über 66
	670	61	762	120	789	95	822	73	882	121	

	C. 14		L. 14		R. 15		R. 16		T. 25		
	1.	2.	1.	2.	1.	2.	1.	2.	1.	2.	
Unter 5 ß	437	1	466	4	491	7	572	4	154	3	~ 1
5— 10 ß	217	19	195	25	211	17	160	12	78	14	1— 3
10— 20 ß	167	32	162	32	116	21	93	14	62	22	3— 6
20— 40 ß	67	29	62	27	60	28	35	20	43	22	6—13
40— 60 ß	17	15	17	16	10	6	6	6	13	9	13—20
60— 80 ß	8	7	9	6	3	2	3	2	7	6	20—26
80—100 ß	5	4	3	3	3	2	1	0	2	2	26—33
100—120 ß	3	2	2	1	1	1	0	0	1	1	33—40
120—140 ß	2	1	1	1	0	0	0	0	0	0	40—46
140—160 ß	0	0	1	1	1	1	0	0	1	0	46—53
160—180 ß	1	1	0	0	0	0	0	0	0	0	53—60
180—200 ß	0	0	1	1	0	0	0	0	1	1	60—66
über 200 ß	1	1	0	0	0	0	0	0	0	0	über 66
	925	112	919	117	896	85	870	58	362	80	

gere Löhne als Häuer. In wassernötigen Zechen konnte also der Anteil der beschäftigten Knechte sich stark erhöhen, so daß die Zahl der Arbeiter insgesamt größer sein konnte als die durch die Division der Bergkost ermittelte.

122 StA Weimar, Reg. T 254, 255, 624. Die Abkürzungen R., T., C., L. bedeuten die Quartale Reminiscere, Trinitatis, Crucis und Luciae, die danebenstehenden Zahlen das jeweilige Jahr des 16. Jh., also R. 13 = Reminiscere 1513. Die darunter stehenden jeweils 2 Spalten erfassen 1. die Gesamtzahl der verrezeßten Zechen, aufgegliedert nach der Höhe der Bergkost, und 2. die davon ausbringenden, d. h. Silbererz fördernden Zechen.

Bergkost	C. 25		L. 25		R. 26		T. 26		C. 27		Arbeiterzahl
	1.	2.	1.	2.	1.	2.	1.	2.	1.	2.	
Unter 5 ß	164	4	168	8	214	2	167	6	154	5	~ 1
5— 10 ß	75	11	64	7	63	13	68	12	68	8	1— 3
10— 20 ß	50	15	66	23	47	14	66	23	61	10	3— 6
20— 40 ß	43	21	34	23	25	18	39	24	29	14	6—13
40— 60 ß	14	12	12	9	7	6	13	12	11	10	13—20
60— 80 ß	2	2	4	4	1	1	3	2	5	4	20—26
80—100 ß	0	0	1	1	0	0	2	2	2	2	26—33
100—120 ß	2	2	0	0	1	1	1	1	2	2	33—40
120—140 ß	1	1	0	0	1	0	0	0	0	0	40—46
140—160 ß	1	0	1	1	0	0	0	0	0	0	46—53
160—180 ß	0	0	1	0	0	0	1	1	1	0	53—60
180—200 ß	0	0	0	0	0	0	0	0	0	0	60—66
über 200 ß	0	0	0	0	0	0	1	0	0	0	über 66
	325	68	351	76	359	55	361	83	333	55	

	L. 27		T. 32		C. 32		L. 32		R. 33		
	1.	2.	1.	2.	1.	2.	1.	2.	1.	2.	
Unter 5 ß	166	3	162	7	154	5	159	3	160	0	~ 1
5— 10 ß	64	7	84	12	64	7	78	9	76	12	1— 3
10— 20 ß	58	11	73	16	72	23	58	16	56	13	3— 6
20— 40 ß	38	15	40	16	47	23	38	14	38	17	6—13
40— 60 ß	7	4	12	7	17	12	14	11	13	8	13—20
60— 80 ß	3	2	8	7	6	6	6	6	5	4	20—26
80—100 ß	3	3	1	1	4	2	3	2	2	2	26—33
100—120 ß	1	1	3	2	2	2	3	1	0	0	33—40
120—140 ß	0	0	1	1	2	2	0	0	0	0	40—46
140—160 ß	1	0	0	0	0	0	0	0	2	2	46—53
160—180 ß	0	0	0	0	0	0	0	0	0	0	53—60
180—200 ß	0	0	2	1	2	1	2	2	0	0	60—66
über 200 ß	0	0	0	0	1	1	0	0	0	0	über 66
	341	46	386	70	371	84	361	64	352	58	

	C. 33		L. 33		R. 34		L. 34		R. 35		
	1.	2.	1.	2.	1.	2.	1.	2.	1.	2.	
Unter 5 ß	149	2	156	2	193	3	291	1	360	1	~ 1
5— 10 ß	66	9	62	8	72	6	83	6	96	9	1— 3
10— 20 ß	58	13	63	13	53	10	86	13	80	17	3— 6
20— 40 ß	37	13	36	14	39	14	48	18	33	10	6—13
40— 60 ß	20	13	21	15	8	6	10	4	6	2	13—20
60— 80 ß	3	2	2	2	5	5	4	4	7	6	20—26
80—100 ß	8	7	3	1	2	1	4	2	4	2	26—33
100—120 ß	0	0	6	5	1	1	5	5	2	2	33—40
120—140 ß	1	1	0	0	1	1	4	1	0	0	40—46
140—160 ß	1	0	0	0	0	0	1	1	1	1	46—53
160—180 ß	0	0	1	1	0	0	2	2	0	0	53—60
180—200 ß	1	1	1	0	0	0	0	0	0	0	60—66
über 200 ß	0	0	0	0	1	1	2	2	2	2	über 66
	344	61	351	61	375	48	540	59	591	52	

Bergkost	L. 35 1.	2.	T. 37 1.	2.	C. 38 1.	2.	L. 38 1.	2.	T. 39 1.	2.	Arbeiterzahl
Unter 5 ß	339	0	380	1	265	2	270	1	241	1	1
5 – 10 ß	107	10	103	11	99	10	105	8	78	5	1– 3
10– 20 ß	88	9	113	12	116	15	111	14	100	17	3– 6
20– 40 ß	69	23	63	14	61	11	55	10	69	13	6–13
40– 60 ß	13	4	15	6	26	10	23	9	22	10	13–20
60– 80 ß	4	3	9	2	11	8	11	6	12	6	20–26
80–100 ß	7	2	5	5	5	5	6	5	5	5	26–33
100–120 ß	5	4	7	4	6	6	8	5	12	10	33–40
120–140 ß	1	1	3	3	2	1	3	3	2	2	40–46
140–160 ß	4	4	4	3	3	2	0	0	2	2	46–53
160–180 ß	2	2	2	2	0	0	2	2	1	1	53–60
180–200 ß	1	1	1	1	2	2	0	0	0	0	60–66
über 200 ß	2	2	4	4	2	2	2	2	1	1	über 66
	642	65	709	68	598	74	596	65	545	73	

Die durch diese Tabelle errechneten Arbeiterzahlen dürften eher zu niedrig als zu hoch sein; so betrug die Bergkost in St. Wolfgang in Geyer im letzten Quartal rd. 19 ß bei 8 Arbeitern (nach der Tabelle wären es 6) und in der nächsten Maß nach St. Wolfgang im selben Quartal knapp **10 ß** bei 4–5 Arbeitern (nach der Tabelle wären es 3).

Die Mehrzahl aller Zechen beschäftigte weniger, jedenfalls nicht mehr als drei Lohnarbeiter. Unter ihnen befanden sich nur in Ausnahmefällen ausbringende Zechen (mit übrigens sehr geringem Ausbringen), der weit überwiegende Teil dieser Zechen war nicht fündig. Dabei handelte es sich jedoch in der Regel nicht um Eigenlehner, sondern auch in dieser Kategorie waren die Zechen vergewerkschaftet. Das besagen die ausgewerteten Beispiele aus Geyer und Schneeberg, wo die Bergkost z. T. weniger als 10 ß betrug, aber Gewerkenverzeichnisse vorliegen; dafür sprechen aber insbesondere auch die Rezesse selbst.[123]

Die Tabelle zeigt weiter, daß in der Regel mit dem Fündigwerden auch die Bergkost, d. h. die Zahl der beschäftigten Lohnarbeiter, steigt; mit zunehmender Höhe der Bergkost erhöht sich in der Tabelle auch der Anteil der ausbringenden Zechen. Eine Einzelüberprüfung von Zechen mit hoher Bergkost, aber ohne Ausbringen ergab, daß es sich durchweg entweder um Stollen (dazu vgl. weiter unten) oder um Zechen in der Nähe von Ausbeutgruben oder um alte Ausbeutgruben handelte, die inzwischen kein Ausbringen mehr hatten. So zeigte sich – als Beispiel für die zweite Kategorie –, daß nach dem Fündigwerden der berühmten „Himmlisch-Heer-Fundgrube" in den umliegenden, noch unfündigen Maßen und Zechen die Bergkost sprunghaft stieg. „Himmlisch Heer" selbst verzeichnete z. B. Trinitatis

123 Nur in Einzelfällen ist die Zahl der Kuxe mit Null angegeben. Eine Überprüfung ergab, daß solche Zechen in den folgenden Quartalen entweder aus dem Rezeß ausscheiden oder Kuxe verzeichnen. Nur in wenigen Fällen erstreckt sich die Null über längere Zeiträume hinweg, und dann handelt es sich um „Heintzen", z. B. „Heintz bei der 9. Maß nach den Altvätern", d. h. doch wohl um Künste, also keine Gruben (vgl. dazu auch meine Bemerkung in ZfG, 1969, H. 3, S. 373, Anm. 4).

1532, als die Zeche noch nicht fündig war, 6 ß Bergkost, Luciae 1535 waren es unter den gleichen Bedingungen 10 ß; als jedoch Trinitatis 1537 mit 830 fl. in einem Quartal die höchste Ausbeute brachte, betrug die Bergkost 326 ß![124] Umgekehrt nahm beim Rückgang der Fündigkeit auch die Bergkost wieder ab: In „Himmlisch Heer" waren es Crucis 1538 267 ß, Luciae 1538 215 ß und Trinitatis 1539 noch 146 ß. Auf die starke Reduzierung der Arbeiterzahlen in der „Alten Fundgrube/St. Georg" in Schneeberg wurde bereits hingewiesen.

Für die Höhe der Arbeiterzahlen gibt es auch einzelne konkrete Belege. So blieb aus dem Jahre 1501 ein Verzeichnis von Häuern erhalten, die sich in drei Schneeberger Zechen an einem Streik beteiligt hatten.[125] Dabei sind im „Rappolt" 36 Häuer aufgezählt, im „Greiffen" 8 und im „Heiligen Kreuz" 14, und einige Bemerkungen deuten darauf hin, daß in diesen Zechen noch weitere Arbeiter beschäftigt waren, die sich am Ausstand nicht beteiligten. 1532 fanden im Schneeberger Semler-Stollen 6 Arbeiter durch eine Rauchvergiftung den Tod.[126] Geht man vom Dreischichtensystem aus, müßten dort mindestens 18 Arbeiter gearbeitet haben.

Die Arbeiterzahlen hingen damit ebenso wie die Struktur der einzelnen Gewerkschaften in erster Linie direkt oder indirekt von der Fündigkeit der betreffenden Zechen ab; sie waren wie diese einem ständigen Auf und Ab unterworfen.

Versucht man nun, anhand der Tabelle die Gesamtzahl der im Annaberger Silberbergbau beschäftigten Lohnarbeiter zu ermitteln, so ergibt sich – unter Zugrundelegung von Mittelwerten der Rubrik „Arbeiterzahl" – beispielsweise für Crucis 1514 eine Summe von rd. 3240 Arbeitern, für Trinitatis 1537 eine solche von rd. 3400 Arbeitern. Diese Zahlen korrespondieren mit den Ergebnissen von I. Mittenzwei, die für Joachimsthal Crucis 1524 annähernd 4000 Arbeiter errechnet hat.[127] Wertet man ferner die 3 Marienberger Rezesse von Crucis 1538, Luciae 1538 und Trinitatis 1539 nach den gleichen Prinzipien aus wie die 30 Annaberger, so ergeben sich für die genannten Daten rd. 1750, 2250 bzw. 3350 Lohnarbeiter.[128] Hingegen waren im Silberbergbau der kleineren Reviere wie Geyer und Scheibenberg zur selben Zeit nur rd. 120–150 bzw. 220 Lohnarbeiter beschäftigt. Alle diese Zahlen summiert, ergeben unter Berücksichtigung auch der anderen großen (Freiberg und Schneeberg) und kleineren Zentren des Silberbergbaus einen Eindruck von der erheblichen quantitativen Stärke der Lohnarbeiter im Erzgebirge Anfang des 16. Jh., wobei zusätzlich noch an die Lohnarbeiter im Kupfer- und Zinnbergbau sowie im Hüttenwesen zu denken ist. Im Ergebnis der ursprünglichen Akkumulation des Kapitals hatte sich hier eine starke Schicht des Vorproletariats entwickelt, die auch in den Klassenkämpfen zur Zeit der frühbürgerlichen Revolution wirksam wurde.[129]

124 Daß 1540 in dieser Grube „ein paar hundert" Wasserknechte eingesetzt wurden, scheint dennoch stark übertrieben (vgl. Th. G. Werner, Caspar Kürschner, a. a. O., S. 41).

125 StA Weimar, Reg. T 81, Bl. 40f.

126 StA Dresden, Loc. 4489, Handlung auf dem Schneeberge ... 1488–1546, Bl. 153.

127 I. Mittenzwei, a. a. O., S. 94.

128 Nach den Rezessen in: StA Weimar, Reg. T 624, Bl. 103b–106b; 114b–119; 128–134. Wegen der erheblichen Abweichungen zu Bogsch vgl. Anm. 120.

129 Vgl. dazu unten, „Die Klassenwidersprüche und ihre Austragung ...", Abschnitte über den Kampf der Bergarbeiter und über die Klassenkämpfe zur Zeit der frühbürgerlichen Revolution.

Insgesamt läßt das untersuchte Material im Hinblick auf den Charakter der Gewerkschaften folgende Schlußfolgerung zu: Der weit überwiegende (in den Relationen allerdings stark schwankende) Teil der Zechen waren unfündige Baue, die nur wenige Lohnarbeiter erforderten. Da diese Zechen jedoch im allgemeinen Gewerken gehörten, die sich nur durch Kapital beteiligten mit dem Ziel, dieses durch seinen Einsatz und mittels Ausbeutung freier Lohnarbeiter profitbringend zu verwerten, wird man diese Form zumindest als Übergangserscheinung auf dem Wege zur kapitalistischen Produktion einschätzen müssen[130], zumal ihnen im Gegensatz zur zünftig gebundenen einfachen Warenproduktion die Tendenz immanent war, bei Fündigwerden sofort in großem Umfang zur arbeitsteiligen Kooperation überzugehen. Waren die Zechen erst einmal fündig oder gaben sie gar Ausbeute, so erhöhten die betreffenden Gewerkschaften oder die der benachbarten noch unfündigen Zechen in der Regel ihren Kapitaleinsatz und die Zahl der Arbeiter sprunghaft, so daß die Zechen als kapitalistisch einzuschätzen sind, d. h., der eigentliche Silbererzbergbau vollzog sich unter kapitalistischen Produktionsverhältnissen.

In diesem Zusammenhang sei abschließend noch etwas zu den Stollengewerkschaften und zum Eigentum an den Kunstbauten gesagt. Wie schon oben erwähnt, handelte es sich bei vielen der in der Tabelle mit hoher Bergkost, aber ohne Ausbringen verzeichneten Zechen um Stollen,. d. h., sie beschäftigten wie Ausbeutzechen eine relativ große Zahl von Lohnarbeitern, ohne daß es jedoch bei ihnen unmittelbar zu einem Ausbringen kam. Das hängt mit der besonderen Funktion der Stollen zusammen.

Stollen wurden nicht in erster Linie angelegt, um selbst Erz abzubauen – wo die Stollengewerken bzw. ihre Arbeiter gelegentlich auf solches trafen, förderten sie es entsprechend den dafür im Bergrecht festgelegten Regeln bzw. nach besonderen Privilegien nebenbei –, sondern sie waren nötig, um die infolge des fortschreitenden Tiefbaus vom Wasser bedrängten Zechen zu gewältigen und ihnen zugleich frische Wetter zuzuführen. Dafür war jede Zeche, die von dem Stollen Wasserlösung erhielt, verpflichtet, den Stollengewerken den sogenannten Stollenneunten zu geben, d. h. sie mußten von ihrem ausgebrachten Silber neben dem Zehnten an die Landesherren auch noch einen zweiten Zehnten an die Stollengewerken abführen.[131] Für das Zustandekommen der Stollengewerkschaften gilt damit im Prinzip das gleiche wie für die übrigen Gewerkschaften. Ihr Ziel war es, durch Gewältigung möglichst vieler fündiger Gruben einen Anteil am Ausbringen

130 Ich identifiziere mich hier mit der Einschätzung von I. Mittenzwei, Der Joachimsthaler Aufstand, a. a. O., S. 18.

131 Die Landesherren Kurfürst Ernst und Herzog Albrecht definierten das um 1477/78 folgendermaßen: „Zcum irsten zcu wissen, das es sich offt begibt uff bergwercken, das man sy wassers und ouch wynds, das ist lufft halben, nicht gebauen mag. Dargegen sein stollen erdacht, das sein durchgeng, die man in der teuf der gebirge durchtreibt und dareyn die zceche und gruben ir waßer wiesen und absyncken und ire luft darvon entpfahen moegen. Solch stollen werden eynsteils gnant erbstollen, die haben under tzeiten solchs recht: welch zcech, maß ader lehen sy durchfaren, den sy waßer benemen und wynt bringen, darinnen haben sy die neunden marg gancz frey allis ertzs, das in solchen zcechen, maßen adir lehnen gehauen wirdt" (StA Weimar, Reg. T 37, Bl. 25f.). Vgl. auch die Annaberger Bergordnung von 1509, §§ 86–89, wo dies bekräftigt und zur

zu erlangen, d. h., auch für sie war die Fündigkeit der Regulator für das Interesse der Gewerken an der Beteiligung, für die Kuxpreise usw. So begann man mit dem Treiben des „Markus-Semler-Stollens“, als die Zechen „in der Schleem“, d. h. in Oberschlema, fündig geworden waren und der Wasserlösung bedurften.[132] Die Gewerken erhielten 1503 eine landesherrliche „Befreiung“, die sie berechtigte, dort, wo sie beim Treiben des Stollens auf Erzgänge, Flöze, Kreuz- oder Schargänge, also auf Erz, stoßen sollten, als erste und bevorzugte Muter aufzutreten; ferner mußte jeder, der im Bereich der Stollengerechtigkeit, d. h. in dem für das Treiben des Stollens abgesteckten Gebiet, eine neue Grube aufnehmen wollte, diese zuerst den Stollengewerken anbieten. Wo Gruben mit Bewilligung der Stollengewerken neu aufgenommen und fündig wurden bzw. wo der Stollen fündigen Gruben Wasserlösung brachte, mußten die betreffenden Gewerkschaften den Stollengewerken den Stollenneunten (nach Abzug des Zehnten für den Regalherrn, also einen zweiten Zehnten) übergeben. Die Stollengewerken brauchten ihrerseits von dem selbsterbauten bzw. dem erhaltenen Silber keine Abgaben an die Landesherren zu leisten, und man bewilligte ihnen in diesem Falle zusätzlich beim Verkauf des Silbers an die landesherrliche Silberkammer bzw. Münze einen Vorzugspreis.[133]

Dieser Freiheitsbrief kann als typisches Beispiel für die Stollengerechtigkeit gelten, die bei der Verleihung neuer Stollen immer mit verliehen wurde. Im übrigen gilt für die Stollen und Stollengewerkschaften das gleiche, was oben für die Zechen gesagt wurde. Auch hier finden sich häufig Auflassungen, wenn die Stollen über längere Zeit nicht rentabel waren, Neuaufnahmen usw. Es genügt ein Blick in die Verleihbücher, um festzustellen, wie häufig auch Stollen ihre Lehenträger und Gewerkschaften wechselten.[134]

Neben derartigen Stollen, auch Erbstollen genannt, die eine besondere Teufe haben mußten, um „das Tiefste“ in den Gruben zu gewältigen, gab es noch die

Vermeidung von Streitigkeiten festgelegt wird, daß die Stöllner, falls sie in fremden Maßen auf Erz treffen, dieses nur unter bestimmten Bedingungen und zu einem bestimmten Teil für sich abbauen dürfen, daß sie ferner nicht ohne Zustimmung der betreffenden Gewerkschaften andere Zechen durchfahren dürfen, und nur wenn das für das Treiben des Stollens unabdingbar sein sollte, kann es auf Geheiß des Bergmeisters zugelassen werden; in diesem Falle braucht der Stollenneunte nicht gereicht zu werden. Wo eine Zeche jedoch den Stollen benötige, habe sie auch den Stollenneunten zu entrichten, (H. Ermisch, a. a. O., S. 193f.). Über das Stollenrecht vgl. auch H. Ermisch, a. a. O. S. LXXIXff.; G. Agricola, Zwölf Bücher, a. a. O., S. 66f.

132 Vgl. oben, Anm. 32 dieser Studie.

133 StA Weimar, Reg. T 115, Bl. 255f. (dort auch ein Freiheitsbrief für den Semler-Stollen von 1507 und für andere Stollen und Zechen). Den Freiheitsbrief von 1503 vgl. auch bei F. A. Schmid, Diplomatische Beiträge zur sächsischen Geschichte, Bd. I, 1839, S. 176f.

134 So wurde 1504 in Schneeberg Gregor Hirsch für die Gewerken im „Rappolt“ mit dem „alten Wasserstollen“ mit seinen Gräben, beiden Mundlöchern und aller Stollengerechtigkeit belehnt, 1505 Stefan Floeck mit dem Stollen „Unser lieben Frauen“ am Klosterberg als einem Erbstollen, und er erhielt zugleich eine Fundgrube in diesem Stollen sowie eine Fundgrube mit den beiden nächsten, anderen, der 3. und 4. Maß auf dem Quarzgang, der von diesem Stollen überfahren wurde (HStA Freiberg, Nr. 234b [2]).

sogenannten Suchstollen, die der Suche nach neuen Lagerstätten, aber auch der Wassergewältigung bei geringerer Teufe dienten.[135] Auch für sie und ihre Gewerkschaften gilt im Prinzip das gleiche wie für andere Gewerkschaften.

Anders lagen die Eigentumsverhältnisse im allgemeinen bei Kunstbauten. Hier war das Eigentum konzentrierter als im Bergbau, da bei geringerem Risiko der Kapitaleinsatz von vornherein Profit versprach. Bei den Künsten handelte es sich um mechanische Anlagen zur Wassergewältigung, die man vor allem dort einsetzte, wo die Stollen keine Wasserlösung brachten, bzw. innerhalb der Grubengebäude, um die unterhalb der Stollen gelegenen tiefsten Örter zu gewältigen. Im letzteren Fall wurde das Wasser bis auf das Niveau des Stollens gehoben und dann durch diesen abgeführt.

Von derartigen Künsten gab es verschiedene Typen, die insbesondere Agricola ausführlich beschreibt.[136] Hier interessieren jedoch vor allem die Eigentumsverhältnisse. Sie werden für die Zeit der Anfänge des westerzgebirgischen Silberbergbaus besonders deutlich am Beispiel der Gebrüder Staude aus Nürnberg. Der bereits mehrfach zitierte Niklas Staude und sein Bruder Hans besaßen eine Bulgenkunst, die den bis dahin vorwiegend gebrauchten Heinzenkünsten überlegen war. Hatte man das Wasser nach Angaben von Meltzer mit einem Heinzen rd. 35 Lachter halten können, so vermochte man es mit Bulgen 80 bis 90 Lachter zu heben.[137] Die Brüder Staude führten nun ihre Kunst auf Anforderung in die verschiedensten Bergorte, um dort wassernötige Gruben zu gewältigen. Die mißlungene Gewältigung von Hohenforst 1473 wurde bereits erwähnt. Näheres geht hervor aus Staudes Bericht über die Gewältigung des Kupferbergwerkes von Naila in Thüringen 1477. Man habe ihn dorthin gerufen und an einen großen Schacht gewiesen, der sich bisher durch zwei Heinzen nicht habe gewältigen lassen. Er zog daher die Heinzen heraus, setzte seine Kunst auf das Rad, das „die alten" bereits zuvor angerichtet hatten, und gewältigte diesen und einige kleinere Schächte in Tag und Nacht bis aufs Tiefste. Da er jedoch nur Eisenerz fand, das er nicht bauen wollte, ließ er wieder auf, was ihn und seine Teilhaber 60 fl. kostete, „denn meine Kunst liehe ich umbsonst, also führet ich mein kunst von dem Berg gen Hoff und darnach wider heim gen Nürnberg".[138]

Den großen Radius, in dem die Staudes ihre Künste einsetzten, bekundet auch eine Notiz in den Schneeberger Zehntrechnungen von 1477, wonach den „Stauden

[135] Zum Suchstollenrecht vgl. H. Ermisch, a. a. O., besonders das Freiberger Bergrecht B, S. 41f., §§ 5 u. 6. Als Beispiele für derartige Verleihungen können erneut die beiden obengenannten Lehenträger dienen. Gregor Hirsch wurde 1504 der Suchstollen, den Hans Kempf nach dem „Reichen Gestüb" getrieben hat, mit aller Gerechtigkeit eines Suchstollens verliehen; 1505 bekam Stefan Floeck „St. Wolfgangs Stolort" am Klosterberg ebenfalls als Suchstollen, wobei ihm auch hier zugesichert wurde, im Falle des Überfahrens von Klüften oder Gängen jeweils eine Fundgrube und ihre beiden nächsten Maßen zu erhalten (HStA Freiberg, Nr. 234b [2]).

[136] G. Agricola, Zwölf Bücher . . ., a. a. O., S. 129ff.; über die Heinzen- und Bulgenkünste besonders S. 161ff.

[137] Ch. Meltzer, Erneuerte Stadt- und Bergchronik, a. a. O., S. 188.

[138] P. Albinus, Meißnische Bergchronik, a. a. O., S. 103.

von Nürnberg" 61 fl. 5 gr. Fuhrlohn dafür gezahlt wurde, daß sie ihre Geräte von Venedig zuerst nach Nürnberg und von dort nach Zwickau geführt hatten, offenbar um sie in Schneeberg einzusetzen.[139]

Damit wird bereits deutlich, daß das Eigentum an derartigen Künsten, deren Bau und Betrieb erheblichen Kapitaleinsatz erforderten, in den Händen einzelner Unternehmer lag, die evtl. noch einige – ungenannte – Gesellschafter hatten. Sie setzten ihre Künste auf eigene Kosten mit dem Ziel ein, sich am Bergbaugewinn zu beteiligen. Umfang und Form dieser Beteiligung – bei den Staudes nicht ganz klar – wurden im allgemeinen vertraglich geregelt.

So bot am 2. Oktober 1477 der „geomiter und astronomus" Paulus Eck den Landesherren an, in Schneeberg eine ganz neuartige Kunst zu errichten, die ohne Bulgen und Rohrwerke, Göpel und Stollen Wasser und Berg kräftig heben würde. Am 4. Dezember 1477 schlossen die Fürsten mit ihm einen Vertrag, worin sich Eck verpflichtete, die Kunst auf eigene Kosten zu errichten, ein Jahr lang in Schneeberg zu bleiben und die die Kunst bedienenden „werkmeister und hantwerken" zu unterweisen; als Gegenleistung wurde ihm zugesichert, daß er in allen Zechen, die seine neue Kunst benutzen, einen Freikux erhalten solle.[140] Über einen evtl. Gewältigungserfolg durch die neue Kunst ist nichts bekannt.

Häufig genug scheiterten jedoch Versuche mit derartigen neuen Künsten. Ein Beispiel hierfür ist der Vorgang um den Meister Peter von Danzig. 1482 veranlaßten die sächsischen Landesherren den Lübecker Bürger Hans Boitzenburg, mit dem Meister Peter von Faltisheim, genannt Peter von Danzig, darüber zu verhandeln, daß er nach Sachsen kommen möge, um den Schneeberg mit seiner Kunst zu gewältigen. Nach mehrfachem Briefwechsel und längeren Verhandlungen einigte man sich am 21. Dezember 1482 vertraglich dahin, daß Peter von Danzig für die Gewältigung 4000 Gulden von den Gewerken erhalten sollte, denen seine Kunst Wasserlösung brächte. Nach einem Jahr ergab jedoch eine Besichtigung der inzwischen aufgerichteten Kunst, daß ihre Leistung noch unter der alten Kunst lag. Eine Sachverständigenkommission setzte eine Frist, bis zu welcher die Mängel beseitigt sein mußten, andernfalls Peter von Danzig Schadenersatz zu leisten hätte. Dieser zog statt dessen die Flucht vor. Der daraufhin am 25. März 1484 von den Fürsten erlassene Steckbrief, in dem die Verhaftung des Flüchtigen gefordert wird, nennt eine Summe von 1300 fl., die Peter von Danzig inzwischen erhalten und den Gewerken nicht erstattet hatte. Der Diener des Schneeberger Hauptmanns, Magister Petrus Hölzel, wurde nach Danzig geschickt, um mit dem dortigen Rat entsprechende Verhandlungen zu führen. Ein Ergebnis ist dann nicht mehr bekannt.[141]

139 StA Weimar, Reg. T 135, Bl. 72b.

140 StA Dresden, Loc. 4320, Bl. 34, 35; vgl. auch ebenda, Loc. 4491, Verschreibung über Bergwerke ... 1470ff., Bl. 90f.; ferner ebenda (Loc. 4320, Bl. 36; Loc. 4491, Bl. 92b f.) den Geleitsbrief für Ulrich Hunbier vom 5. Januar 1478, der mit seinen Knechten etliche Künste zur „Trocknung" der Bergwerke nach Sachsen bringen wollte. Über die geplante Besichtigung einer von Streubel errichteten Kunst in Schneeberg 1479 vgl. StA Dresden, Loc. 4322, Bl. 50c.

141 Vgl. StA Dresden, Loc. 4320, Bl. 38–62.

Zur selben Zeit beabsichtigte übrigens auch der Schneeberger Hauptmann Heinrich von Starschedel, auf eigene Kosten eine Kunst in Schneeberg zu bauen. Am 10. November 1483 sicherten ihm die Landesherren zu, daß jede Gewerkschaft, die seine Kunst gebrauche, ihm die Hälfte des daraus gezogenen Nutzens abtreten müsse (die Höhe des Nutzens sollte jeweils durch Sachverständige festgestellt werden).[142] Wiederum andere Bedingungen enthielt der am 26. Juni 1484 geschlossene Vertrag mit Blasius Dalmaticus aus Ragusa. Dieser Vertrag bestimmte, daß dem Blasius Dalmaticus von allen Schneeberger Gewerkschaften, die seine Kunst als erste benutzten, seine Ausgaben und Kosten in einer von den Schneeberger Bergbeamten genehmigten Höhe zu erstatten seien; außerdem sollte der Genannte in jeder Zeche vier Freikuxe erhalten. In allen Zechen, die später seine Kunst in Anspruch nahmen (einschließlich eines Umkreises von 15 Meilen um Schneeberg, also in Geyer, Ehrenfriedersdorf, Freiberg, Geising u. a.), waren ihm gleichfalls vier Freikuxe zu gewähren, d. h., er erhielt – ohne daß er irgendwelche Produktionskosten, Zubußen etc. zu übernehmen hatte – die Ausbeute von vier Kuxen pro Zeche, allerdings mußte er die betreffenden Arbeiter in die Handhabung seiner Kunst einweisen.[143] Die einzelnen zur Erstattung solcher Kosten verpflichteten Zechen legten zu diesem Zweck eine Steuer an, die von den betroffenen Gewerkschaften aufzubringen war. So wurde im Mai 1497 von 25 Schneeberger Zechen eine Steuer von je 4 bis 20 gr. pro Zeche „zu der neuen Kunst des Hohen Gebirges" gegeben.[144] 1503 verklagte der Schichtmeister vom „Rappolt" in Schneeberg die „Heilig-Kreuz-Fundgrube" wegen 99 fl. Wassergeld, weil die Bulgenkunst im „Rappolt" auch der genannten Fundgrube Wasserlösung brachte.[145]

Außer den bereits erwähnten Abmachungen wurden Verträge über die Errichtung von Wasserkünsten auch noch unter den verschiedensten anderen Bedingungen abgeschlossen. Ein Vertrag mit Lorenz Werder vom 21. April 1500 legte fest, daß in allen Bergwerken Sachsens künftig nur noch die Werderschen Künste gebraucht werden dürften, falls es ihm gelänge, die Kosten für seine Kunst um ein Drittel niedriger, ihre Leistung jedoch um Drittel höher zu gestalten als die vergleichbaren Werte der gegenwärtig besten Schneeberger Kunst, und zwar so lange, bis erneut bessere Künste erfunden würden. Von allen Zechen, die seine Kunst benutzten, standen ihm jeweils 8 Freikuxe zu.[146] Einen bzw. zwei Freikuxe sollten ein Erfurter und zwei Annaberger Bürger 1502 bekommen, wenn es ihnen glückte, bestehende Künste so zu verbessern, daß Haspel künftig von einem statt von zwei Knechten bedient werden könnten und Göpel gar von nur zwei Knechten anstelle von 4 Pferden. Für die Freikuxe konnte ihnen auch deren Geldwert gewährt werden.[147] Den fünften Teil des Nutzens sollte 1518 Johann von Waldenstein für seine Kunst

[142] StA Dresden, Cop. 62, Bl. 22ff., zit. nach Nachlaß Löscher.

[143] StA Dresden, Loc. 4491, Verschreibung über Bergwerke . . . 1470ff., Bl. 119.

[144] StA Dresden, Loc. 15022, Annabergische und andere Bergordnungen . . . 1499–1539, Nr. 27 III, zit. nach Nachlaß Löscher.

[145] Ch. Meltzer, Erneuerte Stadt- und Bergchronik, a. a. O., S. 1212.

[146] Thüringische Landesbibliothek Gotha, Ms. Chart. A 213, Bl. 46, zit. nach Nachlaß Löscher.

[147] Ebenda, Bl. 50.

bekommen, für deren Bau er übrigens 60 Stämme Holz, 10 Eichen und zwei Wellen benötigte.[148]

Im September 1522 bot der Leipziger Bürger und Kaufmann Andreas Drembach den in Schneeberg versammelten landesherrlichen Räten an, zusammen mit einer Gesellschaft in der „Unruhe" auf dem Hohen Gebirge in Schneeberg eine neue Kunst zu hängen. Früher habe dort eine Kunst sämtliche umliegenden Zechen des Hohen Gebirges gewältigt; sie sei jedoch inzwischen durch Unvorsichtigkeit zerstört worden, weshalb das Wasser im Tiefsten bis auf die Höhe des Fürstenstollens aufgegangen sei. „Nu hab ich mich mit einer gesellschaft vereiniget, daß wir ein Summa geldis zusammen wolten legen und damit wiederumb ein kunst dahin zuvorfertigen gedechten." Sie stellten als Bedingung, daß ihnen die vier Zechen „Unruhe", „Fleischer", „St. Anna" und „St. Sebastian" verliehen würden, und zwar unter Befreiung vom Zehnten und vom Stollenneunten für die Fürstenstöllner, solange keine Ausbeute zu verteilen sei. Für den Fall, daß Ausbeuten gegeben werden könnten, wolle man den Landesherren statt eines Zehnten einen Zwanzigsten und den Stöllnern ihren Neunten geben. Eine von den Räten eingesetzte Kommission von Bergbeamten und Sachverständigen prüfte das Angebot und befürwortete es dringend. Sie stellte allerdings die Frage, wie sich die alten Gewerken der vier geforderten Zechen dazu stellen würden; man solle alle zusammenrufen und die Parteien gegeneinander verhören. Die Kosten für die neue Kunst schätzten die Sachverständigen auf 2000 fl. Bis zum März 1523 hatten die Landesherren jedoch noch nichts entschieden, so daß die Räte erneut eine Befürwortung an sie richteten. Eine – undatierte – Entscheidung der Landesherren enthielt die Verleihung der vier Zechen an Drembach und seine Gesellschaft, jedoch unter modifizierten Bedingungen: Drembach sollte von allem Silber, das er unterhalb des Fürstenstollens hauen würde, so lange vom Zehnten befreit sein, bis er seine Kosten für die Kunst wieder eingebracht habe; danach solle er einen Zwanzigsten abgeben. Den Stollenneunten habe er jedoch generell zu entrichten und ebenso den Zehnten von allem Silber, das er in den vier Zechen oberhalb des Stollens gewinnt.[149].

Herrschte bei den Künsten überwiegend das Einzeleigentum vor, so gab es jedoch auch Bergbau-Gewerkschaften, die eigene Künste errichteten. So hängte die Gewerkschaft der Zeche „St. Margarethe" in Schneeberg, deren Hauptgewerke Kunz von Iphofen war, 1517/18 eine Heinzenkunst, nachdem eine Berghandlung 1516 festgestellt hatte, daß eine solche Kunst für 12 umliegende Zechen eine Exi-

148 StA Dresden, Loc. 4486, Bergwerkssachen de anno 1487–1599, Bl. 55., zit. nach Nachlaß Löscher.

149 StA Dresden, Loc. 4489, Berghandlung und Rechnungen . . . 1522–1524, Bl. 30, 34b–35, 83b–84; Loc. 4507, Schneebergische Bergordnungen . . . 1481–1534, Bl. 9. Über die alte Kunst in der „Unruhe" vgl. auch Ch. Meltzer, Erneuerte Stadt- und Bergchronik, a. a. O., S. 930f. Danach war im Jahre 1501 Hans Unruh von den landesherrlichen Räten die Aufgabe übertragen worden, den Schneeberg durch eine Bulgenkunst zu gewältigen (dazu vgl. auch StA Dresden, Loc. 4489, Handlung auf dem Schneeberge . .. 1488–1546, Bl. 48; StA Weimar, Reg. T 81, Bl. 37b). Er habe dafür wöchentlich 3 fl. und eine einmalige Summe von 400 fl. erhalten; 18 Zechen mußten dazu Steuer geben. Jedoch sei die Gewältigung des Tiefsten erst 1513 vorübergehend gelungen.

stenzfrage geworden war. Diese Zechen gaben für die Kunst Steuer.[150] 1527 wurden 24 Zechen, die zur Anlage einer Kunst Steuer gegeben hatten, zu einer Gewerkschaft zusammengeschlagen, welcher die Kunst mit allem Zubehör übergeben wurde.[151]

Im allgemeinen war das Eigentum an den Künsten jedoch konzentrierter als an den übrigen Arbeitsmitteln des Silberbergbaus. Die angeführten Beispiele zeigen, daß das dazu nötige Kapital zumeist von einem einzelnen, evtl. unter Beteiligung von Gesellschaftern, vorgeschossen wurde. Das war für ihn vom Standpunkt des Profits deswegen von geringerem Risiko als die direkte Bergbaubeteiligung, weil sich Künste im allgemeinen für einen Standortwechsel eigneten und jeweils dort eingesetzt werden konnten, wo der Kunsteigentümer sich Gewinn versprach. Die Art der Gewinnbeteiligung war dabei sehr verschieden. Wie einzelne Beispiele zeigten, ging es den Kunsteigentümern darum, sich in den Besitz aufgelassener ehemals fündiger Zechen zu setzen, um sie nach Gewältigung auf eigene Rechnung auszubeuten (Beispiele Staude und Drembach). In anderen Fällen ließen sie sich ihr vorgeschossenes Kapital durch eine Umlage der gewältigten Zechen zurückzahlen und waren zusätzlich am Gewinn in Gestalt von einem oder mehreren Freikuxen beteiligt. Nach anderen Beispielen wurde auf eine Rückerstattung der Auslagen verzichtet, dafür aber eine höhere Gewinnbeteiligung (bis zu 50 Prozent) festgelegt. In wieder anderen Fällen bestand der Gewinn für die Kunst-Unternehmer von vornherein in der Form einer Geldsumme, die nach der Gewältigung der Zechen fällig wurde.

Insgesamt ergibt sich, daß die Eigentumsverhältnisse an den Arbeitsmitteln des Silberbergbaus bereits seit dem letzten Drittel des 15. Jh. überwiegend kapitalistischen Charakter trugen. Nichtmitarbeitenden Eigentümern der Arbeitsmittel mit – allerdings durch das Regal beschränktem – Eigentum am Arbeitsgegenstand, die ihr Kapital zum Zwecke der Verwertung in der Produktion anlegten, standen die eigentlichen Produzenten als in der Regel freie und ausgebeutete Lohnarbeiter gegenüber, die kein Eigentum mehr an den Produktionsmitteln hatten und in arbeitsteiliger, d. h. manufakturmäßiger Kooperation zusammenwirkten. Es entstanden die sozialen Grundlagen für die beiden Hauptklassen der späteren kapitalistischen Gesellschaft, kapitalistisch wirtschaftende Unternehmer und ein relativ starkes Vorproletariat. Diese Entwicklung ist – angesichts der das ganze gesellschaftliche Leben stimulierenden Bedeutung des Bergbaus in jener Zeit – ein wesentliches Anzeichen für den Beginn der Übergangsepoche vom Feudalismus zum Kapitalismus, der in der frühbürgerlichen Revolution in Deutschland seinen augenfälligsten Ausdruck fand. Im Schoße des Feudalismus und durch ihn vielfältig gehemmt, ihn ihrerseits aber zersetzend und untergrabend, bildeten sich Elemente einer neuen Gesellschaft heraus, die mit dem herrschenden Feudalsystem immer stärker in Konflikt gerieten. Daß sie sich nicht kontinuierlich weiterentwickeln konnten, war nicht zuletzt eine Folge der Niederschlagung der frühbürgerlichen Revolution.

150 StA Dresden, Loc. 4489, Verzeichnis . . . 1515–1518, Bl. 81, 114, 179b ff.

151 StA Dresden, Loc. 4490, Handlunge und Zehend-Rechnung . . . 1527–1535, Bl. 12b–13.

IV. DIE KLASSENMÄSSIGE HERKUNFT DES KAPITALS

1. *Das Kaufmannskapital*

An der Spitze der Bergbaubeteiligung stand direkt oder indirekt das Kaufmannskapital; direkt, wenn Kaufleute sich selbst oder durch Beauftragte neben dem weiterhin aktiv betriebenen Handel mit einem Teil ihres Kapitals am Bergbau beteiligten, indirekt, wenn sie oder – was häufig vorkam – ihre Familienmitglieder sich aus dem Handel zurückgezogen hatten, jedoch das durch Handel erworbene Geldkapital den Grundstock für das Anlagekapital im Bergbau bildete. Im ersteren Falle stammte das Kapital hauptsächlich aus näheren oder entfernteren Handelsstädten, im zweiten waren die betreffenden Gewerken häufig in den Bergstädten selbst ansässig geworden.

Die starke Beteiligung auswärtiger Kaufleute, ja ihre konstitutive Bedeutung für das Aufblühen des erzgebirgischen Bergbaus seit 1470 wird in den zeitgenössischen Quellen von Anbeginn deutlich. Hatte man noch wenige Jahrzehnte zuvor die Krise in Freiberg auf Kapitalmangel zurückgeführt und auf Wege gesonnen, die „wohlhabenden Bürger" zum Bergbau zu veranlassen[1], so wurde bereits zu Beginn des Schneeberger Bergbaus deutlich ausgesprochen, daß es die „außlendischen" sind, die vornehmlich den Schneeberg bauen und „genug geldis in euer gnaden furstenthum" bringen[2]. Daß damit in erster Linie das auswärtige Kaufmannskapital gemeint war, geht aus den späteren Klagen über die Bevorzugung der „großen hansen", aus der Bedeutung, die man vielen der führenden deutschen Handelsstädte als Konzentrationspunkten erzgebirgischer Gewerken beimaß, und aus einer unübersehbaren Zahl von Einzelangaben hervor.

Das Einzugsgebiet umfaßte dabei insbesondere die sächsischen und oberdeutschen Städte, reichte aber im ganzen weit über sie hinaus. Als die Landesherren im Herbst 1476 einen Gewerkentag nach Zwickau einberiefen, adressierten sie die entsprechende Bekanntmachung an die Städte Nürnberg, Erfurt, Zwickau, Leipzig, Zerbst, Berlin und Magdeburg.[3] Bereits um 1476 schlug ein ungenannter Schnee-

[1] Vgl. oben, S. 12f., Anm. 36.

[2] Vgl. die undatierte, jedenfalls vor dem 12. Mai 1477 verfaßte Eingabe des Schneeberger Gegenschreibers an die Landesherren, StA Dresden, Loc. 4322, Bl. 78ff. Weitere Angaben über die Bedeutung der „Ausländischen" vgl. oben am Beginn der Studie über die kapitalistische Gewerkschaft, S. 83.

[3] StA Dresden, Loc. 4322, Bl. 24. Die Nennung Nürnbergs an erster Stelle dürfte nicht zufällig gewesen sein. Die von Beginn an außerordentlich engen Beziehungen zu Nürnberg gehen auch aus den Rechnungen und Berichten Martin Römers hervor (vgl. StA Weimar, Reg. T 135 passim).

berger Bergbeamter den Landesherren vor, eine Gruppe von Gewerkenvertretern wählen zu lassen, die sich aus zwei oder drei Vertretern der Prälaten und der Ritterschaft und je einem Vertreter der Städte Leipzig, Zwickau, Freiberg, Altenburg, Dresden und Meißen zusammensetzen sollte; den Städten außerhalb des Fürstentums könne man anheimstellen, ebenfalls Vertreter zu entsenden.[4] Damit waren bereits etwa die zu Beginn des Schneeberger Bergbaus vorhandenen Relationen in der klassenmäßigen Herkunft des Kapitals angedeutet. Während eines Gewerkentages am 26. Juli 1479 in Schneeberg wurden diese Relationen noch deutlicher sichtbar: Um die Rechnungslegung und die übrigen Verhandlungen zu erleichtern, wählten die versammelten Gewerken zunächst einen Ausschuß von Gewerkenvertretern, der sich zusammensetzte aus einem Vertreter des Adels, drei aus Erfurt, zwei aus Nürnberg, vier aus Leipzig, zwei aus Zwickau, zwei aus Freiberg und einem aus Magdeburg. Diese entwarfen u. a. eine Bergordnung für den Schneeberg, die sie den Landesherren übersandten und die die Grundlage für die Bergordnung vom 17. November 1479 bildete. In dem Entwurf schlugen die Gewerkenvertreter vor, künftig acht Rechenherren einzusetzen[5], die folgendermaßen zusammengesetzt sein sollten: je ein Vertreter des Adels und der Geistlichkeit und sechs Städtevertreter aus Nürnberg, Magdeburg, Erfurt, Leipzig, Zwickau und Freiberg.[6] Wenn auch von den Fürsten die tatsächliche Zusammensetzung der Rechenherren zugunsten des Adels und der Geistlichkeit verändert wurde, so dürften doch diese Vorschläge das starke Überwiegen des bürgerlichen, speziell des Kaufmannskapitals bereits in den ersten Jahren des Schneeberger Bergbaus richtig widerspiegeln. Auch bei der Aufzählung der Städte sind hier bereits diejenigen erfaßt, die während der folgenden Jahrzehnte den größten Einfluß auf den erzgebirgischen Silberbergbau ausübten. Auffallend ist nur, daß hier noch Augsburg fehlt, das später ebenfalls eine bedeutende Rolle spielte. Man wird insgesamt einschätzen dürfen, daß neben den Bergstädten und den nähergelegenen Handelszentren wie Zwickau, Chemnitz und Erfurt in erster Linie das Kaufmannskapital von Leipzig[7], Nürnberg[8] und später Augsburg bestimmenden Einfluß auf den erzgebirgischen

4 Ebenda, Bl. 11f.

5 Über die Institution der Rechenherren vgl. oben, „Die Durchsetzung des Direktionssystems . . .", S. 52 f. u. Anm. 24.

6 StA Dresden, Loc. 4322, Bl. 36ff., 40ff. Auch Gewerken aus Frankfurt a.M. müssen in Schneeberg um diese Zeit relativ stark vertreten gewesen sein (H. Ermisch, Ein Beitrag zur Geschichte des Schneeberger Bergbaus, in: NASG, Bd. 18, 1897, S. 166ff.).

7 Vgl. dazu auch R. Dietrich, Untersuchungen zum Frühkapitalismus . . ., a. a. O., Bd. 8, 1959, S. 95ff., wo gegen die Thesen Th. G. Werners vom Überwiegen des oberdeutschen Kapitals vor allem auf die große Bedeutung Leipzigs hingewiesen wird. Dieser Hinweis ist durchaus zutreffend; jedoch ist die Polemik gegen Werner überspitzt, da neben dem Leipziger das oberdeutsche Kapital von größter Bedeutung war, wobei es sich z. T. via Leipzig am erzgebirgischen Bergbau beteiligte.

8 Vgl. dazu die neue Arbeit von Th. G. Werner, Die große Fusion der Zechen um den Rappolt in Schneeberg unter Führung der Nürnberger von 1514, in: Mitteilungen des Vereins für Geschichte der Stadt Nürnberg, Bd. 56, 1969, S. 214–250; Bd. 57, 1970, S. 150–175; Bd. 58, 1971, S. 102–115. Diese Untersuchung, die reiches Material über die Beteiligung von Nürnbergern am erzgebirgischen Bergbau enthält (auch wenn man

Silberbergbau ausübte. 1541 beklagten die Fürsten sogar, daß man in Nürnberg, Augsburg und Leipzig über die jeweiligen Produktionsziffern, über die Menge des für die Münzherstellung verwendeten Silbers und über die Höhe der fürstlichen Einkünfte eher Kenntnis habe als die Fürsten und ihre Geheimen Kammerräte selbst und daß man diese Kenntnis für „wucherliche auslegung" und Münzmanipulationen ausnutze.[9]

Viele Städte waren auch kollektiv, vertreten durch ihre Räte, am erzgebirgischen Silberbergbau beteiligt. So nennt das Gewerkenverzeichnis des Schneeberger Fürstenstollens von 1502 den Rat von Leipzig mit $1^1/_2$ Kuxen, den Rat von Zwickau ebenfalls mit $1^1/_2$ Kuxen und den Rat von Radeberg mit $^1/_2$ Kux angegeben.[10] Mit 4 Kuxen war der Rat von Zwickau 1535/36 am Markus-Semler-Stollen in Schneeberg beteiligt[11], seit 1537 baute der Rat von Chemnitz in verschiedenen Marienberger Zechen mit[12]. Auch eine Reihe von Zechennamen deutet auf die Herkunft ihrer Gewerken hin. So gab es 1479 in Schneeberg u. a. eine Chemnitzer, eine Leipziger, eine werdauische, eine magdeburgische, eine freibergische, eine Lößnitzer, eine Breslauer, eine hallische, eine meißnische, eine Crimmitschauer, eine eilenburgische, eine nürnbergische und eine Zwickauer Zeche sowie ein Eibenstocker Lehen.[13]

Eingehend wurde die Beteiligung des Leipziger Rates am erzgebirgischen Bergbau auf Grund der Leipziger Stadtkassenrechnungen von A. Kroker untersucht.[14] Danach hatte der Leipziger Rat allein in Schneeberg von 1472 bis 1535 Bergteile in 65 Zechen[15] erworben, und zwar insgesamt über 286 Kuxe.[16] Der Schwerpunkt der Neuerwerbungen lag dabei vor 1500. Die Initiative ging vornehmlich von Leipziger Großkaufleuten aus, die Ratsmitglieder waren und auch persönlich stark im erzgebirgischen Bergbau engagiert gewesen sind. Wie lange der Rat die einzelnen Kuxe festhielt, konnte Kroker nicht feststellen. Es ergab sich jedoch – und das entspricht ganz der oben festgestellten allgemeinen Tendenz –, daß man viele Kuxe immer nur für eine gewisse Zeit behielt; wenn sich nach längerer Zubußzahlung kein Silber einstellte, wurden sie wieder aufgegeben. Dabei hatte der Leipziger Rat noch insofern Glück, als von den 65 Zechen immerhin 15 Ausbeute (darunter 2 recht hohe Ausbeute) gaben, was insgesamt über dem Durchschnitt

manchen Überlegungen und Interpretationen nicht folgen kann), konnte im Text der vorliegenden Arbeit nicht mehr ausgewertet werden.

9 StA Weimar, Reg. T 122, Bl. 82.

10 Ebenda, Reg. T 168, Bl. 8–9.

11 Ebenda, Reg. T 9, Bl. 30f., 32f.

12 Vgl. W. Bogsch, a. a. O., S. 98.

13 Vgl. das Zubußverzeichnis in: StA Dresden, Loc. 4491. Verschreibung über Bergwerke ... 1470ff., Bl. 83ff.; für die spätere Zeit vgl. die Rezesse, a. a. O.

14 E. Kroker, Leipzig und die sächsischen Bergwerke, in: Schriften des Vereins für die Geschichte Leipzigs, Bd. IX, 1909, bes. S. 39ff.; vgl. auch R. Dietrich, Untersuchungen zum Frühkapitalismus ..., a. a. O., Bd. 8, 1959, S. 96ff.

15 Die Zahl differiert deshalb mit der von Kroker angegebenen (60), weil die unter Nr. 60 aufgeführten Zechen als selbständige Einheiten zu betrachten sind.

16 Die genaue Zahl ließ sich nicht ermitteln, da in einzelnen Zechen die Zahl der Kuxe nicht angegeben ist.

lag.[17] Auch in Annaberg und Buchholz war der Leipziger Rat beteiligt. Bereits 1498, bald nach dem Aufkommen des Silberbergbaus am Schreckenberg, kaufte er 8 Kuxe im dortigen Tiefen Stollen. Weitere Erwerbungen, allerdings insgesamt weit geringer als in Schneeberg, folgten dann 1505 und in den dreißiger Jahren.[18]

Für die Beteiligung einzelner Bürger als Gewerken im erzgebirgischen Silberbergbau gibt es unzählige Angaben. Meist sind jedoch nur die Namen, seltener die Herkunftsorte und die Tätigkeit außerhalb des Bergbaus angegeben, und nur zuweilen werden die Person, ihre Tätigkeit und die Herkunft ihres Kapitals deutlicher faßbar. Will man Näheres feststellen, erfordert das oft eine intensive Such- und Sammelarbeit, verbunden mit genealogischen Studien. Es erscheint daher zweckmäßig, außer auf Personen, die aus der Stadt- und Wirtschaftsgeschichte bereits bekannt sind, die Untersuchungen vor allem auf einige exemplarische Fälle zu konzentrieren und auf reine Namensaufzählungen wegen ihres geringen Aussagewertes im einzelnen zu verzichten. Darüber hinaus sei auf das umfangreiche Einzelmaterial verwiesen, das besonders Th. G. Werner zusammengetragen hat.[19]

Der hervorstechendste Vertreter des Handelskapitals am Beginn des Schneeberger Silberbergbaus war *Martin Römer*. Seine Herkunft ist ungewiß. Römers Biograph E. Herzog vermutet entgegen Auffassungen, wonach der Vater des Martin Römer aus Nürnberg nach Zwickau gekommen sei, daß er aus Chemnitz stamme.[20] Jedoch hat er zeitlebens enge Handelsbeziehungen zu Nürnberg unterhalten. In den Zwickauer Quellen soll Martin Römer erstmals 1462 als Zwickauer Bürger auftauchen[21], jedoch datiert seine erste Privilegierung auf dem Schneeberg bereits aus dem Jahre 1460, wo er als Zwickauer Bürger erwähnt ist[22]. 1466 war

[17] So bestanden in Schneeberg im Frühjahr 1514 laut Rezeß 370 Zechen (StA Weimar, Reg. T 254, Bl. 6–10), aber nur 8 gaben in diesem Jahr Ausbeute (Ch. Meltzer, a. a. O., S. 692f.). In Annaberg lag das Verhältnis im selben Jahr bei rd. 900 Zechen im Jahresdurchschnitt, davon 55 Ausbeutzechen (StA Weimar, Reg. T 254, Bl. 11–47; StA Dresden, Loc. 4495, Austeilung auf St. Annaberg, pass.).

[18] Kroker berichtet ferner über den Kuxbesitz des Leipziger Rates in Joachimsthal, Freiberg und Brand sowie im Zinnbergbau von Graupen und Geising.

[19] Th. G. Werner, Das fremde Kapital im Annaberger Bergbau und Metallhandel, a. a. O.; Derselbe, Die große Fusion, a. a. O.; vgl. auch die beiden Bücher von W. Bogsch über den Marienberger Bergbau, a. a. O. Eine Liste von 77 Joachimsthaler Gewerken, die zumeist auch im übrigen Erzgebirge beteiligt sind, hat I. Mittenzwei in der ungedruckten Fassung ihrer Dissertation (Der Joachimsthaler Aufstand von 1525 ..., Institut für Gesellschaftswissenschaften beim ZK der SED, Berlin 1963) zusammengestellt.

[20] Vgl. E. Herzog, Martin Römer. Ein biographischer Beitrag zur sächsischen Culturgeschichte, in: Mitteilungen des Kgl. Sächsischen Vereins für Erforschung und Erhaltung vaterländischer Geschichts- und Kunstdenkmale, H. 14, Dresden 1865, S. 49ff. Nach einer freundlichen Mitteilung von H. Bräuer bietet auch die bürgerliche Chronistik der Stadt Zwickau keine verwertbaren Anhaltspunkte über die Herkunft Römers und seines Kapitals. Sie gedenkt vor allem seiner Stiftungen. Die neue Arbeit Th. G. Werners, die im Text nicht mehr berücksichtigt werden konnte, verifiziert die Nürnberger Herkunft Römers (Die große Fusion, a. a. O., Bd. 56, S. 225, Anm. 40).

[21] E. Herzog, ebenda

[22] O. Hoppe, a. a. O., S. 7.

er bereits Mitglied des Zwickauer Rates und mit Katharina, der Tochter des Ratsherrn Hans Tretwein[23], verheiratet. Bedeutsam in diesem Zusammenhang ist, daß er mit großer Wahrscheinlichkeit seit seinem Auftauchen in Zwickau der dortigen Handelsinnung angehörte und sich noch vor dem Fündigwerden des Schneebergs bereits auf ein großes Kapital stützen konnte, das offenbar aus Handelsgeschäften herrührte. Schon 1470 konnte er sich adeln lassen und wird im selben Jahr in der Vermessungsurkunde des Schneebergs als der „fursichtige und weise" Martin Römer tituliert.[24] Aus dem Silberbergbau kann er jedenfalls vor 1470 nicht viel Gewinn geschöpft haben, da der Schneeberg zu jener Zeit allenfalls etwas silberhaltiges Kupfer und Wismut hergab. Dennoch war Römer bereits 1460 neben Hans Federangel Hauptgewerke auf dem Schneeberg, als er für sich und seine Mitgewerken von Herzog Friedrich eine sechsjährige Münzbefreiung und andere Privilegien in der Fundgrube erhielt. Als er im November 1466 nach Ablauf der Münzbefreiung bei Herzog Albrecht deren Verlängerung beantragte, wies er ausdrücklich darauf hin, daß er bereits „eine mergkliche summa gelds doruffe vorbuwet" habe, ohne etwas „bisher daran erlangt" zu haben.[25] Wenige Monate zuvor, im Juni 1466, hatte er Herzog Albrecht in Wien bei dem Besuch am kaiserlichen Hofe 1180 rh. fl. geliehen[26], was einerseits bezeugt, daß er damals schon über genügend flüssiges Kapital und ausgedehnte Beziehungen verfügte, andererseits, daß er bereits frühzeitig Bankiersgeschäfte für seine Landesherren tätigte und gute Verbindungen zu ihnen hatte. Daß er zu dieser Zeit bereits Metallhandel größten Stils betrieb, dafür zeugt sein Angebot von 1468, die gesamte sächsische Kupferproduktion eines Jahres aufzukaufen.[27]

Diese bevorzugte Stellung trug erheblich dazu bei, daß er nach dem Fündigwerden des Schneebergs sein Vermögen enorm steigern und seine Geschäfte ausdehnen konnte. Zum Zeitpunkt des Fündigwerdens war Römer in mindestens drei Zechen der Hauptgewerke und Lehenträger: in der „Alten Fundgrube", in der er, wie bereits angegeben, nachweisbar seit 1460 zusammen mit Hans Federangel Lehenträger war, ferner in der „Alten Wismutzeche" und einem angeschlossenen Erbstollen, die er 1467 zusammen mit Hans Federangel und Andreas Goltschmidt[28] verliehen erhalten hatte[29], und schließlich in der Zeche, die als erste etwa im September 1470 fündig geworden war und zur Unterscheidung von der „Alten Fundgrube" den Namen „Neue" oder „Rechte Fundgrube" trug.[30] Wie viele Teile bzw. Kuxe Römer in diesen

23 Ein Nikolaus Tretwein (Tretwyn) aus Zwickau war der damalige erste Bergmeister von Schneeberg.

24 StA Dresden, Loc. 4324, Bl. 23.

25 Ebenda, Bl. 22; vgl. auch Cop. 58, Bl. 413.

26 E. Herzog, a. a. O., S. 50, Anm.

27 FUB, II, a. a. O., Nr. 1051.

28 In ihm werden wir den Goldschmied Andreas Gaulenhöfer zu sehen haben, der aus Nürnberg stammte, nach Zwickau übergesiedelt war, dort 1464 Ratsherr und 1483 Bürgermeister wurde, G. Agricola, Ausg. Werke, Bd. II, S. 287; K. Hahn, Die Zwikauer Welser, a. a. O., S. 63.

29 StA Dresden, Loc. 4324, Bl. 22b.

30 Ebenda, Bl. 23; vgl. auch K. Hahn, Die ältesten Schneeberger Zehntrechnungen, a. a. O., S. 37.

Zechen besaß, ist nicht festzustellen; gewiß hatte er sich jedoch bei der dominierenden Stellung, die er in der Gewerkschaft einnahm, und bei seiner Kapitalkraft einen großen Anteil gesichert, so daß ihm die hohen Ausbeuten der „Rechten Fundgrube“ seit 1470 und der „Alten Fundgrube“ seit 1474 reichen Gewinn eingebracht haben müssen.[31]

Er hat sich dabei keinesfalls auf die Beteiligung an diesen Zechen beschränkt. Als nach dem Fündigwerden 1470 eine fieberhafte Schürfwelle einsetzte und zahlreiche Gruben neu aufgenommen wurden, wird sich Römer gewiß auch an anderen Zechen beteiligt haben. Da Gewerkenverzeichnisse oder Austeilungsbücher aus jener Zeit fehlen, läßt sich das im einzelnen nicht feststellen. Immerhin finden sich sporadisch Angaben, die eine solche Beteiligung belegen. So wurde im Mai 1478 von den Landesherren eine sechsjährige Münzbefreiung für „Merten Romers lehenschaft uf dem Schneberg“ erteilt[32], ein Jahr später berichtete Römer dem Herzog Albrecht, daß man am Niederen Richtschacht „bey meiner lehenschaft sere gute art“ angetroffen habe.[33] „Römers Lehenschaft“ tauchte als Zechenname auch in den Zehntrechnungen und anderen Quellen auf. Daneben ist Römers maßgebliche Beteiligung am Mühlberg nachweisbar, der zum Schneeberger Revier gehörte. Dort wurden im September 1477 „etzlich lehen und Massen“, die Römer und seine Gewerken zu Lehen hatten, mit der Müntzerzeche zusammengeschlagen, und weil dadurch eine zu hohe Konzentration erreicht wurde (die Gewerken „vil lehen und massen haben, mehr denn vormals uf dem Sneberg ader andern bergen erfaren und gewonlich ist“), sollten die zusammengeschlagenen Teile laut Anweisung der Landesherren durch drei Gewerkschaften gebaut werden.[34] Viel Gewinn wird er aus diesen anderen Gruben allerdings nicht gezogen haben; den Hauptertrag brachten ihm zweifellos die „Neue“ und die „Alte Fundgrube“ ein. Nach seinem Tode wurde sein Kuxbesitz vermutlich von seinen Erben übernommen.[35]

Römers Erträge beschränkten sich aber keineswegs auf die Kuxausbeuten. Durch seine Funktionen und seine Vertrauensstellung gegenüber den Landesherren wußte er seinen Profit zweifellos erheblich zu steigern, was durch die in jener Zeit noch sehr lockere Verwaltungsorganisation erleichtert wurde. Bereits Ende des Jahres 1470 oder 1471 war er als Zehntner von Schneeberg eingesetzt worden[36], und als er im

[31] So erhielten die Landesherren für die drei Teile (12 Kuxe), die sie in der Rechten Fundgrube besaßen, von 1472 bis 1477 insgesamt 51183 fl. Ausbeute, K. Hahn, a. a. O. S. 45. 1478 kaufte Hans Kraft aus Leipzig einen halben Kux in „Römers Stollen“ von Ulrich vom Ende für 6600 fl., Ch. Meltzer, a. a. O., S. 1198.

[32] StA Dresden, Loc. 4491, Verschreibung über Bergwerke . . . 1470 ff., Bl. 43.

[33] Ebenda, Loc. 4322, Bl. 34.

[34] Ebenda, Loc. 4491, Verschreibung über Bergwerke . . . 1470 ff., Bl. 29 ff.

[35] Erbe war sein Bruder Niklas Römer, der 1493 starb und neben fünf Töchtern die Söhne Hans, Wolfgang, Peter, Jörg und Martin hinterließ, E. Herzog, a. a. O., S. 62 f. Alle fünf tauchen aber in dem zufällig erhaltenen Gewerkenverzeichnis des Schneeberger Fürstenstollens von vor 1502 als Gewerken auf, jeder einzeln mit $^2/_3$ Kuxen, dazu alle gemeinsam noch mit $^1/_3$ Kux; ferner erscheint noch Katharina Römer mit 2 Kuxen (StA Weimar, Reg. T 168, Bl. 8–9).

[36] Im Oktober 1470 wurde noch Nikolaus Tretwyn als derzeitiger Zehntner genannt (StA Dresden, 4324, Bl. 23), jedoch gab Römer – als er im April 1472 erstmals eine Zehntrechnung vorlegte – Rechenschaft über die Einkünfte und Ausgaben seit 1470.

Juli 1474 zum Hauptmann von Zwickau berufen wurde[37], war er damit zugleich der oberste landesherrliche Beamte auf dem Schneeberg. Zwar wurde dann 1477 mit Heinrich von Starschedel ein eigener Schneeberger Hauptmann eingesetzt, aber das Zehntamt und damit die gesamte Finanzverwaltung behielt Martin Römer bis zu seinem Tode im April 1483. Diese Funktion jedoch erlaubte Römer in jener Zeit einen großen Spielraum bei der Abrechnung der Einnahmen und insbesondere der Ausgaben. Die von ihm abgegebenen Zehntrechnungen[38] waren nicht nur sehr pauschal gehalten, sonder vermengten sachbezogene Ausgaben auch mit vielen sachfremden Zahlungen, die Römer im Auftrag der Landesherren oder des Rentmeisters tätigte und wofür kaum Einzelbelege vorlagen.[39] Daneben wird deutlich, daß Römer auch den Verlag der landesherrlichen Bergteile übernommen hatte. Er kaufte für die Fürsten Kuxe und zahlte – wo nötig – die Zubußen in Schneeberg, aber auch in Hohenforst. In diesem Zusammenhang sei daran erinnert, daß es Römer war, der die Gebrüder Staude 1473 nach Hohenforst geholt hatte, um das dortige Bergwerk zu gewältigen.[40]

Von besonderer Bedeutung aber ist, daß Römer auch in großem Stile Silberhandel trieb. Das gesamte Silber mußte von den Gewerken an die Landesherren verkauft werden, wurde aber nur zu einem Teil vermünzt. Den Vertrieb des ungemünzten Silbers besorgte offenbar Martin Römer für die Landesherren. So lesen wir in einer Zehntrechnung von 1474, daß Römer 200 Mark Silber in 8 Stücken nach Breslau geführt hat; 1477 verkaufte er in der Woche Oculi (9.–15. März) 2227 Mark Silber für 7 fl. 6 s. pro Mark nach Nürnberg; bereits wenig später, am 10. April desselben Jahres, schickte er erneut 2232 Mark Silber nach Nürnberg, wofür er jetzt 7 fl. 7 s. pro Mark erhielt.[41] Chronisten berichten, daß Römer Handelsniederlassungen in Nürnberg, Augsburg, Venedig und Frankfurt am Main besessen habe, in denen er das Silber zum Verkauf ausstellte; die Niederlassung in Venedig habe er begründet, als er sich 1476 auf der Wallfahrt mit Herzog Albrecht nach Jerusalem einige Tage in Venedig aufhielt und dort ein großes Gewölbe mietete.[42] Die engen Beziehungen Römers zu Nürnberg und Venedig werden durch die Zehntrechnungen eindeutig belegt. In Nürnberg saß Hans Umbhawen, von Römer als „mein Diener" bezeichnet, der spätestens seit 1477 für Römer, aber auch direkt für Herzog Albrecht dort und in

[37] O. Hoppe, a. a. O., S. 11.

[38] StA Weimar, Reg. T 135, Bl. 1–200. Die erste Rechnung legte er für die Zeit von September 1470 bis Mai 1472, die zweite von Mai 1472 bis Juli 1474 ab. Erst danach wurde eine vierteljährliche Rechnungslegung üblich.

[39] So tauchen sehr häufig Ausgaben auf wie: Römer hat auf Anforderung des Obermarschalls dem Rentmeister 4000 Gulden übergeben; Römer hat Nikolaien (wahrscheinlich der Bergmeister Nikolaus Tretwyn) 360 Gulden in seiner Stuben gegeben; 15 Gulden hat Römer Arnolt von Schönfels gegeben für ein Pferd; der Rentmeister hat 200 Gulden von der Familie am Ende Gelde einbehalten „als Römer weiß"; Römer hat dem Rentmeister 1400 Gulden gegeben, als dieser nach Schellenberg reiten wollte; Römer hat auf Empfehlung des Obermarschalls dem Küchenmeister 400 Gulden zum Kauf gedörrter Fische gegeben usw.; Einkünfte, Botenlöhne, Bezahlung landesherrlicher Schulden und ähnliche Zahlungen erscheinen immer wieder.

[40] Vgl. oben, S. 16, Anm. 56.

[41] StA Weimar, Reg. T 135, Bl. 41, 80.

[42] P. Albinus, Meißnische Bergchronik, a. a. O., S. 36.

Venedig die meisten Geschäfte abwickelte.[43] Nach dem Tode Römers führte er übrigens diese Tätigkeit für Herzog Albrecht fort.[44] Eine Vielzahl von Botenlöhnen, die insbesondere seit 1477 in den Zehntrechnungen Martin Römers vorkommen, nennen immer wieder Nürnberg und Venedig als Bestimmungsorte. Aber auch in anderer Richtung betrieb Römer seinen Silberhandel, insbesondere via Frankfurt-Köln. Die Klage eines Kölner Bürgers über die Qualität seines Silbers wies Römer 1472 mit der Bemerkung zurück, daß er bereits über 20000 Mark dieses Silbers ohne Beanstandung verkauft habe, und 1477 beschloß der Kölner Rat, mit ihm wegen einer Anleihe von 15000–16000 fl. zu verhandeln.[45] Obwohl dafür keine genauen Angaben vorliegen, dürfte außer Frage stehen, daß Martin Römer durch diesen Handel hohe Gewinne gemacht haben muß, auch wenn der Hauptteil des Profits in die Taschen der Landesherren floß.

Über den Reichtum Römers, der schon von den Zeitgenossen den Beinamen „der Reiche" erhalten hatte, haben uns die Chronisten legendäre Summen überliefert. Albinus beziffert allein Römers Stiftungen auf über 100000 Gulden.[46] Nachgewiesen ist[47], daß er in den siebziger Jahren eine Reihe von Häusern errichten ließ und Grundeigentum erwarb: 1473 ließ er ein Vorwerk im Stadtgebiet von Zwickau erbauen, ferner das Kornhaus und das Zeughaus, die ihn 10000 fl. kosteten und nach seinem Tod von den Erben an den Rat der Stadt Zwickau verkauft wurden; außer einem Haus am Markt, das er bereits besaß, errichtete er ein weiteres dreistöckiges Haus am Markt, das als eines der repräsentativsten Bürgerhäuser gilt. Daneben kaufte er 1478 die Rittergüter Marienthal und Neumark bei Zwickau. Die nachweisbaren Stiftungen, die er zu Lebzeiten oder testamentarisch der Stadt Zwickau, einigen Kirchen, Hospitälern u. a. vermachte, umfaßten insgesamt 33600 fl.[48]

Sein Reichtum erlaubte es ihm, auch weiterhin Bankiersfunktionen für die Landesherren zu übernehmen und ihnen mit Krediten auszuhelfen. Wie Römer bereits 1466 Herzog Albrecht bei dessen Aufenthalt in Wien die obenerwähnte Summe lieh,

[43] StA Weimar, Reg. T 135, Bl. 82, 119, 140b u. a. m. So kaufte er 1478 im Auftrage Herzog Albrechts in Venedig 4000 Dukaten für 5320 rh. fl. (ebenda, Bl. 122).

[44] Er hatte offenbar für Herzog Albrecht zusammen mit Mathias Zobelstein aus Leipzig den Silbervertrieb übernommen, wobei vermutlich Zobelstein den Verkauf in der Leipziger, Umbhawen in der oberdeutsch-italienischen Richtung betrieb. Beide erhielten nach den sogenannten Silberkaufrechnungen, die seit den 80er Jahren bis 1500 neben den Zehntrechnungen geführt wurden, Jahresgehälter für ihre Tätigkeit: Zobelstein 200fl., Umbhawen 100fl. im Jahr (Zobelsteins Gehalt war zugleich die Vergütung für die Ausübung des Zehntamtes – vgl. oben). In Nürnberg blieb jedoch Umbhawen die Zentralfigur des Silberhandels und anderer herzoglicher Geschäfte. Ihm zur Seite stand ein Doktor Sewalt, der 1483 als Umbhawens Faktor erwähnt wird. Vgl. die Zehntrechnungen nach Römers Tod im StA Weimar, Reg. T 135, Bl. 200ff., ferner die Silberkaufsrechnungen bis 1500, ebenda, Reg. T 136 – T 165; vgl. auch Th. G. Werner, Das fremde Kapital, a. a. O., Bd. 57, S. 149 u. Anm. 101, ausführlicher A. Puff, a. a. O., S. 86ff.

[45] Abgedruckt bei H. Helbig, Quellen zur älteren Wirtschaftsgeschichte Mitteldeutschlands, IV. T., Weimar 1953, S. 94ff.

[46] P. Albinus, Meißnische Bergchronik, a. a. O., S. 38f.

[47] E. Herzog, a. a. O.

[48] Ebenda.

so streckte er auch in den siebziger Jahren seinem Landesherrn Geld vor. Als er 1476 an der Wallfahrt Herzog Albrechts nach Jerusalem teilnahm, mußte er während der Reise für den Herzog immer größere Summen beisteuern, und zwar zumeist Dukaten, die er unterwegs einwechseln ließ (z. B. „213 Dukaten hat Senckenthaler bei den Welsern aufgenommen"). Eine 1477 aufgestellte Schlußbilanz ergab, daß Herzog Albrecht Römer dafür noch 6020 rh. fl. 19 s. schuldete.[49] Bereits vor der Reise hatte er dem Herzog 7250 fl. zur Verfügung gestellt, jedoch ist bei dieser und anderen Summen nicht immer eindeutig zu beantworten, ob sie von Römer persönlich oder aus dem von ihm verwalteten landesherrlichen Zehnten stammten.[50]

Die enge Bindung Römers an die Landesherren, insbesondere an Herzog Albrecht, ist symptomatisch für das Verhältnis eines Teils des Bürgertums, vor allem seiner reichsten Vertreter, zu den Territorialfürsten seit Ende des 15. Jh. Wie später die Fugger als Bankiers des Kaisers diesen finanziell von sich abhängig machten und daraus hohen Profit zu schlagen wußten, erkaufte sich Römer durch die Finanzierung der Landesherren und durch die für sie abgewickelten Geschäfte die Funktionen und die Stellung[51], die ihm zur Mehrung seines Reichtums verhalfen. Daß dieses Verhältnis von Bürgertum und Landesherren andererseits auch symptomatisch für den veränderten Charakter des Landesfürstentums seit Ende des 15. Jh. ist, sei an dieser Stelle nur nebenbei angemerkt.

Auch der zweite Hauptgewerke neben Martin Römer zu Beginn des Schneeberger Silberbergbaus, *Hans Federangel* aus dem reichen Zwickauer Tuchhändlergeschlecht, war ein Vertreter des Kaufmannskapitals. Er wurde bereits mehrfach als einer der Lehenträger der Römerschen Gewerkschaften in der „Alten Fundgrube", in der „Alten Wismutzeche" und in der „Rechten" bzw. „Neuen Fundgrube" erwähnt. Daneben muß er sich – ebenso wie Römer – noch an weiteren Gruben beteiligt haben, wie der Zechenname „im Federangel"[52] ausweist. Er hat zweifellos aus seiner Beteiligung an der Fundgrube hohen Gewinn gezogen.[53] Auch er machte Geldgeschäfte mit den Landesherren; nach einer Eintragung in der Römerschen Zehntrechnung ergab die wechselseitige Aufrechnung eines solchen Geschäftes 1475 eine noch verbleibende Schuld Federangels gegenüber Herzog Albrecht, die Federangel an Römer zahlte und die dieser dann mit dem Herzog verrechnete.[54] Wie Römer rückte auch Federangel in ein landesherrliches Amt: Nachdem er 1475 die Herr-

[49] StA Weimar, Reg. T 135, Bl. 81.

[50] Ebenda, Bl. 58; vgl. auch Bl. 43: Anfang 1475 verausgabte z. B. Römer auf Anforderung Herzog Albrechts 60fl. für $12^1/_2$ Tonnen Butter und 5 Tonnen Käse auf der Heerfahrt „gen Franken".

[51] So wurde Römer kurz vor seinem Tod auch noch vogtländischer Haupteinnehmer der Türkensteuer (E. Herzog, a. a. O., S. 58).

[52] Vgl. z. B. StA Weimar, Reg. T 135, Bl. 163ff.

[53] 1485 erhob Nickel Sangner – ebenfalls aus einem Zwickauer Tuchhändlergeschlecht stammend und Gewerke auf dem Schneeberg – gerichtlich Anspruch auf die Austeilung von 3 Kuxen aus der Fundgrube, die Federangel erhalten habe. Er wurde vom Oberhofgericht in Leipzig abgewiesen und gelobte, keine diesbezüglichen Ansprüche mehr zu erheben (StA Weimar, Reg. T 37, Bl. 30).

[54] StA Weimar, Reg. T 135, Bl. 43; auch sonst erscheint Federangel in den Zehntrechnungen sehr häufig.

schaft Crimmitschau für 7500 fl. gekauft hatte, wurde er Amtmann von Crimmitschau.[55]

Ein Vertreter des kaufmännischen Bürgertums, der einen Adelstitel erwarb, Handel in verschiedenen Branchen betrieb, landesherrliche, insbesondere mit der Finanz- und Bergverwaltung verbundene Ämter ausübte und sich selbst offenbar stark mit Kapital am Bergbau beteiligte, war *Hans von Leimbach*[56] aus Leipzig. Nach Angaben von Fischer[57] ist er 1475 in Leipzig bereits als vermögender Mann eingewandert, erwarb dort mehrere Grundstücke und betrieb u. a. Gewandschnitt und Tuchhandel. Bereits 1479 war er Ratsherr, 1480 Stadtrichter und 1511 Bürgermeister von Leipzig. Daß er bald auch als Landrentmeister der Ernestiner und nach der Landesteilung von 1485 als Oberzehntner von Schneeberg landesherrliche Ämter übernahm[58], dürfte auf enge finanzielle Beziehungen zu den Landesherren hindeuten. Jedenfalls kam er – falls er nicht bereits zuvor Gewerke war – durch diese Ämter in enge Verbindung zum Schneeberger Bergbau, und wenngleich sein Kuxbesitz im einzelnen kaum faßbar wird, ist seine Kapitalbeteiligung in Schneeberg gewiß. So taucht er im Gewerkenverzeichnis des „Fürstenstollens" von 1502 als Gewerke mit 2 Kuxen auf.[59] Ferner war er an der Zeche „König David" im Silber-Kupfer-Bergbau von Schlema, der zum Schneeberger Revier gehörte, beteiligt[60], und vermutlich engagierte er sich auch anderwärts im Kupferbergbau. Zusammen mit seinem Handelsgesellschafter Ulrich Meyer besaß er eine Saigerhütte zu Hasenthal in Thüringen und betrieb einen ausgedehnten Kupferhandel.[61] Um die Jahrhundertwende stand er an der Spitze eines Konsortiums, das den Goslarer Bleihandel in seine Hände brachte.[62]

Deutlicher wird die Bergbaubeteiligung bei Leimbachs albertinischem Amtskollegen *Georg von Wiedebach*, einem weiteren Leipziger Bürger. Wiedebachs Herkunft und die seines Kapitals bleiben dunkel; jedoch steht fest, daß er bereits 1486 in Diensten Herzog Albrechts stand und als „Türknecht" die privaten Finanzen des Herzogs verwaltete.[63] 1491 wurde er als Nachfolger Jakob Blasbalgs Rentmeister im albertinischen Sachsen, „Oberzehntner" von Schneeberg und damit oberster Finanzbeamter. Ferner war er spätestens seit 1495 Amtmann von Leipzig. Vor Aufnahme seiner Tätigkeit als Rentmeister besaß er bereits ein erhebliches Vermögen, da er es sich leisten konnte, dem Herzog 1488 zwei Beträge von insgesamt 3000 fl. zu leihen. Daß dieses Vermögen aus Handels- und Geldgeschäften stammte, dürfte feststehen. Jedenfalls waren es in erster Linie der Metallhandel und Geldgeschäfte, die zur

[55] StA Weimar, Reg. T 37, Bl. 30; vgl. auch G. Agricola, Ausgewählte Werke, Bd. II Berlin 1955, S. 285.

[56] In den Quellen findet sich sein Name überwiegend ohne Adelsprädikat.

[57] G. Fischer, Aus zwei Jahrhunderten Leipziger Handelsgeschichte . . ., a. a. O., S. 129ff.

[58] Vgl. dazu A. Puff, a. a. O., S. 97ff., und oben, „Die Durchsetzung des Direktionssystems . . .", S. 61, 68.

[59] StA Weimar, Reg. T 168, Bl. 8–9.

[60] Ch. Meltzer, Erneuerte Stadt- und Bergchronik, a. a. O., S. 686.

[61] G. Fischer, a. a. O., S. 130.

[62] Vgl. W. Hillebrand, Der Goslarer Metallhandel im Mittelalter, in: Hansische Geschichtsblätter, 1969, bes. S. 42.

[63] Über Wiedebach und seine Stellung zu Herzog Albrecht vgl. bes. A. Puff, a. a. O., S. 70ff.

Mehrung dieses Vermögens beitrugen. So wurde Wiedebach im Jahre 1500 in den Vorstand der „privilegierten Gesellschaft des Zinnkaufs“ bzw. der „Gesellschaft des Zinnhandels“ – wie sie sich im selben Jahr umbenannte – gewählt[64], und daß er – wie zuvor Römer u. a. – am lukrativen Silberhandel für die Landesherren beteiligt war, bestätigte er selbst in seinem Testament, wonach er an dem Silberkauf „etwas redeliches gewunen und erobirt“ hatte.[65] So konnte er auch in der Folgezeit seinem Landesherrn immer höhere Beträge aus seinem privaten Vermögen vorschießen. Häufig deckte er Unterbilanzen der von ihm verwalteten Zentralkasse aus eigenen Mitteln. 1505/06 nahm Herzog Georg ein Darlehen in Höhe von 14000 fl. bei ihm auf, nach dessen Rückzahlung 1506 er erneut 10000 fl. lieh.[66] 1515 verkaufte der Herzog wiederkäuflich 660 fl. jährlich Zinsen aus Schloß, Stadt und Amt Senftenberg für 13200 fl. an Wiedebach. 5000 fl. vermachte Wiedebach dem Herzog testamentarisch, d. h. er erließ ihm einen Teil der Schulden.[67]

Dieser Georg von Wiedebach, der damit wie die Vorgenannten ein typischer Vertreter des reichen Bürgertums seiner Zeit war und Handels- und Geldgeschäfte mit staatlichen Funktionen verband, befaßte sich nicht nur als „Oberzehntner“ ständig mit dem Bergbau, sondern war auch nachweisbar einer der Großgewerken im erzgebirgischen Silberbergbau. Auch er erscheint 1502 im Gewerkenverzeichnis des Schneeberger „Fürstenstollens“.[68] 1507 besaß er „im Leben“, einer Annaberger Zeche, eine ganze Schicht.[69] Viele Jahre hindurch trat er als Gewerkensprecher der berühmten Schneeberger Gruben „St. Georg“ und „Alte Fundgrube“ auf: 1513 zusammen mit Andreas Mattstedt aus Leipzig[70], 1520 zusammen mit Ulrich Lintacher aus Leipzig[71], und noch 1523, ein Jahr vor seinem Tod, wurde er als einer der Vorsteher dieser Gruben genannt[72]. Seine Bezeichnung in den Quellen als ein großer Gewerke deutet darauf hin, daß er daneben auch an anderen Zechen beteiligt war.

Nur ergänzend sei hier erwähnt, daß auch die beiden Vorgänger Leimbachs und Wiedebachs im Rentmeisteramt, *Benedictus Mulner* und *Jakob Blasbalg*, ebenfalls Leipziger Bürger, als Gewerken im Gewerkenverzeichnis des Schneeberger „Fürstenstollens“ von 1502 erschienen[73], was als Symptom für weitere Bergbaubeteiligung gelten kann. Beide waren nachweisbar auch Kaufleute.[74]

Ein weiterer Großhändler, der sich aktiv am erzgebirgischen Bergbau beteiligte, war *Johann Lobler*[75]; er stammte aus der Kölner Fernhändlerfamilie der Lobler,

[64] G. Fischer, a. a. O., S. 112, 114f.
[65] A. Puff, a. a. O., S. 79, Anm. 5.
[66] W. Goerlitz, Staat und Stände . . ., a. a. O., S. 397f., Anm.
[67] A. Puff, a. a. O., S. 81, 83.
[68] StA Weimar, Reg. T 168, Bl. 8–9.
[69] StA Weimar, Reg. T 649–655, Bl. 14.
[70] StA Dresden, Loc. 9853, Etzliche Copeyen . . . 1500–1513, Bl. 97.
[71] Ebenda, Loc. 4489, Verzeichnis der Händel . . . 1519–1524, Bl. 36b–37, 43b–44.
[72] Ebenda, Loc. 4489, Berghandlung und Rechnungen . . . 1522–1524, Bl. 82b.
[73] StA Weimar, Reg. T 168, Bl. 8–9.
[74] A. Puff, a. a. O., S. 42ff., 97.
[75] Vgl. Th. G. Werner, Das fremde Kapital, a. a. O., Bd. 58, S. 137ff.; G. Fischer, a. a. O., S. 48; H. Helbig, Quellen . . ., a. a. O., T IV, S. 96ff.

deren Handelsbeziehungen von den Niederlanden bis nach Oberdeutschland und Sachsen reichten. Daß mit Johann Lobler ein Mitglied der Familie 1472 nach Leipzig zog und dort das Bürgerrecht erwarb, mochte – wie Fischer vermutet – mit den Bergbauinteressen der Familie zusammenhängen. In Leipzig betrieb Johann Lobler vor allem Tuch-, Seiden- und Metallhandel, aber er hatte offensichtlich auch einen ausgedehnten Kuxbesitz im Erzgebirge. So verkaufte er 1477 für 1675 fl. 3 ganze und 4 halbe Kuxe aus 7 Schneeberger Zechen an die Kölner Kaufleute Tilmann Brugge und dessen Gesellschaft sowie an Johann Moring und Karl Wolf. Den beiden letzteren sowie dem Kölner Münzmeister Siegfried von Eckennynk veräußerte er gleichzeitig zwei weitere halbe Kuxe aus zwei dieser Zechen. Daß er in der berühmten „Alten Fundgrube/St. Georg" in Schneeberg 3 Kuxe besaß, geht aus einem undatierten Gewerkenverzeichnis hervor.[76] Als ihm im Jahre 1500 der ebenfalls aus Köln stammende Leipziger Kaufmann Johann Ferber Geld schuldete, übernahm er von diesem 3 Kuxe in 2 Annaberger Zechen. Zu diesem Zeitpunkt war Lobler aber bereits seit langem wieder nach Köln zurückgekehrt (um 1484); seinen Kuxbesitz verwalteten Zwickauer Verleger. Nach seinem Tod teilten die Erben die Kuxe aus Schneeberg, Annaberg und Joachimsthal untereinander auf und setzten die Bergbaubeteiligung der Lobler im Erzgebirge fort.

Ein bekannter Gewerke des erzgebirgischen Bergbaus war auch der Großhändler *Heinz Probst* (genannt Wiederkehr). Er besaß offenbar in allen Bergorten des Erzgebirges Kuxe, wie verstreute Quellenhinweise belegen. So gehörte ihm der größte Teil der Zeche „Reicher Trost" in Schneeberg, die später sein Faktor Kunz von Iphofen übernahm.[77] Daß er auch an der Schneeberger Rätezeche beteiligt war, beweist ein Rechtsstreit vor dem Oberhofgericht in Leipzig, das dem Probst 1491 gegen den Einspruch der übrigen Gewerken $1^1/_2$ Kuxe dieser Zeche als ihm rechtmäßig zustehend zusprach.[78] 1494 prozessierte er erneut gegen die Gewerken der Rätezeche wegen einer Schmelzhütte samt Erzwäsche und Zubehör, die diesmal den Gewerken der Rätezeche zugesprochen wurde, allerdings gegen eine Entschädigung von 150 fl. an Heinz Probst.[79] Schon im Jahre 1479 war er auch in Freiberg mit einem Kux an der Münzerzeche beteiligt; 1502 ist er als einer der Gewerken der 8. Maß nach der Kolstadt in Annaberg erwähnt.[80]

Heinz Probst war 1485 als vermögender Mann von Willanzheim bei Iphofen in Mittelfranken nach Leipzig eingewandert, hatte dort das Bürgerrecht erworben und galt als einer der bedeutendsten Metall-, Woll- und Tuchhändler.[81] Zumindest den Metallhandel betrieb er jedoch bereits vor seiner Leipziger Zeit. Es sei in diesem Zusammenhang daran erinnert, daß nach dem Tod von Martin Römer 1483 der Hauptmann Heinrich von Starschedel zugleich Zehntner von Schneeberg wurde und daß sich mit dem Zehntamt auch der landesherrliche Silberhandel

[76] StA Dresden, Loc. 4490, Handlunge und Zehend-Rechnung ... 1527–1535, Bl. 209.

[77] Vgl. Ch. Meltzer, Erneuerte Stadt- und Bergchronik, a. a. O., S. 683f. Über K. v. Iphofen vgl. weiter unten, S. 156 ff.

[78] StA Weimar, Reg. T 37, Bl. 116, 118.

[79] StA Dresden, Cop. C 2, Bl. 96b (nach Nachlaß Löscher).

[80] Th. G. Werner, Das fremde Kapital, a. a. O., Bd. 58, S. 37.

[81] G. Fischer, a. a. O., S. 21, 110; E. Kroker, Beiträge zur Geschichte der Stadt Leipzig im Reformationszeitalter, in: Neujahrsblätter ... Leipzig IV, 1908, S. 58ff.

verband. Als nun bereits 1484 das Zehntamt von Starschedel auf Benedictus Mulner und Jakob Blasbalg überging, protestierte Starschedel dagegen mit der Begründung, daß sein Diener Heinz Probst für ihn den Silberhandel führe und bereits eine Reihe von Verpflichtungen eingegangen sei.[82] Das erhellt, daß Probst bereits zuvor zu den bekanntesten Metallhändlern gehört haben muß und seine Kapitalbeteiligung am Bergbau damit in Zusammenhang stehen dürfte. Daß er in den 90er Jahren in Leipzig vor allem Kupfer-, Wismut- und Bleihandel betrieb, enge Beziehungen zu Nürnberg und Frankfurt unterhielt und 1500 dem Vorstand der „privilegierten Gesellschaft des Zinnkaufs" angehörte, ist nachgewiesen.[83] Bemerkenswert für die Breite seiner wirtschaftlichen Unternehmungen ist die Tatsache, daß Probst auch regen Woll- und Tuchhandel betrieb, wobei er offenbar gegenüber den Tuchmachern als Verleger auftrat. Er kaufte große Mengen sächsischer Landwolle, mit der er die Leipziger Tuchmacher belieferte, und es ist belegt, daß ein Teil von ihnen mit erheblichen Beträgen bei ihm verschuldet war.[84] Es verwundert keinesfalls, sondern ist bezeichnend für das Verhältnis von Bürgertum und Landesherrschaft in dieser Zeit, daß auch Probst wie andere bereits genannte reiche Kaufleute und Gewerken Darlehensgeschäfte machte und dabei die Landesherren als Schuldner auftraten; so nahm Herzog Georg 1506 bei ihm einen Kredit in Höhe von rd. 4200 fl. auf.[85] Martin Luther charakterisierte Probst wegen seiner Geldgeschäfte als einen schlimmen Wucherer.[86]

Nicht eindeutig zu klären ist die Herkunft eines anderen Großgewerken und seines Kapitals: *Friedrich Rappolt.* Er gehörte seit der Jahrhundertwende zu den meistgenannten Gewerken in Schneeberg, aber auch in Annaberg. Ihn bei den Vertretern des bürgerlich-kaufmännischen Elements einzureihen, erscheint deshalb gerechtfertigt, weil er offenbar aus Nürnberg stammte und in den ersten Jahren seiner Bergbaubeteiligung auch noch dort wohnte. So findet sich in den Zehntrechnungen von 1502/03 eine Ausgabe, wonach Rappolt für eine Reise von Nürnberg nach Schneeberg und „wieder heim" Spesen erhielt.[87] Wahrscheinlich war er der Bruder von Hans Rappolt, der in Nürnberg zu den Großkaufleuten gehörte und u. a. 1472 Mitglied der Munter-Gesellschaft war, die besonders Nürnberg-Lübecker Handel betrieb.[88] Später scheint er sich im Erzgebirge niedergelassen zu haben, da er sich in vielen Zechen als Schichtmeister nachweisen läßt. Seine maßgebliche Bergbaubeteiligung als Gewerke kam auch in der Namensgebung von Zechen zum Ausdruck; Zechen „im Rappolt" gab es sowohl in Schneeberg wie in

[82] StA Weimar, Reg. T 136, Bl. 2f.

[83] G. Fischer, a. a. O., S. 111f.; J. Strieder, Studien zur Geschichte kapitalistischer Organisationsformen, 2. Aufl., München-Leipzig 1925, S. 223.

[84] Ebenda, S. 112.

[85] W. Goerlitz, a. a. O., S. 397, Anm. 9.

[86] E. Kroker, a. a. O., S. 63.

[87] StA Weimar, Reg. T 169, Zehntrechnung Galli 1502 – Judica 1503.

[88] Haller von Hallerstein, Größe und Quellen des Vermögens von hundert Nürnberger Bürgern um 1500, in: Beiträge zur Wirtschaftsgeschichte Nürnbergs, Bd. I, Nürnberg 1967, S. 148f. Die Nürnberger Herkunft und Verwandtschaftsbeziehungen sind neuerdings ausführlich nachgewiesen bei Th. G. Werner, Die große Fusion, a. a. O., Bd. 56, S. 239ff.

Annaberg, in Annaberg auch einen „Rappolts Stollen".[89] Daß er sich an diesen Zechen auch erheblich mit Kapital beteiligte, zeigt die nach ihm benannte Schneeberger Zeche, wo er 1503 unter 82 Gewerken mit 9 Kuxen der stärkste war.[90]

Friedrich (oder Fritz) Rappolt trat auch durch eine Denkschrift an die Landesherren besonders hervor. Auf dem Höhepunkt des Kampfes der Gewerken um die Erhöhung ihrer Rechte und gegen die Durchsetzung des Direktionssystems[91] schrieb er am Neujahrstag 1503 an den Kurfürsten Friedrich und legte ihm in 17 Artikeln Forderungen vor, die alle bezweckten, den Einfluß und die Rolle der Gewerken gegen die Macht der landesherrlichen Bergbeamten zu erhöhen. Dabei blieb er nicht bei den äußeren Symptomen des Direktionssystems stehen, sondern griff unmittelbar dessen Grundlagen an. Zugleich wies er sich selbst als Gewerke aus, u. a. in der Forderung, daß nicht diejenigen im Bergbau bestimmen sollten, die „ampt und lon vom perckwerk hetten", sondern diejenigen, die darin „ir gelt verpauten".[92] Vielleicht war es ein taktischer Zug der Landesherren, daß sie gerade Friedrich Rappolt wenige Monate später, am 19. Mai 1503, für seine Schneeberger Zeche besondere Freiheiten erteilten.[93]

Der Großgewerke und Kaufmann *Veyt Wiedemann*[94] war 1481 aus Geißlingen in Leipzig eingewandert und hatte dort das Bürgerrecht erworben. Zugleich gehörten ihm Handelsniederlassungen in Halle und Naumburg, die er 1488 auf Befehl des Leipziger Rates aufgeben mußte, weil dieser eine Schädigung der Leipziger Märkte befürchtete. Da Wiedemann auch eine Gewandkammer im Rathaus besaß, wird er Gewandschnitt und Tuchhandel betrieben haben. Der Tuchhandel ist auch nach 1500 belegt, als Wiedemann den Gewandschnitt offenbar bereits aufgegeben hatte. Während der neunziger Jahre des 15. Jh. wandte er sich vor allem dem Metallhandel zu (Kupfer und Zinn), wobei er am Beginn des 16. Jh. besonders zu Mansfeld enge Beziehungen herstellte.

Aber auch im erzgebirgischen Bergbau trat er sowohl als Gewerke wie als Händler auf. 1502 weist ihn das Gewerkenverzeichnis des Schneeberger Fürstenstollens mit einem Kux aus[95]; um 1503 steht er im Gewerkenverzeichnis der beiden Kupfer-

[89] Möglicherweise hat Rappolt um 1513/14 den Schwerpunkt seiner Unternehmungen von Schneeberg nach Annaberg verlegt, da er bis 1513 vor allem in den Schneeberger Quellen, seit 1514 in den Annaberger Quellen vorkommt. In der Annaberger „Rappolt-Zeche" wie im dortigen „Rappolt-Stollen" war Fritz Rappolt Schichtmeister (vgl. StA Weimar, Reg. T 115; T 254 – die Rezesse ab Reminiscere 1514). Seine Bedeutung für den Bergbau erhellt auch daraus, daß selbst im Oberharz Zechen nach ihm benannt wurden (M. Mökkel, Bergbauliche Zusammenhänge von Oberharz und Erzgebirge, in: Sächsische Heimatblätter, 1966, H. 1, S. 72ff.).

[90] Ch. Meltzer, Erneuerte Stadt- und Bergchronik, a. a. O., S. 633.

[91] Vgl. M. M. Smirin, Über das Verhalten der unternehmerischen Gewerken zum sogenannten Direktionsprinzip im sächsischen Silberbergbau im 15. bis 16. Jh., in: Die Volksmassen – Gestalter der Geschichte. Festschrift Leo Stern, Berlin 1962, S. 58ff.; dazu auch weiter unten, S. 203f.

[92] StA Weimar, Reg. T 3, Bl. 1–4.

[93] Thüringische Landesbibliothek Gotha, Ms. Chart. A. 213, Bl. 51, zit. nach Nachlaß Löscher.

[94] Vgl., soweit nicht anders belegt, G. Fischer, a. a. O., S. 135ff.

[95] StA Weimar, Reg. T 168, Bl. 8f.

Silber-Gruben „Ober-Nicol-Schmid“ und „König David“ in Schlema mit 8 bzw. 16 Kuxen zu Buche.[96] Noch 1522, als ihn der Schneeberger Münzmeister wegen einer Schuld verklagte, galt er diesem als einer der „meysten“, d. h. größten Gewerken in Schlema.[97] Aber auch im „Keßhammer“ in Buchholz ist er als Gewerke nachgewiesen.[98] Daß Wiedemann auch im Erzgebirge Handel trieb, läßt sich evtl. aus der Bemerkung schließen, daß er 1511 von den Landesherren wegen Handels mit „verbotener Münze“ bestraft wurde; die Strafe sollte auf einer Berghandlung in Schneeberg „festiglich“ vollstreckt werden.[99] Zu dieser Zeit gehörte er bereits zu den prominenten Leipziger Bürgern: 1503 als Ratsherr, 1504 Stadtrichter, 1513 Baumeister.

Wolf Wiedemann, ein Sohn des 1527 verstorbenen Veyt, entfaltete die gleiche Aktivität wie sein Vater.[100] 1512 wurde er Bürger in Leipzig, 1514 Ratsherr, 1524 Baumeister und 1527 Bürgermeister. Mit seinem Namen waren sowohl der Leipziger Saigerhandel als auch die Bestrebungen zur Errichtung eines sächsischen Zinnmonopols sowie zur Monopolisierung des Goslarer Bleihandels verbunden.[101] Seine Bedeutung für den Metallhandel ist durch die Literatur genügend erhellt. Wie sein Vater wandte auch er sich als Gewerke direkt den Quellen des Metalls zu. 1515 kaufte er den fürstlichen Kupferzehnten auf.[102] Im selben Jahr erscheint er während eines Streits mit Hans Alnpeck dem Jüngeren wegen einiger Halden als Sprecher der Gewerkschaften der Zechen „König David“, „Ober Nicol Schmid“ und anderer Kupfer-Silber-Zechen von Schlema, d. h. derselben Zechen, in denen auch sein Vater einer der größten Gewerken war.[103] 1519 kam es erneut zu einem Streit in Schlema, der vor dem Oberhofgericht in Leipzig ausgetragen wurde und in dem wiederum Wolf Wiedemann neben einem anderen Leipziger Bürger auftrat, diesmal gegen Richter und Schöffen von Schneeberg.[104] Bezeichnend für die Stellung der Wiedemanns im Schlemaer Bergbau ist auch die Tatsache, daß sie das Dorf Oberschlema, auf dessen Fluren das Bergwerk lag, nach 1511 aufkauften.[105]

96 Ch. Meltzer, a. a. O., S. 685.

97 StA Dresden, Loc. 4489, Berghandlung und Rechnungen ... 1522–1524, Bl. 17b.

98 G. Fischer, a. a. O., S. 137.

99 StA Weimar, Reg. T 115, Bl. 28.

100 G. Fischer, a. a. O., S. 138ff.

101 Vgl. dazu neben Fischer auch J. Strieder, Studien, a. a. O., S. 33, 244ff., ferner W. Hillebrand, Der Goslarer Metallhandel, a. a. O., S. 42. Der Bleihandel war für den Silberbergbau des Erzgebirges von lebenswichtiger Bedeutung. Für die Verhüttung des Silbererzes benötigte man Blei als Zusatz beim Schmelzprozeß. Dieses Blei lieferten Bleihändler ins Erzgebirge, und zwar aus Goslar, aus England und Polen. Einer der prominentesten Bleihändler war neben den Leipzigern Ulrich Lintacher und Lucas Straub auch Wolf Wiedemann. Vgl. dazu auch die entsprechenden Angaben in den Berghandlungsprotokollen: StA Dresden, Loc. 4489, Verzeichnis ... 1515–1518, Bl. 170; Loc. 4490, Handlunge und Zehend-Rechnung ... 1527–35, Bl. 19b–20, 37–38, 53–54, 73–74, 83, 88–89, 123b–124; StA Weimar, Reg. T 118, Bl. 65; ferner bes. Reg. T 1469–1471, Bl. 61–63, 69–72.

102 StA Dresden, Loc. 4489, Verzeichnis ... 1515–1518, Bl. 20.

103 Ebenda, Bl. 18b–19.

104 Ebenda, Bl. 197b. Auch Ch. Meltzer, a. a. O., S. 1224, vermerkt in seinen Annalen zum Jahr 1520, daß es „auch dieses und voriges Jahr mit denen Wiedemännern zur Ober-Schlehm viel Händel und Streitens“ gab.

105 Ch. Meltzer, a. a. O., S. 216f.

Daß Wolf Wiedemann über Schlema hinaus einen ausgedehnten Kuxbesitz gehabt haben muß, beweisen auch die erhaltenen Gewerkenverzeichnisse von 6 Schneeberger Zechen aus dem Jahre 1539.[106] In 3 dieser 6 Zechen besaß er zusammen mit Lucas Straub jeweils 4 Kuxe.[107] Auch in Annaberg ist er als Gewerke zu finden, und zwar in der berühmtesten Fundgrube, „Himmlisch Heer", wiederum zusammen mit Lucas Straub.[108]

Dieser *Lucas Straub* stammte aus Nürnberg und hatte 1519 in Leipzig Bürgerrecht erworben. Als Vertreter der Straubeschen Handelsgesellschaft führte er die Geschäfte in Leipzig und sein Bruder Franz die in Nürnberg.[109] In bezug auf seinen Metallhandel ist im wesentlichen dasselbe zu sagen wie bei Wolf Wiedemann, mit dem er die meisten Geschäfte – wie z. B. den Goslarer Bleihandel – gemeinsam betrieb. Sein gemeinsamer Kuxbesitz mit Wiedemann wurde ebenfalls genannt.

Gleichfalls aus Nürnberg stammte vermutlich auch *Ulrich Lintacher*, der 1499 in Leipzig eingewandert war und dort das Bürgerrecht erworben hatte.[110] Etwa zur selben Zeit muß er im Bleihandel tätig geworden sein; die erste Nachricht darüber stammt aus dem Jahre 1500.[111] Innerhalb einer kurzen Frist gelang es ihm, den Bleihandel nach dem Erzgebirge zu monopolisieren, da bereits 1504 eine Notiz besagt, daß „Ulrich Lintacher den Bleykauff hat".[112] Diese Monopolstellung im Bleihandel verstand er offenbar lange zu verteidigen. Noch im Jahre 1518 beklagten die landesherrlichen Räte auf einer Berghandlung in Schneeberg, daß Lintacher unter Ausnutzung der Geleitsfreiheit für den Handel mit dem sächsischen Erzgebirge auch in das böhmische Joachimsthal Blei bringe. Sie beschlossen, mit ihm darüber zu verhandeln, und stellten dabei fest, daß „durch nyemants sonst, dann durch den Lindacher Bley uff die Berckwerck geschickt werdt".[113] Erst in den zwanziger Jahren wurde der Bleihandel von den obengenannten Wolf Wiedemann und Lucas Straub übernommen. Im Unterschied zu den beiden letzteren konzentrierte sich Lintacher offenbar voll auf den Bleihandel und auf Bergbauunternehmungen.

Im Bergbau gehörte Ulrich Lintacher am Beginn des 16. Jh. zu den größten Unternehmern. In Schneeberg besaß er 1503 in der Schlemaer Zeche „Ober Nicol-Schmid" 2 Kuxe.[114] Noch 1520 trat er zusammen mit Georg von Wiedebach als Sprecher der Gewerken der „Alten Fundgrube/St. Georg" auf, in der er 10 Kuxe besaß.[115] Stark beteiligt war er in Geyer. Dort besaß er mit Sicherheit zahlreiche

106 Dazu vgl. oben, S. 87.
107 StA Weimar, Reg. T 9.
108 Th. G. Werner, Das fremde Kapital, a. a. O., Bd. 58, S. 40; vgl. auch Derselbe, Caspar Kürschner, a. a. O., S. 36.
109 G. Fischer, a. a. O., S. 148ff.; vgl. auch Haller von Hallerstein, a. a. O., S. 143f.
110 G. Fischer, a. a. O., S. 108.
111 Ebenda, S. 109.
112 StA Dresden, Loc. 4489, Handlung auf dem Schneeberge ... 1488–1546, Bl. 52b. Über die Bedeutung des Bleihandels vgl. Anm. 101.
113 StA Dresden, Loc. 4489, Verzeichnis ... 1515–1518, Bl. 170.
114 Ch. Meltzer, a. a. O., S. 685.
115 StA Dresden, Loc. 4489, Verzeichnis der Händel ... 1519–1524, Bl. 36b–37; Ch. Meltzer, a. a. O., S. 1229.

Kuxe, was u. a. durch den Zechennamen „Lintachers Lehen" belegt wird, ferner eine Silberhütte und den sogenannten Lintacher Hof.[116] Von seiner Bergbaubeteiligung in Annaberg zeugen der Zechenname „St. Niklas – Ulrich Lintachers Stollen" sowie eine Silberhütte Lintachers.[117] Auch in dem – im ganzen wenig bedeutenden – Silberbergbau Saalfelds spielte er um 1515 eine Rolle.[118] Daß er auch auf der böhmischen Seite des Erzgebirges, in Joachimsthal, beteiligt war, sei nur ergänzend erwähnt.[119]

Diese außerordentlich umfangreichen Unternehmungen im erzgebirgischen Bergbau und Hüttenwesen haben Lintacher letztlich ruiniert. Da sich seine Handelstätigkeit offenbar recht einseitig auf das Goslarer Blei konzentrierte, wird er vermutlich im Gefolge der zu Beginn der zwanziger Jahre auftretenden Schwierigkeiten im Goslaer Bleihandel nicht mehr in der Lage gewesen sein, Bergbauverluste durch Handelsgewinne auszugleichen. Wenige Jahre nach seinem 1525 erfolgten Tod ging sein Vermögen in Konkurs.[120]

Ein weiterer Leipziger Kaufmann und Gewerke, *Andreas Mattstedt*, war 1496 aus Naumburg in Leipzig eingewandert, wo er schon 1501 als Ratsherr fungierte und als Faktor der Fugger deren Leipziger Kupferhandel betreute.[121] Noch 1519 wurde er von Herzog Georg „als der Fugker obersten factor" bezeichnet.[122] Von Haus aus Metallhändler und schon 1502 einer der reichsten Bürger Leipzigs, beteiligte er sich auch stark am Bergbau. Um 1503 besaß er in den bereits mehrfach erwähnten Kupfer-Silber-Gruben „Ober-Nicol-Schmid" und „König David" in Schlema 4 bzw. 3 Kuxe.[123] Noch 1522 wurde er vom Schneeberger Münzmeister neben Veyt Wiedemann als einer der größten Gewerken „in der Schlem" bezeichnet.[124] 1507 wählten ihn die Gewerken der „Alten Fundgrube/St. Georg" zu einem ihrer Vorsteher[125], und er behielt diese Funktion wahrscheinlich bis zu seinem Tode

[116] J. Falke, Geschichte der Bergstadt Geyer, a. a. O., bes. S. 41, 121; Th. G. Werner, Das fremde Kapital ..., a. a. O., Bd. 58, S. 37. In den Silberrechnungen von Geyer aus den Jahren 1487–1509 erscheint die Ulrich-Lintacher Hütte ab 1502 sehr häufig (StA Dresden, Loc. 4503, Rechnungen über den Silberzehnten ... 1487–1509, bes. Bl. 291ff.).

[117] Vgl. die Rezesse im StA Weimar, Reg. T 624.

[118] StA Dresden, Loc. 4489, Verzeichnis ... 1515–1518, Bl. 61 u. a.

[119] I. Mittenzwei, Der Joachimsthaler Aufstand ..., a. a. O., S. 9.

[120] G. Fischer, a. a. O., S. 109.

[121] G. Fischer, a. a. O., S. 17, 27, 205. Vgl. auch G. von Pölnitz, Jakob Fugger. Quellen und Erläuterungen, Tübingen 1951, S. 43f.

[122] B. Wolf, Aus dem kirchlichen Leben Annabergs in vorreformatorischer Zeit, in: Mitteilungen des Vereins für Geschichte von Annaberg und Umgegend, Bd. 3, 1910, S. 103. Vgl. auch F. Gess, Akten und Briefe zur Kirchenpolitik Herzog Georgs von Sachsen, Bd. I, Leipzig 1905, Nr. 72, 114. Damit ist die Vermutung Fischers (a. a. O., S. 205), Mattstedt habe um 1515 zugunsten des eigenen Geschäfts die Faktorei abgegeben, hinfällig.

[123] Ch. Meltzer, a. a. O., S. 685.

[124] StA Dresden, Loc. 4489, Berghandlung und Rechnungen ... 1522–1524, Bl. 17b.

[125] G. Fischer, a. a. O., S. 133. Als zweiter Vorsteher dieser Zeche wird Heinz Webel genannt, ein weiterer Kaufmann aus Leipzig, der vor allem mit Tuchen und Leder handelte und großes Ansehen genoß (ebenda).

1525.[126] In dieser Zeche gehörten ihm zunächst 4 Kuxe, später nur noch ein Kux.[127] Daß er außerdem weitere zahlreiche Bergwerksanteile besessen haben muß, steht außer Frage.[128] In einem undatierten Gewerkenverzeichnis der Schneeberger „Weiberzeche" finden wir seine Frau mit 8 Kuxen eingetragen.[129]

Hervorragenden Anteil am erzgebirgischen Bergbau hatten auch die Großhändler *Lorenz d. Ä.* und *Ulrich Mordeisen.*[130] Lorenz Mordeisen d. Ä. war aus Hof in Leipzig eingewandert und hatte dort 1491 das Bürgerrecht erworben. Er betrieb Fernhandel mit verschiedenen Waren und hatte Faktoren in Frankfurt am Main und Breslau. Besondere Aktivität entwickelte er jedoch im erzgebirgischen Zinnhandel und Zinnverlag. Auch im Zinnbergbau, z. B. in der Buchholzer Grube „im Keßhammer", war er direkt beteiligt. Daß er auch Kapital im Silberbergbau des Erzgebirges angelegt hatte, läßt sich nicht eindeutig erweisen, wohl aber mit Sicherheit vermuten. Als er 1510 kinderlos gestorben war, hinterließ er sein Vermögen zu vier gleichen Teilen seinen drei Geschwistern und seinem Neffen. Von diesen wurden vor allem sein jüngerer Bruder Ulrich Mordeisen sowie sein Neffe Lorenz Mordeisen d. J. im Handelsgeschäft und in den Bergbauunternehmungen aktiv. Nachdem Lorenz aber bereits 1514 gestorben war und sich Ulrich mit anderen Familienmitgliedern verglichen hatte, wurde dieser wenige Jahre später Herr des gesamten Mordeisenschen Geschäfts. So fand er sich 1520 mit seinem Schwiegervater Michael Puffler und dem Leipziger Faktor der Augsburger Welser, Hieronymus Walter, zusammen, um erneut den Aufbau eines sächsischen Zinnhandelsmonopols zu versuchen. Auch wenn dies nicht gelang, spielten er und seine Mitgesellschafter doch eine führende Rolle im Zinnhandel.[131] Daß Ulrich Mordeisen darüber hinaus mit erheblichen Kapitaleinsatz am erzgebirgischen Silberbergbau beteiligt war, ist nachgewiesen. Er hinterließ bei seinem Tode 1540 insgesamt 67 Kuxe in zahlreichen Annaberger Zechen, $62^1/_2$ Kuxe in Marienberger Zechen, ferner 24 Kuxe in Glashütte, 12 in Schneeberg und 8 in Freiberg.[132] Wahrscheinlich stammte ein Teil dieses Bergwerksbesitzes aus der Hinterlassenschaft des

[126] StA Dresden, Loc. 9853, Etzliche Copeyen ... 1500–1513, Bl. 97 (Erwähnung als Vorsteher – 1513); ebenda, Loc. 4489, Berghandlung und Rechnungen ... 1522–1524, Bl. 82b (Erwähnung als Vorsteher – 1523).

[127] Th. G. Werner, Das fremde Kapital, a. a. O., Bd. 58, S. 11, erwähnt ohne Jahresangabe 4 Kuxe. Ein undatiertes, frühestens aus dem Ende der zwanziger Jahre stammendes Gewerkenverzeichnis weist ihn mit einem Kux aus; dasselbe noch einmal 1532 (StA Dresden, Loc. 4490, Handlunge und Zehend-Rechnung ... 1527–1535, Bl. 209; ebenda, Loc. 4489, Handlung auf dem Schneeberge ... 1488–1546, Bl. 162); der Widerspruch dieser Angaben zu dem von Fischer mitgeteilten Todesjahr konnte hier nicht geklärt werden.

[128] Vgl. Th. G. Werner, Das fremde Kapital, a. a. O., Bd. 58, S. 11.

[129] StA Weimar, Reg. T 9, Bl. 62–64.

[130] Über sie vgl. G. Fischer, a. a. O., S. 112ff.; Th. G. Werner, Das fremde Kapital, a. a. O., S. 38f.

[131] Neben den angegebenen Arbeiten vgl. besonders J. Strieder, Studien, a. a. O., S. 212ff., bes. S. 240, 248ff.

[132] Ein Teil der Annaberger Kuxe ist aufgeschlüsselt bei Th. G. Werner, Das fremde Kapital, a. a. O., S. 38; ein Teil der Marienberger Kuxe bei W. Bogsch, a. a. O., S. 143, Anm. 687.

Lorenz Mordeisen d. Ä. Ulrichs Frau Margaretha Mordeisen, die Tochter Michael Pufflers, besaß 1539 in der Schneeberger Fundgrube „Fruchtbare Torheit" einen Kux.[133]

Auch die Mitgesellschafter Ulrich Mordeisens im sächsischen Zinnhandel, die Leipziger Ratsherren Michael Puffler und Hieronymus Walter, waren am Bergbau beteiligt.

Michael Puffler stammte aus dem Schwäbischen und hatte 1504 in Leipzig Bürgerrecht erworben. Er handelte anfangs in erster Linie mit oberdeutschem Leinen, ferner mit Spezerei und Fisch; erst später, etwa ab 1515, wandte er sich in größerem Umfang dem Zinnhandel zu.[134] Eindeutig war auch er Großhändler, bevor er sich im Bergbau engagierte. Von seinen Anteilen im Silberbergbau lassen sich im einzelnen nachweisen 2 Kuxe 1535/36 im Schneeberger „Markus-Semler-Stollen"[135] und 1 Kux in der berühmten, lukrativen Annaberger „Himmlisch-Heer"-Fundgrube.[136] Wie auch sonst sind derartige Einzelnachweise – bedingt durch die große Lückenhaftigkeit einschlägiger Quellen – nur Symptome für weiteren Kuxbesitz.

Hieronymus Walter d. Ä.[137] aus Nürnberg wurde 1508 Bürger in Leipzig. Er handelte anfangs mit verschiedenen Waren, so mit Wachs, Seife und Gewand. Später wurde er Leipziger Faktor und vermutlich auch Mitgesellschafter der bekannten Welser-Vöhlinschen Gesellschaft, danach bei Bartholomäus Welsers Gesellschaft. Als solcher trat er vor allem im Geyerschen und Ehrenfriedersdorfer Bergbau hervor. Um 1526 war er neben Bartholomäus Welser in Augsburg, Markus Schütz in Chemnitz und Gregor Schütz in Annaberg Mitbegründer der bedeutenden und bekannten „Gesellschaft des Saigerhüttenhandels zu Chemnitz", in deren Besitz auch die Chemnitzer Saigerhütte und der dazugehörige Kupferhammer übergingen.[138] Walters Rolle im sächsischen Zinnhandel wurde bereits erwähnt. Als die Welser im Rahmen ihrer amerikanischen Unternehmungen 1528 versuchten, den dortigen Bergbau durch die Ansiedlung deutscher Bergleute anzukurbeln, war es Hieronymus Walter, der im sächsischen und böhmischen Erzgebirge die Bergleute warb und über Hamburg und Antwerpen nach Sevilla beförderte, von wo sie dann nach Westindien (San Domingo, Haiti) gebracht wurden. Viele

[133] StA Weimar, Reg. T 9.

[134] G. Fischer, a. a. O., S. 117ff.; J. Strieder, Studien, a. a. O., S. 238ff., besonders auch die Quellenveröffentlichungen, S. 431ff.

[135] StA Weimar, Reg. T 9, Bl. 30f., 32f.; vgl. auch oben, „Die kapitalistische Gewerkschaft ...", S. 90.

[136] Th. G. Werner, Caspar Kürschner ..., a. a. O., S. 36; vgl. auch Derselbe, Das fremde Kapital ..., a. a. O., Bd. 58, S. 40.

[137] Über ihn vgl. G. Fischer, a. a. O., S. 19, 60, 122ff.; Th. G. Werner, Das fremde Kapital ..., Bd. 58, S. 4ff. Er war vermutlich ein Verwandter des Nürnberger Kaufmanns und Gelehrten Bernhard Walther (Haller von Hallerstein, a. a. O., S. 158).

[138] Vgl. dazu auch A. Kunze, Die Entwicklung der Produktivkräfte und Produktionsverhältnisse in Chemnitz in der ersten Hälfte des 16. Jh. ..., in: Beiträge zur Heimatgeschichte von Karl-Marx-Stadt, H. 4, Karl-Marx-Stadt 1955, S. 26f.; vgl. auch Derselbe, Der Frühkapitalismus in Chemnitz, Beiträge, H. 7, Karl-Marx-Stadt 1958, S. 55f.

kamen dort um; die Überlebenden kehrten 1530 nach Leipzig zurück und verklagten Hieronymus Walter beim Rat auf Schadenersatz. Walters eigene Beteiligung im sächsischen Silberbergbau ist nicht im einzelnen nachweisbar, aber zu vermuten. Anscheinend stand die Übersiedlung seines gleichnamigen Sohnes um 1530 nach Annaberg mit den dortigen Bergbauinteressen im Zusammenhang.

Bis ins einzelne nachgewiesen ist die Bergbaubeteiligung eines anderen Leipziger Kaufmanns: *Georg Kreutziger*.[139] Kreuziger war 1502 aus Mölsen in Leipzig zugewandert und 1503 der Kramerinnung beigetreten. Er trieb Handel mit Gewürzen, Wachs, Seife, Fellen u. a., und zwar über die Grenzen Sachsens hinaus. Durch diesen Handel legte er den Grundstock für sein zunächst noch bescheidenes Kapital, das er im sächsischen Silberbergbau anlegte und durch glückliche Spekulationen erheblich zu steigern wußte. Als er 1544 wegen seiner Hinfälligkeit entmündigt wurde und seine Erben eine Erbteilung durchführten, nahm man ein vollständiges Inventar seines Vermögens auf, darunter auch seines Kuxbesitzes. Es liegt hier einer der seltenen Fälle vor, daß durch Abschriften aus den inzwischen verschollenen Gegenbüchern der Bergämter der Kuxbesitz eines Gewerken zu einem bestimmten Zeitpunkt fast vollständig faßbar wird. Danach waren im Gegenbuch von Marienberg im August 1543 insgesamt 449 ganze, 13 halbe, 1 Drittel, 18 Viertel und 1 Sechzehntel Kuxe in 70 Zechen auf den Namen Georg Kreutziger eingetragen, ferner 11 ganze und 5 Viertel Kuxe in 9 Zechen auf den Namen seiner Frau Margarethe. In Schneeberg waren es 68 Kuxe in 13 Zechen und in Joachimsthal 53 ganze, 2 halbe und 4 Viertel Kuxe in ebenfalls 13 Zechen. Die Anzahl seiner Annaberger Kuxe ist nicht überliefert; da ihm jedoch Anfang 1544 noch 688 flgr. Ausbeute (vermutlich vom vorangegangenen Quartal Luciae 1543) gutgeschrieben wurden, läßt dies auch dort auf eine starke Beteiligung schließen. Bei diesen Zahlen ist zu berücksichtigen, daß sie den Stand zu einem bestimmten Zeitpunkt widerspiegeln und der Kuxbesitz im allgemeinen äußerst stark variierte.[140] Legt man diesen Kuxbesitz jedoch zugrunde, um die möglichen Berggewinne Kreutzigers zu errechnen, so hätte ihm sein Kux im Schneeberger „Fürstenstollen" von 1534 bis 1543 insgesamt 1165 flgr. Ausbeute eingebracht, seine 7 Kuxe im „Gegendrum nach dem Fürstenvertrag" in Schneeberg von 1535 bis 1544 gar 11305 flgr. Eine besonders glückliche Hand hatte er in Marienberg, wo sich sein Kuxbesitz um die oberen Maßen des einträglichen „Molchener Zuges" konzentrierte. So mußte er für seine Marienberger Kuxe im Quartal Crucis 1543 insgesamt 244 fl. Zubuße zahlen, erhielt aber im selben Quartal 457 fl. Ausbeute; im Quartal Reminiscere 1544 zahlte er 242 fl. Zubuße, während die Ausbeute 352 fl. betrug.[141] Insgesamt

139 Vgl. besonders E. Kroker, Leipzig und die sächsischen Bergwerke, a. a. O., S. 53ff., bes. 58–60; ferner G. Fischer, a. a. O., S. 57f.; H. Helbig, Quellen ..., a. a. O., T. IV, S. 139f.

140 So steht Kreutziger im Gewerkenverzeichnis des Schneeberger Markus-Semler Stollens 1536 mit $4^1/_2$ Kuxen (StA Weimar, Reg. T 9, Bl. 32f.), 1543 waren es hier noch 3 Kuxe. Übrigens ist die Angabe von 1536 die einzige Erwähnung Kreutzigers in den sporadisch überlieferten Gewerkenverzeichnissen. Diese Tatsache ist aufschlußreich für den oben mehrfach gegebenen Hinweis, daß vorhandene Einzelnachweise über Kuxbesitz nur als Symptome für weit größeren Kuxbesitz des betreffenden Gewerken aufzufassen sind.

141 W. Bogsch, a. a. O., S. 146, Anm. 779.

wird man im Falle Kreutzigers durchaus sagen dürfen, daß ihm sein im Bergbau investiertes Kapital im ganzen hohe Gewinne eingebracht hat, die er durch Ankauf neuer Kuxe wiederum im Bergbau anlegte.

Bemerkenswert war auch die Bergbaubeteiligung von *Michel Lotter*, dem Vater des berühmten Leipziger Baumeisters und Bürgermeisters Hieronymus Lotter. Michael Lotter war Kaufmann in Nürnberg, bevor er 1509 nach Annaberg übersiedelte und sich künftig ganz dem Bergbau widmete.[142] Ein Annaberger Austeilungsbuch verzeichnet 1515 für seine Zeche „Alle gläubigen Seelen – Michel Lotters Lehen" für ein Quartal eine Ausbeute von 3 fl. pro Kux.[142] 1525 wird eine Zeche „Heilig Kreuz – Michel Lotters Fundgrub" angegeben, in der Michel Lotter zugleich Schichtmeister war.[144] 1535 ist die „Harnisch kammer – Michel Lotters Lehen" unter den Zechen mit der höchsten Ausbeute zu finden; sie erbrachte in einem Quartal 56 fl. pro Kux.[145] Neben seiner unmittelbaren Beteiligung als Gewerke und Lehenträger wirkte Michael Lotter auch als Schichtmeister. Im Annaberger Quartalsrezeß von Luciae 1538 erscheint er in 6 verschiedenen Zechen als Schichtmeister.[146] Bezeichnend ist, daß er auch hier zumindest in einer dieser Zechen selbst Lehenträger war.[147] Daß er über Annaberg hinaus auch in anderen Bergorten Anteile besaß, belegt das Gewerkenverzeichnis der „oberen 4. Maß nach der Hoffnung" in Schneeberg, wo er mit 3 Kuxen eingetragen ist.[148] Albinus reihte ihn unter die bekannten Annaberger Fundgrübner ein.[149]

Nürnberg-Leipziger Kaufleute und erzgebirgische Gewerken waren auch die Gebrüder Schlüsselfelder. *Anthonius*, *Sebastian* und *Gregor Schlüsselfelder* stammten aus Nürnberg und gehörten dort zu den alten ratsfähigen Geschlechtern. Während der erstere dort verblieb und Stadtrichter in Nürnberg wurde, allerdings regelmäßig die Leipziger Messen besuchte, erwarb Sebastian 1524 in Leipzig Bürgerrecht, und auch Gregor zog um 1530 nach Leipzig. Sie handelten z. T. in Gesellschaft, z. T. einzeln mit Flachs, Garn, Rauchwaren und vor allem Leder. So kauften die Leipziger Kürschnerinnung und die Gerberinnung ihr Rohmaterial bei Sebastian Schlüsselfelder. Die Schlüsselfelder betrieben aber auch Handel mit Polen und Italien. In Posen besaß Sebastian eine Faktorei, wo er ständig zwei Handelsdiener beschäftigte.[150] Alle drei sind auch als Kuxbesitzer im erzgebirgischen Silberbergbau nachweisbar. So besaß Anthonius 1535 1 Kux im Schneeberger „Markus-Semler-Stollen" und 1539 1 Kux in der „unteren 3. Maß nach der Hoffnung".[151]

142 G. Fischer, a. a. O., S. 20, Anm. 3.
143 StA Dresden, Loc. 4495, Austeilung auf St. Annaberg . . . 1505–1530.
144 StA Weimar, Reg. T 255, Rezeß Trinitatis 1525.
145 StA Weimar, Reg. T 646, Bl. 13.
146 StA Dresden, Loc. 4499, Verzeichnis der Zechen . . . 1538.
147 Im Kuxverzeichnis des weiter unten behandelten Jobst Kettwig von 1534 wird die Fundgrube in der „anderen Maß nach St. Johann Latron", in der Michel Lotter als Schichtmeister auftritt, als von Michel Lotter aufgenommen bezeichnet (StA Dresden, Loc. 4495, Annabergische Bergrechnungen . . . 1505–1591, Bl. 97).
148 StA Weimar, Reg. T 9.
149 P. Albinus, Bergchronik, a. a. O., S. 46.
150 G. Fischer, a. a. O., S. 19f., 104f., 487.
151 StA Weimar, Reg. T 9.

Im „Markus-Semler-Stollen" eigneten auch Sebastian 1535/36 1 Kux und Gregor 1535 2 Kuxe, 1536 $3^1/_2$ Kuxe.[152] Gregor war neben Schneeberg auch in Joachimsthal beteiligt.[153]

Andreas Drembach[154], ein Leipziger Fisch-und Wollhändler[155], betätigte sich ebenfalls im erzgebirgischen Bergbau. 1502 gehörte er zu den Sprechern der Gewerkschaft der „8. Maß nach der Kolstatt" in Annaberg.[156] Noch 1536 finden wir ihn unter den Gewerken des „Markus-Semler-Stollens" in Schneeberg verzeichnet.[157] Besonders trat er aber hervor, als er in den zwanziger Jahren anbot, mit seiner Gesellschaft eine Kunst zu errichten, um einige Schneeberger Zechen zu gewältigen.[158] Bedeutsam ist hier seine Bedingung, daß er die gewältigten Gruben selbst übernehmen und „sampt seynen mitgewerken" weiterbauen wollte, d. h., daß es ihm bei seinem Anerbieten vor allem um seine Bergbaubeteiligung ging.

Durch einen glücklichen Fund ist der gesamte Schneeberger und Annaberger Kuxbesitz *Jobst Kettwigs*, eines anderen Großgewerken, nachweisbar. Albinus nennt ihn einen bekannten Annaberger Fundgrübner.[159] Aber auch er war Kaufmann, bevor er sich teilweise oder ganz dem Bergbau zuwandte. Als vermögender Leipziger Kramer, besaß er in Leipzig mehrere Grundstücke; so verkaufte er 1518 ein Haus am Markt und 1531 ein Vorwerk vor dem Grimmaischen Tor.[160] Bekannt war er auch als Geschäftsfreund der Fugger und anderer großer süddeutscher Kaufleute.[161] Bereits 1513 gab es in Annaberg einen „St. Niklas-Jobst Kettwigs Stollen"[162], d. h., Kettwig wird bereits damals stark am Bergbau beteiligt gewesen sein. Das überlieferte Kuxverzeichnis vom September 1534 weist die gewaltige Anzahl von $1535^1/_4$ Kuxen aus 45 Zechen in seinen Händen nach.[163] Dabei ist allerdings zu berücksichtigen, daß 9 offenbar kleinere unfündige Zechen mit insgesamt 1119 Kuxen gänzlich in seinem Besitz waren. Die restlichen $416^1/_4$ Kuxe verteilten sich auf 36 Zechen, stark variierend zwischen einem halben Kux und $62^1/_2$ Kuxen pro Zeche. Darunter befanden sich 3 Zechen mit je 2 Kuxen in Schneeberg und eine Zeche mit $1^1/_2$ Kuxen in Buchholz; alle anderen Zechen lagen in Annaberg. Bezeichnenderweise trat Jobst Kettwig in mehreren seiner Annaberger Zechen selbst als Schichtmeister auf. Im Annaberger Rezeß von Luciae 1538 ist

152 Ebenda, Bl. 30f., 32f.; vgl. auch oben, S. 89.

153 G. Fischer, a. a. O., S. 106.

154 Sein Name wird in den Quellen sehr verschieden geschrieben, so Trembeck, Trampeck u. a., vgl. auch E. Kroker, Beiträge, a. a. O., S. 78.

155 G. Fischer, a. a. O., S. 64, 69.

156 Th. G. Werner, Das fremde Kapital, a. a. O., Bd. 58, S. 36.

157 StA Weimar, Reg. T 9, Bl. 32; vgl. auch oben, S. 90.

158 Darüber vgl. im einzelnen oben, S. 121.

159 P. Albinus, Bergchronik, a. a. O., S. 46.

160 G. Fischer, a. a. O., S. 356; vgl. auch Th. G. Werner, Das fremde Kapital, a. a. O., Bd. 58, S. 33.

161 Th. G. Werner, Caspar Kürschner, a. a. O., S. 18.

162 StA Weimar, Reg. T 624, Rezeß von Reminiscere 1513; in den folgenden Rezessen heißt es „St. Niklas-Jobst Kettwigs Lehen" (Reg. T 254, Trinitatis 1514, Reminiscere 1516).

163 StA Dresden, Loc. 4495, Annabergische Bergrechnungen 1505–1591, Bl. 96f.

er in 12 Zechen als Schichtmeister verzeichnet[164], dazu zählen aus seiner Kuxliste von 1534 allein 5 Zechen, die ihm allein gehörten, und weitere 5 Zechen, in denen er als Gewerke beteiligt war. Man darf vermuten, daß er in den beiden restlichen Zechen – darunter immerhin die „6./7. Maß nach Himmlisch Heer" – seit 1534 ebenfalls Anteile erworben hatte. Über die Einträglichkeit seines Kuxbesitzes fehlen Angaben; jedoch konzentrierten sich seine 6 Schneeberger Kuxe in den nächsten Maßen um das „Gegendrum des Fürsten-Vertrags-Ganges", das von 1535 bis in die vierziger Jahre die höchsten Schneeberger Ausbeuten gab.

Zu den bedeutendsten erzgebirgischen Unternehmern gehörten die Handelshäuser der Erkel und Semler. *Ulrich Erkel d. Ä.*[165] hatte sich bereits in den 80er Jahren des 15. Jh. in Nürnberg zusammen mit *Georg Holzschuher* in einer Handelsgesellschaft vor allem dem Kupferhandel und der Messingherstellung zugewandt. Nachdem die Nürnberger Messingschläger beim Rat 1484 ein Verbot der Messingherstellung erwirkt hatten, gründete die Gesellschaft 1485 die Messinghütte Neubrunn bei Eisfeld. Daneben trieben sie Handel auch mit Silber, insbesondere in Richtung Schweiz. Nachweislich war die Gesellschaft Erkel-Holzschuher auch im Silberbergbau stark beteiligt. Bereits 1478 pfändete Georg Holzschuher die Schneeberger Bergteile Hans Hallers aus Nürnberg, als dieser ihm 2000 fl. schuldete. Noch 1517 besaß Holzschuher je einen halben Kux im „Rappolt" und im „Heiligen Kreuz" in Schneeberg. Inzwischen war er jedoch aus der Gesellschaft ausgeschieden, und seine Gesellschaftsanteile hatten die Semler aus Nürnberg übernommen.

Die *Semler* hatten bereits zuvor einen umfangreichen Saigerhüttenhandel betrieben; ihnen gehörte die 1461 errichtete Saigerhütte bei Schleusingen. Daneben zählten sie zu den größten Gewerken in Schneeberg, insbesondere im Silber-Kupfer-Bergbau von Schlema. *Markus Semler* aus Leipzig war dort 1503 in den bedeutendsten Zechen „Ober-Nicol-Schmid" und „König David" mit 37 bzw. 25 Kuxen der bei weitem stärkste Gewerke.[166] Der berühmte Stollen, der zu dieser Zeit zur Gewältigung der Schlemaer Gruben angelegt wurde, trägt seinen Namen.[167] Nicht zuletzt aus diesen Quellen wird der bekannte Semlersche Kupferhandel mit gespeist worden sein.[168]

Nach dem Zusammenschluß der Semler mit den Erkel um die Wende vom 15. zum 16. Jh. vereinigte die Gesellschaft eine ganze Produktionskette von der Kupfer-Silber-Erzgewinnung über die Verhüttung und Saigerung bis zur Verar-

164 StA Dresden, Loc. 4499, Verzeichnis der Zechen . . . 1538.

165 Zum folgenden vgl. besonders W. Bogsch, a. a. O., S. 91ff.; ferner Th. G. Werner, Das fremde Kapital . . ., a. a. O., Bd. 58, S. 24ff. Zuletzt auch E. Westermann, Das Eislebener Garkupfer und seine Bedeutung für den europäischen Kupfermarkt, Köln-Wien 1971, S. 266ff.

166 Ch. Meltzer, a. a. O., S. 685. Daß Markus Semler auch in allen anderen Zechen des berühmten Kupfer-Silber-Ganges zu den stärksten Gewerken gehörte, bezeugt Ch. Meltzer, S. 165f.

167 Vgl. oben, S. 89, Anm. 32, u. S. 117.

168 Welche Bedeutung die Semler im Mansfelder Kupferbergbau und -handel hatten, beleuchtet auch die Angabe, daß einem Semler, der 1511 in Schneeberg wegen verbotener Münze bestraft werden sollte, auf Fürsprache des Grafen Hoyer von Mansfeld die Strafe erlassen wurde (StA Weimar, Reg. T 115, Bl. 25–28, 90).

beitung (Messing und Draht) und zum Handel in ihren Händen. Als es 1513 zwischen den Gesellschaftern wegen des Hüttenhandels zu einem Streit kam, wurde der gemeinsame Kuxbesitz in Schneeberg, Annaberg und Buchholz auf einen Wert von rd. 10000 fl. geschätzt. Die Messinghütte Neubrunn veranschlagte man mit 2000 fl; dazu kamen an Lagerbeständen (Messing und Draht) sowie an Forderungen in Neubrunn, Antwerpen, Nürnberg, Leipzig, Frankfurt am Main und Braunschweig 9078 fl., ferner an Außenständen bei 132 Schuldnern 8707 fl.; die Aktiva der Messinghütte Neubrunn betrugen damit insgesamt 19785 fl., denen nur 4642 fl. Passiva an Schulden gegenüberstanden.[169] Der erste Vergleich, der im Streit zwischen den Erkel und Semler zustande kam, sah eine Teilung in der Weise vor, daß die Semler drei Viertel und die Erkel ein Viertel des im Hüttenhandel steckenden Vermögens zu erhalten hätten; der erzgebirgische Kuxbesitz sollte den Erkeln überschrieben werden, die Nutzung aber beiden Familien zur Hälfte zustehen.

Gegen diesen Vergleich protestierte der Nürnberger Bürger *Ulrich Erkel d. J.*, der zweite Sohn Ulrich Erkels d. Ä., der sich zu jener Zeit als Faktor des Messinghandels in Antwerpen aufhielt. Er verließ Antwerpen und kam nach Annaberg, um bei Herzog Georg gegen die Ansprüche der Semler zu klagen. Im Ergebnis scheinen die Neubrunner Messinghütte und der dortige Hüttenhandel ganz in die Hände der Semler übergegangen zu sein, während die Erkel den gesamten erzgebirgischen Kuxbesitz erhielten. Gänzlich dürften sich die Semler jedoch nicht aus dem erzgebirgischen Bergbau zurückgezogen haben; denn noch 1535/36 besaß Katharina Lucas Semlerin im Schneeberger „Markus-Semler-Stollen“ 4 Kuxe.[170] Vermutlich handelte es sich dabei um nicht in die Gesellschaft eingebrachte Kuxe von Familienmitgliedern oder um später erworbene Anteile.

Um 1514/15 ging jedoch offenbar der gesamte Kuxbesitz der ehemaligen Gesellschaft an die Erkel über. Dafür spricht auch die Tatsache, daß 1535 am „Markus-Semler-Stollen“, in dem man die Semler als stärkste Gewerken hätte erwarten können, *Wolf Erkel*, der älteste Sohn Ulrich Erkels d. Ä., mit 31 Kuxen den bei weitem größten Anteil besaß; 1536 waren 10 von diesen Kuxen Wolf Erkels an seinen Bruder Ulrich Erkel d. J. übergegangen.[171]

Zur Verwaltung seines Kuxbesitzes wurde Ulrich Erkel d. J. im Erzgebirge, zunächst in Annaberg, seßhaft. 1515 verkauften er und sein Bruder Wolf ihren Grundbesitz in Oberdeutschland an den kaiserlichen Sekretär Sixtus Oelhafen und erhielten dafür u. a. „ettliche Perckwerck auff Sand Annaberg“ in Zahlung.[172] Nach dem Fündigwerden Marienbergs 1520 konzentrierte sich Ulrich Erkel auf das neue Bergbauzentrum. Er gehörte dort zu den aktivsten Unternehmern und siedelte noch in den zwanziger Jahren von Annaberg nach Marienberg über. Es gelang ihm, sein Kapital vor allem um den „Molchener Gang“ herum anzulegen, der in Marienberg die reichsten Ausbeuten gab.[173] Fast ganz gehörten ihm der Stollen „Unser lieben Frauen“ am Wildsberg, in dem noch 1570 seine Erben 65 Kuxe

[169] W. Bogsch, a. a. O., S. 141, Anm. 590.
[170] StA Weimar, Reg. T 9, Bl. 30f., 32 f.
[171] Vgl. oben, S. 90f.
[172] W. Bogsch, a. a. O., S. 92.
[173] Dazu im einzelnen W. Bogsch, a. a. O., S. 93.

besaßen, desgleichen der „St. Katharina-Stollen“ am Rosenberg und der „St. Ulrich-Stollen“ am Stadtberg. Neben weiteren Stollen beweisen auch von ihm angelegte Heinzenkünste, daß er seine Aufmerksamkeit besonders den Gewältigungsarbeiten widmete. Bemerkenswert ist auch, daß Erkel neben Silberzechen auch Kupferzechen baute; die Hütte Ulrich Erkels am Wildsberg dürfte eine Saigerhütte gewesen sein. Die für den Hüttenbetrieb benötigte Holzkohle gewann er aus seinem eigenen Waldbesitz.

Die Größe des für derartige Unternehmungen benötigen Kapitals belegt der Erkelstollen „Unser lieben Frauen“. Er wurde 1537 fündig; zuvor erforderten jedoch allein die Jahre 1533–1536 – falls Erkel wie seine Erben 65 Kuxe in diesem Stollen besaß – rd. 1000 fl. Zubuße. Insgesamt vermochte jedoch Ulrich Erkel aus seinen Marienberger Unternehmungen hohen Gewinn zu ziehen. Allein das Quartal Trinitatis 1540[174] brachte ihm Ausbeuten in Höhe von 18000 fl. ein. Wie viele andere reiche Gewerken vor ihm erscheint auch er unter den Gläubigern seines Landesherrn; Ostern 1535 gewährte er Herzog Heinrich auf ein Jahr ein zinsloses Darlehn von 1000 fl. Der Stadt Marienberg ließ er 1541 auf eigene Kosten das Freiberger Tor bauen und 1542 den riesigen Marktplatz pflastern. Seine Bedeutung für den Marienberger Bergbau gestattete es Erkel, durch die Drohung mit seinem Wegzug bei den Landesherren bestimmte Forderungen im Hinblick auf die Amtsführung der Schichtmeister u. a. durchzusetzen. Nach seinem Tod 1543 wurde das Vermögen unter die Erben aufgeteilt und floß vor allem nach Nürnberg und Leipzig ab.

Zu den hervorragenden Unternehmern, die sich sowohl im Handel wie in der Produktion in großem Maßstab beteiligten, gehörte auch die Familie Schütz.

Bereits 1471 hatte Nickel Thiele, der sich auch stark im Geyerschen Bergbau betätigte, die Chemnitzer Saigerhütte gegründet. Seine Gesellschafter waren die Brüder *Johannes* (Hans) und *Ulrich Schütz* aus Nürnberg bzw. Chemnitz.[175] Die Gesellschaft erhielt von Kurfürst Ernst und Herzog Albrecht das Privileg, außer dem in den eigenen Gruben (vornehmlich in Geyer) geförderten

174 Vgl. dazu oben, S. 92 f.

175 R. Klier, Zur Genealogie der Bergunternehmerfamilie Schütz in Nürnberg und Mitteldeutschland im 15. und 16. Jahrhundert, in: Mitteilungen des Vereins für Geschichte der Stadt Nürnberg, Bd. 55, 1967/68, S. 189. Alle vorangegangenen Autoren sprechen, gestützt auf chronikalische Angaben Meltzers, von Johannes, Hieronymus und Ulrich Schütz; vgl. E. Kroker, Beiträge, a. a. O., S. 102. Von C. W. Zöllner, Geschichte der Fabrik- und Handelsstadt Chemnitz, Chemnitz 1888, wurden sie als Söhne des Augsburger Bürgermeisters Sebastian Schütz angegeben, vgl. auch Th. G. Werner, Das fremde Kapital, a. a. O., Bd. 58, S. 5; H. Wilsdorf, in: G. Agricola, Ausgewählte Werke, Bd. II, S. 323. G. Fischer, a. a. O., S. 124, und A. Kunze, Frühkapitalismus, a. a. O., S. 55, vermuteten, daß sie eher aus Nürnberg stammen. Das betonte neuerdings E. Stimmel, Die Familie Schütz, in: Abhandlungen des Staatl. Museums für Mineralogie und Geologie zu Dresden, Bd. 11, 1966, S. 377ff. Danach wären Hans, Hieronymus und Ulrich Schütz Söhne des Nürnberger Losungsschreibers Hans Schütz gewesen. Hingegen verifizierte zuletzt R. Klier, a. a. O., S. 185ff., die alte Version einer Augsburger Herkunft. Klier machte auch wahrscheinlich, daß der in Meltzers Chronik und in der Literatur genannte dritte Bruder von Hans und Ulrich Schütz, Hieronymus Schütz, überhaupt nicht existiert habe.

Erz auch auswärtiges Erz zu verhütten, zu saigern und das gewonnene Kupfer und Silber ausführen zu dürfen. Thiele scheint bald darauf gestorben zu sein, da bereits 1477 sein Schwiegersohn Ulrich Schütz an der Spitze der Gesellschaft stand.[176] Dieser ließ bei der Hütte einen eigenen Kupferhammer errichten. Auch mit anderen Bereichen der Produktion, besonders im Chemnitzer Textilgewerbe, verbindet sich sein Name.[177] Im Jahre 1486 wurde er Bürgermeister von Chemnitz. Nach seinem Tode um 1505/06 ging die Leitung der Gesellschaft an Gregor Schütz, einen Sohn des Nürnbergers Hans Schütz, über.[178] Die Erben des Ulrich behielten ihre Anteile noch bis 1525 und verkauften sie dann an ihre Vettern *Gregor* und *Markus Schütz*.[179] Diese wirkten zusammen mit Bartholomäus Welser aus Augsburg und Hieronymus Walter aus Leipzig als die Mitbegründer der bekannten „Gesellschaft des Saigerhüttenhandels zu Chemnitz".

Im Vordergrund der wirtschaftlichen Betätigung der Familie Schütz stand der Metallhandel. Aber auch sie wandte sich unmittelbar den Quellen des Metalls zu und brachte einen bedeutenden Hütten- und Kuxbesitz in ihre Hände. In Schneeberg zählte *Ulrich Schütz* 1489 zu den Hauptgewerken der Zeche „Roland".[180] Insbesondere war er an den Silber-Kupfer-Gruben in Schlema beteiligt. 1494/95 kaufte er in Schneeberg das von der Zeche „König David" ausgebrachte Kupfer auf.[181] In dieser Zeche wird er 1503 als Gewerke mit 8 Kuxen greifbar, in der benachbarten Zeche „Ober-Nicol-Schmid" mit 9 Kuxen.[182] Als 1509 ein Streit mit

176 J. Falke, Geschichte der Bergstadt Geyer, a. a. O., S. 40; vgl. auch G. Fischer, a. a. O., S. 124.

177 A. Kunze, a. a. O.

178 R. Klier, a. a. O., S. 202.

179 Während E. Kroker, Beiträge, a. a. O., S. 102, dem Th. G. Werner folgte, annahm, daß die Unternehmungen von Ulrich Schütz d. Ä. an Ulrich Schütz d. J. übergingen und die Verkäufer von 1525 dessen Söhne waren, schrieben G. Fischer, a. a. O., S. 124, H. Wilsdorf a. a. O., S. 264, und E. Stimmel, a. a. O., S. 383, diese zu Recht dem älteren Ulrich Schütz zu. Sie übersahen jedoch, daß die Erben des Ulrich d. Ä. nur einen Teil der Unternehmungen besaßen und die Leitung bereits 1506 an Gregor Schütz übergegangen war. Aber auch in bezug auf Gregor ergeben sich Unstimmigkeiten. Haller von Hallerstein, a. a. O., S. 120f., und R. Klier, a. a. O., S. 201, bezeichnen Gregor und Markus Schütz als Söhne des Nürnberger Großhändlers Hans Schütz, also des obengenannten Johannes. Dieser Hans Schütz war 1459 in Nürnberg Bürger geworden und zählte gegen Ende des 15. Jh. zu den reichsten Bürgern der Stadt. Das entspricht auch den Abgaben bei H. Stimmel. G. Fischer, a. a. O., S. 124, hingegen schrieb Gregor und Markus dem Hieronymus Schütz zu, wobei er sich auf Ch. Meltzer, Erneuerte Stadt- und Berg-Chronik, a. a. O., S. 683, stützte. E. Kroker, a. a. O., S. 40, bezeichnet schließlich Gregor als Sohn von Ulrich Schütz, wofür der kontinuierliche Übergang der Unternehmungen in Geyer von Ulrich auf Gregor sprechen würde. Auch in der Kontroverse von 1517 über den Geyerschen Silberkauf wurden die gegenwärtigen Chemnitzer Schütze, also vor allem Gregor, auf Ulrich zurückgeführt, wenn es heißt, sie hätten in Geyer dieselben Privilegien wie schon ihr Vater (vgl. weiter unten).

180 StA Weimar, Reg. T 37, Bl. 81ff.

181 StA Dresden, Loc. 4489, Handlung auf dem Schneeberge ... 1488–1546, Bl. 38.

182 Ch. Meltzer, a. a. O., S. 685.

den Herren von Wildenfels entbrannte, die den Kupferzehnten beanspruchten, wurden die Schützes von Chemnitz als die Hauptgewerken der betroffenen Bergwerke in Schlema bezeichnet.[183] Noch 1533 verlautet, daß Gregor Schütz Hauptgewerke in Schlema war.[184] Schließlich nennt Meltzer auch *Hieronymus Schütz*, der in Schneeberg aus der Zeche „St. Georg“ und aus dem Kupfergang von Schlema reiche Ausbeute gezogen habe.[185]

Auch im Annaberger Silberbergbau waren die Schützes stark vertreten. Davon zeugen die Zechennamen „Ulrich Schützen Lehen“ und Caspar Schützen Lehen“; im letzteren wirkte *Kaspar Schütz*, ein Sohn des Ulrich Schütz, 1525 selbst als Schichtmeister.[186] Das ist insbesondere auch deshalb bemerkenswert, weil Kaspar Schütz von 1526 bis 1535 als Bergvogt und Zehntner von Buchholz sowie als Verleger des Kurfürsten hervortrat.[187] Als solcher wird er auch dort selbst gebaut haben. In Annaberg hatte Kaspar Schütz zuvor (seit 1520) als Ratsherr fungiert.[188] Vor allem hat aber Gregor Schütz – auf den im Zusammenhang mit dem Bergbau in Geyer noch näher einzugehen sein wird – auch in Annaberg eine bedeutende Rolle gespielt. Er wurde 1533 von Herzog Georg als Annaberger Zehntner eingesetzt und hatte diese Funktion noch 1546 inne.[189] Dabei erwarb er sich eine solche Stellung, daß die Räte der Ernestiner in ihrem Kampf gegen seine Privilegien in Geyer vor dem Argument zurückwichen, Gregor Schütz könnte im Falle einer Beschränkung in Geyer als Gegenmaßnahme seine Annaberger Funktion niederlegen.[190] Seine starke Beteiligung auch als Gewerke in Annaberg darf als sicher gelten.

Eine im erzgebirgischen Silberbergbau einmalige Rolle spielte die Familie Schütz jedoch in Geyer. Bereits in den sechziger Jahren des 15. Jh. scheint sie im dortigen Kupfer-Silber-Bergbau tonangebend gewesen zu sein. Eine Urkunde von 1466 nennt als Hauptgewerken des „Thirmannsstollens“ und der sechs angrenzenden Zechen – der „Silbergrube“, „Stein“, „Graupners Zeche“, „Klugenzeche“, „Nitharts Zeche“ und „Hauptmanns Zeche“ – neben dem Chemnitzer Nickel Thiele u. a. auch einen Hans Schultze aus Nürnberg.[191] In diesem wird man den erwähnten

183 StA Dresden, Loc. 9853, Etzliche Copeyen . . . 1500–1513, Bl. 98 u. a.

184 StA Weimar, Reg. T 100, Bl. 32b.

185 Ch. Meltzer, a. a. O., S. 683.

186 StA Weimar, Reg. T 254, Rezeß von Reminiscere 1516. „Ulrich Schützen Lehen“ taucht auch noch in den Rezessen von Trinitatis 1525 und Trinitatis 1532 auf (ebenda, Reg. T 255 und T 624), d. h., es wurde entweder der Name beibehalten, oder – was wahrscheinlicher ist – die Bezeichnung bezieht sich auf Ulrich d. J., einen Sohn Ulrichs d. Ä. Im Annaberger Austeilungsbuch wird 1530 ein „Ulrich Schützen Lehen im Seuwald“ verzeichnet, das eine geringe Ausbeute gab (StA Dresden, Loc. 4495, Austeilung auf St. Annaberg 1505–1530). Über Kaspar Schütz vgl. den Rezeß von Trinitatis 1525, a. a. O.

187 StA Weimar, Reg. T 649–655, Bl. 32; L. Bartsch, Buchholz unter der Ernestinischen Linie . . ., a. a. O., S. 47, Anm. 2.

188 Ch. Meltzer, Historische Beschreibung des St. Catharinenberges in Buchholz, a. a. O., S. 169.

189 Vgl. oben, S. 70.

190 StA Weimar, Reg. T 123, Bl. 122.

191 J. Falke, a. a. O., S. 23.

Hans Schütz[192] zu vermuten haben. Auf Ansuchen der Gewerken gewährten die Landesherren in der Urkunde die Freiheit, von dem ausgebrachten Silber anstelle des Zehnten den zwanzigsten Teil abzuliefern. Damit beginnt diese Privilegierung des Geyerschen Silberbergbaus, die später eine Rolle in den Auseinandersetzungen zwischen Ernestinern und Albertinern spielen sollte. Zu den Gewerken dieser Zechen darf man auch bereits *Ulrich Schütz* zählen, den im letzten Viertel des 15. Jh. bedeutendsten Geyerschen Gewerken.[193] Als erster Besitzer des sogenannten Schützenhofes, kam er in den Genuß der in der Urkunde von 1466 genannten besonderen Vorrechte. Der Hof war von jeder Schoßpflicht gegenüber der Gemeinde befreit und sollte sowohl als Niederlage wie als Herberge für Häuer und Schmelzer dienen.[194] Auch nach Ehrenfriedersdorf griffen die Schützes aus. Im Dezember 1488 erhielten Hans Bach aus Geyer, Ulrich Schütz aus Chemnitz und ihre Mitgewerken den gesamten Sauberg bei Ehrenfriedersdorf verliehen – ein ungewöhnlicher Vorgang. Dazu gehörten insbesondere ein durch den ganzen Berg getriebener großer Erbstollen, einschließlich aller von ihm überfahrenen Erzgänge, ferner alle im Bau befindlichen Zechen und Gruben (insgesamt 8) sowie alle in Fristung gehaltenen Zechen und Gruben (insgesamt 18).[195]

Gegen Ende des 15. Jh. scheinen dann die Schützes als weiteres Privileg den Silberkauf in Geyer erhalten zu haben. 1517 kam es auf einer Berghandlung in Schneeberg zu einer Kontroverse zwischen den ernestinischen und albertinischen Räten wegen des Geyerischen Silbers. Auf Befragen erklärte der Zehntner von Geyer, das Silber werde „den Schutzen zcu Kemnitz auff ihren Hoff zcum Geyer“ geliefert, „und sy geben den gewercken fur eyn margk 8 Gulden minus 3 Schilling. Wue sy aber weitter mit dem sylber hynkomen, do von trag er keyn wissen“. Diesen Silberkauf hätten die gegenwärtigen Schützes und bereits ihr Vater „bey zcwantzigk Jaren“ innegehabt, d. h. etwa seit 1497.[196] Die Auseinandersetzungen über diesen Silberkauf sowie über die Gewährung des Zwanzigsten anstelle des Zehnten rissen in den folgenden Jahren und Jahrzehnten nicht mehr ab, da sich die Ernestiner durch die von den Albertinern bewilligten Privilegien geschädigt fühlten. Aus den Protokollen über diese Streitigkeiten geht folgendes hervor[197]: Die Schützes

192 Vgl. Anm. 179 dieser Studie.

193 J. Falke, a. a. O., S. 40.

194 Ebenda, S. 39ff. Am 11. April 1484 wurde dem Ulrich Schütz, Bürger zu Chemnitz, das von ihm und seiner Gesellschaft in Geyer mit großen Kosten erbaute feste Haus von den Landesherren als freies Erbgut verliehen (StA Dresden, Loc. 4491, Verschreibung über Bergwerke . . .1470ff., Bl. 116b–117).

195 StA Dresden, Loc. 4491, Privilegia . . . 1487–1527, Bl. 68ff. Um 1490 erhielten sie auch hier als Entgelt für die Errichtung einer großen Wasserkunst zur Gewältigung des Seuberges die Freiheit, anstelle des Zehnten den Zwanzigsten von allem Silber abzuliefern J. Falke, a. a. O., S. 33.

196 StA Dresden, Loc. 4489, Verzeichnis . . . 1515–1518, Bl. 110. Diese Formulierung würde dafür sprechen, in Gregor Schütz einen Sohn des Chemnitzer Bürgermeisters Ulrich Schütz zu sehen.

197 StA Dresden, Loc. 4490, Handlunge und Zehend-Rechnung . . . 1527–1535, Bl. 108b bis 109, 117–121; StA Weimar, Reg. T 92, Bl. 6b–10; Reg. T 100, Bl. 25; Reg. T 120, Bl. 54–56, 79; Reg. T 122, Bl. 21b–22; Reg. T 123, Bl. 122, 149.

besaßen seit Ende des 15. Jh. sowohl den Silberkauf in Geyer als auch die Ermäßigung des abzuliefernden Regal-Zehnten um die Hälfte. Zur Begründung dieser von den Albertinern erteilten Freiheiten heißt es, der Geyersche Silberbergbau sei arm („ein alt swer gebeude, das nit wol verstollet were") und die dort bauenden Gewerken besäßen nicht genügend Kapital, um gegen die Risiken gewappnet zu sein. Die Schützes seien aber einerseits die bei weitem größten Gewerken und andererseits besäßen sie genügend Kapital, um den gesamten Geyerschen Bergbau verlegen zu können. Da die Ernestiner es seinerzeit abgelehnt hätten, den Geyerschen Bergbau mit zu verlegen, wären die Schützes damit betraut worden. Hier tritt der Begriff des Verlags (im Unterschied zu seiner sonstigen Verwendung im Bergbau[198]) im wirtschaftsgeschichtlich gebräuchlichen Sinne auf: Die Familie Schütz streckte den Gewerken das nötige Betriebskapital vor und erhielt als Entgelt das gesamte ausgebrachte Silber zu einem relativ niedrigen Preis (7 fl. 17 s. für eine Mark Silber). Von diesem Silber mußten sie zunächst den zwanzigsten Teil an die Regalherren abliefern, von dem Rest verkauften sie auf Wunsch je ein Viertel an die Albertiner und Ernestiner zum selben Preis, für den sie es von den Gewerken erhalten hatten. Die übrige Hälfte gehörte ihnen allein, und sie konnten das Silber zum höchstmöglichen Marktpreis frei verkaufen oder beliebig verwenden. (Übrigens ging auch das gesamte Kupfer in ihre Hände über.) Als Inhaber dieser Privilegien tritt seit 1517 – vermutlich schon 1510 – stets *Gregor Schütz* auf, und er behielt sie trotz der massiven Proteste der Ernestiner bis zum Ende des Untersuchungszeitraumes 1546. Daß Gregor Schütz dabei zumindest zeitweilig außerordentlich hohe Gewinne erzielen konnte, ist bezeugt. Im Lichte dieser Position des Gregor Schütz erlangt die oben erwähnte Tatsache, daß er seit 1533 auch Zehntner von Annaberg, d. h. der oberste Finanzbeamte der Albertiner im Bereich des Silberbergbaus war, besonderes Gewicht. Es sei erwähnt, daß die Schützes in Geyer auch eine Saigerhütte mit Hammerwerk besaßen[199], so daß sie die Erzverhüttung und Scheidung der Metalle in eigenen Produktionsstätten vornehmen konnten. Gregor Schütz war vermutlich in Chemnitz wohnhaft geblieben, da im Zusammenhang mit ihm die Quellen immer von den Schützes oder dem Schütz aus Chemnitz sprechen.[200] *Markus Schütz* hingegen war 1517 Bürger in Leipzig geworden, 1537 Ratsherr und kurz vor seinem Tod (1539) noch Baumeister[201]; er vertrat dort vor allem die Interessen der Familie im Metallhandel.

[198] Vgl. oben, S. 107f.

[199] Th. G. Werner, Das fremde Kapital, a. a. O., Bd. 58, S. 6. In den Silberrechnungen von Geyer von 1487 bis 1509 taucht die „Ulrich-Schützen-Hütte" als eine der bedeutendsten Geyerschen Hütten ständig auf (StA Dresden, Loc. 4503, Rechnungen über den Silberzehnten . . . 1487–1509, bes. Bl. 331ff.).

[200] Auch diese Tatsache würde ihn eher als Nachkommen des Chemnitzer Bürgermeisters Ulrich Schütz ausweisen (vgl. Anm. 179). Nichts spricht dafür, daß er 1510 von Schneeberg nach Geyer übergesiedelt ist, vgl. G. Fischer, a. a. O., S. 127 oder daß er 1511 in Leipzig ansässig war, Haller von Hallerstein, a. a. O., S. 121; es sei denn, es handle sich um namensgleiche Vettern, von denen dann aber der im erzgebirgischen Bergbau bekannte Gregor Schütz der Chemnitzer war.

[201] G. Fischer, a. a. O., S. 19, 127.

Ein Schwager des Markus Schütz, *Jakob Oberried*, verdient hier ebenfalls Erwähnung. Aus Basel stammend, lebte er schon jahrelang in Leipzig, ehe er dort 1539 das Bürgerrecht erwarb. Auch er trat im Metallhandel hervor, wobei nicht feststeht, ob auf eigene Rechnung oder als Faktor der Augsburger Welser. Als deren Faktor in Leipzig wird er erstmals 1534 erwähnt.[202] Jedenfalls kann man auch in ihm einen Vertreter des Kaufmannskapitals sehen, der Geld im Bergbau angelegt hatte. Nach seinem Tode 1541 hinterließ er zahlreiche erzgebirgische Bergteile, die 1542 Gregor Schütz in Verwaltung nahm.[203]

Ein weiterer Leipziger Faktor, und zwar im Dienste der Fugger, war *Lazarus Heugel*, der vermutlich aus Nürnberg kam und 1525 Bürger in Leipzig wurde.[204] Er läßt sich 1539 als Gewerke der „Fruchtbaren Torheit" in Schneeberg nachweisen und seine Frau 1535/36 als Gewerkin des Schneeberger „Markus-Semler-Stollens".[205]

Neben den bereits genannten Vertretern des oberdeutschen Handelskapitals, die sich z. T. via Leipzig am erzgebirgischen Bergbau beteiligten, sind auch viele der bedeutendsten Nürnberger und Augsburger Kaufleute und Unternehmer ihrer Zeit als Gewerken des erzgebirgischen Bergbaus nachweisbar, wenngleich sie hier eine weit geringere Rolle gespielt haben als etwa in Tirol, Ungarn und Böhmen.

Als gemeinsame Besitzer eines Kuxes im Schneeberger Fürstenstollen traten 1502 mit *Konrad Imhoff*, *Heinrich Wolff* und *Lukas Welser* drei von ihnen zugleich in Erscheinung.[206] Die Imhoffs gehörten im 15./16. Jh. zu den größten Nürnberger Kaufleuten und Patriziern.[207] Heinrich Wolff galt Ende des 15. Jh. als einer der bedeutendsten und reichsten oberdeutschen Kaufleute und Finanziers überhaupt und hatte sich übrigens schon 1479 am Schneeberger Silberbergbau beteiligt.[208] Lukas Welser, einer der Begründer der berühmten Augsburger Welserkompagnie, war zusammen mit seinen Brüdern Bartholomäus d. Ä., Ulrich und Jakob schon um 1480 Kuxbesitzer in Schneeberg.[209] Daß auch die Augsburger Gesellschaft *Anton Welser-Konrad Vöhlin* in Schneeberg Anteile besaß, erhellt aus einer Klage ihres Anwalts Johann Nickel 1505 vor dem Stadtgericht Zwickau, bei der es um einen Kux im „Heiligen Kreuz" beim „Rappolt" ging. Vielleicht verwaltete *Sebastian Welser* den Schneeberger Kuxbesitz der Gesellschaft, da er sich 1494 in Zwickau niederließ und von der Gesellschaft Jahressold erhielt.[210]

202 Ebenda, S. 125, 127f.

203 Ebenda, S. 128; Th. G. Werner, Das fremde Kapital, a. a. O., Bd. 58, S. 8.

204 G Fischer, a. a. O., S. 205.

205 StA Weimar, Reg. T 9; vgl. auch oben, S. 89. Lazarus Heugel besaß in der „Fruchtbaren Torheit" $3^1/_2$ Viertel und einen Sechzehntel Kux, d. h. knapp 1 Kux, aber nicht $3^1/_4$ Kuxe, wie Th. G. Werner (Das fremde Kapital, S. 11) angibt.

206 StA Weimar, Reg. T 168, Bl. 8; der letztere wird in der Quelle Lucas Wechsler geschrieben, von Strieder, Werner und anderen als Welser identifiziert.

207 W. Schultheiss, Geld- und Finanzgeschäfte Nürnberger Bürger vom 13. bis 17. Jahrhundert, in: Beiträge zur Wirtschaftsgeschichte Nürnbergs, Bd. I, Nürnberg 1967, S. 102f. (vgl. auch die dort angegebene Speziallliteratur).

208 Ebenda, S. 106; Haller von Hallerstein, a. a. O., S. 122f.

209 Th. G. Werner, Das fremde Kapital, a. a. O., Bd. 58, S. 7; K. Hahn, Die Zwickauer Welser, in: NASG, Bd. 48, 1927, S. 63.

210 K. Hahn, ebenda, S. 65.

Ein Bruder des Sebastian, *Peter Welser*, war bereits in den siebziger Jahren des 15. Jh. am Schneeberg aktiv und in den achtziger Jahren nach Zwickau übergesiedelt, betrieb dort auf eigene Rechnung verschiedene Handelsgeschäfte, u. a. mit Tuch, Wolle, Metall und Vieh und hinterließ bei seinem Tode 1508 eine nicht genannte Anzahl Schneeberger Kuxe.[211] Im Gewerkenverzeichnis des Schneeberger Fürstenstollens von 1502 tauchte er als Besitzer eines halben Kuxes auf.[212]

Schließlich war auch *Jakob Welser*, der nach seiner Übersiedlung von Augsburg nach Nürnberg dort die Nürnberger Handelsgesellschaft der Welser begründet hatte, im Erzgebirge beteiligt. Bei seinem Tode hinterließ er u. a. 39¼ Annaberger und Joachimsthaler Kuxe.[213]

Der Umfang der Beteiligung der *Fugger* am erzgebirgischen Silberbergbau bleibt zumindest für die sächsische Seite ungewiß.[214]

Feststeht aber die Beteiligung der Gebrüder *Sigmund* und *Christoph Fürer* aus Nürnberg. Beide gehörten zu den größten Nürnberger Metallhändlern; mit ihrem, insbesondere Christophs Namen verbindet sich die Vorherrschaft der Nürnberger in den Mansfeldischen Saigerhandelsgesellschaften.[215] Besonderes Interesse verdient der Vorschlag Christoph Fürers 1524 an die deutschen Fürsten, ein Kartell zu bilden, um den Silberpreis hinaufzutreiben.[216] Als Gewerke im Schneeberger Silberbergbau scheint Sigmund Fürer besondere Bedeutung gehabt zu haben. Während des Kampfes der Schneeberger Bergleute und eines Teils der Bergbeamten gegen den Zehntner Paul Schmidt wurde diesem 1524 vom Bergmeister vorgeworfen, als großer Verleger von Gewerken viele Teile gegen deren Willen aus Eigennutz nicht richtig verlegt zu haben. Als ein solcher geschädigter Gewerke wird besonders Sigmund Fürer aus Nürnberg hervorgehoben mit dem Hinweis, daß dessen Rückzug aus Schneeberg dem dortigen Bergbau Schaden bringen könne. Schmidt antwortete, daß Fürer – seit er dessen Verleger ist – mehr Teile in Schneeberg baue als je zuvor.[217] Beide Brüder waren auch in Marienberg beteiligt.[218]

Als weitere Vertreter der größten oberdeutschen Kaufmanns- und Unternehmerfamilien erscheinen im Erzgebirge Vater und Sohn *Hans Paumgartner* aus Augsburg[219], der erstere kaufte 1476 für 100 fl. einen Kux in der Schneeberger Zeche

211 Ebenda, S. 62–74.

212 StA Weimar, Reg. T 168, Bl. 8–9.

213 Th. G. Werner, Das fremde Kapital, a. a. O., Bd. 58, S. 23; über die besondere Rolle Jakob Welsers in Joachimsthal vgl. neben Werner auch I. Mittenzwei, a. a. O., S. 10f.; ferner W. Schultheiss, a. a. O., S. 104f.

214 Vgl. die Erwägungen darüber bei Th. G. Werner, Das fremde Kapital, a. a. O., Bd. 58, S. 8ff.

215 Vgl. bes. W. Möllenberg, Die Eroberung des Weltmarktes durch das Mansfeldische Kupfer, Gotha 1911, S. 16ff.; W. Schultheiss, a. a. O., S. 103. Zur Aktivität der Fürer vgl. auch H. Helbig, Quellen . . ., T V, S. 92ff., 108ff., bes. 312ff. u. a. Zuletzt E. Westermann, Das Eislebener Garkupfer, a. a. O.

216 J. Strieder, a. a. O., S. 84f., 235f.

217 StA Weimar, Reg. T 58, Bl. 28–32.

218 W. Bogsch, a. a. O., S. 103, Anm. 716.

219 Beim ersteren handelte es sich zweifellos um Hans Paumgartner (I), den Sohn des Nürnberger Anton Paumgartner. Der im Gewerkenverzeichnis von 1536 erwähnte Hans P. „der Ältere“ muß sein Sohn Hans P. (II.) gewesen sein, da der Vater bereits

„St. Gehülfen“[220], der zweite stand 1536 im Gewerkenverzeichnis des Schneeberger „Markus-Semler-Stollens“ mit 1 Kux zu Buche[221]; weiter die *Höchstetter* aus Augsburg, die 1512 durch ihren Anwalt Johann Nickel – denselben, der 1505 die Anton-Welser/Konrad-Vöhlin-Gesellschaft vor dem Stadtgericht in Zwickau vertrat – in Schneeberg gegen Hans Roth aus Nürnberg wegen einiger Kuxe klagten, auf die beide Parteien Anspruch erhoben.[222]

Die reiche Nürnberger Kaufmannsfamilie *Sauermann* war gleichfalls durch mindestens zwei ihrer Mitglieder im erzgebirgischen Silberbergbau vertreten. *Matthias Sauermann*, der von 1500 bis 1539 in Nürnberg Genannter und mit einer Tochter des erwähnten Sigmund Fürer verheiratet war[223], besaß in Annaberg 75 Kuxe in verschiedenen Zechen, die ihm 1518 der Annaberger Fundgrübner und Ratsherr Lorenz Pflock pfändete.[224] Ein Vetter des Matthias namens *Kunz* oder *Konrad Sauermann*, der dem nach Breslau verzogenen Zweig der Familie angehörte und umfangreichen Metallhandel betrieb – u. a. vermittelte er das Fuggersche Kupfergeschäft in Breslau –[225], besaß ebenfalls eine Reihe von Kuxen in Annaberg und Buchholz.[226] Eine *Agnes Sauermann* war schon 1502 Gewerkin im Schneeberger Fürstenstollen.[227]

Bereits zu Beginn des Schneeberger Bergbaus hatte der Nürnberger Kaufmann *Hans Haller* bei seinen Kuxerwerbungen falsch spekuliert und mußte 1478 seine Bergteile für eine Schuld von 2000 fl. an Georg Holzschuher verpfänden.[228] Der Kaufmann *Niklas Groß* aus einer bekannten Nürnberger Familie war gleichfalls um 1480 als Gewerke in Schneeberg beteiligt.[229] Mit *Wilhelm Rauscher* erscheint ein weiterer Nürnberger Kaufmann als Gewerke in Annaberg. 1499 kam es zu einem Streit zwischen ihm und seinem Verleger Urban Röling wegen eines halben Kuxes im „Protzel“, dessen Ausbeute der Verleger offenbar behalten hatte. Vor dem Annaberger Gericht setzte Röling 5 Kuxe aus anderen Zechen als Pfand ein, die Rauscher

1527 gestorben war. Die Bezeichnung „der Ältere“ diente offenbar zur Unterscheidung vom Sohn Hans P. (III.). Vgl. dazu K. O. Müller, Quellen zur Handelsgeschichte der Paumgartner von Augsburg (1480–1570), Wiesbaden 1955, Einleitung und Stammtafel. Vgl. dort auch ausführlich ihre Rolle im Tiroler Silberbergbau und Silberhandel sowie im Joachimsthaler Bergbau u. a.

220 Th. G. Werner, Das fremde Kapital, a. a. O., Bd. 58, S. 13.

221 StA Weimar, Reg. T 9, Bl. 32 f.; vgl. auch oben, „Die kapitalistische Gewerkschaft ...“, S. 169.

222 StA Weimar, Reg. T 115, Bl. 166b.

223 Haller von Hallerstein, a. a. O., S. 136.

224 Th. G. Werner, Das fremde Kapital, a. a. O., Bd. 58, S. 28f.

225 Haller von Hallerstein, a. a. O., S. 136f.

226 Th. G. Werner, Das fremde Kapital, a. a. O., Bd. 58, S. 146f.

227 StA Weimar, Reg. T 168, Bl. 8.

228 Th. G. Werner, Das fremde Kapital, a. a. O., S. 24; Haller von Hallerstein, a. a. O., S. 123. Noch 1479 taucht er in einer Liste von Zubußschuldnern mit 1 Kux in der Schneeberger Zeche „Niederbergmeister“ auf (StA Dresden, Loc. 4322, Bl. 90ff.).

229 StA Dresden, Loc. 4320, Bl. 74; ebenda, Loc. 4491, Verschreibung über Bergwerke ... 1470ff., Bl. 106f.; vgl. auch Haller von Hallerstein, a. a. O., S. 121. Mit Niklas Groß zusammen traten auch zwei weitere Nürnberger Bürger als Gewerken auf: Hans Tannhäuser und Hans Knoll.

erhalten sollte, wenn ihm die Ausbeute nicht bis zu einer bestimmten Frist ausbezahlt würde. Aus den Prozeßunterlagen geht hervor, daß Rauscher in Annaberg noch weitere Kuxe besessen haben muß, die gleichfalls von Röling verlegt wurden.[230]

Allgemein wird man die Einschätzung von W. Schultheiß, „daß es in Nürnberg keinen Kaufmann patrizischer oder bürgerlicher Herkunft von einiger Bedeutung gegeben haben dürfte, der sich nicht damals (Ende des 15./1. Hälfte des 16. Jh. – A. L.) mit entbehrlichem Geld im Montanwesen beteiligt hätte"[231] auch auf das Erzgebirge beziehen können. Das geht auch daraus hervor, daß 1521 die Aufhetzung der Nürnberger und Leipziger Gewerken gegen den Bergmeister Paul Schmidt als eine der Ursachen für den Abfall des Schneeberger Bergbaus galt.[232]

Stellvertretend für die Beteiligung von Kaufmannskapital aus anderen deutschen Städten im erzgebirgischen Silberbergbau sei schließlich noch der Magdeburger Bürgermeister *Valentin Denhart* genannt, der seinen Erben 1548 in Annaberg $8^1/_2$ Kuxe und in Marienberg nicht weniger als 465 ganze, 9 halbe, 3 Drittel und 2 Viertel Kuxe in 75 Zechen hinterließ, von denen sich zu diesem Zeitpunkt $70^1/_2$ Kuxe in Ausbeute befanden.[233]

Insgesamt stehen die vorgestellten Gewerken als Beispiele für den überragenden Einfluß, den das Kaufmannskapital im Bergbau gespielt hat. In der Regel mußte man bereits über ein erhebliches Geldkapital verfügen, ehe man sich nennenswert als Gewerke am Bergbau beteiligen konnte. Und dieses Kapital stammte überwiegend aus Handelsgewinnen. Dabei zeigte sich, daß zumeist eine enge Verflechtung von kaufmännischer und unternehmerischer Tätigkeit im Bergbau und Hüttenwesen beibehalten wurde. Das Kaufmannskapital verschmähte es im allgemeinen, sich allein in einer bestimmten Branche zu binden; es war im Gegenteil bestrebt, sich überall da zu beteiligen, wo es Profit erwartete. Und der Silberbergbau war trotz des hohen Risikos eine der lukrativsten Profitquellen, wenn man genügend großes Kapital besaß, um durch breite Streuung in einer Vielzahl von Zechen Verluste auf der einen Seite durch hohe Ausbeuten auf der anderen aus-

230 Stadtarchiv Annaberg-Buchholz, 2. Berg- und Schuldgerichtsbuch, 1497ff., Bl. 31f., zitiert nach Nachlaß Löscher; über Wilhelm Rauscher vgl. HALLER VON HALLERSTEIN, a. a. O., S. 156.

231 W. SCHULTHEISS, a. a. O., S. 101. Vgl. dazu neuerdings auch das Material bei TH. G. WERNER, Die große Fusion, a. a. O.

232 StA Weimar, Reg. T 28, Bl. 14f. Weitere Angaben über Nürnberger Kaufleute als erzgebirgische Gewerken vgl. bei TH. G. WERNER, Das fremde Kapital, a. a. O., und Die große Fusion, a. a. O. Zur Beteiligung des Nürnbergers Sebald Schreyer in Schneeberg vgl. E. CAESAR, Sebald Schreyer. Ein Lebensbild aus dem vorreformatorischen Nürnberg, in: Mitteilungen des Vereins für Geschichte der Stadt Nürnberg, Bd. 56, 1969, S. 49. Eine Reihe Nürnberger Gewerken, die in den Quellen erwähnt sind, ließen sich nicht identifizieren. Von Buchholz berichtete 1515 der dortige Bergvogt, er habe etliche Nürnberger Kaufleute veranlaßt, sich mit 40 Kuxen an einem neuen Stollen zu beteiligen (L. BARTSCH, Buchholz unter der Ernestinischen Linie, a. a. O., S. 62). Auch im erzgebirgischen Zinnbergbau spielten Nürnberger eine Rolle. So erklärten sich 1521 „etliche habhafftige (d. h. wohlhabende – A. L.) Burger zu Nurnbergk" bereit, die vom Ersaufen bedrohten tiefsten Örter im Zinnbergwerk zu Ölsnitz aufzunehmen und zu belegen (StA Dresden, Loc. 4489, Verzeichnis der Händel . . . 1519–1524, Bl. 94).

233 W. BOGSCH, a. a. O., S. 102

gleichen zu können. Die vorgestellten Vertreter des Handels- und Bergbaukapitals, die vielfach untereinander versippt und verschwägert waren, stellten den sozialen Ausgangspunkt für den Entstehungsprozeß einer neuen Klasse, der Bourgeoisie, dar. Aber auch Vertreter aus anderen Klassen und Schichten konnten sich durch ihre Beteiligung am Bergbau zu kapitalistisch wirtschaftenden Unternehmern entwickeln. Eine besondere Gruppe solcher Unternehmer bildeten die sogenannten Fundgrübner.

2. *Die Fundgrübner*

Unter Fundgrübnern verstand man im allgemeinen Gewerken, die als ursprünglich arme und mittellose Bergleute, Handwerker u. ä. im Bergbau ihr Glück suchten und dann durch besondere Funde zu Reichtum gelangten.[234] In den Berichten der Chronisten ranken sich um derartige Schicksale ganze Legenden, die durchweg der kritischen Nachprüfung bedürfen. So wurde selbst Martin Römer als ein armer Eselstreiber dargestellt, der mit dem Silberbergbau begonnen habe, als sich seine Esel beim Weiden die Mäuler am auswachsenden Silbererz wund gestoßen hätten.[235] Ähnlich wurde auch Ulrich Erkel für den Typ des glücklichen Fundgrübners gehalten, der erst durch den Bergbau reich geworden sei.[236] Es ist im allgemeinen außerordentlich schwer, die Herkunft solcher Fundgrübner zu ermitteln, da sie zumeist erst dann Eingang in die zeitgenössischen Quellen fanden, wenn sie durch außergewöhnliche Bergbaugewinne Aufsehen erregten. Es läßt sich zwar nicht generell verneinen, daß es unter den Fundgrübnern auch ursprünglich arme Bergleute gab. Mit großer Wahrscheinlichkeit wird sich aber die Mehrheit der Fundgrübner auf ein zumindest bescheidenes bürgerlich-kaufmännisches oder gewerbliches Kapital haben stützen können, um sich damit überhaupt die nötigen Bergteile zu sichern.

Einer der berühmtesten Schneeberger Fundgrübner und Großgewerken war *Kunz von Iphofen*. Nach Angaben von Meltzer[237], die sich – soweit nachprüfbar – als zuverlässig erwiesen haben, ist er als Diener bzw. Faktor des obenerwähnten Heinz Probst (Wiederkehr) nach Schneeberg gekommen, um dort dessen Bergteile zu verlegen. Er dürfte daneben auch selbst Kuxe erworben haben und ist am Ende der neunziger Jahre des 15. Jh. in mehreren Zechen als Schichtmeister nachweisbar.[238] Für Heinz Probst verlegte er u. a. die Zeche „Reicher Trost" am Hohen Gebirge, eine zu jener Zeit reine Zubußzeche. Als Probst die Zubuß-

[234] Damit nicht zu verwechseln ist die in den Quellen verwendete Bezeichnung „Fundgrübner" für die Gewerken einer „Fundgrube" als Zechenname.

[235] E. Herzog, Martin Römer, a. a. O., S. 61f., unter Bezugnahme auf die Volkssage. Aber bereits ein Anonymus hat nach 1531 in seiner „Historia herrn Martin Römers" (Ratsschulbibliothek Zwickau, A 19) die Version vom armen Eselstreiber verbreitet – nach einer freundlichen Mitteilung von Herrn H. Bräuer, (Karl-Marx-Stadt).

[236] Vgl. W. Bogsch, a. a. O., S. 91.

[237] Ch. Meltzer, a. a. O., S. 906f.

[238] Vgl. die Zubußverzeichnisse für die Jahre 1497–1500 in: StA Weimar, Reg. T 9, Bl. 67 bis 104.

zahlungen einstellen ließ, soll sie Iphofen aus eigener Tasche weitergezahlt haben, bis die Teile auf ihn überschrieben werden mußten. Diese Zeche wurde dann fündig und soll Iphofen hohe Gewinne eingebracht haben. Noch vor oder um 1500 wird er sich aus den Diensten von Heinz Probst gelöst haben, da er bereits 1499 mit diesem wegen einiger Schneeberger Bergteile prozessierte[239], und auch in einem weiteren Prozeß im Juli 1500 trat er gegen die Ansprüche von Hans Gaulenhöfer auf 2 Kuxe in der Schneeberger „St. Barbara Zeche" als rechtmäßiger Besitzer dieser Kuxe, d. h. als selbständiger Gewerke, auf.[240]

Seine Berggewinne werden es Iphofen in den nächsten Jahren ermöglicht haben, zu einem der größten Gewerken in Schneeberg aufzusteigen. Dabei hat er entgegen der üblichen Praxis versucht, in vielen Zechen nicht nur einzelne Kuxe, sondern die Majorität in seine Hände zu bringen. Daß das große Risiken in sich barg, wurde bereits an anderer Stelle gesagt.[241] Iphofen gelang es jedoch, zweifellos eingetretene Verluste stets wieder durch hohe Gewinne an anderer Stelle auszugleichen. Nachweisbar hat er neben der bereits genannten Zeche „Reicher Trost" um 1512 auch die Zechen „St. Andreas", „Sonnenwirbel", „St. Margarethe" und gewiß auch noch andere zum überwiegenden Teil in seine Hände gebracht.[242] Von jener Zeit an häuften sich von den verschiedensten Seiten her Klagen gegen ihn: Die Herren von Planitz verklagten ihn mehrfach, weil er in seinen Zechen die ihnen als Grundherren zustehenden Erbkuxe verweigerte; aus dem gleichen Grund erhob die Familie von Starschedel Klage gegen ihn; Richter und Schöffen von Schneeberg prozessierten, weil er die der Stadt zustehenden Freikuxe verweigerte bzw. es ablehnte, die Steuer zur Erhaltung des für den Schneeberger Bergbau dringend notwendigen Filzteiches zu entrichten usw.[243] Alle derartigen Klagen, mit denen sich die landesherrlichen Räte auf den Schneeberger Berghandlungen immer wieder auseinandersetzen mußten, und die oft rücksichtsvolle Behandlung Iphofens durch die Räte zeigen den großen Einfluß dieses Schneeberger Unternehmers.

Noch deutlicher wird Iphofens Stellung auf den Berghandlungen 1520/21. Dort kam zur Sprache, daß Iphofen als ein ganz großer Gewerke in seinen Zechen eigenmächtig Schichtmeister ein- und absetzte, zum Schaden seiner Mitgewerken. Er verlange von den Schichtmeistern Manipulationen zu seinem eigenen Nutzen und gegen die Interessen seiner Mitgewerken, „und welcher yme zu solchr handlung nicht furderlich, der muß hinwegk, auff daß er die hendel yme also zu sonderlichem nutz und den mitgewerken zu schaden und nachteil hinaus furet". Er verlange

239 StA Weimar, Reg. T 38. Über einen weiteren Prozeß zwischen ihm und Heinz Probst von 1507 bis 1513 wegen 2 Kuxen im „Reichen Trost" vgl. G. Sommerfeldt, Zum Bergbauwesen im 16. Jh., in: NASG, Bd. 42, 1921, S. 128ff.

240 StA Weimar, Reg. T 37, Bl. 39b.

241 Vgl. oben, „Die kapitalistische Gewerkschaft . . .", S. 161ff.

242 Vgl. u. a. StA Weimar, Reg. T 115; StA Dresden, Loc. 4489, Verzeichnis . . . 1515–1518, Bl. 81, 114. Durch diese und andere Belege werden auch die Angaben und Vermutungen Ch. Meltzers, a. a. O., S. 684 u. 907, bestätigt.

243 StA Weimar, Reg. T 115, Bl. 39b/40, 167b, 235b, 236b. Klagen wegen verweigerter Erb- oder Freikuxe sind meist ein Indiz dafür, daß die betreffenden Zechen fündig geworden sind oder bereits Ausbeute geben, da sich die Grundherren bei Zubußzechen in der Regel nicht um ihre Erbkuxe kümmerten.

z. B. von den Schichtmeistern von „St. Margarethen“ und '„Sonnenwirbel“, bei ihm als dem Hauptgewerken dieser beiden Zechen das gesamte benötigte Holz zu überhöhten Preisen einzukaufen, wodurch seine Mitgewerken geschädigt würden. Ferner schicke er häufig Pferde und Wagen nach Nürnberg (vermutlich für Zwecke des Metallhandels) und gebe den Fuhrleuten aus Gewerkschaftsmitteln höhere Spesen, als die Gewerken bewilligt hätten. Er verrechne außerdem wöchentlich 51 Groschen Schichtmeisterlohn, obwohl die Schichtmeister nur 1 Gulden (d. h. 21 Groschen) bekämen; die Differenz behalte er selbst. Besonders erpresserisch verhalte er sich gegenüber den Gewerkschaften, die von der Kunst in „St. Margarethen“ abhängig sind. 1517 war Iphofen von den landesherrlichen Räten aufgefordert worden, in „St. Margarethen“ eine Heinzenkunst zu errichten, um ein Ersaufen der Tiefsten unterhalb des Fürstenstollens zu verhindern, wovon sonst 12 Zechen betroffen worden wären. Iphofen hatte zugesagt, und die Gewerken der umliegenden 12 Zechen sollten dazu eine Steuer geben. Nun nutze aber Iphofen die Abhängigkeit der anderen Zechen eigensüchtig aus, indem er anstelle der vereinbarten 9 fl. wöchentlich eine höhere Wassersteuer verlange.[244]

Auf Grund dieser und anderer Klagen belegten die landesherrlichen Räte Iphofen 1521 mit einer Strafe von 1000 fl., von denen ihm aber im Gnadenwege 200 fl. nachgelassen wurden.[245] Jedoch noch 1524 wurde mit den Söhnen Hans und Wolf von Iphofen über die Zahlung dieser Strafe ihres 1523 verstorbenen Vaters verhandelt.

Kunz von Iphofen hatte sich übrigens nicht nur dem Silberbergbau verschrieben, sondern er war auch einer der größten Wismutproduzenten und -händler in Schneeberg.[246] Daß er darüber hinaus bereits 1489 mit Zinn handelte[247], also zu einer Zeit, da er im Silberbergbau noch nicht nachweisbar ist, läßt vielleicht Schlüsse auf die händlerische Herkunft seines im Bergbau angelegten Kapitals zu. Zweifellos verdankte er aber den Hauptteil seines außergewöhnlich hohen Vermögens dem Bergbau. Er konnte es sich leisten, seinem Landesherrn 22000 fl. vorzuschießen, gegen Verpfändung der Einkünfte der Ämter Zwickau und Werdau.[248] Von 1512 bis 1521 war er Amtmann von Werdau.[249] Wie häufig in ähnlichen Fällen, legte auch Iphofen einen Teil seines Vermögens in Grundbesitz an. Von den Wiedemanns aus Leipzig kaufte er das Dorf Oberschlema, auf dessen Gebiet die Schlemaer Kupfer-Silber-Zechen lagen.[250] Daß er auch Waldungen besaß, erhellt die

[244] StA Dresden, Loc. 4489, Verzeichnis der Händel ... 1519–1524, Bl. 103b–107. Über den Bau der Kunst 1517 vgl. Loc. 4489, Verzeichnis ... 1515–1518, Bl. 81, 114.

[245] StA Dresden, Loc. 4489, Verzeichnis der Händel ... 1519–1524, Bl. 154.

[246] Ebenda, Bl. 53.

[247] 1489 wurden 10 Zentner Zinn aus Geyer nach Zwickau zu Peter Welser geschickt. Dagegen klagte Kunz von Iphofen, da er sich dieses Zinn bereits gesichert hatte (K. Hahn, Die Zwickauer Welser, a. a. O., S. 68).

[248] Ebenda, S. 69.

[249] G. Sommerfeldt, a. a. O.; vgl. auch Derselbe, Zur Geschlechterkunde des Erzgebirges. Familien Kerl und von Iphoff, in: Der Deutsche Herold, Bd. 50, 1919, S. 76f.; Derselbe, Erzgebirgische Forschungen zur Kulturgeschichte und Geschlechterkunde, T. 1–6, Dresden 1929–1933, S. 68ff.

[250] Ch. Melzer, a. a. O., S. 216f.

Anschuldigung, daß seine Schichtmeister das nötige Zechenholz bei ihm kaufen müßten.

Ist bereits bei Kunz von Iphofen die kaufmännische Herkunft seines Anlagekapitals wahrscheinlich, so wird sie bei *Caspar Kürschner*, der ebenfalls zu den bedeutendsten Fundgrübnern des Erzgebirges zählte, noch deutlicher. Die Grundlage für seine Bergbauunternehmungen bildete ererbtes Vermögen, das zum Teil im Handel, zum Teil im Bergbau erworben war.

Ein klares Bild nicht nur von Kürschners Lebensweg und seinen Unternehmungen, sondern auch von seiner Herkunft, insbesondere der seines Kapitals, zeichnet Th. G. Werner.[251]

Als sich Caspar Kürschners Vater, Hans Fleischmann Kürschner, bald nach dem Fündigwerden des Schreckenbergs dort niederließ, betrieb er neben seinem zu vermutenden Kürschnergewerbe auch Handels- und Geldgeschäfte, was seine Schuldforderungen an viele Annaberger Bürger belegen. Wahrscheinlich betätigte er sich u. a. als Verleger im Bergbau. Dem Bergbau hatte er sich frühzeitig und im großen Umfang zugewandt. Als er 1514 starb, hinterließ er 128 Kuxe in 42 verschiedenen Gruben. Für die Vermögensgrundlage seines zu diesem Zeitpunkt noch unmündigen Sohnes Caspar war aber daneben auch das mütterliche Teil ausschlaggebend. Barbara Kürschner, geb. Weiß[252], heiratete nach dem Tode Hans Kürschners noch zweimal, 1516 den Eisengroßhändler, Hüttenbesitzer, Ratskämmerer und Bergbauverleger Leonhard Koch und nach dessen 1519 erfolgtem Tod 1526 den reichen Bürgermeister und Fundgrübner Georg Mendel. Als dieser 1534 ebenfalls starb, verblieb der Mutter Caspar Kürschners nach Abfindung der übrigen Erben ein erhebliches, aus Handel, Geldgeschäften und Bergbau stammendes Vermögen, das dem Sohn seine Unternehmungen erleichterte.

Dieser hatte sich bereits zuvor als Bevollmächtigter seines letzten Stiefvaters mit dem Bergbau befaßt, hatte dann 1529 die Tochter eines Ratsherren, Schichtmeisters und Gewerken geheiratet und auch auf diese Weise offenbar seine Beziehungen zum Bergbau und seine Kapitalkraft gestärkt. Von wann an und in welchem Umfang er sich direkt am Bergbau beteiligte, ist ungewiß; wahrscheinlich wird er frühzeitig neben einer Verlegertätigkeit für andere Gewerken auch selbst Kuxe erworben haben. Seinen glücklichsten Griff tat er aber mit der Beteiligung an der „Himmlisch-Heer-Fundgrube". Da er dort – abgesehen von Herzog Georg – neben Hans Unruh zusammen mit Familienangehörigen der bei weitem stärkste Gewerke war, darf angenommen werden, daß er zu den Begründern dieser Gewerkschaft gehörte. Zunächst handelt es sich um eine kleine Grube wie viele

251 Th. G. Werner, Der Annaberger Bürgermeister und Bergbauunternehmer Caspar Kürschner und die Himmlisch Heer Fundgrube, in: Mitteilungen des Vereins für Geschichte von Annaberg und Umgegend, Bd. 7, Annaberg 1935. Diese Arbeit gibt über die Lebensgeschichte und Unternehmungen Caspar Kürschners hinaus einen guten Einblick in die Versippung und die Beziehungen zwischen den verschiedenen kaufmännisch-bürgerlich-unternehmerischen Familien. Nicht belegte Angaben in den folgenden Ausführungen stammen aus dieser Arbeit.

252 Th. G. Werner macht wahrscheinlich, daß sie eine Tochter des Hüttenbesitzers Hans Weiß aus Geyer war; ihr Bruder Hans Weiß war seit 1506 Ratsherr und Kämmerer in Annaberg und besaß mehrere Häuser (ebenda, S. 15).

andere, die mit höchst geringem Kapitaleinsatz arbeitete. 1532 betrug die Bergkost in dieser Grube pro Quartal nur 6 ß gr., noch Ende 1534 waren es lediglich 10 ß gr.[253] Nach den obigen Berechnungen würde das den Einsatz von 1–3 Lohnarbeitern bedeuten.[254] Ein Jahr später wurde die Grube fündig, und sie hatte zeitweilig ein so gewaltiges Ausbringen, daß davon den Gewerken allein innerhalb eines Jahres (1537) auf jeden einzelnen Kux 1930 fl. Ausbeute gezahlt werden konnten; davon entfielen allein 830 fl. auf das Quartal Trinitiatis 1537, und zwar von einem Ausbringen in Höhe von 16334 Mark Silber.[255]

In dieser Zeche nun besaßen Caspar Kürschner 9 Kuxe, seine Mutter 3 Kuxe und seine Brüder Hans und Christof je einen, d. h., Caspar Kürschner muß allein im Jahr 1537 aus der „Himmlisch-Heer-Fundgrube" eine Ausbeute von 17370 fl., die gesamte Familie Kürschner 27020 fl. erhalten haben. Später gingen allerdings diese Ausbeuten rapide zurück; immerhin errechnete Werner, daß für Caspar Kürschner von 1536 bis 1541 die Ausbeute auf „Himmlisch Heer" insgesamt 22590 fl. betragen habe – ein für die damalige Zeit außerordentlich hoher Gewinn, der Kürschner schlagartig zum reichsten Mann Annabergs machte.

Dieser Reichtum trug sicher dazu bei, daß Kürschner 1538 in den Rat gewählt und ein Jahr später Bürgermeister wurde, bis er während des Schmalkaldischen Krieges bei Herzog Moritz in Ungnade fiel und aus dem Rat ausgeschlossen wurde. Inzwischen hatten aber bereits ein aufwendiger Lebensstil, der Bau seines berühmten Hauses, verfehlte Geldgeschäfte, insbesondere aber hohe Bergbauverluste innerhalb weniger Jahre sein Vermögen wieder aufgezehrt, was übrigens für viele Fundgrübner kennzeichnend ist. Auf ihr weiteres Glück vertrauend, legten sie einen großen Teil ihrer Bergbaugewinne wieder im Bergbau an, verspekulierten sich und erlitten letztlich große Verluste. Bereits in den 50er Jahren war Kürschner, „der reiche und gewaltige Fundgrübner"[256], ein tief verschuldeter Mann.

Nach Kürschner war *Hans Unruh* mit 8 Kuxen einer der stärksten Gewerken in der Annaberger „Himmlisch-Heer-Zeche", aus der er gleichfalls hohen Gewinn zog (allein 1537 über 15000 fl.) und daher von Albinus als stattlicher Fundgrübner bezeichnet wurde.[257] Dieser rasch gewonnene Reichtum wird zu seinem sozialen Aufstieg mit beigetragen haben; denn er zog noch 1537 von Annaberg nach Zwickau, wo er Bürgermeister geworden ist.[258] Sein Anfangskapital dürfte mit

[253] Vgl. die einschlägigen Rezesse in: StA Weimar, Reg. T 624.

[254] Vgl. oben, „Die kapitalistische Gewerkschaft...", Tabelle, S. 112ff. Diese Tatsachen berichtigen das von Th. G. Werner vermittelte Bild, wonach es sich bei der Aufnahme der Zeche um ein gezieltes Tiefbauunternehmen mit „gewaltigen Aufwendungen an Kapital und Arbeit" gehandelt habe. Abwegig sind daher auch seine Bemerkungen, daß Herzog Georg die Zusammensetzung der Gewerkschaft bewußt gesteuert habe, damit der zu erwartende Silbersegen im Lande bleibe (a. a. O., S. 37 u. 39).

[255] Eine Zusammenstellung der Ausbeuten bei Th. G. WERNER, Caspar Kürschner, a. a. O., S. 40. Zur Höhe des Ausbringens vgl. die Quartalsrezesse in StA Weimar, Reg. T 624. Daß nach dem Fündigwerden auch der Einsatz von Lohnarbeitern sprunghaft anstieg, wurde bereits oben behandelt.

[256] P. ALBINUS, Annabergische Annales, a. a. O., S. 38.

[257] Ebenda, S. 36; TH. G. WERNER, Caspar Kürschner, a. a. O., S. 35.

[258] P. ALBINUS, ebenda.

ziemlicher Gewißheit aus dem Bergbau stammen, da bereits sein Vater gleichen Namens einer der bekanntesten Kunststeiger und Gewerken in Schneeberg war. Dieser Hans Unruh d. Ä., der in den Schneeberger Quellen häufig erscheint, u. a. als Vorsteher der Rätezeche 1494, hatte bereits um die Jahrhundertwende durch seine Bulgenkunst eine Reihe von Schneeberger Zechen gewältigt, von denen die bekannte „Unruh-Zeche" seinen Namen trägt. Unter dem Bergmeister Gregor Heßler (1482–1495) fungierte er als einer der beiden Geschworenen.[259] Um 1503/04 begegnet er mehrfach als Vertreter des Bergmeisters.[260] Die Herkunft seines Anfangskapitals ließ sich nicht feststellen. Falls er es seinen Fertigkeiten als Kunstbauer verdankte, läge hier ein Fall vor, wo tatsächlich Vermögen und sozialer Aufstieg im Bergbau begründet waren.

Ähnlich scheint es sich mit einigen anderen Annaberger Bürgern zu verhalten. So war *Andreas Sturtz* unmittelbar nach dem Fündigwerden des Schreckenbergs von Geyer in die neue Bergstadt gezogen, hatte dort u. a. den „Heiligen Leichnamsstollen" aufgenommen und dabei ausgesprochenes Finderglück gehabt. Der Stollen wurde bereits 1496 fündig und gehörte zu den Zechen, die am längsten Ausbeute gaben; von 1496 bis 1515 wurden in 27 Quartalen insgesamt über 15000 fl. ausgeteilt.[261] Auch einige Kuxe in anderen Zechen brachten ihm Gewinn; so geht aus einem Schied von 1499 hervor, daß er u. a. 1 Kux im „Rosenkranz", 2 Kuxe im „Gegendrum des Rosenkranz" und 2 Kuxe im „Caspar-Pachen-Stollen" besaß[262], die alle in jener Zeit Ausbeuten gaben.[263] Daß er auch in einer Reihe weiterer Zechen z. T. maßgeblich beteiligt war, belegen Gerichtsakten. „Sturtzens tiefer Stollen" gab von 1508 bis 1514 Ausbeute.[264] Gewiß hing es mit seinem bergbaulichen Erfolg zusammen, daß er auch rasch zu städtischen Ämtern gelangte. Er wurde der erste Landvogt der neuen Siedlung, bevor sie Stadtrecht erhielt; nach der 1503 vollzogenen Einsetzung des Rates von Annaberg wurde er 1505 Ratsmitglied, und als man 1509 das Bürgermeisteramt schuf, war Sturtz der erste Bürgermeister der Stadt.[265]

Über die Erfolge des Annaberger Fundgrübners *Lorenz Pflock* geben vor allem einige Berichte des ernestinischen Zehntners von Schneeberg, Martin Fuchs, Auskunft. Fuchs oblag es u. a., seinen Landesherrn über die Vorgänge im albertinischen Annaberg zu unterrichten. Dabei waren das Hauptereignis, über das er am 31. Januar, 9. Februar und 6. März 1509 dem Kurfürsten berichtete, die großen Silberfunde, die Lorenz Pflock in seiner Grube gemacht habe. Es sei dort „köstliches Erz" geschlagen worden, so daß sogar Herzog Georg Annaberg besucht habe und in die Grube eingefahren sei. Ein beigelegter Ausbeutzettel dokumen-

259 Ch. Meltzer, a. a. O., S. 633, vgl. auch S. 930f.

260 Er nahm des öfteren anstelle des Bergmeisters Hans Fischer die Verleihungen von Bergteilen vor, wobei er selbst mehrfach als Lehenträger erscheint – HStA Freiberg, Nr. 234b (2), Verleihbuch des Bergamtes Schneeberg 1503–1505.

261 StA Dresden, Loc. 4495, Austeilung auf St. Annaberg . . . 1505–1530.

262 Stadtarchiv Annaberg-Buchholz, 2. Berg- und Schuldgerichtsbuch, 1497ff., Bl. 26, zit. nach Nachlaß Löscher.

263 StA Dresden, Loc 4495, Austeilung auf St. Annaberg . . . 1505–1530.

264 Ebenda.

265 P. Albinus, Annabergische Annales, a. a. O., S. 16, 18, 26.

tiert, daß in einem Quartal 150 fl. pro Kux, d. h. über 19000 fl. für die ganze Zeche, ausgeteilt wurden.[266] Es handelte sich bei dieser Zeche, die in Fuchs' Berichten „St. Dorothea Flocken Lehen" heißt, vermutlich um die „St. Dorothea zu Fronau, nächste Maß nach dem Heiligen Kreuz", da Pflock 2 Kuxe dieser Zeche, die er der Ehefrau des Nürnberger Metallhändlers Hans Koch geschenkt hatte, um 1510 wieder zurückforderte, so daß es 1511 zu einem Prozeß kam.[267] Es war auch die einzige Dorothea-Zeche, die im fraglichen Zeitraum mit einer hohen Ausbeute im Annaberger Austeilbuch steht. Sie teilte von 1507 bis 1525 in 23 Quartalen insgesamt 361 fl. pro Kux, d. h. rund 46500 fl. für die ganze Zeche, aus.[268] In Frohnau ließ Pflock auch 1515 ein Kirchlein erbauen, das 1520 geweiht wurde. 1521 verstarb er, von Albinus als reicher Fundgrübner und Gevatter Herzog Georgs bezeichnet. Dem Annaberger Rat hatte er 13 Jahre lang angehört.[269]

Zu den bedeutendsten Annaberger Fundgrübnern gehörten schließlich die Thumshirns. *Paul Thumshirn* war aus dem böhmischen Elbogen, wo er Bürgerrecht besessen hatte, nach Annaberg gekommen und beteiligte sich dort an der „Heilig-Kreuz-Grube" zu Frohnau[270], die bereits seit 1497 Ausbeuten gab[271]. In der „7. Maß nach dem Rosenkranz", die gleichfalls zu den ersten Ausbeutgruben Annabergs gehörte[272], war er Lehenträger und Hauptgewerke[273]. Auch an anderen Zechen besaß er Anteile. *Anselm Thumshirn*, ein Sohn Pauls, profitierte gleichfalls vom Silbersegen. Er wurde 1508 in der „2. Maß nach dem Heiligen Kreuz" fündig.[274] Im Annaberger Austeilbuch ist diese Maß mit dem Zusatz „im Thumshirn" angegeben, und sie gab von 1508 bis 1528 in 44 Quartalen insgesamt 818 fl. Ausbeute auf 1 Kux, davon allein 165 fl. im Jahre 1514.[275] Die Thumshirns werden gewiß auch in weiteren Maßen der „Heilig-Kreuz-Zeche" vertreten gewesen sein, die zu den ertragreichsten Annaberger Gruben gehörten. Im Austeilbuch erscheinen ferner ein „Thumshirn-Stollen" und ein „Tiefer Thumshirn-Stollen", der erstere mit 11 Quartalsausteilungen von 1508 bis 1514, der letztere mit 10 Quartalsausteilungen von 1517 bis 1528.[276] Ein Ausbeutverzeichnis von 1507 erwähnt eine „St.-Dorothea-Zeche" als „Thumshirns Lehen"[277]; weitere Thumshirn-Zechen finden sich in den Quartalsrezessen.[278] Auf diese Weise erwarben die Thumshirns ihren

266 StA Weimar Reg. T 246, Bl. 10 b, 15, 17, 20.

267 Th. G. Werner, Das fremde Kapital, a. a. O., Bd. 58, S. 28.

268 StA Dresden, Loc. 4495, Austeilung auf St. Annaberg . . . 1505–1530.

269 P. Albinus, Annabergische Annales, a. a. O., S. 22, 27.

270 Th. G. Werner, Caspar Kürschner, a. a. O., S. 54f.

271 StA Dresden, Loc. 4495, Austeilung auf St. Annaberg . . . 1505–1530.

272 Ebenda.

273 StA Dresden, Loc. 4495, Irrungen in Bergwerkssachen . . . 1502–1505, Bl. 13.

274 P. Albinus, Annabergische Annales, a. a. O., S. 17.

275 StA Dresden, Loc. 4495, Austeilung auf St. Annaberg . . . 1505–1530.

276 Ebenda.

277 StA Weimar, Reg. T 246, Bl. 7.

278 Allein in dem Rezeß von Trinitatis 1514 werden eine St.-Barbara-Zeche, zwei Stollen, die nicht mit den beiden obengenannten identisch waren, und übrigens auch eine Hütte als Thumshirn-Lehen bezeichnet (StA Weimar, Reg. T 254).

Reichtum, den sie u. a. in Häusern und Grundbesitz anlegten. Das von ihnen erbaute Haus am Markt gehörte zu den repräsentativsten Annaberger Bürgerhäusern.[279] Im Jahre 1512 kaufte der Rat der Stadt Annaberg von Paul Thumshirn für 3035 fl. das halbe Dorf Königswald mit Wäldern und Liegenschaften, das dieser zuvor von der Familie von Einsiedel erworben hatte.[280] Anselm Thumshirn wurde 1530 in den Rat gewählt, verließ aber bereits 1533 als Anhänger der Reformation die Stadt.[281]

Wie bei den vorstehenden, so läßt sich auch bei einer Anzahl weiterer bekannter Fundgrübner ihre materielle und soziale Ausgangssituation nicht klären. In allen Fällen haben sie durch den Bergbau erhebliche Gewinne erzielt. Daß ihnen dabei ein gewisses bürgerliches Vermögen den Weg zum Bergbau erst eröffnet hat, darf man – wie in anderen Fällen nachgewiesen – mit großer Wahrscheinlichkeit annehmen.

3. *Bergbeamte*

Eine Anzahl von Großgewerken findet sich unter den Bergbeamten, wobei sowohl Großgewerken als Beamte eingesetzt wurden, als auch Beamte sich zu Großgewerken aufschwangen. Grundsätzlich verbot das Bergrecht den höheren Bergbeamten, selbst Kuxe zu besitzen. Die Annaberger Bergordnung von 1509, die Grundlage des sächsischen Bergrechts, faßte das dahingehend zusammen, daß der Hauptmann und der Bergmeister „keyne bergkteyl haben, auch in keynem verborgen schein nutzes davon gewarten" dürfen.[282] Die Tatsachen zeigen jedoch, daß die Bergbeamten in der Regel ihre Stellung benutzten, um sich selbst in großem Maßstab als Gewerken am Bergbau zu beteiligen.

Als Paul Schmidt 1514 zum Schneeberger Bergmeister ernannt wurde[283], besaß er bereits eine Reihe von Kuxen. Darüber hinaus war er auch im Hüttenwesen tätig, wie eine Lehensurkunde von 1507 belegt. Danach hatte Schmidt als Vertreter der Gewerken des „Markus-Semler-Stollens" eine Hüttstatt an der Mulde zur Errichtung einer Schmelzhütte verliehen bekommen.[284] Daraus läßt sich schließen, daß er evtl. auch der Stollengewerkschaft angehörte. Jedenfalls war er schon zu Beginn seiner Schneeberger Tätigkeit keinesfalls der „ganz arme" Mann, als den ihn Meltzer bezeichnete.[285] Auch die oben zitierte Charakteristik von 1512, die ihn als bergverständig sowie des Markscheidens und Abziehens kundig ausweist, betont, daß er noch nie „mit der handt ufm stein" gearbeitet habe[286], d. h., man wird in ihm keinen armen Bergmann sehen dürfen. Woher das von ihm im Bergbau angelegte Kapital stammte, ist allerdings nicht nachzuweisen. Zum Zeitpunkt

279 Th. G. Werner, Caspar Kürschner, a. a. O., S. 55.
280 P. Albinus, Annabergische Annales, a. a. O., S. 21.
281 Th. G. Werner, Caspar Kürschner, a. a. O., S. 55.
282 H. Ermisch, Das sächsische Bergrecht, a. a. O., S. 165.
283 Vgl. dazu oben, S. 71.
284 Ch. Meltzer, a. a. O., S. 1110f.
285 Ebenda, S. 683.
286 StA Weimar, Reg. T 115, Bl. 164.

seiner Einsetzung als Schneeberger Bergmeister verfügte er jedoch bereits über Kuxbesitz, da er die landesherrlichen Räte ausdrücklich darum bat, seine Bergteile behalten zu dürfen. Diese Bitte haben aber die Räte – dem Bergrecht entsprechend – mit der Begründung abgelehnt, Schmidt könne sonst als Bergmeister nicht objektiv urteilen. Ihm wurde auferlegt, seine Bergteile spätestens innerhalb eines Jahres zu verkaufen.[287] Ob das geschehen ist, muß bezweifelt werden; denn bereits wenige Jahre danach bildete der Vorwurf des Eigennutzes einen der Hauptanklagepunkte der Knappschaft und eines Teils der Bergbeamten gegen den Bergmeister. Man warf ihm namentlich vor, er lasse als großer Verleger anderer Gewerken deren Teile ins Retardat fallen, um sie sich selbst anzueignen. Auch Anschuldigungen wegen betrügerischer Manipulationen mit seinen Hüttenschlacken deuten darauf hin, daß er als Großgewerke auf eigene Rechnung Erz schmelzen ließ.[288] Bereits 1523 konnte Schmidt sich als einen „genugsam besessenen Mann“ bezeichnen und eine Kaution von 2000 fl. anbieten.[289] Wie umfangreich der Kuxbesitz Schmidts im Laufe der Zeit geworden war, lassen die wenigen erhaltenen Gewerkenverzeichnisse und ähnliche Quellen nur ahnen. 1514 erscheint in einem Rezeß die „Peter-und-Pauls-Zeche“ in Annaberg als Paul Schmidts Lehen.[290] In der Schneeberger „Weiberzeche“ besaß er 8 Kuxe.[291] Am deutlichsten geben die sechs aufgefundenen Gewerkenverzeichnisse Schneeberger Zechen von 1539 darüber Auskunft.[292] In allen 6 Zechen war Paul Schmidt, seit 1535 bereits Amtsverweser von Schneeberg, als Gewerke vertreten, und zwar in 5 Zechen mit jeweils 9–10 Kuxen, in einer Zeche mit 2 Kuxen.[293] Wenn in zufällig überlieferten Gewerkenverzeichnissen von 6 Zechen, die nur einen Bruchteil aller zu dieser Zeit vorhandenen Schneeberger Zechen darstellten, jedesmal Paul Schmidt als Gewerke vorkommt, so deutet das darauf hin, daß er darüber hinaus in Schneeberg einen außerordentlich großen Kuxbesitz gehabt haben muß. Nachweisbar ist ferner, daß er 1538 in Joachimsthal $2^1/_2$ Kuxe in einer Ausbeutzeche und 15 Kuxe in 8 Zubußzechen besaß[294], daß ihm 1540 ebenda in Gemeinschaft mit dem kurfürstlichen Kämmerer Hans von Ponigkau und dem Rat Hans von Döltzigk $23^1/_2$ Kuxe in 12 Zechen gehörten[295]. Zugleich war Schmidt einer der größten Verleger – u. a. der Fürsten – in Schneeberg und anderen ernestinischen Bergwerken. Feststeht, daß er unter Ausnutzung seiner Funktionen als Bergmeister, Zehntner und Amtsverweser von Schneeberg einer der großen Gewerken des erzgebirgischen Silberbergbaus wurde. Wie andere Beispiele belegen, war das keine – allein auf der besonderen Gunst der Fürsten beruhende – Ausnahmeerscheinung. So gilt das

[287] StA Dresden, Loc. 4489, Verzeichnis . . . 1515–1518, Bl. 17.
[288] Vgl. besonders StA Weimar, Reg. T 28 u. T 58.
[289] StA Dresden, Loc. 4489, Berghandlung und Rechnungen . . . 1522–1524, Bl. 68–73.
[290] StA Weimar, Reg. T 254, Rezeß von Trinitatis 1514.
[291] StA Weimar, Reg. T 9, Bl. 62–64. Das Gewerkenverzeichnis ist undatiert, dürfte aber aus den Jahren vor 1525 stammen, worauf die Zusammensetzung der Gewerkschaft, insbesondere die Beteiligung von Paul Saltzbergers Frau, hinweist.
[292] Vgl. oben, S. 87.
[293] StA Weimar, Reg. T 9.
[294] StA Weimar, Reg. T 12.
[295] StA Weimar, Reg. T 13.

hinsichtlich der 6 Schneeberger Gewerkenverzeichnisse von 1539 über Paul Schmidt Gesagte auch für *Caspar Ramsperger*, den Schneeberger Zehntner von 1538 bis 1544. Er war ebenfalls in allen 6 Zechen mit jeweils 2–4 Kuxen vertreten, ferner seine Frau in 4 der 6 Zechen mit je einem Kux.

Aber auch schon die Vorgänger Schmidts in den verschiedenen Bergämtern lassen sich als Gewerken nachweisen. Im Verleihbuch des Bergamtes Schneeberg von 1503 bis 1505 erscheinen unter den Lehensträgern neu verliehener Zechen mehrfach der damalige Amtmann *Anselm von Tettau*, der Bergmeister *Hans Fischer* und der Zehntner *Andreas Gößner*.[296]

Zu den maßgeblichen Bergbeamten im ernestinischen Bereich zählte neben Paul Schmidt auch der Buchholzer Bergvogt *Matthes Busch*. 1513 war er in diese Funktion gelangt, nachdem er zuvor in Zwickau dem Rat angehört und noch in den 20er Jahren dort Grundbesitz hatte[297]; d. h., er dürfte bereits als vermögender Mann nach Buchholz gekommen sein. In Buchholz erbaute er ein Haus, dessen Kosten er mit 1000 fl. bezifferte; er kaufte vom Kloster Grünhain etliche Waldungen, den Lampertsbach und die Rote Sehma. Ferner erwarb er eine Schmelzhütte sowie ein Pochwerk und legte eine Brettmühle an, betrieb einen schwunghaften Holzhandel und nebenbei auch Bierbrauerei.[298] Außerordentlich stark engagierte er sich in Bergbauunternehmungen. Als er 1524 dem Kurfürsten anbot, seine Buchholzer Kuxe zu kaufen, ergab eine Aufstellung den Besitz von 449 Kuxen in einer Vielzahl von Zechen.[299] Auch seine Beteiligung am Joachimsthaler Bergbau ist nachgewiesen.[300] Im Unterschied zu Paul Schmidt vermochte er jedoch aus seinen Bergteilen keinen dauernden Gewinn zu erzielen; vielmehr geriet er gegen Mitte der 20er Jahre in ernste wirtschaftliche Schwierigkeiten. Auf der Berghandlung Quasimodogeniti 1525 sah er sich außerstande, den landesherrlichen Zehnten zu entrichten; das änderte sich auch nicht auf der folgenden Berghandlung zu Mauritius desselben Jahres. Die landesherrlichen Räte gaben ihm auf, die Schuld spätestens bis zur Leipziger Michaelismesse (Ende September) 1525 zu entrichten, und stellten zugleich den Fürsten anheim, einen neuen Bergvogt in Buchholz einzusetzen.[301] Bereits zuvor hatte Busch in mehreren Klageschreiben an den Kurfürsten einerseits den vom Bergmeister angestifteten Aufruhr gegen ihn für seine Notlage verantwortlich gemacht, andererseits aber auch darauf hingewiesen, daß er sehr viel Geld im Bergwerk verbaut habe.[302] Als er die von

296 HStA Freiberg, Nr. 234b (2).

297 L. Bartsch, Kirchliche und schulische Verhältnisse der Stadt Buchholz, in: Beiträge zur Geschichte der Stadt Buchholz, H. III, Buchholz 1897, S. 61. Busch selbst gibt in einem Brief von 1525 an, er habe 12 Jahre in Zwickau gewohnt und dort seine „Nahrung und gutes Wesen" gehabt (StA Weimar, Reg. T 349, Bl. 33).

298 L. Bartsch, ebenda; ferner Derselbe, Buchholz unter der Ernestinischen Linie des Hauses Wettin, in: Beiträge zur Geschichte der Stadt Buchholz, H. V. S. 58f., Anm. 2.

299 L. Bartsch, Buchholz unter der Ernestinischen Linie, ebenda. Da Bartsch die oft zahlreichen Maßen von Gruben, die als selbständige Zechen galten, immer nur als eine Zeche rechnet, ist die von ihm angegebene Zahl von 13 Zechen erheblich zu niedrig.

300 I. Mittenzwei, Der Joachimsthaler Aufstand, a. a. O., S. 14, 16.

301 StA Weimar, Reg. T 349, Bl. 37–39.

302 Ebenda, Bl. 27–33.

den Räten gestellte Frist für die Begleichung seiner Schulden wiederum nicht einhalten konnte, wurde er als Bergvogt von Buchholz abgelöst und durch Kaspar Schütz ersetzt, blieb aber Amtmann von Schlettau. Im Frühjahr 1526 ergab eine Aufstellung seiner Verbindlichkeiten, daß er allein den Fürsten 2117 fl. schuldete.[303] Dabei hatte er nach eigenen Angaben bereits zuvor Güter für über 6000 fl. verkauft und den Erlös zur Schuldendeckung verwandt, nicht gerechnet die Kredite, die er von guten Freunden erhalten hatte.[304] Nachdem er schon 1525 dem Kurfürsten seine Bergteile als Pfand angeboten hatte, setzte er im Frühjahr 1526 auch noch seine im Kurfürstentum liegenden Güter zum Pfand, bat aber zugleich, ihn nicht durch den Verkauf seiner Liegenschaften zu ruinieren, sondern ihm die Schuldentilgung ratenweise auf längere Frist zu ermöglichen.[305] Dennoch wurden alle seine liegenden Güter, „in Buchholz, Zwickau und anderswo" noch im selben Jahr unter Sequester gestellt mit der Vollmacht für den Bergmeister, gegebenenfalls zur Schuldendeckung Güter Buschs zu verkaufen.[306] Dennoch verlor Busch bis zu seinem Tode weder alle seine Güter, noch waren alle Schulden getilgt; auch am Bergbau blieb er noch beteiligt. 1539 bot er dem Kurfürsten 24 seiner Kuxe zum Kauf bzw. Verlag an.[307] Als er Anfang 1541 starb, ordnete der Kurfürst an, keinerlei Erbansprüche zu befriedigen, solange die Gläubiger nicht ausgezahlt seien. Auf eine Mühle und eine Schmelzhütte, die Busch – bis zu seinem Tode noch Amtmann von Schlettau – in Buchholz besaß, erhob der Kurfürst selbst Anspruch.[308] Busch ist ein typisches Beispiel für verfehlte Bergbauspekulationen. Zu persönlichem Gewinnstreben kamen bei ihm als Bergvogt noch Eifersucht gegenüber dem großen Nachbarn, Annaberg, und Ehrgeiz, Buchholz auf die gleiche Höhe zu führen. Das veranlaßte ihn zu riskant hohen Kapitalanlagen, die ihn letztlich ruinierten.[309] Die Nachfolge von Matthes Busch als Bergvogt von Buchholz trat 1526 bezeichnenderweise mit *Kaspar Schütz* ein weiterer Großgewerke des erzgebirgischen Silberbergbaus an, der vor allem im Annaberger Bergbau beteiligt war und dort auch als Ratsherr und Schichtmeister gewirkt hatte.[310]

Daß mit *Gregor Schütz* 1533 einer der größten erzgebirgischen Unternehmer Zehntner von Annaberg und damit oberster Finanzbeamter des albertinischen Bergbaus wurde, unterstreicht nur den Zusammenhang zwischen Unternehmertum und Ausübung bergamtlicher Funktionen.

Weitere Beispiele erübrigen sich. Ein Schreiben des Kurfürsten von 1541 belegt, wie weit die Landesherren selbst in dieser Frage vom Bergrecht abgerückt waren und führende Bergbeamte dazu drängten, sich als Gewerken am Bergbau zu be-

303 StA Weimar, Reg. T 92, Bl. 30; T 349, Bl. 47f.

304 StA Weimar, Reg. T 349, Bl. 32.

305 Ebenda, Bl. 49, 51–53.

306 StA Weimar, Reg. T 92, Bl. 58b.

307 StA Weimar, Reg. T 649–655, Bl. 97.

308 StA Weimar, Reg. T 122, Bl. 10–11.

309 Der Wunsch, den Buchholzer Bergbau durch Werbung fremden, wie auch durch Anlage eigenen Kapitals zu stärken, aber auch die Eifersucht auf Annaberg bilden einen Grundton vieler seiner Briefe.

310 Vgl. oben, S. 149. Auch in Marienberg ist er als Schichtmeister nachweisbar.

teiligen.[311] In dem Interesse, die entsprechenden Bestimmungen des Bergrechts zu umgehen, begegneten sich offensichtlich beide Seiten. Die Bergbeamten strebten danach, durch eigenen Kuxbesitz am Bergbauprofit teilzuhaben, zumal sie durch ihre Stellung und ihre Erfahrungen die besten Voraussetzungen dafür hatten. Die Landesherren hingegen mußten daran interessiert sein, einerseits alle Quellen für eine Kapitalanlage im Bergbau zu erschließen und andererseits den Reichtum und die Erfahrungen von Männern wie Gregor Schütz für die Bergverwaltung auszunutzen. Insbesondere verlangten auch die persönlichen Dienste, die die Bergbeamten den Fürsten als deren Verleger u. ä. leisteten, gewisse Kompensationen.

Neben den hohen Bergbeamten waren auch Inhaber anderer Bergbaufunktionen (Geschworene, Markscheider, Schichtmeister usw.), für die ohnehin das Bergrecht keine Beschränkungen vorsah, als Gewerken am Bergbau beteiligt. Die von Meltzer genannten Schneeberger Geschworenen[312] sind fast alle auch als Gewerken nachweisbar. Auf den Geschworenen, Kunststeiger und Gewerken Hans Unruh d. Ä. wurde schon hingewiesen. Hervorgehoben sei noch *Nickel Zcetzsch*, der in Schneeberg als Geschworener, aber auch als Schöffe und Richter der Stadt, als Schichtmeister und Gewerke hervortrat. Er besaß u. a. um 1530 $1^1/_2$ Kuxe in der „Alten Fundgrube/St. Georg" und 1539 3 Kuxe in 2 Maßen der Grube „Hoffnung".[313]

Generell gewinnt man den Eindruck, daß die Schichtmeister, d. h. die eigentlichen Leiter der Zechen, zugleich Gewerken gewesen sind und daß Gewerken Schichtmeisterämter übernommen haben, auch wenn sich das nicht in jedem Fall nachweisen läßt. Häufig finden wir sogar bekannte Namen von Großgewerken und höheren Bergbeamten unter den Schichtmeistern; im letzteren Falle haben sie jedoch bei der Übernahme eines Bergamtes die Schichtmeisterfunktion aufgegeben.

Eine Durchsicht Annaberger Rezesse ergab in vielen Zechen eine Identität von Lehensträger und Schichtmeister. Zu Reminiscere 1513 erscheinen in 15 Zechen der Lehensträger und der Schichtmeister als identisch, wie z. B. Hans Eckenbrecht in den Zechen „Hans Eckenbrechts Lehen" und „Hans Eckenbrechts Lehen im Seuwald". Trinitiatis 1514 war eine solche Identität in 32 Zechen festzustellen, Reminiscere 1516 in 25 Zechen usw.[314] Bei dem erwähnten *Hans Eckenbrecht* handelte es sich um einen Großgewerken, von Albinus als gewaltiger und reicher Fund-

[311] Johann Friedrich schrieb an den Annaberger Amtsverweser (zu jener Zeit Hans von Elterlein), er möge als „fürnehmster Gewerke" des Buchholzer Geussenstollens die Arbeit vorantreiben und durch seine Beteiligung den Buchholzer Bergbau insgesamt fördern (L. Bartsch, Buchholz unter der Ernestinischen Linie, a. a. O., S. 62, Anm. 2). Hans von Elterlein besaß außerdem großen Kuxbesitz in Elterlein (es wird 1542 von „seinem Bergwerk in Elterlein" gesprochen, StA Weimar, Reg. T 123, Bl. 17–18). Ferner ist er vor seiner Berufung zum Amtsverweser auch als Schichtmeister in einigen Annaberger Zechen nachweisbar (vgl. z. B. den Rezeß von Luciae 1538, StA Dresden, Loc. 4499, Verzeichnis der Zechen . . . 1538).

[312] Ch. Meltzer, a. a. O., S. 455f.

[313] Vgl. u. a. StA Dresden, Loc. 4490, Handlunge und Zehend-Rechnung . . . 1527–1535, Bl. 177b, 186–190, 209; StA Weimar, Reg. T 9; Ch Meltzer, a. a. O., S. 402 u. 425, bezeichnet ihn als berühmten Schichtmeister.

[314] Vgl. die Rezesse in StA Weimar, Reg. T 624 u. T 254.

grübner bezeichnet, der 1527 in Annaberg Richter war, zuvor bereits 7 Jahre dem Rat angehört hatte, 1525 das Dorf Mauersberg kaufte und schließlich 1529, ein Jahr vor seinem Tode, als Bergmeister nach Marienberg ging.[315]

Von den obigen Großgewerken erscheinen u. a. *Fritz Rappolt*, *Michel Lotter*, *Jobst Kettwig* und *Kaspar Schütz* auch als Schichtmeister in Zechen, zu denen sie selbst als Lehensträger oder Gewerken in Beziehung standen.[316] Selbst *Kunz von Iphofen* wirkte – bevor er zu einem der größten Bergbauunternehmer aufrückte – in Schneeberg vor 1500 als Schichtmeister in einer Reihe von Zechen.[317]

Als Beispiele für weitere Schichtmeister, die zugleich bedeutende Gewerken und z. T. Bergbeamte waren, seien nur skizzenhaft folgende erwähnt: *Nickel Gaulenhöfer* aus Zwickau gehörte in den 90er Jahren des 15. Jh. zu den bedeutendsten Schneeberger Schichtmeistern, war 1497 Stadtrichter, als Gewerke u. a. an der „Fleischhauer Zeche" beteiligt und verlegte Nürnberger Gewerken in Schneeberg.[318] Eine Rolle spielt um die Jahrhundertwende in Schneeberg auch *Merten Fischer*, in mehreren Zechen als Schichtmeister nachweisbar und Lehensträger zahlreicher Zechen; allein 1504/05 wurden ihm 2 Fundgruben mit je 3 Wehren und 2 Zechen mit je 2 Wehren verliehen.[319] Große Aktivität entwickelte in Schneeberg auch *Hans Hirschberger* als Schichtmeister, großer Gewerke und insbesondere bei der Verwaltung der Stadt wiederholt als Richter und Schöffe. *Gregor Hirsch*, der 1503 u. a. in der Schneeberger „Rappolt-Zeche" Schichtmeister war, erscheint allein 1504/05 im Verleihbuch als Lehensträger von 7 neu aufgenommenen Zechen bzw. Stollen.

Zu den großen Berg- und Hüttenunternehmern rechnet auch der Schichtmeister *Ulrich Kastner*. In Geyer gehörte er um 1506 wie Ulrich Lintacher und Ulrich Schütz zu den bedeutendsten Hüttenbesitzern und Gewerken; in Schneeberg war er bereits um 1490 maßgeblich an der Zeche „Roland" beteiligt; in Annaberg begegnet er 1514 als Lehensträger und Schichtmeister der Zeche „Alle Heiligen".[320] Der 1522 eingesetzte und 1529 wieder abgelöste Bergmeister von Marienberg *Erhart Hammerschmidt* wirkte gleichfalls zuvor als Gewerke, Lehensträger und Schichtmeister in Annaberg.[321] Als Schichtmeister in Annaberg sind 1538 auch der Großgewerke und nachmalige Amtsverweser *Hans von Elterlein* nachweisbar.[322]

315 P. Albinus, Annabergische Annales, a. a. O., S. 31; vgl. auch W. Bogsch, a. a. O., S. 37 f. u. 89.

316 Vgl. oben, Abschnitt über Kaufmannskapital.

317 Vgl. die Zubußverzeichnisse für die Jahre 1497–1500 aus Schneeberg in: StA Weimar, Reg. T 9, Bl. 67–104; über Kunz von Iphofen vgl. oben, S. 156 ff.

318 Vgl. die Zubußverzeichnisse ebenda; ferner StA Weimar, Reg. T 135; Th. G. Werner, a. a. O., Bd. 58, S. 155; Ch. Meltzer, a. a. O., S. 401.

319 Hierzu sowie zu den beiden folgenden vgl. die Zubußverzeichnisse ebenda; ferner HStA Freiberg, Nr. 234 b (2).

320 Vgl. StA Dresden, Loc. 4503, Rechnungen über den Silberzehnt . . . 1487–1509, Bl. 331 ff.; StA Weimar Reg. T 37, Bl. 81 ff.; Reg. T 254, Rezeß Trinitatis 1514.

321 StA Weimar, Reg. T 254, Rezeß Trinitatis 1514; vgl. auch W. Bogsch, a. a. O., S. 32 u. 121. Als Gewerke läßt er sich erstmals 1492 in der Gesellenzeche in Geyer nachweisen (StA Dresden, Loc. 4503, Rechnungen über den Silberzehnten, Bl. 117 f.).

322 Vgl. oben, Anm. 311 dieser Studie.

Desgleichen der vormalige Annaberger Zehntner (1515–1533) *Heinrich von Elterlein*, der 1534 besonderes Finderglück in der „5./6. Maß nach der Beurin" hatte, über Kuxbesitz im ganzen Erzgebirge verfügte und drei Häuser erbaute.[323] Bezeichnenderweise arbeitete in der erwähnten Fundgrube, die ihm hohen Gewinn einbrachte, Hans von Elterlein als Schichtmeister. Weiter begegnen 1538 in Annaberg der Großgewerke und Metallhändler *Wolf Zehe* als Schichtmeister in 7 Zechen[324], der spätere Marienberger Großgewerke *Steffen Heindel* als Schichtmeister in 5 Zechen[325] u. a.

Besondere Erwähnung verdient der berühmte *Markus Röhling*. Er nannte Kuxe im ganzen Erzgebirge sein eigen, wovon vor allem der eine Kux in der Annaberger „Himmlisch-Heer-Fundgrube" bemerkenswert ist, weil diese Grube 1537 die höchsten Ausbeuten in der Geschichte des erzgebirgischen Silberbergbaus jener Zeit gab. Außer in dieser berühmten Grube war nun Markus Röhling noch in 6 weiteren Annaberger Zechen Schichtmeister, unter denen sich noch eine andere gute Ausbeutgrube befand und an denen er vermutlich auch als Gewerke Anteil hatte. Bald darauf (um 1540) begegnet uns Markus Röhling als Zehntner von Geyer und 1543 als Bergmeister von Annaberg. Der bedeutende „Markus-Röhling-Stollen" bei Frohnau trug seinen Namen. Als Markus Röhling 1581 starb, soll er nicht nur Silberkuxe aus dem ganzen Erzgebirge, sondern auch Anteile am Geyerschen und Altenberger Zinnbergbau, ein Eisensteinbergwerk, Landgüter und Wohnhäuser hinterlassen haben.[326]

Schließlich sei noch auf zwei Marienberger Unternehmer hingewiesen, die ihre Betätigung in umfangreichen Bergbauunternehmungen mit Schichtmeisterfunktionen verbanden. *Bonaventura Werner* war aus Zwickau nach Marienberg übergesiedelt und baute dort u. a. den nach ihm benannten Stollen am Wildsberg. Seine für 1539 belegte Beteiligung an der Schneeberger Ausbeutzeche „Fruchtbare Torheit" läßt vermuten, daß er dort auch noch weiteren Kuxbesitz hatte. Einen Teil seines Vermögens legte er in Land- und Waldbesitz an, auch gehörten ihm zwei Brettmühlen. Als Schichtmeister ist er in einer Marienberger Zeche 1538 nachweisbar.[327]

Zur selben Zeit war *Franz Lincke* Schichtmeister in 9 Marienberger Zechen, darunter in „St. Urban im süßen Wein", auch „Lincken Stollen" genannt, woraus man schließen darf, daß Lincke Lehenträger und wahrscheinlich auch Hauptgewerke gewesen ist. Dieser Stollen wurde 1538 fündig und muß Lincke hohen Gewinn einge-

323 Vgl. den Rezeß von Luciae 1538 in StA Dresden, Loc. 4499, Verzeichnis der Zechen . . . 1538; P. Albinus, Annabergische Annales, a. a. O., S. 34.

324 Rezeß Luciae 1538, ebenda; ferner Th. G. Werner, Das fremde Kapital, a. a. O., Bd. 58, S. 19.

325 Rezeß Luciae 1538, ebenda; ferner W. Bogsch, a. a. O., S. 97.

326 Über Markus Röhling (die Schreibweise seines Namens in den Quellen differiert sehr stark) vgl. H. Harms zum Spreckel, Beiträge zur Geschichte der Familie Roeling, in: Mitteilungen des Vereins für Geschichte von Annaberg und Umgegend, Bd. 3, H. 2, 1913 (im einzelnen fehlerhaft); Th. G. Werner, Caspar Kürschner, a. a. O., S. 36; StA Dresden, Loc. 4499, Verzeichnis der Zechen . . . 1538; Angaben über seine Einsetzung als Zehntner von Geyer und Bergmeister von Annaberg vgl. oben, S. 70 u. 73.

327 W. Bogsch, a. a. O., S. 88; StA Weimar, Reg. T 9, Gewerkenverzeichnis der „Fruchtbaren Torheit"; StA Dresden, Loc. 4499, Verzeichnis der Zechen . . . 1538, Rezeß Marienberg Luciae 1538.

bracht haben (die Bergkost von 177 ß deutet auf den Einsatz von etwa 60 Bergarbeitern hin). Gewiß war er auch an anderen Zechen beteiligt. 1547 gelangte er in den Rat, wurde Hüttenreiter und ein Jahr darauf Stadtvogt. Auch Lincke erwarb Land- und Waldbesitz und betrieb eine Brettmühle.[328]

Allgemein waren alle, die in einer amtlichen Funktion mit dem Bergbau zu tun hatten, auch als Gewerken am Bergbau beteiligt (daß das auch für landesherrliche Räte und die adligen Amtleute galt, wird noch zu zeigen sein). Sowohl unter den landesherrlichen Bergbeamten als auch besonders unter den Schichtmeistern gab es nachweisbar nicht nur Gewerken schlechthin, sondern auch Unternehmer, die im großen Stil im Bergbau, im Hüttenwesen, im Handel und in verschiedenen anderen Unternehmungen engagiert waren. Letztlich war das eine Auswirkung des Direktionssystems, das die gesamte Leitung des Bergwesens in die Hände der Landesherren und ihres Verwaltungsapparates gelegt hatte. Indem Bergbeamte zu Gewerken wurden (eine Enthaltsamkeit gegenüber dem lockenden Profit konnten selbst die Berggesetze nicht erreichen) bzw. Gewerken bergamtliche Funktionen oder als Schichtmeister die Leitung der Zechen übernahmen, kam es einerseits zu einer gewissen Interessenverschmelzung zwischen ihnen, andererseits sicherten sich die Gewerken Einfluß auf die Handhabung des Direktionsprinzips und damit auch die Wahrung ihrer Interessen. Zugleich kam es aber auf diese Weise zu einer – auch auf anderen Gebieten feststellbaren – relativ engen Bindung eines Teils des Bürgertums an die Landesherren, was sich auch in der frühbürgerlichen Revolution auswirkte.

4. *Bergarbeiter als Gewerken*

Im allgemeinen hatte sich die spätere Klassentrennung von Kapitalisten und Proletariat bereits im Bergbau des 15./16. Jh. in einer deutlichen ökonomischen und sozialen Schichtung von Gewerken einerseits und Lohnarbeitern andererseits vorbereitet. Die besondere Möglichkeit im Bergbau, bei zunächst oft nur geringem Kapitaleinsatz durch einen glücklichen Fund zu hohen Gewinnen und als Fundgrübner zu sozialem Aufstieg zu gelangen, wird aber manche Bergarbeiter veranlaßt haben, sich auch als Gewerken zu versuchen. Dafür gibt es einzelne Beispiele. So waren Oswald Hornig, Paul Schwotzer, Hans Falckel und Jakob Falckel, die 1492 in Geyer als Häuer in der Zeche St. Wolfgang bzw. in der nächsten Maß nach St. Wolfgang arbeiteten, mit geringen Anteilen an der Geyerschen Gesellenzeche beteiligt, zu deren Gewerkschaft auch die Landesherren, hohe Adlige und bekannte Großgewerken aus dem Bürgertum gehörten.[329] Von 58 Häuern, die 1501 in Schneeberg an einem Streik teilnahmen, ist einer (Peter Merwigk) zwei Jahre später als Lehenträger einer Zeche nachweisbar.[330] Ein gutes Bild gibt ein Bericht des Schneeberger Bergmeisters Peter Oberländer 1546 an den Amtsverweser Paul Schmidt. Schmidt war als Verleger des Kurfürsten von diesem beauftragt, in der Marienberger Zeche „Wilde Eule" Kuxe zu

328 Rezeß Marienberg Luciae 1538, a. a. O.; W. Bogsch, a. a. O., S. 90f.

329 StA Dresden, Loc. 4503, Rechnungen über den Silberzehnten . . . 1487–1509; Bl. 111f., 117f., 145f., 159.

330 StA Weimar, Reg. T 81, Bl. 40f.; HStA Freiberg, Nr. 234b (2), Verleihbuch des Bergamtes Schneeberg 1503–1505, Bl. 1–4.

kaufen, und hatte deshalb den Bergmeister veranlaßt, zuvor den Zustand der Zeche zu überprüfen. Oberländer begab sich draufhin nach Marienberg und befuhr die betreffende Grube. Dabei stellte sich heraus, daß zwei Berggesellen, Melchior Werner und Paul Wagner, eine alte aufgelassene Grube wieder aufgenommen hatten, sie mit einem einzigen Weilarbeiter betrieben und jetzt Teile auf Zubuße anboten. Wagner ernähre sich davon, daß er neue Lehen aufnehme und dann im Lande herumreise, um zubußende Gewerken zu werben.[331] Ähnliches mag durchaus häufiger vorgekommen sein, blieb aber bei dem im Wesen bereits kapitalistisch betriebenen Silberbergbau eine Randerscheinung.

5. *Die Beteiligung des Adels*

Ein sehr aufschlußreiches Phänomen für die sozialökonomische Situation im ausgehenden 15. Jh. und in der ersten Hälfte des 16. Jh. ist die hohe Beteiligung des Adels, allen voran der Landesherren, am Bergbau. Der kapitalistisch betriebene Bergbau modifizierte nicht nur durch die hohe Kapitalakkumulation und die Bindung eines Teils des Bürgertums an die Landesherren in erheblichem Maße die ökonomische und soziale Basis des sich festigenden Territorialstaates in jener Zeit, sondern er zog auch unmittelbar Teile der herrschenden Feudalklasse in seinen Bann. Der hohe Adel und zahlreiche Vertreter des niederen sächsischen Adels waren in starkem Maße als Gewerken am Bergbau beteiligt; einige von ihnen betätigten sich in erster Linie als Unternehmer im Bergbau und Hüttenwesen.

Die sächsischen Fürsten, die durch ihre Regalien ohnehin hohen Nutzen aus dem Silberbergbau zogen, erwarben vom Beginn des Schneeberger Bergbaus an einen außergewöhnlich umfangreichen Kuxbesitz. Bereits in der „Ordinacio" von 1472 setzten sie den Bergmeister Hans Raspe als Schichtmeister auf ihren Zechen und Stollen ein und befahlen ihm, regelmäßig Zubuße von ihren Mitgewerken einzuziehen.[332] Im einzelnen belegen die Zehntrechnungen Martin Römers, der zugleich Verleger der Landesherren war, daß *Kurfürst Ernst* und *Herzog Albrecht* in Schneeberg in den drei wichtigsten Ausbeutzechen gemeinsam 49 Kuxe besaßen; im Jahre 1480 gehörten jedem von ihnen in 10 weiteren Zechen $79^1/_2$ Kuxe; 1481 kamen beim Kurfürsten 41, beim Herzog 49 Kuxe in 4 neuen Zechen hinzu. In einer ganzen Reihe weiterer Zechen ist die Tatsache ihrer Beteiligung, nicht aber die Zahl ihrer Kuxe bekannt. Über Schneeberg hinaus besaßen sie Bergteile in Hohenforst, Beierfeld und anderen kleineren Bergrevieren. Allein aus den erstgenannten drei Schneeberger Ausbeutzechen zogen Ernst und Albrecht in den ersten 13 Fundjahren (von 1470 bis zum Tode Römers 1483) einen Gewinn von 81119 fl.; dazu kamen noch kleinere Ausbeuten in anderen Zechen.[333]

Außerordentlich stark beteiligte sich auch die Mutter der beiden Fürsten, *Herzogin Margarete*, am erzgebirgischem Silberbergbau. In den Schneeberger Zechen „Unserer Lieben Frauen" und „Oberschar" war sie bereits 1471 die Hauptgewerkin.[334]

331 StA Weimar, Reg. T 656, Bl. 47–49.
332 O. Hoppe, a. a. O., S. 131f.
333 K. Hahn, Die ältesten Schneeberger Zehntrechnungen, a. a. O., S. 44–46.
334 StA Dresden, Loc. 4491, Verschreibung über Bergwerke, Bl. 26.

Nachweisbar ist ferner ihre z. T. hohe Beteiligung in der Schneeberger „Müntzerzeche" und an der Zeche „St. Christoph". Häufig wandte sie sich an ihre Söhne wegen weiterer Verleihungen oder besonderer Privilegien, wurde aber meist abschlägig beschieden.[335] Ihre Briefe lassen ein starkes persönliches Engagement im Bergbau erkennen. Dabei beschränkte sie sich durchaus nicht auf Schneeberg, sondern sie zählt um 1480 auch zu den ersten Gewerken auf dem Pöhlberg, wo vor dem Aufkommen Annabergs ein wenig ergiebiger Kupfer-Silber-Bergbau betrieben wurde.[336]

Mit der Ausdehnung des Bergbaus stieg auch die Beteiligung der Fürsten. *Herzog Georg*, der Nachfolger Herzog Albrechts, findet sich bereits um die Jahrhundertwende in allen überlieferten Gewerkenverzeichnissen. Die 5 Gewerkenverzeichnisse aus Geyer von 1492 weisen ihn in 4 Fällen mit je 4 Kuxen, in einem Fall mit 8 Kuxen aus.[337] Im Gewerkenverzeichnis der zum Schneeberger Revier gehörenden Kupfer-Silber-Zeche „Ober-Nicol-Schmidt" von 1503 erscheint er mit 8 Kuxen.[338] Im Verzeichnis des Schneeberger „Fürstenstollens" von vor 1502 steht zwar noch sein Vater, Herzog Albrecht, mit 14 Kuxen, da dieser jedoch bereits 1500 gestorben war, dürften auch dessen Bergteile auf ihn übergegangen sein.[339] Danach dürfte Herzog Georg bereits frühzeitig über einen sehr umfangreichen persönlichen Kuxbesitz verfügt haben, den er zwar ständig veränderte und ergänzte, aber als solchen zeit seines Lebens behielt. Nach einem überlieferten Verzeichnis seiner Bergteile aus dem Jahre 1535 besaß er in jenem Jahr in Annaberg 475 Kuxe in 28 Zechen, in Marienberg 52 Kuxe in 4 Zechen, in Scheibenberg 42 Kuxe in 2 Zechen, in Geyer 56 Kuxe in 2 Zechen, in Buchholz 8 Kuxe in 1 Zeche, in Joachimsthal 15 Kuxe in 1 Zeche, in Wiesenthal 24 Kuxe in 2 Zechen und in Drebach 32 Kuxe in 1 Zeche.[340] In diesem Verzeichnis fehlt zwar Schneeberg, aber dort besaß er im gleichen Jahr ebenfalls Kuxe, was u. a. aus dem Gewerkenverzeichnis des „Markus-Semler-Stollens" hervorgeht.[341] Unter seinen Annaberger Kuxen befanden sich auch 12 Kuxe in der Zeche „Himmlisch Heer", womit Georg der größte Gewerke dieser berühmten Fundgrube war, die ihm allein im Jahre 1537 über 23000 fl. Ausbeute eingebracht haben muß.[342] Georgs Marienberger Kuxbesitz war bereits wenige Jahre nach dem Verzeichnis von 1535 erheblich über den dort angegebenen Bestand angewachsen. Um 1539 gehörten ihm in Marienberg 158 Kuxe in 11 Zechen.[343]

335 StA Weimar, Reg. T 649–655, Bl. 1–6.

336 Vgl. dazu im einzelnen oben, S. 18 ff.

337 StA Dresden, Loc. 4503, Rechnungen über den Silberzehnten ..., Bl. 108, 117, 127, 141, 155.

338 Ch. Meltzer, a. a. O., S. 685.

339 StA Weimar, Reg. T 168, Bl. 8f.

340 StA Dresden, Loc. 4495, Annabergische Bergrechnungen 1505–1591, Bl. 105ff.

341 Vgl. oben, „Die kapitalistische Gewerkschaft ...", S. 89. Er war in Schneeberg ferner mit 12 1/2 Kuxen an der „Fundgrube-St. Georg" und mit 16 Kuxen an der „Weiberzeche" beteiligt (StA Dresden, Loc. 4489, Handlung auf dem Schneeberg ... 1488–1546, Bl. 162; StA Weimar, Reg. T 9, Bl. 62ff.).

342 Th. G. Werner, Caspar Kürschner, a. a. O., S. 34, 40. Zum Vergleich sei wiederholt, daß die gesamten Einnahmen des albertinischen Staates aus den Ämtern in diesem Jahr 27128 fl. betrugen.

343 W. Bogsch, a. a. O., S. 107.

Ähnlich stark wie Herzog Georg scheint sich sein Bruder *Herzog Heinrich* am Bergbau beteiligt zu haben. Heinrich hatte 1505 auf die Nachfolge im Herzogtum Sachsen zugunsten männlicher Nachkommen seines Bruders verzichtet und dafür die Ämter Freiberg und Wolkenstein erhalten, jedoch ohne die Bergregalien, die bei Georg verblieben.[344] Diesen finanziellen Verlust wird er durch starke eigene Beteiligung zu kompensieren versucht haben. Schon vor dem Aufkommen seiner eigenen Gründung Marienberg war er in Schneeberg, Buchholz und wahrscheinlich auch in anderen Bergrevieren beteiligt. 1514 wurde ein bereits länger andauernder Streit entschieden, in dem Heinrich Anspruch auf 16 Kuxe in einer Schneeberger Zeche erhob, die ihm andere Gewerken verweigerten. Man sprach ihm 9 Kuxe zu, einschließlich der darauf gefallenen Ausbeute, die ihm dann die Gewerkschaft in Raten erstatten mußte.[345] Auch später erscheint er mehrfach als Gewerke in Schneeberg, u. a. als Lehensträger und Hauptgewerke der Zeche „St. Walpurgen".[346] Sein Kuxbesitz in Buchholz ist in mehreren Zechen nachweisbar; Bartsch schätzt Heinrich als „besonders eifrigen" Buchholzer Gewerken ein.[347] Das Hauptbetätigungsfeld Heinrichs wurde jedoch Marienberg, wo er in den dreißiger Jahren relativ gleichbleibend rd. 230 Kuxe in 19 Zechen besaß; 1541 waren es rd. 300 Kuxe.[348]

Sehr umfangreich muß auch der Kuxbesitz von *Herzog Moritz*, dem späteren Kurfürsten, gewesen sein. Schon bevor er 1541 nach dem Tode Herzog Heinrichs die Regierung im albertinischen Sachsen übernahm, erscheint er 1539 mehrfach als Gewerke in Schneeberg.[349] Im Jahre 1547 besaß er allein in Schneeberg über 700 Kuxe[350], von denen gewiß ein guter Teil aus ernestinischem Besitz stammte, nachdem Moritz den Ernestinern nicht nur die Kurwürde, sondern auch die Bergwerke entrissen hatte. Die vermutete Beteiligung Moritz' in anderen Bergrevieren läßt sich nicht belegen.

Genauer nachweisbar ist der Kuxbesitz der ernestinischen Fürsten, über dessen Umfang und Veränderungen einige überlieferte Verlagsbücher Auskunft geben. So besaß *Kurfürst Friedrich der Weise* zusammen mit seinem Bruder *Herzog Johann* in Schneeberg 1511/12 rd. 275 Kuxe in 44 Zechen.[351] Im Jahre 1514 waren es 247 Kuxe in 39 Zechen, und 1524 gehörten ihnen noch 186½ Kuxe in 21 Zechen, von denen allerdings nur 99½ Kuxe in 9 Zechen verlegt wurden.[352] In diesen Zahlen sind nicht mit einbegriffen die Kuxe in Ausbeutzechen, über deren gesonderte

344 R. Kötzschke/H. Kretzschmar, Sächsische Geschichte, a. a. O., S. 166f.; W. Bogsch, a. a. O., S. 30f. Nachdem beide Söhne Georgs noch vor ihm gestorben waren, kam Heinrich 1539 nach Georgs Tod doch noch zur Regierung; jedoch starb er selbst bereits 1541.

345 StA Weimar, Reg. T 115, Bl. 270b.

346 StA Dresden, Loc. 4490, Handlunge und Zehend-Rechnung. . . 1527–1535, Bl. 49.

347 L. Bartsch, Buchholz unter der Ernestinischen Linie . . ., a. a. O., S. 63.

348 W. Bogsch, a. a. O., S. 106f.

349 Vgl. die Gewerkenverzeichnisse in StA Weimar, Reg. T 9.

350 Ch. Meltzer, a. a. O., S. 680.

351 StA Weimar, Reg. T 187, Bl. 18b–20; Reg. T 188, Bl. 22; Reg. T 189, Bl. 22b–23; Reg. T 253.

352 StA Weimar, Reg. T 649–655, Bl. 19.

Abrechnung Belege fehlen. Daß Friedrich auch außerhalb Schneebergs Bergteile besaß, ist nur im Einzelfall nachweisbar[353], aber gewiß.

Über seinen Nachfolger, *Kurfürst Johann*, fehlen nähere Angaben, jedoch scheint er den Kuxbesitz, den er zuvor mit seinem Bruder gemeinsam innegehabt hatte, fortgeführt zu haben, ohne besondere Aktivität zu entwickeln.

Anders sein Sohn und Nachfolger *Kurfürst Johann Friedrich*, der 1532 die Regierung übernahm: Er baute Bergteile in allen sächsischen Bergrevieren. 1534 besaß er in Schneeberg 112$^1/_2$ Kuxe in 9 Zubußzechen (Zubuße insgesamt 75 fl. 3 gr.) und 22 Kuxe in 2 Ausbeutzechen (Ausbeute 1071 fl.).[354] Gleichzeitig legte er in Marienberg Zubuße auf 233$^1/_2$ Kuxe in 12 Zechen an (die Zahl seiner dortigen Ausbeutkuxe fehlt).[355] Einzelbelege zeigen, daß er auch Kuxe in Geyer, Buchholz, Annaberg und anderen Bergrevieren besaß, worüber es allerdings keine zusammenfassenden Abrechnungen gibt. Ein Jahr später, 1535, baute Johann Friedrich 144$^1/_2$ Kuxe in 13 Schneeberger Zubußzechen (auch hier fehlt die Zahl der Ausbeutkuxe; sie betrug 1536 insgesamt 25 Kuxe in 3 Zechen mit 1144 fl. Quartalsausbeute)[356], ferner 36$^1/_2$ Kuxe in 5 Zubußzechen Marienbergs, 2 Kuxe in 1 Zubußzeche Annabergs und 138 Kuxe in 8 Zubußzechen von Buchholz.[357] Da hier jeweils nur die Zubuße verzeichnet wird, fehlen die Angaben über den Kuxbesitz in Ausbeutzechen, aber auch in Zechen, die ohne Zubuße und Ausbeute arbeiteten, bzw. in liegengelassenen Zechen. Überliefert sind ferner nicht die Abrechnungen der kurfürstlichen Verleger aus anderen Revieren. Die gleichen Einschränkungen gelten auch für das folgende Verzeichnis, in dem zum Dezember 1543 als kurfürstliche Bergteile angegeben werden: 28$^1/_2$ Kuxe in 24 Zechen in Buchholz, 204$^1/_2$ Kuxe in 29 Zechen in Schneeberg, 74 Kuxe in 10 Zechen in Marienberg, 8$^2/_3$ Kuxe in 5 Zechen in Annaberg und 32$^1/_2$ Kuxe in 3 Zechen in Wolkenstein.[358] Beteiligt war der Kurfürst darüber hinaus am Silberbergbau von Gottesgab und Scheibenberg sowie – sehr stark – am Zinnbergbau von Platten.[359]

Insgesamt ergibt sich hieraus, daß die sächsischen Fürsten nicht nur mittels des Bergregals den Bergbau kontrollierten und aus ihm erheblichen finanziellen Nutzen zogen, sondern daß sie sich auch unmittelbar als Großgewerken aktiv an ihm beteiligten. Insofern standen die Spitzen des Territorialstaates als Eigentümer von Produktionsmitteln und als Ausbeuter von Lohnarbeitern in einem kapitalistischen Produktionsverhältnis, das sie aber letztlich ebenso wie das Bergregal benutzten, um ihre feudalen Positionen zu festigen.

353 Zum Beispiel wurden 1507 für ihn 8 Kuxe in einer Annaberger Zeche gekauft (StA Weimar, Reg. T 649–655, Bl. 14).

554 StA Weimar, Reg. T 649–655, Bl. 38, 65.

355 Ebenda, Bl. 32, 34–37.

356 Ebenda, Bl. 66 – 69, 83.

357 Ebenda, Bl. 72–75.

358 StA Weimar, Reg. T. 656, Bl. 28–42.

359 In den Verlagsbüchern des Kurfürsten von 1544 sind für Gottesgab 69$^1/_2$ Kuxe in 9 Zechen und für Scheibenberg 32 Kuxe in 11 Zechen verzeichnet; die Kuxzahlen für die anderen Reviere hatten sich z. T. inzwischen wieder erheblich verändert (StA Weimar, Reg. T 13). Ein Verzeichnis des Kurfürsten von 1539 für Platten vgl. StA Weimar, Reg. T 649–655, Bl. 93–96.

Neben den Fürsten beteiligten sich auch zahlreiche Angehörige des niederen Adels, insbesondere landesherrliche Räte, als Gewerken am Bergbau. Eine hohe Aktivität entwickelte der Ritter und landesherrliche Rat *Heinrich von Starschedel*, der zum schriftsässigen Adel gehörte, jedoch wohl in erster Linie als Bergbauunternehmer zu gelten hat. Er war 1477 als Hauptmann des neuentstandenen Schneeberg eingesetzt worden, nachdem er sich offenbar durch seine frühzeitige Bergbaubeteiligung für eine solche Funktion empfohlen hatte. Bereits 1472 waren ihm und seinen Mitgewerken alle Bergwerke innerhalb einer halben Meile um Neustädtel herum verliehen worden, verbunden mit dem alleinigen Schürf- und Baurecht in diesem Gebiet.[360] Diese wie auch ähnliche spätere Verleihungen kennzeichnen den großen Stil, in dem Starschedel – neben dem üblichen Kuxbesitz in vielen Zechen[361] – seine Bergbauunternehmungen betrieb. So ließ er sich von den Landesherren 1480 in Schneeberg die Zeche „Heilige Drei Könige" mit ihren Maßen, dazu einen Erbstollen, den ganzen Widersberg mit aller Gerechtigkeit, ferner die alte Wismutzeche und einige weitere Maßen verleihen. Für sämtliche Erzgänge, auf die er beim Vortrieb seines Stollens stieß, erhielt er das Recht des ersten Muters.[362] 1482 nahm er die Fundgrube „Katharina Neufang" mit einem Erbstollen zu Lehen auf[363], die bald darauf wie die „Heiligen Drei Könige" zu den ergiebigsten Silbergruben zählte. 1483 ließ er sich den Bau einer neuen Wasserkunst durch einen Vertrag bestätigen, der ihm von jeder Gewerkschaft für die Benutzung die Hälfte des daraus gezogenen Nutzens zusprach.[364] Im selben Jahr wurde er – nach dem Tode Martin Römers – auch als Schneeberger Zehntner eingesetzt, was ihm zugleich den lukrativen Silberkauf eintrug. Diese Funktionen nutzte er zusätzlich, um in die eigene Tasche zu wirtschaften, weshalb er bereits 1484 als Zehntner abgesetzt wurde.[365] Er trat daraufhin 1485 auch als Hauptmann von Schneeberg zurück. Inwieweit er danach seine großen Bergbauunternehmungen fortgeführt hat, läßt sich nicht ermitteln. Daß er sich jedoch noch weiter an vielen Zechen als Gewerke beteiligt hat, steht fest. Um 1488 zählte er zu den Hauptgewerken der „Fleischhauerzeche" in Schneeberg[366], am dortigen „Fürstenstollen" war er mit 4 Kuxen beteiligt[367]; in drei von fünf überlieferten Gewerkenverzeichnissen aus Geyer 1492 ist er mit zweimal 4 und einmal 2 Kuxen vertreten[368]. Noch 1513 wur-

360 StA Dresden, Loc. 4491, Verschreibung über Bergwerke, Bl. 4bf.

361 Er war u. a. Gewerke der Rätezeche in Schneeberg, die während seiner Amtszeit aufgegeben wurde und um die dann 1490 ein heftiger Streit entbrannte, an dem sich auch Starschedel beteiligte (vgl. dazu oben, S. 97ff.). Im Schneeberger Fürstenstollen besaß er 4 Kuxe (StA Weimar, Reg. T 168, Bl. 8f.).

362 StA Dresden, Loc. 4491, Verschreibung über Bergwerke, Bl. 48bf.

363 Ebenda, Bl. 105b ff.

364 Vgl. oben, S. 120.

365 A. Puff, Die Finanzen Albrechts ..., a. a. O., S. 32. Seinen Protestbrief gegen diese Maßnahme vgl. StA Weimar, Reg. T 136, Bl. 2f.; dazu auch oben, S. 134f.

366 StA Dresden, Loc. 4507, Schneebergische Bergordnungen, Bl. 28b; zur Datierung vgl. ebenda, Orig. Urk. Nr. 8789, zit. nach Nachlaß Löscher.

367 StA Weimar, Reg. T 168, Bl. 8f. Das Gewerkenverzeichnis ist von 1502 datiert, gibt aber einen älteren Zustand wieder.

368 StA Dresden, Loc. 4503, Rechnungen über den Silberzehnten ..., Bl. 117, 127, 155.

den die von Starschedel als Hauptgewerken von „Katharina Neufang" bezeichnet[369], und *Dietrich von Starschedel* erscheint 1523 und 1532 als Lehensträger oder Vorsteher derselben Zeche[370].

Auch *Hugold von Schleinitz*, der als Obermarschall des Kurfürsten an der Spitze der sich herausbildenden territorialstaatlichen Verwaltung stand und eine bedeutende Rolle in der sächsischen Geschichte spielte, ist als Gewerke nachweisbar. 1477 verkaufte er einen Kux aus der Schneeberger „Rätezeche" für 700 fl. an Herzog Wilhelm von Sachsen.[371] Im Schneeberger „Fürstenstollen" besaß er 4 Kuxe.[372] 1482 erhielt er die bei der Zeche seines Schwiegersohnes Heinrich von Starschedel „Katharina Neufang" gelegenen äußeren Maßen zusammen mit einem Erbstollen zu Lehen.[373]

Eng mit dem Bergbau verbunden waren die Herren *von Schönberg*, die auch als landesherrliche Räte von seiten der Albertiner häufig zu den Berghandlungen entsandt wurden und als solche wichtige Kontrollfunktionen über den Bergbau ausübten.[374] Nach Angaben von Meltzer soll *Heinrich von Schönberg d. Ä.*, der um 1498 auch für kurze Zeit Hauptmann von Schneeberg war, durch eigene Beteiligung soviel Gewinn aus dem Bergbau gezogen haben, daß er zu seinem Stammsitz Sachsenburg auch noch das ganze Amt Stollberg hinzukaufen konnte und so die Stollbergische Linie seines Hauses begründete.[375] Inwieweit das auf Tatsachen beruht, läßt sich nicht feststellen. In den Akten aus den beiden letzten Jahrzehnten des 15. Jh. erscheint Heinrich von Schönberg d. Ä. als bauender Gewerke in Geyer[376] und in der „Fleischhauerzeche" in Schneeberg[377]; ferner ist er im Gewerkenverzeichnis des Schneeberger „Fürstenstollens" mit 2 Kuxen verzeichnet[378]. In den überlieferten Gewerkenverzeichnissen jener Zeit tauchen des weiteren *Heinrich von Schönberg d. J.*, *Caspar von Schönberg*, *Dietrich von Schönberg*, *Hans von Schönberg* und *Lucas von Schönberg* auf.[379]

Der Ritter *Heinrich von Einsiedel* ist als Gewerke und Lehenträger in Geyer und Annaberg nachweisbar. In Geyer beriefen sich bereits um 1487 einige Gewerken gegenüber den Landesherren auf Heinrich von Einsiedel, der als großer Gewerke von Geyer bezeugen könne, welche Unkosten den Gewerken im dortigen Bergbau

369 StA Weimar, Reg. T 115, Bl. 236b.

370 StA Dresden, Loc. 4489, Berghandlung und Rechnungen ... 1522–1524, Bl. 137b; ebenda, Loc. 4489, Handlung auf dem Schneeberge ... 1488–1546, Bl. 138b–139b.

371 StA Weimar, Reg. T 649–655, Bl. 13.

372 StA Weimar, Reg. T 168, Bl. 8f.

373 StA Dresden, Loc. 4491, Verschreibung über Bergwerke, Bl. 110ff.

374 Vgl. dazu oben, S. 62f.

375 Ch. Meltzer, a. a. O., S. 681.

376 StA Weimar, Reg. T 798–800, Bl. 4f.; StA Dresden, Loc. 4503, Rechnungen über den Silberzehnt 1487–1509, Bl. 128.

377 StA Dresden, Loc. 4507, Schneebergische Bergordnungen, Bl. 28b, zit. nach Nachlaß Löscher.

378 StA Weimar, Reg. T 168, Bl. 8f.

379 Ebenda; ferner in StA Dresden, Loc. 4503, Rechnungen über den Silberzehnt 1487–1509, Bl. 127, 141f., 155f.; HStA Freiberg, Schneeberger Verleihbuch von 1504, Nr. 234b (2), Bl. 4ff.

erwüchsen.[380] Von den 5 überlieferten Gewerkenverzeichnissen von 1492 aus Geyer verzeichnen ihn 4 als Gewerken mit insgesamt 22 Kuxen, für die er einen Verleger am Ort hatte.[381] In Annaberg gab es ein „Heinrich von Einsiedel Lehen", das von 1500 bis 1504 in insgesamt 4 Quartalen Ausbeute verteilte, und 1513–1516 erscheint eine Zeche „St. Wolfgang" in den Rezessen ebenfalls als „Heinrich von Einsiedel Lehen".[382]

Mehrfach begegnet der als „Herr auf Graupen" bezeichnete Ritter *Thimo von Kolditz* als Gewerke in Geyer und Schneeberg. In Geyer besaß er 1492 in zwei Zechen zusammen 10 Kuxe[383], und in Schneeberg nahm er allein im Jahre 1504 als Lehensträger 4 Zechen auf, darunter zwei Fundgruben mit je 3 Wehren und einige Maßen[384].

Stark beteiligte sich *Anselm von Tettau* am erzgebirgischen Silberbergbau. Die Tettaus hatten die Herrschaft Schwarzenberg als ernestinisches Lehen inne, wo sie vor allem Zinnbergbau trieben und einen eigenen Bergmeister beschäftigten.[385] Anselm von Tettau, um 1499 als Hauptmann von Schneeberg eingesetzt, dürfte dort zahlreiche Kuxe erworben haben. Im Schneeberger Verleihbuch von 1505 ist er als Lehensträger einer Zeche nachweisbar.[386] 1507 ließ er durch einen Verleger 4 Kuxe in einer Annaberger Zeche für sich kaufen.[387] Als Herzog Georg 1508/09 im Streit mit den Ernestinern Anselm von Tettau als Hauptmann von Schneeberg abzusetzen versuchte[388], führte er u. a. als Argument ins Feld, Tettau könne sein Amt nicht objektiv ausüben, da er selbst als Gewerke viele Teile baue[389]. Aber noch nach seiner Absetzung als Hauptmann im Jahre 1509 baute Tettau weiter, wie sein Streit mit Johann von Mergentheim um 8 Kuxe in der Schneeberger Zeche „St. Margarethe" aus dem Jahre 1514 belegt.[390]

Der landesherrliche Rat, Hofmarschall (1490–1496) und Amtmann von Schellenberg (1501–1509), *Sigmund von Maltitz*, der die Albertiner auch bei den Berghandlungen vertrat, gehörte zu den aktivsten Gewerken aus dem Adel. In allen 5 überlieferten Gewerkenverzeichnissen aus Geyer von 1492 ist er mit insgesamt 16 Kuxen aufgeführt.[391] Daneben besaß er im Schneeberger Fürstenstollen $^1/_2$ Kux.[392] Allein

[380] StA Weimar, Reg. T 798–800, Bl. 4f.

[381] StA Dresden, Loc. 4503, Rechnungen über den Silberzehnt 1487–1509, Bl. 108f., 127f., 141f., 155f.

[382] Vgl. StA Dresden, Loc. 4495, Austeilung auf St. Annaberg; ferner die Rezesse in StA Weimar, Reg. T 624 u. 254.

[383] StA Dresden, Loc. 4503 Rechnungen über den Silberzehnt 1487–1509, Bl. 127f., 155f.

[384] HStA Freiberg, Schneeberger Verleihbuch von 1504, Nr. 234b (2), Bl. 4ff.

[385] Vgl. oben, S. 44f.

[386] HStA Freiberg, Schneeberger Verleihbuch von 1505, Nr. 234b (2), Bl. 30ff.

[387] StA Weimar, Reg. T 649–655, Bl. 14.

[388] Vgl. oben, S. 65.

[389] StA Dresden, Loc. 9853, Etzliche Copeyen . . ., Bl. 107.

[390] StA Weimar, Reg. T 115, Bl. 290.

[391] StA Dresden, Loc. 4503, Rechnungen über den Silberzehnt 1487–1509, Bl. 108f., 117f., 127f., 141f., 155f.

[392] StA Weimar, Reg. T 168, Bl. 8f.

ım Jahre 1504 nahm er in Schneeberg 4 Zechen als Lehen auf und wirkte zur selben Zeit als Bevollmächtigter der Gewerkschaften der beiden von Heinrich von Starschedel aufgenommenen Ausbeutzechen „Heilige Drei Könige“ und „Katharina Neufang“.[393] In Annaberg gab es ein „Sigmund von Maltitz Lehen“, das 1503 einmalig Ausbeute verteilte; noch 1514 erscheint diese Zeche im Rezeß.[394] Durch die Erfindung der Naßpochwerke gelang Sigmund von Maltitz im Jahre 1512 eine umwälzende Neuerung auf dem Gebiet der Erzaufbereitung.[395]

In einem besonderen Verhältnis standen die *Herren von Planitz* zum Schneeberger Bergbau. Als Grundherren kämpften sie mit allen Mitteln gegen das landesherrliche Regal und die landesherrlichen Bergbeamten, um einen möglichst hohen Anteil an den Bergbaugewinnen zu erhalten.[396] Sie erreichten dies vor allem in Gestalt der Erbkuxe bzw. des Ackerteils, die ihnen nach dem Bergrecht von den einzelnen Zechen zur Verfügung gestellt werden mußten. Aber auch darüber hinaus versuchten sie durch eigene Beteiligung am Bergbau zu partizipieren. Abgesehen vom Wismutbergbau, den sie in eigener Regie betrieben, waren *Hans* und *Rudolf von der Planitz* Hauptgewerken der Schneeberger Zeche „Unruhe“, als deren Sprecher sie 1528 auftraten.[397] 1529 mutete Hans von der Planitz einen stillgelegten Teil der „Alten Fundgrube“ und wurde 1530 damit belehnt.[398] Bereits 1517 hatte Rudolf von der Planitz zusammen mit einigen anderen den Landesherren ein neues Verfahren zur Trennung von Kupfer und Silber ohne Saigerung zum Kauf angeboten, das sie sonst „auß dem lande bringen und an frembde lewte gelangen“ lassen würden.[399] Das zeigt, daß Rudolf von der Planitz sich nicht nur auf Kapitalanlage im Bergbau beschränkte, sondern daß er sich auch mit technischen Problemen des Bergbaus und der Erzverhüttung befaßte. Die aus dem Jahre 1539 überlieferten Gewerkenverzeichnisse von 6 Schneeberger Zechen führen Rudolf von der Planitz dreimal mit je 2 Kuxen und einmal mit 1 Kux an (außer den Erbkuxen in allen 6 Zechen).[400] Ferner erscheint hier *Friedrich von der Planitz* dreimal mit je 1 Kux und einmal mit 2 Kuxen sowie *Georg von der Planitz* dreimal mit je 1 Kux.

Günther von Bünau, Ritter, landesherrlicher Rat und 1530 als Amtmann von Altenburg erwähnt, baute vor allem in Annaberg. Eine Zeche „Günther von Bünau“ steht im Annaberger Austeilbuch für die Jahre 1499 bis 1525, und zwar erbrachte sie in dieser Zeit in insgesamt 16 Quartalen 69 fl. pro Kux; für das Jahr 1510 ist ferner eine „Fundgrube in Günther von Bünaus Stollen“ angegeben, die in einem

[393] HStA Freiberg, Schneeberger Verleihbuch von 1504, Nr. 234b (2), Bl. 4ff.

[394] StA Dresden, Loc. 4495, Austeilung auf St. Annaberg; StA Weimar, Reg. T 254 (Rezeß von Trinitatis 1514).

[395] Vgl. H. Wilsdorf/W. Quellmalz, Bergwerke und Hüttenanlagen der Agricola-Zeit, Berlin 1971, S. 43.

[396] Dazu vgl. im einzelnen unten, S. 189ff.

[397] StA Dresden, Loc. 4490, Handlunge und Zehend-Rechnung . . . 1527–1535, Bl. 50b, 52.

[398] Ebenda, Bl. 178.

[399] StA Dresden, Loc. 4489, Verzeichnis . . . 1515–1518, Bl. 128, 143.

[400] StA Weimar, Reg. T 9.

Quartal 2 fl. pro Kux verteilte.[401] Weiter erscheint in den Annaberger Rezessen von 1513 bis 1525 eine Zeche „St. Barbara", genannt als „Günther von Bünaus Lehen", 1516 ein „Günther von Bünaus Erbstollen" unter dem Namen „St. Anna" sowie 1532 eine Zeche „Günther von Bünau mit der Fundgrube".[402] Im Jahre 1534 bot Günther von Bünau dem Kurfürsten an, dieser möge eine (ungenannte) Anzahl seiner Kuxe für die Hälfte der Zubuße übernehmen; der Kurfürst begnügte sich aber mit einer Zusage für nur 8 Kuxe im „Heiligen Dreifaltigkeitsstollen" in Marienberg und für 24 weitere Kuxe, d. h., das Angebot muß weit mehr umfaßt haben. Dafür spricht auch die Reaktion von Bünaus, der, offenbar über die Zurückhaltung des Kurfürsten enttäuscht, mit Ausnahme der 8 Marienberger Kuxe alle anderen für sich behielt.[403]

Sehr stark unternehmerisch engagierte sich auch *Nickel vom Ende zum Stein*, der mehrfach als landesherrlicher Rat für die Ernestiner an den Berghandlungen teilnahm und auch häufig in besonderen Missionen wie z. B. bei der Gründung der Bergstadt Gottesgab auftrat. Der Schwerpunkt seiner Bergbaubeteiligung lag in und um Schneeberg. 1522 erhielten er sowie der Ritter und landesherrliche Rat *Konrad Metzsch* für ihre Bergwerke auf dem Pfannenstiel bei Schneeberg Privilegien, um die sie zuvor während des Reichstages in Worms bei ihren Landesherren nachgesucht hatten. Dabei handelte es sich um eine Fundgrube mit 3 Wehren, 7 Maßen mit je 2 Wehren sowie einen Erbstollen, die zwar Silber ausbrachten, aber keine Ausbeute gaben.[404] In den 6 überlieferten Gewerkenverzeichnissen aus Schneeberg von 1539 ist Nickel vom Ende allein fünfmal vertreten, dreimal mit je 2 Kuxen und zweimal mit je 1 Kux; in der sechsten Zeche war statt seiner seine Frau als Gewerkin eingetragen.[405] Zehn Jahre zuvor war Nickel vom Ende im Zusammenhang mit dem Verkauf der „Alten Fundgrube/St. Georg" hervorgetreten. Nachdem 1524 beschlossen worden war, wegen der Verschuldung der alten Gewerkschaft die „Alte Fundgrube/St. Georg" zu verkaufen[406], meldete sich Nickel vom Ende als Käufer. Nach Aufnahme und Schätzung des Inventars kaufte er 1529 – übrigens gegen den heftigen Widerstand der Mitgewerken der „Alten Fundgrube/St. Georg" und des Schichtmeisters Nickel Zcetzsch – für 500 fl. die zur Grube gehörenden Hütten, 2 Teiche, die Erzwäsche mit einem weiteren kleinen Teich, ferner alle Schlacken, After, Räume und weiteres Zubehör aus dem Bereich der Erzaufbereitung und -verhüttung. Den umliegenden Zechen mußte er die Nutzung des Wassers der beiden Teiche für den Bergbaubetrieb zugestehen, er erhielt dafür von ihnen eine Abgabe zur Erhaltung der Dämme etc.[407] Derartige

[401] StA Dresden, Loc. 4495, Austeilung auf St. Annaberg.

[402] Vgl. die Rezesse in StA Weimar, Reg. T 624 und 254.

[403] StA Weimar, Reg. T 649–655, Bl. 20–27.

[404] Thüringische Landesbibliothek Gotha, Ms. Chart. A 213, Bl. 72b ff., zit. nach Nachlaß Löscher. Metzsch hatte übrigens bereits 1520 für ein anderes Bergwerk auf dem Pfannenstiel um besondere Freiheiten nachgesucht (StA Dresden, Loc. 4489, Verzeichnis der Händel . . . 1519–1524, Bl. 78b–79).

[405] StA Weimar, Reg. T 9.

[406] Vgl. oben, S. 86.

[407] StA Dresden, Loc. 4490, Handlunge und Zehend-Rechnung . . . 1527–1535, Bl. 94, 104, bes. 136f., 192b.

Zeugnisse lassen durchaus darauf schließen, daß sich der betreffende Adlige nicht nur durch Kapital am Bergbau beteiligte, sondern sich auch aktiv unternehmerisch betätigte.

Einen ausgezeichneten Überblick über den Kuxbesitz des kurfürstlichen Kämmerers *Hans von Ponigkau* gestatten dessen Verlagsbücher von 1536 bis 1541.[408] Im Quartal Trinitatis 1536 zahlte er in Schneeberg Zubuße für 88 Kuxe in 26 Zechen (insgesamt 21 fl. 19 gr.); hingegen erhielt er im selben Quartal von 4 Kuxen in 3 Zechen insgesamt 232 fl. Ausbeute. Im nächsten Quartal Crucis 1536 zahlte er in Schneeberg 19 fl. 9 gr. Zubuße für 58½ Kuxe in 23 Zechen und erhielt 308 fl. Ausbeute aus 7 Kuxen in 5 Zechen. In beiden Fällen besaß er noch weitere Schneeberger Kuxe, die jedoch zu dieser Zeit zwar ohne Zubuße arbeiteten, aber auch keine Ausbeute gaben oder nicht verlegt wurden. So besaß er nach einer Aufstellung seiner Schneeberger Bergteile Crucis 1537 insgesamt 115¾ Kuxe in 45 Zechen, zahlte aber nur für 88¾ Kuxe in 30 Zechen 37 fl. Zubuße und erzielte aus 6 Kuxen in 5 Zechen 203 fl. Ausbeute, d. h., 21 Kuxe in 10 Zechen erscheinen weder in der Aufstellung seiner Zubußen noch in der der Ausbeuten. Im selben Quartal zahlte er in Buchholz für 74 Kuxe in 24 Zechen Zubuße (er besaß also gewiß noch mehr) und in Marienberg für 32 Kuxe in 12 Zechen. Eine Aufstellung seiner Bergteile für das Quartal Trinitatis 1540 ergibt, daß er zu dieser Zeit in Schneeberg 105½ Kuxe in 46 Zechen besaß, in Buchholz und Annaberg 94¾ Kuxe in 30 Zechen, in Marienberg 29½ Kuxe in 17 Zechen, in Freiberg 3 Kuxe in 2 Zechen, in Gottesgab 3 Kuxe in 1 Zeche, und zusätzlich war er noch im Zinnbergbau von Platten beteiligt. Zur selben Zeit baute er noch weitere Silberkuxe in Gesellschaft mit anderen Gewerken in Joachimsthal (23½ Kuxe in 12 Zechen), in Annaberg (13½ Kuxe in 10 Zechen), in Marienberg (10 Kuxe), in Buchholz (6 Kuxe) und in Schneeberg (4 Kuxe). Seine Partner in diesen Gesellschaften waren durchweg Bergamtleute und landesherrliche Räte und außer Paul Schmidt mit *Hans von Döltzigk*, *Abraham von Einsiedel* und *Heinrich von Gersdorff* weitere Vertreter des Adels. Der durch die Verlagsbücher Ponigkaus ermöglichte Überblick über den Kuxbesitz eines Gewerken ist auch deshalb so aufschlußreich, weil er beweist, daß die aus den anderen Quellen zusammengetragenen Angaben für die übrigen Gewerken nur einen Bruchteil des tatsächlichen Kuxbesitzes erfassen, so daß bei allen angeführten Gewerken mit einer weit stärkeren Bergbaubeteiligung zu rechnen ist, als es im einzelnen nachgewiesen werden kann. Als Vergleich mag dienen, daß nach den Quellen, die für die anderen Gewerken ausgewertet wurden, die Beteiligung Ponigkaus allein für 1539 mit 16 Kuxen in 5 Schneeberger Zechen belegt ist.

Übrigens sind die als Gesellschafter Ponigkaus erwähnten Vertreter des Adels auch gesondert als Gewerken nachweisbar. Darüber hinaus finden sich noch zahlreiche Vertreter des Adels in den ausgewerteten Gewerkenverzeichnissen[409], darunter Inhaber der wichtigsten Ämter in den Zentralregierungen der Territorialstaaten wie Obermarschälle, Hofmeister, Kanzler und Hofmarschälle sowie schließ-

408 Vgl. StA Weimar, Reg. T 12 u. 13.

409 Vgl. StA Weimar, Reg. T 9 pass.; T 168, Bl. 8f.; StA Dresden, Loc. 4503, Rechnungen über den Silberzehnten, Bl. 108–156; ebenda, Loc. 4489, Handlung auf dem Schneeberge ... 1488–1546, Bl. 162; Th. G. Werner, Caspar Kürschner, a. a. O., S. 34f.

lich fast alle bisher noch nicht erwähnten Räte, die die Landesherren bei den Berghandlungen vertraten[410]: Appollonius von Tettau, Kunz von Hermannsgrün, Heinrich von Miltitz, Georg von Miltitz, Sigmund von Miltitz, Ernst von Miltitz, Hans von Minkwitz, Asmann von Minkwitz, Hermann von Weißenbach, Wolf von Weißenbach, Hans von Weißenbach, Heinrich von Schleinitz, Ernst von Schleinitz, der Kanzler Johann Erolt, der Ritter Dr. Johann Schrenk, Dr. Johann von Pack, Hans von Pack, Wilhelm von Carlowitz, Georg von Carlowitz, Friedrich von Carlowitz, Christof von Carlowitz, der Ritter Sigmund Pflugk, Heinrich von Zschaschwitz, Dietrich von Witzleben, Heinrich von Witzleben, Friedrich von Ölsnitz, Baltzer von Plausitz, Hans von Werthern, Hans von Waldenfels zu Lichtenberg, Hans von Taubenhain, Utz von Sulgau, Georg von Harras, Jakob von Koseritz, Matthes von Wallenrod, Sigmund von Wallenrod u. a.[411]

Dem weltlichen Adel stand auch der hohe *Klerus* nicht nach. Allein im Gewerkenverzeichnis des Schneeberger Fürstenstollens von vor 1502 finden sich der Abt des Klosters Zelle, der Bischof von Meißen, der Bischof von Naumburg sowie der Dechant und das Kapitel von Freiberg.[412] Über die Rolle des Bischofs von Naumburg wurde schon bei dem Streit um die Schneeberger Rätezeche berichtet, über die des Klosters Grünhain im Zusammenhang mit der Gründung von Scheibenberg[413].

Die hohe Beteiligung des Adels am Bergbau beweist, wie stark die Geldwirtschaft die feudale Basis bereits untergraben hatte. In dem Bestreben, an dem allgemeinen Aufschwung der bürgerlich-gewerblichen Wirtschaft jener Zeit teilzuhaben, suchte der Adel seine Einkünfte aus dem feudalen Grundeigentum zu ergänzen, indem er Kapital in der Produktion anlegte oder sich – z. T. in großem Stil – als Bergbauunternehmer betätigte. Der Grad der Verbürgerlichung dieser Adelsvertreter läßt sich nicht bestimmen und wird sehr unterschiedlich gewesen sein. Werden die einen sich am Bergbau beteiligt haben, um mittels der daraus gewonnenen Einkünfte ihren Feudalbesitz zu vergrößern bzw. feudale Positionen zu festigen, so scheinen sich andere mehr und mehr sozial dem grundbesitzenden Bürgertum angenähert, d. h. in erster Linie Berg- und Hüttenwerk sowie Erzhandel und erst sekundär feudale Landwirtschaft betrieben zu haben. Waren alle Adligen als Eigentümer von Produktionsmitteln im Bergbau und als Ausbeuter von Lohnarbeitern an einem kapitalistischen Produktionsverhältnis beteiligt, so wird dies vor allem bei der letzteren Gruppe bereits Konsequenzen für ihre Klassenpositionen gehabt haben. Sie bildeten zusammen mit den kaufmännisch-bürgerlichen Gewerken – die insgesamt bei weitem überwogen – den sozialen Ausgangspunkt für die künftige Kapitalistenklasse.[414]

410 Vgl. oben, S. 62f. Über die Funktionen in der albertinischen Zentralregierung vgl. W. Goerlitz, a. a. O., S. 414ff.

411 Über weitere Vertreter des Adels im Bergbau vgl. Th. G. Werner, Das fremde Kapital, a. a. O., Bd. 58, S. 174ff.; W. Bogsch, a. a. O., S. 104f.

412 StA Weimar, Reg. T 168, Bl. 8f.

413 Vgl. oben, S. 41 f. u. S. 97ff. Auch hierfür vgl. weitere Angaben bei W. Bogsch, a. a. O., S. 103f.

414 Vgl. dazu auch I. Mittenzwei, a. a. O., S. 33.

V. DIE KLASSENWIDERSPRÜCHE UND IHRE AUSTRAGUNG IM BEREICH DES SÄCHSISCHEN SILBERBERGBAUS

Aus den Eigentumsverhältnissen im sächsischen Silberbergbau erwuchsen eine Reihe von Klassengegensätzen und -widersprüchen, die in z. T. heftigen Auseinandersetzungen ausgetragen wurden und den Stand der gesellschaftlichen Entwicklung deutlich beleuchten. Neben den seit dem Ende des 15. Jh. zunehmenden und besonders durch die gegensätzliche Frontstellung zur Reformation sich zuspitzenden Auseinandersetzungen zwischen den sächsischen Fürstenhäusern der Albertiner und der Ernestiner kam es innerhalb der herrschenden Klasse vor allem mit der Durchsetzung der landesherrlichen Regalrechte über den Bergbau zu langandauernden Streitigkeiten zwischen den Landesherren und dem mittleren und niederen Adel. Im Interesse der vollen Durchsetzung und Ausbreitung der eigenen Regalrechte kämpften die Wettiner gegen die feudalen Ansprüche der Dynasten und des lokalen Feudaladels um einen möglichst hohen Anteil an den Erträgen des Bergbaus. In diesem Kampf werden einerseits die zunehmende Stärkung der Fürsten und die Festigung des Territorialstaates sichtbar, andererseits die Zurückdrängung des mittleren und niederen Adels von der Wahrnehmung staatlicher Hoheitsrechte bzw. feudaler Privilegien. Tiefe Gegensätze erwuchsen auch zwischen dem herrschenden feudalen Gesellschaftssystem und den neuen kapitalistischen Elementen. Die Interessen der kapitalistischen Gewerken standen den überwiegend parasitären Bestrebungen der verschiedenen Schichten der Feudalherrenklasse entgegen. Der Kampf der Gewerken gegen die feudalen Ansprüche wurde jedoch durch die Widersprüche innerhalb der Feudalherrenklasse vielfältig beeinflußt und modifiziert. So unterstützten die Landesherren aus eigenem Interesse z. T. den Kampf der Gewerken gegen die lokalen Feudalherren bzw. -institutionen, setzten aber selbst ihre Ansprüche gegen den Widerstand der Gewerken mit allen Mitteln durch, so daß sie im Ergebnis nicht nur einen Teil des kapitalistisch wirtschaftenden Bürgertums an sich banden, sondern sich auch die Städte restlos unterwarfen. Daneben brach innerhalb der Bergbautreibenden bereits embryonal der spätere Klassengegensatz zwischen den Großgewerken als den entstehenden kapitalistischen Ausbeutern einerseits und den Kleingewerken und Lohnarbeitern andererseits auf. So spiegeln die Klassenkämpfe und vielfältigen Auseinandersetzungen jener Zeit im Unterschied zu den mittelalterlichen Klassenkämpfen bereits die veränderten gesellschaftlichen Verhältnisse am Beginn der Übergangsepoche vom Feudalismus zum Kapitalismus unter den besonderen territorialstaatlichen Bedingungen in Deutschland wider.

1. *Der Kampf um die Durchsetzung des landesherrlichen Bergregals gegenüber anderen großen Feudalen als Symptom für die Ausbreitung der sächsischen Territorialmacht*

Bei den Auseinandersetzungen innerhalb der herrschenden Klasse spielte der Kampf um das Bergregal eine besondere Rolle. Das Bergregal stellte mit zunehmender Blüte des Silberbergbaus eines der bedeutendsten staatlichen Hoheitsrechte dar, da die Landesherren mit seiner Hilfe aus dem Bergbau erhebliche Mittel zur Stärkung ihrer ökonomischen Basis schöpften, ja zeitweilig war es unter allen staatlichen Einnahmequellen die wichtigste.[1] Dieser Bedeutung entsprach die Intensität, mit der die sächsischen Landesherren versuchten, ihr Bergregal auch gegenüber den Vertretern des Dynastenadels durchzusetzen, die neben anderen landesherrlich-staatlichen Rechten auch das Bergregal innehatten bzw. Ansprüche darauf erhoben. Ein Beispiel dafür ist die Auseinandersetzung mit den Herren von Schönburg.

Nachdem die Schönburger bereits im Ergebnis der Ostexpansion eine Landesherrschaft aufgerichtet hatten[2], erwarben sie zu Beginn des 15. Jh. auch die Grafschaft Hartenstein und damit erzgebirgisches Bergbaugebiet. Hier hatten schon im 14. Jh. Auseinandersetzungen zwischen den Wettinern und dem Burggrafen Meinher um das Bergregal dazu geführt, daß die Wettiner im Weißenfelser Bergwerksvertrag vom 28. Juni 1339 dem Burggrafen zwar ein Drittel des Zehnten gewährten, im Prinzip jedoch die Anerkennung ihres Bergregals über Hartenstein durchsetzten.[3] Nach dem Erwerb der Grafschaft durch die Schönburger brachen die Streitigkeiten um die Hoheitsrechte und insbesondere um das Bergregal erneut aus und zogen sich wechselvoll während des ganzen 15. Jh. hin. Ein wichtiger Zwischenentscheid war dadurch gefallen, daß 1456 die Grafschaft Hartenstein zum Reichsafterlehen erklärt wurde, d. h., die Schönburger trugen Hartenstein nicht mehr als direktes Lehen vom Kaiser, sondern sie mußten die sächsische Oberlehnshoheit anerkennen.[4] Darauf gestützt, suchten sich die Wettiner die Regalien über die Schönburgischen Silberbergwerke zu sichern. Einige bemerkenswerte Verleihungsurkunden belegen, daß ihnen dies zumindest zeitweise voll gelang. So gewährten Kurfürst Ernst und Herzog Albrecht am 18. Mai 1480 Friedrich von Schönburg auf seinem eigenen Bergwerk in Elterlein einen Zehntnachlaß, d. h. das Recht, anstelle des Zehnten einen Zwanzigsten an sie zu zahlen, wohingegen das gesamte Silber an die sächsische Münze in Zwickau abzuliefern war.[5] Bereits zwei Tage später verliehen sie Ernst von Schönburg auf dessen Bitte einige ebenfalls

[1] Vgl. oben, „Die Durchsetzung des Direktionssystems ...", besonders „Die Regaleinkünfte der Landesherren", S. 48ff., 77ff.

[2] Vgl. W. Schlesinger, Die Landesherrschaft der Herren von Schönburg, Münster-Köln 1954; Derselbe, Die Schönburgischen Lande bis zum Ausgang des Mittelalters, Dresden 1935; C. Müller, Schönburg. Geschichte des Hauses bis zur Reformation, Leipzig 1931. Vgl. auch oben, S. 40ff.

[3] FUB II, Nr. 875.

[4] C. Müller, a. a. O., S. 282.

[5] StA Dresden, Loc. 4491, Verschreibung über Bergwerke, Bl. 103b.

in Elterlein liegende Zechen unter den gleichen Bedingungen wie zuvor an seinen Vater Friedrich von Schönburg.[6] Und am 31. Mai 1480 verliehen die sächsischen Landesherren auf ausdrücklichen Wunsch der Schönburger auf deren eigenem Gebiet der Stadt Hartenstein eine Fundgrube mit einem Erbstollen.[7] Daß die getroffenen Festlegungen hinsichtlich des Zehnten und des Silberkaufs auch in der Praxis wirksam wurden, beweisen die Zehntrechnungen von Schneeberg. Ab 1480 wird in ihnen das Silber von Elterlein verrechnet, wobei den Landesherren ein Zwanzigstel als Zehnt gutgeschrieben wurde.[8]

Die Schönburger fanden sich aber damit nicht ab. 1483 wies Ernst von Schönburg alle Ansprüche der Wettiner auf den Bergbau in Elterlein zurück[9], zunächst ohne Erfolg; noch 1484 wird das Silber von Elterlein auf übliche Weise in Schneeberg abgerechnet[10].

Bei der sächsischen Landesteilung von 1485 fielen die wettinischen Afterlehen der Schönburger überwiegend an die Albertiner. Dementsprechend wurde z. B. der Lehnbrief über Hartenstein für Ernst von Schönburg am 8. Juni 1486 nur noch von Herzog Albrecht erneuert.[11]

Die Streitigkeiten um die Regalrechte dauerten weiter an und spitzten sich unter den jungen Grafen Wolf und Ernst II. von Schönburg im Zuge der Ausdehnung des Bergbaus im Schönburgischen noch zu, mehr und mehr auch durch den albertinisch-ernestinischen Gegensatz beeinflußt. Am 14. September 1501 gestattete Herzog Georg den Schönburgern zunächst für fünf Jahre, auf ihrem Gebiet Bergwerke zu verleihen, behielt sich aber selbst alle aus den Regalien hergeleiteten Einnahmen vor.[12] Reichte einerseits dieses Zugeständnis den Schönburgern nicht aus, so protestierten andererseits die Ernestiner dagegen, weil sie darin eine Verletzung ihrer Regalrechte erblickten.[13]

Eine weitere Zuspitzung erfuhr der Streit im Zusammenhang mit dem Silberbergbau in Hohenstein. Hohenstein gehörte zu den Gebieten, die die Schönburger vom Königreich Böhmen zu Lehen trugen, weshalb sie die dortigen Regalrechte allein für sich beanspruchten und ausübten. Dem traten die sächsischen Fürsten

6 Ebenda, Bl. 102f.

7 Ebenda, Bl. 105.

8 StA Weimar, Reg. T 135, Bl. 176ff.

9 Th. Schön, Geschichte des Fürstlichen und Gräflichen Gesamthauses Schönburg. Urkundenbuch der Herren von Schönburg (im folgenden: Schönbg. UB), Bd. III, Waldenburg 1903, Nr. 1202.

10 StA Weimar, Reg. T 135, Bl. 225b ff., 231ff.

11 StA Dresden, Cop. 53, Bl. 3.

12 StA Dresden, Loc. 41927, Nr. 288, Bl. 1f., zitiert nach Nachlaß Löscher.

13 Die rechtliche Situation war kompliziert. Zwar war durch den Teilungsvertrag von 1485 die Grafschaft Hartenstein den Albertinern zugesprochen worden, d. h., sie hatten die Oberlehenshoheit gegenüber den Schönburgern. Andererseits war aber auch festgelegt worden, daß zwar die Verwaltung des Bergbaus in den beiden Landesteilen (mit Ausnahme Schneebergs) getrennt, die Regaleinnahmen jedoch gemeinsam sein sollten. Jede von einer Seite getroffene Verwaltungsmaßnahme gab nun Anlaß zu Streitigkeiten darüber, inwieweit sie die gemeinsamen Rechte beeinträchtige. Daraus erklären sich auch die folgenden, immer heftiger werdenden Proteste der Ernestiner gegen die Vereinbarungen zwischen Albertinern und Schönburgern.

mit dem Rechtsstandpunkt entgegen, daß alle Bergwerke im Bereich der sächsischen Fürstentümer der fürstlichen Obrigkeit unterstünden, ganz gleich, in wessen Herrschaft der betreffende Ort liege und von wem das Lehen herrühre. Die Schönburger wandten sich um Unterstützung an Böhmen, dessen Regenten sich auf ihre Seite stellten und Herzog Georg am 8. Februar 1514 Verhandlungen anboten. Georg lehnte zunächst ab, wies alle Ansprüche der Schönburger zurück und verbat sich die Einmischung Böhmens.[14] Nach mehreren Fühlungnahmen zwischen Albertinern und Ernestinern bekräftigten die sächsischen Fürsten ihren Standpunkt, erklärten die Aufnahme und Verleihung des Bergbaus um Hohenstein durch die Schönburger als „nit billich, beswerlich und unleidlich" und verboten allen Einwohnern des Fürstentums, Bergwerke zu bauen, die nicht von den sächsischen Bergbeamten verliehen wurden.[15]

Am 20. Juli 1514 kam es dann in Brüx doch zu Verhandlungen zwischen den Vertretern der böhmischen Krone und albertinischen Räten über die Gebrechen zwischen den Schönburgern und Herzog Georg. Während Georgs Räte den sächsischen Standpunkt vertraten, erklärten die Schönburger unter Berufung auf die böhmische Herkunft des Lehens rundweg, daß sie „nymandes etwas daran (an den Bergwerken – A. L.) gestendig" seien. Sie hätten deshalb auch öffentliche Anschläge Herzog Georgs abreißen lassen, in denen dieser Bergwerksverleihungen auf dem betreffenden Gebiet angekündigt hatte. Die Verhandlungen wurden ergebnislos abgebrochen.[16]

Während im folgenden beide Seiten auf ihren Auffassungen beharrten[17], erhob sich 1515 mit dem Beginn des Silberbergbaus am Scheibenberg ein neuer Streitpunkt. In dieser Situation zog es Herzog Georg vor, sich mit den Schönburgern zu arrangieren und auf Kompromißbasis einen Sondervertrag mit ihnen zu schließen. Gegenüber den Ernestinern, die nach wie vor auf der uneingeschränkten Anerkennung des sächsischen Bergregals bestanden, begründete Georg diesen Schritt u. a. damit, daß ohne gütliche Einigung mit den Schönburgern ein Krieg zwischen Sachsen und Böhmen unvermeidlich gewesen wäre.[18] Dieser 1516 geschlossene Vertrag[19] legte fest[20]:

14 Schönbg. UB, Bd. V, Nr. 12, 13.

15 Ebenda, Nr. 23, vgl. auch Nr. 14, 15, 16, 17, 21, 22.

16 Ebenda, Nr. 27.

17 Vgl. ebenda, Nr. 29, 31, 33–36. Im August 1514 hatte Böhmen nochmals alle Ansprüche der sächsischen Fürsten auf das Bergregal über Hohenstein kategorisch zurückgewiesen und die volle Zuständigkeit der Schönburger betont.

18 Ebenda, Nr. 57.

19 Der undatierte Vertragstext wurde von Schön ohne jede Begründung dem Jahr 1514 zugeordnet. Es erscheint jedoch sicher, daß der Text in die zweite Hälfte des Jahres 1516 gehört, wo die Streitigkeiten um Hohenstein durch den Zwist um Scheibenberg verschärft wurden; die Zugeständnisse der Schönburger hinsichtlich Hohensteins könnten durch die Zugeständnisse Herzog Georgs hinsichtlich Scheibenbergs (das eindeutig sächsisch-albertinisches Lehen war) kompensiert worden sein. Für die Datierung in die zweite Jahreshälfte 1516 spricht, daß am 2. Juli 1516 die albertinischen Räte den ernestinischen in Zeitz mitteilten, Herzog Georg verhandle gegenwärtig mit den Schönburgern wegen Hohensteins und Scheibenbergs und man sei zuversichtlich, auch zu

1. In allen schönburgischen Herrschaften soll die Verwaltung der Bergwerke durch die sächsischen Landesherren und die Schönburger gemeinsam ausgeübt werden, d. h., sie sollten gemeinsam Bergwerke verleihen, Ordnungen und Statuten erlassen. Insbesondere seien auch die Bergamtleute gemeinsam einzusetzen und sowohl von den Landesherren als auch von den Schönburgern zu vereidigen. Gegenüber den Siedlern sollen die Schönburger die gesamte Obrigkeit allein ausüben, ausgenommen Handlungen, die gegen das Bergrecht verstoßen. Die Verleihung von Schmelzhütten sei von den Schönburgern allein vorzunehmen.
2. Die Nutzung der Bergregalien wurde wie folgt geregelt: Von allen Bergwerken, die in böhmischen Lehen liegen, sollen die Ernestiner und die Albertiner die eine Hälfte, die Schönburger die andere Hälfte der Einkünfte erhalten. Die genauen Verzeichnisse des gesamten Silbers sind der fürstlichen Kammer einzureichen. Von den Bergwerken in wettinischen Lehen sollten die Wettiner zwei Drittel (je ein Drittel die Albertiner und Ernestiner) und die Schönburger ein Drittel erhalten. Das gesamte Silber sei jedoch an die fürstlichen Kammern abzuliefern, d. h., die Schönburger bekämen ihren Anteil in Geld. Von den daraus fließenden zusätzlichen Einnahmen, dem Silberkauf, stünden den Wettinern drei Viertel und den Schönburgern ein Viertel zu.

Dieser Vertrag wurde von den Ernestinern ebenso angefochten, wie sie sich gegen das Zusammenspiel von Albertinern und Schönburgern bei der Gründung und Anlage der Bergstadt Scheibenberg stellten. Die Auseinandersetzungen nahmen solche Formen an, daß der ernestinische Bergvogt von Buchholz, Mathes Busch, nach eigenen Angaben durch Ernst von Schönburg mit dem Tode bedroht wurde und nach Annaberg fliehen mußte; umgekehrt wurde der Schönburger Bergbeamte Michel Zeckendorffer auf ernestinischem Gebiet gerichtlich verfolgt.[21]

Aber auch zwischen den Albertinern und Schönburgern waren durch den Vertrag noch nicht alle Streitpunkte beseitigt. Als 1517 innerhalb der Meile um Schneeberg, die nach der Landesteilung von 1485 von Albertinern und Ernestinern gemeinsam regiert und genutzt werden sollte, auf dem Grund und Boden der Herren von Schönburg bei dem Dorf Wildbach neue Silbergruben aufgeschlossen wurden, verlangten die Schönburger auch hier ihre Beteiligung an den Regalrechten. Die Ernestiner und Albertiner vereinigten sich dagegen zu gemeinsamem Widerstand und befahlen dem Schneeberger Bergmeister, innerhalb der Meile um Schneeberg keinerlei Amtshandlungen der Schönburger Bergbeamten zu dulden. Sie gingen dabei davon aus, daß die Meile in dem betreffenden Gebiet bis Hartenstein reiche und die Mulde dort die Grenze bilde. Die Schönburger fochten diese Begrenzung

einem die Ernestiner befriedigenden Ergebnis zu gelangen. Am 25. November 1516 erklärten die Räte Georgs, der Herzog habe sich inzwischen mit den Schönburgern „beredet", und sie übergaben den ernestinischen Räten eine Kopie des Verhandlungsergebnisses, vermutlich den erwähnten undatierten Vertragstext. Aus einer Anfrage der Ernestiner vom 3. Februar 1517, welche Gründe Herzog Georg „zu diesem Vertrag bewegt" hätten, läßt sich schließen, daß der Vertrag inzwischen rechtskräftig geworden, war (Schönbg. UB, V, Nrn. 54, 60, 68).

20 Ebenda, Nr. 37.

21 StA Weimar, Reg. T 849, Bl. 135 ff.; Reg. T 90, Bl. 28 ff. u. a.; Schönbg. UB, V. Nr. 334, 337.

der Meile an und forderten eine genaue Vermessung, die dann auch durch die landesherrlichen Räte 1519 vorgenommen wurde. Weiter verlangten sie, daß da, wo eindeutig schönburgische Gebiete wie z. B. die Stadt Lößnitz innerhalb der Meile lägen, die sächsischen Landesherren auf die Wahrnehmung ihrer Regalrechte verzichten sollten; dafür boten sie an anderer Stelle einen Ausgleich an.[22] Der Meilenstreit setzte sich jedoch fort, da die verschiedenen Messungen immer von einer der beteiligten Parteien angefochten wurden und auch eine Einigung über die Zuständigkeiten innerhalb der Meile nicht zustande kam.[23] Die Schönburger beriefen sich dabei immer wieder auf den Vertrag mit Herzog Georg, der hinsichtlich der Schneeberger Meile keinerlei Einschränkungen enthielt, sondern ausdrücklich alle Bergwerke in den Schönburgischen Herrschaften bzw. auf deren Grund und Boden in die Regelung einbezog. Im Ergebnis der Auseinandersetzungen wurde der Vertrag im Jahre 1522 erneuert und nunmehr ein zusätzlicher Artikel aufgenommen, der alle Besitzungen der Schönburger innerhalb der Meile um Schneeberg aus dem Vertrag ausklammerte und für sie allein die Bestimmungen der Landesteilung von 1485 als geltend erklärte.[24] Dieser Vertrag beruhte zwar nur auf mündlicher Absprache, war aber gleichwohl rechtswirksam.[25] Am 15. Juli 1529 wurde er dann auch in schriftlicher Form vollzogen, wobei man ausdrücklich auf die „güttliche Berednüs" zwischen Herzog Georg und den Schönburgern vor ungefähr 8 Jahren Bezug nahm. Die Bestimmungen dieses Vertrages blieben die gleichen wie bereits 1516.[26]

Die Ernestiner nahmen die ihnen aus den Verträgen zwischen Herzog Georg und den Schönburgern zufließenden Regaleinkünfte in Anspruch, erkannten aber offiziell die Verträge nicht an, sondern machten bei allen Gelegenheiten ihre Forderung auf volle Regalhoheit über die schönburgischen Bergwerke erneut geltend. Im Machtspruch von Grimma, der 1531 die Streitigkeiten zwischen Albertinern und Ernestinern beilegen sollte, wurde schließlich bekräftigt, daß der Vertrag Herzog Georgs mit den Schönburgern „unangefochten und bey Crafft bleyben"

[22] Vgl. StA Dresden, Loc. 4489, Verzeichnis ... 1515–1518, Bl. 112f., 146; ebenda, Verzeichnis der Händel ... 1519–1524, Bl. 18ff., 51b–52, 135, 155; ebenda, Handlung ... 1519 zu Zeitz ... bel. der von Schönburg Bergwerke, Bl. 1ff.; Schönbg. UB, V, Nrn.72, 117, 136.

[23] Schönbg. UB, V, Nr. 174, 301, 302, 303, 308, 335.

[24] Th. Schön datiert den neuen Vertrag zum 2. August 1522, ebenda, Anhang zu Nr. 37. Dieser dürfte jedoch schon vorher abgeschlossen worden sein, da Herzog Georg eine Kopie davon bereits der Instruktion für seine Räte zur Berghandlung von Quasimodogeniti 1522 (27. April) beilegte und forderte, die Streitigkeiten mit den Schönburgern auf der Grundlage dieses Vertrages zu schlichten (StA Dresden, Loc. 4489, Verzeichnis der Händel ... 1519–1524, Bl. 155, 158–161; vgl. auch StA Weimar, Reg. T 847, Bl. 44–47).

[25] Auf der Berghandlung vom 2. Juni 1522 kam zur Sprache, daß der Vertrag „aufgerichtet" wurde, wogegen die Ernestiner protestierten (Schönbg. UB, V, Nr. 325). Auch die Zehntrechnungen beweisen, daß der Vertrag in Kraft war; daß er keine Schriftform erhalten hatte, geht aus der Präambel des Vertrags von 1529 hervor.

[26] Schönbg. UB, V, Nr. 536. Schön bringt hier einen offensichtlich verstümmelten Text; hingegen dürfte die von ihm im Anhang gedruckte Ausfertigung vollständig sein. Zum Vertrag von 1529 vgl. auch W. Schlesinger, Die Landesherrschaft ..., a. a. O., S. 110f.

solle[27], und 1535 regelten Albertiner und Ernestiner ihre Streitigkeiten dadurch, daß sie gegenseitig ihre Verträge mit den Schönburgern anerkannten und ihre Regaleinkünfte aus den schönburgischen Bergwerken untereinander zur Hälfte teilen wollten.[28] Damit waren endgültig die Positionen der sächsischen Landesherren gegenüber den Schönburgern auf der Grundlage des Vertrages von 1516/1522 festgelegt. Alle seit 1522 unvollständig erhaltenen Zehntrechnungen der schönburgischen Silberbergwerke Elterlein, Scheibenberg und des 1527 gegründeten Wiesenthal belegen die kontinuierliche Wirksamkeit der Vertragsbestimmungen, trotz aller ernestinischen oder schönburgischen Einwände. Vom Zehnten – in Scheibenberg und Wiesenthal als zehnter Teil des Ausbringens, in Elterlein als neunundzwanzigster Teil berechnet – erhielten die Wettiner zwei Drittel und die Schönburger ein Drittel, vom Silberkauf und vom Schlagschatz die Wettiner drei Viertel und die Schönburger ein Viertel.[29] Damit war auf einem wichtigen Gebiet die Landesherrschaft der Schönburger stark eingeschränkt worden, während die sächsischen Fürsten ihre Territorialgewalt im Hinblick auf die Bergregalien weiter ausdehnen konnten.

2. *Der Kampf um die Durchsetzung des landesherrlichen Bergregals gegenüber den feudalen Grundeigentümern*

Gleichzeitig mit dem Kampf um die Ausbreitung ihres Bergregals gegenüber anderen Dynasten im Bereich des sächsischen Silberbergbaus, wehrten sich die sächsischen Landesherren auch gegen die Ansprüche der feudalen Grundeigentümer, die sich ebenfalls einen möglichst hohen und im Kern parasitären Anteil am Bergbau zu sichern suchten. Der Grund und Boden war zwar kein unmittelbarer Bestandteil der Produktionsmittel des Bergbaus, dennoch spielte dieses Hauptproduktionsmittel des Feudalismus indirekt eine Rolle. Jeder Bergbau mußte, sobald er nicht vom Grundeigentümer selbst betrieben wurde bzw. diesem die Nutznießung zufiel, die Interessen des Grundeigentümers schädigen. Das durch die regalherrlich garantierte Bergbaufreiheit gegebene Recht des ungehinderten Schürfens, die Notwendigkeit des Holzeinschlags, der Wege- und Wassernutzung etc. mußten Konflikte mit den feudalen Grundherren heraufbeschwören. Die Bergrechte, die Ausfluß der regalherrlichen Macht waren, suchten dem von vornherein im Interesse der Regalherren zu steuern.

Bereits das Freiberger Bergrecht A schränkte die Rechte des Grundherrn stark ein. Es unterschied zwischen dem, „des das Erbe ist", und dem „Dorfherrn", d. h. zwischen dem persönlich freien, seine Hufe zu Erbe besitzenden, aber feudal-leistungspflichtigen Bauern und dem feudalen Grundherrn. Ersterem sprach das

[27] StA Weimar, Reg. T 122, Bl. 115.

[28] Ebenda, Bl. 117.

[29] StA Dresden, Loc. 4489, Verzeichnis der Händel ... 1519–1524, Bl. 161; ebenda, Loc. 4507, Das Bergwerk zum Scheibenberg ..., Bl. 3b, 8; StA Weimar, Reg. T 850–867; StA Dresden, Loc. 4495, Annabergische Bergrechnungen 1505–1591, Bl. 124; ebenda, Annabergische Bergrechnungen 1522–1538, Bl. 133b, 160b, 240f., 266f., 323, 347, 369, 389, 426, 446.

Bergrecht eine Schadensvergütung in Gestalt des Ackerteils zu, d. h., der durch die Schürfarbeiten geschädigte Bauer konnte sich, wenn er vor Beginn des eigentlichen Grubenbetriebes alle Pflichten eines Gewerken übernahm, mit einem Zweiunddreißigstel an der Grube beteiligen. Das gleiche galt für den Grundherrn, wenn sich die Grube auf seiner Eigenwirtschaft befand. Sonst hatte jedoch der Grundherr keinerlei Rechte an der Grube und ihrem Ertrag. Erst für den Fall, daß auf seinem Grund und Boden bergbauliche Niederlassungen entstanden, erhielt er das Recht auf den Zins von Fleischbänken, Badestuben etc. Hingegen erfuhr er eine weitere Einschränkung dadurch, daß er auf den bergbaulichen Niederlassungen und im gesamten Bergbaubezirk seine Gerichtsbarkeit verlor.[30]

Die Durchsetzung dieser Bestimmungen war eine Machtfrage zwischen Regalherren und Grundherren. Bereits am Beginn des obererzgebirgischen Silberbergbaus, bald nach dem Fündigwerden des Schneebergs, stießen regalherrliche und grundherrliche Ansprüche aufeinander. Der Schneeberg lag auf dem Grund und Boden der Herren von der Planitz. Inwieweit diese bereits gegenüber der Römerschen Gewerkschaft vor und unmittelbar nach 1470 Ansprüche erhoben, ist nicht ersichtlich. Aktenkundig wird ihr Anspruch im Jahre 1477, als ein jahrzehntelanger gerichtlicher und außergerichtlicher Streit der Planitze um ihre tatsächlichen oder vermeintlichen Rechte begann. In diesem Jahr klagte Georg von der Planitz zunächst vor Richter und Schöffen von Schneeberg, dann vor dem Freiberger Rat und schließlich vor den Landesherren, daß ihm sein Ackerteil vorenthalten werde. Der Rechtsstreit zog sich monatelang hin, offenbar ohne daß ein Entscheid fiel.[31] Die Ansprüche der Planitze gingen jedoch weit über das Ackerteil hinaus. In einem undatierten, jedenfalls vor dem 14. Mai 1478 übermittelten Schreiben an die Landesherren, Kurfürst Ernst und Herzog Albrecht, faßte Georg von der Planitz seine Klagen in 9 Punkten zusammen[32]:

1. Planitz betont, daß ihm die Halsgerichtsbarkeit auf seinem Grund und Boden, zu dem der Schneeberg gehört, zusteht;
2. beklagt er sich, daß der Bergbau auf seinem Grund und Boden ständig weiter ausgreift, daß immer mehr Hofstätten, Gärten und Teiche auf Wiesen und Äkkern seiner Leute ohne Entschädigung angelegt würden;

30 „Kumpt jenre, des das erbe is, und vordert syn ackirteyl, das ist eyn czweyunddristeil, und butet syne kost wissentlich czweyn erhaften mannen, ee man kerben und seil ynwirft, der hat is mit rechte. Der dorffherre hat darane nicht. Gehit das ercz vor sich, was fleyschbenke und badestoben werden, der czins ist des dorffherren czu rechte. Das gerichte und lyammecht ist myns herren ..." (H. Ermisch, Bergrecht, a. a. O., S. 6: Freiberger Bergrecht A, § 9; die gleiche Bestimmung enthält auch das Freiberger Bergrecht B, § 36, ebenda, S. 61f.; vgl. auch ebenda, S. XXXIVf.).

31 Vgl. StA Dresden, Loc. 4322, Rechte der Planitz', Bl. 113f. Die von H. Löscher, Vom Bergregal im sächsischen Erzgebirge, a. a. O., S. 134, vertretene Ansicht, daß im Unterschied zum Freiberger Bergrecht im Westerzgebirge das Ackerteil von vornherein dem Grundherrn zugestanden habe, läßt sich vom Schneeberger Material her nicht entscheiden; die Buchholzer Verhältnisse könnten dafür sprechen.

32 StA Dresden, Loc. 4322, Rechte der Planitz, Bl. 122f. Das undatierte Schreiben ist chronologisch falsch geheftet. Es muß dem Schreiben der Landesherren vom 14. Mai 1478 (ebenda, Bl. 117) vorhergegangen sein, da letzteres die Antwort der Landesherren auf das Planitzsche Beschwerdeschreiben ist.

3. ihm werde nach wie vor sein Erbteil (Ackerteil) am Bergbau entzogen, obwohl bereits seine Eltern ein Zweiunddreißigstel an einigen Gruben besessen hätten;
4. ihm werde auch sein Marktrecht (d. h. Zins von Fleischbänken, Brotbänken, Schenken etc.) beschnitten, das dem Eigentümer des Grund und Bodens zustehe; die Erträgnisse der Badstube ständen ihm voll zu, da er sie habe erbauen lassen[33];
5. in seinem Wald sei viel Holz geschlagen worden (Feuerholz, Schachtholz, Bauholz für Häuser), das noch nicht bezahlt wurde;
6. ihm werde das ihm zustehende Biergeld verweigert; als er in Schneeberg ein eigenes Brauhaus habe bauen wollen, sei ihm das nicht gestattet worden, hingegen habe die Gemeinde selbst eins – ihm zum Schaden – gebaut;
7. der Bergmeister habe die ihm gehörenden bzw. von ihm verliehenen Wismutgruben (die nicht dem Regal unterlagen) als landesherrliches Freies erklärt, obgleich kein Silber darin gefunden wurde;
8. der Bergmeister habe eine Hofstatt in Schneeberg abgebrochen, mit deren Bau Planitz begonnen habe;
9. er habe „unter dem Schneeberg" einige Zwittermühlen, Aufbereitungsanlagen und Mahlmühlen besessen, die ihm „merklichen Nutzen und Zins" gebracht hätten; sie seien ihm jetzt entzogen worden, und er gehe täglich neuer Rechte und Einkünfte verlustig.

Anlaß zu dem Streit um die Gerichtsbarkeit (Punkt 1) bot ein Totschlag „beim Weißenbach-Stollen", der nach Meinung von Planitz unter seine Gerichtshoheit fiel. Während die Landesherren ihrem Schneeberger Hauptmann, Heinrich von Starschedel, befahlen, Planitz unter keinen Umständen das Gericht zuzugestehen[34], bestand dieser auf althergebrachten feudalen Rechten[35].

Die Landesherren beantworteten die Eingaben Planitz' damit, sie wollten ihm seine Gerichtsbarkeit keinesfalls streitig machen, jedoch „an den enden, do von gnaden gotis die bergwerke sind", herrsche die den Landesfürsten allein zustehende Bergfreiheit und -gerechtigkeit. In bezug auf die Fleischbänke, Badestuben usw. solle es so gehandhabt werden, wie es in anderen Bergorten üblich ist. Der Bergmeister wird angewiesen, darauf hinzuwirken, daß die Gewerken das Ungeld für Holzschlag etc. zahlen, während die übrigen Gebrechen zwischen Planitz und den landesherrlichen Räten ausgetragen werden sollten.[36]

Planitz gab sich nicht zufrieden. Obwohl bei einem Lokaltermin festgestellt wurde, daß der Ort des Totschlags unter die Zuständigkeit der fürstlichen Berggerichtsbarkeit falle, bestand Planitz auf Anerkennung seiner Gerichtsbarkeit.

[33] Vgl. ebenda, Bl. 116.

[34] Ebenda, Bl. 115b; vgl. auch den vorhergegangenen Bericht des Schneeberger Hauptmanns, ebenda, Bl. 115.

[35] Ebenda, Bl. 116. Bereits vor 1476 hatten die Planitze gegen die landesherrliche Gerichtsbarkeit Widerstand geleistet. Eine undatierte Mitteilung (sie spricht von den Planitz' im Plural, muß also vor dem 1476 eingetretenen Tod des Bruders von Georg, Hans von der Planitz, abgefaßt worden sein) informiert die Landesherren darüber, daß die Planitze gegen das landesherrliche Berggericht eigene Richter und Schöffen eingesetzt hätten – vgl. O. Hoppe, a. a. O., S. 130.

[36] Konzept eines Schreibens vom 14. Mai 1478, StA Dresden, Loc. 4322, Bl. 117.

Die ihm vorgeschlagene Handhabung der grundherrlichen Marktbefugnisse nach dem Muster von Freiberg, Geyer und Ehrenfriedersdorf lehnte er ab. Hingegen erkannte er offenbar die Forderung der Gemeinde an, er solle in seiner Badestube nicht mehr Badegeld nehmen, als es „vom armen Mann in Zwickau" verlangt werde.[37]

Ein weiterer Streitpunkt war die Errichtung einer eigenen Schneeberger Pfarrei. Als sich die Schneeberger deswegen 1479 an den zuständigen Pfarrer von Neustädtel wandten, verweigerte Georg von der Planitz als dessen Lehnsherr seine Zustimmung.[38]

Eine Unterbrechung in dem Streit trat ein, solange nach Georgs Tode (offenbar bald nach 1479) seine Söhne Hans und Rudolf noch minderjährig waren.[39] Diese nahmen nach Erreichung ihrer Volljährigkeit jedoch den Streit verstärkt wieder auf, wobei sie auch vor Gewaltakten gegenüber landesherrlichen Bergbeamten und Schneeberger Bürgern nicht zurückschreckten.[40] Insbesondere richtete sich ihr Kampf erneut um die grundherrliche Gerichtsbarkeit, vor allem nachdem der Silberbergbau auf Neustädtel übergegriffen hatte und der Schneeberger Hauptmann auch dort die landesherrliche Gerichtsbarkeit forderte. Die Auseinandersetzungen darüber zogen sich von 1484 bis zur Jahrhundertwende hin, mit dem Ergebnis, daß die Planitze ihre Gerichtsbarkeit über Neustädtel behielten (ohne die Silbergruben) und den Schneebergern untersagt wurde, die Bürger Neustädtels in der Ausübung ihrer Marktgerechtigkeiten zu behindern. Die erneut von den Brüdern Planitz erhobene Forderung auf die Gerichtsbarkeit über Schneeberg wurde hingegen entschieden zurückgewiesen.

Zu einer weiteren Einigung kam es 1502/03 über die Ablösung von Erbzinsen. Die Brüder traten an die Fürsten zugunsten der Schneeberger ihr Recht der Hutweide und Erbzinsen von Gärten innerhalb und außerhalb der Stadt für 850 fl. ab. Für weitere 624 fl. verkauften sie die ihnen noch gehörende Hälfte des Dorfes Griesbach an die Stadt sowie für 60 fl. die Gerichtsbarkeit über die eine Hälfte dieses Dorfes, die die Stadt bereits 1495 erworben hatte.

Alle weitergehenden Ansprüche wiesen die landesherrlichen Räte in einem Schiedsspruch 1503 zurück: so die Forderung auf einen Erbzins für alle auf dem Schneeberg gebauten Häuser und Höfe. Den Planitzen wurde untersagt, die Schneeberger Bürger an der Ausübung ihrer Marktgerechtigkeit und ihrer gewerblichen Tätigkeit zu hindern; die Schneeberger erhielten das Recht – das ihnen von den Planitzen bestritten worden war –, für den Betrieb der Bergwerke notwendige Wege und Wasserzuführungen anzulegen; die Verleihung von Silberschmelzhütten auf dem Grund und Boden der Planitze sei allein Sache des landesherrlichen Bergmeisters – allerdings gegen Entschädigung –, während die Errichtung von Zinn-

37 Ebenda, Bl. 119.

38 E. Wülcker/H. Virck, Des kursächsischen Rathes Hans von der Planitz Berichte aus dem Reichsregiment in Nürnberg 1521–1523, Leipzig 1899, Einleitung, S. XXIII. Der später doch eingesetzte Pfarrer mußte dem von Neustädtel Entschädigung zahlen.

39 Ebenda, S. XXIV.

40 Vgl. dazu und zum folgenden ebenda, S. XXV–XXVIII u. XLII–XLIX. Niederschriften über diese Streitigkeiten finden sich in den meisten Akten über die Berghandlungen auf dem Schneeberg.

hütten allein den Planitzen zustehe. Ebenso behielten die Planitze das Verleihrecht auf nicht dem Regal unterworfene Bodenschätze (Zinn, Wismut u. a.).

Obwohl die Planitze erneut gegen die Verweigerung ihrer Gerichtshoheit über Schneeberg appellierten, flaute der Streit in den folgenden Jahren vorübergehend ab, bis er 1514 wieder verschärft aufflammte. Die Planitze übten die Gerichtsbarkeit auf den Wegen zu den Bergwerken, sie verlangten Zinsen für Häuser und Schankstätten, die in der Nähe der Zechen errichtet worden waren, und sie beantworteten die Beschwerden der Stadt und der landesherrlichen Bergbeamten mit Gegenbeschwerden und z. T. unzumutbaren Forderungen gegenüber der Stadt.[41] Noch zwei Jahrzehnte wogte diese Auseinandersetzung hin und her. Endlich, nachdem Schneeberg 1533 in den alleinigen Besitz der Ernestiner übergegangen war, endete der Kampf zwischen Regalherren und feudalen Grundherren mit einem Kompromiß: Die Planitze verzichteten auf ihre Gerichtsbarkeit über Schneeberg und erhielten dafür im Juli 1535 urkundlich eine Reihe von Gütern in Arnshaugk, Jena und Weida zugesichert.

Auch mit anderen Grundherren des Schneeberger Reviers kam es zu Auseinandersetzungen. Die Herren von Wildenfels, die sich selbst als „Bodenherren" von Schlema bezeichneten, nahmen auf ihrem Grund und Boden das Verleihrecht auf Kupferbergwerke wahr, die nicht unter das landesherrliche Regal fielen. Dazu gehörten die um die Jahrhundertwende aufgeschlossenen Kupfergruben bei Oberschlema. Als sich herausstellte, daß hier durch Saigerung viel Silber zu gewinnen war, verweigerten die Landesherren den Wildenfelsern das Verleihrecht und die Einkünfte aus den Regalien, wobei sie sich nach jahrelangen Streitigkeiten insgesamt durchsetzen konnten.[42]

Weit unproblematischer lagen die Verhältnisse in Annaberg. Das Annaberger Gebiet gehörte zur alten Herrschaft Belberg, die – bereits 1411 an die Markgrafen von Meißen verpfändet – 1439 ganz in den Besitz der Wettiner und nach der Landesteilung 1485 in den der Albertiner übergegangen war.[43] Damit fielen Regalherrschaft und Grundherrschaft zusammen. Für den in ihrem Lehnsbesitz befindlichen, für die Anlage der Stadt vorgesehenen Boden erhielt die Familie Richter aus Rückerswalde 1496 eine Abstandssumme von 90fl. und danach nochmals 12fl., nachdem die geplante Fläche überschritten worden war.[44]

Anders – ähnlich wie in Schneeberg – lagen wiederum die Verhältnisse in Buchholz.[45] Das Buchholzer Gebiet gehörte zum Amt Schlettau, das 1413 auf dem Tauschwege unter die Grundherrschaft des Klosters Grünhain gelangt war; dessen Abt war

41 Vgl. dazu auch StA Dresden, Loc. 4489, Verzeichnis ... 1515–1518, Bl. 6f., 26b ff., 69ff., 168. So forderten die Planitze das Verbot privater Badestuben in den Häusern der Schneeberger Bürger, weil dadurch der ihnen zustehende Zins von der öffentlichen Badestube geschmälert wurde. Mit dem Kampf zwischen Landesherren und Grundherren verflocht sich zugleich ein Kampf zwischen der Stadt und den Grundherren.

42 Vgl. u. a. StA Dresden, Loc. 4489, Handlung auf dem Schneeberge ... 1488–1546, Bl. 37, 107; ebenda, Loc. 9853, Etzliche Copeyen ... 1500–1513, Bl. 86f.; StA Weimar, Reg. T 115, Bl. 117f.

43 J. O. Sehm, Der Silberbergbau zu Annaberg ..., a. a. O., S. 7.

44 E. Finck, Anfänge einer Ortsgeschichte der Stadt Annaberg, a. a. O., S. 20.

45 Zum folgenden vgl. L. Bartsch, Die Entschädigung des Klosters Grünhain für seine den Ort Buchholz betreffenden Ansprüche, in: Beiträge zur Geschichte der Stadt Buchholz, H. 2, 1896, S. 36–64; H. 3, 1897, S. 1–24.

Grundherr und Inhaber des Schlettauer Kirchlehens. Die Lehnshoheit hatten seit 1456 die Wettiner, seit der Landesteilung die Ernestiner inne. Der zur Zeit des Aufkommens des Buchholzer Bergbaus und der Gründung der Stadt 1501 amtierende Abt – von seinem Vater her eng mit dem Schneeberger Bergbau verbunden – nahm die landesherrliche Gründung auf seinem Grund und Boden entschädigungslos hin und suchte sich durch eigene Beteiligung am Bergbau schadlos zu halten. Anders sein Nachfolger, der 1508 den Kampf um die früheren grundherrlichen Rechte bzw. um die Entschädigung für ihre Ablösung aufnahm.

Im einzelnen forderte der Abt, die Siedler sollten den Platz, auf dem Buchholz errichtet worden war und für dessen ursprünglichen Waldbestand das Kloster eine Entschädigung erhalten hatte, vom Kloster zu Lehen nehmen, d. h. Grundzins dafür entrichten. Weiter bestand er auf seiner Gerichtsbarkeit über Buchholz, mit Ausnahme der Bergwerke selbst, sowie auf dem ihm bergrechtlich zustehenden Zins von den Fleisch- und Brotbänken und der Badestube, zugleich allerdings verbunden mit dem Anspruch auf Gerichtszwang gegenüber diesen Einrichtungen. Er verlangte Vergütungen für die Benutzung der Sehma zum Holzflößen und für den Verlust des Forellenzinses, den er zuvor (jährlich 6 Schock Forellen) erhalten habe. Die Buchholzer Kirche sollte eine Filiale der Pfarrei Schlettau werden, und nachdem er Buchholz später ein eigenes Kirchlehen zugestanden hatte, beanspruchte er das Recht zur Besetzung der Buchholzer Pfarrstelle und eine Entschädigung zugunsten des Schlettauer Pfarrers. Unerwähnt blieb bei diesen Forderungen das Acker- oder Erbteil, das dem Abt offenbar von vornherein zugebilligt wurde.[46] Außerdem erhielt er das Verleihrecht auf nicht dem Regal unterworfene Erze.

Über die Ansprüche des Abtes kam es zu langen, zähen, sich fast ein Jahrzehnt hinziehenden Verhandlungen zwischen allen Beteiligten, dem Abt, den Landesherren und der Gemeinde Buchholz.

Bei einer Verhandlung im April 1513 stellte der Abt folgende Entschädigungsforderungen: Für die Ablösung des Kirchlehens von Buchholz, anstelle des beanspruchten Grundzinses und als Vergütung für die Benutzung der Sehma zum Holzflößen sowie für den Verlust des Forellenzinses verlangte er das Kirchlehen über das im Amt Leuchtenburg gelegene Dorf Maue, wo das Kloster einige Weinberge besaß, sowie die Befreiung des Klosterhofes in Maue von allen Leistungen und Pflichten an das Amt Jena. Zusätzlich forderte der Abt für den Verlust der Gerichtsbarkeit über Buchholz die volle Gerichtsbarkeit über einen Klosterhof zu Gardschütz, südlich von Altenburg. Alle weiteren Ansprüche wurden in der bisherrigen Form aufrechterhalten.

Weitere drei Jahre verflossen, bis im April 1516 ein Vertrag darüber zwischen dem Kloster und den Landesherren zustande kam, in dem alle Entschädigungsforderungen des Abtes erfüllt wurden. Daneben erhielt das Kloster ausdrücklich das Recht auf das Ackerteil (Erbteil) und auf den Zins von Fleisch- und Brotbänken sowie von der Badestube, verbunden mit dem Gerichtszwang, den Zins gegebenenfalls pfänden zu dürfen. Bereits ein Jahr darauf übertrug jedoch der Abt auch die Zinsen von den

[46] In den Verhandlungen beriefen sich die Buchholzer darauf, daß das Kloster aus dem Erbteil, das es in verschiedenen austeilenden Zechen besitze, genügend Einkünfte ziehe, die eine ausreichende Entschädigung darstellten.

Fleisch- und Brotbänken und der Badestube an die Gemeinde für 424 fl., zahlbar in Raten. Über diese Zahlungen kam es dann zwar noch bis in die 20er Jahre zu Streitigkeiten, grundsätzlich endete jedoch – ähnlich wie in Schneeberg – die Auseinandersetzung zwischen regalherrlichen und grundherrlichen Ansprüchen auf Kompromißbasis.
Ein besonderer Fall in dem hier behandelten Zusammenhang war Marienberg. Auch hier fielen Regalherrschaft und Grundherrschaft nicht zusammen, und zwar gehörte das Gebiet um Marienberg größtenteils zu dem nach dem brüderlichen Vertrag von 1505 dem Herzog Heinrich zugesprochenen Territorium, während Herzog Georg die Regalherrschaft behielt. Dennoch traten hier solche Probleme wie in Schneeberg und Buchholz nicht auf, da Herzog Heinrich als Grundherr selbst die Stadt gründete und den Bergbau aktiv förderte. Auseinandersetzungen mit seinem Bruder Georg als Regalherrn hatten andere Motive. Was die anderen, von dem immer weiter ausgreifenden Marienberger Bergbau betroffenen Grundherren anbelangt, insbesondere die Herren von Berbisdorf als Grundherren der Herrschaft Lauterstein, so nahmen sie das Erbteil in Anspruch, das als Mitbaurecht auf 4 Kuxe oder als Anspruch auf einen Freikux verstanden wurde. Ebenso griffen sie eine Abmachung zwischen der Stadt und dem Herzog Heinrich von 1536 wieder auf, wonach der Herzog den Gewerken das immer knapper werdende Holz aus seinen Waldungen zinsfrei lieferte und dafür von den Zechen zwei zubußfreie Kuxe erhielt. Es ist überliefert, daß vor allem die Herren von Berbisdorf, aber auch die Gebrüder Eckenbrecht, denen gleichfalls Grundbesitz im Marienberger Revier gehörte, eine große Anzahl solcher Holzkuxe besaßen. Schwierigkeiten ergaben sich jedoch mit den Herren von Berbisdorf über Zollfragen für Transporte von und nach Marienberg. Das in Teilen des Marienberger Reviers zersplitterte Grundeigentum bot übrigens wohlhabenden Gewerken Gelegenheit, selbst Grundbesitz und Waldungen zu erwerben.[47]

Schließlich seien noch die ernestinischen Konkurrenzgründungen im Schwarzenbergischen, insbesondere Gottesgab, erwähnt. Die Herren von Tettau, denen die Herrschaft Schwarzenberg gehörte, verliehen bereits im 15. Jh. auf Zinn, Eisen und Kupferkies. Zu diesem Zwecke hatten sie einen eigenen Bergmeister in Schwarzenberg eingesetzt. Nachdem jedoch 1529 beim späteren Gottesgab Silber fündig geworden war, wurde sofort ein ernestinischer Bergmeister „uff den Schwarczenbergischen welden" berufen, der die alleinige Verleihung auf Silbergruben übernahm. In dieser Beziehung gab es offenbar mit den Tettaus, die das Verleihrecht auf niedere Erze behielten, keine Schwierigkeiten. Die Inanspruchnahme des Ackerteils durch die Tettaus ist nicht eindeutig belegt; aus einer späteren Quelle geht hervor, daß sie es zur Hälfte mit dem jeweiligen „Ackermann", d. h. dem mit dem betreffenden Grundstück beliehenen Bauern, geteilt hatten. Auseinandersetzungen über Ansprüche gegenüber der geplanten Bergstadt Gottesgab wurden von vornherein dadurch vermieden, daß die Ernestiner den dafür in Aussicht genommenen Platz einschließlich des darauf befindlichen Waldbestands – nach einigen Schwierigkeiten mit den Tettaus – bereits 1529 aufkauften. 1533 erwarben dann die Ernestiner die ge-

[47] Vgl. W. Bogsch, Der Marienberger Bergbau in der ersten Hälfte des 16. Jh., a. a. O., passim, bes. S. 50ff., 104.

samte Herrschaft Schwarzenberg, so daß Regalherrschaft und Grundherrschaft zusammenfielen.[48]

Aus alledem ergibt sich, daß die sächsischen Landesherren ihren im Bergregal ausgedrücktenAnspruch auf das Monopoleigentum an den Edelmetallerzen und die Bergbaufreiheit in ihrem Herrschaftsbereich nur nach harten Auseinandersetzungen mit den betroffenen feudalen Grundherren durchsetzen konnten, und zwar auf Kompromißbasis. Sie mußten an die Grundherren weitergehende Entschädigungen leisten, als sie das Bergrecht vorsah (zumeist durch Güterabtretungen und Gewährung feudaler Rechte außerhalb des Bergbaubezirkes), oder sie kauften die betreffenden Güter auf. Die Anerkennung ihres Bergregals setzten sie jedoch auf diese Weise durch. Die Machtfrage wurde also zugunsten der Landesherren entschieden, mit der Einschränkung, daß den Grundherren in Gestalt des Ackerteils (Erbteils) und ihrer Marktrechte in den Bergstädten eine Beteiligung zufiel. Das Zugeständnis des Ackerteils ging übrigens auf Kosten der Bauern, denen es nach dem alten Freiberger Bergrecht zugestanden hätte. Die Durchsetzung der landesherrlichen Regalrechte gegenüber den feudalen Grundeigentümern ist ein weiteres Symptom für die Stärkung der landesfürstlichen Macht und für die Festigung des Territorialstaates im ganzen.

3. *Der Kampf der Gewerken gegen die Durchsetzung des Direktionssystems und die Auseinandersetzungen um seine Auswirkungen*

Die Landesherren hatten sich bei der Realisierung ihres Bergregals mit Hilfe des Direktionssystems[49] auch mit dem klassenmäßig anders gearteten Widerstand der Gewerken auseinanderzusetzen. Es kennzeichnet dieses System, daß es die Gewerken, die Eigentümer der wichtigsten Produktionsmittel und kapitalistischen Unternehmer, von der unmittelbaren Leitung der Produktion ausschloß und zu reinen Geldgebern degradierte, während die eigentliche Leitung der Produktion in den Händen des landesherrlichen Beamtenapparates, einer letztlich feudalen Institution, lag. All das diente dem Zweck, die feudale Ausbeutung des Bergbaus im Interesse der Landesherren möglichst effektiv zu gestalten. In dieser Konstellation drückte sich der noch unausgereifte antagonistische Gegensatz zwischen den kapitalistischen Elementen und dem herrschenden Feudalsystem aus. Aus ihm resultierte der Kampf der Gewerken gegen feudale Ausbeutung und Bevormundung sowie um Erhöhung der eigenen Rechte. Dieser Kampf richtete sich vor allem gegen die hohen Regalforderungen der Landesherren, gegen den landesherrlichen Beamtenapparat und eine Reihe von Bestimmungen der Bergordnungen. In seiner ersten Etappe war es ein Kampf gegen die Durchsetzung und zunehmende Festigung des Direktionssystems; diese Etappe endete mit der Annaberger Bergordnung von 1509 und der vollen Fixierung des Direktionssystems. Danach richtete sich der Kampf der Gewerken vor allem gegen die Mißstände, die aus diesem System erwuchsen.

[48] Vgl. W. Fröbe, Herrschaft und Stadt Schwarzenberg . . ., a. a. O., S. 127ff., 278ff.; StA Weimar, Reg. T 662, Bl. 11–13, 17–22; ferner oben, „Das Aufblühen des obererzgebirgischen Silberbergbaus . . .“, S. 44 f.

[49] Vgl. dazu oben, „Die Durchsetzung des Direktionssystems als Mittel zur Realisierung des landesherrlichen Bergregals“, S. 48 ff.

Alle diese Kämpfe waren letztlich ein Ringen um die Verteilung des Mehrprodukts, d. h. die Gewerken unternahmen immer wieder neue Vorstöße, um die Abgaben an die Landesherren zu reduzieren und ihren Anteil an den Erträgen zu erhöhen. Bald nachdem in der 80er Jahren des 15. Jh. die erste große Blüte des Schneebergs nachließ und das Risiko für die Gewerken zunahm, traten diese mit Forderungen hervor, die Regalabgaben zu reduzieren und den Gewerkschaften größere Freiheiten einzuräumen. Nachdem die Landesherren darauf in der Bergordnung vom 19. Januar 1487 mit geringen Zugeständnissen reagiert hatten[50], wandte sich noch im selben Jahr die Gesamtheit der Gewerken von Schneeberg mit einer bemerkenswerten und aufschlußreichen Petition an die Landesherren.[51] Einleitend stellten sie sarkastisch fest, daß es normalerweise einer derartigen Schrift nicht bedürfe, da die Landesherren von sich aus alles unternehmen müßten, um die Ursachen des Abfalls und der Gebrechen des Schneeberger Bergbaus zu beseitigen. Da sie aber offenbar von ihren Ratgebern nicht genügend unterrichtet seien, müßten das die Gewerken in aller Untertänigkeit selbst tun. In fünf Artikeln stellten die Gewerken ihre Beschwerden und Forderungen zusammen:

1. Die Verpflichtung, von allem Silber den Zehnten an die Landesherren und den Neunten an die Stöllner (unter denen die Landesherren den größten Anteil hatten) abgeben zu müssen, müsse zu einem Abfall des Bergbaus führen, da nicht jedermann bereit sei, mit großen Unkosten und schwerem Risiko „alleine ewern gnaden zu nutz“ zu bauen. Man habe an vielen Örtern den Landesherren hohe Abgaben geleistet, selbst aber keinerlei Nutzen gehabt, sondern zuletzt das Unternehmen aufgeben müssen.
2. Nachdem das gesamte Silber in die fürstliche Kammer oder an die Zehntner abgeliefert worden sei, erhielten die Gewerken nach Abzug des Zehnten und des Stollenneunten den Rest mit 6 alten Schock pro Mark bezahlt, obwohl die Mark im freien Verkauf $8^1/_2$ oder 8 Rheinische Gulden gelte. Insgesamt verlören die Gewerken über 40 Prozent des Silberausbringens an die Landesherren. Ein solcher Bergbau könne keinen Bestand haben, der den Gewerken keinen Gewinn, sondern nur Schaden bringe.
3. Das in der Bergordnung vom Januar 1487 enthaltene Zugeständnis, vor der Berechnung des Zehnten usw. die Hüttenkost abzuziehen, sei völlig unzureichend.

[50] Die Landesherren begründeten den Erlaß dieser Ordnung damit, daß vielfältige Klagen über die Beschwernisse der Gewerken an sie herangetragen worden seien, die dazu geführt hätten, daß der Bergbau abgenommen habe und „die gewercken auch zu bawen verdrißlich und nachlessig worden“. Die Fürsten begaben sich daraufhin selbst nach Schneeberg und beriefen eine Gewerkenversammlung ein, wo die Gewerken „in merglicher zcal“ u. a. „etlich gebrechen unser furstlich oberkeit belangende“ vortrugen. Im Hinblick auf die Regalabgaben legten sie fest, damit „ydermenniglich magk mercken, das wir zu uffnemen unnd beßerunge des bergs gneigt sein, so wollen wir von unser furstlichen obirkeit, der wir bißher gebraucht und zu gebrauchen habin, den gewercken zugute ein nachlaßunge thun ...“. Diese Nachlassung bestand darin, daß man künftig den Zehnten und den Stollenneunten erst berechnen solle, nachdem die Verhüttungskosten des Silbererzes abgezogen sind. Zechen, deren Ausbringen so gering ist, daß dadurch ihre Produktions- und Verhüttungskosten nicht gedeckt würden, sollten für zwei Jahre vom Zehnt befreit sein (H. Ermisch, a. a. O., S. 98ff.).

[51] StA Dresden, Loc. 4486, Bergwerkssachen ... 1487–1599, Bl. 1ff.

Im Vergleich zu den anderen Abgaben und Unkosten sei die Hüttenkost der geringste Teil. Die Gruben auf dem Schneeberg seien außerordentlich tief und wassernötig und erforderten zu ihrer Erhaltung hohe Kosten. Die Gewerkschaft forderte daher zumindest die gleichen Freiheiten, wie sie Geyer und Elterlein besaßen.[52]

4. Die Bestimmung der Bergordnung, daß diejenigen Zechen, deren Silber die Unkosten nicht decke, von Abgaben frei sein sollen, lasse man sich wohl gefallen. Gegen diese Bestimmung verstießen jedoch die Forderungen von Bergbeamten nach Schreiberlohn etc. Die Gewerken fordern, das Schreibgeld (für das Eintragen von Kuxen im Gegenbuch) und „ander unutze gelt" abzuschaffen.
5. Die aufgestellten Beschwerden und Forderungen lägen nicht nur im Interesse der Schneeberger Gewerken, sondern auch in dem des „ausländischen Mannes". Es bestehe die Gefahr, daß sich die fremden Gewerken, d. h. das auswärtige Kaufmannskapital, aus Schneeberg zurückzögen. Es läge an den Landesherren, ob der Schneeberg wieder in Blüte komme oder ob die Gewerken „mit leren hende und in armuth" den Bergbau aufgäben.

Im Unterschied zu anderen Beschwerden, die sich insbesondere gegen Mißstände im Beamtenapparat richteten, traf diese Petition den Nerv des ganzen feudalen Regaliensystems. Die Gewerken machten im Grunde die Regalherrschaft der Landesherren selbst für die Depression im Schneeberger Bergbau verantwortlich.

Auf Grund dieser Petition und auf weitere mündliche und schriftliche Beschwerden[53] der Schneeberger Gewerken erklärten sich die Landesherren zu einem neuen geringen Zugeständnis bereit: Sie erhöhten den Silberpreis auf 7 alte Schock, beließen aber sonst alles beim alten. Dagegen begehrten die Gewerken erneut auf. Auf zahlreiche Forderungen hin beraumten die Landesherren im April 1488 eine Berghandlung an, auf der die landesherrlichen Räte zwar mit den Gewerken verhandelten, jedoch nach deren Meinung nichts anderes als leere Vertröstungen zu bieten hatten. Daraufhin wandten sich die „Vorsteher und Verweser" des Schneebergs im Auftrage der Gewerken mit einem neuen geharnischten Protestschreiben an die Landesherren, in dem sie erklärten, daß alle bisherigen Maßnahmen „allein euern gnaden zu nutz und (zu) verderbniß der gewercken komen".[54] Es wird dann im einzelnen nachgewiesen, daß zahlreiche Schneeberger Zechen, obwohl sie Erz enthielten, von den Gewerken aufgegeben worden seien, weil der Abbau wegen der hohen Regalabgaben unrentabel sei. Das sei den Gewerken auch nicht zu verargen, denn jeder sei müde geworden, einzig und allein für die Mehrung des Gewinns der Landesherren zu arbeiten. Die Vorsteher lehnen deshalb alle angebotenen Zugeständnisse rundweg ab und erneuern die Forderung nach gleichen Freiheiten wie denen in Geyer und Elterlein, ja sie gehen noch darüber hinaus und verlangen

52 In Geyer und Elterlein war der Zehnt um die Hälfte reduziert, d. h., er betrug ein Zwanzigstel des Ausbringens.

53 Vgl. dazu auch eine Eingabe des Schneeberger Zehntners, der u. a. gestaffelte Zehntreduzierungen (je nach Fündigkeit der Zeche) und Münzfreiheit für neuaufgenommene Zechen vorschlug (StA Dresden, Loc. 4489, Handlung auf dem Schneeberge ... 1489 bis 1546, Bl. 7ff.); ferner die Denkschrift eines ungenannten Gewerken mit sehr differenzierten Vorschlägen (ebenda, Bl. 5ff.).

54 Vgl. zu diesem Brief und seiner Vorgeschichte StA Weimar, Reg. T 4, Bl. 7ff.

Zehntfreiheit für alle Zechen, die keine Ausbeute verteilen können, ferner auf 15 Jahre Münzfreiheit, d. h. die Möglichkeit, das gesamte Silber frei zu verkaufen. Abschließend lehnen die Vorsteher jede Verantwortung dafür ab, wenn der Schneeberg mehr und mehr wüst werden sollte, und sie machen klar und eindeutig die Fürsten für eine solche Entwicklung verantwortlich.

Mit der Forderung nach freiem Verkauf des Silbers durch die Gewerken wurde ein weiterer Pfeiler des feudalen Regalsystems im Interesse eines ungebundenen kapitalistischen Unternehmertums angegriffen. Eine solche Forderung erhoben sie nicht zum ersten Mal. So hatte sich bereits 1484 der Schneeberger Hauptmann Heinrich von Starschedel auf eine Vollmacht der Gewerken berufen, als er von den Landesherren die Freiheit des Silberhandels verlangte.[55]

Dem landesherrlichen Regalrecht und dem sich herausbildenden Direktionssystem setzten damit die Gewerken Alternativen entgegen, die letztlich die feudalen Regalien in Frage stellten und das Prinzip der vollen bzw. weitgehenden Freiheit für den kapitalistischen Unternehmer verfochten. Dieses Auftreten der Gewerken zwang die Landesherren zum Lavieren. Ohne auf ihre Ansprüche zu verzichten, suchten die Landesherren die Gewerken durch weitere Zugeständnisse zu beschwichtigen. So willigten sie im März 1489, zunächst auf 3–5 Jahre, in eine differenzierte Bezahlung des Silbers, indem sie allen Ausbeutzechen weiterhin 7 alte Schock für die Mark Silber zahlten, allen anderen Zechen, deren Ausbringen nicht zu einer Austeilung ausreichte, jedoch $7^1/_2$ alte Schock pro Mark.[56] Damit blieben sie übrigens hinter den Empfehlungen ihrer eigenen Räte zurück.[57] Im Mai 1493 war davon keine Rede mehr, vielmehr wurde für die Dauer von 4 Jahren eine Bezahlung des Silbers generell zu 7 alten Schock und 5 Groschen pro Mark festgesetzt.[58]

Die Beschwerden der Gewerken hielten an. Die Vorsteher aller fündigen Zechen des Schneeberger Reviers übersandten den Landesherren eine List uber alle Schulden, die sie beim Zehntner hatten, um zu belegen, daß die Arbeit unter den vorliegenden Bedingungen nicht weitergeführt werden könne.[59] In einem weiteren Brief brachten die Schneeberger Gewerken vor, daß von etlichen Zechen über 18600 Mark Silber ausgebracht worden seien, von denen die Gewerken „keyn pfennick“ Ausbeute erhalten hätten, sondern alles sei durch die Regalabgaben, den Silberkauf, den Stollenneunten und die anderen Unkosten aufgezehrt wor-

55 StA Weimar, Reg. T 136, Bl. 2f.

56 StA Dresden, Loc. 4489, Handlung auf dem Schneeberge ... 1488–1546, Bl. 26b f.

57 Die Räte hatten im November 1488 empfohlen, Ausbeutzechen für die Mark 7 alte Schock, Zechen mit geringer Ausbeute 5 Groschen mehr, ausbringenden Zechen ohne Ausbeute $7^1/_2$ alte Schock und neu aufgenommenen Zechen dazu noch 5 Groschen mehr zu bezahlen. Außerdem sollte ausbringenden Zechen ohne Ausbeute der Zehnt gestundet werden, bis sie Ausbeute geben können; danach sollte die aufgelaufene Zehntschuld abgetragen werden (StA Dresden, Loc. 4507, Schneebergische Bergprivilegia ... 1481 bis 1538, Bl. 4; vgl. auch Bl. 5, wo der Entwurf einer Verordnung entsprechende Festlegungen enthält; die Verordnung vom März 1489 brachte jedoch die obengenannten Bestimmungen).

58 StA Weimar, Orig.-Urk. Nr. 1912, zit. nach Nachlaß Löscher.

59 StA Weimar, Reg. T 4, Bl. 17 u. 30.

den.[60] Das führte immer wieder zu Forderungen, die Regalabgaben zu reduzieren. Zunächst änderte sich nichts; im Gegenteil: Die Landesherren bekräftigten ihre Ansprüche, und auch die folgenden „Münzbefreiungen" brachten den Gewerken keine Verbesserungen.[61]

Schließlich schaltete sich der Hauptmann von Schneeberg, Anselm von Tettau, in die Auseinandersetzungen ein. Am 5. Oktober 1499 übersandte er den Landesherren weitere Beschwerden der Gewerken und der Knappschaft mit einer dringenden Befürwortung. Bemerkenswert sind seine Argumente, die den Widerstandswillen der Gewerken bezeugen: Zum einen ginge in Schneeberg die Rede um, daß man alle Zubußzahlungen einstellen wolle, bis neue Freiheiten erteilt würden; es sprächen auch viele Auflassungen von Zechen dafür, daß dies praktiziert werde. Zum anderen äußerte der Hauptmann Befürchtungen wegen der bevorstehenden Wahlen des Richters und der Schöffen von Schneeberg, auf die sich die allgemeine Unzufriedenheit auswirken könne. Er forderte daher, eine neue Bergordnung zu erlassen und die Wahlen bis dahin zu verschieben.[62] Das ist insofern als ein Erfolg des Widerstandes der Gewerken zu werten, als die am 25. März 1500 erlassene neue Schneeberger Bergordnung im Unterschied zu den vorangegangenen u. a. einen zusätzlichen Artikel enthielt, der den ertragsschwachen Zechen eine erhebliche Zehntreduzierung zubilligte. Dieser Artikel legte fest, daß in den nächsten 6 Jahren alle Zechen des Schneeberger Reviers, die keine Ausbeute verteilen können, anstelle des Zehnten einen Neunundzwanzigsten (den 29. Teil des Ausbringens) abzugeben hätten. Ferner soll für das Zehntsilber die Hüttenkost abgezogen werden, d. h., die Landesherren wollen für den Teil des Silbers, der an sie als Zehnt abzuliefern ist, die Verhüttungskosten übernehmen.[63] Die Zehntrechnungen belegen, daß dies auch in der Praxis so gehandhabt wurde, und zwar über die festgelegten 6 Jahre hinaus während des ganzen folgenden Untersuchungszeitraums bis 1546.

Damit hatten die Gewerken zwar gewisse Erleichterungen erkämpft, zugleich waren aber die weitere Ausgestaltung des Regalsystems und die Durchsetzung des Direktionsprinzips zugunsten der Landesherren wesentlich fortgeschritten.

Das gilt auch für die zweite Stoßrichtung des Kampfes der Gewerken, und zwar für ihren Kampf gegen Beamtenwillkür und -betrug, d. h. letztlich gegen das Direktionssystem. Im Mittelpunkt der Auseinandersetzungen standen die Schichtmeister, die als Produktionsleiter der einzelnen Zechen eine Schlüsselposition im ganzen Bergbaubetrieb inne hatten.[64] Da die Schichtmeister die Produktion allein aus den Mitteln der Gewerken bestritten und auch von den Gewerkschaften entlohnt wurden, mußten einerseits den Gewerken von den Landesherren gewisse Rechte bei der Einsetzung und Kontrolle der Schichtmeister eingeräumt werden. Andererseits konnten die Landesherren im Rahmen des Direktionssystems

60 StA Dresden, Loc. 4507, Das Bergwerk auf dem Schneeberg ... 1484–1676, Bl. 16f., 21, 22, zit. nach Nachlaß Löscher.

61 Ebenda, Schneebergische Bergordnungen ... 1481–1534, Bl. 17ff.; Loc. 15022, Annabergische und andere Bergordnungen ... 1499–1539, Nr. 27, zit. nach Nachlaß Löscher.

62 StA Weimar, Reg. T 4, Bl. 22.

63 H. Ermisch, a. a. O., S. 154, Art. 40.

64 Vgl. oben, S. 57.

nicht zulassen, daß gerade diese wichtige Gruppe allein den Gewerken unterstand, weshalb sie sich die Priorität bei der Ein- bzw. Absetzung und Kontrolle der Schichtmeister vorbehielten. Aus dieser Zwischenstellung zwischen landesherrlichen Beamten und Angestellten der Gewerken, größtenteils verbunden mit starker eigener Bergbaubeteiligung als Gewerken, ergab sich für die Schichtmeister objektiv die Möglichkeit, eine relativ selbständige Position zu erringen und sie im eigenen Interesse auszunutzen. Insofern begegneten sich hier von zwei verschiedenen Seiten her die Interessen der Gewerken und der Landesherren, so daß während des ganzen Untersuchungszeitraumes sowohl Klagen der Gewerken wegen Amtsmißbrauchs und Betrügereien der Schichtmeister als auch Strafandrohungen und -maßnahmen der Landesherren gegen sie andauerten. Beide – Gewerken wie Landesherren – rangen um einen möglichst hohen Anteil am Profit und wollten sich diesen im Schatten ihrer Auseinandersetzungen nicht von dritter Seite schmälern lassen. Insbesondere mußte den Landesherren daran gelegen sein, die bereits durch ihre Regalforderungen aufs äußerste belastete Baufreudigkeit der Gewerken nicht noch zusätzlich durch die Betrügereien der Beamten gefährdet zu sehen. So dienten die in den Bergordnungen immer wieder anzutreffenden Bestimmungen des Gewerkenschutzes nur als ein notwendiges Regulativ im Direktionssystem zur Sicherung des landesherrlichen Profits, während der Kampf der Gewerken gegen Willkür und Betrügereien der Schichtmeister als Kampf gegen die Auswirkungen des landesherrlichen Direktionssystems zu werten ist. Daneben erscheinen in den Beschwerden der Gewerken auch immer wieder Anklagen gegen Bergmeister, Gegenschreiber und andere landesherrliche Bergbeamte, d. h. unmittelbare Angriffe gegen den Beamtenapparat.

Schon am Beginn des Schneeberger Bergbaus kam es zu heftigen Auseinandersetzungen zwischen Gewerken und Bergbeamten. Der Schneeberger Aufruhr von 1471, in seinem Wesen ein Konkurrenzkampf der Mehrheit der Gewerken gegen einige bevorzugte Gewerkschaften[65], richtete sich direkt gegen den Oberbergmeister und den Bergmeister und bedrohte sie an Leib und Leben. Immer wieder aufflammende Auseinandersetzungen zwischen Gewerken und Beamten veranlaßten die Landesherren mehrfach, eigens aus diesem Grund Berghandlungen einzuberufen und die Streitigkeiten durch ihre Räte schlichten zu lassen. Die Niederschrift über eine solche Berghandlung vom März 1477 begründete die Tagung damit, daß „in vergangen zcyten und bißher von etwa vil ußlendischen und inlendischen . . . clage wider und fort gescheen sin" gegen die Bergrichter, Bergmeister, Gegenschreiber und andere Beamte, und sie faßte als Ergebnis der Verhöre eine ganze Skala von Beschuldigungen gegen die Beamten zusammen.[66] Der Gegenschreiber wiederum klagte die Schichtmeister an, „das sindt das meiste schuster und sneider, tuchmacher, smide, die nicht schriben konnen, die nemen zcubußen, wenn sie wollen von den außlendischen, thun kein berechnung. Sie haben schuler von der schulen, die sollen die leuth vorsorgen . . .". Wenn die „außlendischen" nicht bereit seien, laufend unkontrolliert Zubußen zu geben, dann lassen ihnen die Schichtmeister ihre Teile abschreiben. Es sei ihm, dem Gegen-

65 Vgl. oben, S. 99.

66 StA Dresden, Loc. 4322, Bl. 27ff.

schreiber, auch schwer möglich, das Gegenbuch „mit sollichen ungelarten unvorstendigen schichtmeistern" richtig zu führen. Ein jeder wolle „umb seines nutz willen" Schichtmeister sein. Es müsse dafür Sorge getragen werden, daß „die leut nicht als sere betrogen werden, als iczt geschiet", denn „die ußlendischen brengen genug geldis in euer gnaden furstenthum".[67] Solche Vorwürfe gegen die Schichtmeister wurden auch von den Gewerken immer wieder erhoben und mit viel Einzelmaterial begründet.[68]

Die Landesherren reagierten darauf mit der Bergordnung vom 12. Mai 1477, die allgemein das Ziel verfolgte, daß „nymants vom andern betrogen werde", und von deren 9 Artikeln allein sieben die Arbeit der Schichtmeister zu regeln suchten.[69]

Das Ergebnis war offensichtlich unbefriedigend, denn die Klagen der Gewerken hielten an. Nachdem bereits am 15. Mai 1479 ein Gewerkentag stattgefunden hatte, auf dem der Kurfürst einen Rezeß über die Arbeit der Schichtmeister und Bergbeamten erließ[70], folgte im Juli 1479 wiederum eine Beratung von Gewerkenvertretern in Schneeberg. Sie stellte erneut einen ganzen Beschwerdekatalog zusammen, in dem die die Gewerken schädigende Arbeit der Bergbeamten, insbesondere aber die der Schichtmeister, der hauptsächlichste Angriffspunkt war. Als Ergebnis legte man den Landesherren den Entwurf einer neuen Bergordnung vor, um den Mißständen im Beamtenapparat zu steuern.[71] Auf diesem Entwurf beruhte im wesentlichen die am 17. November 1479 erlassene Bergordnung, die sich erneut fast ausschließlich mit dem Beamtenapparat beschäftigte und vor allem den Schichtmeistern Verhaltensmaßregeln auferlegte. Wie stark die Stellung der Schichtmeister gegenüber den Gewerken bereits geworden war und in welchem Maße die Gewerken in der Praxis bereits zu Geldgebern abgesunken waren, zeigt der Artikel 20, der auf Klagen der Gewerken Bezug nimmt, daß man es ihnen verwehre, in ihre eigenen Gruben einzufahren. Der Artikel bestimmt daher, daß den Gewerken „pillich gestatt sal werden", die Gruben „zcu besichtigen, wie doch ir gelt vorpawet wurde".[72]

Alle diese Bestimmungen brachten keine grundsätzliche Änderung, weil die Mißstände aus dem System erwuchsen. So kam es immer wieder zu neuen Auseinandersetzungen. Bereits am 17. Mai 1480 erließen die Landesherren eine neue Anordnung an den Schneeberger Hauptmann, in der sie auf Grund von Beschwerden der Gewerken die Aufsichtspflicht des Hauptmanns gegenüber den Schichtmeistern bekräftigten.[73] Eine weitere Anordnung erging am 8. November 1481 an alle Mitglieder der Stände dahingehend, sie mögen dem Schneeberger Zehntner bei der Verfolgung ungetreuer Schichtmeister, die den Schneeberg wegen hoher Schulden verlassen hatten, Rechtshilfe leisten.[74]

[67] Ebenda, Bl. 78ff. Vgl. auch O. Hoppe, a. a. O., S. 80ff.

[68] Ebenda, Bl. 82ff.

[69] H. Ermisch, a. a. O., S. 82ff. Insbesondere wurden die alten Schichtmeister entlassen und durch neue ersetzt. Vgl. auch den Anhang zu dieser Ordnung, der u. a. den Wortlaut des Schichtmeistereides enthält (O. Hoppe, a. a. O., S. 137ff.).

[70] O. Hoppe, a. a. O., S. 140ff.

[71] StA Dresden, Loc. 4322, Bl. 36ff., 40ff.

[72] H. Ermisch, a. a. O., S. 89ff.

[73] StA Dresden, Loc. 4322, Bl. 51.

[74] Ebenda, Bl. 101.

Auch die Bergordnung vom 19. Januar 1487, die als Folge des Kampfes der Gewerken gegen die landesherrlichen Regalforderungen und gegen das Direktionssystem erlassen wurde, mußte wiederum die Arbeit der Beamten und Schichtmeister regeln.[75] Nachdem bereits die Ordnungen von 1477 und 1479 allen Schichtmeistern, die die Gewerken aus betrügerischer Absicht oder aus Nachlässigkeit schädigen, Maßregelungen und Strafen angedroht hatten, kündigte ein „gesezc" von Ende 1488 drastische Maßnahmen an.[76] Die Landesherren führten die strafweise Zwangsarbeit im Bergbau ein, gültig für alle Bergwerke des Landes. Künftig sollten Gesetzesbrecher, die nicht den Tod verdient hatten, je nach der Schwere ihrer Tat „ewiglich in der gruben erbetten, ertz ader perck hauen ader an dem haspel zcyhen und bey yren lebetagen uß der gruben nicht gelassen, auch mit eißern kethen angeschmidt werden . . ., mit wasser und broth gespeyset und mit einem grauen tuch, dem allergeringsten, gekleydet werden". War diese Verordnung bereits in der Präambel mit den Mißständen im Schneeberger Bergbau begründet worden, so rangierten in den Erläuterungen über das Strafmaß Betrügereien der Schichtmeister an erster Stelle. In dieser Weise gestraft werden sollten Schichtmeister, die die Gewerken durch falsche Rechnungen betrügen oder Schulden bei ihnen machen, ohne sie zurückzahlen zu können. Das gleiche galt für den Fall, daß sie den Gewerken falsche Erzproben vorlegen. Dadurch wurden die Gewerken oft über den wahren Erzgehalt einer Grube getäuscht und entweder zum Kauf wertloser Kuxe veranlaßt oder umgekehrt dazu überredet, angeblich minderwertigen Kuxbesitz aufzugeben, den sich dann die Schichtmeister selbst aneigneten oder zu hohen Preisen weiterverkauften. Ferner fielen unter diese Strafbestimmungen der Verkauf von Kuxen, über die der Verkäufer keine Rechte besaß, das unberechtigte Ab- und Anschreiben von Kuxen und schließlich Erzdiebstahl. Darüber hinaus wurde eine Reihe weiterer Delikte aufgezählt, die unter das gemeine Recht fielen. Inwieweit diese Verordnung in der Praxis wirksam wurde, läßt sich nicht feststellen.

Bereits im Mai 1489 wurde von den Schneeberger Gewerken erneut über die Schichtmeister Klage geführt. Sie legten den Landesherren eine weitere Beschwerde über die Schichtmeister, Vorsteher und Steiger vor.[77] Hierauf reagierten die Landesherren mit einer neuen Taktik, die auf eine direkte Konfrontation von Klägern und Beklagten hinauslief.[78] Diese kam am 29. Mai 1489 in Schneeberg zustande, wo die Gewerken auf einer Zusammenkunft mit den Schichtmeistern und anderen Beklagten ihre „klagpunckte" vortrugen. Hierauf antworteten die Schichtmeister

[75] Ermisch, a. a. O., S. 98ff.

[76] StA Dresden, Loc. 4489, Handlung auf dem Schneeberge . . . 1488–1546, Bl. 11ff. Die Verordnung ist undatiert zwischen die Materialien der Berghandlung von Martini (11. Nov.) 1488 geheftet. Da auf dieser Berghandlung von den Räten empfohlen wurde, künftig „Verthumte", die nicht den Tod verdient haben, zwangsweise im Bergbau arbeiten zu lassen (ebenda, Bl. 16f.), könnte die Verordnung im Ergebnis dieser Berghandlung erlassen worden sein.

[77] StA Weimar, Reg. T 37, Bl. 95ff. Das Schreiben trägt nur auf der Rückseite „anno 1489" als Datum; die Datierung ergibt sich aus dem Rechtfertigungsschreiben der Beklagten vom 6. Juni 1489.

[78] Das geht ebenfalls aus dem Rechtfertigungsschreiben der Beklagten hervor.

etc. den „ersamen, fursichtigen und weißen gewerckn des Schneberges“ am 6. Juni 1489 in einem sehr umfangreichen Rechtfertigungsschreiben, das ebenfalls den Landesherren übersandt wurde.[79] Bereits auf der ordentlichen Berghandlung vom April 1490 mußten sich die landesherrlichen Räte wiederum mit den Beschwerden der Gewerken wegen der Mißstände im Beamtenapparat beschäftigen und eine neue Ordnung erlassen, die im Jahr darauf von den Landesherren ausdrücklich bestätigt und ergänzt wurde.[80] Schon auf der Berghandlung vom September 1491 standen erneut die gleichen Probleme im Mittelpunkt der Verhandlungen; ihr Ergebnisprotokoll diente auch in diesem Falle als unmittelbare Vorlage für eine Bergordnung, und zwar für die „Erste große Bergordnung für den Schneeberg“ vom 9. Januar 1492.[81] Auch die Schneeberger Bergordnung vom März 1500 enthielt zusätzliche Bestimmungen über „getreue“ Arbeit der Schichtmeister und Beamten.[82]

So war es der Kampf der Gewerken gegen die landesherrlichen Regalforderungen wie gegen die Mißstände im Beamtenapparat, der die Landesherren zum Erlaß immer neuer Bergordnungen nötigte. Alle Bergordnungen und ähnliche Erlasse wurden in dieser ersten Etappe der Auseinandersetzungen zwischen Gewerken und Landesherren direkt oder indirekt von den Gewerken erzwungen oder zumindest veranlaßt. Dabei mußten die vielen scharfen Bestimmungen gegen betrügerische Schichtmeister und Beamte, die die Landesherren letztlich aus eigenem Interesse erließen und mit denen ein immer stärkerer Ausbau des ganzen Apparats einherging, den Gewerken als Zugeständnisse erscheinen; sie verschleierten indes nur die Unnachgiebigkeit der Landesherren in allen prinzipiellen Punkten. Die Dialektik des Kampfes lag darin, daß damit zugleich das Direktionssystem immer weiter ausgebaut und rechtlich fixiert wurde.

Dennoch suchten die Gewerken auch weiterhin, diesen Prozeß aufzuhalten bzw. im eigenen Interesse zu steuern. Aufschlußreich dafür ist besonders eine Denkschrift Friedrich Rappolts vom Neujahrstag 1503 an den Kurfürsten, die zugleich bezeugt, daß sich auch auswärtige Großgewerken in den Kampf einschalteten.[83] Rappolt faßte seine Forderungen in 17 Artikeln zusammen, die er noch zusätzlich kommentierte. Gleich der erste Artikel war programmatisch. Er forderte, „daß die gewercken mit iren Zechen und gepewen irß gefallens handelten“, d. h. daß die

79 StA Weimar, Reg. T 37, Bl. 81ff.

80 Beides abgedruckt bei O. Hoppe, a. a. O., S. 144ff.

81 Das Verhandlungsprotokoll vgl. in StA Dresden, Loc. 4489, Handlung auf dem Schneeberge ... 1488–1546, Bl. 32ff. Von den 26 Artikeln dieser Niederschrift wurden 24 im Wortlaut in die Bergordnung (BO) von 1492 übernommen; zusätzlich erscheinen in der BO nur der Artikel 18, der bestimmt, daß Austeilungen in der Regel in Schneeberg erfolgen sollen, und nur auf besonderen Wunsch der Gewerken in Zwickau oder Leipzig, sowie die Präambel. Entfallen sind in der BO gegenüber dem Verhandlungsprotokoll die beiden letzten Artikel, die vorschlagen, auf dem Schneeberg eine landesherrliche Münze und Silberkammer zu errichten und das Silber so zu brennen wie bisher. Die BO von 1492 vgl. bei H. Ermisch, a. a. O., S. 102ff.

82 H. Ermisch, a. a. O., S. 145ff.

83 Über Rappolt vgl. oben, S. 135f. Die Denkschrift findet sich im StA Weimar, Reg. T 3, Bl. 1–4.

Gewerken allein über ihre Zechen zu bestimmen und zu verfügen hätten. Insbesondere sollte ihnen allein das Recht zustehen, Schichtmeister, Steiger und Vorsteher einzusetzen und abzusetzen, „wy sie wollten". Das richtete sich eindeutig gegen die Bergordnung von 1500, die den Gewerken lediglich ein Vorschlagsrecht für die Einsetzung der Schichtmeister zugebilligt hatte, während Einsetzung und Vereidigung bei den landesherrlichen Bergbeamten lagen. Wegen der Schlüsselposition der Schichtmeister und Steiger im Produktionsprozeß mußte den Gewerken vor allem an einer vollen Einsetzungs- und Weisungsbefugnis diesen gegenüber gelegen sein. Rappolt forderte weiter, daß die Schichtmeister den Gewerken vierteljährlich Rechnung legen sollten, d. h., es ging ihm um eine stärkere Kontrolle der Tätigkeit der Schichtmeister. Andere Forderungen richteten sich auf eine günstigere Regelung der Zubußleistungen, gegen Kuxpartierungen und ähnliches, alles zu dem Zwecke, daß „den gewercken zu nutz gepawt werden" möge. Auch die Tätigkeit des Bergmeisters sollte stärker im Sinne der Gewerken liegen. Ausgehend von dem Grundsatz „perckwerck soll frey sein ydermann", forderte Rappolt ein weniger kompliziertes Verleihsystem. Vor allem sollte der Bergmeister verpflichtet sein, die Bergbücher allen Gewerken auf Wunsch zur Einsicht vorzulegen. Rappolt verlangte eine Rückkehr zu den Grundsätzen des alten Bergrechts und griff von hier aus die fürstlichen Bergordnungen an. Die Fürsten mögen zusammen mit Bergverständigen die alten Bergrechte von Kuttenberg und Freiberg studieren, dann dürften auch alle getroffenen Maßnahmen, die nicht auf dem Boden dieser alten Bergrechte stünden, nicht länger in Kraft bleiben. Rappolt bezog sich dabei ausdrücklich darauf, daß „bisher vil ordenung gemacht sind, waß die perckrecht nit haben leyden mügen". Es sei notwendig, alle wesentlichen bergrechtlichen Bestimmungen sowie die von den Fürsten erteilten Freiheiten in einem Büchlein zusammenzufassen und dieses drucken zu lassen, damit man es in den Städten verkaufen könne und die Gewerken eine rechtliche Grundlage in der Hand hätten. Darüber hinaus sei ein neues Rechtsbuch zu schaffen, das allein auf den alten Bergrechten beruht. Das „musten allain perckverstendig neben euren genaden machen und die nit ampt und lon vom perckwerck hetten, sunder die ir gelt verpauten", d. h., Rappolt forderte die Erarbeitung einer neuen, auf den alten Bergrechten beruhenden Bergordnung durch die Gewerken selbst und keinesfalls durch die landesherrlichen Bergbeamten, und er schlußfolgerte: „Item eß sein drey, die das Perckwerck halten, welcher gesteckt ist, so liegen die zwen dernider, der ain nöt die zwen, aber die zwen nöten nit den ain, daß ist e. f. g., der gewerck und der erbetter".

Rappolt drückte mit seiner Denkschrift einen relativ hohen Grad von Bewußtheit aus, indem er sich nicht über einzelne Mißstände im Beamtenapparat beschwerte, sondern die Bevormundung der Gewerken insgesamt ablehnte, das ganze Direktionssystem in Frage stellte und die Stärkung der eigenen Rechte forderte.

Dieser Kampf blieb nicht auf Schneeberg beschränkt, sondern griff bald nach dem Aufkommen des Annaberger Bergbaus auf diesen über. Als Reaktion auf die Annaberger Bergordnung von 1503 richtete eine Gruppe von Schichtmeistern eine außerordentlich umfangreiche und detaillierte Eingabe an Herzog Georg, die zwar in erster Linie Interessen der Schichtmeister vertrat, in wesentlichen Punkten jedoch Auffassungen der Gewerken widerspiegelte, zumal die Schichtmeister größtenteils selbst Gewerken waren.[84] Auch hier wird deutlich, daß es den Gewerken um eine Reorganisation der Verwaltung zu ihren Gunsten ging. M. M. Smirin, der diese Eingabe ausführlich behandelt hat[85], kam zu dem Ergebnis, daß alle vorgeschlagenen Maßnahmen die Durchsetzung des Prinzips bezweckten, „wonach alle Arbeiter und Angestellten, die von den Gewerken entlohnt werden, auch ihre ‚Diener' sein sollen; sie müssen die Interessen der Gewerken vertreten und ihnen alle unnötigen Ausgaben ersparen, die die Profite verringern". Damit wurden indirekt auch hier die Grundsätze des Direktionssystems angegriffen und größere Freiheiten für die Unternehmer gefordert.

Die ausführliche Darlegung des Aufgabenbereichs der einzelnen Beamtengruppen in der Annaberger Bergordnung von 1509 dürfte eine unmittelbare Reaktion auf diese Eingabe gewesen sein. Freilich wurde den Vorstellungen der Verfasser nur in zweitrangigen Fragen Rechnung getragen. In allen prinzipiellen Punkten befestigte diese Bergordnung das Direktionsprinzip. Die Ordnung von 1509, die zur Grundlage für das sächsische Landesbergrecht wurde, schloß somit die Auseinandersetzung zwischen Gewerken und Landesherren um die Durchsetzung des Direktionsprinzips zugunsten der Landesherren ab.

Die folgenden Kämpfe drehten sich insbesondere um Mißstände, die aus dem Direktionssystem erwuchsen, d. h., es wurde vor allem der Kampf gegen Beamtenwillkür und -betrug fortgeführt. So begegnen während des gesamten folgenden Untersuchungszeitraumes immer wieder Klagen über die Schichtmeister, und es wurden auch Strafen über solche verhängt. Im Herbst 1517 wurde z. B. ein Schichtmeister wegen hoher Schulden bei den Gewerken und weil er eine Anzahl Kuxe aus Eigennutz nicht verrechnet hatte gefangengesetzt; noch im Frühjahr 1518 saß er im Gefängnis, bis Herzog Georg in seine von den Räten vorgeschlagene Freilassung einwilligte, unter der Bedingung, daß Garantien für die Rückzahlung der Schulden gegeben würden und er nicht mehr als Schichtmeister beschäftigt werde.[86] Im Mai 1519 wurden vier Schichtmeister wegen verschiedener Delikte bestraft. Zwei von ihnen durften Schneeberg bei Nacht so lange nicht verlassen, bis sie die von ihnen gemachten Schulden abbezahlt hätten, daneben mußten sie ihre Häuser sowie jegliche Habe als Pfand einsetzen; nachdem sie bis zum September einen Teil der Schuld abgetragen hatten, wurde die „Bestrickung" auf Bewährung ausgesetzt und der Schuldenrest gestundet. Die beiden anderen mußten Geldstrafen zugunsten des Kirchbaus zahlen.[87] Auch weiterhin hatten sich die landesherrlichen Räte auf den Berghandlungen immer wieder mit Klagen gegen

[84] StA Dresden, Loc. 4495, Irrungen in Bergwerkssachen ... 1502–1505, Bl. 32–42 u. Bl. 47 (falsch geheftet). Dieses Dokument ist auch für das Studium der Organisation des Hüttenwesens besonders aufschlußreich.

[85] M. M. Smirin, Über das Verhalten der unternehmerischen Gewerken zum sogenannten Direktionsprinzip im sächsischen Silberbergbau im 15. bis 16. Jahrhundert, in: Die Volksmassen – Gestalter der Geschichte. Festschrift für Leo Stern, Berlin 1962, S. 58ff.; bes. S. 69–80.

[86] StA Dresden, Loc. 4489, Verzeichnis ... 1515–1518, Bl. 131, 159.

[87] Ebenda, Bl. 208f.; Loc. 4489, Verzeichnis der Händel ... 1519–1524, Bl. 14.

einzelne Schichtmeister oder mit dem Problem insgesamt zu beschäftigen.[88] Die ganze Ohnmacht der Gewerken gegenüber den von ihnen selbst entlohnten Zechenbeamten wird darin deutlich, daß sich Großkaufleute und Großgewerken wie Georg von Wiedebach und Ulrich Lintacher als Sprecher der Gewerken der „Fundgrube/St. Georg" in Schneeberg im Mai 1520 erst mit einer offiziellen Eingabe an die landesherrlichen Räte wenden mußten, um über den Dienstweg Räte – Zehntner – Bergmeister die beiden Steiger ihrer Zeche zu besserer Arbeit anzuhalten.[89]

Zu einem Höhepunkt der Auseinandersetzungen in den erzgebirgischen Bergstädten, in dem sich alle Widersprüche zu einen Knoten schürzten, kam es im Verlauf der frühbürgerlichen Revolution. Zuvor ist jedoch ein weiterer Widerspruch zu untersuchen, der von Beginn des kapitalistisch betriebenen Silberbergbaus an eine wachsende Rolle spielte.

4. *Der Kampf der Bergarbeiter und Kleingewerken gegen Großgewerken und landesherrliche Beamte*

Mit dem Entstehen kapitalistischer Produktionsverhältnisse und einer ihnen gemäßen Produktionsorganisation, die schon in der ersten Blüteperiode des erzgebirgischen (Freiberger) Silberbergbaus begonnen hatte und sich nach 1470 voll durchsetzte, bildete sich auch eine relativ starke Schicht freier Lohnarbeiter heraus[90], frei im doppelten Sinne: Durch die landesherrlich garantierte Bergbaufreiheit genossen sie in allen Bergbaugebieten Freizügigkeit, frei waren sie aber auch von jeglichem Produktionsmittelbesitz.[91] Zwischen diesem Vorproletariat und den

[88] Vgl. z. B. StA Dresden, Loc. 4489, Verzeichnis der Händel ... 1519–1524, Bl. 53b–54, 92b–93; Loc. 4490, Handlunge und Zehend-Rechnung ... 1527–1535, Bl. 27b–29, 49b–50, 68, 91f.

[89] StA Dresden, Loc. 4489, Verzeichnis der Händel ... 1519–1524, Bl. 36b–37; 43b–44. Über Georg von Wiedebach und Ulrich Lintacher vgl. oben, S. 132f. u. 138f.

[90] Dazu vgl. oben, S. 112ff.

[91] Zum doppelt freien Lohnarbeiter vgl. K. Marx, Das Kapital, Erster Band, a. a. O., S. 183. Im Unterschied zu den Verhältnissen in Freiberg während der ersten Blüteperiode des Bergbaus, wo die Bergarbeiter Eisen und Unschlitt, d. h. die unmittelbaren Produktionsinstrumente, selbst besitzen mußten, war es in der zweiten Blüteperiode, vom Beginn des Schneeberger Bergbaus an, Sache der Schichtmeister und Steiger, auf Kosten der Gewerken alle Produktionsinstrumente zur Verfügung zu stellen (vgl. Schneeberger Bergordnung von 1479, Art. 8, H. Ermisch, a. a. O., S. 93). Auch Freiberg mußte sich zu dieser Zeit den neuen Verhältnissen anpassen, was die Gewerken lebhaft beklagten (vgl. FUB II, Nr. 1102, S. 228f.). Eine offene Frage bleibt, inwieweit Bergarbeiter außerhalb des Bergbaus noch als Handwerker oder in der Landwirtschaft Produktionsmittel besaßen. Laut Artikel 80 der Annaberger Bergordnung von 1509 sind „vil steiger in dorffern umb sandt Annabergk seßhafftig gewest, die vilmal irer narung und eigen gescheft ausgewart, iren dinst genug tzu thun seumig gewest und deshalben den andern arbeittern nicht uffsehen mogen und, ap si bei denselben arbeittern gebrechen funden, nicht dawider geredt, uff das sie auch selber irer eigen verseumlich-

kapitalistischen Gewerken bildete sich in Ansätzen bereits der spätere Hauptklassengegensatz der kapitalistischen Gesellschaft heraus, beeinflußt und modifiziert durch die Herrschaft des feudalen Direktionssystems.

Den Lohnarbeitern sozial am nächsten standen Kleingewerken, die oft noch selbst mitarbeiteten, aber einzelne Kuxe besaßen, Reste der früheren Eigenlehner und genossenschaftlichen Gewerkschaften, d. h. kleine Warenproduzenten bzw. Elemente, die eine Zwischenstellung zwischen Lohnarbeitern und kleinen Warenproduzenten einnahmen. Sie bildeten zusammen mit den Lohnarbeitern eine Front, wenn es galt, gegen Ausbeutung und Unterdrückung Widerstand zu leisten.

Die Stoßrichtung ihres Kampfes war dadurch beeinflußt, daß die kapitalistischen Gewerken, die zumeist außerhalb der Bergstädte in den großen Fernhandelsstädten ansässig waren[92], für sie anonym blieben, während die Bergbeamten ihnen unmittelbar gegenüberstanden und als die eigentlichen Bedrücker erscheinen mußten. Hinzu kam die doppelte Funktion der Bergbeamten: Einerseits verkörperten diese stellvertretend für die Kapitalisten die Funktion des Kapitals, d. h. die Oberaufsicht und Leitung, die für jede arbeitsteilige Kooperation eine Notwendigkeit war. „Die Aktienunternehmungen ..." – von denen die kapitalistischen Bergbaugewerkschaften eine Vorform darstellten – „haben die Tendenz, diese Verwaltungsarbeit als Funktion mehr und mehr zu trennen von dem Besitz des Kapitals ...; indem andrerseits aber der bloße Dirigent, der das Kapital unter keinerlei Titel besitzt ..., alle realen Funktionen versieht, die dem fungierenden Kapitalisten als solchem zukommen, bleibt nur der Funktionär und verschwindet der Kapitalist als überflüssige Person aus dem Produktionsprozeß."[93] Da diese Leitungsfunktion „zugleich Funktion der Ausbeutung eines gesellschaftlichen Arbeitsprozesses (ist) und daher bedingt durch den unvermeidlichen Antagonismus zwischen dem Ausbeuter und dem Rohmaterial seiner Ausbeutung"[94], mußte sich der Widerstand der Arbeiter gegen die Ausbeutung durch das Kapital vor allem gegen dessen Funktionäre, d. h. gegen die Bergbeamten, richten.

Andererseits verkörperten die Bergbeamten das feudale Direktionssystem, d. h. den Leitungs- und Kontrollmechanismus, mit dessen Hilfe die Landesherren den Bergbau lenkten und ausbeuteten. In dieser Eigenschaft vertraten sie die – in ihrem Kern parasitären – Eingriffe des Feudalsystems in den kapitalistisch betriebenen Bergbau und wurden zur Zielscheibe des antifeudalen Kampfes der kapitalistischen Gewerken.

Diese doppelte Funktion der Bergbeamten, die aus den widersprüchlichen gesellschaftlichen Verhältnissen resultierte, führte dazu, daß sich in dem Kampf der Bergarbeiter und Kleingewerken gegen die Bergbeamten Elemente des Kampfes sowohl gegen kapitalistische Ausbeutung fanden als auch antifeudale Elemente,

keit halben nicht beschuldiget werden". Es wurde daher verboten, Steiger einzusetzen, die innerhalb von drei Meilen um Annaberg ihren Wohnsitz haben. Daß es ähnliche Verhältnisse auch bei den Arbeitern gab, ist wahrscheinlich; vgl. dazu auch unten, S. 252f.

92 Vgl. dazu oben, „Die klassenmäßige Herkunft des Kapitals".

93 K. Marx, Das Kapital. Dritter Band, a. a. O., S. 401; vgl. auch S. 398ff. und Erster Band, a. a. O., S. 350ff.

94 Ebenda, Bd. I, S. 350.

die im Interesse der kapitalistischen Gewerken lagen. Zuweilen kam es aber auch bereits zu einer direkten Konfrontation von Bergarbeitern und kapitalistischen Gewerken.

Der Kampf der Bergarbeiter und Kleingewerken im Erzgebirge hatte erstmals um die Mitte des 15. Jh. in Freiberg Gestalt angenommen. Hauptsächlichste Kampfformen waren Streiks, organisierter Wegzug und „Versammlungen". Im Zusammenhang mit den Bemühungen, die Ursachen der Freiberger Bergbaukrise zu ergründen, wiesen sowohl die Bergbeamten wie die größeren Gewerken immer wieder auf die neuen Kampfformen der Bergarbeiter hin. Am 12. Juli 1447 nannten Münzmeister und Bergschreiber in einem Bericht an die Landesherren unter den Gründen für den Bergbauverfall als „allerersten, daz sulche ynnunge unde bunde der hauwer, so sie sich zcusampne vorbinden, daz eyner ane den andern ader ober den andern nicht erbeiten ader thun nach lassen wil, gar schedelichen dem bergwercke".[95] In dasselbe Horn stießen auch andere Bergbeamte und Großgewerken, die immer wieder beklagten, daß die Häuer bei jedem Anlaß sofort zu Haufen liefen und einen Rat abhielten, daß sie „heimliche rete", „offbrüche", „offlöffthe" und „grosse bünde" machten, wobei betont wurde, daß es sich dabei um etwas Neues handle, „das doch vor ny gewest ist".[96]

Bemerkenswert ist der Hinweis auf die sich herausbildende Solidarität im Kampf der Bergarbeiter. In einem Bericht an die Landesherren wurde 1453 neben den üblichen Klagen, „daz die hawer gar eyn ungehorsam selczen folk" seien, die „leichticlichen sich auffweigen, vil vornemen unde sich zcusampne vorbinden", ausgeführt: „Wenne sie icht vornemen, daz ir eyn teils nicht wollen erbeten, so mussen die andern ouch fyern, ader wollen ir nicht yn der czechen haben"! Jüngst hätten sie alle Bergwerke über 8 Tage lang liegenlassen, „unde nymandes sie vormochte, daz sie geerbeit hetten".[97]

Derartige Streiks und andere Aktionen, deren Dauer und Geschlossenheit auffallen, waren gegen die Bedrückung durch die Bergbeamten und auf die Erringung ökonomischer Verbesserungen gerichtet. So drohten die Häuer 1449 mit ihrem Wegzug, wenn die Bergbeamten nicht entlassen würden.[98] 1453 kämpften sie um eine Lohnerhöhung bzw. um die Auszahlung des Lohnes in besserer Münze[99] und gegen die Verlängerung der Schichten, deren Dauer 1449 von 6 auf 8 Stunden heraufgesetzt worden war.[100] Obwohl die Bergbeamten von der Lohnzahlung in besserer Münze abrieten, da dadurch der landesherrliche Schlagschatz stark zurückginge[101], mußte man diese Zahlung im September 1466 schließlich doch ge-

[95] FUB II, a. a. O., Nr. 1000; bereits 1444 war während einer Berghandlung bestimmt worden, „das die hawer nicht sampnunge nach hewffen ober nymandes machen sollen" (ebenda, Nr. 994). Zu den Auseinandersetzungen in Freiberg vgl. auch J. Köhler, Die Keime des Kapitalismus . . ., a. a. O., S. 92ff.

[96] FUB II, Nr. 1004, 1007, 1013.

[97] Ebenda, Nr. 1029.

[98] „Wu dieselben amptlute bliben, so wullen sie (die Häuer — A. L.) zcu wettertagen von dannen zcihen" (ebenda, Nr. 1012).

[99] Ebenda, Nr. 1026.

[100] Ebenda, Nr. 1016.

[101] Ebenda, Nr. 1029.

währen; die Schicht wurde wieder auf 6 Stunden herabgesetzt.[102] Da jedoch mit der Einführung der neuen Münze auch ein starkes Steigen der Lebensmittelpreise einherging, kehrte sich diese Maßnahme schließlich gegen die Arbeiter, und der Kampf um Lohnerhöhung setzte verstärkt ein. So traten die Häuer erneut in den Streik, nachdem hinhaltende Versprechungen der Landesherren nicht erfüllt worden waren. Am 12. August 1469 teilten die Bergbeamten den Landesherren mit, wegen der ausgebliebenen Lohnerhöhung „legen iczunt die bergwerk allhie der hoyer halben gancz darnyder ungearbeit".[103] Daraufhin erging eine Weisung der Landesherren an die Bergbeamten, mit den Gewerken dahin zu verhandeln, daß diese den Wochenlohn der Häuer von 10 auf 12 Groschen erhöhten.[104] Diese Verhandlungen, die am 6. Juli 1470 in Freiberg stattfanden, scheiterten jedoch am Widerstand der Gewerken, welche Lohnerhöhungen ablehnten und ihrerseits drohten, die Bergwerke liegenzulassen. Schließlich boten die Gewerken an, sich direkt mit den Häuern auseinanderzusetzen. Die fürstlichen Räte waren aber „in geheyme" besorgt darüber, ob die Bergbeamten so vermitteln würden, daß den Fürsten daraus kein Schaden entstünde.[105] In dieser Konstellation drückten sich deutlich die Kompliziertheit der Klassenfronten und die Art der Widersprüche aus.

Um diese Zeit begann mit dem Fündigwerden des Schneebergs die zweite große Blüteperiode des erzgebirgischen Silberbergbaus. Der Kampf der Bergarbeiter um Lohnerhöhungen griff nun sofort auf Schneeberg über. Am 16. Februar 1478 luden die Landesherren in einem Rundschreiben den Hauptmann und den Zehntner von Schneeberg, den Zehntner von Geyer, den Bürgermeister und den Bergmeister von Freiberg sowie den Bergmeister vom Geisingberg, zusammen mit einigen Bergverständigen, für den 25. Februar nach Dresden ein, um über die in Schneeberg und allenthalben erhobenen Lohnforderungen der Bergarbeiter zu beraten. Wegen des großen Schadens, den ein Eingehen auf diese Forderungen mit sich brächte, solle eine einheitliche Satzung über die Lohnhöhe für die verschiedenen Kategorien der Bergarbeiter ausgearbeitet werden.[106]

Die in einer Petition formulierten Auffassungen der Schneeberger Gewerken zum Verhandlungsgegenstand wurden der Beratung in Dresden zur Kenntnis gebracht.[107] In diesem Schriftstück teilten die Gewerken mit, daß „die erbeyter und gemeine knapschaft" eine Lohnerhöhung gefordert hätten, da sie mit dem

102 Ebenda, Nr. 1049. Anstelle der 16 alten „schildechten Groschen" sollten sie jetzt 10 „gute groschen" pro Woche erhalten.

103 Ebenda, Nr. 1053; vgl. auch Nr. 1052. Über einen gleichzeitigen Streik im Altenberg-Geisinger Zinnbergbau vgl. H. Löscher, Der landesherrliche Schiedsspruch vom 4. September 1469 im Streike der Knappen zu Altenberg (Erzgebirge), in: Bergbau und Bergleute, Freiberger Forschungshefte D 11, Berlin 1955, S. 35ff.

104 FUB II, Nr. 1054.

105 Ebenda, Nr. 1056, S. 200f.

106 Da „dy erbeiter uf dem Sneberge und allenthalben yn unßern landen und furstenthum, da berckwerg erbaut wurt, mher loenß fordern und haben wollen, den yn gewonlich bißher geben wurden ißt", soll „eyne gemeyne saczunge, waß eynem itlichen erbeither nach seynen vordinst und erbeit zcu geben sey, vorgenomen unde gesaczt verde" (StA Dresden, Loc. 4320, Bl. 88b; Regest in FUB II, Nr. 1092).

107 StA Dresden, Loc. 4322, Bl. 32b f.

bisherigen Lohn von einem halben Gulden ($10^1/_2$ Groschen) – sonst wird immer von 10 Groschen gesprochen – wegen der Teuerung nicht auskommen könnten; sie müßten allein ihren Wirten 8 Groschen für die Verköstigung geben und könnten sich von den restlichen 2 Groschen nicht noch kleiden oder gar ihre Familien ernähren. Da die Gewerken diese Forderungen abgelehnt hatten, drohten die Häuer und Knechte, „das sie wollten aufstehen (und) wandern von dem gebirge". Daraufhin suchten die Gewerken den Ausweg in einer Verstärkung der Gedingearbeit[108], machten damit aber ebenfalls schlechte Erfahrungen. Die Arbeiter lehnten es ab, Gedinge zu übernehmen, wenn sie dabei nicht – nach Auffassung der Gewerken – zwei Drittel oder mindestens die Hälfte über den üblichen Wochenlohn hinaus erübrigen könnten. Außerdem würden Lehrhäuer und Knechte ebenso teuer dingen wie die besten Häuer, und schließlich käme es den Arbeitern nur darauf an, Geld zu verdienen, weshalb sie lieber taubem, aber weichem („sneitigen") Gestein nachführen als Erzgängen in festem Gestein. Die Schlußfolgerung der Gewerken ging aber nicht auf eine Erfüllung der berechtigten Lohnforderungen der Arbeiter, sondern die Gewerken schlugen der Beratung in Dresden vor, die Aufsicht und Kontrolle über die Arbeiter zu verstärken und sonst alles beim alten zu lassen.

Auf der Beratung kamen die anwesenden Bergbeamten schließlich u. a. zu folgendem Ergebnis, das sie den Landesherren zur Durchführung empfahlen[109]: Man solle gegenwärtig keinesfalls die Löhne der Arbeiter erhöhen, sondern vielmehr die Löhne der getreuen und redlichen Steiger, d. h. derjenigen, die die unmittelbare Aufsicht über die Arbeiter ausübten. Um die dafür anfallenden Mehrausgaben auszugleichen, könnten die Gewerken dadurch Geld einsparen, daß man die Zahl der Schichtmeister verminderte. Außerdem könnten die Landesherren sich und dem Bergwerk dadurch nützen, daß sie die Münze, mit der abgelohnt und gehandelt werde, „leichtern". Damit entsprachen die versammelten Bergbeamten auch einer Forderung der Gewerken, die sich beklagt hatten, daß sich die Entlohnung in der neuen schweren Münze für sie sehr abträglich auswirke.[110] Den Arbeitern könne man entgegen kommen, indem man die Wirte anweise, künftig nur 6 Groschen Kostgeld pro Woche zu nehmen; andernfalls sollten sich die Arbeiter selbst beköstigen. Die Gedingearbeit sei künftig ganz zu verbieten, soweit sie nicht von den Berggeschworenen für nötig erachtet werde. Und schließlich solle man den Ausschank süßer Weine an Arbeiter verbieten, damit diese nicht ihren Lohn unnütz verschwenden. Alle Empfehlungen dienten im Grunde den Interessen der Landesherren und Gewerken und richteten sich gegen die Arbeiter;

[108] Beim Gedinge handelt es sich um eine Art Akkordarbeit. Einem oder mehreren Arbeitern wurde eine bestimmte, festumrissene Arbeit übertragen, bei vorher vereinbartem Lohn. Die Modalitäten der Lohnzahlung wurden seit der Schneeberger Bergordnung von 1479 (vermutlich infolge der Klagen der Gewerken von 1478) so festgelegt, daß die betreffenden Häuer von der vereinbarten Summe zunächst wöchentlich einen normalen Wochenlohn als Abschlagszahlung bekommen sollten und erst nach Beendigung der Arbeit den durch das Gedinge erarbeiteten Überschuß (Schneeberger BO, 1479, Art. 13, vgl. auch Art. 10 – H. Ermisch, a. a. O., S. 94f.).

[109] StA Dresden, Loc. 4322, Bl. 63ff.

[110] StA Dresden, Loc. 4320, Bl. 86.

selbst das Zugeständnis herabgesetzten Kostgeldes enthielt für die Arbeiter die Androhung, sich evtl. selbst beköstigen zu müssen.

Gingen diese Empfehlungen immerhin noch von einem Lohn auf der bisherigen Höhe aus, so entschlossen sich einige Schneeberger Großgewerken und Bergbeamte zum Gegenangriff. Sie forderten eine Lohnreduzierung für die Schneeberger Bergleute mit der Begründung, daß man in Geyer und anderen Bergorten für 1 Gulden drei Häuer pro Woche halten könne, in Schneeberg jedoch nur zwei. Ähnliches gelte auch für die Bergknechte.[111]

Demgegenüber wandten sich die Häuer nunmehr mit einer Bittschrift unmittelbar an die Landesherren, nachdem ihnen alle anderen Beschwerden nur Vertröstungen eingebracht hatten. Im Mittelpunkt standen erneut die Forderungen nach Lohnerhöhung. Ferner beschwerten sie sich, daß sie beim Abschluß von Gedingearbeiten durch die Bergbeamten und Steiger übervorteilt würden. Sie müßten am Ende immer wieder „erkennen, das sy (die Beamten und Steiger – A. L.) dorbey gedeyhen und wir alle dordurch verderben", zumal die Beamten zwei oder drei Ämter innehatten, obwohl sie sich von einem ernähren könnten. Ihre, der Arbeiter Lage erschwere sich noch dadurch, daß Vorkäufer und Höker auf den Märkten Lebensmittel aufkauften, die sie dann von diesen mit einem Preisaufschlag kaufen müßten; ihnen selbst sei es wegen der Schichtzeiten oft nicht möglich, die Märkte zu besuchen.[112]

Da sich offenbar nichts änderte, scheinen die Arbeiter verstärkt dazu übergegangen zu sein, Doppelschichten zu verfahren, um ihren Lohn aufzubessern. Dagegen schritt die Schneeberger Bergordnung vom Januar 1492 ein. Sie verbot bei Strafe, daß Arbeiter sich gleichzeitig in zwei Zechen verdingten oder in einer Zeche zwei Schichten belegten, gewiß aus der Befürchtung, daß dadurch die Arbeitsleistung bei der ohnehin außerordentlich schweren Bergarbeit nachlassen mußte.[113] In der Lohnfrage gab es insofern ein kleines Zugeständnis, als man den Arbeitern, die in wassernötigen Gruben, bei bösen Wettern oder unter anderen gefährlichen Bedingungen arbeiten mußten, eine Zulage versprach, deren Höhe jeweils von den Berggeschworenen festzulegen war.[114]

Während sonst in Schneeberg alles beim alten blieb (auch nach der folgenden Bergordnung von 1500), wurden die Arbeiter in dem zu dieser Zeit aufkommenden Schreckenberger (Annaberger) Silberbergbau mit noch schlechteren Bedingungen konfrontiert. Die unter maßgeblicher Beteiligung von Richter und Schöffen aus Geyer ausgearbeitete erste Annaberger Bergordnung von 1493 suchte die Geyrischen Verhältnisse auf die neuen Fundgebiete zu übertragen und setzte den Wochenlohn für einen „verständigen" Häuer auf 9 Groschen und die Schichtdauer auf 9 Stunden, am Sonnabend 5 Stunden, fest.[115]

111 StA Dresden, Loc. 4322, Bl. 92ff.

112 StA Dresden, Loc. 4507, Das Bergwerk auf dem Schneeberg ... 1484–1676, Bl. 8ff., zit. nach Nachlaß Löscher.

113 H. Ermisch, a. a. O., S. 105, Art. 8. Diesen Grund gibt auch G. Agricola, Zwölf Bücher, a. a. O., S. 77, an.

114 H. Ermisch, ebenda, Art. 20.

115 H. Löscher, Die erste Annaberger Bergordnung vom 11. Februar 1493, in: ZRG, Germ. Abt., Bd. 68, 1951, S. 439ff., Art. 11 und 12. Es sei an dieser Stelle erwähnt,

Auch dagegen scheinen sich die Arbeiter zur Wehr gesetzt zu haben. Albinus verzeichnet in seinen Annaberger Annalen zum Jahre 1498: „Es erhub sich dieß Jahr ein solch großer Auffruhr zwischen dem Volck unter den Berckleuten alhier und uffm Schneebergk. Zu solchem Handel waren nicht Ambtleute gnung, denselben zu vertragen."[116] Ein Zwickauer Chronist nannte gar 2400 Beteiligte an dem Annaberger „Auffstehen".[117] Vielleicht war es eine Folge dieses Aufstandes, daß die Annaberger Bergordnung von 1499/1500 einerseits die Aufsichts- und Strafbestimmungen gegenüber den Arbeitern verschärfte, andererseits die Schichtdauer auf 8 Stunden verkürzte. Die Schichtzeiten wurden im Dreischichtensystem von 4 bis 12, von 12 bis 20 und von 20 bis 4 Uhr festgelegt; Zechen, die nur 2 Schichten fahren, sollten auf die Nachtschicht verzichten; bei nur einer Schicht sollte die Frühschicht verfahren werden. Der Häuerlohn blieb bei 9 Groschen pro Woche.[118]

Über die von Albinus zusammen mit dem Annaberger „Auffruhr" von 1498 erwähnte Erhebung in Schneeberg und eine weitere, die bereits zwei Jahre zuvor stattgefunden hatte, berichtet Ch. Meltzer.[119] Danach habe sich bereits 1496 in Schneeberg ein „grosser Aufflauff der Bergleute" ereignet, weil man ihnen den Lohn um einen Groschen kürzen wollte (vermutlich, um ihn den Annaberger Löhnen anzugleichen). Die Bergleute seien teils nach Schlettau und Lößnitz, teils nach Geyer gezogen, und man habe den Schneeberg mit Hilfe des Ritters Rudolf von der Planitz wieder einnehmen müssen. Danach sei die Sache gütlich beigelegt worden, die meisten Arbeiter hätten ihre Arbeit wieder aufgenommen und gegenüber den landesherrlichen Räten einen Treueid auf die Fürsten abgelegt. Jedoch sei es bereits 1498 zu einem neuen Aufstand der Häuer gekommen. Diese hätten die Haspler und Jungen genötigt, ihnen zu folgen, da sie sie sonst in Stücke zerhauen würden. Sie seien dann mit ihrer Fahne losgezogen – was die Chronisten als besonders schwerwiegend hinstellten – und hätten die Höhe über dem Wolfsberg eingenommen. Um ihnen entgegenzutreten, mußten erneut „Zwickauer und Planische" herbeigerufen werden. Jedoch sei es Nickel Meyner, dem derzeitigen Richter und vormaligen Bergmeister von Schneeberg, gelungen, die Aufständischen zur Rückkehr in die Stadt zu bewegen. Der Hauptmann habe ihnen dort die Fahne abgenommen und „nicht viel wieder ans Tage-Licht kommen" lassen.

daß die rosige Einschätzung der Lage der erzgebirgischen Bergarbeiter, die H. Löscher in einer anderen Arbeit gab (Die erzgebirgischen Knappschaften vor und nach der Reformation, in: Blätter für deutsche Landesgeschichte, 1956, S. 177), absolut unzutreffend ist. Löscher wertet dort hart erkämpfte soziale Zugeständnisse an die Arbeiter als „einen gewissen Sozialismus", den es im Feudalismus gegeben habe. Er verweist besonders auf die angebliche Kürze der Arbeitszeit, wobei er die aus der besonderen Krisensituation im Freiberger Bergbau in der Mitte des 15. Jh. erwachsene und durch den Kampf der Arbeiter gesicherte relativ kurze Schichtdauer von 6 Stunden als allgemeingültige hinstellt. Dabei übersah er alle Quellen, die etwas ganz anderes aussagen, obwohl er einige von ihnen – wie die obige – selbst ediert hat.

[116] P. Albinus, Annabergische Annales . . ., a. a. O., S. 11.

[117] Mitteilung von H. Bräuer (Karl-Marx-Stadt), nach einer Handschrift von Paul Greff aus dem Stadtarchiv Zwickau.

[118] H. Ermisch, a. a. O., S. 112ff., Art. 39, 54, 60, 61, 63.

[119] Ch. Meltzer, Erneuerte Stadt- und Bergchronik, a. a. O., S. 924f.

Von einer Streikaktion in Schneeberg aus dem Jahre 1501 ist Aktenmaterial überliefert. Dabei handelt es sich um ein Verzeichnis von 58 Häuern, die im Mai (Woche nach Vocem Jocunditatis) in drei Schneeberger Zechen gestreikt hatten. Sie seien – nach Meinung der Bergbeamten ohne alle Ursache – aufgestanden und hätten die Arbeit verweigert.[120] Die Schneeberger Bergbeamten schritten dagegen mit aller Schärfe ein. Sie verboten, daß die betreffenden Häuer jemals wieder in Schneeberg zur Arbeit zugelassen würden, und übersandten dem Hauptmann von Annaberg das Namensverzeichnis, damit dort ebenfalls keiner von ihnen eingestellt werde.[121] Diese Maßnahme bezeugt übrigens – wie auch die zunehmende Erfolglosigkeit des Kampfes der Arbeiter –, daß im Ergebnis der ursprünglichen Akkumulation des Kapitals ein genügend großes Arbeiterreservoir vorhanden war[122], das offenbar nur zeitweilig erschöpft wurde, wenn neue Bergwerke auf-

120 StA Weimar, Reg. T 81, Bl. 40f.; vgl. auch die gestrichene Notiz in Reg. T 9, Bl. 25 b Wegen der Seltenheit einer solchen Überlieferung seien hier die Namen wiedergegeben:

In der Zeche „Rappolt“: Nicol Ulrich, Lucas Wintter, Lucas Crütschel, Urban Prischko, Paul Czeytzer, Simon Pecher, Oswald Pach, Peter Richtter, Wolff Schewbner, Lorentz Criepp, Jacob Sthum, Gregor Kawerth, Conrad Vogel, Leonhard Marggraef, Mathes Schwalbe, Wolf Lawterbach, Hans Koch, Hans Mertin, Hans Rotichen, Paul Gotschalck, Hans Schütz, Jacob Foltsch, Jersiko, Leonhardt von Hirschfelt, Jacob Leonhard, Hans Beck, Rudolf Schmid, Georg Lobwasser, Georg Finck, Hans Fingerle, Oswald Heckel, Hans Clemenc, Michel Hafsteyn, Peter Merwigk, Hans Schulteß, Hans Newman.

In der Zeche „Greiffen“: Wentzel Metzschel, Wolffel Leyschner, Loch Hanß, Schwartz Peter, Nicol Huscher, Caspar Müllner, Ulrich Schewßlich, Henßle Rörpörer. Ferner sind zwei weitere Namen gestrichen worden: Henßle Finck und Dionisius Franck.

In der Zeche „Heilig Kreuz“: Oswald Schmidt, Nicol Geringk, Oswald Burckard, Hans Plewell, Jacob Plebnytzer, Leonhard Franck, Heintz Spengler, Hans Brawn, Wolffel Funck, Dionisius Beheme, Caspar Lobwasser, Urban Pantzer, Hans Newman, Jacob Königk.

Von einem Oswald Newmann heißt es, er sei wieder zur Arbeit zugelassen worden, da er „yns aufstheen nicht gewilligt noch gewost getragen“, sondern abwesend gewesen sei, weil er seine Mutter „zun Heylgen hat beleytt“.

121 StA Weimar, Reg. T 81, Bl. 43. Über diese Maßnahmen berichtet ein Ungenannter – nach dem Wortlaut der Schneeberger Hauptmann Anselm von Tettau – in einem Brief vom 23. Juni 1501 an die landesherrlichen Räte.

122 Die Herkunft der Arbeiter läßt sich kaum erfassen. Sie kamen aus der näheren und ferneren Umgebung sowohl aus Städten wie vom Lande. Inwieweit Feudalabhängige durch die Aufnahme von Bergarbeit ihre Freiheit erlangten, bleibt unklar. Die bereits obenerwähnte Verordnung von 1488 über strafweise Zwangsarbeit im Bergbau bestimmt in einem Artikel, daß von dieser Strafe betroffen werden soll, wenn „eyn eygener knecht sich vor frey angeben wolde und ydoch nicht frey wer“. Ein weiterer Artikel dieser Verordnung ist hinsichtlich der in ganz Westeuropa im Zusammenhang mit der ursprünglichen Akkumulation verbreiteten Gesetzgebung gegen Vagabundage (vgl. K. Marx, Das Kapital. Erster Band, a. a. O., S. 761ff.) bemerkenswert. Er legt fest, daß auch arbeitsfähige Bettler aufgegriffen und zu lebenslanger Zwangsarbeit im Bergbau verurteilt werden sollten. Auf die starke Zunahme der landarmen bzw. landlosen Bevölkerung in Sachsen als Reservoir für den Arbeitskräftebedarf im Bergbau verweist G. Heitz, Ländliche Leinenproduktion in Sachsen 1470–1555, Berlin 1961,

kamen und die nach dorthin abwandernden Bergleute in den alten Bergorten nicht sogleich durch andere ersetzt werden konnten.

Über eine weitere größere Erhebung von Bergarbeitern berichtet Albinus aus dem Jahre 1511. Herzog Georg habe „etliche von der Scheiben" festnehmen und nach Chemnitz führen lassen; fünf von ihnen seien in Schellenberg gefangen gehalten worden. „Denn es war großer Auffruhr wegen eines Gesanges ‚Der Schüber im Korb' genennet, als man Tag und Nacht must im Harrnisch reiten, ehe man (die) Berckleut und alle auffwickler stillet".[123]

Neben diesen vereinzelten Aktionen der Bergarbeiter gab es einen anhaltenden passiven Widerstand bei der unmittelbaren Produktionstätigkeit. Immer wieder klagten Bergbeamte über „säumige Arbeit" und Nichteinhaltung der Schichtzeiten durch die Arbeiter.[124] Angesichts der inzwischen fortschreitenden und sich besonders in der Annaberger Bergordnung von 1509 ausdrückenden Festigung des ganzen Systems der Leitung, Kontrolle und Überwachung des Bergbaus durch den territorialstaatlichen Beamtenapparat konnten jedoch lokale und zersplitterte Aktionen kaum Erfolgsaussichten haben. Es bedurfte einer möglichst breiten Zusammenfassung aller oppositionellen Kräfte im Kampf gegen das Feudalsystem. Ansätze dazu gab es während der frühbürgerlichen Revolution.

5. *Die Klassenkämpfe in den Bergstädten zur Zeit der frühbürgerlichen Revolution*

Die Reformation als erste Etappe der frühbürgerlichen Revolution wirkte auch in den erzgebirgischen Bergstädten als Katalysator für den Klassenkampf der Gewerken und der Bergarbeiter. Alle bereits zuvor sichtbar gewordenen und in verschiedenen Formen ausgetragenen Gegensätze brachen erneut auf, wurden durch die unterschiedliche Haltung zur Reformation bzw. zu den verschiedenen reformatorischen Strömungen noch zugespitzt und erhielten durch sie eine neue, ideologische Ausdrucksform.

S. 44f. Daß zeitweise ein Arbeiterüberschuß herrschte, geht u. a. aus den Klagen der „armen Eynwohner" Schneebergs hervor, wonach „vil der frembden arbeitter zu bergkarbeit vor den Eynwonern diß Snebergs gefordert werden". Die Schneeberger verlangten ihrerseits Bevorzugung vor den auswärtigen Arbeitern (StA Dresden, Loc. 4489, Verzeichnis ... 1515–1518, Bl. 101). Die Bevorzugung der Auswärtigen hing damit zusammen, daß Schichtmeister und Steiger diese oft selbst in Kost nahmen und so noch zusätzlich an den Arbeitern verdienten.

123 P. Albinus, Annabergische Annales ..., a. a. O., S. 20. Dieser Vorkommnisse wird in den Chroniken mehrfach gedacht. Statt „Schüber" muß es wohl „Schüler" heißen. Es handelte sich um ein antiklerikales Spottlied, das häufig auch als „Johannes im Korbe" überliefert ist und nicht nur in Annaberg, sondern auch in anderen Bergorten Anlaß zu blutigen Unruhen gab.

124 Vgl. z. B. StA Dresden, Loc. 4489, Verzeichnis ... 1515–1518, Bl. 164; ferner die entsprechenden Bestimmungen in den Bergordnungen.

a) Schneeberg

In Schneeberg wurden die ersten Anzeichen der kommenden Auseinandersetzungen bereits im Jahre 1519 sichtbar. Soweit es die spärliche Überlieferung erkennen läßt, hingen sie mit dem Rückgang des Schneeberger Bergbaus, mit dem Eindringen reformatorischer Gedanken in Schneeberg und besonders mit der Person des verhaßten Bergmeisters und Fürstengünstlings Paul Schmidt zusammen. Paul Schmidt, der 1514 als Bergmeister eingesetzt worden war[125], hatte sich sehr schnell das Vertrauen der Landesherren erworben, war aber ebenso rasch in Gegensatz zur Mehrheit der übrigen Bergbeamten, der städtischen Organe, der Gewerken und der Arbeiter geraten. Unter Berufung auf die destruktive Haltung der Opponenten ihm gegenüber kam er auf der Berghandlung Anfang Mai 1519 um seine Entlassung ein. Die landesherrlichen Räte stellten sich jedoch voll auf seine Seite und unterstützten ihn gegenüber seinen Gegnern. Dem Richter und den Schöffen von Schneeberg wurde angesichts der Unzufriedenheit unter der Bevölkerung und besonders unter den Bergleuten befohlen, fleißige Aufsicht zu üben und darüber zu wachen, daß „friedt, recht und einigkeith gehalten" würden.[126] Diesem Befehl war jedoch offenbar kein Erfolg beschieden; denn bereits auf der nächsten Berghandlung im September desselben Jahres wurde einer „Versamlung halben uffm Sneperg", über die keine näheren Berichte vorliegen, ein neuer Befehl erlassen, Richter, Schöffen und die „von der Knappschaft" sollen „verhuetten, das hinfur kein versamlung gemacht werde".[127] Vermutlich hat diese „Versammlung" in unmittelbarem Zusammenhang mit dem Kampf gegen den Bergmeister gestanden. Das läßt sich aus dem Auftreten der Knappschaft auf der Berghandlung vom September 1519 schließen. Dort legten die Ältesten der Knappschaft – offenbar unterstützt von verschiedenen städtischen und Bergbeamten – eine Beschwerdeschrift gegen Paul Schmidt vor, die das Ergebnis der gerügten „Versammlung" gewesen sein könnte. Daraufhin bot Schmidt wiederum seine Demission an, und abermals unterstützten ihn die Räte. Sie wiesen die Beschwerden der Knappschaft mit der Begründung zurück. diese seien das Resultat einer völlig ungerechtfertigten Mißstimmung. Der Bergmeister habe nichts anderes getan, als „mißbräuchliche Handlung" zu strafen. Das Demissionsgesuch Schmidts beantworteten die Räte mit dem Gegenangebot, ihm statt des Bergmeisteramtes das des Bergvogts zu übertragen, d. h. ihn zum obersten landesherrlichen Beamten über

125 Über Paul Schmidt vgl. oben, S. 71, 163 f.

126 StA Dresden, Loc. 4489, Verzeichnis ... 1515–1518, Bl. 202 b–203. Die Erbitterung der verschiedenen sozialen Kräfte gegen den Bergmeister rührte offenbar u. a. daher, daß dieser alles, was den fürstlichen Ordnungen widersprach, auf den Berghandlungen zur Anzeige brachte; das betraf sowohl die Amtsführung der verschiedenen Berg- und Zechenbeamten als auch seine Anschuldigungen gegen die Arbeiter wegen säumiger Arbeit etc. Zugleich machte er sich zum Exekutivorgan aller Anweisungen der landesherrlichen Räte (vgl. z. B. StA Dresden, Loc. 4489, Verzeichnis ... 1515–1518, Bl. 99, 100, 102, 130, 164 u. a.). Über konkrete Anschuldigungen gegen ihn vgl. weiter unten.

127 StA Dresden, Loc. 4489, Verzeichnis der Händel ... 1519–1524, Bl. 16 b.

Schneeberg zu ernennen. Das veranlaßte Richter, Schöffen und die beiden Zehntner, die bisher die obersten Verwaltungspositionen in der Stadt und auf dem Berg innehatten, recht schnell zu dem Vorschlag, Schmidt lieber als Bergmeister zu belassen. Entsprechend wurde dann auch entschieden.[128]

Um diese Zeit scheint auch der erste reformatorische Prediger, Nikolaus Hausmann, ein späterer Freund Martin Luthers, nach Schneeberg gekommen zu sein. Denn als er im Frühjahr 1521 nach Zwickau ging, erwähnte er ein zweijähriges Wirken in Schneeberg, das er allerdings als nicht sehr erfolgreich einschätzte. Er sei gegen manchen Mißbrauch vorgegangen, habe jedoch mit dem alten Wesen nicht aufzuräumen und auch kein neues an seine Stelle zu setzen vermocht.[129] Immerhin war 1519 erstmals Gotteslästerung als strafbares Delikt in Schneeberg aufgetreten. Der als „trocziger gesel" charakterisierte Bergmann Nickel Heydeler wurde ins Gefängnis geworfen, weil er zu Ostern „got gelesterdt und sunst gefrevelt haben sol".[130]

Die sozialen Träger der beginnenden Bewegung kamen aus den verschiedensten Schichten. Sie reichten – wie z. B. im Kampf gegen Paul Schmidt – vom Bergbeamten und städtischen Richter bis zum Bergarbeiter. Als das revolutionärste Element erwiesen sich jedoch die Arbeiter und Kleingewerken. Da man von ihnen eine neuerliche Erhebung erwartete, wandte sich ihnen die besondere Aufmerksamkeit der Landesherren zu. Die Ursachen des Kampfes der Bergarbeiter blieben im wesentlichen die gleichen wie in den Jahrzehnten zuvor: ein hoher Ausbeutungsgrad bei niedrigem Lohn, langer Arbeitszeit, Unterdrückung, Übervorteilung und Bevormundung durch die landesherrlichen und Zechenbeamten, schlechte soziale Verhältnisse. Aber auch jetzt gingen die Landesherren nicht diesen Ursachen zu Leibe, sondern suchten den Kampf der Arbeiter durch verschiedene Mittel zu unterlaufen. Dazu gehörten einige Regelungen, die die drückendsten Mißstände beseitigen sollten. So versuchte man 1520, die Lohnzahlungen einigermaßen zu normalisieren. Die landesherrlichen Räte brachten auf Grund von Beschwerden der Arbeiter zur Sprache, daß die Schichtmeister die (ohnehin geringen) Löhne der Arbeiter zwar verrechneten, aber nicht auszahlten, sondern das Geld bei den Arbeitern „borgten". „Die arbeiter dulden das so lang, bisß grosse Summa erwachsen. So dann der Schichtmeister nicht zu betzalen hat, fallen sie des Schichtmeisters vorstand an, welchs den Gewercken abtreglich und den vorstenden vorderblich".[131] Statt das Problem grundsätzlich anzupacken, kam bei den Beratungen die Karikatur einer Regelung heraus: Die Räte ließen einen an die „Steyger, Hewer und grubenarbeyter" von Schneeberg gerichteten öffentlichen Brief anschlagen, in dem sie diese aufforderten, den Schichtmeistern oder Vorstehern der Zechen ihren Lohn höchstens bis zu vier Wochen zu borgen; wer die Schuld länger als vier Wochen anwachsen ließe, dem solle zu der

128 Ebenda, Bl. 5–7.

129 F. Gess, Die Anfänge der Reformation in Schneeberg, in: NASG, Bd. 18, 1897, S. 35.

130 StA Dresden, Loc. 4489, Verzeichnis ... 1515–1518, Bl. 196b. Er lehnte es übrigens ab, für seine Freilassung Bürgen zu stellen, so daß man nicht wußte, was man mit ihm anfangen sollte. Die landesherrlichen Räte wiesen schließlich an, man sollte ihn so lange im Gefängnis lassen, bis er nachgebe; bleibe er jedoch verstockt, solle man ihn gegen Eidleistung freilassen.

131 StA Dresden, Loc. 4489, Verzeichnis der Händel ... 1519–1524, Bl. 48b

darüber liegenden Summe nicht mehr verholfen werden.[132] Daneben galt es einen weiteren Mißstand bei den Lohnzahlungen abzustellen: Trotz des bestehenden Verbots komme es immer wieder vor, daß die Arbeiter in fremder Münze, besonders mit böhmischen Pfennigen, entlohnt wurden. Das wirkte sich für die Arbeiter besonders schädlich aus, weil sich die Bauern auf den Märkten weigerten, solche Münzen in Zahlung zu nehmen. Deshalb wurden die Schichtmeister wiederholt angewiesen, nur mit den vorgeschriebenen Münzen abzulohnen.[133]

Neben solchen unzureichenden Versuchen, dem Kampf der Arbeiter durch Beseitigung der übelsten Mißstände vorzubeugen, trafen die Landesherren Maßnahmen, alle Äußerungen des Widerstandes seitens der Arbeiter zu unterdrücken. Besonders bezeichnend dafür ist die Konvention der sächsischen Fürsten mit den Grafen Schlick sowie mit Hans Pflug von Rabenstein, den Herren von Joachimsthal und Schlackenwald. Diese Konvention kam nach längeren Vorverhandlungen[134] am 3. Juli 1520 zustande[135] und spiegelte bereits den Beginn der Bergarbeiterunruhen und -aufstände in den sächsischen und böhmischen Bergbauzentren wider. Die Vertragspartner kamen überein, daß sie sich „in keinen weg dahin bewegen und dringen lassen“ wollten, in ihren Bergwerken die Löhne zu erhöhen; vielmehr wollten sie auf der Basis der jeweils gängigen Münze die Löhne möglichst gleichhalten. Ferner einigten sie sich auf ein Verbot der Doppelschichten, da es keinem Häuer möglich sei, „dass er seiner arbeit umb seinen lohn (d. h. den Lohn für zwei Schichten – A. L.) genug thun moge“. In besonderem Maße richteten sich die Abmachungen gegen alle Äußerungen des Kampfwillens der Bergarbeiter. Alle, die sich unterstünden, „bey gemeinen bergleuten unwillen, aufsteen und aufrur zu entporen“, sollten aus den betreffenden Bergwerken ausgewiesen und in keinem anderen Bergwerk der Vertragspartner wieder beschäftigt werden. Den Bergbeamten wurde auferlegt, „auf die bergwergksarbeiter und hauer gute achtung zu haben“, daß sie fleißig arbeiten, vor allem die Schichtzeiten genau einhalten und von den Steigern mit den nötigen Produktionsinstrumenten versorgt und beaufsichtigt werden. Sollten „die knapschaft und ander bergkarbeiter ein gemein aufsteen machen“ und von einem Land ins andere ziehen, wollten die Vertragspartner „mit macht dawider trachten, die entwichene zu der gerechtigkeit halten und irs mutwillens strafen“. Verfestigte oder Geächtete aus sächsischen Bergwerken sollten auch in den böhmischen Bergwerken der Herren Schlick und Pflug in Strafe genommen werden und umgekehrt. Das gleiche galt für Mißhändler, Totschläger und „beschediger“. Schließlich versicherte man sich gegenseitig der Verfolgung von Schichtmeistern oder Steigern, die wegen ihrer Schulden bei den Landesherren (Zehnt), den Gewerken oder Arbeitern flüchtig werden.

Das weitere Anwachsen der Bewegung ließ sich aber auch durch diese Konvention weder in Joachimsthal[136] noch in den sächsischen Bergstädten verhindern, zumal

[132] Ebenda, Bl. 72.

[133] StA Dresden, Loc. 4489, Berghandlung und Rechnungen . . . 1522–1524, Bl. 33.

[134] Vgl. dazu StA Dresden, Loc. 9848, Handlung . . . in Altenburg, Bl. 1ff., zit. nach Nachlaß Löscher; vgl. auch die Angaben bei I. Mittenzwei, a. a. O., S. 88.

[135] Nach StA Dresden, Loc. 4486, Bergwerkssachen . . . 1487–1599, Bl. 72ff., abgedruckt bei J. Strieder, Studien zur Geschichte kapitalistischer Organisationsformen, München-Leipzig 1914, Anhang, Nr. 18, S. 427–430; nachgedruckt bei H. Helbig, Quellen . . ., T V, Weimar 1953, S. 34ff.

[136] Vgl. I. Mittenzwei, a. a. O., S. 89ff.

sich einzelne Abmachungen bald als unwirksam erwiesen. So beklagte sich der Bergmeister Paul Schmidt bereits wenige Monate später auf der Berghandlung vom September 1520 darüber, daß in Joachimsthal nach wie vor Doppelschichten verfahren würden. Es falle ihm deshalb schwer, das entsprechende Verbot gegenüber den Schneeberger Arbeitern durchzusetzen. Die Räte informierten darüber die Landesherren, erinnerten im April 1521 brieflich die Grafen Schlick an den entsprechenden Artikel der Konvention und forderten seine Realisierung.[137]

Das Auftreten Schmidts auf der Berghandlung vom September 1520 war symptomatisch für seine gesamte Haltung, und so verschärfte sich zu dieser Zeit der Kampf gegen ihn. Auf derselben Berghandlung führte er Beschwerde darüber, daß die Berggeschworenen sich ihm widersetzten, sich mit Leuten solidarisierten, die er gemaßregelt hat; sie vernachlässigten ihre Aufsichtspflichten in den Zechen und beschimpften ihn als vom Teufel besessen und als unsinnig. Dadurch sei er bei vielen Leuten in Schneeberg in Mißkredit geraten. Wieder stellten sich die Räte voll hinter ihn und zwangen die Geschworenen, sich zu entschuldigen und Gehorsam zu geloben.[138] Die Erregung über Schmidt wuchs jedoch weiter. Im Jahr darauf, am 6. September 1521, berichtete Georg Strobel, seit 1518 Hüttenreiter von Schneeberg[139], an den Kurfürsten, eine der wesentlichsten Ursachen des Niedergangs des Schneeberger Bergbaus sei die allgemeine Unzufriedenheit mit dem Bergmeister. Die meisten Schichtmeister und Steiger seien gegen ihn erbittert, hetzten den „gemeynen man" gegen ihn auf, und sie schrieben an die Gewerken in Nürnberg und Leipzig, daß in allen Gruben das Erz verschwände, sobald der Bergmeister einfahre. Der Bergmeister habe auch keine Möglichkeit, gegen seine Gegner Strafen zu verhängen, da er nirgends mehr Rückhalt besitze. Daß sich derartige Kämpfe nicht gegen die Person des Bergmeisters als solche richteten, sondern gegen seine Amtsführung als willfähriges Organ der Fürstenmacht, geht auch aus der Bemerkung Strobels hervor, die Gegner Schmidts gönnten ihm nicht die hohe Gunst, in der er bei den Fürsten stehe.[140]

Wegen dieser dauernden Unruhen gegen Schmidt erkannten schließlich auch die Fürsten die unhaltbar gewordene Lage des Bergmeisters. Nachdem sie noch im Frühjahr 1521 ein neuerliches Rücktrittsangebot zurückgewiesen hatten[141], einigten sie sich im Herbst auf dessen Annahme[142]. Auf der Berghandlung Ende April 1522 wurde Schmidt als Bergmeister verabschiedet und an seiner Stelle, der frühere Bergmeister von Buchholz und jetzige Obersteiger des Fürstenstollens, Paul Saltzberger, eingesetzt[143], der bald eine völlig andere Stellung in den gegensätzlichen Klassenfronten einnehmen sollte.

137 StA Dresden, Verzeichnis der Händel ... 1519–1524, Bl. 71 u. 97.

138 Ebenda, Bl. 69. Vgl. auch oben, Anm. 126 dieser Studie.

139 Als Hüttenreiter war er der oberste Aufsichtsbeamte über das gesamte Hüttenwesen (vgl. Annaberger BO von 1509, Art. 76, H. Ermisch, a. a. O., S. 190); über seine Einsetzung vgl. StA Dresden, Loc. 4489, Verzeichnis ... 1515–1518, Bl. 160, 185, 204.

140 StA Weimar, Reg. T 28, Bl. 14f.

141 StA Dresden, Loc. 4489, Verzeichnis der Händel ... 1519–1524, Bl. 107, 115b–116.

142 Ebenda, Bl. 146b; Loc. 4489, Handlung auf dem Schneeberge ... 1488–1546, Bl. 111b.

143 StA Dresden, Loc. 4489, Berghandlung und Rechnungen ... 1522–1524, Bl. 13–15; Loc. 4489, Verzeichnis der Händel ... 1519–1524, Bl. 157.

Die Landesherren wollten jedoch auf einen Mann wie Schmidt nicht verzichten. In geheimen Verhandlungen bot ihm Herzog Georg die Stelle als Amtmann in Sangerhausen an, wo ebenfalls Bergbau getrieben wurde. Schmidt lehnte ab, da er in kurfürstlichen Diensten stehe und befürchtete, durch einen Wechsel auf die albertinische Seite beim Kurfürsten in Ungnade zu fallen.[144] Nun boten ihm die Ernestiner ihrerseits das Amt des Bergvogts von Schneeberg an, was auf den entschiedenen Widerspruch Herzog Georgs stieß, da dieser die Doppelherrschaft der beiden Zehntner, von denen je einer den beiden Herrscherlinien zuständig war, aufrechterhalten wollte.[145] So wurde Schmidt im September 1522 zunächst als Vorsteher des Fürstenstollens, in dem die Landesherren die dominierenden Gewerken waren, eingesetzt.[146]

In Verkennung der Lage nutzten die Opponenten Schmidts den vermeintlichen Sturz des Bergmeisters, um mit ihm abzurechnen. In den Augen der landesherrlichen Räte stellte sich der betreffende Vorgang so dar[147]: Zu Beginn des Jahres 1523 wurde von einer Witwe gegen Schmidt Klage erhoben, daß er „iren man vom leben zum tode bracht haben solt“. Obwohl die beiden Zehntner ihm zur Klärung der Angelegenheit freies Geleit zugesichert hatten, wurde er von Richter und Schöffen in schwere Ketten geschlagen und ins Gefängnis gesperrt. Schmidt erhob darüber schriftlich Klage bei den Landesherren, die seine Freilassung befahlen. Dennoch behielt man ihn weitere vier Wochen in Haft, obwohl er als „genugsam besessener man, wie wislich ist“, bis zu 2000 Gulden Kaution angeboten hatte. Daß es sich bei dieser Aktion nicht um eine Privatangelegenheit zwischen Richter und Schöffen einerseits und dem alten Bergmeister andererseits handelte, bezeugt auch ein Brief des ernestinischen Zehntners Hans Beyer an den Kurfürsten vom 3. März 1523, in dem dieser berichtete, daß in Schneeberg große Zwietracht zwischen Paul Schmidt nebst Anhang und einem großen Teil der Gemeinde herrsche.[148] Schließlich beorderten die Landesherren ihre Räte Mitte März 1523 zu einer außerordentlichen Berghandlung nach Schneeberg, wobei sie – offenbar allein auf das Schreiben Schmidts hin – in ihren Instruktionen für die Räte den Haftgrund, d. h. den Tod des Mannes, als einen Unfall hinstellten.[149] Die Räte machten sich diesen Standpunkt zu eigen und führten die Verhandlung so, daß schließlich Richter und Schöffen als die eigentlichen Angeklagten dastanden. Diese wichen zurück; die Gefangennahme Schmidts beruhe nicht auf Neid oder Haß, sondern auf Unverstand; und sie baten, sie nicht in Ungnade fallen zu lassen. Schmidt wurde übrigens noch im selben Jahr auf Betreiben der Räte selbst zum Richter gewählt[150] und im Frühjahr 1524 als ernestinischer Zehntner eingesetzt[151]. Damit war der Kampf der Schneeberger gegen den stärksten Exponenten der fürstlichen Politik in Schneeberg gescheitert, wenn auch nicht beendet.

[144] StA Weimar, Reg. T 6, Bl. 14.

[145] StA Dresden, Loc. 4489, Berghandlung und Rechnungen ... 1522–1524, Bl. 37b–40b, 126. Dazu vgl. auch unten, „Die verstärkte Unterordnung der Bergstädte ...“, S. 264.

[146] Ebenda, Bl. 33b–34.

[147] Ebenda, Bl. 68–73.

[148] StA Weimar, Reg. T 28, Bl. 44f.

[149] StA Dresden, Loc. 4489, Berghandlung und Rechnungen ... 1522–1524, Bl. 42b.

[150] Ebenda, Bl. 106b–107.

[151] Ebenda, Bl. 115; StA Weimar, Reg. T 90, Bl. 95.

Der Kampf gegen Paul Schmidt war aber nur die eine Komponente der Unruhen des Jahres 1523. Bereits in den Jahren zuvor hatte die steigende Unzufriedenheit der Bergarbeiter zu einem erheblichen Rückgang der Produktionsleistung geführt, was die Krisenstimmung verschärfte. So betrug das Silberausbringen im Jahrfünft von 1510 bis 1514 rund 7150 Mark Silber im Jahresdurchschnitt; im folgenden Jahrfünft von 1515 bis 1519 war es bereits auf rund 5400 Mark in Jahresdurchschnitt gesunken, und von 1520 bis 1524 wurden nur noch durchschnittlich 2600 Mark Silber im Jahr ausgebracht.[152]

Dieser Abfall der Silberproduktion wirkte auf die Landesherren wie auf die Gewerken alarmierend. Auf der Berghandlung Ende April 1522, wo man Paul Schmidt den Abschied als Bergmeister gegeben hatte, weil der Abfall des Bergbaus immer wieder mit der Mißstimmung gegen ihn begründet worden war, hatten die landesherrlichen Räte auch eine Kommission eingesetzt, welche die Ursachen des Rückgangs untersuchen sollte.[153] Als Ergebnis dieser Untersuchungen wurden nun im März 1523 „Notturfftige Artickel und wege, wie der Schneberg wieder zu erregen sein mocht“ vorgelegt, die insbesondere die Interessen der Schneeberger Gewerken widerspiegeln.[154]

Schon der 1. Artikel richtete sich gegen die Arbeiter. Die Bergarbeiter sollten zur rechten Zeit ein- und ausfahren bei Strafe an Leib und Gut, d. h., sie sollten die Schichtzeiten voll einhalten. Erneut wurde in diesem Zusammenhang angeordnet, daß keine Doppelschichten verfahren werden dürften; die Landesherren sollten deswegen nochmals bei den Grafen Schlick vorstellig werden, daß man in Joachimsthal gleiche Schicht halte. Der Artikel bestätigt, daß der passive Widerstand der Arbeiter bei der unmittelbaren Produktionstätigkeit als eine Form des Klassenkampfes erhebliche Ausmaße angenommen haben muß.

Die folgenden Artikel richten sich gegen die Berg- und Zechenbeamten; sie bringen die üblichen Klagen über Betrügereien der Schichtmeister vor und fordern verbesserte Rechnungslegungen. Insbesondere in den Quartalsrechnungen werde die Verwendung des Geldes der Gewerken nur mangelhaft belegt. „Den es sitzt bey solcher Rechnung nyemants dan der Bergmeister (Paul Saltzberger – A. L.) und zwene geschworne, der keyner lesen noch schreyben kan“, weshalb eine wirkliche Kontrolle der Schichtmeister nicht möglich sei, „des der frembde man grosse beschwerung tregt und unlustig wirt, sein gelt darzuwenden“. Verbesserte Aufsicht über die Schichtmeister, gründliche Kontrolle der Register und strenge Strafen für Betrügereien sollten dem abhelfen. Weitere Klagen richteten sich gegen den Bergmeister und die Geschworenen, die es zuließen, daß Grubengebäude verstürzt wurden, und die insbesondere die bauenden Gewerken zugunsten der „großen hansen“ benachteiligten. So sei es üblich, daß häufig Gewerken keine Zubußen zahlten und ihre Teile ins Retardat fallen ließen. Trete dann aber eine Besserung ein, „so werden dieselbigen als sonderlich die großen hansen wider zugelassen, das den verlegten gewercken beschwerlich und nachteylig“. Daher wurde gefordert, ins Retardat gefallene Teile unter die anderen Gewerken aufzuteilen oder zu ihren Gunsten zu verkaufen.

152 Vgl. unten, „Die Silberproduktion“, S. 269.
153 StA Dresden, Loc. 4489, Berghandlung und Rechnungen . . . 1522–1524, Bl. 12.
154 Ebenda, Bl. 73b–77.

Über diese Artikel hinaus wurden den Räten im März 1523 zusätzliche Forderungen vorgetragen, die, wie bereits vor Jahrzehnten, vor allem auf eine Reduzierung der landesherrlichen Regalabgaben und auf eine größere Unterstützung der Kleingewerken hinzielten.[155] So verlangte man von den Landesherren, die Mark Silber künftig mit 8 Gulden zu bezahlen. Alle Zechen, die keine Ausbeute verteilen konnten, sollten statt des Zehnten den Neunundzwanzigsten geben[156], während Zubußzechen von Regalabgaben ganz zu befreien seien. Weitere Forderungen bezogen sich auf die Rückerstattung der Hüttenkost und auf die Reduzierung des Wochengeldes. Zechen, die aus Steuern erhalten werden, sowie arme Gesellen, die alte Brüche oder Gruben wiederaufnahmen, sollten solange nur die Hälfte des üblichen Wochengeldes geben, bis sie fündig würden; Aufnehmer neuer Lehen seien vom Wochengeld ganz zu befreien, bis sie eine Gewerkschaft gebildet hätten. Schließlich wurden die Gewährung von Schürfprämien sowie die Bekräftigung der Schürf- und Bergbaufreiheit gefordert.

Die Einschätzung der Stimmung ließ es den landesherrlichen Räten offenbar ratsam erscheinen, die Forderungen zu erfüllen; denn in ihren Berichten über die Berghandlung vom März 1523 gaben sie den Fürsten entsprechende Empfehlungen.[157]

Waren auf dieser außerordentlichen Berghandlung vor allem die Interessen der Gewerken zur Sprache gekommen, so trat einen Monat später auf der ordentlichen Berghandlung zu Quasimodogeniti (12. April) 1523 vor allem die Knappschaft als Interessenvertretung der Arbeiter und Kleingewerken hervor.

In diesem Zusammenhang muß ein Blick auf die Institution der Knappschaften geworfen werden. Die Knappschaften stellten keine spezifischen Organisationen der Bergarbeiter dar. Ihnen gehörten vielmehr neben den Arbeitern auch Gewerken sowie Berg- und Zechenbeamten an; sie trugen sowohl den Charakter religiöser Bruderschaften sowie den sozialer Einrichtungen zur Unterstützung in Not geratener Bergleute.[158] Daneben wirkten sie als Interessenvertretung der Gesamtheit der aktiv im Bergbau beteiligten sozialen Elemente, wenn sie zu Gutachten über Bergbauangelegenheiten herangezogen wurden oder als „Knappschaft und ganze Gemeinde" Forderungen im Interesse der Stadt an die Landesherren richteten. In

155 Ebenda, Bl. 79f.

156 Diese Forderung ist nicht recht verständlich, da bereits seit 1500 entsprechend verfahren wurde (vgl. oben, S. 199).

157 StA Dresden, Loc. 4489, Berghandlung und Rechnungen . . . 1522–1524, Bl. 81f.

158 Vgl. H. LÖSCHER, Die Anfänge der erzgebirgischen Knappschaft, in: ZRG, Kanonist. Abt., Bd. 84, 1954, S. 223ff.; ders., Die erzgebirgischen Knappschaften vor und nach der Reformation, in: Blätter für deutsche Landesgeschichte, 1956, S. 162ff. Ein bemerkenswerter Beleg über die Stellung der Bergbeamten in der Knappschaft und die daraus erwachsenden Gegensätze ist von 1513 überliefert. Auf der Berghandlung vom September 1513 protestierte ein Vertreter der Knappschaft in deren Namen gegen Maßnahmen der landesherrlichen Räte. Ihm trat der Bergmeister mit der Erklärung entgegen, die Knappschaft halte ihn, den Bergmeister, für ihren Obersten und würde nach seiner Auffassung den Protest nicht unterstützen. Als daraufhin weitere Vertreter der Knappschaft verhört wurden, die zuvor den Protest unterstützt hatten, schlugen sie sich auf die Seite des Bergmeisters und ließen den Protestierenden fallen (StA Weimar, Reg. T 115, Bl. 238ff.).

dem Maße, wie sich in Perioden verstärkter Klassenauseinandersetzungen die in den Knappschaften vereinten unterschiedlichen sozialen Kräfte zu gemeinsamer Opposition zusammenfanden, konnten sie auch im Kampf gegen Maßnahmen der Landesherrschaft, gegen das feudale Direktionssystem oder einzelne seiner Exponenten (wie z. B. Paul Schmidt) als gemeinsame Klassenkampforganisation von Gewerken, einzelnen Beamten und Arbeitern in Erscheinung treten. Die Bergarbeiter versuchten jedoch darüber hinaus, diese Organisationen für die Durchsetzung ihrer spezifischen Interessen zu benutzen. So kam es immer wieder vor, daß sich Bergarbeiter bei Aufständen der Knappschaftsorganisation bedienten, so, wenn zum Beispiel die aufständischen Bergarbeiter 1498 in Schneeberg die Knappschaftsfahne als Symbol vorantrugen. In diesem Sinne verstanden offenbar auch die Landesherren den Begriff, als sie in der Konvention mit den Herren Schlick und Pflug Maßnahmen gegen Aufstände der „knapschaft und ander bergkarbeiter" vereinbarten. Es ist deshalb wahrscheinlich, daß zur Unterscheidung von der Knappschaft im ganzen der in dieser Zeit häufig gebrauchte Begriff der „gemeinen Knappschaft" vor allem für die Bergarbeiter und Kleingewerken angewandt wurde. Jedenfalls ist jeweils sorgfältig zu untersuchen, welche sozialen Gruppen und Interessen widergespiegelt werden, wenn der Knappschaftsbegriff in den Quellen auftaucht.

Auf der Berghandlung Quasimodogeniti 1523 trat die Knappschaft eindeutig als Vertreterin der Interessen der Bergarbeiter und Kleingewerken auf.[159] Im Gegensatz zu den Vorstellungen der Gewerken forderte sie die Verkürzung der Schicht um eine Stunde. Die so gewonnene Zeit wollten die Arbeiter nutzen, um selbst zu schürfen, d. h. Weilarbeit zu betreiben. Abweichend von ihrer Haltung gegenüber den Gewerken, traten hier die Räte entschieden gegen die Forderung der Arbeiter auf. Eine Verkürzung der Schicht würde eine Änderung der Bergordnung voraussetzen, und das könnten nur die Landesherren persönlich tun. Außerdem spreche auch dagegen, daß „der auslendisch man, durch den solch Bergkwerg am meysten wurd erhalden", dadurch den Eindruck gewönne, in Schneeberg werde nicht fleißig gearbeitet. Etwas zugänglicher erwiesen sie sich gegenüber dem Wunsch der Arbeiter, dort, wo diese sich selbst als „arme gewercken" an Gruben beteiligten, nicht das volle Wochengeld bezahlen zu müssen. Hier entschieden die Räte, daß an „solche gewercken, so arm und notturfftig weren, . . . eyn zcymliche nachlassunge" am Wochengeld gewährt werde. Unnachgiebig zeigten sich die Räte jedoch gegenüber dem Verlangen, ein Bruderhaus für die „gemeyne Knappschafft" zu errichten.

Mit dieser Forderung war die Knappschaft bereits auf der vorangegangenen Berghandlung im März hervorgetreten. Sie wollte das Bruderhaus aus eigenen Mitteln, d. h. aus dem Büchsenpfennig, erbauen, den wöchentlich alle Mitglieder der Knappschaft in die Knappschaftskasse zu zahlen hatten.[160] Das Bruderhaus

159 StA Dresden, Loc. 4489, Berghandlung und Rechnungen . . . 1522–1524, Bl. 101b–102b.

160 Eine entsprechende Bestimmung war bereits in einer undatierten Schneeberger Bergordnung enthalten, die O. Hoppe, a. a. O., S. 127ff., edierte und als älteste Schneeberger Ordnung ansah (ebenda, S. 10f.). Die von H. Löscher, Die Anfänge der erzgebirgischen Knappschaft, a. a. O., S. 226, gegebene Datierung von 1471, spätestens 1472, ist jedoch zweifelhaft, zumal gerade der betreffende Artikel 9 von anderer Hand hinzugefügt wurde.

sollte „die gebrechlichen hawer und bergkgesellen" aufnehmen. Die Räte hatten die Forderung mit dem Vorschlag abgelehnt, im Schneeberger Spital ein entsprechendes Zimmer einzurichten. Das wiederum wollte die „gemeyne knapschafft in keynem weg willigen oder (darauf) eyngehen".[161] Sie kam nun im April wieder auf ihre Forderung zurück, und erneut lehnten die Räte ab, da durch ein derartiges Bruderhaus das Spital benachteiligt würde.

Die Unruhen um Paul Schmidt und die verschiedensten, z. T. gegeneinander, z. T. gegen das feudale Regal- und Direktionssystem gerichteten Forderungen der Gewerken und der Arbeiter, denen sich die landesherrlichen Räte auf den beiden Berghandlungen im Frühjahr 1523 in Schneeberg gegenübergestellt sahen, drückten die latent vorhandene revolutionäre Stimmung aus und zeigen den vorhandenen Zündstoff, der durch die Reformation nur angefacht zu werden brauchte. Insofern ist der Auffassung Löschers zu widersprechen, daß „die Unruhen unter den westerzgebirgischen Bergleuten im Jahre 1525 ... weniger irgendwelchen Mißständen im Bergwesen selbst als vielmehr der reformatorischen Bewegung entsprungen" seien.[162] Dieser wie anderen ähnlichen Auffassungen ist gemeinsam, daß sie zu eng die Ereignisse des Jahres 1525 und die reformatorischen Vorgänge betrachten, dabei aber übersehen, daß die Bewegung in den westerzgebirgischen Bergstädten bereits in den Jahren vor 1525 begonnen bzw. dort bereits ihre Höhepunkte hatte, wobei die sozialökonomischen Ursachen deutlich hervortraten. Die reformatorische Ideologie konnte die zu ihrer Durchsetzung erforderliche Massenbasis deshalb finden, weil in den sozialen und ökonomischen Mißständen im Bergwesen genügend Zündstoff vorhanden war, und der aus diesen Ursachen erwachsene Klassenkampf der Gewerken wie der Bergarbeiter fand in den unterschiedlichen reformatorischen Ideologien eine neue, ideologische Ausdrucksform.

In Schneeberg scheint es nach dem Weggang des gemäßigt-lutherischen Predigers Nikolaus Hausmann zunächst zu keinen weiteren Versuchen einer Einführung der Reformation gekommen zu sein, bis 1523 parallel zu den anderen Unruhen radikalere reformatorische Auffassungen Eingang fanden, die der Stimmung der Bergleute besser entsprachen und sie stimulierten. Im Herbst trat ein neuer Prediger namens Wolfgang Ackermann auf, der rasch großen Anklang beim „volck" fand.[163] Er predigte „vil uffruriger artickel wyder die Ordennung der heyligen Christlicher kirchen", schmähte und lästerte den geistlichen Stand. Nachdem er durch einen öffentlichen Anschlag kundgetan hatte, daß er am Sonntag nach Martini (15. November) in der Pfarrkirche eine Predigt halten wolle, wurde er von „vil lewthen" mit einem „gemurmel" dorthin geleitet. Zuvor hatten gegen des Kirchners Verbot zwei Baccalaurien, Michel Becker und Ulle Fleischers Sohn,

Eine ausdrückliche Bestätigung, daß der Büchsenpfennig wöchentlich eingebracht werden und der Knappschaft zugute kommen soll, wurde auf der Berghandlung vom September 1520 gegeben (StA Dresden, Loc. 4489, Verzeichnis der Händel ... 1519–1524, Bl. 71b).

161 StA Dresden, Loc. 4489, Berghandlung und Rechnungen ... 1522–1524, Bl. 78.

162 H. Löscher, Die Anfänge der erzgebirgischen Knappschaft, a. a. O., S. 231.

163 Dazu und zum folgenden StA Dresden, Loc. 4489, Berghandlung und Rechnungen ... 1522–1524, Bl. 136f.; vgl. auch F. Gess, Akten und Briefe zur Kirchenpolitik Herzog Georgs von Sachsen, Bd. I, Leipzig 1905 (im folgenden: Akten I), Nr. 569 u. 576; Derselbe, Die Anfänge der Reformation ..., a. a. O., S. 36f.

zu ungewöhnlicher Zeit die Glocken geläutet. In der Predigt wurden von Ackermann erneut „die geystliche oberkeyt und standt mergklichen gelestert".

Herzog Georg schritt entschieden hiergegen ein, da er befürchtete, daß „uffrur und entporung, weil sich also das folgk unpflegklicher weyß vorsamelt, darauß entstehen mocht". Er vereinbarte mit den ernestinischen Fürsten, nach der ordentlichen Berghandlung vom September 1523, auf der darüber noch nichts verlautet war, eine neuerliche außerordentliche Berghandlung zum 15. Dezember einzuberufen. Von seinen dorthin entsandten Räten verlangte er, sie mögen auf die strenge Bestrafung des Predigers und seiner Begünstiger drängen. Insbesondere sollte Ackermann festgenommen und dem Bischof von Zeitz übergeben werden. Falls die ernestinische Seite dem nicht zustimme, sollte man zumindest Ackermann das Predigen verbieten und die Glockenläuter streng bestrafen. Im übrigen werde sich Georg wegen der Haltung der Ernestiner an das Reichsregiment wenden.

Auf der Berghandlung vom 15. Dezember, der vierten im Jahre 1523, zeigte sich, daß auch der ernestinischen Seite nichts daran gelegen war, den Prediger zu halten. Das spricht dafür, daß dessen Auffassungen nicht mit der von den Ernestinern unterstützten lutherisch-gemäßigten Linie übereinstimmten. Die ernestinischen Räte einigten sich mit den albertinischen dahin, daß zur Vermeidung von Unordnung und damit „durch solche ader dergleychen leuthen nicht auffruhr ader emporung erwüchsse" dem Prediger verboten wurde, künftig „frevelicher und frecher wort wider die oberckeyt" zu gebrauchen, andernfalls werde man „andere weg" finden, „dasselbige bey ime abtzufügen". Die beiden Glockenläuter wurden ins Gelübde genommen, ein Vierteljahr auf dem Schneeberg zu bleiben, um die Entscheidung der Fürsten abzuwarten. Zugleich aber vertraten die ernestinischen Räte die Auffassung – und auch das spricht für die abweichende Haltung Ackermanns von der lutherischen Linie –, daß man neben dem katholischen Pfarrer eines Predigers bedürfe, der das Evangelium ohne „lesterung und plasphemirung geistlicher und weltlicher oberkeyt" predige, da „das gemeyn volk, ein prediger guter ler zu haben, begirig". Man wollte also durchaus unter Berufung auf die Stimmung des „gemeinen Volkes" einen reformatorischen Prediger in Schneeberg behalten, nur sollte sich dieser aller Angriffe auf die Obrigkeit, „davon man ungehorsam und emporung erregen mochte", enthalten. Deshalb wurde noch während der Berghandlung von Richter und Schöffen versuchsweise ein neuer Prediger angestellt, der gerade in Schneeberg angekommen war und der versprach, die gestellten Bedingungen zu halten.[164] Dieser Prediger war Georg Amandus.

Amandus war Anhänger Karlstadts.[165] Und während Herzog Georg noch mit größtem Mißtrauen über die Realisierung der Maßnahmen gegen den alten Prediger Ackermann wachte und vor erpresserischen Schritten gegen die Stadt Schneeberg

[164] StA Dresden, Loc. 4489, Berghandlung und Rechnungen ... 1522–1524, Bl. 115–118; F. Gess, Akten I, Nr. 585.

[165] F. Gess, Akten und Briefe ..., Bd. II, Leipzig-Berlin 1917 (im folgenden: Akten II), Nr. 816. Amandus wird hier als „doctori Carolstadt zugetan" angegeben. Auch an anderer Stelle wird seine Haltung als „carlstadtisch" eingeschätzt (W. P. Fuchs, Akten zur Geschichte des Bauernkrieges in Mitteldeutschland, Bd. II, Jena 1942, Nr. 1184).

nicht zurückschreckte[166], begann der neue Prediger, die soziale und reformatorische Bewegung weiter zu radikalisieren. Da die Fürsten zunächst darüber nichts erfuhren, waren ihre Räte – offenbar auch die ernestinischen – völlig überrascht, als sie auf der Berghandlung Quasimodogeniti (3. April) 1524 mit den neuen Vorgängen konfrontiert wurden.[167] Sie erfuhren, daß „der prediger alhier (Amandus – A. L.) in der kirchen unter anderm in eynem sermon offentlich gesagt haben solt, ir 6 ader 12 hetten nicht eyn gemeyn zu regiren, sonder eyn gemeyn hette eynen rat zu regieren, desgleychen eyn furst nicht eyn land, sonder eyn land hette eyn fursten zu regiren", wobei er öffentlich von der Kanzel Herzog Georg „mit andern mehr unschicklichen worten" namentlich angegriffen habe. Als die Räte daraufhin von Richter und Schöffen sowie von den Gemeindeältesten, den Viertelmeistern und den Knappschaftsältesten Rechenschaft darüber verlangten, was sie gegen derartige Angriffe auf die Obrigkeit unternommen hätten, antworteten diese mit dem bezeichnenden Eingeständnis ihrer Ohnmacht gegenüber der Volksbewegung. Außer einigen unzureichenden Maßnahmen gegen den Prediger sei es ihnen nicht möglich gewesen, mehr zu unternehmen, da in der Gemeinde eine „solche zwyspaldigkeyt erwachsen" sei, daß sie selbst ständig in Gefahr schwebten. Die Räte akzeptierten eine derartige Erklärung nicht, da die Bewegung durch eine rechtzeitige Unterdrückung diese „weytleuftigkeyt nicht erreicht hette"; man hätte den Prediger entlassen und die Vorgänge sofort den Fürsten anzeigen sollen. Sie befahlen, künftig jeden Aufruhr sofort zu „stillen" und zu „dämpfen" und keinerlei Angriffe des Predigers auf die Obrigkeit hinzunehmen.

Dieser Befehl war aber leichter ausgesprochen als ausgeführt. Bereits im nächsten Monat, in der Pfingstwoche (18. Mai ff.) 1524, mußte eine neue außerordentliche Berghandlung angesetzt werden. Hierzu luden die Räte nunmehr selbst Amandus vor und verboten ihm namens der Landesherren, irgend etwas zu predigen, das dem „aufrur dinstlich" sein könnte. Doch Amandus kehrte ihnen einfach den Rücken und ging „ane abschied" weg, obwohl die Räte sein Bleiben verlangt hatten. In ihrem Bericht an die Landesherren über diese Begegnung charakterisierten die Räte den Prediger als einen Schwärmer, „der wenig lahr und vorstands hat, mehr eyn hoffartigen und mutwilligen, den eyn heyligen geist".[168]

166 Am 1. Januar 1524 verweigerte Herzog Georg der Stadt Schneeberg die erbetene Hilfe, ihr wegen der herrschenden Teuerung 150 Scheffel Korn aus dem Amt Weißenfels zu verkaufen und die Bezahlung bis Michaelis auszusetzen. Er begründete diese Weigerung mit der Duldung des Predigers (Ackermann) durch Richter und Schöffen von Schneeberg. Er werde der Stadt erst helfen, wenn sie in den Schoß der alten Kirche zurückkehre (F. Gess, Akten I, Nr. 592). Noch in seiner Instruktion zur Berghandlung Quasimodogeniti 1524 äußerte Georg den Verdacht, Ackermann, der Schneeberg angeblich verlassen habe, könne sich doch noch dort aufhalten. Die Räte sollten das genau erkunden und gegebenfalls den ernestinischen Räten mitteilen, Georg werde sich deswegen an das Reichsregiment wenden. Außerdem drängte Georg auf die Bestrafung der beiden Glockenläuter (StA Dresden, Loc. 4489, Berghandlung und Rechnungen ... 1522–1524, Bl. 129; Regest bei F. Gess, Akten I, Nr. 627).

167 F. Gess, Akten I, Nr. 631, vgl. auch Nr. 731, Anm.; StA Weimar, Reg. T 90, Bl. 28–33.

168 F. Gess, Akten I, Nr. 660; StA Weimar, Reg. T 90, Bl. 96, 99b.

Auch hier sahen sich die Ernestiner zum Einschreiten gegen den Prediger genötigt. Auf Grund des Berichts ihrer Räte verständigte sich Kurfürst Friedrich mit seinem Bruder Herzog Johann brieflich darüber, Amandus „von dannen zu tun", ohne daß dem allerdings zunächst eine entsprechende Aktion folgte. Der Kurfürst hielt dabei an dem Prinzip fest, ein reformatorischer Prediger sei in Schneeberg nötig, damit „das gemein Volck zu cristlicher undterweysung vorsorgt" werde.[169]

Zur gleichen Zeit ließ sich Herzog Georg durch die beiden Zehntner über die Vorgänge in Schneeberg ständig auf dem laufenden halten.[170] Bemerkenswert ist, daß hier auch Paul Schmidt, inzwischen als ernestinischer Zehntner eingesetzt, eifrige Zuträgerdienste leistete. Am 10. Juni 1524 berichteten er sowie der albertinische Zehntner Thomas Meyner gemeinsam mit Richter und Schöffen dem Herzog Georg über neue Vorfälle mit dem Prediger.[171] In diesem Bericht heißt es u. a., daß am 29. Mai in der Kirche ein Disput zwischen dem katholischen Pfarrer und dem Prediger einen Tumult unter dem Volk hervorgerufen habe, das sich hinter den Prediger stellte und den Pfarrer mit eilends beschafften Ziegelsteinen bedrohte. Besonders aufschlußreich für den Klassencharakter der Unruhen ist jedoch die Einschätzung der Berichterstatter über die allgemeine Situation in Schneeberg. Hiernach ging es nicht schlechthin um religiöse Meinungsverschiedenheiten, sondern diese waren nur ideologischer Ausdruck der vorhandenen sozialen Gegensätze und Klassenkämpfe: Hinter dem Prediger stünde ein großer Teil des gemeinen Volkes, das dieser zur Empörung gegen die Obrigkeit aufstachle. Dem Prediger gehe es um „ungehorsam der untertenigen wider dy regenten"; er predige dem Volk, daß es frei wäre und sich selbst regieren könne, und er habe einen solchen Anhang, daß „wir (die Zehntner, Richter und Schöffen – A. L.) auch widerstand zu thun zu schwach ... Wissen auch ... dem gemeyn volk garnicht zu steuren, noch yemandes schucz und schirm zu halten". Es würden überall Schmählieder über sie gesungen und bis nach Joachimsthal verbreitet („... in tahl komen"). Die Absender riefen den Herzog um Hilfe an; nur er und der Allmächtige könnten jetzt noch erreichen, daß „das gemein volk zu gepurlichem gehorsam und undertenigkeit bracht werde". Ihre Machtlosigkeit und zugleich das Zusammengehen von Handwerkern und Bergleuten gegen sie unterstreichen die Verfasser des Berichts noch durch die Mitteilung, daß ihr Versuch, den Prediger zu entlassen, gescheitert sei. Nachdem sie diesem den Sold aufgekündigt hätten, wären die Vertreter von vier Handwerken mit dem Bergmeister (Paul Saltzberger) und der Knappschaft übereingekommen, den Prediger aus eigenen Mitteln zu besolden und seine Entlassung rückgängig zu machen. Auf diese Weise hätten die Anhänger des Predigers ein „eygens und sunderlichs regiment wider uns" errichtet, d. h., es sei praktisch neben den ordentlichen Obrigkeiten ein zweites Regiment in Schneeberg entstanden. Und bereits zwei Tage später, am 12. Juni, schrieben Schmidt und Meyner an Herzog Georg, daß „alle regenten ... itzo tag und nacht irs leibs und lebens in sorgen und fahr" sind; allerdings gäbe es auch einige „regenten" (d. h. städtische

[169] StA Weimar, Reg. T 90, Bl. 119.
[170] F. Gess, Akten I, Nr. 675ff.
[171] Ebenda, Nr. 676.

und Bergbeamte), die den „gemeynen pöfel in irem ungehorsamen vornehmen“ unterstützen.[172]

Diese Berichte bestärkten Herzog Georg in seiner Absicht, in Schneeberg einzugreifen. Er forderte, den Prediger und die anderen Anstifter des Aufruhrs sofort zu verhaften und streng zu bestrafen. Wegen der in Schneeberg bestehenden gemeinsamen Regierung mit den Ernestinern war ihm jedoch ein unkoordiniertes Vorgehen nicht möglich. Die Ernestiner widersetzten sich aber den Forderungen des Herzogs und verlangten zunächst ein Verhör der Schneeberger Aufrührer durch die Räte beider Seiten, was wiederum Herzog Georg ablehnte, da genügend Beweise für deren Schuld vorlägen. Im Zusammenhang mit den aus der gegensätzlichen Haltung zur Reformation erwachsenen Streitigkeiten zwischen Ernestinern und Albertinern kam es auch in dieser Frage zu keiner Entscheidung.[173] Das Hin und Her zog sich über Monate hin, und in seinem Schatten konnte sich die Bewegung in Schneeberg weiter ausbreiten. Auch auf der nächsten Berghandlung in Schneeberg am 22. September 1524 fiel noch immer keine Entscheidung, da die ernestinischen Räte mangels einer Weisung die Behandlung der albertinischen Anträge ablehnten.[174] Ebenso blieben die folgenden Verhandlungen zwischen Albertinern und Ernestinern im Oktober 1524, in denen Herzog Georg den Schneeberger Prediger mit Thomas Müntzer auf eine Stufe stellte, ohne Ergebnis.[175]

Am 23. Februar 1525 sandten Richter und Schöffen einen neuen Hilferuf zu Herzog Georg[176], aus dem hervorgeht, in welchem Maße die städtischen Obrigkeiten unter dem Druck des Volkes standen: Am 1. Januar 1525 hatte der Prediger öffentlich verkündet, sein Jahr sei abgelaufen und man sollte ihm innerhalb des nächsten Tages kundtun, ob man ihn ein weiteres Jahr behalten wolle. Nach Ablauf der Frist weigerte er sich, weiter zu predigen. Daraufhin fand am 6. Januar im Hause eines der Gemeindeältesten eine „zusammenrufung und conspiration“ statt, wo die Versammelten erklärten, den Prediger notfalls aus eigenen Mitteln zu halten. Am 8. Januar gab dann der Prediger unter Drohungen gegen Richter und Schöffen bekannt, daß man ihm noch immer nicht geantwortet habe. Als am selben Tag Richter und Schöffen zu einer Ratssitzung zusammentraten, „hat sich das gemein volk gerott und ufn markt geheufelt, in meynung . . ., das gerichtshaus (Rathaus – A. L.) zu umlageren und ihres willens zu pflegen“. Unter diesem Druck sahen sich Richter und Schöffen gezwungen, den Prediger zunächst bis zur nächsten Berghandlung zu behalten und dort die Entscheidung der Räte abzuwarten. In diese Regelung willigte Amandus erst ein, nachdem man ihm finanzielle Zugeständnisse gemacht hatte.

Auf diesen Hilferuf hin, der auch den ernestinischen Fürsten zugegangen war, vereinbarten die Landesherren eine neue Verhandlung ihrer Räte über die Schneeberger Angelegenheiten.[177] Diese Verhandlung fand am 9. und 10. März 1525 in

172 Ebenda, Nr. 678.
173 Vgl. ebenda, Nr. 679, 681, 683, 687, 691, 693, 694, 708.
174 Ebenda, Nr. 731 u. 736.
175 Ebenda, Nr. 743 u. 744.
176 F. Gess, Akten II, Nr. 816.
177 Ebenda, Nr. 817 u. 824.

Leipzig statt.[178] Dort kam zur Sprache, daß die erwähnte (oder eine andere?) Versammlung vor dem Schneeberger Rathaus bewaffneten („gewopenten") Charakter getragen habe, wobei Richter und Schöffen gezwungen wurden, „das sie etlichen, so sy gebust, ire bussen hetten widergeben mussen, auch die gefangen freveliche weyse aus den gefengnis genomen", d. h., sie mußten Strafgelder zurückzahlen und die Gefangenen freilassen.

Nach dieser bewaffneten Aktion gaben nun auch die Ernestiner ihre Zurückhaltung auf und ließen entsprechend ihrer bereits vor Jahresfrist getroffenen Verabredung durch ihre Räte vorschlagen, den Prediger nicht nur aus Schneeberg, sondern aus Sachsen überhaupt auszuweisen. Dem widersprachen die albertinischen Räte, die ein härteres Durchgreifen verlangten. Sie forderten, den Prediger und die Anführer des Schneeberger Aufstandes festzunehmen und streng zu bestrafen. Ferner sollten die Ernestiner wie die Albertiner „etliche zu rosse und fuße in eyner anzahl" nach Schneeberg schicken, stark genug, jeden Aufruhr zu unterdrücken. „Und wenn man solchen ernst sehen wurde, wurden nicht alleyne die vom Sneberge, sundern auch andere im lande eyn exempel doron nehemen und sich, aufrurn zu erwegken, nicht leychtlich bedunken lassen", d. h., man wollte in Schneeberg ein Exempel statuieren. Das wiederum ging den ernestinischen Räten zu weit, die einerseits befürchteten, dadurch werde der Aufruhr noch mehr angefacht, und andererseits, daß auch Unschuldige davon betroffen würden. Das letztere bezog sich offensichtlich darauf, daß sie zwischen den gemäßigt-lutherischen und den radikalen Kräften unterscheiden wollten, während die Albertiner die Reformation in Bausch und Bogen verdammten. So forderten die ernestinischen Räte – ausgehend von der Maxime, „das man nymand hengen solte, man hette ine dann zuvore auch gehort" –, daß man zunächst die Gemeinde und die Knappschaft durch ernste landesherrliche Schreiben auffordern sollte, den Prediger zu entlassen und sich jedes Aufruhrs zu enthalten. Erst wenn sie sich dem widersetzten, könne man einschreiten.

Diese unterschiedlichen Standpunkte ließen sich auch nach längeren Verhandlungen nicht überbrücken, so daß man sich nur als vorläufigen Kompromiß auf zwei Briefe einigte, deren erster die Obrigkeiten wie die ganze Gemeinde und Knappschaft aufforderte, den Prediger zu entlassen und ihn gefangenzusetzen, und deren zweiter – nur an die Obrigkeiten (Zehntner, Richter und Schöffen) gerichtet – verlangte, nach der Festsetzung des Predigers auch die Anführer des Aufstands festzunehmen.[179]

Abgeschickt wurden diese Briefe aber nicht. Denn während Herzog Georg im folgenden drängte, sie zu vollziehen, bestanden Kurfürst Friedrich und Herzog Johann auf einem Verhör des Predigers, wobei sie auf die nächste Berghandlung zu Quasimodogeniti 1525 verwiesen.[180] Das gab dem Prediger Gelegenheit, sich immer weiter vorzuwagen. Er beschuldigte Richter und Schöffen in einer Predigt, sie „griffen gotte in seyne wunden" und sollten ihrer „schinderey und buberey warten". Schließlich folgerte Amandus, „es were keyn amt so frumm, es were hengenswert. In summa eyn yeglicher amtmann were eyn bub darbey".[181]

178 Ebenda, Nr. 828.
179 Ebenda, Anm. 1.
180 Ebenda, Nr. 838, 845, 846.
181 Ebenda, Nr. 846, Anm. 3.

So war die Lage in Schneeberg noch im April 1525 gespannt wie zuvor. Nachdem der Kurfürst bei Georg Strobel, dem Hüttenreiter, und Hans Beyer, dem Vorgänger Paul Schmidts als ernestinischem Zehntner, einen Situationsbericht angefordert hatte, antworteten diese am 14. April, daß nach wie vor „groß unordnunge, zwispeldikeit, secten und ungehorsam allenthalben uffm perg sind". Von einer offenbar mittleren, d. h. lutherisch-gemäßigten Position aus bezeichneten sie einerseits die Forderungen Herzog Georgs nach Rückkehr zu den alten, katholischen Zeremonien und andererseits den vom Prediger verbreiteten „aufrurischen geist" als Ursachen der Unruhen. Die Anhänger des Predigers wollten die „cristliche freiheit zu weit spannen und wollen nimands meher gehorsam sein". Bezeichnend für die Situation ist die inständige Bitte der Absender, der Kurfürst möge ihr Schreiben geheimhalten, „dann wir umb des poffels willen, der gantz unruig ist, nicht gerne vormarkt sein wolten".[182]

So kam es am 24. und 25. April auf der Berghandlung in Schneeberg schließlich zu dem Verhör des Predigers.[183] Richter und Schöffen legten eine 20 Artikel umfassende Anklageschrift vor, in der sie alle bereits gesondert angezeigten Verfehlungen des Predigers seit März 1524 zusammenfaßten. Einige Klagepunkte erscheinen neu: Der Prediger habe den Grubenarbeitern empfohlen, an kirchlichen Feiertagen nicht zu arbeiten, andern habe er geboten, an denselben Tagen zu arbeiten. Er habe die neue Kirche ein Teufelshaus genannt und des weiteren gefordert, einen Gefangenen freizulassen, der ein großes Kruzifix zerstört hatte, und er selbst habe ein Kruzifix verbrannt und ein anderes zerbrochen.

Amandus antwortete auf die Anklagen Punkt für Punkt zunächst mündlich, danach auch schriftlich. Dabei wich er in einigem zurück, so z. B. wenn er erklärte, er habe nie behauptet, die Unteren sollten die Oberen regieren; und wenn er es doch gepredigt haben sollte, sei es falsch gewesen. Andererseits bekannte er sich zu dem Ausspruch, „alle amt sein hengens wert"; und die Anklage wegen des verbrannten Kruzifixes beantwortete er, „das habe ich gerne getan". In anderen Punkten wies er die Anklagen als falsch zurück, oder er ging zum Gegenangriff über. So erklärte er, daß an dem Aufruhr in der Kirche vom 29. Mai 1524 nicht er, sondern der katholische Pfarrer sowie die „regenten" schuld hätten. In einigen Punkten bewies er seine Parteinahme für das arme Volk und besonders für die Bergarbeiter. In seiner Erwiderung auf den Vorwurf, er habe an kirchlichen Festtagen den einen zu feiern, den anderen zu arbeiten befohlen, erklärte er, daß man denjenigen, „dye tegelich arbeyten", gönnen soll zu feiern. Und schriftlich präzisierte er das dahingehend, daß man „gemeinem bergvolke, wie den die loene durch furstliche ordnunge ausgestalt, ... angesehen dye ferligkeyt irer arbeyt", mehr entgegenkommen müsse als den Handwerkern. Amandus verlangte demnach, an Feiertagen zu arbeiten, ausgenommen die Bergarbeiter, denen man die Ruhe gönnen solle. Zu der Anklage, er habe die Kirche ein Teufelshaus genannt, bekannte er sich mit der Begründung, daß man den „tempel schoene" halte, aber „dye armen vorterben" lasse.

182 W. P. Fuchs, Akten, a. a. O., Nr. 1184.

183 F. Gess, Akten II, Nr. 868. Eine zusammenfassende Akte über die Untersuchungen gegen den Prediger vgl. StA Weimar, Reg. T 116, Bl. 131–175.

Nach dem Verhör kam es zu erneuten Auseinandersetzungen zwischen den ernestinischen und den albertinischen Räten. Die letzteren verlangten gemäß ihrer Instruktion[184] die sofortige Verhaftung des Predigers und stellten sich auf den Standpunkt, allein das Bekenntnis zu dem Ausspruch, jedes Amt sei Hängens wert, rechtfertige eine solche Maßnahme. Hingegen vertraten die ernestinischen Räte die Auffassung, die Äußerungen des Predigers reichten für eine peinliche Bestrafung nicht aus. So wurde dem Prediger schließlich auferlegt, daß er sich auch öffentlich von allen ihm angeblich fälschlich unterstellten Äußerungen distanzieren und künftig keinerlei Angriffe auf die Obrigkeit, insbesondere auf die örtlichen Regenten, unternehmen solle. Im übrigen läge die Entscheidung selbst bei den Landesherren.

Indessen war als Teil der Gesamtbewegung der Kampf gegen Paul Schmidt wieder aufgelebt, und auch die spezifischen Forderungen der Bergarbeiter wurden verstärkt vorgetragen. Hierbei zeigte sich, daß die oppositionellen Kräfte, darunter auch die Arbeiter, in dem neuen Bergmeister Paul Saltzberger einen Verbündeten hatten. Saltzberger stellte sich an die Spitze der Opposition gegen seinen Vorgänger und jetzigen Zehntner und bezichtigte diesen am 12. September 1524 bei den Landesherren einer Reihe von Vergehen, darunter des Eigennutzes und Betrugs.[185] Insbesondere habe er auch als großer Verleger von Gewerken in betrügerischer Absicht deren Interessen verletzt und damit dem Schneeberger Bergbau insgesamt geschadet. Saltzberger erklärte ausdrücklich, daß die ganze Gemeinde und Knappschaft hinter ihm stehe und Maßnahmen gegen Schmidt fordere. Er selbst sei nicht mehr bereit, diesem eigensüchtigen Mann und Gotteslästerer weiterhin zu dienen, und bitte daher um Beurlaubung.

Herzog Georg reagierte bei diesen Anklagen besonders auf den Vorwurf der Gotteslästerung allergisch. Er trug seinen Räten am 19. September 1524 in der Instruktion zur Berghandlung Mauritii (22. September) 1524 auf, zu untersuchen, wie und in welcher Gestalt Schmidt Gott gelästert habe. Dabei sollten die Räte Saltzberger aber nicht verhehlen, „das er (Saltzberger – A. L.) uns vor eynen rechten gottslesterer glaubwirdiglich angegeben, und nemlich das er die pylde nicht leyden konde und aus der kyrchen gethan, auch am meisten den uncristlichen Prediger sterke, welcher gar in vyl stucken got gelestert“.[186]

Daraus wird deutlich, daß zu den seit langem bestehenden Gegensätzen zwischen einer breiten Oppositionsbewegung und Paul Schmidt nun auch der konfessionelle Gegensatz hinzugetreten war und im Kampf von beiden Parteien gegeneinander ausgespielt wurde. Dabei stand der Bergmeister auf der Seite der radikal-reformatorischen Kräfte, während der Zehntner offenbar noch auf konservativ-katholischen, später auf gemäßigt-lutherischen Positionen beharrte.[187]

[184] F. Gess, Akten II, Nr. 857, 859.

[185] StA Weimar, Reg. T 58, Bl. 28 f. Das Schreiben ist an den Kurfürsten gerichtet, muß aber auch an Herzog Georg geschickt worden sein, der sich in seiner Instruktion zur Berghandlung Mauritii 1524 auf ein derartiges Schreiben Saltzbergers bezieht.

[186] F. Gess, Akten I, Nr. 731.

[187] Die Haltung Schmidts zur Reformation scheint sich im Laufe der Jahre 1524/25 verändert zu haben. Für seine konservativ-katholische Haltung spricht die Tatsache, daß er sich 1524 als ernestinischer Zehntner zum Zuträger für den militanten Reformations-

In einem Schreiben vom 30. September an die Landesherren suchte sich Schmidt wegen der gegen ihn erhobenen Anschuldigungen zu rechtfertigen.[188] Er beteuerte in allen Klagepunkten seine Unschuld und wies die Angriffe Saltzbergers als neidisch, gehässig und unbegründet zurück. Doch die Proteste gegen Schmidt wuchsen weiter an. Am 22. Dezember 1524 erhob Hans Glaser aus Joachimsthal, ein Gewerke des Fürstenstollens, schwere Anklagen gegen Paul Schmidt, die gleichfalls auf Betrug und Eigennutz hinausliefen. Auch andere Gewerken des Fürstenstollens, in dem Schmidt nach seiner Ablösung als Bergmeister zwischenzeitlich die Funktion des Vorstehers innegehabt hatte, wandten sich mit ähnlichen Vorwürfen an die Landesherren, so daß der Kurfürst am 8. Januar 1525 seinem Bruder Herzog Johann mitteilen mußte, es hätten sich bereits eine Reihe von Klageschriften gegen Schmidt bei ihm gesammelt.[189]

Schmidt ging nun seinerseits zum Gegenangriff über. Unter Hinweis auf die jetzt herrschende große Empörung des gemeinen Mannes gegen die Regenten tat er in mehreren Briefen an die Landesherren alle Angriffe gegen seine Person als üble Verleumdungen ab. Der Schuldige sei der Bergmeister Saltzberger, der gegen ihn hetze. Schmidt bekundete seine Ergebenheit und Treue gegenüber den Fürsten und verlangte von ihnen, ihn gegen alle Angriffe zu schützen, da er sonst seine Funktion als Zehntner nicht mehr wahrnehmen könne.[190]

Diesem Verlangen kamen die landesherrlichen Räte auf der Berghandlung Quasimodogeniti (23. April) 1525 nach.[191] Zuvor hatte auch die Knappschaft erneut in die Auseinandersetzungen eingegriffen. Sie legte den Landesherren eine Reihe von Artikeln vor, die gleichfalls Anklagen gegen Paul Schmidt enthielten. Das machte wiederum die ganze Breite der Opposition gegen den Zehntner (vom Bergmeister über die Gewerken bis zu den Bergarbeitern) deutlich. Auf der genannten Berghandlung wiesen die Räte alle Angriffe gegen Schmidt entschieden zurück. Sie bezeichneten die Klagen der Knappschaft als neidisch und mißgünstig und forderten diese auf, sich künftig nicht nur aller Anklagen gegen den Zehntner zu enthalten, sondern ihm auch in allem gehorsam zu sein. Im Hinblick auf die starke Zwietracht zwischen dem Bergmeister und dem Zehntner mahnten die Räte zur Einigkeit.

Die erwähnten Artikel der Knappschaft sind nicht überliefert, und ihr Inhalt ist nur bruchstückhaft aus den Aufzeichnungen über die Verhandlungen der Räte zu entnehmen. Diese deuten jedoch neben den Anklagen gegen Paul Schmidt auf allgemeine Forderungen hin, die auf der gleichen Linie lagen wie 1523, d. h.,

gegner Herzog Georg machte, während sich der Kurfürst noch im April 1525, wie oben erwähnt, an Strobel und Bayer wandte. Im August 1525 berichtete dann Thomas Meyner, der albertinische Zehntner, allein an Herzog Georg, wobei er über Schmidt äußerte, dieser werde die vom Kurfürsten eingeleiteten Maßnahmen zur Einsetzung eines neuen, lutherischen Predigers unterstützen (F. Gess, Akten II, Nr. 1108). Und im März 1526 machte sich Schmidt zum Fürsprecher eines gemäßigten Luthertums und kritisierte die Gegenmaßnahmen Herzog Georgs (ebenda, Nr. 1225).

188 StA Weimar, Reg. T 58, Bl. 30–32.

189 Ebenda, Bl. 34–40.

190 StA Weimar, Reg. T 28, Bl. 51, 54; Reg. T 58, Bl. 41f.

191 StA Weimar, Reg. T 91, Bl. 5ff.

es ging um soziale und ökonomische Mißstände im Bergbau überhaupt. Die Räte reagierten je nach dem Charakter der Artikel unterschiedlich. Dort, wo es sich um Mißstände im Produktionsablauf handelte (z. B. bei der Verstürzung von Stollörtern und Schächten), setzten sie eine Sachverständigenkommission zur Prüfung der Vorwürfe und der Forderungen ein. Wo jedoch die Obrigkeit angegriffen wurde, schritten sie entschieden dagegen ein. Sie warfen der Knappschaft vor, sie hätte sich unterstanden, „Rottung und versamblung" zu machen, auch seien auf dem Berg Schmählieder gesungen worden. Der Knappschaft wurde gedroht, daß man alle fürstlichen Machtmittel einsetzen werde, falls es ihr nicht gelänge, künftig derartige Vorkommnisse zu verhindern.

Doch noch im Juni/Juli 1525 wurden neue Ereignisse an die Fürsten gemeldet. Richter und Schöffen teilten mit, daß der Prediger statt des geforderten Widerrufs weiterhin „stachlichte und hessige" Worte gebrauche, so daß von seinen Predigten „keins gehorsams, eynigkeit noch guten regiments zu hoffen" wäre.[192] Und der albertinische Zehntner Thomas Meyner beklagte sich bei Herzog Georg darüber, daß das Volk noch immer dem Prediger anhänge und daß insbesondere der Bergmeister, der Gegenschreiber und andere Regenten dem Vorschub leisteten. Es sei erneut zu Aufstandsversuchen gekommen, so als man die Pfarre stürmen wollte, aber auch im Zusammenhang mit Vorgängen um eine Wasserkunst. Bei diesem Vorfall handelte es sich darum, daß offenbar arme Gewerken und Bergarbeiter nicht mehr in der Lage waren, eine Wasserkunst zu erhalten, die einigen Zechen Wasserlösung brachte. Man forderte daher von den Zehntnern Geld zur Aufrechterhaltung der Kunst. Da im Weigerungsfalle die Arbeit eingestellt und die Arbeiter abgelegt werden müßten, drohte man den Zehntnern, mit ihnen abzurechnen. Diese hielten die Drohung für so ernst, daß sie einerseits 20 Gulden liehen und andererseits im Einvernehmen mit dem Richter eine Anzahl Getreuer „mit irer besten gewer" zusammenriefen, die in Bereitschaft lagen, um notfalls eingreifen zu können.[193]

Doch der Höhepunkt der jahrelangen Auseinandersetzungen in Schneeberg war überschritten. Auf der Berghandlung von Quasimodogeniti 1525 sowie in den folgenden Anzeigen spiegelte sich das letzte Aufbegehren der oppositionellen Kräfte wider. Nach der Niederlage der revolutionären Bauern im deutschen Bauernkrieg und dem Sieg der Fürsten veränderte sich das Kräfteverhältnis entscheidend zugunsten der letzteren, und damit waren auch die isolierten Bewegungen in den Städten zum Scheitern verurteilt. So zeigte die nächste Berghandlung vom 22. September 1525 bereits ein anderes Bild als in den Jahren zuvor. Jetzt gingen die landesherrlichen Räte zu offenen Unterdrückungsmaßnahmen über, die zuvor an den Streitigkeiten zwischen den Fürsten gescheitert waren.

Als erstes wurde Georg Amandus entfernt. Im Auftrag des Kurfürsten teilte ihm Anfang August der Zwickauer Schösser bei einem Aufenthalt in Zwickau seine Entlassung mit; zugleich verwies man ihn des Landes.[194] Es kann als sicher gelten, daß diese Eröffnung bewußt außerhalb Schneebergs geschah, um Soli-

[192] F. Gess, Akten II, Nr. 1071.
[193] Ebenda, Nr. 1072.
[194] Ebenda, Nr. 1107.

daritätskundgebungen für den Prediger zu verhüten. Dennoch kamen solche zustande, ohne daß über sie mehr überliefert wurde als die Angabe über einen „Aufruhr wegen des verweisten Predigers“.

Der zweite Akt richtete sich gegen die oppositionellen Bürger Schneebergs und zielte darauf ab, die alten städtischen Obrigkeiten zu sichern. Am 11. August 1525 warnte der albertinische Zehntner seinen Landesherrn, man werde womöglich bei der nächsten Wahl von Richter und Schöffen, weil die jetzigen Amtsinhaber die fürstliche Politik vertreten, andere Kräfte wählen, die dem „gemein haufen“ genehm sind.[195] Das Wahlrecht übten jeweils der Bergmeister, die Vertreter der Gemeinde und die Ältesten der Knappschaft aus, und es lag nahe, daß diese in ihrer damaligen Zusammensetzung mit Paul Saltzberger an der Spitze versuchen würden, die Vertreter der alten Ordnung zu verdrängen und oppositionelle Kräfte an ihre Stelle zu setzen. Als nun die landesherrlichen Räte am 22. September zu ihrer ordentlichen Berghandlung nach Schneeberg kamen, äußerten sie nach Überreichung der Wahlergebnisse „einen grossen verdacht ..., indem das von bemeltem Bergkmeister, den von der gemeyn und knapschafft etliche schopffen, so dits vergangen Jar in der verwaltung gesessen und eines fromen, erbarn und aufrichtigen Lebens sind, auch sich in Zeit solcher verwaltung getrewlich und gehorsamlich ertzeigt und getrewen gehorsam zu erhalten und obbemelte zwytracht und auffrurisch wesen zu verkommen sich gevliessen, abgesatzt wollen werden und newe schopfen an ir stat erwelt, welche ... vorgeschriebner zwittracht und auffrurischen wesens anhengig gewest“. Die Räte erklärten weiter, sie würden diese Handlungsweise des Bergmeisters, der Gemeindevertreter und der Knappschaftsältesten bei den Landesherren anzeigen, und sie annullierten die Wahl. „Damit aber das kunftig Jar gute Regirung, frid und einigkeit, auch unser g. u. g. Herrn oberkeyt und forcht erhalten“ werde, wurden der alte Richter und die alten Schöffen wieder eingesetzt.[196]

Nach dieser Sicherung der alten Obrigkeiten im städtischen Bereich richtete sich der nächste Schlag gegen den Bergmeister. In seiner Instruktion für die Berghandlung vom September 1525 hatte Kurfürst Johann den Räten aufgetragen, Saltzberger zu entlassen und einen neuen Bergmeister einzusetzen. Er warf Saltzberger insbesondere vor, trotz häufiger Ermahnungen die Aufsicht über die Arbeiter nicht streng genug ausgeübt zu haben. Das hätte es den Arbeitern möglich gemacht, die Schichtzeiten nicht genau einzuhalten, was wesentlich zum Abfall des Bergbaus beigetragen habe. Bemerkenswert ist ein weiterer Vorwurf, der zeigt, daß auch unmittelbare ökonomische Interessen des Kurfürsten bei dessen Entscheidung gegen den Bergmeister eine Rolle spielten: Zu jener Zeit war eine Zeche fündig geworden, in der Johann der größte Gewerke war. Die notwendigen Vermessungsarbeiten seien aber durch den Bergmeister so mangelhaft ausgeführt worden, daß der Kurfürst Schaden erlitten habe. Dieser forderte daher Paul Schmidt auf, den Bergmeister zu überwachen.[197]

Als nun die ernestinischen Räte auf der Berghandlung das Thema zur Sprache brachten, gingen die albertinischen Räte sofort darauf ein, obwohl sie dazu keine

195 Ebenda, Nr. 1108.
196 StA Weimar, Reg. T 91, Bl. 30f.; vgl. auch F. Gess, Akten II, Nr. 1141.
197 StA Weimar, Reg. T 91, Bl. 22f.

Instruktion ihres Fürsten hatten. Gemeinsam erhoben sie den Vorwurf gegen Saltzberger, daß „er zu Erwegkung auffrur und entporung nit der wenigst verursacher gewest“, und enthoben ihn seines Postens. Nicht genug damit, wurde er für evtl. Schäden, die er durch seinen „Unfleiß“ dem Bergbau zugefügt habe, mit Leib und Gut haftbar gemacht. Es wurde ihm eidlich auferlegt, daß er ohne Wissen der Fürsten Schneeberg nicht verlassen dürfe.[198] Der neue Bergmeister erhielt als erstes den Befehl, die Kontrolle über die Arbeiter und Zechenbeamten wieder fest in die Hand zu nehmen. Alle Schichtmeister und Steiger sollten zu diesem Zweck zusammengerufen und ihnen die Bergordnung verlesen werden. Damit wollte man vor allem erreichen, daß die Arbeiter die Schichtzeiten einhalten.[199]

Nachdem die Opposition ihre führenden Köpfe verloren hatte, richteten sich die folgenden Maßnahmen gegen besonders aktive Teilnehmer der Bewegung. Die Räte zogen Erkundigungen über die Urheber des Aufruhrs ein, der wegen der Ausweisung des Predigers ausgebrochen war. Sie erhielten auch durch Denunziation Hinweise auf Örtlichkeit und Teilnehmerkreis der Zusammenkünfte, ohne den Beteiligten etwas nachweisen zu können. Ein Barbier namens Hieronymus Orthwein, der dem ausgewiesenen Prediger entgegen allen Verboten sein Haus als Herberge angeboten hatte, entzog sich allen Versuchen, ihn zum Verhör vorzuführen; gegen ihn wurde Haftbefehl erlassen. Ein gewisser Thomas Neumann wurde gefangengesetzt, weil er die Landesherren öffentlich an den Galgen gewünscht hatte. Gegen ihn traten der bereits mehrfach als Vertrauensmann der Fürsten erwähnte Hüttenreiter Georg Strobel sowie einer der Schöffen, Fritz Lehner, als Zeugen auf. Die Räte verweigerten Freunden Neumanns die Leistung einer Bürgschaft und übergaben den Fall an die Fürsten zur Entscheidung.[200] Schließlich wurde wegen eines Briefes verhandelt, den Amandus nach seiner Ausweisung an Richter und Schöffen geschrieben hatte und den er durch seine Anhänger Alex Pester, Michel Schlegel, Wolf Todt und Asmus Zutrinck besorgen ließ.[201] Da dieser Brief offenbar Anlaß für neue Unruhen gewesen war, befahlen die Räte, daß künftig derartige Briefe an die Gemeinde oder Knappschaft nur von den Gemeinde- bzw. Knappschaftsältesten gelesen werden dürften, streng geheim gehalten und den Zehntnern angezeigt werden müßten. Den Überbringern des genannten Briefes konnte man jedoch zunächst nichts nachweisen.

Auf der folgenden Berghandlung vom April 1526 kam die Angelegenheit nochmals zur Sprache. Inzwischen hatte man den erwähnten Anhängern des Amandus die Beteiligung an der Besorgung des Briefes nachweisen können. Alex Pester wurde deshalb zu 50 Gulden Strafe und 3 Tagen Gefängnis verurteilt und Asmus Zutrinck zu 8 Tagen Gefängnis. Hieronymus Orthwein, der den Prediger beherbergen wollte und dann geflohen war, erhielt 14 Tage Gefängnis. Michel Schlegel schließlich, dem man vorwarf, daß er „ein faßt aufrurischer Mann gewest und faßt alle auffrur, die sich auff dem Schneberg begeben, erwegkt hat“, mußte sein Hab

198 Ebenda, Bl. 32f.; F. Gess, Akten II, Nr. 1141 (mit Auslassungen).

199 StA Weimar, Reg. T 91, Bl. 36.

200 Ebenda, Bl. 43f.; F. Gess, Akten II, Nr. 1141 (mit Auslassungen).

201 Darüber wird erst auf der nächsten Berghandlung vom April 1526 berichtet, jedoch als Rückblick auf die betreffenden Verhandlungen vom September 1525 (vgl. StA Weimar, Reg. T 92, Bl. 22ff.; F. Gess, Akten II, Nr. 1237).

und Gut verkaufen und die sächsischen Territorien verlassen.[202] Aufschlußreich für die soziale Herkunft der Bestraften sind die Angaben, daß Orthwein seine 14tägige Haftstrafe vorläufig nicht antreten könne, da er ein armer Mann sei und kein Brot im Haus habe. Man gab ihm eine Frist von 2 Wochen, um Weib und Kinder mit dem Nötigsten zu versorgen. Der Wert des Hab und Gutes, das Schlegel verkaufen sollte, wurde ausdrücklich als sehr gering eingeschätzt.[203] Das alles macht deutlich, daß die treibenden Kräfte der Opposition in den ärmsten Volksschichten zu suchen waren.

Doch diese Bestrafungen stellten nur noch ein Nachspiel der Schneeberger Volksbewegung dar. Im wesentlichen war diese seit dem Sommer 1525 beendet. Zwar gab es auch in den folgenden Jahren noch heftige Streitigkeiten um die Einführung der Reformation in Schneeberg, aber diese lagen auf der Ebene der Fürsten. Auch Äußerungen des Klassenkampfes kehren noch während des folgenden Untersuchungszeitraumes vereinzelt wieder; doch die Entscheidungen waren 1525 gefallen und die Weichen auf lange Sicht in Richtung auf die absolute Vorherrschaft des Territorialfürstentums gestellt.

b) Buchholz

Ähnlich wie in Schneeberg und z. T. durch die Schneeberger Ereignisse angeregt, verlief die Bewegung in Buchholz.[204] Zugleich nahm Buchholz für die Durchsetzung der Reformation im Erzgebirge eine wichtige Mittlerstellung ein. Durch seine Lage als ernestinische Enklave im albertinischen bzw. klösterlich Grünhainer Gebiet begünstigt, hatte es eine starke Ausstrahlungskraft auf die Bevölkerung der benachbarten albertinischen Bergstädte, insbesondere in Annaberg, die durch ihren Landesherrn streng im Schoße der alten Kirche gehalten wurde.

Ursache und Ursprung der Bewegung in Buchholz lassen sich im einzelnen nicht aufklären. Sie werden in erster Linie auf soziale und ökonomische Mißstände, vor allem im Bergbau, zurückzuführen sein. Wie in Schneeberg gingen auch hier die Produktionsziffern seit 1520 erheblich zurück. Hatte das jährliche Silberausbringen vor 1520 noch zwischen 2500 und 3000 Mark betragen, so waren es 1520

202 StA Weimar, Reg. T 92, Bl. 22–25b; F. Gess, Akten II, Nr. 1237.

203 Diese Hinweise sind bei Geß ausgelassen.

204 Die Quellenlage für Buchholz ist erheblich schlechter als für Schneeberg, das seine relativ günstige Quellensituation der Doppelregierung durch Ernestiner und Albertiner verdankte. Immerhin geben vor allem die zahlreichen Briefe des Buchholzer Bergvogtes Matthes Busch an die Landesherren einen gewissen Einblick, wenngleich berücksichtigt werden muß, daß der Verfasser der Hauptangriffspunkt der Buchholzer Opposition war; d. h., die revolutionäre Bewegung wird im wesentlichen nur durch die Brille ihres größten Gegners faßbar. Eine von Parteinahme für Busch getragene Teilauswertung dieses Materials ist bereits gegeben durch L. Bartsch, Kirchliche und schulische Verhältnisse der Stadt Buchholz während der ersten Hälfte des 16. Jahrhunderts, in: Beiträge zur Geschichte der Stadt Buchholz, H. 3 u. 4, 1897, S. 25ff. (wo im folgenden L. Bartsch ohne weitere Titelangabe zitiert wird, ist diese Arbeit gemeint). Ergänzend vgl. I. Mittenzwei, a. a. O., S. 103f.

und 1521 noch jeweils knapp 2000 Mark und 1522 nicht einmal mehr 1000 Mark.[205] Ein weiteres Symptom für vorhandene Mißstimmungen und Spannungen liegt darin, daß die Landesherren im Jahre 1522 die Wahl von Richter und Schöffen, d. h. der städtischen Obrigkeiten, abschaffen und dieselben künftig von den landesherrlichen Räten einsetzen ließen.[206] Das deutet darauf hin, daß man befürchtete, durch die Wahlen könnten den Landesherren mißliebige Personen an die Spitze der Stadt gelangen. Damit korrespondiert eine andere Nachricht, wonach 1519/20 zum Richter von Buchholz Peter Mönch gewählt wurde, der an der Spitze der Opposition gegen den – vom Bergvogt Matthes Busch gestützten – katholischen Pfarrer Andreas Wild stand. Mönch, der zu den größten Buchholzer Gewerken und Unternehmern zählte, stand bereits seit Jahren in heftigen Auseinandersetzungen mit dem Bergvogt Busch und war 1513 von den landesherrlichen Räten verdächtigt worden, „Meuterei zu erwecken".[207] Damit wird bereits eine wesentliche Komponente der Buchholzer Bewegung sichtbar, die noch eine bedeutende Rolle spielen sollte und darin den Schneeberger Ereignissen sehr ähnelt: der Kampf gegen den Bergvogt Matthes Busch. Wie in Schneeberg gegen Paul Schmidt, so entwickelte sich in Buchholz eine breite Opposition von Großgewerken und Bergbeamten bis zu den Bergarbeitern gegen Busch. Hinzu kam auch hier als ein besonderes Stimulans die Reformationsbewegung.

Im Unterschied zu Schneeberg stellte sich hier – entsprechend der Zugehörigkeit von Buchholz zum ernestinischen Territorium und wegen der starken Abhängigkeit Buschs von den ernestinischen Fürsten[208] – der Bergvogt an die Spitze

[205] Vgl. unten, „Die Silberproduktion", S. 269; das Ausbringen für die beiden folgenden Jahre ist nicht bzw. unvollständig überliefert.

[206] L. Bartsch, a. a. O., S. 107. Die Wahl von Richter und Schöffen war zuvor in Buchholz Recht der ganzen Gemeinde. Auf der Berghandlung Quasimodogeniti 1512 beschwerten sich Richter und Schöffen, daß sie jeweils an einem bestimmten Tag, an dem die gesamte Gemeinde zusammengerufen wurde, von dieser gewählt würden, daß jedoch „oftmals und gemeinicklich nach gunst und nit nach verstant gewelet wird". Das weiche von dem üblichen Brauch in anderen Bergstädten ab, wo die Wahl jeweils durch die alten Richter und Schöffen erfolge und „der gemain nichts damit zu schaffen gebüre" (StA Weimar, Reg. T 115, Bl. 149, 151b). In den folgenden Jahren bis 1520 oder 1522 scheint daraufhin die Wahl tatsächlich durch die alten Richter und Schöffen vorgenommen worden zu sein (vgl. F. Bartsch, Buchholz unter der Ernestinischen Linie . . ., a. a. O., S. 71; hier ist davon die Rede, daß die Wahl bereits im September 1520 gänzlich abgeschafft worden sei.)

[207] L. Bartsch, a. a. O., S. 47ff. Das Verbot der Wahl des Richters und der Schöffen und deren Einsetzung durch landesherrliche Räte ist offenbar von M. Busch als Reaktion auf die Wahl Mönchs betrieben worden (vgl. L. Bartsch, Buchholz unter der Ernestinischen Linie . . ., a. a. O., S. 71f.).

[208] Busch beklagt sich in seinen Briefen immer wieder über die Feindschaft, mit der ihm die albertinischen Landesherren, die mit diesen liierten Herren von Schönburg sowie deren Stadt- und Bergbeamten, insbesondere in Annaberg, begegnen. Er sei ringsum von Feinden umgeben; sein Schicksal ruhe allein in den Händen der ernestinischen Fürsten (vgl. z. B. StA Weimar, Reg. T 350, Bl. 12–14). Diese Isolierung nach außen beruhte darauf, daß Busch bedingungslos den ernestinischen Fürsten diente, die mit den Albertinern in scharfen Spannungen lebten, was durch die besondere Lage von Buchholz noch kompliziert wurde. Zugleich war es der Fürstendienst, der ihn auch im Inneren isolierte.

der obrigkeitlichen Reformation.[209] Nachdem er sich bereits 1523 erfolglos darum bemüht hatte, daß Martin Luther einen evangelischen Prediger nach Buchholz entsende, und als im Frühjahr 1524 entsprechende Bemühungen bei den Landesherren ebenfalls ohne Ergebnis blieben, gab der kurze Aufenthalt von Gabriel Zwilling, genannt Didymus, und von Dr. Wenzeslaus Linck den entscheidenden Anstoß für die Einführung der Reformation in Buchholz. Auf der Durchreise von Zwickau nach Joachimsthal predigten beide am 25. Juni 1524 in Buchholz und hatten offenbar einen außerordentlich starken Zulauf, nicht nur aus Buchholz, sondern auch aus Annaberg und der Umgebung. Zwilling und Linck waren es dann auch, die sich einerseits bei Luther um einen evangelischen Prediger für Buchholz verwandten und andererseits erwirkten, daß zunächst ein Zwickauer Prediger zeitweise nach Buchholz kam, nämlich Mykonius, der am 2. Juli das erste Mal predigte.

Durch das Wirken Mykonius' setzte sich die Reformation in Buchholz rasch durch. Bereits am 5. und 8. Juli berichtete Busch seinem Landesherrn, man habe in Buchholz einmütig – Bergvogt, Bergmeister, Richter, Schöffen, Berggeschworene, Knappschaft und die ganze Gemeinde – den Prediger zum Pfarrer gewählt, um dessen Bestätigung er nachsuche. Indes zog Mykonius es vor, einem Ruf nach Gotha zu folgen, und verließ Buchholz zwischen dem 11. August und dem 3. September 1524.[210] Zuvor hatten seine Predigten nicht nur auf Buchholz, sondern besonders auch auf die Bevölkerung in Annaberg gewirkt, wo Herzog Georg streng am alten Glauben festzuhalten befahl. Bereits am ersten Sonntag des Wirkens von Mykonius in Buchholz hätten weit über 1000 Annaberger seine Predigt gehört.[211]

Über die Stimmung in Buchholz gibt vor allem ein Ereignis Auskunft, das weit über die Stadt hinaus Aufsehen erregte und lange nachwirkte: die Spottfeier auf die von Herzog Georg in Meißen betriebene Erhebung der Gebeine des Bischofs Benno. Zwar läßt sich dieses Ereignis nicht genau datieren, es fiel jedoch in die Zeit, als sich Mykonius in Buchholz aufhielt. Überliefert ist dieses Vorkommnis durch einen gedruckten Sendbrief eines Unbekannten.[212] Hiernach war folgendes geschehen: Die „Ertzknappen im Buchholtz", an anderer Stelle ist die Rede von einem „seer grosser hauffe hewer und junges pobels", veranstalteten eine Prozession. Sie staffierten einen Bischof aus und trugen Fahnen aus alten Fußlappen voran; statt der Barette hatten sie „Badhuetlin" und Hanfsiebe auf dem Kopf, um so „geystliche gelerte" darzustellen. Ein Brettspiel hielten sie als Gesangbuch, während eine Misttrage und alte Maltern das Heiligtum trugen; darüber war als Himmel ein „beschissen graßtuoch" gespannt; ein alter Fischkessel diente als Weihkessel, Mistgabeln als Kerzen. Voran ein Fiedler und ein Lautenspieler, zogen sie zu einem alten Schacht, „thetten iren gesang, tratten umbher mit schauffeln und hawen und erhuoben Bischoff Benno mit grossem ernst und andacht". Sie trugen die

209 Vgl. zum folgenden L. Bartsch, a. a. O., S. 62ff. Der von Bartsch nur auszugsweise zitierte Brief Buschs vom 8. Juli ist ediert bei F. Gess, Akten I, Nr. 692, S. 699–702.

210 L. Bartsch, a. a. O., S. 72ff.

211 Vgl. auch F. Gess, Akten I, S. 702.

212 Ediert von L. Bartsch, S. 207–215. Vorlage für den Druck bildete ein Brief von Mykonius selbst, der fast wörtlich übernommen wurde (O. Clemen, Kirchliches und Schulisches aus dem Zeitalter der Reformation, in: Festschrift zum 400jährigen Jubiläum der Gründung der Stadt Buchholz, Buchholz 1901, S. 141).

mit Mist bedeckten Gebeine, und zwar einen Pferdeschädel, die Kinnbacken einer Kuh und zwei Pferdebeine, auf den Markt. Dort hielt ein Teilnehmer als Bischof, bekleidet mit Stroh und einer Fischreuse als Bischofshut, eine schöne Predigt „und verkündet das heyligthuom, nemlich einen kynbacken, und sprach: O lieben andechtigen, Sehet, das ist der heylig arßbacken des lieben Korschülers zuo Meissen S. Benno". Danach verkündete ein Papst Ablaß und forderte zu Opfern auf; bei gemeinsamem Gesang wurde der Papst auf die Misttrage gesetzt, zu einem Röhrkasten getragen und dort hineingeworfen. Dabei ging alles so „andechtig zuo, das mans nit schreyben kan". Alle diese Vorkommnisse erschreckten einige Bürger so heftig, daß sie durch direktes Eingreifen des Mykonius den Bervogt zum Abbruch des Aufzuges veranlaßten.[213] Diese Kundgebung, deren soziale Träger in erster Linie Bergarbeiter waren, zeigte einerseits, daß die Bergleute zu den treibenden Kräften der reformatorischen Bewegung gehörten; andererseits deutet ihr erzwungener Abbruch darauf hin, daß selbst diese Manifestation, die sich ausschließlich gegen die Kurie und indirekt gegen Herzog Georg, noch nicht aber gegen die örtlichen Obrigkeiten richtete, einem Teil des Bürgertums, einschließlich der Repräsentanten der lutherischen Reformation, zu weit ging.

Indessen waren aber auch bereits radikalere Kräfte am Werk, worauf die Klage Buschs von 8. Juli 1524 hinweist, er sei in Buchholz durch einen Zwickauer Schwärmer bedrängt worden.[214] Auf eine radikalere Richtung wirkte auch bald der lutherische Pfarrer Hartmann Ibach hin.

Dieser Pfarrer Ibach, auf Luthers Veranlassung entsandt, war wenige Tage später als Mykonius, am 13. Juli 1524, in Buchholz angekommen. In den Wochen, in denen er gemeisam mit Mykonius in Buchholz wirkte, gab er offenbar den gemäßigt-lutherischen Kräften noch keinen Anlaß zur Unzufriedenheit. Nach Mykonius' Weggang waren die Buchholzer Obrigkeiten Anfang September mit ihm als Pfarrer einverstanden, da er „Cristlich und nicht auffrorisch" sei.[215] Doch bereits im November stand Ibach an der Spitze der Opposition gegen den Bergvogt. Hierfür machte Busch vor allem den Bergmeister verantwortlich, mit dem er bereits zuvor heftige Auseinandersetzungen hatte und den er beschuldigte, ihn ruinieren zu wollen. Der Bergmeister hetze gegen ihn und habe es verstanden, auch den Prediger gegen ihn aufzubringen.[216] Inwieweit das zutrifft, mag dahingestellt bleiben. Feststeht, daß Ibach wegen seiner Parteinahme für die Armen, insbesondere die Bergarbeiter, in einen entschiedenen Gegensatz zu Busch geriet. Am 14. November 1524 begründete er in einem ausführlichen Schreiben[217] an den Bergvogt seine Haltung. Erkennbar wird daraus das Bestehen einer Volksbewegung gegen die Obrigkeiten, besonders gegen Busch und gegen den 1522 von den landesherrlichen Räten eingesetzten Richter.

Busch hatte zuvor bei dem Pfarrer Klage darüber geführt, daß der „gemeine hauff" gegen ihn sei, und sich damit gebrüstet, er habe das Evangelium nach Buch-

[213] Im Unterschied zu dem gedruckten Sendschreiben heißt es im Brief des Mykonius, daß er selbst vom Bergvogt den Abbruch der Veranstaltung verlangt habe (O. Clemen, ebenda).

[214] L. Bartsch, a. a. O., S. 61.

[215] Ebenda, S. 91.

[216] StA Weimar, Reg. T 350, Bl. 12ff.

[217] Vgl. L. Bartsch, a. a. O., S. 97–100.

holz gebracht und unterhalte viele arme Leute. Ibach wies eine solche Haltung entschieden als Gotteslästerung zurück; Aufenthalt und Nahrung der Arbeiter, die „vil arbeit thun mussen umb wenig lohns“, kämen von Gott und nicht von der Obrigkeit. Ibach warf Busch tyrannischen Hochmut vor und machte ihn und den Richter selbst dafür verantwortlich, daß das Volk gegen sie eingestellt sei. „Oberkeit sol . . . allein den ubelthäternn erschrecklich sein, und sollen die frommen trost und lob von ir habenn“. Wenn sich Busch daran hielte, würde auch der „gemeine hauff“ von ihm ablassen. Der beste Rat wäre aber „einer entschlüge sich des ampts“, wenn er seinen Aufgaben nicht gerecht werde. „Es wer je mir langweilig, das mein handt wider viele und viler hende wider mich lang sein solten“. Die Aufforderung Buschs, ihm zu helfen, wies Ibach mit Hohn zurück. „Ich hab auch augen lieber her; . . . wann die buchholczer solche leut werenn, als Ir offt unbedechtiglich inen schuld gebt, ich wolt es warlich auch in so vil wochenn erfaren . . . Ir dorfft schlechter ding nit gedencken, es sei ich ader ein annder alhie pfarner, . . . der euch in allenn stückenn wider den gemeinen hauffen recht gebe.“ Scharf bezichtigte er Busch, „das Ir mir mein gewissen nit bei dem wort gottes frei lassenn, sonder an euch unnd euern gehorsam, do doch kein gehorsam sein sol, binden wolt.“ Schließlich bekannte sich der Pfarrer zu einer Reihe (ungenannter) Leute, deren Freundschaft ihm der Bergvogt „verargkwonett“. Er würde dem Vogt und dem Richter wünschen, ebensolche Freunde zu haben, und er würde noch viel lieber in Buchholz wohnen, wenn es noch mehr davon hier gäbe.

Gegen Jahresende muß sich die Bewegung gegen Busch rasch verbreitet haben. Denn am 2. Dezember 1524 stellte dieser in einem Brief an den Kurfürsten, in dem er sich u. a. auch heftig über das Schreiben des Pfarrers beklagte, fest: „Man zundet an allen orttenn an“. Daß dies nicht nur bildlich, sondern auch wörtlich gemeint gewesen sein kann, folgt aus einer Wendung in diesem Brief, wonach Busch in einem Jahr viermal durch Feuer heimgesucht worden sei.[218] Den Bergmeister und dessen Söhne bezichtigte er, ihm nach dem Leben zu trachten.

Eine weitere Zuspitzung trat ein, als der Pfarrer um die Jahreswende bzw. zu Beginn des Jahres 1525 trotz des Verbots der städtischen Obrigkeiten einen gemeinen Kasten aufstellen ließ, wobei er sich anscheinend an der von Karlstadt für Wittenberg verfaßten Kastenordnung orientierte.[219] Er forderte, den Büchsenpfennig der Knappschaft, die Mittel der Rosenkranz-Brüderschaft (die sich aus Schmelzern, Münzern und Schmieden zusammensetzte), den gesamten Kirchenschatz, die Einkünfte aus den Kirchenkuxen und den Freikuxen der Stadt, ferner eine einmalige Summe von 200 fl., die für die Bezahlung der Schulden beim Kloster Grünhain vorgesehen war, in den Kasten einzulegen. Alle Bedürftigen und Kranken, auch im Spital, sollten daraus unterstützt, Unbemittelten auch Kredite von 10–15 fl. gegeben werden. Zur Verwaltung setzte Ibach Kastenmeister aus den besitzlosen Schichten ein. Hiergegen liefen der Bergvogt sowie Richter und Schöffen Sturm. Sie bezichtigten den Pfarrer, er wolle durch solche Aktionen, mit Hilfe einiger Leute, „dy da

218 Ebenda, S. 101; StA Weimar, Reg. T 350, Bl. 12–14.

219 L. Bartsch, a. a. O., S. 102ff. Darüber und über die folgenden Ereignisse gibt nur ein Bericht des Bergvogtes sowie des Richters und der Schöffen an den Kurfürsten vom 8. März 1525 Auskunft, den Bartsch auszugsweise abdruckt.

nicht heußlich besessen", mit Gewalt die Regierung an sich reißen. Diese wollten „in gywald eindringen, allis zcu regiren, und dye, denen das Regiment befolhen, zcu vordrucken". Die Vertreter der Obrigkeit unterstellten dem Pfarrer, das ganze sei eine List, „das er den gemeinen pofhel dermassen an sich zcihn wolt", weshalb sie den gemeinen Kasten verboten.

Ibach schritt demgegenüber zu dergleichen Taktik, wie kurz zuvor Amandus in Schneeberg: er erklärte, er wolle nicht länger bleiben. Busch und sein Anhang werden kaum fehlgegangen sein, wenn sie darin die Absicht des Pfarrers erblickten „ein grosse uffrorigkeit zcu bewegen". Dazu scheint es auch gekommen zu sein. Bereits nach der Ankündigung des Pfarrers, er wolle von der Kanzel Urlaub nehmen, erklärte Bartel Schaller öffentlich in der Kirche, daß die Zustände erst besser würden, wenn „man mit feusten dorein schlage". Es sei – so wird weiter berichtet – in der Gemeinde eine große „murmelung" entstanden, die sich gegen Richter und Schöffen und indirekt gegen die Fürsten richtete. Man werfe Richter und Schöffen vor, sie seien nicht von der Gemeinde gewählt, sondern vom Kurfürsten eingesetzt worden. Deshalb hätten sie auch kein Recht, das „gemeyne guth" zu verwalten, und niemand aus der Gemeinde sei verpflichtet, ihnen Gehorsam zu leisten. Damit entstand aus dem Streit um den gemeinen Kasten ein direkter Angriff auf die Obrigkeit bis hin zur Ablehnung des kurfürstlichen Anspruchs, städtische Obrigkeiten einzusetzen.

Schließlich entwickelte sich daraus ein offener Aufruhr. Auf das Gerücht hin, man habe die Monstranz der Kirche versetzt (die Ibach ebenfalls für den gemeinen Kasten gefordert hatte), wurde kurzfristig zum 5. März 1525 ohne Wissen der Obrigkeiten eine Versammlung auf dem Kirchhof einberufen, an der etwa 50 Personen, fast durchweg aus den ärmeren Schichten, teilnahmen: „ist selden einer 20 fl. wert besessen". Sie sandten Abordnungen zu den Kirchenvätern und forderten die Schlüssel zum Kirchenschatz. Eine weitere Abordnung zog unter Führung von Bartel Schaller und Valentin Kolbe[220] zum Bergvogt, der, inzwischen gewarnt, Richter und Schöffen sowie die „statlichsten von der gemeyn" zusammengetrommelt hatte. Ihnen gelang es, die Aufständischen zu beruhigen, indem sie diesen am nächsten Tag das Vorhandensein des gesamten Kirchenschatzes nachwiesen.

Da sie selbst dessen offenkundig nicht mächtig waren, forderten nunmehr die Obrigkeiten den Kurfürsten am 8. März 1525 auf, er möge die Aufrührer streng bestrafen, insbesondere den Pfarrer, dem sie die Hauptschuld gaben, sowie dessen Ratgeber. Als solche wurden Bartel Schaller und Valentin Kolbe genannt, beide „nicht heußlich besessen".

Schaller war Bergmann und Gewerke, sein Vater „ein furnemlicher Anfenger und erster Bawman ufm Buchholtz, der viel redlicher Berggebewd erhoben". Sich selbst und seinen Bruder bezeichnete Schaller „als vhleissigen bergsuchenden Leutten". In den dreißiger Jahren war er u. a. am Zinnbergbau in Buchholz beteiligt; in einer von ihm und seinem Bruder aufgenommenen Grube arbeiteten 24 Arbeiter.[221] 1529 nannte ihn Kaspar Schütz „einen gelerten und geschickten man", ein Urteil, das auch der Auffassung Ibachs entprach.[222] 1528 und 1546 wurde er selbst Richter von

220 S. Sieber, Die Teilnahme erzgebirgischer Bergleute am Bauernkrieg, a. a. O., S. 90; vgl. auch I. Mittenzwei, a. a. O., S. 103.

221 Ch. Meltzer, Historische Beschreibung ..., a. a. O., S. 75f.

222 L. Bartsch, a. a. O., S. 62, Anm. 1.

Buchholz.[223] Kolbe wirkte vor seiner Übersiedlung nach Buchholz als kurfürstlicher Schösser in Roßla; in Buchholz war er 1524 Schichtmeister in den Zechen „St. Wolfgang" und „St. Martin im gnadenreichen Jahr".[224]

Der Kurfürst beauftragte seinen Bruder, Herzog Johann, der ebenfalls eine Klageschrift der Buchholzer Obrigkeiten erhalten hatte, mit der Prüfung der Buchholzer Ereignisse. Darauf befahl der Herzog der Gemeinde in einem „ernsten" Brief, den Weisungen einer Kommission zu folgen, die er zur Untersuchung der Vorkommnisse eingesetzt habe.[225] Die Mission dieser Kommission, bestehend aus dem Schneeberger Zehntner Paul Schmidt und dem Zwickauer Schösser Wolf Behem, scheiterte jedoch. Zum ersten Verhör vor Schmidt und Behem erschienen zwar Busch sowie Richter und Schöffen, jedoch weigerte sich die Gemeinde, die Kommission anzuerkennen. Vielmehr bestand sie darauf, ihre Anliegen dem Herzog persönlich vorzutragen. Wenige Tage später (die genauen Termine sind nicht überliefert) entsandte sie tatsächlich eine Deputation mit Sendbriefen und 50 Artikeln zu Herzog Johann, der daraufhin den Bergvogt sowie Richter und Schöffen zum 19. April 1525 nach Weimar zur Rechtfertigung bestellte. Busch beklagte sich am 11. April beim Kurfürsten darüber, daß ihm nicht gestattet worden sei, die 50 Artikel vorher zu lesen. Dabei versuchte er unter Ausnutzung der Spannungen zwischen Ernestinern und Albertinern, dem Kurfürsten das albertinische Annaberg als den Schuldigen an den Buchholzer Unruhen hinzustellen. Urban Osann, der Annaberger Oberbergmeister und Amtsverweser, sowie Michel Lotter hätten sich persönlich um zwei Prokuratoren bemüht, die den Buchholzern gegen den Bergvogt beistehen sollten. Annaberg bezwecke damit, den Konkurrenten Buchholz durch Schüren innerer Zwietracht zugrunde zu richten.

Über die Verhandlungen in Weimar unterrichtet wiederum lediglich ein (undatiertes) Schreiben Buschs[226], in dem dieser dem Kurfürsten meldete, ihm sei es gelungen, die gehässigen Angriffe gegen seine Person zurückzuweisen. Aus dem Brief geht hervor, daß einer der gewichtigsten der – im übrigen nicht überlieferten – Anschuldigungspunkte gewesen sei, Busch bezahle das Silber der Gewerken nicht termingerecht; ferner habe man ihn mehrfach des Betrugs bezichtigt. Der erste Punkt deutet darauf hin, daß die Opposition maßgeblich die Interessen der Gewerken vertreten hat. Das erklärt auch die Möglichkeit, bei den Landesherren ein Verhör Buschs zu erwirken. Sie scheint hier die gleiche Taktik verfolgt zu haben wie die Gewerkenopposition gegen Paul Schmidt in Schneeberg, nämlich dem Bergvogt – als dem verhaßten Exponenten der fürstlichen Politik – die Schuld am Rückgang des Bergbaus zuzuschreiben. Immerhin scheint es aber Busch gelungen zu sein, sich zu rechtfertigen.

Daraufhin kam es in Buchholz zu neuen Unruhen. Man ließ am 30. April die Gemeinde durch den Gerichtsknecht ohne Wissen des Bergvogts zum 1. Mai zu einer Versammlung zusammenrufen, über deren Zweck im einzelnen nichts bekannt

223 Ch. Meltzer, a. a. O., S. 185f. Außerdem erhielt er 1529 das Amt des Berg- und Gegenschreibers. 1543 wurde er Verwalter der kurfürstlichen Schmelzhütte (L. Bartsch, a. a. O., S. 116, Anm. 1).

224 L. Bartsch, a. a. O., S. 110f.

225 StA Weimar, Reg. T 349, Bl. 27–28: Brief von Matthes Busch an den Kurfürsten vom 11. April 1525. Diesen und die folgenden Briefe, die über die weiteren Ereignisse Auskunft geben, hat Bartsch übersehen.

226 Ebenda, Bl. 29–31.

wurde. Einer der Schöffen brachte jedoch in Erfahrung, das Hauptziel sei die Ablösung des Bergvogts gewesen. Man habe verkündet: „Wan wir nicht erlangen moegen, das der Bergkvogt entsazt werde, so wollen wir (ihn) todschlagen und zu den pauren lauffen." Diese Androhung ist insofern bemerkenswert, als hier einer der wenigen Hinweise auf ein mögliches Bündnis der aufständischen Bergleute mit den aufständischen Bauern vorliegt. Als Anführer der Verschwörung gegen seine Person nannte Busch wiederum Bartel Schaller, den er als Schichtmeister bezeichnete, sowie den Steiger Jakob Bach, Bartel Sebalt, Pausback und einige andere. Diese hätten mit Zustimmung des Bergmeisters beschlossen, kein Erz mehr zu hauen und die Arbeiter abzulegen, d. h. die Arbeit einzustellen. DieArbeiter sollten als Zeichen ein Grubenleder an einen Stecken hängen und „in gesambten hauffen ein auffstheen machen", um so die Fürsten zur Abberufung Buschs zu zwingen.

Auch die Frau des Bergmeisters entwickelte eine hohe Aktivität gegen Busch. U. a. sammelten sie und die Schwester des genannten Jakob Bach über 30 Frauen, die ein Grubenleder an eine Stange hängten, damit durch die Stadt zogen und schließlich vor Buschs Haus gegen diesen protestierten. Auch einige Joachimsthaler – meldet Busch – seien in Buchholz erschienen und hätten die Tötung des Bergvogts gefordert.[227]

Wie sich die Dinge in Buchholz weiterentwickelten, ist nicht bekannt. Noch am 23. Mai berichtete der Annaberger Amtmann Anton von Kospoth, „im Puchulcz sagt man, sie rassen, werden in zuleufen (den aufständischen Joachimsthalern[228] – A. L.), alz ich besorge".[229]

Zu dieser Zeit war die Stellung Buschs als Bergvogt von Buchholz bereits schwer erschüttert. Zu den heftigen Angriffen gegen ihn trat sein wirtschaftlicher Ruin.[230] Bereits im September 1525 empfahlen die landesherrlichen Räte dem Kurfürsten, den Bervogt abzulösen[231], was dann Anfang 1526 geschah. Es läßt sich schwer abschätzen, inwieweit auch die Volksbewegung – neben den wirtschaftlichen Schwierigkeiten Buschs – zu diesem Sturz beigetragen hat. Bezeichnend ist jedoch, daß von 1527 an, nachdem offenbar das Wahlrecht zur Wahl von Richter und Schöffen wiederhergestellt worden war, die Gegner Buschs als Richter und Schöffen auftauchen: Von den oben Erwähnten wurde 1527 Bartel Selbalt Schöffe, 1528 Bartel Schaller Richter und Pausback Schöffe.[232] Das deutet darauf hin, daß sich die Gewerkenopposition durchgesetzt hat. Dagegen bleibt das Schicksal der aufständischen Arbeiter wie des Pfarrers im dunkeln. Letzterer hielt sich noch eine Zeitlang in Buchholz auf, scheint aber schon 1525 sein Amt verloren zu haben.[233]

227 Ebenda, Bl. 35.

228 Über den Joachimsthaler Aufstand, der zu dieser Zeit seine erste Etappe durchlief, vgl. I. Mittenzwei, a. a. O.

229 W. P. Fuchs, Akten . . ., a. a. O., S. 362.

230 Vgl. dazu oben, S. 165 f.

231 StA Weimar, Reg. T 349, Bl. 37–39.

232 Ch. Meltzer, Historische Beschreibung, a. a. O., S. 185 u. 195 f. Bartel Sebalt starb 1529 und hinterließ neben einem selbstgebauten Häuschen, einem Garten und einigen Stockräumen 6¾ Kuxe in 4 Zechen, d. h., er gehörte zu den Kleingewerken; er bezeichnete sich selbst als armen Mann (L. Bartsch, Buchholz unter der Ernestinischen Linie, a. a. O., S. 125 f.).

233 L. Bartsch, a. a. O., S. 114 ff.

c) Annaberg

Auch in Annaberg verschärften sich zur Zeit der frühbürgerlichen Revolution die Klassenkämpfe, wenngleich sie vor allem wegen der beherrschenden Stellung Herzog Georgs und der Stärke seiner Machtposition nicht zu offenen Aufständen führten. Das Material über die Ereignisse ist bekannt und teilweise bereits mehrfach ausgewertet.[234]

Auch hier zeigen sich im Kern die gleichen Ursachen und – im einzelnen allerdings modifiziert – die gleichen Komponenten des Kampfes wie in den anderen Berstädten: Mißstände im Bergbau und daraus resultierender Kampf gegen Ausbeutung, Auflehnung gegen die Obrigkeit, stimuliert durch die reformatorische Bewegung.

Untrügliches Zeichen für die Mißstände im Bergbau ist – abgesehen von den konkreten Hinweisen in den Forderungen der Gewerken und der Bergarbeiter – auch hier der starke Rückgang der Produktion. Belegt er einerseits die Abnahme der Investitionsfreudigkeit der Gewerken bzw. des Arbeitswillens der Bergarbeiter als einer spezifischen Form des Klassenkampfes gegen die feudal-regalherrliche bzw. beginnende kapitalistische Ausbeutung, so hatte er andererseits eine Verschärfung der Widersprüche zur Folge. In dem zu dieser Zeit bei weitem bedeutendsten sächsischen Bergbauzentrum sanken die Produktionsziffern innerhalb weniger Jahre um die Hälfte. Hatte das Ausbringen von 1510 bis 1518 rund 21500 Mark Silber im Jahresdurchschnitt betragen, so fiel es in den Jahren 1519–1522 auf rd. 12000 M und 1523–1525 auf rd. 10500 M im Jahresdurchschnitt.[235] Das spiegelte sich auch in der Zechenzahl wider, die in den Jahren 1513 bis 1516 zwischen 670 und 925 schwankte, während 1525 nur noch rd. 350 Zechen bestanden.[236] Diese Rückläufigkeit mußte natürlich auch auf die Beschäftigung der Arbeiter Auswirkungen haben und ist wesentlich für das Verständnis einiger Forderungen der Annaberger Bergarbeiter.

Hinzu kam die besondere Stellung Annabergs als eines Zentrums des Ablaßhandels. Mehrfach betätigte sich der berüchtigte Johann Tetzel in Annaberg und sammelte Gelder für den Ablaß zugunsten des Feldzuges des deutschen Ritterordens in Livland, wovon Herzog Georg später einen Teil für die – von den Buchholzer Bergleuten so drastisch verspottete – Erhebung und Kanonisierung Bischof Bennos abzweigte. Darüber hinaus wurde 1509 auf emsiges Betreiben Herzog Georgs der Stadt ein jährlich zweimal zu erhebender

234 Das vorhandene Material ist ediert bei F. Gess, Akten I u. II, a. a. O., sowie bei W. P. Fuchs, Akten . . ., a. a. O. Ausgewertet wurde es zuletzt – allerdings auf das Jahr 1525 beschränkt – von S. Sieber, Die Teilnahme erzgebirgischer Bergleute am Bauernkrieg, a. a. O., S. 93–97; I. Mittenzwei, Der Joachimsthaler Aufstand 1525, a. a. O., S. 99–103; H. Carlowitz, Die revolutionäre Bewegung der Bergleute in den Silberstädten Annaberg, Marienberg und Geyer während des Bauernaufstandes 1525, in: Sächsische Heimatblätter, 1970, H. 1, S. 15ff., über Annaberg, S. 17–19.

235 Vgl. unten, S. 269. In den Zahlen von 1521 bis 1523 ist auch das Marienberger Silber einbegriffen, das allerdings zu dieser Zeit noch relativ bedeutungslos war.

236 Vgl. oben, S. 95. Für die übrigen in Frage kommenden Jahre läßt sich die Zechenzahl nicht nachweisen.

Ablaß zugunsten ihres Kirchenbaus gewährt, von dessen Einnahmen ein Drittel nach Rom ging.[237]

Unter diesen Bedingungen mußte Annaberg ein besonderer Nährboden für reformatorisches Gedankengut sein. Als im Januar 1521 der Leipziger Buchdrucker Valentin Schumann verhaftet wurde, weil er eine „Schmähschrift" gedruckt hatte, warf man ihm vor, daß „die bosheid uf St. Annenberg von ihm auch geubet", wofür „er einer grosen straf wirdig" sei.[238] Im einzelnen verlautete nichts über diese „bosheid" von Annaberg; es dürfte sich aber um die Verbreitung von Schriften gegen die Kirche und gegen die Obrigkeit gehandelt haben, da Herzog Georg gerade darauf besonders allergisch reagierte.[239]

Näheres wird ab 1524 faßbar. Im März dieses Jahres kam ein Dominikanermönch als Prediger nach Annaberg[240] – wahrscheinlich war es Johann Bindmann[241] –, der reformatorisches Gedankengut verbreitete. Bereits wenige Monate später, am 24. Juni, wurde er – offenbar auf direkte Weisung Herzog Georgs – vom Annaberger Hauptmann Anton von Kospoth verhaftet und unter Begleitung des katholischen Pfarrers und des Richters von Annaberg nach Dresden gebracht, von wo aus man ihn seinem Orden in Pirna „in ewige bestrickunge" übergeben wollte. Nachdem sich jedoch herausstellte, daß er bereits zuvor von Rat und Gemeinde Joachimsthal mit Billigung ihrer Herrschaft zum Pfarrer gewählt worden war, holte ihn gegen den Widerstand des Herzogs eine Joachimsthaler Abordnung dorthin.[242]

Noch war der reformatorischen Bewegung in Annaberg aber durch die Verhaftung Bindmanns und die Einsetzung eines neuen, äußerst geschickt operierenden katholischen Predigers[243] nicht Einhalt geboten; denn wenige Tage später begann die Tätigkeit des Mykonius und Ibachs im benachbarten Buchholz, das für Annaberg als Ventil wirkte. In großer Zahl strömten Annaberger seit Anfang Juli zu den Messen in Buchholz. Als der Annaberger Rat zwei Bürgern befahl, „die leute, so herausgegangen, zu zelen", war ihnen das „doch unmöglich gewesen . . .; do sie über 1000 kommen, haben sie nymmer fortzelen können".[244]

Auch hier schritt Herzog Georg sofort ein. Im Unterschied zu Schneeberg, wo ihm durch die Mitregierung der Ernestiner die Hände gebunden waren, und zum ernestinischen Buchholz suchte er die Bewegung von Anfang an und bevor es zu einer Radikalisierung kommen konnte, in allen ihren Äußerungen zu unterdrücken.[245]

237 F. Gess, Akten I, S. LXXVII Anm. –S. LXXVIII, S. LXXXf., ferner Nr. 24, 25, 34, 44, 71, 72, 114, 117, 122, 126, 223.

238 Ebenda, Nr. 187, vgl. auch Nr. 192.

239 So verlangte er von Jakob Fugger in Augsburg, nachzuforschen, ob nicht Schriften verbreitet würden, in denen er, der Herzog, angegriffen werde. Fugger antwortete, daß er „allenthalben bei den buchtruckern und da man die getruckten buechlin fail hat, lassen suchen, aber kains, darin E. F. G. geschmacht wirdet, erfaren konnen" (ebenda, Nr. 223).

240 Ebenda, Nr. 613.

241 Ebenda, Nr. 692, S. 699, Anm. 4.

242 Ebenda, Nr. 692.

243 L. Bartsch, Kirchliche und schulische Verhältnisse . . ., a. a. O., S. 63f., 73, 75.

244 F. Gess, Akten I, Nr. 692, S. 702.

245 Schon Anfang 1522 hatte er Maßnahmen gegen Söhne Annaberger Bürger ergriffen, die in Wittenberg studierten und der Reformation anhingen (vgl. F. Gess, Akten I, Nr. 278, 316).

Am 17. oder 24. Juli mußten auf seinen Befehl hin in jedem Viertel der Stadt ein Ratsherr und ein Viertelsmeister von Haus zu Haus gehen „und vorbieten, das nimands hiraus yn das Buchholtz gehen dorfte, das predigtamt anzuhoeren".[246] Allen Wirten wurde untersagt, einen Gast, der nach Buchholz ginge, wieder zu beherbergen. Am 7. August schickte Herzog Georg das Wormser Edikt nach Annaberg und ließ es im Beisein des Rates vor der versammelten Gemeinde verlesen. Da „dy gemeyne yn unserer stat (Annaberg – A. L.) bey euch einem ausgelaufnen monche in das Buchholtz mit haufen zulaufen und seine prediget anhoren", erließ der Herzog einen eigenen Befehl, derartige Besuche strikt zu unterbinden. Zuwiderhandelnde sollten sofort eingesperrt werden; die Bestimmung des Strafmaßes behielt sich der Herzog selbst vor.[247]

Entsprechende Strafmaßnahmen waren bereits vorangegangen. Schon am 21. März 1524 hatte der Hauptmann drei „gesellen" namens Hans Torst, Hans Dittersbach und Ludwig Siber eingesperrt und 14 Tage ohne Verhör „hertiglich" im Gefängnis gehalten, weil sie in Buchholz angeblich „das sacrament in zweier gestalt genomen" und die Fastengebote verletzt haben sollten. Nachdem sie sich vor Herzog Georg gerechtfertigt hatten, ließ dieser sie frei, aber unter der Bedingung, Annaberg möglichst bald zu verlassen.[248] Am 26. Juli war ein gewisser Rabe ins Gefängnis geworfen worden, weil er den katholischen Prediger „Lugen gestraft" hatte; erst am 10. August wurde er verhört, wobei er standhaft blieb und erklärte, er wolle selbst auf die Gefahr der Todesstrafe hin an Christus und sein heiliges Evangelium, nicht aber an den Papst glauben.[249] Nach der Verkündung des Wormser Edikts in Annaberg wurden die Verfolgungen noch verschärft. Am 22. August berichtete Busch, man habe in Annaberg „eczlich gefenglich angenohemen", weil sie „wider ires predigersch predigten geredet".[250] Ferner wurde eine ganze Namensliste von Personen zusammengestellt, die in Buchholz Predigt und Messe besucht hatten. Nunmehr mußten sie persönlich vor Herzog Georg erscheinen.[251]

Unterdrücken ließ sich die Bewegung trotz aller Verfolgungen nicht. Am 13. August 1524 berichtete der Hauptmann an Herzog Georg, er habe den alten und den neuen Rat, den Bergmeister, Vertreter der Knappschaft und etwa 40 Personen aus den Vierteln der Gemeinde zusammengerufen und ihnen Vorhaltungen gemacht, daß die landesherrlichen Gebote „vorechtiglich von inen und den iren zum teyl ubergangen wurde(n)". Die Versammelten gaben ihm recht und entschuldigten sich damit, „das sulch begynnen wider iren will geschee". Immerhin konnte der Hauptmann aber nicht umhin, die Geistlichkeit wegen ihrer Sitten-

[246] Ebenda, Nr. 718; L. Bartsch, Kirchliche und schulische Verhältnisse, a. a. O., S. 76. Die unterschiedliche Datierung geht auf den Buchholzer Bergvogt Busch zurück. In einem Schreiben vom 10. August 1524, auf das sich Bartsch stützt, nennt er das erste Datum (Sonntag vor Maria Magdalena); in einem Schreiben vom 22. August, das Geß abdruckt, das zweite (Sonntag vor Anna).

[247] F. Gess, Akten I, ebenda; vgl auch L. Bartsch, ebenda, S. 76–78.

[248] F. Gess, Akten I, Nr. 633 u. Anm. 4 zu S. 637; L. Bartsch, ebenda, S. 79.

[249] L. Bartsch, ebenda, S. 79f.

[250] F. Gess Akten I, Nr. 718, S. 728.,

[251] L. Bartsch, a. a. O., S. 80f. Die Datierung ist unsicher; Bartsch nimmt an, daß das Verhör nicht vor Jahresende 1524 stattfand.

losigkeit zu verwarnen; diese solle die Bierhäuser meiden, sich nicht auf Disputationen mit leichtfertigen Leuten einlassen, und der Prediger solle aufhören, auf dem Predigtstuhl zu schelten. Besonders aufschlußreich ist jedoch, daß ein Vertreter der Gemeinde, Nickel Geyer, dem Rat vorwarf, einige seiner Mitglieder mißachteten selbst die herzoglichen Gebote. Hierzu nahm auch ein Christof Hirsch Stellung, der in 9 Artikeln einen Teil des Rates beschuldigte, er schmähe die Maßnahmen Herzog Georgs und sei gegen die Anwendung des Wormser Edikts eingestellt. Da der Hauptmann wegen dieser Anschuldigung „große verpitterung" befürchtete, die nicht „der eynikeit dynen" würde, stellte er dem Herzog anheim, sich persönlich der Sache anzunehmen. Daß die Anzeige Hirschs Ausdruck einer gegen den Rat gerichteten breiten Opposition, evtl. sogar unter Einschluß von Ratsmitgliedern, oder der Reaktion auf diese gewesen ist, belegt ein weiterer Brief Anton von Kospoths. Am 25. August berichtete dieser dem Herzog mit Bezug auf sein vorangegangenes Schreiben, daß „ein wyderwil alhye auf Sant Annapergk zwisen dem rat und der gemeyne sey. Nun begynnen sye einander zu rügen". Der Hauptmann äußerte seine Besorgnis, „was daraus guts folget, wo ein rat gezwyet ist und der rat und die gemeine wyder einander stehen". Er wolle versuchen, die Zwietracht, so gut es ginge, zu stillen, bis der Herzog selbst nach Annaberg käme.[252] Damit wird auch in Annaberg eine Opposition gegen die Obrigkeit erkennbar, die sich sowohl gegen Teile der örtlichen Obrigkeit richtete (ohne daß hier einzelne Vertreter wie in Schneeberg und Buchholz faßbar werden) als auch offensichtlich gegen den Landesherrn selbst.

Den für ihn unbefriedigenden Erfolg seiner Unterdrückungsmaßnahmen gegen die reformatorische Bewegung gab Herzog Georg noch am 7. Oktober 1524 selbst zu. Die Predigten in Buchholz brächten „denselben unsern underthanen (den Annabergern – A. L.) ein groß ergernus, das wir muhe genug haben, dieselbigen in gehorsam Christlicher kirchen zu erhalten".[253]

Sonst ist über die Ereignisse in Annaberg während der nächsten Monate nichts überliefert. Im Zusammenhang mit dem Bauernkrieg zeigte sich jedoch, daß die Spannungen in Annaberg weiter andauerten. Die Landesherren hielten Anfang Mai 1525 die Erhebung der Bauern im Erzgebirge für so bedrohlich, daß sie zu deren Niederschlagung Hilfe besonders aus Annaberg und Chemnitz benötigten.[254] Entsprechende Befehle an Annaberg[255] fanden jedoch ein widersprüchliches Echo. So forderte der Rat am 7. Mai auf einer Gemeindeversammlung alle Willigen auf, sich in den Sold des Feldhauptmanns Utz von Sulgau gegen die aufständischen Bauern zu stellen.[256] Am 8. Mai meldete er die Ergebnislosigkeit, be-

252 Beide Briefe bei F. Gess, Akten I, Anm. 5 zu S. 728. Vgl. auch J. K. Seidemann, Die Unruhen im Erzgebirge während des deutschen Bauernkrieges, Abhandlungen der Historischen Classe der Kgl. Bayrischen Akademie der Wissenschaften, Bd. X, München 1867, S. 145f. (ungenau).

253 F. Gess, Akten I, Nr. 744.

254 F. Gess, Akten II, Nr. 945: „Wir wollen uns aber als viel moglich fleyßigen, disem volke (den aufständischen Bauern – A. L.) widerstand zu tune; wir konnens aber durch nymants anders, wan mit den von St. Annaperg und Kempnitz understehn."

255 W. P. Fuchs, Akten ..., a. a. O. Nr. 1256, 1379.

256 Ebenda, Nr. 1362. Für die Ursachen der antibäuerlichen Haltung der Stadträte ist auch der Hinweis von G. Heitz, Ländliche Leinenproduktion in Sachsen 1470–1555,

rief aber zugleich für denselben Tag eine neue Versammlung ein, auf der der Annaberger Hauptmann A. von Kospoth die landesherrlichen Befehle verlas. Nach „fil selzsamer unterrede" erhielt dieser die schriftliche Antwort, man wolle mit Leib und Gut den Landesherren beistehen, allerdings mit der bezeichnenden Einschränkung, daß sich dieser Beistand nur auf alle „erlichen, zyemlichen und gepurlichen sachen, die wider das wort gottes nicht sein, nach ouch E. F. G. uns gegebne freyheiten anruren" beziehen könne.[257] Eine praktische Konsequenz hatte diese Beistandserklärung nicht. Der Feldhauptmann mußte abziehen, ohne einen einzigen Mann geworben zu haben, woraufhin der Annaberger Hauptmann die Annaberger dem Herzog Johann d. J. gegenüber als „widerwertig leut" bezeichnete.[258] Der Rat führte am 10. Mai zur Rechtfertigung an, man müsse die Stadt vor der sie umgebenden „entporung" schützen und dürfe sie deshalb nicht entblößen. Außerdem wies er darauf hin, daß sich viele der ledigen Gesellen nicht in der Stadt, sondern auf den zahlreichen umliegenden Bergwerken außerhalb befänden.[259] Daraufhin ließ der Hauptmann durch den Bergmeister die „gemeine", nicht in Annaberg besessene Knappschaft befragen, wie sie sich verhalten werde, und erhielt auch von ihr eine Beistandsversicherung. Ihm selbst versprach die Knappschaft – im Unterschied zur „gemeinen Knappschaft" die der in Annaberg besessenen, d. h. ansässigen Bergleute und Gewerken – ihm notfalls einen Haufen Bauern schlagen zu helfen.[260] Diese von Kospoth selbst herrührenden Angaben, für die es keine anderen Belege gibt, darf man jedoch nicht überbewerten. Nichts deutet darauf hin, daß es – bei allen Differenzen, die es auch zwischen Bauern und Bergleuten gab – zu Aktionen von Bergleuten auf der Seite der Unterdrücker des Bauernaufstandes gekommen ist. Im Gegenteil; die Artikel vom 16. Mai zeigen eindeutig die gleiche Zurückhaltung gegenüber den entsprechenden landesherrlichen Befehlen wie zuvor und zugleich die Furcht vor einem aus den sozialen Gegensätzen hervorbrechenden Aufruhr innerhalb der Stadt.[261]

Der Hauptmann hatte die gesamte Gemeinde am 16. Mai zusammengerufen und sie befragt, wie einem Aufruhr außerhalb der Stadt zu begegnen sei. Daraufhin erklärte die Gemeinde – als Repräsentanz aller besessenen Bürger – einmütig, sie wolle in der Stadt bleiben und diese schützen, da auch den Landesherren an

Berlin 1961, S. 100, auf den Kampf der Städte gegen die ländliche Produktion bemerkenswert.

257 Ebenda, Nr. 1379, 1381; F. Gess, Akten II, Anm. 1 zu S. 203. Für diese Einschränkung handelte sich Annaberg am 17. Mai eine ernste Zurechtweisung durch Herzog Johann d. J. ein. Es sei allgemein bekannt, daß sein Vater Herzog Georg ein christgläubiger Fürst sei, der nie gegen Gottes Wort oder das Heilige Evangelium noch gegen die erteilten Privilegien handle, sondern allein gegen die Aufrührer kämpfe. Es sei deshalb die Pflicht Annabergs, ihm in diesem Kampf beizustehen, W. P. Fuchs, Akten ..., a. a. O., Nr. 1481.

258 W. P. Fuchs, Akten ..., a. a. O., Nr. 1403.

259 Ebenda, Nr. 1410.

260 Ebenda, Nr. 1414 u. Anm. 1 zu S. 268. Dieser Unterschied von „gemeiner Knappschaft" und Knappschaft blieb in bisherigen Interpretationen unbeachtet. Bei der Knappschaft handelte es sich zumeist um gesessene Bürger, d. h. neben dem bergmännischen Element zu einem guten Teil um Gewerken und Bergbeamte (vgl. auch die Bemerkungen im Abschnitt über Schneeberg).

261 F. Gess, Akten II, Nr. 984.

ihr mehr gelegen sein müßte als an vielen Dörfern. Ein Auszug der Bürger könnte einen Aufruhr der Unangesessenen und Ausländer, d. h. insbesondere der unbesessenen Bergarbeiter und des plebejischen Elements, hervorrufen. Aus dieser Furcht vor einer Revolutionierung der eigenen ausgebeuteten Bevölkerung wurde gefordert, allen Unangesessenen und Bergleuten, aber auch Bürgern, die auswärtigem Aufruhr zulaufen, sofort die Stadt zu verbieten und sie auch von der Beschäftigung auf den Bergwerken außerhalb der Stadt auszuschließen. Allein diese Befürchtungen und Forderungen der Bürger, bei denen es sich zum großen Teil um Gewerken des Bergbaus handelte, kennzeichnen deutlicher die tatsächliche Haltung der Bergarbeiter als die oben wiedergegebenen Äußerungen Kospoths. Als wesentliche Ursache für die Furcht vor einem Aufruhr in der Stadt wurde die „unaynigkeit der parteyschen predigten" angegeben und hierbei der Klosterprediger bezichtigt, daß er „stat gotes wort die leute in einer gemeyn offentlich lugenstrafet". Insbesondere befürchtete man den Einfluß reformatorischer Prediger auf die Bevölkerung. Deshalb sollten „vortriebne geystlichen" keinesfalls in der Stadt aufgenommen werden, damit „nicht nachteyl ader aufrhur dadurch entstunde".

Neben dem Gegensatz zwischen Bürgern und vorproletarischen bzw. plebejischen Schichten spiegeln die Artikel vom 16. Mai 1525 aber auch den Zwiespalt innerhalb der Gemeinde wider, von dem seit August 1524 nicht mehr die Rede gewesen war. So wurde gefordert, den Kirchenschatz in der Stadt zu belassen; wenn jedoch der Rat ein Herausbringen für notwendig hielte, sollte er zuvor die Gemeindevertreter befragen. Noch deutlicher zeigt sich das Mißtrauen gegenüber den städtischen Obrigkeiten in der Forderung, man wolle in jedem Viertel neben den Viertelsmeistern 4 Vertreter wählen, die „der gemeyn gebrechen und notturft an (ohne – A. L.) alle scheue vorzutragen haben". Schließlich wurde verlangt, daß alle Mitglieder des Rates und ihre Bediensteten „sich aufs freuntlichste gegen den burgern ... halten wollen, damit die eynwhoner nicht vorursacht, sich das forder zu beklagen".

Einige weitere Forderungen zeugen ebenfalls von der bestehenden Unzufriedenheit bei den unterschiedlichen sozialen Elementen. Die Knappschaft, deren „mehereteyl ... gesessener burger sein"[262], verlangte vom Rat, daß in der Kapelle künftig nur ein Priester im Dienst bleibe, während die beiden anderen zu entlassen seien. Die dadurch einzusparenden Kosten seien einem gemeinen Kasten zuzuführen, aus dem „armen vortorbnen leuten aus der knapschaft iren ziemlichen enthalt gegeben werde". Eine schon zu den verschiedensten Zeiten in allen Bergstädten häufig erhobene Forderung tauchte auch hier auf: der Bergmeister solle den Bürgern vor den Fremden den Vorrang geben. Diese Forderung allein den Bergarbeitern zuzuschreiben und sie als eine unsolidarische, bornierte Haltung zu interpretieren[263],

[262] Vgl. dazu Anm. 260. Die Knappschaft besaß geistliche Lehen in der „St.-Annen-Kirche" und in der Kapelle; als ihr Kollator – auch das ist bei der Interpretation von Knappschaftsforderungen zu berücksichtigen – trat der Bergmeister auf (vgl. F. Gess, Akten I, Nr. 494).

[263] Vgl. S. Sieber, Die Teilnahme erzgebirgischer Bergleute ..., a. a. O., S. 95; H. Carlowitz, a. a. O., S. 18. Es soll keinesfalls bestritten werden, daß es auch Differenzen zwischen den Bergarbeitern gab; das zeigen die Artikel vom 3. Juni 1525, die weiter unten behandelt werden.

wird den Tatsachen nicht gerecht. Selbst wenn sie nur auf die Arbeiter zu beziehen wäre, würde eine derartige Interpretation den Reifegrad des Bewußtseins dieser neuen Schicht überfordern. Tatsächlich entsprach aber eine solche Forderung vor allem der Interessenlage der einheimischen Gewerken. Diese verfügten in der Regel über erheblich weniger Kapital als die auswärtigen Gewerken und vor allem die Vertreter des Kaufmannskapitals der großen Fernhandelsstädte, weshalb sie im Konkurrenzkampf mit jenen gegen deren Bevorzugung ankämpften. Inhaltlich handelte es sich um die gleiche Forderung wie in den „Notturfftigen Artikeln" von Schneeberg 1523, nämlich die kleinen Gewerken nicht gegenüber den „großen Hansen" zu benachteiligen. Einen besonders prägnanten Ausdruck fand dieses Verlangen in dem Klagebrief eines Schneeberger Kleingewerken an Herzog Georg vom August 1533. Seine Beschwerde richtete sich gegen einen reichen Leipziger Kaufmann und Gewerken, vor allem aber gegen die Unterstützung, die diesem von den Bergbeamten gegeben wurde, wobei er schlußfolgerte: „Also ein bose Regimend ist auff dem Schneberge, Berckmeister sampt den geschwornen und Zehentnern ... also verteufft man arme Leute, das alleczeit der gewalt fürgeht und die Grossenn Hansenn oben ligenn ... Also druckt man die Armen czu Boden, und die Reichen faren stecz ubenn."[264] Im Lichte derartiger Klagen zeigt sich deutlich auch der soziale Charakter der entsprechenden Annaberger Forderung als Ausdruck des Konkurrenzkampfes der kleinen und mittleren einheimischen Gewerken gegen die fremden Großgewerken und gegen die sie bevorzugenden Bergbeamten. Damit paßt sich auch diese Forderung ein in den Gesamtcharakter der Artikel vom 16. Mai als Ausdruck der Interessen breiter Kreise des städtischen Bürgertums, vor allem der Gewerken, die einerseits gegen die örtlichen Obrigkeiten gerichtet, andererseits jedoch von der Furcht vor der Volksbewegung diktiert waren. Schließlich fügen sich in dieses Bild auch die übrigen Artikel ein, in denen die Inhaber der Braugerechtigkeit die Forderung erhoben, die Bewohner von Dörfel sollten ihr Bier nur in Annaberg holen; in denen weiter eine gerechte Verteilung des Wassers sowie eine Verringerung der für die Kirche zu leistenden Dienste verlangt wurde.

Daß sich die Artikel vom 16. Mai zu einem guten Teil auch gegen den Rat richteten und mit einem Aufleben der Opposition zusammenhingen, bestätigte der Rat selbst zwei Tage später in einem Brief an Herzog Johann d. J.[265] Es bestünde die ernste Gefahr einer Empörung in der Stadt, und man habe zusammen mit dem Hauptmann „zwene gantze tage ... mit und bei der gemaine grosse muhe und arbeit gehapt, damit wir unter ine eine stillung, fried und ainigkeit mit der hulfe gotes gemach". Im Hinblick auf den landesherrlichen Befehl, an der Niederschlagung der Bauern mitzuwirken, wiederholte der Rat zwar sein gegebenes Versprechen, verwies jedoch auf die ablehnende Haltung der Gemeinde. Daß sich die Opposition über die örtlichen Obrigkeiten hinaus auch gegen die Landesherren selbst richtete, belegt der Brief eines Denunzianten an Herzog Georg.[266] Danach habe er auf dem

264 StA Dresden, Loc. 4489, Handlung auf dem Schneeberge ... 1488–1546, Bl. 176–178. Daß es sich bei dem Klagenden um einen Gewerken handelt, geht auch aus Bl. 129 und 136 hervor.

265 W. P. Fuchs, Akten ..., a. a. O., Nr. 1499.

266 Ebenda, Nr. 1461.

Markt in Annaberg ein Gespräch belauscht, in dem es um den Aufstand der Bauern ging. Dabei habe Nickel Pflugk – ein bekannter Annaberger Gewerke – im Beisein von Adam Ries – dem berühmten Rechenmeister, damals Rezeßschreiber – geäußert, Herzog Georg sei ein tyrannischer Fürst, dabei stünde ihm Ernst von Schönburg zur Seite. Pflugk habe die Hoffnung ausgedrückt, „er wolt erleben, das di fursten und di herrn alle aus dem land vortrieben werden solten".

In dieser gespannten Situation mußte die Nachricht vom Ausbruch des Joachimsthaler Aufstands[267] auf den Annaberger Rat alarmierend wirken, lag doch die Möglichkeit nahe, daß es auch in Annaberg zu einer Erhebung käme, zumal wegen der direkten Kontakte, die Joachimsthaler Aufständische mit Annabergern aufgenommen hatten.[268] So sprach der Rat am 23. Mai gegenüber Herzog Johann d. J. die Befürchtung aus, daß „emporunge nicht alleyn der knappschaft in diesen bergsteten, wie dan eine gewonheit unter ine und zuvor moher geschehen, sunder ouch der andern samlung und commun zu beforchten".[269] Insbesondere die Bergarbeiter hätten mit den Aufständischen in Joachimsthal „groß mitleyden"; der größte Teil von ihnen – „zuvoraus die unbesessene ledige gesellen" – sei bereit, den Aufständischen zu Hilfe zu kommen. Der Rat müsse „große muhe und arbeit alle stunden vorwenden", um „sie mit gute zu stillen". Eine große Zahl von Wächtern sitze Tag und Nacht in Bereitschaft „und mussen uns alle augenpligk von denselbigen ledigen gesellen und ouch den ingesessenen einer aufrhur . . . beforen und merglichen fleiß furwenden, unsere where, spieße, buchsen, pulver und anders vor inen zu wharen". Es war daher ein Präventivmittel gegen den drohenden Aufstand in Annaberg, wenn der Rat eilends eine Abordnung nach Joachimsthal sandte, die zwischen den gegnerischen Parteien vermitteln und den Aufstand möglichst bald beilegen sollte.

Diese Vermittlerfunktion trug dem Annaberger Rat von seiten der Fürsten hohes Lob ein. Zu einem Zeitpunkt, da „die knapschaften fast aller bergwerke hie disseit des waldes in bewegung waren", sei durch diese Vermittlung die Ausbreitung des Aufstandes auf das ganze Land verhindert worden.[270]

Nach innen betrieben die Annaberger Obrigkeiten – neben den getroffenen Schutzmaßnahmen – eine Beschwichtigungspolitik. So suchte der Bergmeister Hans Rüling dem ansteigenden Druck ein Ventil zu öffnen in Form einer Umfrage, welche Mängel und Beschwerden es bei den Arbeitern gäbe.[271] Weil er „große murmelung under der knapschaft gehort" hatte, rief der Bergmeister am 27. Mai 1525 alle Annaberger Steiger in der Münze zusammen und bat sie in „gelymplichen worten", „sy wolten keynen aufrur machen". Jeder Steiger sollte seine Arbeiter fragen, „woryn sy mangel ader gebrechen hetten". Die Knappschaft lehnte es

267 Über dieses hervorragende Ereignis des bürgerlich-vorproletarischen und bäuerlichen Klassenkampfes während der frühbürgerlichen Revolution vgl. I. Mittenzwei, a. a. O.

268 Das Verhör von Thomas Seydel aus Joachimsthal ergab u. a., daß er „auf ezliche zechen auf S. Annenperge geritn sein und mit den heuern der emporung halben geret haben" soll, W. P. Fuchs, Akten . . ., a. a. O., Nr. 1793.

269 F. Gess, Akten II, Nr. 998.

270 W. P. Fuchs, Akten . . ., a. a. O., Nr. 1592 (Brief Herzog Johanns d. J. an seinen Vater Herzog Georg vom 29. Mai 1525).

271 Dazu und zum folgenden F. Gess, Akten II, Nr. 1019.

jedoch ab, hierauf einzugehen. In dieser Lage benutzten – wie oft in revolutionären Situationen[272] – die Arbeiter und Kleingewerken die Knappschaftsorganisation im Kampf um die Durchsetzung ihrer spezifischen Interessen ohne, ja sogar gegen den Willen der eigenen Vorsteher, der Knappschaftsältesten, sowie der Bergbeamten, die ja ebenfalls der Knappschaft angehörten. So beschwerten sich im Zusammenhang mit den im folgenden darzustellenden Ereignissen Bergmeister, Geschworene und die Knappschaftsältesten, daß man ihnen öffentlich gedroht habe, sie „zu erschlagen und zu ermorden ... das wir ach nicht bol sicher wider auf das gepirge nach yn der stat gehen mogen“.

Nach der Ablehnung der vom Bergmeister veranlaßten Umfrage legte die Knappschaft am 29. Mai in einem Brief den Arbeitern eine Reihe von Fragen vor, die sich aus den überlieferten Antworten rekonstruieren lassen. Dieser Brief wurde „von eynem gepirg auf das andere geschickt (innerhalb des Annaberger Reviers – A. L.) und dy ganze woche uber rat gehalten und yn der schicht“. Das Ergebnis überreichten fünf Steiger am 3. Juni in Form eines Schriftstückes dem Bergmeister, den Geschworenen und – bezeichnenderweise – den Knappschaftsältesten; es enthielt die Forderungen der Bergleute aus fünf Teilen des Annaberger Reviers.[273]

Die Knappschaft am Wolfstein auf „Keublers Zug“ forderte, daß man über die Verwendung der Büchsenpfennige Rechnung ablegen müsse. Zur Entgegennahme der Abrechnung sollten aus jedem Viertel vier Vertreter der Knappschaft bestimmt werden. Das Geld sei zur Hilfe für arme Gesellen, verunglückte oder kranke Bergleute zu verwenden. Ferner wurde verlangt, „das wier keyn pfaffen wollen haben, denn eynen, der uns das wort gotts predige“. Schließlich wollte die Knappschaft aus ihrer Mitte neue Älteste anstelle der bisherigen wählen.

Die Knappschaft im „Seuwalde“[274] forderte gleichfalls die Verwendung der Büchsenpfennige im Interesse der Arbeiter. Es solle ein Haus zur Unterbringung alter und kranker Bergleute gekauft werden. Ferner wurde verlangt, die Knappschaft solle aus ihrer Mitte zur Verwaltung der Büchsenpfennige acht Vertreter wählen, von denen zunächst vier ein Jahr lang amtieren, ihnen dann die anderen vier nachfolgen und zugleich vier neue gewählt werden, die dann diesen folgen usw. Sie sollten jährlich Rechnung ablegen über die Verwendung der Gelder. Eine weitere Forderung ging dahin, die Löhne der Steiger in der Stadt denen in den Dörfern, wo die Steiger besseren Lohn und Dienst hätten, anzugleichen. Außerdem sollten die Steiger in Dörfern und Gebirgen auch zum städtischen Wachdienst verpflichtet werden; ferner dürfe kein Steiger gemietete Jungen halten. Das letztere bedeutete für die betreffenden Jungen eine zusätzliche Ausbeutung, da sie von den Steigern in Kost und Logis genommen und ihnen dafür willkürlich Beträge vom Lohn abgezogen wurden. Erschwerend kam hinzu, daß die Ablehnung eines

272 Vgl. dazu oben den Abschnitt über die Klassenkämpfe in Schneeberg.

273 Im folgenden zitiert nach Gess, der allerdings nur die religiösen Forderungen bringt. Ergänzend wurde auf die nicht immer zuverlässige modernisierte Wiedergabe bei J. K. Seidemann, Unruhen, a. a, O., S. 167ff., zurückgegriffen, da das Original als verschollen galt. Während des Druckes dieser Arbeit konnte Manfred Kobuch das Original im StA Dresden ermitteln. Es wird in dem Band „Flugschriften der Bauernkriegszeit“, der 1975 im Akademie-Verlag erscheint, ediert werden.

274 Bei Seidemann – und nach ihm in der Literatur – fälschlich „Steinwalde“.

solchen Logisverhältnisses oft die Entlassung des betreffenden Arbeiters bzw. Jungen zur Folge hatte. Klagen darüber finden sich immer wieder, obwohl derartige Manipulationen durch die Bergordnungen verboten waren. Die Aufnahme dieser Forderung scheint aber hier auf anderen Motiven zu beruhen: Man wollte verhindern, daß die einen Steiger Vorteile gegenüber anderen erlangten. Schließlich forderte die Knappschaft im Seuwalde die Abschaffung der Sonnabendschicht.

Die Arbeiter der „7. und 8. Maß nach dem Heiligen Kreuz" schlossen sich hinsichtlich der Büchsenpfennige und deren Verwendung den schon bekannten Auffassungen an; auch forderten sie die Beschränkung auf nur einen Priester. Des weiteren verlangten sie, die Knappschaftsältesten vierteljährlich zu wählen und im gleichen Turnus Rechnung zu legen. Auch hier zeigt sich wieder der Gegensatz von gesessenen Bürgern und ungesessenen sowie ledigen Gesellen unter den Bergleuten: Die nicht in der Stadt ansässigen sollten gleichfalls zu Wachdiensten verpflichtet sein, und sie dürften die „wachenden" Bürger nicht als „Oelberger" verspotten (als Anspielung auf das Wachen der Jünger auf dem Ölberg).

Die Arbeiter im Gebirge vor dem Böhmischen Tor zu Kleinrückerswalde verlangten gleichfalls, von dem vorhandenen Geld ein Haus zu bauen, alle Quartale Rechnung über die Büchsenpfennige abzulegen, nur einen Priester zu halten, vier neue Knappschaftsälteste zu wählen. Zusätzlich forderten sie eine Arbeitszeitverkürzung. Sie wollen „um das Erste" ausfahren (beim ersten Anläuten bzw. Anklopfen, das normalerweise eine Stunde vor Schichtende lag), d. h., sie wollten, daß die Schicht um eine Stunde (von 8 auf 7 Stunden) verkürzt werde; daneben ging es ihnen um die Abschaffung der „buße", d. h. der Sonnabendschicht, die in Annaberg 5 Stunden dauerte. Des weiteren verlangten sie, daß ein Lohnarbeiter, der in der Grube Schaden erleidet, für die Zeit seiner Arbeitsunfähigkeit von den Gewerken den Lohn erhält. Hier finden sich – im Unterschied zu einigen vor allem von den Steigern inspirierten Artikeln – in einer überraschenden Klarheit schon spezifisch proletarische Forderungen, und zwar von Lohnarbeitern, die sich gegen die beginnende kapitalistische Ausbeutung zur Wehr setzen. Ein weiterer Wunsch dieser Arbeiter betraf die Erleichterung ihres Weges zur Arbeit. Da sie zur Erreichung des Böhmischen Tores einen großen Umweg um die Mauer machen mußten, was vor allem im Winter sehr beschwerlich war, baten sie darum, für sie in der Stadtmauer eine kleine Pforte zu schaffen. Schließlich erhob diese Arbeitergruppe noch eine Forderung, die etwas nähere Betrachtung verdient: Die Steiger mögen Bauern, die Erbe besitzen, nicht zum Nachteil der Arbeiter fördern, denn die Bauern könnten sich gut von ihrem Erbe erhalten. Hier wird das Verhältnis zwischen Bergarbeitern und Bauern angesprochen, und aus dieser Forderung wurden bereits weitreichende Schlußfolgerungen im Hinblick auf eine Unmöglichkeit des Zusammengehens von Bergarbeitern und Bauern im Bauernkrieg gezogen.[275] Es sei in diesem Zusammenhang an die bereits mehrfach (zuletzt am Beginn dieses Abschnitts) betonte Instabilität der Verhältnisse im Bergbau erinnert. In Zeiten hoher Fündigkeit stieg die Zahl der vorhandenen Zechen rapide an und damit auch der Bedarf an Arbeitskräften; dann wiederum konnte die Investi-

[275] H. Löscher, Die erzgebirgischen Knappschaften ..., a. a. O., S. 183ff. Vgl. dazu auch die Stellungnahme von I. Mittenzwei, a. a. O., S. 102.

tionsfreudigkeit bei mangelnden Ausbeuten ebenso schnell zurückgehen, wodurch die Zahl der Zechen wie der Arbeitskräftebedarf stark absanken. Da ein derartiges Auf und Ab relativ rasch aufeinanderfolgen konnte[276], ist es übrigens völlig verfehlt, aus einzelnen Belegen auf einen allgemeinen Arbeitermangel oder Arbeitskräfteüberschuß zu schließen, wie das zuweilen in der Literatur geschieht. Tatsächlich bedingten die Verhältnisse eine hohe Mobilität des Arbeitskräfteeinsatzes, und mangels einer industriellen Reservearmee bildeten hier offensichtlich – neben der Zuwanderung aus den Städten – die Bauern der Umgebung die wichtigste Reserve bei einem raschen Ansteigen des Arbeitskräftebedarfs. In der Situation des Jahres 1525 bestanden jedoch von den rd. 900 Zechen der Jahre 1514–1516 noch ganze 350, d. h., der Arbeitskräftebedarf war erheblich zurückgegangen. Nach der in der Studie über die kapitalistische Gewerkschaft gegebenen Tabelle wären von den über 3200 Arbeitern des Jahres 1514 zum Zeitpunkt der behandelten Ereignisse, Trinitatis 1525, noch rd. 1700 beschäftigte Arbeiter in Annaberg übriggeblieben. In dieser Situation war es jedoch für die reinen Lohnarbeiter – und als solche erwiesen sich auf Grund ihrer anderen Forderungen gerade die hier in Rede stehenden Arbeiter im Gebirge vor dem Böhmischen Tor – eine Existenzfrage, ihre Arbeit zu behalten. Aus dieser Sicht erscheint ihre Forderung, man möge erbgesessene Bauern nicht vor den Arbeitern bevorzugen, nicht als spezifisch antibäuerlich, sondern es ging um die Erhaltung der Arbeitsplätze für die reinen Lohnabeiter gegenüber denjenigen Arbeitern, die noch über andere Subsistenzmittel verfügten.

Die letzte Gruppe schließlich, die sich zu dem Brief an den Bergmeister äußerte, waren die Arbeiter im „Hohen Gebirge" von der „Bauerzeche", dem „Reichen Trost" (der Zeche Kunz von Iphofens), der „Pflocken Zeche" (des 1521 verstorbenen reichen Fundgrübners Lorenz Pflock) und anderen umliegenden Zechen. Sie forderten gleichfalls, aus dem Ertrag an den Büchsenpfennigen ein Haus für verunglückte, kranke und alte Bergleute zu kaufen oder zu bauen, und auch ihr Verlangen ging dahin, die Priester gänzlich zu entlassen und durch einen von ihnen zu wählenden zu ersetzen.

Der Grundzug all dieser Forderungen der Annaberger Arbeiter war – neben anderem – der Wunsch nach größerer sozialer Sicherheit, nach besserer Verwaltung und Kontrolle der sich aus den Büchsenpfennigen ergebenden Knappschaftsmittel sowie deren Verwendung im Interesse der Arbeiter, u. a. auch durch Reduzierung der davon entlohnten Priester. Schließlich lehnten die Arbeiter die bestehenden Knappschaftsorgane, insbesondere die Ältesten, ab und wollten sie durch eigene gewählte Vertreter ersetzt sehen.

Bergmeister, Geschworene und Knappschaftsälteste, die diese Forderungen und Beschwerden entgegennahmen, leiteten sie mit einem Kommentar an Herzog Georg weiter. Darin lehnten sie die Forderungen nach Arbeitszeitverkürzung und Abschaffung der Sonnabendschicht rundweg ab. Dennoch hätten die Arbeiter die Entscheidung darüber nicht erst abgewartet, sondern seien überall bereits eine Stunde vor Schichtende ausgefahren. Wo ein Steiger sie daran hindern wollte, hätten sie damit gedroht, ihn in die Schicht (Schächte?) zu werfen. Auch die Entlassung der Priester stieß beim Bergmeister und seinem Anhang auf Ablehnung,

[276] Vgl. oben, die Tabelle S. 112 ff.

da sich dies „unsers vorsens nicht wol schicken" würde. Zur Ablegung der Rechnung könnten wohl von jedem Gebirge vier Steiger hinzugezogen, keinesfalls jedoch die Knappschaftsältesten entlassen werden. Als Arbeitskräfte müsse man entgegen den entsprechenden Forderungen auch weiterhin Bauern beschäftigen, da viele Zechen weit entfernt von der Stadt in der Nähe von Dörfern lägen. Die Forderung nach einem Bruderhaus für verunglückte und gebrechliche Bergleute wiesen sie mit der gleichen Begründung zurück, mit der das gleiche Verlangen schon 1523 in Schneeberg von den landesherrlichen Räten abgelehnt worden war: Es gäbe ja ein Spital, das solche Bergleute aufnehmen könne. Bezüglich der Drohungen, daß man sie erschlagen wollte, beschuldigten sie einen Jacob Pitterlein und einen Bartel Kolb und baten Herzog Georg um Bestrafung der beiden.

Zu dem noch Ende Mai 1525 von den Obrigkeiten befürchteten Aufstand kam es jedoch nicht mehr. Als der Hauptmann Kospoth zwischen dem 8. und 11. Juni wegen der auch ihm übersandten Forderungen der Arbeiter nach Annaberg kam, spürte er „pei den inwonern der stadt auch der gemeinen knapschaft eine grose anderunge ires gemuts", das nicht mehr, wie noch kurz zuvor, zum Aufruhr hinneige.[277] Die Niederschlagung der aufständischen Bauern und der Terror gegen sie sowie die erfolgreiche Vermittlungstätigkeit des Annaberger Rates in Joachimsthal werden wesentlich dazu beigetragen haben. Kospoth traf nun auch in Annaberg Maßnahmen zur Wiederherstellung der Achtung vor den landesherrlichen Gesetzen, insbesondere der Bergordnung. Unter Berufung auf sie befahl er, die Schichten, einschließlich der Sonnabendschicht, voll zu fahren. Wer dagegen verstoße, sei sofort zu entlassen; zuwiderhandelnde Schichtmeister und Steiger verlören ihr Amt und würden vom Landesherrn bestraft. Vor allem ging Kospoth gegen die Anführer des Kampfes der Arbeiter vor. Um „possen samen aus dem gutten zu sundern", seien möglichst viele von denen, die gegen den Bergmeister und die Geschworenen „gefrevelt" hätten, zu verhaften, ebenso alle, „so sich aufruriger hendel gefleisen". Sie sollten so lange in Haft bleiben, bis Herzog Georg selbst nach Annaberg käme, um das Urteil zu sprechen. Das geschah auch. Der vom Bergmeister und seinem Anhang beschuldigte Pitterlein wurde „mit der scherf" verhört, bekannte jedoch nichts. Eine Reihe anderer, unter ihnen der Schichtmeister Fritz Gews, wurden von Herzog Georg bestraft.[278] Dem Lorentz Peter warf man vor[279], Gregor Hacker und andere Bergbeamte bezichtigt zu haben, sie liehen den „großen Hansen" Geld aus der Knappschaftskasse, einem armen Mann aber nicht ein Schock. Deshalb sollten sie „abgesatzt und vom perge vortrieben werden, aber sie solten alle zu stucken gehauen werden". Weiteres geht aus den vorliegenden Quellen nicht hervor; berichtet wird jedoch, daß Herzog Georg mit 300 Pferden in Annaberg gewesen sei, einen Teil der am Aufruhr beteiligten Bergleute eingesperrt, einen anderen aus der Stadt verwiesen habe. Die Gefangenen mußten dann die Annaberger Stadtmauer aufbauen.[280]

277 W. P. Fuchs, Akten ..., a. a. O., Nr. 1655.
278 Ebenda, Nr. 1794.
279 Ebenda, Nr. 1793.
280 H. Carlowitz, a. a. O., S. 19.

d) Marienberg

Die Auseinandersetzungen in Marienberg waren durch die gleiche Mehrschichtigkeit und ähnliche bzw. gleiche Forderungen gekennzeichnet wie in den anderen Bergstädten, nahmen aber während des Bauernkrieges einen besonderen Charakter an. Hinzu kam, daß die Stadt erst vor kurzem gegründet worden war und der Marienberger Bergbau vom Annaberger Bergamt abhing.[281] Daraus ergaben sich eine Reihe spezifischer Forderungen insbesondere der Gewerken, die auf eine Lösung aus der Abhängigkeit von Annaberg und auf eine größere eigene Selbständigkeit hinzielten. Zugleich ermöglichten es jedoch die noch ungefestigten Verhältnisse der Gründungszeit, daß die Bergleute offenbar zunächst einige Neuerungen durchsetzen konnten, die den allgemeinen Forderungen entsprachen: Sie nahmen die Knappschaftskasse in eigene Verwaltung, und sie verfuhren Doppelschichten, was aus der Reaktion der Landesherren bzw. der Bergbeamten hervorgeht.

Deshalb befahl Herzog Georg am 12. September 1521, die Büchsenpfennige der Marienberger Knappschaft dem Bergmeister, den Geschworenen und den Knappschaftsältesten zur Verwaltung zu übergeben.[282] Und am 22. Dezember desselben Jahres beschwerte sich Herzog Johann d. J., daß diesem Befehl seines Vaters „gancz entkegen gehandelt und das die puchsenpfennige noch das quatembergelt bey dem bergmeister doselbst nicht eyngelegt werden".[283] Der Herzog forderte den Annaberger Hauptmann auf, jeden zu entlassen, der sich den Anweisungen widersetze.

Als der Bergmeister – vermutlich etwa Mitte des Jahres 1523 – gegen das Verfahren von Doppelschichten vorging, kam es zu Protesten der Bergarbeiter. Diese äußerten sich in einem Schreiben der Knappschaft an den Landesherrn, das zugleich einige Forderungen der Gewerken enthielt.[284] Das Schreiben umfaßte vier Artikel.[285] Der erste und umfangreichste wandte sich gegen das vom Berg-

[281] Vgl. oben, S. 37ff.

[282] StA Dresden, Cop. 137, Bl. 34, zit. nach Nachlaß Löscher.

[283] Ebenda, Bl. 784.

[284] Diese undatierte Beschwerdeschrift wurde von W. Bogsch, a. a. O., S. 34, und ihm folgend von S. Sieber, a. a. O., S. 93, I. Mittenzwei, a. a. O., S. 105, H. Carlowitz, a. a. O., S. 20, u. a. in das Jahr 1525 gesetzt. Löscher datierte sie hingegen etwa Mitte 1523 (H. Löscher, Die erzgebirgischen Knappschaften ..., a. a. O., S. 186). Diese letztere Datierung dürfte den Tatsachen entsprechen, da einige andere Belege dafür sprechen, daß diese und die folgenden Beschwerden aus der Zeit vor der Erteilung des Stadtbriefs für Marienberg (19. Dez. 1523) stammen. So lehnte Herzog Georg einige der Forderungen mit der Begründung ab, wenn man ihnen nachkäme, „wolte darauß erfolgen, das si auch einen marckt doselbst aufrichten wurden" (StA Dresden, Loc. 4504, Das Bergwerk zu Marienberg, Bl. 117ff., zit. nach Nachlaß Löscher). Durch den Stadtbrief vom Dezember 1523 hatte jedoch Marienberg sowohl einen Wochen- wie einen Jahrmarkt erhalten, d. h., die Beschwerden können nicht aus der Zeit danach stammen. Da der Herzog im selben Brief der Einsetzung eines eigenen Marienberger Gegenschreibers zustimmte, müssen auch alle Forderungen nach einem solchen aus der Zeit vor dem Dezember 1523 herrühren.

[285] StA Dresden, Loc. 4504, Herzog Heinrichs von Sachsen Bestätigung ..., Bl. 2, zit. nach Nachlaß Löscher.

meister erlassene Verbot der Doppelschichten und begründete, warum die Arbeiter auf Doppelschichten angewiesen waren. Ein großer Teil der gemeinen Knappschaft arbeite in Zechen, in denen „in acht ader zehen wochen kein pfening lons gefallen ist . . ., derhalben wir uns mith einer Schicht nicht wissen zu erhalden". Das hing damit zusammen, daß Marienberg in den ersten Jahren von Herzog Heinrich künstlich hochgezüchtet wurde, obwohl es zunächst nur ganz wenige fündige Gruben gab; d. h. die Mehrzahl der Arbeiter war in noch unfündigen Zubußzechen beschäftigt. So kam es auch häufig vor, „das zwen ader drey ein zeche bauen und farn ein schicht darneben, . . . domith sie auch ire weib und kindt, dartzu ir gebeude erneren und erhalten kunnen". Ferner ließen sich auch „die gesellen offentlich hoeren", daß sie bei Aufrechterhaltung des Verbots von Doppelschichten ihre Arbeit aufgeben und wegziehen müßten.

Der zweite Artikel spiegelte die Interessen der Gewerken wider. Er forderte für Marienberg einen eigenen Gegenschreiber. Nach der bisherigen Praxis war der Kauf oder Verkauf eines Kuxes beim Gegenschreiber in Annaberg anzumelden. Dieser mußte erst die Rechtmäßigkeit des Handels erkunden, was das Ganze um 2 bis 3 Tage gegenüber der sonst üblichen Praxis verzögerte. Den Nachteil davon hatten vor allem die örtlichen Aufnehmer von Gruben bzw. die Lehenträger, die ja meist auf auswärtiges Kapital angewiesen waren. Der „fremde man", so hieß es, befürchte jedoch Betrug, wenn ihm nicht die Gegenbücher am Ort vorgelegt würden. Bevor er aber selbst nach Annaberg reise, um dort Einsicht zu nehmen, oder darauf warte, bis der Annaberger Gegenschreiber nach Marienberg komme, verzichte er lieber auf eine Beteiligung in Marienberg. Die Forderung nach einem eigenen Gegenschreiber war damit für viele kleine Gewerken eine Existenzfrage.

Die dritte Forderung lag auf gleicher Ebene wie die zweite. Die Knappschaft erbat die Verleihung eines Secretsiegels, wodurch sie ihre Autorität in Verhandlungen mit fremden Kapitalgebern u. a. erhöhen wollte.

Der vierte Artikel drückte wieder mehr die Interessen der Lohnarbeiter aus. Er forderte bezüglich der Büchsenpfennige, „das der bergmeister domit nicht zcu schaffen habe". Wahrscheinlich war inzwischen der entsprechende Befehl Herzog Georgs durchgesetzt worden. Die Knappschaft wollte nunmehr die Büchsenpfennige wieder in eigene Verwaltung nehmen und zugunsten derjenigen verwenden, die „schaden ym berge" erleiden.

Nachdem die Marienberger Knappschaft mit ihren Forderungen keinen Erfolg hatte, wandte sie sich mit einem neuen Beschwerdeschreiben an Herzog Georg, das gleichfalls vier Artikel enthielt.[286] Die Knappschaft erinnerte darin an die „manchveltig anregen", die sie bisher beim Herzog vorgebracht habe, und stellte fest, daß sie „biß heher nichtz und gar wenick bey e. f. g. erlanget, des uns nicht wenick befremdet". Daher sei es nötig, erneut ihre Beschwerden vorzutragen. Im ersten Artikel wurde die Forderung nach einem eigenen Gegenschreiber wiederholt, diesmal verbunden mit persönlichen Angriffen gegen den Annaberger Gegenschreiber Wolff Kluge. Der dritte Artikel forderte erneut, die Verwaltung der Büchsenpfennige sowie zusätzlich der Ausbeuten aus den Kirchenkuxen der Knappschaft

[286] StA Dresden, Loc. 4509, Bergsachen . . . 1493–1524, Bl. 13ff, zit. nach Nachlaß Löscher. Das Schreiben ist ebenfalls undatiert.

zu übertragen. Erneuert wurde im zweiten Artikel auch eine andere Forderung, die bereits seit 1520 offenstand: Man brauche einen Seiger (Uhr) und eine Anläuteglocke, damit „eyn itzlicher arbeiter zu rechter zceit an und aus west zu faren". Im vierten Artikel schließlich wurde verlangt, auch die Retardatrechnungen in Marienberg zu halten, damit man nicht immer den weiten Weg nach Annaberg machen müsse. Insgesamt wurden hier also vor allem solche Artikel wiederholt bzw. neu vorgetragen, die im Interesse der Gewerken lagen.

Nach anfänglicher Abweisung[287] sah sich Herzog Georg zu Teilzugeständnissen gezwungen. So gestattete er die Einsetzung eines Marienberger Gegenschreibers und stimmte auch der Forderung nach einem Seiger und einer Anläuteglocke zu. Alle übrigen Forderungen verfielen jedoch erneut der Ablehnung.[288]

Diese Vorgänge und Forderungen des Jahres 1523 bezeugen auch hier die Unzufriedenheit sowohl bei den Gewerken wie bei den Arbeitern. Bei den ersteren resultierte sie aus der regalherrlichen Verwaltung, vor allem aus der von Herzog Georg erzwungenen Unterstellung unter das Annaberger Bergamt, bei den letzteren aus ihrer schlechten sozialen Lage.

Über die Ereignisse der folgenden Zeit ist nichts bekannt. Eine Aktivität Marienberger Bergleute wird erst wieder während des Bauernkrieges im erzgebirgischen Raum sichtbar. Als am 14. Mai 1525 aufständische Bauern die Pfarre von Mildenau stürmten, zog der Amtmann von Wolkenstein, Balthasar von Weidenbach, gegen sie, wobei er etliche Hundert Marienberger als Hilfstruppe aufbot. Diese machten jedoch dem Amtmann „vil mehr muhe, angst und arbeit" als die aufständischen Bauern. Sie beteiligten sich an der Plünderung der Pfarre, und ein Teil von ihnen blieb bei den Mildenauern. Ein anderer Teil machte sich selbständig und plünderte die Pfarre in Rückerswalde.[289]

Über dasselbe Ereignis berichtete am 16. Mai der Annaberger Hauptmann, der ebenfalls mit 12 Berittenen nach Mildenau gekommen war, an Herzog Johann d. J. Er habe nach Marienberg geschickt, um zu „erkunden, was dieselbigen trunken leut vorhaben". Dabei erfuhr er, daß sie sich „zusamengesworen haben" und in der folgenden Nacht (15. Mai) erneut ausgezogen sind, um eine Pfarre zu plündern. Ob und wo das geschehen sei, wisse er noch nicht; sicher sei allerdings, daß die Pfarre zu Schönbrunn gestürmt wurde. Der Hauptmann forderte, in Schellenberg und Wolkenstein Reiter zu stationieren, „und wo von den trunken leuten aufrur gemacht, das man die tott steche, solt meins vorsehens nach forcht machen".[290] Tatsächlich stellte sich einen Tag später heraus, daß die Marienberger die Pfarren in Lauterbach und Lupersdorf gestürmt und geplündert hatten. Gerüchtweise verlautete, sie hätten die Leute Caspar von Schönburgs zum Mitkämpfen auffordern wollen.[291]

287 Vgl. ebenda, Bl. 15.

288 StA Dresden, Loc. 4486, Bergsachen ... 1497–1599, Bl. 63f.; Loc. 4504, Das Bergwerk zu Marienberg, Bl. 117ff., 135ff., zit. nach Nachlaß Löscher, alles undatiert.

289 W. P. Fuchs, Akten ..., a. a. O., Nr. 1452. Dazu und zum folgenden vgl. auch H. Carlowitz, Die Bauernerhebung 1525 in Amt Wolkenstein, in: Sächsische Heimatblätter, 1969, H. 6, S. 255ff.

290 W. P. Fuchs, ebenda, Nr. 1470.

291 Ebenda, Nr. 1482.

Inzwischen brachte jedoch der Amtmann von Wolkenstein am 17. Mai mit den aufständischen Bauern seines Amtes einen Vertrag zustande, wonach diese wieder heimziehen wollten. Dem schloß sich auch die „arme knapschaft von Marienperge“ an; sie wollte ebenfalls heimziehen und „alle genommene habe“ herausgeben. Aufschlußreich dafür, daß ein Teil dieser Knappschaft bäuerlicher Herkunft gewesen sein muß, ist folgende Klausel: „So vornemen wir und sein des glaublich bericht, wie das sich unser edelleut lassen hören drölich, so wir heimkommen, so wollen sie uns wol lernen.“ In einem solchen Fall wollten sie ihren Entschluß revidieren.[292]

Wieweit dieser Fall eintrat, ist nicht bekannt. Feststeht jedoch, daß bereits einen Tag später, am 18. Mai, „die loßen puben aus der knapschaft von Marianperge“ gegen die Dörfer Georgs von Berbishorf, des größten Grundherrn um Marienberg, zogen, um die Pfarren zu plündern.[293] Ihre Zahl wurde mit 200 angegeben. Inzwischen hatte der Annaberger Hauptmann befohlen, im Marienberger Bergbau keinen Teilnehmer am Aufstand zu beschäftigen. Daraufhin seien „etlich“ von Marienberg weggezogen, berichtete Kospoth.[294] Bald darauf setzten auch in Marienberg die unmittelbaren Strafmaßnahmen ein. Die dabei bzw. später durchgeführten Verhöre belegen, daß an der Spitze der Marienberger Aufständischen im Amt Wolkenstein die beiden bewußtesten Führer des Kampfes der erzgebirgischen Bergleute und Bauern gestanden haben: Wolf Göftel und Andreas Zinner, gen. Cosener.[295] In ihnen dokumentiert sich das sonst im sächsischen Erzgebirge kaum zustande gekommene Bündnis von Bergarbeitern und Bauern.

Göftel war ein Bergarbeiter aus Buchholz, der vermutlich nach dem Aufkommen des Marienberger Bergbaus nach dort gezogen war. Zusammen mit Zinner wurde er als „fhürer und capitanier . . . der bergknappen vom Marienberge“ bezeichnet.[296] Beim Sturm auf die Pfarre Mildenau stand er an der Spitze. Nach eigenen Angaben hatte er die Bauern von Falkenbach und Mildenau aufgefordert, sich dem Kampf anzuschließen. Auch am Sturm auf die Pfarre in Schönbrunn war er beteiligt. Der Dienstmagd des Pfarrers gab er eine Kuh als Lohn und stellte ihr – offenbar als eine Übereignungsurkunde – eine Handschrift darüber aus. Den Bauern versprach er, sie führen zu wollen, wenn sie ihm beiständen. Das Beistandsversprechen wurde durch Eidleistung besiegelt. Auch in Gelenau wurde er als „herrfhurer der pauern“ bezeichnet. Der Richter von Marienberg nannte ihn „felthauptman“ und den Zinner „heerfhurer“.[297] Das ausgesprochene Ziel beider war der Sturz der Obrigkeiten durch ein Bündnis von Bergarbeitern und Bauern, d. h. der revolutionärsten und am meisten ausgebeuteten Kräfte. Sie wollten „den edelleuten die sitze . . . störmen und m. g. h. in das land fallen“, „die obrigkeit vortreiben“ und „die closter stormen“. Nach dem Ausbruch des Joachimsthaler Aufstands wandte sich Göftel sofort dorthin und versuchte, einerseits in der näheren und weiteren Umgebung, u. a. in Annaberg und Graupen, die Unterstützung für die Aufständi-

292 Ebenda, Nr. 1486.
293 Ebenda, Nr. 1496.
294 Ebenda, Nr. 1509.
295 Vgl. zum folgenden die Verhöre ebenda, Nr. 1757.
296 Ebenda, S. 571, Anm. 1.
297 I. Mittenzwei, a. a. O., S. 105.

schen zu organisieren, andererseits den Aufstand auszuweiten.[298] Auch im Vogtland und im Elnbogener Land unterstützten Göftel und Zinner den Kampf der Bauern und formulierten ihnen ihre Artikel. Noch im Juni 1525, als es in Geyer zu einem begrenzten Aufstand kam, bot Göftel den Aufständischen in einem Brief an, „so es von notten, sampt den pauern beistand zu leisten". Am 27. Juni wurden Göftel und Zinner in Buchholz durch Urban Osann verhaftet, im Juli verhört und als „die obristen capiteniger" „in disem ufrur alhi hoben" – wie sie Osann bezeichnete[299] – hingerichtet. Als ihre Mitkämpfer erscheinen in den Verhören die Marienberger Fritz Husse, Klein Hensel, der Koch, und Georg Nigkschall.

Auch eine Reihe anderer Marienberger, die an den Kämpfen teilgenommen hatten, geriet in die Fänge der Obrigkeiten. Ein Denunziant gab 15 Namen an, unter denen besonders ein Hans von Meylandt hervorgehoben wurde. Außerdem seien eine Reihe Joachimsthaler Gesellen und andere Fremde beteiligt gewesen, deren Namen nicht bekannt waren. Ferner wurde unter den Aufständischen im Amt Wolkenstein ein Donat Espich aus Marienberg angeklagt.[300] Nach 17 Marienbergern, die am Aufstand teilgenommen hatten, aber geflohen waren, wurde gefahndet.[301] Bemerkenswert ist schließlich noch ein weiterer Hinweis auf die führende Rolle, die Marienberger Bergleute im Bauernkrieg gespielt haben. So waren zwei Häuer von Marienberg namens Kandler und Hundshauth als Abgeordnete des Grünhainer Haufens zum Pfarrer von Zöblitz gekommen und hatten verlangt, daß er die Messe deutsch lese und deutsch taufe.[302]

Abweichend von den anderen sächsischen Bergstädten, wo sich die Auseinandersetzungen im Innern der Stadt und zum Teil mit Stoßrichtung gegen die Landesherren, aber isoliert von der gleichzeitigen Bauernbewegung vollzogen, lassen sich zwar 1525 für Marienberg keine inneren Kämpfe ermitteln, jedoch kam es hier zu einem Bündnis der kämpfenden Bergleute und Bauern. Damit wurde eine Hürde übersprungen, die sonst einem derartigen Bündnis im Wege stand: die gegenseitige Beeinträchtigung spezifischer Interessen. Hatten die Bauern im allgemeinen unter der Ausbeutung durch die Stadt zu leiden, was das Zustandekommen eines Kampfbündnisses erschwerte, so kamen im Bereich des Bergbaus noch zusätzliche Schädigungen durch Schürfe, Holzeinschlag, Wegebau usw. hinzu. So beklagten sich 1525 die Dörfer um Schlettau beim Kurfürsten, daß sie „dis orts arme waltguter haben, kain getraidebauhe, sunder das wir uns den meherern allein schwerer saurer walterbt erneren mussen, koelens, holzhauhens und furwerks, auch sere von den bergleuten, so umb Sant Annabergk und Buchholtz auch darin weßen, bedrangt werden, das uns vil von unserm armut, gras, holz und anderst genomen wirt, auch mit graben, schurfen in eckern und wießen, auch manichen nauhen steig, di uns armen leuten durch unsere ecker und wießen gemacht werden,

298 Vgl. ebenda, S. 92f.; ferner M. M. Smirin, Zum Charakter der sozialen Beziehungen und des Klassenkampfes im Bergbau Deutschlands im XV. und XVI. Jahrhundert, in: Wissenschaftliche Zeitschrift Karl-Marx-Universität Leipzig, ges. R., 1965, H. 3, S. 404f.

299 W. P. Fuchs, Akten ..., a. a. O., S. 571, Anm. 1.

300 Ebenda, S. 501 und Anm. 1.

301 Ebenda, S. 502.

302 Ebenda, S. 783, Anm. 1.

das E. Cf. G. zum ufkommen E. Cf. G. bergwerks nutzet."[303] Und einige Dörfer gaben dem Kurfürsten zu bedenken: „... dieweil wir umb di bergwergk und mitten in den bergstetten whonen. Do sint ufkamen Sant Annabergs, Buchholtz und Sant Joachimßtalhs, vil nau wege und steige ufkomen und beschwerlichs erdolden mueßen, welch bergleute auch nicht underlassen zu jagen und zu stelln, dodurch uns vil schaden an unsern gutern zugefugt ...".[304] In Marienberg selbst hatten sich schon beim Aufkommen des neuen Bergwerks die Bauern 1521 bei Herzog Georg beschwert, „das inen ire holtzer abgehauen, wysen und ecker vorterbt werden".[305]

Umgekehrt wurde bereits im Zusammenhang mit den Artikeln der Annaberger Bergarbeiter von Ende Mai/Anfang Juni 1525 darauf hingewiesen, daß auch die Lohnarbeiter ihre Vorbehalte vor allem gegenüber denjenigen Bauern hatten, die im Bergbau mitarbeiteten.

Um so höher ist die ideologische und politisch-organisatorische Leistung der bewußtesten Kräfte der Marienberger Bergarbeiter zu bewerten, die es fertigbrachten, diese Schranken zu überwinden und ein enges Bündnis im Klassenkampf gegen weltliche und kirchliche Feudalherren sowie gegen die Obrigkeiten herzustellen.

e) Geyer

Der letzte Akt der revolutionären Bewegung in den sächsischen Bergstädten während der frühbürgerlichen Revolution spielte sich in Geyer ab. Auch dort muß es eine starke Unzufriedenheit gegeben haben, die u. a. aus Mißständen im Bergbau herrührte und sich gegen die örtlichen Obrigkeiten richtete. Als der Annaberger Hauptmann Anton von Kospoth Anfang Mai 1525 neben Joachimsthal, Wolkenstein und Ehrenfriedersdorf auch in Geyer versuchte, Söldner gegen die revolutionären Bauern zu werben, mußte er enttäuscht feststellen, daß sich trotz guter Besoldung nicht ein einziger Mann bereit fand. Das führte er darauf zurück, daß „ein teufelhaftig werk unter die leut komen" ist.[306]

Zur Erhebung kam es in Geyer jedoch offenbar erst Ende Juni/Anfang Juli 1525, als die Kämpfe in den anderen Bergstädten bereits beendet waren. Die Strafbestimmungen Herzog Heinrichs vom 13. Juli 1525 sprechen von einem Aufruhr, der „in kurz vorweilten tagen" stattgefunden habe.[307] Als die treibende Kraft des Aufruhrs wird die Knappschaft angegeben, die „ezliche unzimliche neukeit unsers ermessens zu erzwingen vorgehabt", d. h. Forderungen durchzusetzen versuchte, die, über den Entscheidungsbereich der örtlichen Obrigkeiten hinausgehend, in den der Landesherren fielen, sich wahrscheinlich also gegen Bestimmungen der Bergordnung richteten. Nach schwer zu interpretierenden konfusen Aussagen von Gefangenen ging es u. a. darum, eine beabsichtigte Verlängerung der Schichtzeiten abzuwehren.[308] Ferner

303 Ebenda, Nr. 1933.
304 Ebenda, Nr. 1950.
305 StA Dresden, Cop. 137, Bl. 34, zit. nach Nachlaß Löscher.
306 W. P. Fuchs, Akten ..., a. a. O., Nr. 1397.
307 Ebenda, Nr. 1760.
308 „... des anleutens halben ... das sie bei dem bergmeister wolten anhalten, das sie mochten bei alder gewonheit pleiben" (ebenda, Nr. 1761).

wurden Artikel gegen Richter und Schöffen verfaßt mit der Drohung, „den rat zun fenstern raus (zu) werfen“. Die Knappschaft hatte sich dabei durch Eidleistung verschworen „fur ein man zu stehen“. „Sie haben zwene finger semptlich ufgehaben, todt und lebendig beieinander zu pleiben gesagt vor einen mann“. Ein vermutlich von den Aufständischen neu gewählter Richter „hat das feinlein getragen“. Der Pfarrer wurde gezwungen, die Messen deutsch zu lesen uud deutsche Taufen abzuhalten. „Die gesellen“ verlangten von ihm, „das er das ewangelium clar predige“. Auch hier bot Wolf Göftel – wie bereits erwähnt – sofort schriftlich seine Hilfe an, den Aufständischen zusammen mit Bauern Beistand zu leisten.[309] Es kam jedoch offensichtlich nicht mehr dazu.

Die vom Herzog wegen dieser Erhebung ausgesprochenen Strafen spekulierten auf soziale Gegensätze innerhalb der Bergstadt. Die Stadt sollte 200 Schock Silber zahlen; jedoch sollten ihr 100 erlassen werden, wenn sie dem Herzog „zwene adder drei, so des erhobenen ufrueres anfenger und orsacher gewesen“, ausliefern würde, um sie zur Abschreckung „mit der scherfe zu straffen“. Die Anhänger und „volger“ des Aufruhrs sollten dagegen vom städtischen Gericht bestraft werden. Im übrigen verlangte der Herzog von den „undertanen ufm Geier“, daß sie künftig ihre eidlichen Verpflichtungen gegenüber der Landesherrschaft getreu einhalten. Bisher noch nicht vereidigte Einwohner sollten sowohl gegenüber den örtlichen Obrigkeiten wie gegenüber den Landesherren in Eid und Pflicht genommen werden.[310]

Das letztere wurde symptomatisch für die folgende Periode nach der Niederlage der frühbürgerlichen Revolution: Die Landesherren brachten die Städte noch stärker als zuvor unter ihre Botmäßigkeit.

6. *Die verstärkte Unterordnung der Bergstädte unter die Landesherrschaft*

Obwohl die Städte bereits seit ihrer Gründung den Landesfürsten untergeordnet waren und die städtischen Obrigkeiten im allgemeinen auch während der verschärften Klassenkämpfe zur Zeit der frühbürgerlichen Revolution auf der Seite der Fürsten standen, wurde nach der Niederlage der Revolution der territorialstaatliche Herrschafts- und Kontrollmechanismus über die Städte noch ausgebaut.

Die städtische Verfassung läßt sich vor allem für Schneeberg gut rekonstruieren. Die ersten Schneeberger Bergordnungen, die Petitionen der Gemeinde und Knappschaft an die Landesherren und der 1481 erteilte Freiheitsbrief geben folgendes Bild: Berg- und Stadtgericht waren identisch. Die Landesherren formulierten in der Bergordnung von 1479: „Nachdem das gericht uff dem Sneberge nicht alleyn zcu bergrecht ader berggericht, sundern auch als ein geordents statgericht verordent und gesatzt ist . . ., so lassen wirs bei solcher gemeyner ubung“.[311] Richter und Schöffen sollten (nach der Petition von Gemeinde und Knappschaft, die die unmittelbare Vorlage für den Freiheitsbrief von 1481 bildete) ihr Amt so ausüben, wie es in Freiberg „eher dann sie Stattrecht gebrawchtt habin, gewest ist und zum Geyer nochmals

[309] Ebenda, Nr. 1757.
[310] Ebenda, Nr. 1760.
[311] H. Ermisch, Das sächsische Bergrecht . . ., a. a. O., S. 90. Vgl. auch oben, S. 22 ff.

gehalten wurdet".[312] Man unterschied also zwischen Stadtrecht und Bergfreiheit; Schneeberg erhielt die letztere.[313] Danach wurden von acht zuvor gewählten Vertretern der Gemeinde und den vier Ältesten der Knappschaft unter Vorsitz des Hauptmanns und des Bergmeisters, also der beiden leitenden landesherrlichen Beamten, jährlich zwölf Schöffen gewählt, und diese wählten dann, zusammen mit allen Vorgenannten, den Richter. Die Einheit von Stadt- und Berggericht wurde durch die Übertragung polizeilich-gerichtlicher Funktionen an den Bergmeister für Vergehen in Bergbaubezik bald wieder eingeschränkt. Richter und Schöffen waren aber nicht nur Gericht, sondern zugleich das höchste städtische Verwaltungsorgan; d. h., ein Rat wurde nicht zugelassen. Die gleichen Verhältnisse fanden sich, zumindest für die Gründungszeit, in allen anderen behandelten Bergstädten, in Geyer, das ja das unmittelbare Vorbild für Schneeberg war; Schneeberg seinerseits wurde zum Vorbild für Buchholz, und auch Annaberg und Marienberg erhielten in ihren Freiheitsbriefen Richter und Schöffen „zur hanthabung und regirung irer stat und berggerechtigkeit".[314] Nicht anders war es in Scheibenberg, Gottesgab usw.

Im Unterschied zu Schneeberg und den ernestinischen Städten bildete sich in den albertinischen Städten zwar bald eine Ratsverfassung heraus, ohne daß jedoch damit etwa die städtische Autonomie erreicht wurde. Die Einsetzung eines Rates 1503 und die weitere Ausgestaltung der Ratsverfassung 1505 und 1509 in Annaberg ergaben sich vielmehr aus dem starken Wachstum der Bevölkerung und aus den Streitigkeiten unter den Gewerken sowie zwischen Gewerken und Arbeitern, deren man mit den alten Gerichten nicht mehr Herr wurde[315]; d. h., die Einsetzung des Rates sollte die städtische Obrigkeit als Organ der Landesherrschaft stärken.

In allen erzgebirgischen Bergstädten der neuen Blüteperiode waren die städtischen Verwaltungs- und Vertretungsorgane, ob Richter und Schöffen oder Bürgermeister und Rat, den landesherrlichen Beamten untergeordnet. Es galt der Grundsatz, daß sie dem jeweiligen Stadthauptmann bzw. Amtmann zum Gehorsam verpflichtet sind, und sie mußten nach ihrer Wahl von den landesherrlichen Räten bestätigt und auf die Landesherren vereidigt werden.

Diese Bestätigung der Vereidigung von Richter und Schöffen bzw. der entsprechenden städtischen Obrigkeiten geschah jährlich auf den Berghandlungen. Die dabei gehandhabte Praxis beleuchtet die Unterstellungsverhältnisse recht deutlich. Es gibt zahlreiche Beispiele dafür, daß die Räte die Bestätigung der gewählten Richter verweigerten und andere, ihnen genehme Richter einsetzten. Vereinzelter Widerstand wurde rücksichtslos gebrochen. So erkannten z. B. die

312 StA Dresden, Loc. 4322, Bl. 15–17.

313 Der Freiheitsbrief von 1481 ist ediert bei O. Hoppe, a. a. O., S. 142ff.

314 Der Annaberger Stadtbrief ist ediert bei E. Finck, a. a. O., S. 20ff., nachgedruckt bei H. Helbig, Quellen . . ., T. IV, a. a. O., S. 109ff.; zum Buchholzer Freiheitsbrief vgl. L. Bartsch, Die Entstehung der Stadt Buchholz, a. a. O., S. 25f.; der Scheibenberger Freiheitsbrief in: StA Weimar, Reg. T 849, Bl. 50f. (die Scheibenberger Freiheiten erhielt 1527 auch Wiesenthal), die Freiheiten für die geplante ernestinische Konkurrenzgründung ebenda, Bl. 40f. u. 43ff.; für Gottesgab vgl. W. Fröbe, a. a. O., S. 301 (die übliche Stadtverfassung mit Richter und Schöffen war aber schon vorher vorhanden – StA Weimar, Reg. T 668, Bl. 12).

315 P. Albinus, Annabergische Annales . . ., a. a. O., S. 14, 15, 17.

landesherrlichen Räte auf der Berghandlung vom September 1513 den neu gewählten Richter in Schneeberg nicht an.[316] Mit der Begründung, der bisherige Richter habe „guten fried gewirkt“, während unter einem neuen Richter „solchem friedlichen wesen zurrüttung erwachssen“ könne, bestanden sie darauf, daß der alte Richter im Amt bleibe. Daraufhin protestierte Merten Fischer als Vertreter der Knappschaft, er sei von dieser bevollmächtigt zu erklären, „wo er sehe, das newerung geschee, dy yren privilegien entkegen, das sy darein nit willigen solten“. Die Räte wiesen den Vorwurf eines Eingriffs in die gewährten Privilegien zurück, da die Besetzung der Gerichte den Landesherren zustünde. Sie lehnten daher die Bestätigung der Wahl gänzlich ab, auch die der neugewählten Schöffen, und wollten die Sache den Landesherren zur Entscheidung übergeben. Daraufhin ließ man den Knappschaftsvertreter fallen. Nun erklärte der Bergmeister, die Knappschaft betrachte ihn als ihren Obersten, und er sei mit dem alten Richter einverstanden. Fischer wurde abgesetzt (vermutlich als Knappschaftsältester), und der alte Richter blieb, übrigens entgegen seiner eigenen Absicht, im Amt. 1515 wurde sogar unter Berufung auf einen landesherrlichen Befehl, wonach die Einsetzung der Richter allein den Fürsten zustehe, die Richterwahl zeitweilig ganz abgeschafft.[317] Erst die herannahenden Sturmzeichen der Reformation veranlaßten die Fürsten zu einem gewissen Einlenken. Als nämlich die Vertreter der Gemeinde und die Schöffen im Herbst 1518 unter Berufung auf die alten Freiheiten baten, man möge ihnen auch wieder die Richterwahl gestatten, wurde dem zugestimmt mit der Begründung, man dürfe gegenwärtig beim gemeinen Mann nicht den Eindruck hervorrufen, als würden seine alten Freiheiten gebrochen.[318] Dennoch behielten sich die Räte vor, einen neuen Richter einzusetzen, falls der gewählte ihren Erwartungen nicht entspreche, was sie 1522 praktizierten.[319]

Um diese Zeit wurde auch in Buchholz die Wahl von Richter und Schöffen abgeschafft und erst im Jahre 1527 wieder gestattet.[320] Am deutlichsten zeigte sich der Klassencharakter der landesherrlichen Bestätigungspolitik während der frühbürgerlichen Revolution, wie die bereits behandelten Vorgänge um die Richter- und Schöffenwahl in Schneeberg erweisen.[321]

Waren Richter und Schöffen einmal gewählt bzw. von den landesherrlichen Räten eingesetzt, bestätigt und vereidigt, so galten sie selbst als landesherrliche Beamte. Es bildete sich die von den Landesherren proklamierte Auffassung heraus, daß Richter und Schöffen die Verwaltung der Stadt „von unser aller wegen“, d. h. von den beiden Fürstenhäusern und in ihrem Sinne, übertragen sei.[322] Sie wurden also für den städtischen Bereich auf die gleiche Stufe gestellt wie der Bergmeister für den Bereich des Bergbaus. Beide unterstanden jedoch den landesherrlichen Amtleuten. Das waren im allgemeinen der Hauptmann (Annaberg, der auch für Marienberg zuständig war)

316 Darüber und über ähnliche Beispiele vgl. StA Weimar, Reg. T 115, Bl. 238–240, 282; StA Dresden, Loc. 4489, Verzeichnis . . . 1515–1518, Bl. 40–41, 79b–80.

317 StA Dresden, Loc. 4489, Verzeichnis . . . 1515–1518, Bl. 40f.

318 Ebenda, Bl. 184f.

319 StA Dresden, Loc. 4489, Berghandlung und Rechnungen . . . 1522–1524, Bl. 31b–32.

320 Vgl. oben, S. 236 und Anm. 206.

321 Vgl. oben, S. 233.

322 StA Dresden, Loc. 4489, Berghandlung und Rechnungen . . . 1522–1524, Bl. 126.

oder Bergvogt (Buchholz); in Schneeberg blieben es rd. 25 Jahre lang die beiden Zehntner. Die Interessengegensätze zwischen Ernestinern und Albertinern hatten bereits bald nach der Jahrhundertwende solche Formen angenommen, daß sie sich zur Ausübung ihrer gemeinsamen Regierung über Schneeberg nicht mehr auf einen gemeinsamen Hauptmann einigen konnten.[323] So fand man den Ausweg darin, daß die beiden Zehntner, von denen jedes Fürstenhaus einen einsetzte, mit der landesherrlichen Gewalt auf dem Schneeberg betraut wurden, die sie gemeinsam ausüben sollten.[324] Richter und Schöffen erhielten Weisung, daß sie nichts, was die Obrigkeit belangt, ohne Willen und Wissen der Zehntner tun sollten, oder noch deutlicher: Sie haben sich ohne Wissen der Zehntner „der oberkeyt nicht anzumasen ader dareyn zugreiffen".[325] Als sich 1517 die Zehntner bei den Fürsten beschwerten, der Richter unterstehe sich, sie zu verachten und zu beschimpfen, wurde dieser von den Räten einem Verhör unterworfen und, obwohl er in allen Anklagepunkten sein Recht nachweisen konnte, verwarnt, daß jeder Angriff auf die Zehntner einem Angriff auf die Fürsten gleichkomme.[326]

Die gleichen Grundsätze wie bei der Verwaltung der Stadt galten für Richter und Schöffen auch bei der Wahrnehmung ihrer gerichtlichen Funktionen. In den Freiheitsbriefen waren den Städten auch die Erbgerichte verliehen worden, jedoch immer auf bestimmte Fristen beschränkt. Bei allen Verhandlungen über Verlängerungen betonten die Räte stets die Gerichtshoheit der Fürsten, und sie benutzten diese Rechtslage seit 1518, um den Gerichten einen Teil ihrer Gerichtseinkünfte zu entziehen und in die landesherrlichen Kassen zu leiten.[327] Aber sie griffen auch unmittelbar in die Gerichtsbefugnisse von Richter und Schöffen ein, wie es besonders drastisch die Vorgänge von 1523 um die Verhaftung Paul Schmidts in Schneeberg belegen.[328]

Diese im Grundsätzlichen bereits seit der Gründung der Bergstädte bestehende Unterstellung der Städte unter die landesherrliche Gewalt wurde nun, nach dem Scheitern der frühbürgerlichen Revolution, noch verstärkt. In Schneeberg kam es zunächst wegen der gemeinsamen Herrschaft von Ernestinern und Albertinern noch nicht zu neuen Festlegungen. Die gegensätzliche Haltung der beiden Linien verhinderte eine gemeinsame Politik gegenüber der Stadt, und die städtischen Obrigkeiten mußten zwischen beiden Herrschaften lavieren. So fielen Richter und Schöffen bei Herzog Georg wegen der durch die Ernestiner geförderten Einführung der Reformation in Schneeberg in Ungnade. Und obwohl ihnen die Ernestiner 1527 versicherten, sie wären nur in weltlichen Sachen den Fürsten Gehorsam schuldig, „denn inn dem, so die Sele und Gewissen betreff, were mann alleine Gott zw volgen schuldigk", unternahmen sie alles, um Georgs Ungnade abzuwenden. Sie beeilten sich, dem Her-

323 StA Dresden, Loc. 4489, Handlung auf dem Schneeberg ... 1488–1546, Bl. 54ff., 85f., StA Weimar, Reg. T 83, Bl. 31ff.

324 StA Dresden, Loc. 4489, Berghandlung und Rechnungen ... 1522–1524, Bl. 16.

325 Ebenda, Bl. 16f., 32.

326 StA Dresden, Loc. 4489, Verzeichnis ... 1515–1518, Bl. 123f, 132f.

327 Dazu und zur Gerichtsbarkeit überhaupt vgl. neben dem Freiheitsbrief StA Dresden, Loc. 4489, Handlung auf dem Schneeberge ... 1488–1546, Bl. 22f., 109b–110; StA Weimar, Reg. T 115, Bl. 281b; StA Dresden, Loc. 4489, Verzeichnis ... 1515–1518, Bl. 167, 185, 218.

328 Vgl. oben, S. 219.

zog mitzuteilen, sie würden sich ihm in der lutherischen Sache wohlgefällig erweisen. 1529 entließen sie Georg zu Gefallen zwei beweibte Prediger, und sie versprachen ihm auch in anderen Dingen Gehorsam. „Ab aber nuhn ettliche eintzelne personen von dem gemeinen gepöfel sich etwas unschicklich und widersetzigk kegen s. f. G. betzaygtten . . ., beten sie auffs underthenigst, s. f. G. wollten sie das als Richter und Scheppen nit entgeltten lassen.“[329] Dennoch bestand Herzog Georg darauf, den gewählten Richter aus dem Amt zu entfernen. Und obwohl dieser Richter in den folgenden Jahren immer wieder gewählt und von den Ernestinern unterstützt wurde, versagten die albertinischen Räte jedes Mal die Bestätigung und jedes Mal gaben die ernestinischen Räte nach, und es wurde ein anderer Richter eingesetzt.[330]

Nachdem jedoch 1531 durch den Machtspruch von Grimma die albertinische Mitregierung beendet und Schneeberg allein den Ernestinern unterstellt worden war[331] gingen diese sofort daran, klare Verhältnisse zu schaffen. So mußte Schneeberg am 10. Dezember 1533 den Ernestinern Erbhuldigung leisten, womit sich eine genaue Festlegung der Befugnisse und Aufgaben der städtischen Obrigkeiten verband[332]: Richter und Schöffen wurde auferlegt, dem Zehntner Paul Schmidt „als Curf. bevelhaber in allen zimlichen billichen dingen seines Ambts halben gehorsam zu leisten und was mangels fürstünde seines Raths und handthabung zu gebrauchen“. Als Pflichten von Richter und Schöffen galten nun, Gottes Lob zu fördern, gerichtlichen Gehorsam, Friede und Zucht aufrechtzuerhalten, über die Einhaltung der städtischen und der Marktordnung zu wachen u. ä.

Das wurde dann im September 1537 noch spezifiziert. Richter und Schöffen erhielten ein landesherrliches Verzeichnis aller ihrer Aufgaben, über deren Befolgung sie künftig jährlich in schriftlicher Form den Landesherren berichten mußten.[333]

Der erste Hauptartikel verlangte Rechenschaft über die Beachtung aller fürstlichen Privilegien. Richter und Schöffen sollten über die Einhaltung der städtischen Ordnung und der Polizeiartikel berichten; weiter waren sie zur Vorlage aller Gerichtsbücher und Rechtsakten, der gesprochenen Urteile, aller Rezesse, Schiede und Verträge sowie aller Abreden und Abschiede in „ansehnlichen Sachen“ verpflichtet. Das gleiche galt für die Urgichten von Gefangenen, für die Ledigsprechung von Urfrieden und für Bürgschaftsleistungen, ferner in bezug auf die Vormundschaft bei Waisen und Witwen. Schließlich bestand eine Auskunftspflicht über jegliches privates Eigentum, das beim Gericht hinterlegt oder von ihm gepfändet war.

Der zweite Hauptartikel verlangte Rechenschaft über die Beachtung aller fürstlichen Mandate und Befehle im Hinblick auf die Münze, auf die Wehr- und Rüstungsmaßnahmen der Stadt, auf das Verbot von Gotteslästerung und „unchristlichem Zutrinken“, sowie hinsichtlich der Verbote des Wuchers und der Ausfuhr von Getreide. Richter und Schöffen sollten auch darüber wachen, daß niemand ohne fürstlichen Befehl außerhalb des Landes ging.

Der dritte Hauptartikel betraf die „gemeine Ordnung“. Richter und Schöffen oblag die Kontrolle und Rechenschaftspflicht über die Einhaltung der Mühlenordnung, der

329 StA Dresden, Loc. 4490, Handlunge und Zehend-Rechnung . . . 1527–1535, Bl. 14, 99.

330 Ebenda, Bl. 125–130, 174f.; ebenda, Loc. 4489, Handlung auf dem Schneeberge . . . 1488–1546, Bl. 124b.

331 Vgl. StA Weimar, Reg. T 122, Bl. 114–117.

332 Ebenda, Reg. T 100, Bl. 144–146.

333 Ebenda, Reg. T 118, Bl. 88–91.

Feuerordnung, über die Arbeit der Bäcker, Fleischer, Gastgeber und Wirte, über die Ordnung der Nachtwache und des Verbots von „unzüchtigem Gassengeschrei", über die Einhaltung der Polizeistunde in den Wein- und Bierschänken; wöchentlich waren die Gewichte und Maße zu kontrollieren. Über all das hatten sie Berichte in dreifacher Ausfertigung anzufertigen und bei Neuwahl ihren Nachfolgern zu übergeben.

Der vierte und letzte Hauptartikel befaßte sich mit der jährlichen Rechenschaft über das „gemeine Gut" und über die Einnahmen der Stadt. Das betraf die ordentlichen Einnahmen an Geschoß und Zinsen, die Braugelder, die Einnahmen aus dem Salzkasten, aus den Gerichtsfällen und Bußen, aus den Badestuben, Fleisch- und Brotbänken und die Ausbeuten aus den der Stadt gehörenden Kuxen. Ferner mußte im Beisein des Priesters und des Pfarrers die Rechnung der Kirchengelder und die des gemeinen Kastens vorgelegt werden.

Mittels dieser Vorschriften, die auch für die anderen ernestinischen Bergstädte galten und die bei speziellen Anliegen jeweils noch „extra ordinarie" ergänzt wurden, verstärkten die Landesherren nicht nur die Funktion der städtischen Obrigkeiten als ausführende Organe ihrer Herrschaft, sondern sie unterwarfen das ganze städtische Leben einer bis ins einzelne gehenden Reglementierung, die ein Wiederaufleben des oppositionellen Geistes unmöglich machen sollte.

Von nun an nahmen die landesherrlichen Räte auf den Berghandlungen unter dem Stichwort Beiartikel der „polliceyen und ordnungen der Ertzgebirge" die entsprechenden Berichte der Obrigkeiten von Schneeberg, Buchholz usw. entgegen und prüften, ob diese jeweils ihre Tätigkeit im Sinne der Landesherren ausgeübt hatten.[334] So gab z. B. der erste dieser Berichte[335] vom September 1538 in Schneeberg – Punkt für Punkt den vorgeschriebenen Artikeln folgend – Auskunft über das Wahlverfahren von Richter und Schöffen; über die vom Kurfürsten erteilten Privilegien wie Bergfreiheit, Erbgerichte, Zoll- und Geleitsfreiheit usw.; über die Anlage der Gerichtsbücher; über die in Schuld-, Berg-, Berggastgerichtssachen ergangenen Urteile; über Rezesse, Schiede, Verträge usw., die u. a. in Kauf-, Kontrakt- und Lehenbüchern enthalten waren; über die Vormundschaft unmündiger Kinder und die Verwaltung ihres Vermögens u. a. In anderem Zusammenhang wurde berichtet, daß die Stadt 500 lange Spieße, 125 halbe Hacken, 100 Hellebarden und 600 Harnische besitze, daß die Stadt 4 Nachtwächter beschäftige und daß zusätzlich besessene Bürger zur Wache eingeteilt werden, daß die Feuerordnung gedruckt worden sei und sie jeder besessene Bürger im Hause haben müsse. Im Hinblick auf die Marktordnung wurde gemeldet, daß der Gemeinde der Salzverkauf zustünde und privater Salzverkauf verboten sei; vier Kontrolleure (einer vom Gericht, einer von der Gemeinde und zwei Handwerksmeister) hätten Fleisch und Brot zu kontrollieren; die Einhaltung der Maße und Gewichte prüfe das Gericht selbst nach; alle Fässer, Viertel und Tonnen müßten Zwikkauer Reifen haben; Gerichtsknechte kontrollierten die Einhaltung der Verkaufszeiten; an Sonn- und Feiertagen dürfe nur Bier und Brot verkauft werden; die Bäkker hatten das Recht, bei gleichem Preis das Brot 2 Lot leichter zu backen als in Zwickau, da man die höheren Transportkosten für das Getreide ausgleichen müsse;

334 Vgl. z. B. StA Weimar, Reg. T 118, Bl. 130–132; Reg. T 120, Bl. 38–43, 80f., 83f., 90–95, 129–133 usw. in allen folgenden Berghandlungsprotokollen.
335 Ebenda, Reg. T 121, Bl. 43–48.

es gäbe eine Tabelle über das jeweilige vorgeschriebene Gewicht des Brotes entsprechend den Getreidepreisen; Fleisch werde nach Kontrolle und Schätzung verkauft: das Pfund Ochsenfleisch zu 6 Pfennigen, Schweinefleisch zu 5 Pfennigen, Kalbfleisch zu 4 Pfennigen; eine öffentliche Waage ermögliche jedem Käufer, die Ware nachzuwiegen. In dieser Weise wurde dem Kurfürsten über eine Reihe weiterer Punkte Rechenschaft gegeben und eine Abrechnung über alle städtischen Einnahmen und Ausgaben vorgelegt. Dabei ging die Abhängigkeit von den Landesherren so weit, daß selbst die beabsichtigte zeitweise Erhöhung des Bierpreises um einen Pfennig pro Kanne, die auch die Richter und Schöffen wegen der Teuerung des Getreides für notwendig hielten, erst über die landesherrlichen Räte bei den Fürsten selbst beantragt werden mußte und langwierige Verhandlungen nach sich zog.[336]

Diese völlige Unterordnung der Städte besiegelte die Durchsetzung der erstarkten Territorialfürstenmacht gegenüber den oppositionellen Kräften im Bürgertum, selbst wenn es danach hier und da noch oppositionelle Regungen gab.[337] Eine wesentliche Vorentscheidung war bereits 1509 gefallen, als es den Fürsten mit dem Erlaß der Annaberger Bergordnung gelang, das Direktionsprinzip im Bergbau gegen den Widerstand der kapitalistischen Gewerken und z. T. auch der Arbeiter durchzusetzen und dann auch dessen Anerkennung durch den widerstrebenden Dynastenadel zu erzwingen. Ein Teil des Bürgertums fand sich bereits zu dieser Zeit mit der Fürstenherrschaft ab und wurde zu einer ihrer Stützen. Die endgültige Entscheidung aber fiel mit dem Scheitern der voneinander getrennten Erhebungen und Kämpfe in den Bergstädten 1523–1525 während der frühbürgerlichen Revolution. Der völlige Verlust jeder städtischen Selbständigkeit war nur noch der Vollzugsstrich unter den Sieg des Territorialfürstentums. Die Konsequenzen waren einerseits, daß die Fürsten auf Grund ihrer Regalien aus der bürgerlichen Wirtschaft erhebliche Mittel zur Stärkung ihrer Macht abschöpfen konnten (u. a. rd. 20 Prozent der gesamten Silberproduktion) und auch Teile des Bürgertums eng an sich banden. Andererseits entzogen sie dadurch der Wirtschaft einen großen Teil der Mittel für den Reproduktionsprozeß, lähmten auf die Dauer die Investitionsfreudigkeit der Gewerken, hemmten so die weitere Entwicklung der Produktivkräfte und trugen zum wesentlichen Teil Mitschuld an dem Niedergang des Silberbergbaus und der Bergstädte nach der Mitte des 16. Jh.

336 Vgl. z. B. StA Weimar, Reg. T 120, Bl. 43, 93b–94, 130; Reg. T 122, Bl. 27b–28.

337 Zum letzteren vgl. H. Bräuer, Zur städtischen Volksbewegung Ausgang des großen Bauernkrieges bis zur Mitte des 16. Jahrhunderts ..., in: Sächsische Heimatblätter, 1969, H. 6, S. 262ff.

VI. DIE SILBERPRODUKTION[1]

Jahr	Schneeberg	Geyer	Annaberg	Buchholz	Marienberg	Scheibenberg[2]
1470	118					
1471	12740					
1472	29409	2143				
1473	5106	2548				
1474	32996					
1475	13257	1877**				
1476	38454					
1477	77352					
1478	31176					
1479	24802	3381				
1480	48903	2915				
1481	10591					
1482	15802	4234				
1483	12074	3645				
1484	27916[3]					
1485	6202[4]					
1486	13154	1947[5]				
1487	8415	6600[6]				
1488	8722	3852				
1489	3606**	3642				
1490	8329	2367				
1491	13662	3561				
1492	11642	2400	722			
1493	8690	4858	367			
1494	9335	4541	840			
1495	15749	2734	2650			
1496	9134	4167[7]	2176[9]			
1497	6242	2113	9701			
1498	7205	826[8]	12132[10]			
1499	7873	4120	c. 13300			
1500	4435**	3962	12708**			
1501	6111	1586**	26833	838		
1502	8186	2930	25587	1331		
1503	6908	2505	27811	1511		
1504	9914	2823	23449	3756		
1505	9284	4628	22580	3141		

Jahr	Schneeberg	Geyer	Annaberg	Buchholz	Marienberg	Scheibenberg[2]
1506	7391	3081	20972	787**		
1507	7224	3400	18389	3434		
1508	5012	2644	19138	978**		
1509	6398	2623	20190	1937		
1510	5179	3030	20796	2115		
1511	7771	1799	17717	1817		
1512	12845	1615	17517	1743		
1513	5445	1524	29044	2150		
1514	4480	1355	23544	2361		
1515	4937	1542	10150**	2721		
1516	4959**	738**	10687**			
1517	5868	1426	26029	1153**		
1518	4665	1274	16783	2814		
1519	3791	1528	12274	2795		
1520	3840	1622	11711	1899		
1521	2221	1881	12607	1976		
1522	3055	1303	10438	918		
1523	2131	1282	9929			2069**
1524	1114*	1340	11946[11]	780**	284	473**
1525	2036	2014	10434	1192	247**	427**
1526	2722	1311	11702	1191	584	383**
1527	2231	1038	9368	537**	245	128**
1528	1354**	366**	9401		229	
1529	1576	762	10285	923	790	292**
1530	3308	748	10545	2975	1491	175**
1531	3858	798	12849	1257	2808	135**
1532	2830^{M}	783	7005**	426**	3981	285**
1533	2201	685	12130		2678	294*
1534	7194^{M}	849	22499	315**	1792	961
1535	15486^{M}		32317	369**	6095	1735
1536	16302^{M}	599**	27421	278**	6829	1256
1537	13253^{M}		62206		5317	948*
1538	15014^{M}	1352	25119		17929	
1539	12350^{M}		c. 12500	937**	34804	
1540	9554^{M}		11897*	403**	46168	218**
1541	8119^{M}	382**	8672*		23876	
1542	6304^{M}		5176**	3229*	18873	366**
1543	4730^{M}	462**	8250		16011	229**
1544	3492^{M}		2130[12]	2708**	16311	104**
1545	4201^{M}	391**	10012	4571	15071	255
1546	2305^{M}				15563	

1 Die Zahlen in dieser Tabelle bedeuten Mark Silber, die Mark zu 233,58 Gramm. Sie beruhen in erster Linie auf den Angaben von W. Goerlitz, Staat und Stände unter den Herzögen Albrecht und Georg, Leipzig-Berlin 1928, S. 300–302; dazu ergänzend K. Hahn, Die ältesten Schneeberger Zehntrechnungen, in: NASG, Bd. 53, 1932, S. 37; J. Falke, Geschichte der Bergstadt Geyer, in: Mitteilungen des Kgl. Sächsischen Vereins für Erforschung und Erhaltung vaterländischer Geschichts- und Kunstdenkmale, H. 15,

Dresden 1866, S. 34; W. Bogsch, Der Marienberger Bergbau in der ersten Hälfte des 16. Jh., Schwarzenberg 1933, S. 117. Die von Goerlitz gemachten Halbjahresangaben wurden jeweils für ein Jahr addiert. Die Zahlen für die Jahre 1539–1546 stammen, soweit nicht anders vermerkt, aus den Zehntrechnungen in StA Weimar, Reg. T 231, 233, 235, 239–243, 252, 325–327, 329, 333, 335, 337, 607–614, 617–619, 621, 625, 645, 765, 766, 769. Die Rechnungen wurden halbjährlich oder vierteljährlich abgegeben. Dabei folgte jedoch das Rechnungsjahr nicht dem Kalenderjahr, sondern die halbjährliche Rechnungslegung geht jeweils von Reminiscere (anfangs z. T. Ostern) bis Crucis und von Crucis des alten bis Reminiscere (bzw. Ostern) des neuen Jahres. Um in der Tabelle dennoch zu Jahresangaben zu kommen, wurde das Ausbringen der ersten Monate des jeweiligen Jahres bis Reminiscere (wechselnd Februar bis März) dem vorangegangenen Jahr zugeschlagen, d. h., die Jahresangabe umfaßt das Ausbringen von Reminiscere (bzw. Ostern) des einen bis Reminiscere (bzw. Ostern) des nächsten Jahres. Wo die Quellenangaben für ein Jahr unvollständig sind, wird das angemerkt. Dabei bedeutet ein Sternchen (*) das Fehlen der Angaben für ein Vierteljahr, zwei Sternchen (**) das Fehlen für ein halbes Jahr; andere Abweichungen werden besonders vermerkt. Für Schneeberg gibt Ch. Meltzer, Erneuerte Stadt- und Bergchronik der ... Bergstadt Schneeberg, Schneeberg 1716, S. 690ff., ab 1511 ein Ausbeutverzeichnis, das auch das Ausbringen enthält. Allerdings sind seine Zahlen in der Regel zu niedrig; vermutlich gibt er das Ausbringen nach Abzug der Regalabgaben (Zehnt usw.) an, da es ihm in erster Linie um die Ausbeute ging, die ja erst nach Abzug der Regalabgaben berechnet werden konnte. Da jedoch die Angaben in der Tabelle bei Goerlitz für die 30er Jahre stark lückenhaft werden und die Lücken (auch für die Jahre nach 1538, die Goerlitz nicht mehr behandelt) durch die Zehntrechnungen nicht geschlossen werden können, wurden z. T. die Angaben von Meltzer eingesetzt und mit einem „M" gekennzeichnet. In solchen Fällen dürfte das tatsächliche Ausbringen höher gewesen sein als das angegebene.

2 Scheibenberg wird hier als Beispiel für die schönburgischen Bergwerke aufgenommen, da sich sein Ausbringen einigermaßen kontinuierlich verfolgen läßt, wenngleich meist nur mit Halbjahresangaben (vgl. StA Dresden, Loc. 4507, Das Bergwerk zum Scheibenberg; Loc. 4495, Annabergische Bergrechnungen 1505—1591; ebenda, Annabergische Bergrechnungen 1522—1538; StA Weimar, Reg. T 850—867). Das Ausbringen von Wiesenthal (Oberwiesenthal) blieb geringfügig. Eine größere Bedeutung hatte dagegen zweifellos Elterlein. Da sein Ausbringen jedoch nur sehr sporadisch überliefert ist, wird auf eine tabellarische Erfassung verzichtet. Nach Angaben für die Jahre 1480—1484 verschwindet es völlig aus den Zehntrechnungen, taucht erst wieder in den dreißiger Jahren des 16. Jh. mit einem im Durchschnitt geringeren Ausbringen als dem von Scheibenberg auf und erzielt dann in den vierziger Jahren ein höheres Ausbringen als Scheibenberg (vgl. dazu S. 47, Anm. 219).

3 Es handelt sich um das Ausbringen vom 22. November 1483 bis September 1484.

4 Ausbringen vom August 1485 bis Februar 1486.

5 Ausbringen von Januar bis August.

6 Ausbringen vom September 1486 bis April 1488.

7 Darin ist das Ausbringen eines halben Jahres von Annaberg mit enthalten.

8 Hier fehlt das Ausbringen eines halben Jahres, das in der entsprechenden Angabe von Annaberg mit enthalten ist.

9 Hier fehlt das Ausbringen eines halben Jahres, das in der entsprechenden Angabe von Geyer mit enthalten ist.

10 Darin ist das Ausbringen eines halben Jahres von Geyer mit enthalten.

11 Diese und die folgenden Angaben differieren mit denen bei Goerlitz, da dort die Annaberger Zahlen auch das Ausbringen von Marienberg enthalten.

12 Ausbringen eines Vierteljahres von Crucis bis Luciae.

VII. ERGEBNISSE UND THESEN

Bei der Neukonzipierung der von Friedrich Engels geplanten zweiten Fassung seiner Arbeit über den deutschen Bauernkrieg, in der er Reformation, und Bauernkrieg als erste bürgerliche Revolution, als Angelpunkt der deutschen Geschichte darstellen wollte[1], war Engels auf den Erzbergbau gestoßen. Er erkannte dessen fundamentale Bedeutung für das Verständnis der gesellschaftlichen Veränderungen seit 1470, welche die Grundlagen bildeten für die Zuspitzung der wirtschaftlichen und sozialen Gegensätze im Feudalsystem und für den Ausbruch der revolutionären Klassenschlachten zu Beginn des 16. Jh. Auf der Basis der „relativ hohen Zunfthandwerks- und Zwischenhandelsentwicklung" sah Engels vor allem im Silberbergbau „das letzte treibende Moment . . ., das Deutschland 1470 bis 1530 ökonomisch an die Spitze Europas stellte und damit zum Mittelpunkt der ersten bürgerlichen Revolution, in religiöser Verkleidung der sogenannten Reformation," machte.[2] Das Studium der Geschichte und der Produktionsverhältnisse des erzgebirgischen Silberbergbaus in jener Zeit und der von ihm ausgehenden gesellschaftlichen Veränderungen und Klassenkämpfe vermag diese wegweisende Erkenntnis Friedrich Engels' voll zu erhärten.

Der sächsische Silberbergbau hatte zwar bereits Jahrhunderte zuvor in Freiberg ein Zentrum entwickelt, dessen Produktion vor allem im 13. und beginnenden 14. Jh. für ganz Europa große Bedeutung hatte. Seine innere Produktionsorganisation und seine Produktionsverhältnisse stellten jedoch im Wesen Verhältnisse der einfachen Warenproduktion dar und blieben damit der feudalen Produktionsweise immanent. Nach außen förderte das Freiberger Silber die Ausbreitung der Ware-Geld-Beziehungen, die aber zu jener Zeit noch nicht oder allenfalls in ersten Anfängen auf das Feudalsystem zersetzend einwirkten. In der herrschenden einfachen Warenproduktion im Silberbergbau lag dann auch die entscheidende Ursache für die Krise, in die der Erzbergbau, und zwar nicht nur der Freiberger, seit der zweiten Hälfte des 14. Jh. geriet. Eigenlehner oder Genossenschaften selbstarbeitender Gewerken waren mit dem technischen Fortschritt des Tiefbaus immer weniger in der Lage, den steigenden ökonomischen und technischen Anforderungen im Hinblick auf den Einsatz neuer, kostspieliger Fördermittel usw. zu entsprechen. Die Notwendigkeit der Weiterentwicklung der Produktivkräfte kollidierte mit den vorherrschenden, systembedingten Produktionsverhältnissen der einfachen Warenproduktion. Damit lag die Krise des Erzbergbaus, die bis um die Mitte des 15. Jh. anhielt, letztlich im Feudalsystem begründet.

[1] F. Engels, in: Marx/Engels, Werke (MEW), Bd. 21, S. 597.
[2] Derselbe, in: MEW, Bd. 37, S. 274.

Eine Überwindung der Krise erforderte eine starke Weiterentwicklung der Produktivkräfte, insbesondere dem Tiefbau entsprechende Fördermittel und Anlagen, eine starke Zunahme von Produktionserfahrung und technischem Wissen (u. a. Markscheidekunst) der wichtigsten Produktivkraft Mensch, eine neue Produktionsorganisation und arbeitsteilige Kooperation. Das bedeutete aber einen hohen Kapitalbedarf, da der Tiefbau oft jahrelange profitlose Investitionen für Stollen, Künste usw. erforderte, sowie einen zusätzlichen Arbeitskräftebedarf. Die bestehende Krise zu meistern, setzte eine Überwindung der einfachen Warenproduktion im Bergbau voraus, ferner einen höheren Stand der Produktivkräfte und ihm entsprechende neue Produktionsverhältnisse.

Die gesellschaftlichen Voraussetzungen dafür waren in der zweiten Hälfte des 15. Jh. herangereift. Durch den Aufschwung der gewerblichen Produktion in den Städten sowie der Nahrungsgüterproduktion auf dem Lande, aber auch infolge des seit langem aktiv betriebenen Zwischenhandels entstanden die Grundlagen für einen immer weiter ausgreifenden und immer mehr Massengüter erfassenden Handel, durch den vor allem in Gestalt des Kaufmannskapitals die Kapitalakkumulation einen relativ hohen Stand erreichte. Andererseits war im Verlaufe des 15. Jh. auch die soziale Differenzierung auf dem Lande wie in der Stadt vorangeschritten. Da auf dem Lande die landarmen und landlosen Bevölkerungsteile zunahmen, entstand eine Schicht ländlicher Lohnarbeiter, während sich in den Städten vor allem infolge der Abschließungstendenzen der Zünfte die plebejischen Schichten verstärkten. Damit entwickelte sich ein Reservoir, aus dem sich die Arbeitskräfte für den Bergbau rekrutierten. Im Wesen handelte es sich um den Beginn des Prozesses der ursprünglichen Akkumulation des Kapitals, des Prozesses der Scheidung der Produzenten von ihren Produktionsmitteln und der Akkumulation von Kapital und Arbeitskraft.[3]

Dieses Kapital suchte neben seinen traditionellen Anlage- und Wirkungsmöglichkeiten neue Sphären für seine Realisierung, d. h. für die Erzielung von Profit. Es fand sie durch die Anlage in der Produktion, z. B. im Textilverlag. Besonderes Interesse zeigte es aber für den Bergbau, weil hier neben dem unmittelbaren Profit aus dem Bergbau selbst auch mittelbar durch die Beteiligung am Hüttenwesen und durch den Metallhandel große Gewinne zu erzielen waren. Das Eindringen des Kapitals in den Bergbau brachte die entscheidende Wende zu einem neuen Aufschwung des Bergbaus und zu neuen Produktionsverhältnissen. In sozialer Hinsicht nahmen damit die am Bergbau beteiligten Kaufleute eine Schlüsselposition ein.

Diese Entwicklung setzte jedoch die sog. Bergbaufreiheit voraus. Unter feudalen Verhältnissen brachte jeder Bergbau durch Schürfe, Anlage von Gruben, Holzeinschlag, Wegebau usw. eine Schädigung des feudalen Grundeigentums mit sich. Daher war bereits frühzeitig durch die jeweiligen Träger der staatlichen Macht, den König bzw. die Landesherren, die Bergbaufreiheit erklärt und rechtlich fixiert worden; sie beruhte auf dem sogenannten Bergregal, d. h. dem Eigentumsanspruch des Regalherrn auf die Edelmetallerze. Die Durchsetzung dieses Regals gegenüber den feudalen Grundeigentümern war eine Machtfrage zwischen diesen und den Landesherren (Regalherren) – sie ermöglichte überhaupt erst einen relativ freizügigen Bergbau. Andererseits verlangte der Regalherr für die Überlassung der Bergbaurechte von den

[3] K. Marx, Das Kapital, Erster Bd., in: MEW, Bd. 23, S. 745f.

Bergbautreibenden die Anerkennung seiner vollen Macht- und Weisungsbefugnis über den Bergbau. Daneben forderte er eine Reihe von Abgaben, die einen beträchtlichen Teil der Silberproduktion parasitär abschöpften und dem weiteren Reproduktionsprozeß entzogen, d. h., durch das Regalsystem blieb der Bergbau in hohem Maße feudalen Beschränkungen unterworfen. Diese lukrative Möglichkeit, ihre Einnahmen zu vergrößern, begründete das große Interesse der an ständiger Finanznot leidenden sächsischen Landesherren an der Förderung des Bergbaus.

Damit kam im Silberbergbau zwei sozialen Kräften entscheidende Bedeutung zu: den Landesherren (Regalherren) und dem Kaufmannskapital. Das Ringen beider um einen möglichst großen Anteil am Profit sollte lange Zeit den Klassenkampf im Bergbau bestimmen, modifiziert und kompliziert durch den Kampf gegen die Ansprüche anderer Teile der herrschenden Feudalklasse wie durch den Klassenkampf der Bergarbeiter.

Zunächst aber waren beide, Landesherr und Kaufmannskapital, aufeinander angewiesen, um die Bergbaukrise zu überwinden. Durch die landesherrlich geförderte und vom Kaufmannskapital (z. B. Martin Römer) finanzierte ausgedehnte Schürftätigkeit in allen Teilen des Erzgebirges seit der Mitte des 15. Jh. wurde man 1470 auf dem Schneeberg fündig. Damit begann ein ungeahnter Aufschwung des Silberbergbaus, der sich zunächst um Schneeberg konzentrierte und dort eine rasch zunehmende städtische Siedeltätigkeit in Gang brachte. Hieraus entstand die 1481 privilegierte freie Bergstadt Schneeberg. Auch in anderen Teilen des oberen Erzgebirges, wo man bereits lange zuvor Bergbau, vor allem auf Zinn und Kupfer, betrieben hatte, wurde man auf Silber fündig, so im Zusammenhang mit dem Schneeberger Bergbau in Neustädtel, Anfang der siebziger Jahre in Geyer und um 1480 im schönburgischen Elterlein. Einen weiteren Höhepunkt bildete das Fündigwerden auf dem Schreckenberg 1491/92, wo ebenfalls eine städtische Siedlung entstand. Diese erhielt 1497 zunächst unter dem Namen „Neustadt am Schreckenberg" von den albertinischen Landesherren ihren Stadtbrief, wurde 1501 durch kaiserliches Privileg in „St. Annaberg" umbenannt und zählte 1509 bereits über 8000 Einwohner. Als der auf diesem Fundgebiet in Gang gekommene Bergbau auch auf ernestinisches Territorium übergriff, entwickelte sich dort ebenfalls eine Siedlung, die 1501 zur Gründung von Buchholz führte. Die Silberfunde seit 1515 bei dem Dorf Oberscheibe auf schönburgischem Gebiet waren die Ursache für die Gründung der Stadt Scheibenberg im Jahre 1522 durch die Herren von Schönburg im Zusammenwirken mit den albertinischen Fürsten. Eine ernestinische Konkurrenzgründung im gleichen Gebiet scheiterte jedoch. Ergänzend sei auch das auf der böhmischen Seite des Erzgebirges entstandene berühmte Joachimsthal erwähnt. Als 1519/20 bei dem Dorf Wüstenschletta Silber fündig wurde, schritt man dort ebenfalls zur Gründung einer Bergstadt. Noch 1520 wurde die Planung in Angriff genommen, 1521 der Bau begonnen und 1523 das Stadtprivileg für „St. Marienberg" erteilt. Damit war nach Schneeberg und Annaberg das dritte große Zentrum des sächsischen Silberbergbaus entstanden, das vor allem seit dem Ende der dreißiger Jahre des 16. Jh. reiche Erträge brachte. Bald nach Marienberg kam auch im Schönburgischen am Fichtelberg 1526 ein neuer Silberbergbau auf, was 1527 zur Gründung der „Neustadt am Wiesenthal" (Oberwiesenthal) führte. Schließlich entstand als ernestinische Konkurrenzgründung zu Wiesenthal in der Herrschaft Schwarzenberg die Bergstadt Gottesgab, wo man 1529 Silber gefunden hatte. Gottesgab ging jedoch nach dem Schmalkaldischen Krieg 1547 in den Besitz der böhmischen Krone über.

Diese Städte wurden zu Ballungszentren eines z. T. bereits kapitalistisch wirtschaftenden Bürgertums sowie kleiner Warenproduzenten und einer relativ starken Schicht des Vorproletariats. Im Hinblick auf die späteren Klassenauseinandersetzungen, insbesondere mit den Landesherren und ihrem territorialstaatlichen Verwaltungsapparat, gilt es jedoch zu beachten, daß in den neuen Bergstädten nicht mehr – wie noch im 13./14. Jh. in Freiberg – nahezu die Gesamtheit der am Bergbau beteiligten sozialen Kräfte konzentriert war, sondern daß der überwiegende Teil der großen Gewerken, d. h. der eigentlichen Bergbauunternehmer, in den Fernhandelszentren vornehmlich Sachsens, Süd- und Westdeutschlands ansässig blieb. Ähnliches gilt auch für die Bergarbeiter, von denen ein Teil, wenn auch wahrscheinlich ein kleinerer, in den umliegenden Dörfern seßhaft blieb.

Das Aufkommen des Silberbergbaus im oberen Erzgebirge veranlaßte die sächsischen Landesherren, sofort alle Mittel zur Wahrung ihrer Rechte aus dem Bergregal einzusetzen. An das alte Freiberger Bergrecht anknüpfend und durch die 1466 erlassene Bergordnung für die Bergwerke außerhalb der Pflege Freiberg vorbereitet, erließen sie in den Jahren und Jahrzehnten nach dem Fündigwerden am Schneeberg 1470 eine Reihe von Bergordnungen und -gesetzen. Diese kamen zumeist nur nach heftigem Ringen mit den verschiedenen am Bergbau beteiligten sozialen Kräften um einen möglichst hohen Anteil an dessen Erträgen zustande, drückten aber letztlich die volle landesherrliche Macht- und Weisungsbefugnis über den Bergbau aus, deren Befolgung mit Hilfe eines früh durchorganisierten staatlichen Apparats von Räten und Beamten durchgesetzt wurde. Dieser beruhte auf dem sogenannten Direktionsprinzip, das zu einem ganzen System der Leitung und Kontrolle des Produktionsprozesses, der Erzverhüttung und der Finanzverwaltung ausgebaut und mit der Annaberger Bergordnung von 1509 im wesentlichen vollendet wurde.

An der Spitze dieses Apparats stand der Hauptmann oder Amtmann als unmittelbarer Vertreter der Landesherren im jeweiligen Bergbaubezirk. Ihm war nachgeordnet der Bergmeister, der die Bergbauberechtigungen erteilte und als technischer Oberleiter der gesamten Produktion wirkte. Der Zehntner fungierte als oberster Finanzbeamter, der das gesamte Silber einnahm, verrechnete, die fürstlichen Regalabgaben einbehielt und den Rest zur Finanzierung der weiteren Produktion den Schichtmeistern und als Ausbeute (Profit) den Gewerken zur Verfügung stellte. Weitere ihnen untergeordnete Beamte mit speziellen Zuständigkeiten waren die Geschworenen, Bergschreiber, Gegenschreiber, Austeiler u. a. Eine besondere Rolle spielten die Schichtmeister, die Produktionsleiter der einzelnen Zechen, die auf Grund ihrer Zwischenstellung zwischen Angestellten der Gewerken und landesherrliche Beamten zuweilen eine relative Selbständigkeit erreichten.

Zur Leitung und Kontrolle dieses Apparats bedienten sich die Landesherren – neben persönlichem Eingreifen – vor allem der Institution der Berghandlungen. Im allgemeinen zweimal jährlich schickten sie landesherrliche Räte ins Erzgebirge, die dort die Abrechnungen der Zehntner entgegennahmen und alle anfallenden ökonomischen, technischen, sozialen und rechtlichen Probleme behandelten.

Mit Hilfe dieses Apparats zogen die Landesherren kraft ihrer feudalen Regalien aus dem Silberbergbau hohe Gewinne. Allein auf Grund ihres Bergregals, des Münzregals und des Silberkaufs sowie anderer davon abgeleiteter Rechte eigneten sie sich rund 20 Prozent, ja z. T. bis zu 25 Prozent der gesamten Silberproduktion an (nicht gerechnet die Ausbeuten aus ihrem eigenen Kuxbesitz), die sie im wesentlichen dem weiteren Reproduktionsprozeß bzw. dem Profit der Gewerken (Unternehmer) entzogen. Auch wenn sie den Bergbau durch die Gewährung der Bergbaufreiheit gegen die feudalen Grundeigentümer schützten und auch durch andere Maßnahmen förderten, hemmten sie dadurch entscheidend den kapitalistischen Fortschritt.

Kapitalistische Produktionsverhältnisse hatten sich seit dem Aufkommen des Silberbergbaus im oberen Erzgebirge 1470 rasch ausgebreitet. Sie waren das gesetzmäßige Ergebnis des Standes der Produktivkräfte und der technisch-ökonomischen Bedingungen des Tiefbaus, die relativ hohen Kapitaleinsatz und arbeitsteilige Kooperation erforderten. Auf der einen Seite standen kapitalkräftige Unternehmer, denen die Produktionsanlagen, Fördermittel usw. gehörten und die den Produktionsprozeß finanzierten; auf der anderen Seite sehen wir die eigentlichen Produzenten, die keinerlei Produktionsmittel mehr besaßen und als Lohnarbeiter ihre Arbeitskraft verkauften. Für sie bedeutete die Lohnarbeit in der Regel keine Nebentätigkeit mehr, sondern die alleinige oder Hauptbeschäftigung. Bei den unausgereiften ökonomischen und gesellschaftlichen Verhältnissen gab es daneben auch noch in den verschiedensten Formen Überbleibsel der kleinen Warenproduktion oder Übergangsverhältnisse, vor allem bei der Schürfe und in unfündigen Zechen. In fündigen Zechen, d. h. in der eigentlichen Silberproduktion, herrschte jedoch fast ausschließlich die Lohnarbeit. Dabei werden in Zeiten hoher Fündigkeit in den großen Zentren des Silberbergbaus jeweils 3000–4000 Lohnarbeiter tätig gewesen sein.

Waren die Eigentumsverhältnisse vorherrschend kapitalistisch, so war die ihnen gemäße Eigentumsform entsprechend den Bedingungen im Bergbau die Gewerkschaft. Das mit dem Bergbau verbundene hohe Risiko stand der Konzentration großer Einzelkapitalien in einzelnen Zechen entgegen, da man ja zunächst nicht wußte, ob die Kapitalanlage jemals Profit bringen würde. Die zweckmäßigste Form für den Unternehmer (Gewerken) war es daher, sein Kapital auf möglichst viele Zechen zu verteilen, um das Risiko möglichst niedrig zu halten. Die Zeche, als die jeweilige Betriebseinheit, gliederte sich in 32 Teile, seit dem Aufkommen Schneebergs in 128 bzw. 129 Kuxe, und diese Teile bzw. Kuxe wurden mit der Verpflichtung verkauft, daß der Käufer den entsprechenden Anteil an den Produktionskosten übernahm, wofür ihm der entsprechende Anteil am Profit zustand. In der kapitalistischen Gewerkschaft entwickelte sich eine Vorform der Aktiengesellschaft. Der Kuxbesitz war keinesfalls stabil, sondern auf Grund der sehr wechselhaften Verhältnisse im Bergbau äußerst mobil. Je nach vorhandener oder ausbleibender Fündigkeit bzw. Ausbeute suchte man Kuxe zu erhalten oder abzustoßen. Da die Kuxe ein beliebtes Spekulationsobjekt wurden, entwickelten sich in den großen Handelszentren, besonders in Leipzig, regelrechte Kuxbörsen.

Die wechselnde Fündigkeit im Bergbau hatte auch eine relativ rasch wechselnde Zahl der vorhandenen Zechen sowie eine hohe Mobilität des Arbeitskräfteeinsatzes zur Folge. So schwankten die Zechenzahlen in Annaberg zwischen 300 und über 900 Zechen. Ähnlichen, in den Relationen allerdings geringeren Schwankungen unterlag der Arbeitskräftebedarf. Da es eine industrielle Reservearmee nicht gab, mußte man in Zeiten hoher Fündigkeit – neben der Zuwanderung aus den Städten – vor allem auf die Bauern der Umgebung zurückgreifen. So fand sich, neben reinen Lohnarbeitern, auch ein gewisser, in seinen Ausmaßen nicht genau bestimmbarer Anteil des bäuerlichen Elements unter den Bergarbeitern.

Unter den Gewerken dominierten Kaufleute-Unternehmer. Es kann als charakteristisch für jene Zeit gelten, daß die führenden Kaufmannsgeschlechter und viele mittlere und kleinere Kaufleute der großen Fernhandelszentren wie der Städte in der näheren Umgebung des Erzgebirges Kapital im Bergbau anlegten. Vor allem aus Leipzig und Nürnberg, aus Zwickau, Chemnitz und Erfurt, aber auch aus vielen anderen Städten strömte Kapital in den erzgebirgischen Silberbergbau. Dabei wurde von den Kaufleuten zumeist eine enge Verflechtung von kaufmännischer und unternehmerischer Tätigkeit auf verschiedenen Gebieten beibehalten. Das Kaufmannskapital vermied es im allgemeinen, sich allein in einer bestimmten Branche zu binden, vielmehr strebte es danach, sich überall da zu beteiligen, wo es sich Profit versprach. Und der Silberbergbau war eine der lukrativsten Profitquellen, wenn man über genügend Kapital verfügte, um durch breite Streuung auf eine Vielzahl von Zechen Verluste auf der einen Seite durch hohe Gewinne auf der anderen Seite ausgleichen zu können. Diese Kaufleute-Unternehmer, vielfach untereinander versippt und verschwägert, bildeten den sozialen Ausgangspunkt für den Entstehungsprozeß der Klasse der Bourgeoisie, der freilich nach der Mitte des 16. Jh. – als Fernwirkung des Scheiterns der frühbürgerlichen Revolution – im Prozeß der Refeudalisierung stagnierte bzw. stark gehemmt wurde.

Eine besondere Gruppe unter den Gewerken stellten die sogenannten Fundgrübner dar, Unternehmer, deren soziale Ausgangsposition im allgemeinen nicht bekannt ist und die erst durch hohe Bergbaugewinne zu Unternehmern wurden. Zwar gehörten bei weitem nicht alle als Fundgrübner überlieferten Gewerken tatsächlich zu dieser Gruppe, sondern erscheinen nachweisbar als Vertreter des Kaufmannskapitals. Bei anderen ist ein gewisses kaufmännisches oder gewerbliches Vermögen als Grundstock für die Beteiligung am Bergbau belegt oder zu vermuten; dennoch gelangten sicher auch Bergleute oder Kleingewerken durch glückliche Zufallsfunde zu großem Reichtum, so daß sie sich als Großgewerken z. T. am Handel und anderen Geschäften beteiligten und damit in die Schicht des kapitalistisch wirtschaftenden Bürgertums aufstiegen. Im Unterschied zur überwiegenden Mehrheit der Kaufleute-Gewerken blieben sie zumeist in den Bergstädten selbst ansässig.

Als ein bezeichnendes Phänomen für die sozialökonomische Situation in jener Zeit begegnet uns die hohe Beteiligung des Adels, allen voran der Landesherren, als Gewerken am Bergbau. In dem Bestreben, an dem allgemeinen Aufschwung der bürgerlich-gewerblichen Wirtschaft zu partizipieren, suchte der Adel seine Einkünfte aus dem feudalen Grundeigentum zu ergänzen, indem er Kapital in der Produktion anlegte oder sich – z. T. in großem Stil – als Bergbau- und Hüttenunternehmer betätigte. Während die einen darauf hinzielten, mit Hilfe der Bergbaugewinne ihren Feudalbesitz zu vergrößern bzw. feudale Positionen zu festigen, so scheinen andere mehr und mehr verbürgerlicht zu sein und hauptsächlich Berg- und Hüttenwerk sowie Erzhandel betrieben zu haben. Waren alle Adligen als Eigentümer von Produktionsmitteln des Bergbaus und Ausbeuter von Lohnarbeitern an einem kapitalistischen Produktionsverhältnis beteiligt, so wird dies bei der letzteren Gruppe bereits Konsequenzen für ihre Klassenposition gehabt haben.

Schließlich beteiligten sich auch die landesherrlichen Bergbeamten unterschiedlicher sozialer Herkunft als Gewerken am Bergbau, andererseits übernahmen Gewerken bergamtliche Funktionen bzw. wurden Schichtmeister, um auf diese Weise Einfluß auf die Handhabung des Direktionsprinzips zu gewinnen oder dieses im eigenen Interesse auszunutzen.

Aus dem Widerspruch zwischen den kapitalistischen Produktionsverhältnissen und der Herrschaft des feudalen Bergregals bzw. des darauf beruhenden Direktionssystems, aus den Interessengegensätzen zwischen den Regalherren und anderen Teilen der herrschenden Feudalklasse im Hinblick auf die feudale Aneignung der Erträgnisse des Bergbaus, aus den Ansprüchen der feudalen Grundeigentümer gegenüber den Bergstädten, aus dem bereits in Ansätzen vorhandenen Klassengegensatz zwischen kapitalistischen Gewerken und Bergarbeitern und ähnlichen aus der unreifen und widersprüchlichen gesellschaftlichen Situation am Beginn der Übergangsepoche vom Feudalismus zum Kapitalismus erwachsenden Gegensätzen resultierten eine Reihe sozialer und ökonomischer Auseinandersetzungen und Klassenkämpfe, die sich vielfach miteinander verflochten oder wechselseitig beeinflußten.

Der entscheidende Gegensatz war dabei der zwischen kapitalistischen Produktions- und feudalen Herrschaftsverhältnissen, der im Direktionssystem seinen besonders augenfälligen Ausdruck fand. Dieses System schloß die Gewerken, die Eigentümer der wichtigsten Produktionsmittel und kapitalistischen Unternehmer, von der unmittelbaren Leitung des Produktionsprozesses aus und degradierte sie zu reinen Geldgebern und – gegebenenfalls – Profitempfängern. Hingegen lag die eigentliche Leitung der Produktion in den Händen des landesherrlichen Beamtenapparats, um so die feudale Ausbeutung des Bergbaus im Interesse der Landesherren möglichst effektiv zu gestalten. Aus diesem Gegensatz erwuchs vom Beginn des Schneeberger Bergbaus an der Kampf der Gewerken gegen feudale Ausbeutung und Bevormundung und um die Erhöhung der eigenen Rechte. In seiner ersten Etappe war es vor allem ein Kampf gegen das feudale Regal- und Direktionssystem. Indem die Gewerken z. B. eine starke Reduzierung der Regalabgaben, die Freiheit des Silberhandels, die Zurückdrängung des landesherrlichen Beamtenapparats sowie stärkere eigene Leitungs- und Kontrollmöglichkeiten forderten, griffen sie Grundpfeiler des feudalen Regalsystems im Interesse eines ungebundenen kapitalistischen Unternehmertums an. Der Kampf der Gewerken zwang die Landesherren einerseits zu gewissen Zugeständnissen und zum Lavieren, andererseits veranlaßte er sie zum Erlaß immer neuer Bergordnungen, die letztlich zur Festigung und zu einem immer stärkeren Ausbau des Direktionssystems führten. Da der Kampf der Gewerken zersplittert geführt wurde, viele der großen Gewerken dem Schauplatz der Auseinandersetzungen fern blieben, ein Teil von ihnen auch bereits durch Geldgeschäfte oder Übernahme landesherrlicher Funktionen eng mit den Landesherren liiert war und aus anderen Gründen, blieb der Kampf jedoch letztlich erfolglos. Mit der Annaberger Bergordnung von 1509 hatte sich das Direktionssystem endgültig durchgesetzt und seine volle Ausgestaltung erfahren. Damit endete die erste Etappe des Kampfes der Gewerken mit einem Sieg der Landesherren; die folgenden Auseinandersetzungen drehten sich insbesondere um die

Mißstände, die aus dem Direktionssystem erwuchsen. Mit der Bergordnung von 1509 war aber auch bereits eine Vorentscheidung im Hinblick auf den Höhepunkt der Klassenkämpfe zur Zeit der frühbürgerlichen Revolution gefallen. Ein Teil der Gewerken hatte sich zu dieser Zeit bereits mit der Fürstenherrschaft abgefunden und war zu einer ihrer Stützen geworden.

Als ein starkes Hemmnis für ein geschlosseneres Auftreten der Gewerken gegen das feudale Regalsystem erwies sich der außerordentlich heftige Konkurrenzkampf um einen möglichst hohen Anteil am Profit zwischen den Gewerken selbst. Bereits bei Fündigwerden des Schneebergs kam es 1471 zu gewaltsamen Auseinandersetzungen zwischen verschiedenen Gewerkschaften bzw. Gewerken, und eine solche Atmosphäre von Streitigkeiten, die man mit allen Mitteln, mit Gewalt, Betrug, Täuschung und auf dem Gerichtswege, austrug, hielt auch in den folgenden Jahren und Jahrzehnten in allen Bergrevieren an. Daß dabei der landesherrliche Beamtenapparat bzw. die Landesherren selbst als Schlichter und Rechtssprechende in Erscheinung traten, erleichterte zusätzlich die Durchsetzung und Ausgestaltung des Direktionssystems.

Gewerken wie Landesherren mußten sich auch bereits frühzeitig mit dem Klassenkampf der Bergarbeiter auseinandersetzen. Die relativ starke Schicht des Vorproletariats bildete zusammen mit Kleingewerken, d. h. Resten der früheren Eigenlehner und genossenschaftlichen Gewerken, also kleinen Warenproduzenten, eine gemeinsame Front im Kampf gegen Ausbeutung, allerdings stets nur im lokalen Rahmen. Dieser Kampf richtete sich in erster Linie gegen die Bergbeamten und Schichtmeister. Diese verkörperten einerseits die Leitungs- und Ausbeutungsfunktion der Kapitalisten, zumal die kapitalistischen Gewerken für die Arbeiter zumeist anonym blieben; andererseits verkörperten sie den feudalen Leitungs- und Kontrollmechanismus des Direktionssystems. Diese doppelte Funktion der Bergbeamten und Schichtmeister, die sich aus den widersprüchlichen gesellschaftlichen Verhältnissen ergab, verlieh dem Kampf der Bergarbeiter sowohl antikapitalistischen wie antifeudalen Charakter. Zuweilen kam es aber auch bereits zu einer direkten Konfrontation von Bergarbeitern und kapitalistischen Gewerken. Dieser Kampf, der sich bereits um die Mitte des 15. Jh. in Freiberg nachweisen läßt und nach dem Aufkommen des Silberbergbaus im oberen Erzgebirge nach dort übergriff, hatte vor allem die Verbesserung der sozialen Lage der Bergarbeiter zum Ziel: Verkürzung der Schichtzeiten, Lohnerhöhungen bzw. Zurückweisung von Versuchen, die Ausbeutung extensiv zu erhöhen. Dabei bildeten sich neben mehr passiven Kampfformen wie „säumiger" Arbeit usw. spezifisch proletarische Kampfformen wie Streik, offene, bewaffnete Erhebung und organisierter Wegzug heraus. Als Reaktion darauf kam es je nach dem Charakter der Kampfziele und der Kampfformen zu einem Zusammengehen von Landesherren und kapitalistischen Gewerken zur Unterdrückung des Kampfes der Arbeiter, aber auch zu gemeinsamem Kampf von Gewerken und Arbeitern gegen die Landesherren und ihren Apparat sowie zu anderen, komplizierten Konstellationen in den wechselseitigen Beziehungen und Auseinandersetzungen.

Während der grundlegende Gegensatz zwischen Landesherren und kapitalistischen Gewerken durch die Gegensätze innerhalb der neuen sozialen Kräfte, d. h. die Konkurrenzkämpfe zwischen den Gewerken selbst sowie den Klassenkampf der Bergarbeiter, modifiziert und kompliziert wurde, spielten sich auf der Seite der feudalen Kräfte ähnliche Auseinandersetzungen ab. Da die feudalen Regalien ihren Inhabern gestatteten, aus dem Silberbergbau außerordentlich hohe Gewinne zu ziehen, kam es zu heftigen und lange währenden Auseinandersetzungen zwischen den Landesherren und Teilen des Dynastenadels um das Bergregal. So kämpften die sächsischen Landesherren, z. T. beeinflußt durch die Konkurrenz und die Streitigkeiten zwischen Albertinern und Ernestinern, jahrzehntelang mit den Herren von Schönburg um das Bergregal in den schönburgischen Gebieten, die z. T. wettinische, später albertinische Reichsafterlehen, z. T. böhmische Lehen waren. In heftigen Auseinandersetzungen, in die auch z. T. die böhmische Krone verwickelt wurde, setzten die sächsischen Fürsten durch Kompromisse ihre Ansprüche durch. Die Albertiner erhielten ein Mitspracherecht bei der Berggesetzgebung und Bergverwaltung, und beide sächsischen Linien schöpften den Hauptanteil der Regaleinkünfte vom Silberbergbau in den schönburgischen Gebieten ab.

Zu heftigen Auseinandersetzungen kam es auch mit feudalen Grundherren, wenn durch den Silberbergbau deren Grund und Boden verletzt wurde. Dabei ging es diesen weniger um evtl. auftretende Schäden oder Ertragseinbußen als um einen Anteil an den Bergbaugewinnen. Die Durchsetzung der im Bergrecht für derartige Fälle vorgesehenen Festlegungen war eine Machtfrage zwischen Landesherren und Grundeigentümern. Mit vielfältigen Mitteln, u. a. auch durch gewaltsame Vertreibung von Bergleuten, suchten die feudalen Grundeigentümer ihre z. T. gegen das Bergrecht gerichteten Ansprüche durchzusetzen. Damit wurden auch die Gewerken und Bergarbeiter von diesen Auseinandersetzungen betroffen bzw. in sie hineingezogen, insbesondere die Bergstädte, da den Grundherren nach dem Bergrecht der Zins von Brot- und Fleischbänken, Badestuben usw. zustand. Durch zähe und langwierige Verhandlungen, Gerichtsprozesse und auf andere Weise setzten die Landesherren, oft auf Kompromißbasis, die Anerkennung des Bergregals und der Bergbaufreiheit seitens der Grundeigentümer durch. Dafür mußten sie diesen zumeist weitergehende Entschädigungen leisten, als sie das Bergrecht vorsah, u. a. durch die Gewährung des Erb- oder Ackerteils (Freikuxe) von allen Zechen auf ihrem Grund und Boden, das nach dem Freiberger Bergrecht eigentlich den geschädigten Bauern, nicht aber den Grundherren zugestanden hätte. In allen prinzipiellen Fragen der Anerkennung des Bergregals und der Bergbaufreiheit setzten sich jedoch die Landesherren durch.

Die Vielschichtigkeit der sozialen Gegensätze und Klassenkämpfe zeigte sich besonders in der Zeit der frühbürgerlichen Revolution, als die Klassenkämpfe sich infolge der unterschiedlichen Haltung zur Reformation bzw. zu den verschiedenen reformatorischen Strömungen noch weiter zuspitzten und dadurch eine neue, ideologische Ausdrucksform fanden. In allen untersuchten Bergstädten, in Schneeberg, Buchholz, Annaberg, Marienberg und Geyer, kam es – freilich im allgemeinen isoliert voneinander – zu einer starken Zuspitzung der Gegensätze und zu Unruhen, die vereinzelt den Charakter von Aufständen oder Aufstandsversuchen annahmen. Die Ursachen lagen zumeist in wirtschaftlichen und sozialen Mißständen im Bergbau, von denen die Gewerken und Arbeiter, wenn auch aus unterschiedlichen, ja z. T. gegensätzlichen Gründen, gleichermaßen betroffen wurden. Im Prinzip handelte es sich um die gleichen Ursachen, die bereits in den

Jahrzehnten zuvor zu dem Kampf der Gewerken wie der Arbeiter geführt hatten. Ein bemerkenswertes Symptom für die daraus erwachsenen Mißstände und zugleich ein Zeugnis für passive Formen des Klassenkampfes ist der starke Rückgang der Silberproduktion seit der Mitte des zweiten und zu Beginn des dritten Jahrzehnts des 16. Jh. Hinzu trat als ein besonderes Stimulans die reformatorische Bewegung.

Die Komponenten des Kampfes waren vielgestaltig. In allen Bergstädten läßt sich mehr oder weniger deutlich die Opposition gegen die Obrigkeit fassen, d. h. sowohl gegen einzelne besonders verhaßte Exponenten der fürstlichen Politik als auch gegen die städtischen Obrigkeiten insgesamt oder gegen die Fürsten selbst. Entsprechend der jeweiligen Stoßrichtung gab es verschiedene soziale Träger. Im Kampf gegen die führenden Vertreter des fürstlichen Beamtenapparats konnte sich die Opposition von einem Teil der Bergbeamten über die städtischen Obrigkeiten und die Gewerken bis zu den Bergarbeitern erstrecken. Dagegen zeigte sich bei der Opposition gegen die städtischen Obrigkeiten bereits eine stärkere Differenzierung; so war die Opposition der besessenen Bürger und Gewerken sichtlich von der Furcht vor der Volksbewegung, d. h. vor dem Kampf der Bergarbeiter und städtischen Plebejer, beeinflußt.

Eine weitere Komponente, wenngleich schwächer als früher, blieben der Kampf der Gewerken gegen die auf dem Direktionssystem beruhenden Mißstände, insbesondere gegen die Übelstände im Beamtenapparat, und ihr Kampf um die Reduzierung der Regalabgaben.

Ein besonders sichtbarer Aspekt war der Kampf der Bergarbeiter und Kleingewerken gegen Ausbeutung und um Verbesserung ihrer sozialen Lage. Sie erwiesen sich als das revolutionärste Element der Bewegung und versetzten die Obrigkeiten von den Landesherren bis zu den städtischen Räten bzw. Gerichten in Furcht vor einer allgemeinen revolutionären Erhebung. Das fand seinen Niederschlag 1520 in der Konvention der sächsischen Fürsten mit den Grafen Schlick und Hans Pflug von Rabenstein, den Herren von Joachimsthal und Schlackenwald, aber auch danach in einer Vielzahl entsprechender Verlautbarungen und Maßnahmen. Gingen die Arbeiter dabei in einem Teil ihrer Forderungen konform mit den Gewerken, so gerieten sie besonders wegen ihrer Forderungen nach Arbeitszeitverkürzung u. a. in starke Konflikte mit den Gewerken.

Die komplizierten Beziehungen der verschiedenen sozialen und politischen Kräfte zueinander spiegelten sich auch in der reformatorischen Bewegung wider. So kam es in Schneeberg und Buchholz recht schnell zu der von den Ernestinern geförderten Einführung der lutherischen Reformation. Ihr schlossen sich vor allem die besitzenden Teile des Bürgertums mit den städtischen Obrigkeiten, also auch die Mehrheit der Gewerken, an. Dagegen scharten sich die vorproletarisch-plebejischen Schichten im Kampf gegen die Obrigkeit um radikalere Vertreter der Reformation karlstadtscher Prägung oder gingen bis zur Äußerung volksreformatorischer Forderungen. Im Schatten der heftigen Auseinandersetzungen zwischen albertinischen und ernestinischen Fürsten um die Einführung der Reformation konnten diese radikaleren Strömungen relativ lange und intensiv als Sammelbecken der revolutionären Kräfte wirken. Zeitweilig gelang es ihnen, die Autorität und Wirksamkeit der städtischen Obrigkeiten stark einzuschränken und eine Art Doppelherrschaft zu errichten.

Anders in den albertinischen Bergstädten. Hier wurde eine solche Entwicklung durch den sofortigen Einsatz fürstlicher Repressivmaßnahmen gegen jede reformatorische Äußerung unterdrückt. Ungeachtet dessen flammten auch hier, besonders während des Bauernkrieges, starke Unruhen auf, wobei es aber im allgemeinen ebensowenig zu einem Zusammengehen der Bergarbeiter mit den revolutionären Bauern kam wie zu einem Zusammengehen der revolutionären Kräfte der verschiedenen Bergstädte.

Eine Ausnahme machte Marienberg. Da die Stadt soeben erst gegründet worden war und sich noch ganz am Anfang ihrer bergbaulichen Entwicklung befand, scheint hier unter den Bergarbeitern ein relativ starkes bäuerliches Element vorhanden gewesen zu sein, das noch unmittelbaren Kontakt zu den kämpfenden Bauern und zu ihren Forderungen hatte. Von besonderer Bedeutung war jedoch, daß an der Spitze der Marienberger Aufständischen die beiden bewußtesten Führer des Kampfes der erzgebirgischen Bergleute und Bauern standen: Wolf Göftel und Andreas Zinner. Ihnen gelang es, Bauern und Bergleute über spezifische Interessengegensätze hinweg zum gemeinsamen Kampf gegen weltliche und kirchliche Feudalherren und gegen die Obrigkeiten zu führen.

Insgesamt kam es jedoch weder zu einem Zusammengehen der gleichen sozialen Elemente über ihre lokalen Grenzen hinaus noch zu einer einheitlichen Front der verschiedenen, durch z. T. gegensätzliche Interessen getrennten oppositionellen Kräfte gegen die Fürsten und deren Beamtenapparat. Hingegen stellten die Fürsten ihre Gegensätze zeitweilig zurück, und nachdem sie die revolutionären Bauern geschlagen hatten, war auch das Schicksal der Opposition in den Bergstädten besiegelt. Über Führer und Anhänger der Bewegung brach ein Strafgericht herein; die einen wurden aus ihren Ämtern entfernt und des Landes verwiesen, die anderen hingerichtet. Damit war eine Entscheidung gefallen, die auf lange Sicht die Weichen in Richtung auf die absolute Vorherrschaft des Territorialfürstentums stellte.

Die Niederschlagung der revolutionären Volksbewegung in der frühbürgerlichen Revolution bildete das letzte Glied in einer Kette von Entscheidungen zugunsten einer außerordentlichen Stärkung der Fürstenmacht und des Territorialstaates. Nunmehr wurden die Bergstädte, die als landesherrliche Gründungsstädte von vornherein auf städtische Autonomie verzichten mußten, vollends jeder selbständigen Handlungsfreiheit beraubt. Auch auf finanziellem Gebiet wurde der Abgabendruck auf die Bergbautreibenden noch erhöht.

Das Studium des sächsischen Silberbergbaus und der durch ihn hervorgerufenen gesellschaftlichen Widersprüche und Konflikte zeigt relativ fortgeschrittene gesellschaftliche Verhältnisse mit Übergangscharakter. In dieser Entwicklungsstufe traten bereits neue soziale Kräfte in Widerspruch zu der herrschenden Feudalklasse und stellten sich ihr entgegen. Diese Kräfte waren aber noch nicht stark und ausgereift genug, um die alten Machtverhältnisse beseitigen zu können. Aus den Auseinandersetzungen ging letztlich ein gestärktes Fürstentum mit der Tendenz zum territorialstaatlichen Frühabsolutismus hervor, das nach und nach alle widerstrebenden Kräfte innerhalb der Feudalherrenklasse von den neuen wirtschaftlichen Quellen abdrängte und sie auch politisch niederrang. Diese erstarkende fürstliche Macht brach auch den Widerstand des sich rasch entwickelnden und z. T. bereits kapitalistisch wirtschaftenden Bürgertums und verstand es, dieses

Bürgertum und seine wirtschaftlichen Potenzen zu einer Stütze des sich zentralisierenden Territorialstaates werden zu lassen. Die Fürsten brachten im Verlaufe der Auseinandersetzungen den neben der Landwirtschaft wichtigsten Wirtschaftszweig Sachsens ganz in ihre Gewalt und beuteten ihn mit Hilfe des am frühesten ausgebildeten territorialstaatlichen Beamtenapparats im eigenen Interesse aus. War bereits die volle Durchsetzung des Bergregals und des Direktionssystems ein Ausdruck der gestärkten landesfürstlichen Macht, so trug sie im Ergebnis dazu bei, dem weiteren Aufstieg der Fürstenmacht im Territorium eine bedeutende und von den Ständen unabhängige ökonomische Basis zu schaffen, die den Fürsten ein starkes Eigengewicht gegenüber den Ständen verlieh. Von den 70er Jahren des 15. Jh. an ansteigend, erreichten allein die Regaleinkünfte aus dem Silberbergbau von zunächst einem Viertel bis in die 30er Jahre des 16. Jh. die Höhe von rd. zwei Dritteln der gesamten Einnahmen des Territoriums. Durch diese, der Stärkung ihrer Macht und der Zentralisation des Territorialstaates dienende Ausbeutung des Bergbaus hemmten die Fürsten zugleich den weiteren kapitalistischen Fortschritt und trugen damit – neben anderen Faktoren – zum Niedergang des Silberbergbaus nach der Mitte des 16. Jh. bei.

QUELLEN- UND LITERATURVERZEICHNIS

Ungedruckte Quellen

Staatsarchiv Dresden

Loc. 4320 (Wittenberger Archiv, Kapsel I)
Loc. 4322 („ „ , „ V)
Loc. 4323 („ „ , „ VI)
Loc. 4324 („ „ , „ VII)
Loc. 4489 Handlung auf dem Schneeberge . . . 1488–1546
Loc. 4489 Verzeichnis . . . 1515–1518
Loc. 4489 Verzeichnis der Händel . . . 1519–1524
Loc. 4489 Berghandlung und Rechnungen . . . 1522–1524
Loc. 4489 Handlung . . . zu Zeitz 1519
Loc. 4490 Handlunge und Zehend-Rechnung . . . 1527–1535
Loc. 4491 Verschreibung über Bergwerke . . . 1470ff.
Loc. 4491 Privilegia . . . 1487–1527
Loc. 4495 Irrungen . . . 1502–1505
Loc. 4495 Annabergische Bergrechnungen 1505–1591
Loc. 4495 „ „ 1522–1538
Loc. 4495 Austeilung auf St. Annaberg 1505–1530
Loc. 4496 Annaberger Bergrechnungen 1536–1594
Loc. 4499 Verzeichnis der Zechen . . . 1538
Loc. 4503 Rechnungen über den Silberzehnten zu Geyer . . . 1487–1509
Loc. 4507 Das Bergwerk zum Scheibenberg 1523
Loc. 9853 Etzliche Copeyen . . . 1500–1513
Cop. 43
Cop. 58

Staatsarchiv Weimar

(Alle Nummern gehören zur Registrande T; jede Nummer ist ein Aktenband)
3, 4, 6, 7, 9, 11, 12, 13 (Briefe, Denkschriften, Gewerkenverzeichnisse, Verlagsbücher)
28, 58 (Briefschaften von oder über Paul Schmidt)
81, 82, 83, 90, 91, 92, 100, 102, 115, 117, 118, 120, 121, 122, 123 (alles Berghandlungen)
129 (erste Schreckenberger Schlagschatz- und Münzrechnungen)
135, 136, 137 usw. bis 188, 231, 232, 235, 239, 240, 241, 242, 243, 252 (alles Schneeberger Zehntrechnungen)
246, 253 (Fürstliche Bergnutzung und Bergteile)
254, 255, 624 (30 Rezesse Annaberg, je 3 Marienberg, Geyer, Scheibenberg, Elterlein und Wiesenthal, 2 Schneeberg)
296, 297, 298 (Buchholz – Verschiedenes)

325, 326, 327, 329, 333, 335, 337 (Zehntrechnungen Buchholz – ergänzend zu den Tabellen bei Goerlitz)
349, 350 (Briefwechsel Matthes Busch)
557, 558, 559 usw. bis 621, 625, 627, 628 usw. bis 645 (alles Zehntrechnungen Annaberg und Marienberg)
646 (Ausbeutzettel)
647, 648 (Irrungen Annaberg)
649–655, 656 (Bergteile des Kurfürsten)
661 (Bergteile des Herzogs Franz von Braunschweig-Lüneburg)
762, 663–667, 668, 669 (Gottesgab – Entstehung, Verschiedenes)
865, 766, 769 (Zehntrechnungen Geyer ab 1541)
849 (Entstehung Scheibenberg)
650, 851, 852 usw. bis 867 (Schönburgische Zehntrechnungen)

Historisches Staatsarchiv Freiberg (Bergarchiv)

Das dort vorhandene, vor allem für Schneeberg reiche Material konnte nur stichprobenhaft ausgewertet werden; u. a.:
Nrn. 234 a–k (Verleihbücher des Bergamtes Schneeberg 1499–1545)
Nr. 272b (Schneeberger Rezesse von 1516 bis 1533)

Nachlaß Hermann Löscher

In: Wissenschaftliches Archiv des Arbeitskreises für Geschichte des Bergbaus und Hüttenwesens am Lehrstuhl für Wirtschaftsgeschichte und Geschichte der Produktivkräfte der Sektion für sozialistische Betriebswirtschaft der Bergakademie Freiberg (enthält Abschriften von Quellenmaterial, vor allem aus dem Staatsarchiv Dresden, im Rahmen der von Löscher geplanten Editionsreihe „Das erzgebirgische Bergrecht des 15. und 16. Jahrhunderts", von der nur der 1. Teil fertiggestellt und veröffentlicht werden konnte).

Gedruckte Quellen

L. Bartsch, Die Buchholzer Bergordnung von 1507, in: Beiträge zur Geschichte der Stadt Buchholz, H. 1, 1895, H. 2, 1896.
H. Ermisch, Das sächsische Bergrecht des Mittelalters, Leipzig 1887.
W. P. Fuchs, Akten zur Geschichte des Bauernkriegs in Mitteldeutschland, Bd. II, Jena 1942.
F. Gess, Akten und Briefe zur Kirchenpolitik Herzog Georgs von Sachsen, Bd. I: 1517 bis 1524; Bd. II: 1525–1527, Leipzig 1905 u. 1917.
H. Helbig, Quellen zur älteren Wirtschaftsgeschichte Mitteldeutschlands, T. IV u. V, Weimar 1953.
H. Löscher, Die erste Annaberger Bergordnung vom 11. Februar 1493, in: ZRG, Germ. Abt., Bd. 68, 1951.
H. Löscher, Das erzgebirgische Bergrecht des 15. und 16. Jahrhunderts, T. I: Bergbräuche, Freiberger Forschungshefte D 24, Berlin o. J.
Th. Schön, Geschichte des Fürstlichen und Gräflichen Gesamthauses Schönburg. Urkundenbuch der Herren von Schönburg, Bd. III u. V. Waldenburg 1903.

J. O. Sehm, Die Schreckenberger Bergordnung 1499/1500, die älteste deutsche gedruckte Bergordnung, Zwickau 1936.

Urkundenbuch der Stadt Freiberg, Bd. II, Cod. dipl. Sax. reg., Hauptabt. II, Bd. 13, ed. H. Ermisch, Leipzig 1886.

E. Wülcker/H. Virck, Des kursächsischen Rathes Hans von der Planitz Berichte . . ., Leipzig 1899.

(Weitere Quellen sind in einigen der weiter unten angegebenen Arbeiten im Anhang abgedruckt oder auszugsweise im Text wiedergegeben wie bei Bartsch, Hoppe, Sehm, Seidemann, Strieder, Werner u. a.)

Zeitgenössische Geschichtsschreibung

G. Agricola, Zwölf Bücher vom Berg- und Hüttenwesen, Düsseldorf 1953.

P. Albinus, Meißnische Bergk Chronica, Dresden 1590.

P. Albinus, Annabergische Annales de anno 1492 biß 1539, Krit. Ausgabe v. Dr. Bönhoff, in: Mitteilungen des Vereins für Geschichte von Annaberg und Umgegend, Bd. 3, H. 1, Annaberg 1910.

Ch. Meltzer, Bergkläufftige Beschreibung der Churfürstl. Löbl. Bergk-Stadt Schneeberg, Schneeberg 1684.

Ch. Meltzer, Historia Schneebergensis renovata. Erneuerte Stadt- und Berg-Chronica ... Schneeberg, Schneeberg 1716 (stark erweiterte und systematischer aufgebaute zweite Ausgabe der „Bergkläufftigen Beschreibung"; wo im Text Meltzer ohne weitere Titelangabe zitiert wird, ist dieses Werk gemeint).

Ch. Meltzer, Historische Beschreibung des S. Catharinenberges im Buchholz, in: Mitteilungen des Vereins für Geschichte von Annaberg und Umgegend, Bd. 6, H. 1, 1928.

A. D. Richter, Umständliche ... Chronica der ... freyen Berg-Stadt St. Annaberg, T. 1 u. 2, Annaberg 1746 u. 1748,

Literatur (Auswahl)

a) Zur theoretischen Grundlegung

K. Marx, Das Kapital, 3 Bde., bes. Erster Band u. Dritter Band, in: Marx/Engels, Werke (im folgenden MEW), Bd. 23, Berlin 1962, Bd. 25, Berlin 1968.

K Marx, Grundrisse der Kritik der Politischen Ökonomie, Berlin 1953.

K. Marx/F. Engels, Über Deutschland und die deutsche Arbeiterbewegung, Bd. I, Berlin 1961.

F. Engels, Der deutsche Bauernkrieg, in: MEW, Bd. 7, Berlin 1960; vgl. dazu auch Derselbe, Zum Bauernkrieg, ebenda, Bd. 21, Berlin 1962.

F. Engels, Über den Verfall des Feudalismus und das Aufkommen der Bourgeoisie, in: MEW, Bd. 21, Berlin 1962.

W. I. Lenin, Die Entwicklung des Kapitalismus in Rußland, in: Werke, Bd. 3, Berlin 1956.

b) Zur Geschichte von Bergbau und Gesellschaft im Erzgebirge

R. Abigt, Der Chemnitzer Bürgermeister Ulrich Schütz und sein Geschlecht, in: Mitteilungen des Vereins für Chemnitzer Geschichte, 26, 1928.

G. Agricola, Bermannus, Ausgewählte Werke, Bd. II, Berlin 1955, (als Glossar angelegtes Personen- und Ortsregister).

Georgius Agricola 1494–1555. Zu seinem 400. Todestag 21. November 1955, Berlin 1955.

Von Annaberg bis Oberwiesenthal. Werte der deutschen Heimat, Bd. 13, Berlin 1968.

L. Bartsch, Buchholz unter der Ernestinischen Linie des Hauses Wettin, in: Beiträge zur Geschichte der Stadt Buchholz, Bd. 5: Festschrift zum 400jährigen Jubiläum der Gründung der Stadt Buchholz, 1901

L. Bartsch, Wie Buchholz einen Wochenmarkt erhielt, in: Beiträge zur Geschichte der Stadt Buchholz, H. 1, 1895.

L. Bartsch, Einiges über das Buchholzer Brau-, Schank- und Gasthofswesen während der Zeit von 1501 bis ca. 1550, in: ebenda, H. 2, 1896

L. Bartsch, Die Entschädigung des Klosters Grünhain für seine den Ort Buchholz betreffenden Ansprüche, in: ebenda, H. 2, 1896, H. 3, 1897.

L. Bartsch, Die Entstehung der Stadt Buchholz, in: ebenda, H. 1, 1895.

L. Bartsch, Kirchliche und schulische Verhältnisse der Stadt Buchholz während der ersten Hälfte des 16. Jahrhunderts, in: ebenda, H. 3, 1897, H. 4, 1898.

H. Baumgärtel, Vom Bergbüchlein zur Bergakademie, Freiberger Forschungshefte D 50, Leipzig 1965.

Beiträge zur Wirtschaftsgeschichte Nürnbergs, 2 Bde., Nürnberg 1967 (darin besonders die Beiträge von Haller von Hallerstein und Schultheiß).

Die Bergbaulandschaft von Schneeberg und Eibenstock. Werte der deutschen Heimat, Bd. 11, Berlin 1967.

W. Bergmann, Die Städte des sächsischen Erzgebirges. Eine städtebauliche Untersuchung der alten Stadtgebiete, ungedr. Diss., Technische Hochschule Dresden, 1921.

K. Blaschke, Frühkapitalismus und Verfassungsgeschichte, in: Wissenschaftliche Zeitschrift der Karl-Marx-Universität Leipzig, ges. R., 1965, H. 3.

K. Blaschke, Sachsen im Zeitalter der Reformation, Sonderdruck aus „Sächsische Heimatblätter“ (1967).

W. Bogsch, Der Marienberger Bergbau in der ersten Hälfte des 16. Jahrhunderts, Leipziger Phil. Diss., Schwarzenberg 1933 (wo im Text Bogsch ohne weitere Titelangabe zitiert wird, ist diese Arbeit gemeint).

W. Bogsch, Der Marienberger Bergbau seit der zweiten Hälfte des 16. Jahrhunderts, Köln-Graz 1966.

H. Bräuer, Zur städtischen Volksbewegung vom Ausgang des Großen Bauernkrieges bis zur Mitte des 16. Jahrhunderts im Gebiet zwischen Freiberger und Zwickauer Mulde, in: Sächsische Heimatblätter, 1969, H. 6.

H. Carlowitz, Die Bauernerhebung 1525 im Amt Wolkenstein, in: ebenda.

H. Carlowitz, Die revolutionäre Bewegung der Bergleute in den Silberstädten Annaberg, Marienberg und Geyer während des Bauernaufstandes 1525, in: ebenda, 1970, H. 1.

C. B. Dietrich, Kleine Chronik der freien Bergstadt Scheibenberg mit Oberscheibe, H. 2, 1855.

R. Dietrich, Untersuchungen zum Frühkapitalismus immitteldeutschen Erzbergbau und Metallhandel, in: Jahrbuch für die Geschichte Mittel- und Ostdeutschlands, 7, 1958 (Versuch eines Überblicks über das Westerzgebirge anhand von Literatur); 8, 1959; 9/10, 1961.

E. Dittrich, Zur sozialen Herkunft des sächsischen Unternehmertums, in: NASG, Bd. 63, 1943.

C. Droege, Die finanziellen Grundlagen des Territorialstaates in West- und Ostdeutschland, in: VSWG. Bd. 53, 1966.

R. Ehrenberg, Das Zeitalter der Fugger. Geldkapital und Kreditverkehr im 16. Jahrhundert, Bd. 1, 1922.

H. Ermisch, Ein Beitrag zur Geschichte des Schneeberger Bergbaus, in: NASG, Bd. 18, 1897.

H. Ermisch, Das sächsische Bergrecht des Mittelalters, Leipzig 1887.

J. Falke, Beitrag zur sächsischen Münzgeschichte 1474–1500, in: Mitteilungen des Kgl. Sächsischen Vereins für Erforschung und Erhaltung vaterländischer Geschichts- und Kunstdenkmale, H. 18, Dresden 1868.

J. Falke, Geschichte der Bergstadt Geyer, in: ebenda, H. 15, Dresden 1866.

E. Finck, Anfänge einer Ortsgeschichte der Stadt Annaberg, in: Mitteilungen des Vereins für Geschichte von Annaberg und Umgegend, Bd. 1, H. 5, 1895/1896.

G. Fischer, Aus zwei Jahrhunderten Leipziger Handelsgeschichte 1470–1650, Leipzig 1929.

R. Forberger, Die Manufaktur in Sachsen, Berlin 1958.

L. Frey, Beiträge zur Verfassungsgeschichte der Stadt Schneeberg, Beilage zum Jahresbericht des Gymnasiums zu Schneeberg, Schwarzenberg 1904.

W. Fröbe, Herrschaft und Stadt Schwarzenberg bis zum 16. Jahrhundert, Schwarzenberg 1930.

F. Gess, Die Anfänge der Reformation in Schneeberg, in: NASG, Bd. 18, 1897.

W. Goerlitz, Staat und Stände unter den Herzögen Albrecht und Georg 1485–1539, Leipzig 1928.

Ju. M. Grigor'jan, Aus der Geschichte der Genesis der kapitalistischen Verhältnisse in Deutschland, in: ZfG, 1959, H. 6.

E. Hänsch, Die wettinische Hauptteilung von 1485 und die ihr folgenden Streitigkeiten bis 1491, Phil. Diss., Leipzig 1909.

K. Hahn, Die ältesten Schneeberger Zehntrechnungen, in: NASG, Bd. 53, 1932.

K. Hahn, Die Zwickauer Welser, in: NASG, Bd. 48, 1927.

H. Harms zum Spreckel, Beiträge zur Geschichte der Familie Roehling, in: Mitteilungen des Vereins für Geschichte von Annaberg und Umgegend, Bd. 3, H. 2, Annaberg 1913.

W. Haupt, Tabellen zur sächsischen Münzgeschichte, Dresden 1933.

P. Heilmann, Namensverzeichnis sämtlicher Annaberger Ratsherren, in: Mitteilungen des Vereins für Geschichte von Annaberg und Umgegend, Bd. 3, H. 3.

G. Heitz, Ländliche Leinenproduktion in Sachsen 1470–1555, Berlin 1961.

H. Helbig, Literaturbericht zur erzgebirgischen Bergbaugeschichte 1920–1937, in: Dt. Archiv f. Landes- u. Volksforschg., 1, 1937.

H. Helbig, Der wettinische Ständestaat bis 1485, Münster-Köln 1955.

W. Herrmann, Das Freiberger Bürgerbuch 1486–1605, Dresden 1965.

E. Herzog, Martin Römer. Ein biographischer Beitrag zur sächsischen Kulturgeschichte, in: Mitteilungen des Kgl. Sächsischen Vereins für Erforschung und Erhaltung vaterländischer Geschichts- und Kunstdenkmale, H. 14, Dresden 1865.

O. Hoppe, Der Silberbergbau zu Schneeberg bis zum Jahre 1500, Heidelberger Phil. Diss., Freiberg 1908.

R. Huffmann, Über die sächsische Berggerichtsbarkeit vom 15. Jahrhundert bis zu ihrem Ende, Weimar 1935.

K. Keller, Bergwerksbesitz der Kölner Familie Bachofen von Echt im Erzgebirge, in: Mitteilungen des Vereins für Geschichte von Annaberg und Umgegend, Bd. 1, H. 5, Annaberg 1896.

O. Kius, Das Finanzwesen des ernestinischen Hauses Sachsen im 16. Jahrhundert, Weimar 1863.

R. KLIER, Zur Genealogie der Bergunternehmerfamilie Schütz in Nürnberg und Mitteldeutschland im 15. und 16. Jh., in: Mitteilungen des Vereins für Geschichte der Stadt Nürnberg, Bd. 55, 1967/68.

J. KÖHLER, Die Keime des Kapitalismus im sächsischen Silberbergbau (1168 bis um 1500), Freiberger Forschungshefte D 13, Berlin 1955.

R. KÖTZSCHKE/H. KRETZSCHMAR, Sächsische Geschichte, Nachdruck Frankfurt a. M. 1965.

H. KRAMM, Besitzschichten und Bildungsschichten der mitteldeutschen Städte im 16. Jahrhundert, in: VSWG, 1964, H. 4.

H. KRAMM, Sozialgeschichtliche Zusammenhänge in der städtischen Besiedlung des Westerzgebirges im 16. Jahrhundert, in: Geschichtliche Landeskunde und Universalgeschichte. Festgabe für H. Aubin, Hamburg 1950.

E. KROKER, Beiträge zur Geschichte der Stadt Leipzig im Reformationszeitalter, in: Neujahrsblätter der Bibliothek und des Archivs der Stadt Leipzig, IV, 1908.

E. KROKER, Leipzig und die sächsischen Bergwerke, in: Schriften des Vereins für die Geschichte Leipzigs, IX, Leipzig 1909.

E. KRÜGER, Grundzüge des ehemaligen Annaberger Stadt- und Bergrechtes, in: Mitteilungen des Vereins für Geschichte von Annaberg und Umgegend, Bd. 1, H. 1, Annaberg 1885.

A. KUNZE, Der Frühkapitalismus in Chemnitz, Beiträge zur Heimatgeschichte von Karl-Marx-Stadt, H. 7, 1958.

C. LANGER, Die soziale Lage des Bergmannes in früheren Zeiten, in: Sächsische Heimatblätter, 1967, H. 6.

A. LAUBE, Bergbau, Bergstädte und Landesherrschaft in Sachsen im 15./16. Jahrhundert, in: ZfG, 1968, H. 12.

A. LAUBE, Bergbau und Hüttenwesen in Frankreich um die Mitte des 15. Jahrhunderts, Freiberger Forschungshefte D 38, Leipzig 1964.

C. LEHMANN, Chronik der freien Bergstadt Schneeberg, Bd. 1, Schneeberg 1837.

H. LÖSCHER, Die Anfänge der erzgebirgischen Knappschaft, in: ZRG, Kanonist. Abt., Bd. 71, Weimar 1954.

H. LÖSCHER, Die erste Annaberger Bergordnung vom 11. Februar 1493, in: ZRG, Germ. Abt., Bd. 68, 1951.

H. LÖSCHER, Vom Bergregal im sächsischen Erzgebirge, in: Bergbau und Bergrecht, Freiberger Forschungshefte D 22, Berlin 1957.

H. LÖSCHER, Die erzgebirgischen Knappschaften vor und nach der Reformation, in: Blätter für deutsche Landesgeschichte, 1956.

H. LÖSCHER, Die bäuerliche Nachbesiedlung des Erzgebirges um 1500, in: ebenda, 1954.

H. LÖSCHER, Der landesherrliche Schiedsspruch vom 4. September 1469 im Streike der Knappen zu Altenberg (Erzgebirge), in: Bergbau und Bergleute, Freiberger Forschungshefte D 11, Berlin 1955.

H. LÖSCHER, Zur Vor- und Frühgeschichte der Bergstadt Oberwiesenthal, in: Glückauf, 51, 1931.

LÖSCHER/VOIGT, Heimatgeschichte der Pflege Stollberg im Erzgeb., Stollberg 1931ff. (in Lieferungen).

E. MATHES, Die Anfänge der Bergstadt Platten, in: Bohemia-Jahrbuch, 1, 1960.

G. MENTZ, Johann Friedrich der Großmütige, T. III, Jena 1908.

R. MICHAELIS, Dr. Georgius Agricola und der sächsische Münzstreit um 1530, in: Sächsische Heimatblätter, 1961, H. 1.

I. MITTENZWEI, Der Joachimsthaler Aufstand 1525 – seine Ursachen und Folgen, Berlin 1968.

I. MITTENZWEI, Der Kapitalismus im Joachimsthaler Silberbergbau, in: Wissenschaftliche Zeitschrift der Karl-Marx-Universität Leipzig, ges. R., 1965, H. 3.

M. MÖCKEL, Bergbauliche Zusammenhänge von Oberharz und Erzgebirge, in: Sächsische Heimatblätter, 1966, H. 1.

C. F. MOSCH Zur Geschichte des Bergbaus in Deutschland, Bd. 2, Liegnitz 1829.
C. MÜLLER, Schönburg. Geschichte des Hauses bis zur Reformation, Leipzig 1931.
C. MÜLLER, Eine Schönburgisch-Hartensteinische Grenzrainung am Fichtelberg 1529, in: NASG, Bd. 55, 1934.
J. U. NEF, Mining and Metallurgy in the Medieval Civilisation, in: The Cambridge Economic History of Europe, Bd. II, Cambridge 1952.
Das Obererzgebirge und seine Städte. Heimatkundliche Geschichtsbilder für Haus und Schule. Hrsg. v. M. GROHMANN, 2. Aufl., Annaberg 1903.
E. PATERNA, Da stunden die Bergkleute auff, 2 Bde., Berlin 1960.
K. PÖMPER, Der Filzteich bei Schneeberg, in: Sächsische Heimatblätter, 1960, H. 2.
H. PRESCHER/W. QELLMATZ, Der Schneeberger Silberfund von 1477, in: ebenda, 1961, H. 1.
W. PÜCKERT, Das Münzwesen Sachsens 1518–1545, 1. (einziger) Teil: 1518–1525, Leipzig 1862.
A. PUFF, Die Finanzen Albrechts des Beherzten, Leipzig 1911.
P. ROITZSCH, Auf wilder Wurzel, Schwarzenberg 1929.
W. SCHLESINGER, Die Landesherrschaft der Herren von Schönburg, Münster-Köln 1954.
W. SCHLESINGER, Die Schönburgischen Lande, Schriften für Heimatforschung, H. 2, 1934.
G. SCHMOLLER, Die deutsche Bergwerksverfassung von 1400 bis 1600, in: Schmollers Jahrbücher, 1891, Bd. 9 u. 10.
H. SCHÖNHERR, Die Herausbildung rechtlicher Regelungen der gesellschaftlichen Beziehungen zwischen Bergarbeitern, Gewerken und Regalherren des erzgebirgischen Zinnbergbaus im Frühkapitalismus (1450–1600). ungedr. Diss. Bergakademie Freiberg, 1966.
F. M. SCHREIBER, Die Bedeutung der Erzlagerstätten für die Städte des Sächsisch- Böhmischen Erzgebirges, ungedruckte Phil. Diss., Leipzig 1924.
A. SCHRÖDER, Beiträge zur Silbererzgewinnung in Schneeberg, in: NASG, Bd. 52, 1931.
K. SCHWARZ, Neuerscheinungen zur mittelalterlichen Bergbaugeschichte Deutschlands und der angrenzenden Gebiete seit 1945, in: ZfG, 1959, H. 6, 1960, H. 1.
K. SCHWARZ, Untersuchungen zur Geschichte der deutschen Bergleute im Mittelalter, Freiberger Forschungshefte D 20, Berlin 1958.
J. O. SEHM, Die Schreckenberger Bergordnung 1499/1500, die älteste deutsche gedruckte Bergordnung, Zwickau 1936.
J. O. SEHM, Der Silberbergbau zu Annaberg im Erzgebirge bis zum Jahre 1500, Annaberg 1933.
J. K. SEIDEMANN, Anhänger Luthers in Annaberg und zur Geschichte Annabergs, in: Erläuterungen zur Reformationsgeschichte, Dresden 1844.
J. K. SEIDEMANN, Die Unruhen im Erzgebirge während des deutschen Bauernkrieges, in: Abhandlungen der Historischen Classe der Kgl. Bayrischen Akademie der Wissenschaften, Bd. X, München 1867.
S. SIEBER, Zur Geschichte des erzgebirgischen Bergbaus, Halle 1954.
S. SIEBER, Die Teilnahme erzgebirgischer Bergleute am Bauernkrieg 1525, in: Bergbau und Bergleute, Freiberger Forschungshefte D 11, Berlin 1955.
M. M. SMIRIN, Zum Charakter der sozialen Beziehungen und des Klassenkampfes im Bergbau Deutschlands im 15.–16. Jahrhundert, in: Wissenschaftliche Zeitschrift der Karl-Marx-Universität Leipzig, ges. R., 1965, H. 3.
M. M. SMIRIN, K istorii rannego kapitalisma v germanskich zemljach, Moskva 1968.
M. M. SMIRIN, Über das Verhalten der unternehmerischen Gewerken zum sogenannten Direktionsprinzip im sächsischen Silberbergbau im 15. bis 16. Jahrhundert, in: Die Volksmassen Gestalter der Geschichte. Festschrift Leo Stern, Berlin 1962.
A. SOETBEER, Edelmetall und Wertverhältnis zwischen Gold und Silber ..., Gotha 1879 (veraltet; seine Zahlen für Sachsen sind viel zu niedrig).

G. Sommerfeldt, Zum Bergbauwesen im 16. Jahrhundert: Die von Iphoffschen Händel bis 1572, in: NASG, Bd. 42, 1921.

G. Sommerfeldt, Erzgebirgische Forschungen zur Kulturgeschichte und Geschlechterkunde, T. 1–6, Dresden 1929–1933 (u. a. mit Auszügen aus handschriftlichen Chroniken des P. Albinus).

G. Sommerfeldt, Zur Geschlechterkunde des Erzgebirges, Familien Kerl und von Iphoff, in: Der Deutsche Herold, Bd. 50, 1919.

M. Spiess, Rückblicke auf Annabergs und seiner Umgebung Vorzeit, Bd. 1–5, Annaberg 1855–1859.

E. Stimmel, Die Familie Schütz. Ein Beitrag zur Familiengeschichte des Georgius Agricola, in: Abhandlungen des Staatlichen Museums für Mineralogie und Geologie zu Dresden, Bd. 11, 1966.

J. Strieder, Zur Genesis des modernen Kapitalismus, Leipzig 1904, 2. Aufl., 1935.

J. Strieder, Die deutsche Montan- und Metallindustrie im Zeitalter der Fugger, Berlin 1931

J. Strieder, Studien zur Geschichte kapitalistischer Organisationsformen, München-Leipzig 1914, 2. Aufl. 1925.

P. Uhle, Die Unruhen im Erzgebirge während des Bauernkrieges, in: Das Erzgebirge, Bd. 3, Annaberg 1898.

M. Unger, Stadtgemeinde und Bergwesen Freibergs im Mittelalter, Weimar 1963.

J. Vetter, Die soziale und hygienische Lage der bergbauenden Bevölkerung des Erzgebirges in der ersten Hälfte des 16. Jahrhunderts, Schriften für Heimatforschung, H. 4, Berlin 1940.

W. Weizsäcker, Sächsisches Bergrecht in Böhmen, Reichenberg 1929.

Th. G. Werner, Der Annaberger Bürgermeister und Bergbauunternehmer Caspar Kürschner und die Himmlisch-Heer-Fundgrube, in: Mitteilungen des Vereins für Geschichte von Annaberg und Umgegend, Bd. 7, 1935.

Th. G. Werner, Die große Fusion der Zechen um den Rappolt in Schneeberg unter Führung der Nürnberger von 1514, in: Mitteilungen des Vereins für Geschichte der Stadt Nürnberg, Bd. 56, 1969; Bd. 57, 1970; Bd. 58, 1971.

Th. G. Werner, Das fremde Kapital im Annaberger Bergbau und Metallhandel des 16. Jahrhundert, in: NASG, Bd. 57, 1936, Bd. 58, 1937.

E. Westermann, Das Eislebener Garkupfer und seine Bedeutung für den europäischen Kupfermarkt 1460–1560, Köln-Wien 1971.

H. Wilsdorf, Georg Agricola und seine Zeit, Ausgewählte Werke von G. Agricola, Bd. 1, Berlin 1956.

H. Wilsdorf, Persönliche Verhältnisse des Chemnitzer Bürgers Dr. Georgius Agricola, in: Bergakademie, 6, 1955.

H. Wilsdorf/W. Quellmalz, Bergwerke und Hüttenanlagen der Agricola-Zeit. Georgius Agricola. Ausgewählte Werke, Erg.–Bd. 1, Berlin 1971.

Das Wirtschaftsleben in Chemnitz zur Zeit des Dr. Georgius Agricola, Beiträge zur Heimatgeschichte von Karl-Marx-Stadt, H. 4, 1955.

B. Wolf, Aus dem kirchlichen Leben Annabergs in vorreformatorischer Zeit, in: Mitteilungen des Vereins für Geschichte von Annaberg und Umgegend, Bd. 3, H. 1, 1910.

O. B. Wolf, Zur Geschichte der Reformation in Annaberg. Bericht über das Kgl. Realgymnasium zu Annaberg, H. 43, 1886.

E. Wülcker/H. Virck, Des kursächsischen Rathes Hans von der Planitz Berichte . . ., Leipzig 1899.

A. Zycha, Zur neuesten Literatur über die Wirtschafts- und Rechtsgeschichte des deutschen Bergbaus, in: VSWG, 5/1907, 6/1908, 33/1940, 34/1941.

PERSONENREGISTER

ORTSREGISTER

FSC
www.fsc.org
MIX
Papier | Fördert gute Waldnutzung
FSC® C083411

Kolibri 360 GmbH
Ferdinand-Jühlke-Straße 7
99095 Erfurt, Deutschland
produktsicherheit@kolibri360.de